Das Bild Rußlands und Polens im
Frankreich des 18. Jahrhunderts

Europäische Hochschulschriften

Publications Universitaires Européennes
European University Studies

Reihe XIII

Französische Sprache und Literatur

Série XIII Series XIII

Langue et littérature françaises
French Language and Literature

Bd./Vol. 102

PETER LANG
Frankfurt am Main · Bern · New York

Inge Hanslik

Das Bild Rußlands und Polens im Frankreich des 18. Jahrhunderts

PETER LANG
Frankfurt am Main · Bern · New York

CIP-Kurztitelaufnahme der Deutschen Bibliothek

Hanslik, Inge:

Das Bild Rußlands und Polens im Frankreich des 18. Jahrhunderts / Inge Hanslik. – Frankfurt am Main ; Bern ; New York : Lang, 1985.
(Europäische Hochschulschriften : Reihe 13, Französische Sprache und Literatur ; Bd. 102)
ISBN 3-8204-8538-4
NE: Europäische Hochschulschriften / 13

ISSN 0721-3360
ISBN 3-8204-8538-4

Druck und Bindung: Weihert-Druck GmbH, Darmstadt

M e i n e m   M a n n

Herrn Prof. Dr. Mediger danke ich für
die Ermutigung und die freundliche
Unterstützung dieser Arbeit.

INHALTSVERZEICHNIS

ABSCHNITT 1 - Einleitung

1.1. Aktualität des Themas

In der Ausgabe des "Exprès" vom 24.12.1981 stehen unter der Überschrift "La Pologne sous la botte" folgende Sätze:

> "L'intervention des troupes soviétiques ou des troupes du Pacte de Varsovie aurait ruiné d'un coup la diplomatie de Moscou ... Contre les Russes, depuis des siècles détestés, les Polonais n'auraient-ils pas combattu, même, s'ils manquaient d'armes, même si leur armée obéissait à l'état-major du Pacte de Varsovie?" (1)

Und weiter heißt es:

> "L'épiscopat riposte en jouant la Nation contre l'Etat. De tradition, le Primat est 'interrex' (régent) pour assurer la continuité." (2)

Auf die wirtschaftlichen Notwendigkeiten wird hingewiesen:

> "une réforme monétaire radicale, un effort accru de travail, une baisse inévitable du niveau de vie ..." (3)

Der Artikel, der sich mit der Verhängung des Kriegsrechts in Polen befaßt, schließt mit den Worten:

> "Une fois de plus, la preuve a été faite que l'histoire du peuple polonais est unique au monde." (4)

Im "Mercure historique et politique contenant l'état présent de l'Europe ..." vom Monat Juni 1764 steht - in der Form eines Berichtes von einem Polen an den Herausgeber (5) - folgende Aussage:

> "N'eussions-nous à craindre que les dissensions domestiques, c'en seroit assez pour nous allarmer et pour fonder les plus sinistres présages. Mais nos craintes s'augmentent de plus en plus, à mesure que nous sommes menacés des invasions des troupes étrangères, dont celles des Russes fourmillent déjà dans notre patrie, sous le spécieux prétexte de maintenir notre liberté ...
> Des protecteurs armés sont toujours à craindre, quelque assurance qu'ils donnent de leurs dispositions pacifiques, et plus ils sont puissants, plus ils nous paroissent redoutables." (6)

Wir wollen diese beiden Aussagen, die durch mehr als 200 Jahre voneinander getrennt sind, nicht daraufhin untersuchen, inwieweit hier tatsächlich Analogien, Konstanten vorliegen, unsere Aufgabe soll es nicht sein, darüber nachzusinnen, ob die Behauptung zutreffend ist, daß Polens Geschichte einzigartig unter den Völkern sei .

Die Aufgabe, die wir uns stellen und deren Bearbeitung wir versuchen wollen, ist eine andere und bescheidenere. Es soll versucht werden darzustellen, welches Bild von Polen bzw. Rußland im Frankreich des 18. Jahrhunderts verbreitet war.

Trotzdem sind die beiden Zeitungsausschnitte nicht ohne Absicht an den Anfang der Untersuchung gestellt worden. Sie zeigen, so will es uns scheinen, besonders gut drei Aspekte, auf die es uns bei unseren Darlegungen ankommen wird:

1) Ein spezifisch russisch-polnisches Verhältnis wird hier angedeutet, gesehen mit den Augen eines Franzosen, bzw. eines französisch schreibenden "Journalisten" in Den Haag.

2) Ein bestimmtes Bild beider Staaten, ihrer Geschichte und ihrer Beziehungen zueinander, wird evoziert.

3) Die Verflechtung der Geschicke beider Nationen wird besonders deutlich.

Der letzte Punkt scheint uns bemerkenswert zu sein. Schon in den wenigen zitierten Zeilen wird ein bestimmtes Bild der jeweiligen Verfasser von Polen und Rußland erkennbar, wobei man fragen könnte, ob dasjenige des Journalisten aus dem 20. Jahrhundert nicht noch weitgehend von Vorstellungen des 18. Jahrhunderts mitbestimmt wird.

Uns kommt es aber wesentlich auf eine andere Tatsache an: daß nämlich in beiden Zitaten erkennbar wird, wie eng die Verflechtung russischer und polnischer Geschichte ist. Besonders im 18. Jahrhundert wird diese Verknüpfung deutlich. Seit dem Regierungsantritt Friedrich Augusts von Sachsen als August II. von Polen und seiner engen Bindung an Peter I. kann man von einer ständigen Anwesenheit russischen Einflusses in Polen ausgehen, (1) der geradezu institutionalisiert wird durch die Konstitution von Warschau (1717), in welcher unter russischem Druck die Stärke der polnischen Armee festgelegt wurde. Später erzwingen russische Heere die Abdankung Stanisław Leszczyńskis und 30 Jahre später die Wahl Stanisław Poniatowskis. Immer sind es vor allem russische Einflußnahmen, die die Geschicke der polnischen Republik mitbestimmen, während andererseits am Hof von Petersburg die polnische Frage ständig gegenwärtig ist.

Wenn wir uns auf diese Tatsachen beziehen, scheint es uns notwendig, einen anderen Ansatz als den der einzelnen Betrachtung beider Staaten zugrunde zu legen.

1.2. Kurze Auseinandersetzung mit der Literatur

Wir gehen daher in unserer Arbeit von der Überlegung aus, daß es nicht genügt zu untersuchen, welches Bild die Franzosen des 18. Jahrhunderts sich von den Polen bzw. den Russen machten (machen konnten), sondern daß es darauf ankommt zu beachten, daß bei der Darstellung des einen Staates gleichzeitig das Bild des anderen mit beeinflußt wird, daß jeweils das eine die Folie für die Ausformung des anderen abgibt.

Einige Veröffentlichungen zu dem Thema Rußland bzw. Polen in der Darstellung französischer Autoren sind - schon vor einiger Zeit - erschienen.

Wohl eine der ersten ist die 1936 in New York erschienene (und 1972 neugedruckte) Dissertation von Dimitrij S. von Mohrenschildt mit dem Titel: "Russia in the Intellectual Life of Eighteenth Century France".

Der Verfasser gibt eine kurze Übersicht über die Beziehungen Frankreichs zu Rußland bis zum Ausgang des 18. Jahrhunderts. Dabei stellt er fest, daß diese im 17. und zu Beginn des 18. Jahrhunderts sehr vernachlässigt wurden, da Rußlands Feinde - Schweden, Polen, Türkei - Frankreichs traditionelle Verbündete waren (1). Ludwig XV. sei Rußland kompromißlos feindselig gegenüber getreten, und erst seit 1772 habe sich eine freundlichere Haltung dem Zarenreich gegenüber bemerkbar gemacht, die schließlich seit der Thronbesteigung Ludwigs XVI. in ein engeres Verhältnis der beiden Staaten einmündete, so daß Mohrenschildt meint: "The period between 1775 and 1789 is the golden age of eighteenth century Franco - Russian diplomacy". (2)

Und später stellt er fest (3): "Glorified by Voltaire and the group of the Encyclopedists Catherine II. and Russia became the fashion of the time." Um 1780 sei die Russomanie in Konkurrenz zur Anglomanie getreten. Mohrenschildt zählt die Publikationen auf, die über Rußland im 18. Jahrhundert in Frankreich erschienen sind und gibt auch Hinweise auf die Quellen, welche die französischen Verfasser benutzt haben: Hier zählt er auf: Herberstein, Strahlenberg, Korb in der lateinischen Fassung, Olearius, Mayerberg, Weber und Perry.

In seiner Darstellung wird eher deutlich, welche Auffassung die führenden Philosophen von den russischen Herrschern und - soweit sie überhaupt Einblick darin hatten - dem russischen Reich hatten, als daß versucht wird darzulegen, welches Bild sich die französische Öffentlichkeit (eine Klärung dieses Begriffes soll weiter unten versucht werden) von dem in der Staatenwelt des 18. Jahrhunderts neu aufgetauchten Reich machen konnte. Die Betonung liegt auf: "intellectual life", wenn der Verfasser auch z.B. Theaterstücke und Gedichte mit einbezieht. Aber Zeitungsartikel (gemeint sind n i c h t die Artikel im Journal des Sçavans z.B., die nur eine Zusammenfassung der erschienenen Literatur mit wissenschaftlichem Anspruch geben) verwendet er nicht. Unter anderem untersucht er die Äußerungen der Schriftsteller weitgehend auch unter dem Gesichtspunkt, ob sie "hostile to Russia" (4) mit Vorurteilen gegenüber Rußland, aber trotzdem verläßlich (5) oder naiv (6) in ihrer Darstellung sind.

Abgesehen davon, daß einige Behauptungen Mohrenschildts - so seine Darstellung der Rolle La Chétardies seit Ende 1739 (7), des "Secret" und seiner führenden Vertreter (1) der Politik Choiseuls (2) - inzwischen modifiziert bzw. zurechtgerückt worden sind, vermittelt der Verfasser keinen Eindruck, welches B i l d sich die Franzosen von Rußland und seinen Einwohnern machen konnten. Wohl stellt er fest, daß Diderot (3), Voltaire (4) und ihre Anhänger alle Aktionen Katharinas II. - auch die anfechtbarsten - eifrig beklatschten, wohl stellt er fest, daß die russischen Adligen in Frankreich eben deswegen so beliebt waren, weil die Russen "Schüler" waren und die französische Kultur so gut assimilierten (5), aber er untersucht nicht, ob die Franzosen dann nicht eher die zu Franzosen gewordenen Russen sahen, bzw. eher ihre eigene Leistung als Lehrer des anderen Volkes bewunderten als die tatsächlichen Lebensgewohnheiten und ihren geistigen und politisch-sozialen Hintergrund. Reicht es aus, die Russen in den Augen der - die Salons frequentierenden - Franzosen als liebenswürdige, heitere, dem Spielen, der Débauche und dem unordentlichen Leben zugeneigte Menschen zu beschreiben? Wir meinen, nicht. Im übrigen fehlt die Darstellung "der" Russen aus der Sicht jener Autoren, die sich vornehmlich mit Polen befassen. Auch die Frage nach den Gründen für die überaus positive Darstellung der russischen Herrscher und des Staates wird nicht gestellt.

Mit diesem Problem u.a. befaßt sich das Werk von Albert Lortholary "Le mirage russe en France au XVIIIième siècle", (6) in dem er das Bild nachzeichnet, das die französischen "Philosophen" von Rußland, d.h., vorzugsweise von den beiden Herrschern Peter I. und Katharina II., entwarfen. Schon der Titel des Buches verrät etwas über die Art des Bildes: "mirage" heißt soviel wie Phantom, Illusion, Fata Morgana. Damit wird bereits angedeutet, daß diese Darstellung unter einem bestimmten Vorzeichen erfolgt. Das sagt der Autor in seiner Einleitung auch ganz deutlich:"Lorsqu'ils veulent proposer des remèdes aux abus, les 'philosophes' du XVIIIe siècle transportent volontiers leur lecteur dans des pays imaginaires où tout se passe au gré de la raison. Plus efficace que ce recours à 'l'utopie' est le procédé qui consiste à donner en exemple un pays mal connu, mais réel; tel est le rôle que joue la Chine dans la littérature 'philosophique' du siècle. Nous voudrions montrer que la Russie ne joue pas un rôle différent." (7 Lortholary zeigt, wie die "Philosophen" - vor allem Fontenelle, Diderot, Voltaire - an der Ausarbeitung eines Mythos (Peter der Große) und einer Legende (Katharina die Große) gearbeitet haben,(8 daß sie dabei oft bewußt die Tatsachen, die ihnen bekannt waren,(9 nicht zur Kenntnis nahmen (10) oder sie deformierten. Wichtig ist für sie nicht ein wirklichkeitsnahes Bild Rußlands, sondern die Möglichkeit, mit Hilfe der Darstellung der "despotes éclairés" der eigenen Regierung den Spiegel vorzuhalten, (11) bzw. den Optimismus des Fortschritts zu verbreiten. (12) "Le mythe russe", sagt Lortholary, (13) "est une idée servante, un mirage qui alterne avec d'autres mirages, mirage anglais (...), mirage chinois" ...

Sie (diese "idée servante") ist zweitrangig gegenüber den "idées maîtresses", dem Glauben an den Fortschritt, die Ablösung der bestehenden Regierung in Frankreich durch "despotes éclairés die Verringerung des Einflusses der Kirche. So sind diese Schrifte eher Kampfschriften als Beschreibung der Realitäten. (1) Zu fragen ist an dieser Stelle, ob das Bild, das Voltaire und seine Kampfgefährten vom russischen Reich, d.h. - und auch das ist eine weitere Beschränkung der Darstellung - von seinen beiden größten Herrschern des 18. Jahrhunderts entwerfen, wirklich das allgemein gültige und ausschlaggebende war für einen großen Teil der französischen öffentlichen Meinung. (2) Ferner muß untersucht werden, ob tatsächlich nur eine Vorstellung von staatlichen Einrichtungen und Herrscherpersönlichkeiten vermittelt wird (3) und dabei so wichtige Bereiche wie Kirche, Alltagsleben, die Bedeutung verschiedener sozialer Gruppen, die Bauern, das Erziehungswesen, vernachlässigt oder gänzlich ausgelassen werden. Ist es so, daß Rußland v o r 1700 gänzlich unberücksichtigt bleibt, bzw. daß das von Fontenelle entworfene Bild vom alten Moskau das allein akzeptierte bleibt? (4) Und als letztes, und mit all den vorgenannten Überlegungen zusammenhängend, wäre zu fragen, ob die folgende Beobachtung Lortholarys in dieser Form wirklich zutreffend ist: " ... beaucoup plus philosophe qu'artiste, il [le XVIIIe] siècle met l'accent sur l'unité, et non sur la diversité. Son cosmopolitisme n'est pas fondé sur le sentiment de cette diversité, mais sur sa négation. Il n'a que peu de curiosité pour ce qui fait les hommes différents, s'intéresse peu à ce qui est proprement étranger." (5)

Im Gegensatz zu dieser Feststellung beklagt Jean Fabre in seinem Werk: "Stanislas Auguste et l'Europe des lumières" (6), daß Polen im 18. Jahrhundert nur unter dem Aspekt des Pittoresken und des Exotischen dargestellt sei (7). " ... les écrivains inspirés par la politique de Choiseul ou par les émissaires confédérés la [la Pologne] peindront comme le pays des vertus civiques, des moeurs patriarcales, des survivances chevaleresques, un composé de Tite-Live et de la Bibliothèque des Romans, avec un peu d'Orient d'autour." (8) "... la Pologne est le pays où rien ne change, ni les voyages, ni les moeurs, ni les formes du gouvernement ... le terme 'gothique' suffit à condamner en bloc les institutions et les moeurs d'un pays qui n'a rien de commun avec son temps." (9) Auch Fabre spricht von "mythe", wenn er das Bild meint, das den Franzosen des 18. Jahrhunderts anstelle einer politischen Idee von Polen vorgeschwebt habe. (10) Zur Charakterisierung dieses Landes und seiner Bewohner habe das Wort "gothique", bzw. "sarmate" genügt. Was unter "sarmate" im 18. Jahrhundert sowohl in Polen als auch in Frankreich (als Adjektiv, oder als Substantiv "pays des Sarmates") zu verstehen ist, sagt Rostworowski (11): "Pour l'extérieur, le sarmate est un gentilhomme ayant des vêtements, un sabre, une moustache et la tête à la moitié rasée un peu à la turque, mais qui, formé à l'école des jésuites, parle couramment un latin fleuré et, grand orateur, excelle dans les discours macaroniques latinopolonais. En luimême, le Sarmate est profondément convaincu que la condition de gentilhomme polonais est la plus illustre au monde, que personne ne peut s'immiscer dans l'autorité patrimoniale qu'il exerce sur ses serfs,que la constitution de la République est sacrée et immuable, et qu'il peut être tranquille pour l'avenir de son pays, protégé contre toutes les menaces extérieures par un pacte particulier conclu entre la République et la Providence céleste."

"Die Philosophen", so Fabre, hätten sich für Polen interessiert, wegen seiner Tugenden - gute Sitten trotz des Fehlens guter Gesetze, Praxis der Toleranz. Andererseits sei Polen auch ein Beispiel für Bigotterie und übertriebene Ergebenheit für Rom gewesen, "car la Pologne est le pays des contrastes: politiques, économiques, sociaux." (1) Zu diesem Bild von Polen habe die Person Stanisław Augusts in krassem Gegensatz gestanden. "Dans ce rêve sarmate, le dernier roi de Pologne ne peut être qu'un 'intrus'" (2) "Stanislas - Auguste jure dans ce cadre" [des siècles féodaux]. (3) Denn dieser wollte die Ideen der französischen Aufklärung nach Polen verpflanzen und sein Land dem Westen stärker angleichen durch innere Reformen.(4) So erscheint dasselbe Kriterium, nämlich das Angleichen an den Westen, in einem Fall - Rußland - als überaus positiv, so daß die Vergangenheit des alten Moskau bei den "Philosophen" nicht mehr erwähnt oder nur als Kontrast benutzt wird, während es im anderen Fall - Polen - als negativ erscheint, weil es zu dem romantischen Klischee Polens als des alten Sarmatenstaates nicht paßt. So jedenfalls stellt es sich nach der Lektüre der beiden Bücher von Lortholary und Fabre dem Leser dar.

Es ist zu fragen, ob dies das vollständige Bild ist. Beide Verfasser gestehen zu, daß es auch andere Darstellungen und zutreffende Schilderungen gab.

So weisen Rostworowski ((5) und Fabre (6) vor allem auf die Tätigkeit Stanisławs I. in Lothringen hin, der versuchte, mit seinen Schriften die Ansicht von Polen zu beeinflussen, bzw. Reformvorschläge für die Umgestaltung der politischen Ordnung in seinem Heimatland zu machen. Die enge kulturelle Bindung zwischen Frankreich und Polen vor allem zur Zeit Stanisławs II. August wird unterstrichen. Andererseits meint Rostworowski aber auch feststellen zu können: "L'opinion française, au sens le plus large du terme ne s'intéressait pas outre mesure aux affaires de la Pologne, pays lointain et , à ses yeux, exotique."(7) Er fährt fort: "Cette vox populi fut bien exprimée par un certain Le Roi, lieutenant des chasses à Versailles, qui, pendant l'interrègne de 1764, écrivit dans une lettre adressée à son ami Hennin, diplomate français à Varsovie: Je ne conçois pas comment on peut faire tant de train pour un fantôme de royauté, qui ne donne ni richesses ni pouvoir. ... On assure cependant que ce ne sera pas vous qui fera un roi de Pologne, mais que ce seront le roi de Prusse et la Russie". Es wäre zu fragen, ob diese Aussage für das 18. Jahrhundert so pauschal zutrifft - natürlich müßte man auch untersuchen, was Rostworowski mit "outre mesure" meint. Heißt das: im Vergleich zu anderen europäischen Staaten, z.B. England, dem Reich, Schweden, Österreich, Spanien? Oder meint er: im Vergleich zu Ereignissen innerhalb Frankreichs, seien sie nun politischer oder kultureller Art? Desgleichen erfordert die Formulierung: "l'opinion française, au sens le plus large du terme" eine nähere Betrachtung. (8) Auch M. Burkert (9) beschäftigt sich in einem Kapitel seiner Dissertation mit der französischen Öffentlichkeit und ihrem Bild von Polen, allerdings nur bezogen auf die erste polnische Teilung.

Ebenso ist die Frage der Darstellung der Pugačevščina (1) bei den westlichen Berichterstattern nur ein Teilaspekt des Gesamtbildes, da die Verfasser sich jeweils auf einen kurzen Zeitabschnitt von wenigen Jahren beschränken.

1.3. Zeitliche Begrenzung

Wir wollen versuchen, über einen Zeitraum von mehreren Jahrzehnten das Bild von Rußland und Polen deutlich zu machen, welches sich die Franzosen in dieser Zeit mit Hilfe der verschiedenen Informationsmöglichkeiten formen konnten.

Die etwas vage Aussage "im 18. Jahrhundert" bedarf einer Präzisierung bezüglich der beiden Endpunkte. Zur Festlegung des Endes der von uns zu betrachtenden Periode ergeben sich verhältnismäßig wenig Schwierigkeiten. Wir wollen das Jahr 1795 annehmen, da Polen als Staat aufhört zu existieren, im folgenden Jahr auch die Zarin Katharina II. stirbt und in Frankreich die Revolution mit der Direktorialverfassung einen vorläufigen Abschluß findet. Allerdings wird der Abschnitt von 1789 bis 1795 nicht mehr so im Mittelpunkt der Betrachtung stehen, da sich mit der Revolution in Frankreich - so könnnen wir annehmen - auch bestimmte Sichtweisen verändert haben.

Der Anfang für unsere Untersuchung ist schon etwas schwieriger festzulegen. Anderson nennt sein Werk: "Europe in the eighteenth century"; (2) und beginnt mit dem Jahre 1713, weil er meint, die Zeit zwischen 1680 - 1713 habe eher den Charakter einer Brücke zwischen dem 17. und dem 18. Jahrhundert.

Er fährt dann aber fort, daß, wenn schon die Wahl getroffen werden müsse, er diese Zeit eher dem 17. Jahrhundert zurechnen würde.(3) Wir wollen uns der Meinung Rostworowskis anschließen, die er in seinem Aufsatz "La France de Louis XV. Politique - Langue - Livres" zum Ausdruck bringt - dessen Periodisierung sich allerdings auf Osteuropa bezieht: " ... les préliminaires de cette politique [un intérêt tout à fait particulier] , il faut les chercher dans l'infortunée élection du prince Conti au trône polonais, rendu vacant par la mort de Jean Sobieski, et dans les projets nourris, lors de la minorité de Louis XV, par les Orléans et le duc Louis-Henri de Bourbon, qui rêvaient de la couronne polonaise." (4)

So haben wir uns dazu entschlossen, unsere Arbeit mit dem Jahre 1697 beginnen zu lassen, ein Jahr, das sowohl für Polen als auch für Rußland - und in gewisser Hinsicht auch für Frankreich - von Bedeutung ist. 1697 findet die Doppelwahl in Polen zwischen dem französischen Kandidaten und dem Kurfürsten von Sachsen statt. Im gleichen Jahr tritt zum ersten Mal ein russischer Zar eine Reise in den Westen an, die ihn in Kontakt mit einigen westlichen Nationen bringt, wenn auch nicht mit Frankreich. Das Eingreifen Peters zugunsten Augusts II. ermöglicht diesem überhaupt erst seine erfolgreiche Wahl (5) und den weiteren Besitz des polnischen Throns - nach einem kurzen Zwischenspiel, in dem Stanisław Leszczyński zum ersten Male König von Polen (mit schwedischer Hilfe) ist. So erscheint uns das Jahr 1697 ein sinnvoller Einschnitt zu sein, denn man kann wohl davon ausgehen, daß die Kandidatur eines französischen Prinzen auch ein gewisses Echo in Frankreich hervorruft - und wir werden das Jahr 1795 als Endpunkt unserer Untersuchung wählen. Die napoleonische Ära wird nicht mehr berücksichtigt.

1.4. Art des untersuchten Materials

Es wird sich manchmal allerdings nicht vermeiden lassen, über die beiden genannten Endpunkte hinauszugehen, denn ein Teil der Schriften, die bereits Mitte des 17. Jahrhundert erschienen sind, erfreuten sich großer Beliebtheit und wurden immer wieder aufgelegt, und ein Teil der Publikationen, die erst nach 1800 erschienen, waren schon vor ihrer Veröffentlichung einem bestimmten Publikum bekannt.

Damit ist ein weiterer Punkt berührt, der einer Erläuterung bedarf. Selbstverständlich ist die Untersuchung in hohem Maß davon abhängig, welche Materialien der unterschiedlichsten Art verwendet werden können, damit ein möglichst umfassender Überblick entsteht. Aus dem großen Angebot von Periodika haben wir zwei ausgewählt: den "Mercure historique et politique contenant l'état présent de l'Europe, ce qui se passe dans toutes les cours, l'intérêt des princes, leurs brigues, et généralement tout ce qu'il y a de curieux pour le mois de" ... (1) und "La clef du cabinet des princ de l'Europe ou Recueil historique et politique sur les matières du tems" - später (seit 1717), "Suite de la clef" ... (2) Wir habe diese Schriften herangezogen, weil sie 1. eine lange Erscheinungsdauer gehabt haben - der "Mercure" von 1686 - 1782, der "Clef" von 1704 - 1776 - und weil sie 2. nur politische bzw. historische Themen behandeln. (3) Anderson schreibt über die Entstehung des "Mercure", daß es ein wachsendes Verlangen nach ernsthaftem und gut informiertem Journalismus gegeben habe. "This Courtilz de Sandras, a very voluminous writer on contemporary politics, founded in 1686 at The Hague the Mercure Historique et Politique, the first political monthly." (4) Der Erscheinungsort - Den Haag - bedeutet unter anderem, daß die Verfasser sich etwas frei halten wollten vom Einfluß der französischen Regierung. "The reading public (in France) depended for much of its information on current affairs on newspapers published in the Netherlands, or in small neighbouring states, such as Berne, Liège and Cologne". (5) "La clef du cabinet" wurde zuerst in Luxemburg (bis 1706), dann in Verdun (bis 1717) und schließlich in Paris verlegt. Er ist, so G. Bonno (6),"un des meilleurs journaux d'informations politiques du dix-huitième siècle."

Neben den Nachrichten in den Periodika über Polen und Rußland haben wir Berichte über Reisen sowie historische Abhandlungen verwendet. Hinzu kommen vor allem in den 60er und 70er Jahren Schriften, die eher in die Rubrik von politischer Propaganda aus aktuellem Anlaß fallen. Wir haben auch teilweise Memoiren herangezogen, sowie die Instruktionen an die französischen Gesandten in Polen und Rußland, aber auch in der Türkei und Schweden.

1.5. Begriff der "Öffentlichkeit" (le public)

Aus der Art dieses von uns ausgewerteten Materials ergeben sich schon zwangsläufig gewisse Konsequenzen für die Definition dessen, was wir im Titel unserer Arbeit nur vorsichtig mit "im Frankreich des 18. Jahrhunderts" umschrieben haben, d.h. dessen, was man mit "französischer Öffentlichkeit" bezeichnen könnte. Die Kenntnis der Instruktionen und der Memoranden beschränkte sich naturgemäß auf einen begrenzten Kreis, wobei dieser allerdings nicht zu eng gesehen zu werden braucht. Fast alle Verfasser solcher Schriften verkehrten in den Salons, wenn sie vielleicht auch nicht unbedingt "habitués" waren. Und da viele Minister den amtlichen Schriftverkehr z.T. als ihre private Korrespondenz betrachteten, kann man davon ausgehen, daß zumindest wesentliche Ideen in den entsprechenden Kreisen bekannt waren. (1) Wir können wohl davon ausgehen, daß die Salons, sofern sie regelmäßig stattfanden, zur Verbreitung von Ideen und zur Meinungsbildung beitrugen. Allerdings bildeten diejenigen, die daran teilnahmen, nur eine kleine Gruppe: Es waren Adlige, Großbürger, Geistliche, Schriftsteller. (2) Ein größerer Kreis wurde zweifellos durch Bücher erreicht, die es verstanden, die Neugier des Publikums auf unbekannte Länder oder die Vergangenheit anderer Völker, bzw. deren Schicksal zu wecken. Wieder muß man aber dabei im Auge behalten, daß nicht jeder, der es wünschte, in der Lage war, sich Bücher kaufen zu können. Andererseits konnte man Zusammenfassungen von Neuerscheinungen im "Journal des savants" nachlesen , (3) und dieses, sowie auch andere Periodika, konnte man in bestimmten Clubs, Cafés, Cabinets ausleihen oder an Ort und Stelle durchsehen. (4)

Damit kommen wir zu den Periodika, in unserem Fall zu den monatlich erscheinenden Zeitschriften. Sie hatten auf der einen Seite ihre festen Abonnenten, wobei der Kreis dieser Leser wieder im wesentlichen mit der Gruppe zusammenfallen dürfte, die auch Bücher kaufte. Andererseits scheint aber, abgesehen von der Möglichkeit, diese Zeitschriften an öffentlichen Orten auszuleihen, der Zuspruch des Publikums sehr groß gewesen zu sein, (5) wenn auch für die politischen Blätter nicht so stark, wie z.B. für den "Mercure galant", (6) der in der Hauptsache literarisch-philosophisch angelegt war.

Mit welcher Verbreitung solcher Zeitschriften kann man überhaupt rechnen? Sicher wurden sie von mehr Leuten gelesen als gekauft.

Die Zeitgenossen waren hocherstaunt über die vielen Zeitungen und Zeitschriften, die manchmal nicht lange existierten, manchmal unter einem anderen Namen einen neuen Versuch zur Etablierung ihres Magazines machten. Dennoch sind diese Vielfalt und die Begeisterung für die Zeitschrift zu häufig benannt, als daß man sie nur für zufällig halten könnte. "Le marquis d'Argenson signale que les clubs reçoivent aussi les journaux qui attirent les lecteurs: 'Il y a cinquante ans, le public n'était aucunement curieux des nouvelles d'Etat; aujourd'hui chacun lit sa gazette même dans la province. On raisonne à tort et à travers sur la politique, mais on s'en occupe.'" (1) Camusat, in seiner "Histoire des journaux" (1734) äußert sich ähnlich: "Je crois qu'il n'y a point de nation en Europe qui n'ait une ou plusieurs gazettes. Chacun veut être informé de ce qui se passe; ceux mêmes que leur état et leur condition éloignent de l'administration des affaires sont souvent les plus avides de nouvelles ... La lecture des gazettes et des mercures a un autre avantage ...: c'est de nous accoutumer à prendre des idées justes et précises des cours de l'Europe; d'en connaître les emplois, les tribunaux, les monnaies, les modes, et généralement tout ce qui entre dans le commerce de la vie ..." (2) Und das Journal encyclopédique stellt 1758 fest: "Ce n'est plus le temps où les journaux n'etaient faits que pour les savants ... Aujourd'hui, tout le monde lit et veut lire de tout." (3)

An diesen Feststellungen verdienen mehrere Punkte unsere Aufmerksamkeit: um wen handelt es sich bei "chacun", "tout le monde", "le public", oder auch "une nation toute entière"? (4) Eine Präzisierung wird schon gemacht: es sind nicht diejenigen, die von Amts wegen mit dem Lesen und mit öffentlichen Angelegenheiten zu tun haben. Und weiter: diese Leser befinden sich nicht nur in der Hauptstadt, sondern auch in der Provinz. Zum zweiten wird eine wichtige Bemerkung bezüglich des Nutzens dieser Schriften gemacht: sie gewöhnen den Leser daran, sich mit den Lebensgewohnheiten und den staatlichen Einrichtungen anderer Nationen vertraut zu machen.

Über den Kreis der Personen oder Gruppen, die das Publikum von Reiseberichten und historischen Abhandlungen bildeten und/ oder Abonnenten, bzw. regelmäßige Leser der Periodika waren, läßt sich ganz Genaues nicht aussagen. Mit einiger Sicherheit kann man die bäuerliche Bevölkerung als lesendes Publikum ausschließen. Über die "Lesegewohnheiten" dieses großen Teils der Bevölkerung sind wir einigermaßen gut unterrichtet durch die Arbeiten von R. Mandrou (5) und G. Bollème (6). Die Kolporteure verkauften hier hauptsächlich Schriften religiösen, manchmal auch pädagogischen Inhalts oder aber Traktate über praktische Themen, wie z.B. "Medizin", "Arithmetik", "Anstandsregeln", "Briefsteller" oder auch Romane in großer Zahl. (7) Wenn doch einmal Blätter mit historischem Thema in den Dörfern gelesen, bzw. bei den "Veillées" vorgelesen wurden, (8) dann handelte es sich meistens um Geschichten von Karl dem Großen und seinen Paladinen. Und wenn man behauptet hat, das 18. Jahrhundert sei das Jahrhundert des Reisens (9) gewesen - was auch eher für Engländer und Holländer als gerade für Franzosen gilt - , so muß man bezüglich des Interesses der bäuerlichen Gruppen feststellen, daß ihr Hauptaugenmerk darauf gerichtet war, wie man am bequemsten und sichersten zu den großen Wallfahrtsorten gelangen konnte. (10) Und es ist kennzeichnend für das Beharrungsvermögen dieser Gruppe, daß sich die Titel der Buchauswahl vom 17. zum 18. Jahrhundert fast gar nicht verändern - ganz allmählich erst, wenige Jahre vor dem Ausbruch der Revolution, kommen neue Themen dazu. (11) Trotzdem muß man die Erweiterung des Lesepublikums im 18. Jahrhundert als eine wesentliche Tatsache sehen. Eine ganze Welt von "petits gens (robins, magistrats, ecclésiastiques, médicins, artisans ...) vont lire, penser, écrire." (12)

Ein Mittel zur Verbreitung von Wissen und zur Bildung von Meinungen, vor allem in der Provinz, sind die Akademien. "Le mouvement académique se développe rapidement à travers toute la France, dès les premières années du XVIIIe siècle." (1) In diesen Akademien entstand dadurch, daß hier interessierte Laien zusammenkamen und Probleme von wissenschaftlichem oder allgemeinem Interesse diskutierten, eine Kraft, die sehr mächtig wird und welche die öffentliche Meinung sein wird. (2) Die Akademien unterhielten Kontakte im In- und Ausland und tauschten Erfahrungen aus. Vor allem aber richteten sie - sicher mit unterschiedlichem Erfolg - öffentliche Bibliotheken ein, in denen alle wissenschaftlichen Bücher, Mineralien und Zeitungen aus ganz Europa zu haben waren. (3) Historische Werke und Memoiren, sowie eine große Anzahl von Lexika jeder Art waren in reichem Maße vorhanden. (4) Gerade die Bereiche Geschichte und Geographie erhielten zunehmende Bedeutung. (5). Vor allem das gebildete Bürgertum, sowohl in Paris - das eine Sonderstellung (6) einnimmt - als auch in den größeren Provinzstädten ist offen für alle neuen Kenntnisse, zeigt immer wieder sein großes Bedürfnis zu wissen und zu erfahren: "Il faut rappeler ici les succès de librairie qu'ont remportés tous les récits de voyage et d'exploration, les descriptions des nouveaux mondes comme les promenades en Europe ..." (7) Im Ganzen gesehen wird man davon ausgehen dürfen, daß die Verbreitung neuer Ideen, bzw. die älteren Debatten über bestimmte Probleme sich vor allem in den sozialen Gruppen vollzieht, welche die "haute société" des Ancien Régime bilden. Das ist, nach Mandrou, "un Français sur cinq": das Bürgertum, (8) der Adel, ein Teil des niederen Klerus, "le petit peuple" in den Städten, die dank ihrer Stellungen in Kontakt mit den gebildeten Schichten sind. (9) Die Frage ist nun, ob diese Gruppen, welche die Möglichkeit haben, sich zu informieren, dieses auch tun - und wenn, ob sie dann nicht eher an den allgemein philosophischen Auseinandersetzungen der Zeit interessiert sind als an Beschreibungen anderer Staaten und ihrer Geschichte. An der Häufigkeit der Auflagen mancher Werke und an der Erwähnung einiger Schriften in Erinnerungen oder anderen privaten Äußerungen kann man andeutungsweise entnehmen, welchen "Erfolg" diese Bücher gehabt haben. (10) Andererseits wird man voraussetzen können, daß in Zeiten aktueller politischer Geschehnisse auch das Interesse an Büchern über die darin verwickelten Herrscher oder Staaten größer ist. (11) Allgemein kann man feststellen, daß im Laufe des Jahrhunderts das Interesse an theologischen Werken bzw. solchen religiösen Inhalts zurückgeht und daß sich eine verstärkte Hinwendung zu historischen Themen feststellen läßt, und zwar nicht zur Kirchengeschichte, sondern zur weltlichen. (12) Darüber hinaus bemerkt man auch den großen Anteil von Reiseberichten bis zur Mitte des 18. Jahrhunderts, dann sind sie nicht mehr so gefragt. (13) Die Reisebeschreibungen sind besonders häufig zu Ende des 17. und zu Anfang des 18. Jahrhunderts. Gerade die Franzosen unter Ludwig XIV. hatten ein verstärktes Interesse daran, etwas über die zeitgenössischen Staaten bzw. Herrscher zu hören. (14)

1.6. Begründung der Einschnitte

Aus der Art des vorliegenden Materials ergibt sich auch die Einteilung der Arbeit in bestimmte Abschnitte: Ein Kapitel wird sich mit den Zeitschriften beschäftigen, eines mit Reisebeschreibungen, dann stehen historische Werke (oder solche, die diesen Anspruch erheben) im Mittelpunkt der Betrachtung schließlich Schriften eher propagandistischen Inhalts, oder solche, die bewußt in einer aktuellen politischen Absicht geschrieben sind; und ein Kapitel wird sich mit offiziellen, bzw. halboffiziellen Äußerungen befassen. Dabei wird sich herausstellen, daß die Grenze zwischen Reisebeschreibungen und historisch-erzählenden Werken nicht immer leicht zu ziehen ist, da im 18. Jahrhundert die Grenzen zwischen "roman historisé" und "histoire roman" fließend sind.

Ebenfalls aus dem vorliegenden Material, aber ebenso aus den historischen Ereignissen,ergibt sich auch die Einteilung in die zeitlichen Abschnitt, in die wir den langen Zeitraum von 100 Jahren gliedern wollen. Bei den Büchern ergibt sich das unter anderem aus ihren Erscheinungsjahren, wobei interessant ist zu beobachten, daß diese meistens mit herausragenden politischen Ereignissen zusammenfallen.

Den ersten Einschnitt wollen wir mit der Doppelwahl in Polen, sowie dem Aufstieg Rußlands zur europäischen Großmacht festlegen, den zweiten mit dem polnischen Thronfolgekrieg, den dritten mit der Thronbesteigung Elisabeths, den vierten mit den Vorgängen in Rußland nach dem Tod Elisabeths und der Thronbesteigung Katharinas, sowie den Ereignissen in Polen seit der Wahl Poniatowskis bis zur ersten Teilung. Als letzten - kürzesten - Zeitraum werden wir die Zeit des ausgehenden Ancien Régime und der Revolution bis 1795 untersuchen.

ABSCHNITT 2 - Die Darstellung der beiden Staaten in dem untersuchten Material

2.1. Die Zeitschriften

2.1.1. 1697 - 1726

In diesem ersten Abschnitt beschäftigen wir uns mit den Aussagen des "Mercure historique" und des "Clef du cabinet des Princes" in den Jahren von 1697 bis 1726, d.h., mit Zeitungen, die mehr Leser erreichen konnten als die Bücher, weil man sie in "cabinets de lecture", Cafés und Clubs leihen und lesen konnte. (1) Beide Zeitschriften berichten in monatlichen Abständen von den Ereignissen. Der "Mercure" gibt in den ersten Jahren - und auch nicht immer regelmäßig - zu den jeweiligen Berichten über die einzelnen Länder noch "Rêflexions", in denen der Herausgeber dann seine eigene Meinung zum Ausdruck bringt. Die einzelnen Monatsabschnitte werden unterteilt nach den Staaten, über die berichtet wird. Die Region, mit der wir uns befassen wollen, läuft im allgemeinen unter der Rubrik: "Nouvelles de la Pologne et du Nord", später "Nouvelles du Nord, de la Pologne, de la Russie". Dann erfolgt die Nennung der Städte, aus denen die Informationen gegeben werden; bei Polen handelt es sich im allgemeinen um Krakau, Warschau oder Danzig, bei Rußland um Moskau oder Petersburg. Dabei wird von Fall zu Fall die Briefform gewählt, wie es im 18. Jahrhundert in der Berichterstattung noch häufig der Fall ist. (2)

Das Hauptthema des Jahres 1697/98 bildet die Königswahl in Polen mit ihren Folgen. Sie gibt Anlaß zu vielen Überlegungen über die Eigenart des polnischen Staates und seine Verfassung. Die "Moscovites" treten in diesen beiden Jahren weitgehend in den Hintergrund.

Als zentrales Thema der Berichterstattung erscheinen die Unruhen bei den Truppen der Krone, die Vorgänge vor, während und nach der Wahl, das Verhältnis Polens zu Frankreich und auch - in Anfängen - die Haltung des Zaren gegenüber der Republik. Die Ereignisse geben dem Verfasser mannigfach die Gelegenheit zu eigenen Betrachtungen.

Was erfährt der aufmerksame Leser über Polen und Moskovien? Er liest von Konföderationen der polnischen Kronarmee, die ihren ausstehenden Sold verlangt und in Unterhandlungen mit der Republik tritt; von Unruhen unter litauischen Truppen: im Januar 1698 wird von Gehorsamsverweigerung gegenüber dem Großhetman der Krone berichtet. An anderer Stelle wird erneut auf den Zahlungsrückstand für die Kronarmee hingewiesen. (3) Daher ist es nicht verwunderlich, wenn es zu Klagen über die mangelnde Einsatzbereitschaft der Armee kommt, die es verhindert, Kamieniec noch vor Einbruch der schlechten Witterungsverhältnisse einzunehmen. Die Kronarmee wird bei dieser Gelegenheit beschrieben: "L'armée de la Couronne n'a aussi jamais mieux paru que cette année, chacun s'étant empressé de se faire voir en bel équipage pour la première fois aux yeux de notre Monarque; mais il n'est pas moins certain ... que les mesures sur lesquelles il avoit compté ... lui ont manqué; ... On n'a pas fait venir la grosse Artillerie ... et on a manqué de pourvoir aux provisions nécessaires ..."(1) Der Leser erfährt von Landtagen, die tumultuarisch verlaufen; in Samogitien wird ein Adliger im Versammlungsort - einer Kirche - getötet; der Landtag geht weiter.(2) Zu diesen Auseinandersetzungen kommen diejenigen im Vorfeld der Königswahl, die zu einem lebhaften Briefwechsel führen,(3) der teilweise abgedruckt wird. Unter den Kandidaten, die der Verfasser bis Juni 1697 (4) nennt, befindet sich nicht der Kurfürst von Sachsen. Als aussichtsreichsten Bewerber nennt er den Prinzen Conti - angeblich soll Frankreich 6 Mio. und die Rückeroberung von Kamieniec und ganz Podolien versprochen haben (5) - und den Prinzen Jakob Sobieski; dabei kommt er zu der erstaunlichen Voraussage, daß Conti keine Chancen habe,(6) dagegen Sobieski vom Zaren empfohlen worden sei (7), und schließlich weist er noch darauf hin, daß es ganz jemand anderes sein könne - eine Anspielung auf die Wahl Jan Sobieskis. (8) Interessant sind die Auseinandersetzungen um die Kandidatur des französichen Prinzen. Der "Mercure" druckt Briefe polnischer Adliger (9) ab, in denen deutlich die Furcht eines Teils der Adligen vor einem König französischer Herkunft zum Ausdruck kommt. Man hat Angst vor Conti: es werden Parallelen zu Cäsar (10) gezogen, und schließlich kommt der Pole zu dem Schluß: "...le ciel n'est pas plus éloigné de la terre, que les coutumes des François, leurs moeurs, et leur forme de Gouvernement different du Gouvernement établi en Pologne; que les François se glorifient d'être soumis à leur Roi..."(11) Diese Ansicht brächten die Franzosen in alle Länder, wenn sie ihr eigenes Land verlassen "jusqu'à se moquer de la liberté des autres peuples". Ein polnischer König französischer Herkunft würde (12) "des maximes purement despotiques" durchsetzen wollen. Alles Unglück für Polen komme von den Ratschlägen der Franzosen.(13) Bei dieser Ansicht spielt übrigens auch noch die starke Abneigung des polnischen Adels gegen die Königinwitwe Maria Sobieska eine Rolle.(14) Mit Bezug auf die enormen Bestechungsgelder, die anläßlich der bevorstehenden Wahl unter dem Adel verteilt werden, entrüstet sich der Pole: "c'est mettre à l'encan la République et la livrer au plus offrant."(15) Nichtsdestoweniger kommt die Wahl zustande, der Überraschungskandidat, der Kurfürst von Sachsen (16) wird gewählt, wobei der "Mercure" dessen Wahl als "dans les formes" qualifiziert.(17) Die Zeitschrift berichtet auch von den Gerüchten über die Versprechungen, die August der Starke den Polen gemacht habe: 10 Mio. an die Republik, Unterhalt von 15.000 Soldaten auf seine Kosten, die Rückeroberung der Festung Kamieniec von den Türken.(18) Durch die Doppelwahl geraten die Dinge in Polen vollends in Verwirrung; der "Mercure" setzt sofort voraus, daß dies zu viel Blutvergießen führen wird: "L'animosité est si grande de part et d'autre qu'on trouve toutes les nuits des gens morts à Warsovie et l'on entend parler à tous momens de querelles où quelqu'un demeure toujours sur le carreau. C'est une guerre intestine que les Polonois se font à eux-mêmes..."(19) Er berichtet von den Umtrieben des Primas, der ein Gegner Augusts II. ist, (20) von der Bildung einer Konföderation gegen August (21), von der Krönung in Krakau unter dem Schutz von 8.000 sächsischen Soldaten mit 12 Geschützen.(22) Die Auseinandersetzungen zwischen den Anhängern des Königs und den Parteigängern des Primas - dessen Motive zur Nichtanerkennung Augusts der "Mercure" zu entdecken sucht - ziehen sich bis 1699 hin. (23) Die Großen Polens sind durchaus noch nicht alle mit August einverstanden (1), die Truppen gehorchen dem Großhetman der Krone nicht und verlangen angeblich, der 4. Stand in der Republik zu werden (2); die Folgen für die Bauern, die unter den Auseinandersetzungen des Adels zu leiden haben, sind schrecklich, und sie ziehen sich nach den moskovitischen Grenzen zurück. (3) Während die Unterstützung der Conti-Anhänger durch Frankreich aufhört (4) - mit dem bezeichnenden Bemerken des Verfassers: "que le Prince de Conti ne se met plus en peine d'une couronne qui est environnée de tant d'épines",- (5) bietet der Gesandte des Zaren August erneut "tous les secours de troupes dont elle [Sa Maj. Pol.] auroit besoin ..."(6)

Gegenüber den sehr ausführlichen Nachrichten aus Polen treten die Informationen über Moskau noch in den Hintergrund. Das mehrmalige Hilfsangebot Peters an den Sachsen, die große Gesandtschaft in den Westen, (7) die Auseinandersetzungen mit den Krimtataren werden erwähnt, (8) ebenso wie die Hilfe der Venezianer, die dem Zaren Kanoniere schicken. (9) Ein Sieg über die Tataren bei Asow wird ebenfalls vermeldet, (10) sowie der Aufenthalt Peters in der Festung, wo er Anweisungen für Befestigungen gibt; seine Gegenwart beschleunigt alles. (11)

Die meisten "Réflexions" gelten den Verhältnissen in Polen. Stellvertretend für alle anderen, die in dieselbe Richtung zielen, sei hier die Überlegung des "Mercure" vom April 1698 (12) zitiert: " ... elle [Sa Maj. Pol.] a à faire à de terribles gens ... Les Polonois de l'un et de l'autre parti, sinon tous, au moins le plus grand nombre, n'ont regardé dans la double Election qu'ils ont faite ... que leur intérêt particulier et ce sera ce même intérêt qui les livrera immancablement en proye à une guerre civile qui les accablera, tandis que d'un autre côté les Tatares les sacageront sur leurs Frontières ... Ainsi à juger humainement de cette Affaire, la République étant divisée contre elle-même se détruira; et on ne doute point que ce ne soit la vue de ceux qui y fomentent des brouilleries". Und einen Monat früher (13) hat er ebenso deutlich formuliert: "il y a des mécontens de plus d'une sorte, et quoique tous se piquent de défendre les Loix et les Libertez de la Nation, on a vû néansmoins que ce Zêle partagé entre deux partis et deux Elections, n'a pas été à l'épreuve de l'intérêt de part et d'autre; et l'on parle même d'un troisième parti qui fomente sous main les divisions, dans l'espérance d'en profiter." Und er fügt seinen Überlegungen einen wesentlichen Gesichtspunkt an: "D'ailleurs, s'il y a des mécontens au dedans, il y en a d'autres au dehors qui ne seroient pas marris de voir arriver du changement; et il est bien certain que si toutes les voyes de la Médiation et de la douceur devenoient inutiles, et qu'il falut en venir aux extrémitez, ce seroit la Pologne qui en souffriroit le plus." (14).

Aus diesen zwei Jahren Berichterstattung über polnische Verhältnisse wird dem Leser doch ein recht anschauliches Bild vermittelt, zumal sehr häufig regelrechte "Tagebücher" von den Sitzungen der Reichstage abgedruckt werden, begleitet von den Kommentaren des Herausgebers. Der Tenor dabei ist, daß eben jede Art von Regierung ihre Nachteile habe. (15) Bei der Beschreibung der Zustände in Polen muß der Berichterstatter recht häufig zu Termini greifen, die das Durcheinander, die Zwietracht und die Unruhe, oft auch tätliche Auseinandersetzungen, ausdrücken. Begriffe wie: "Les troubles, les divisions, les affaires brouillées, désordre général, des assemblées tumultueuses, l'animosité, la guerre intestine, (oder civile)" begegnen dem Leser in jedem Bericht. Es muß sich ihm der Eindruck aufdrängen, daß dieser Staat sich anscheinend in dauernder Unordnung und ständigem Aufruhr befindet. Besonders Nachrichten über ungehorsame Truppenteile oder regelrechte Kleinkriege zwischen den großen Adelshäusern müssen dem französischen Leser, der an die relative Ordnung Frankreichs gewöhnt ist - vielleicht noch mit Schrecken an die Zeit der Fronde zurückdenkt - die polnischen Verhältnisse unheimlich und rückständig erscheinen lassen. Und der gescheite Berichterstatter legt auch in seinen Kommentaren den Finger auf die Wunde der ständigen Streitigkeiten bei einer Neuwahl und weist darauf hin, daß diese den Bestand der Republik bedrohen und zu ihrem Untergang führen können. Ausdrücklich erwähnt er die Nachbarn Polens, die aus den inneren Schwierigkeiten Nutzen ziehen können. Auch die Art und Weise, wie der Primas von Polen seine politischen Vorstellungen durchsetzen will, findet seine ausdrückliche Mißbilligung: "Cependant ce sont des jeux, où les peuples ne gagnent rien, et dont pourroient se prévaloir les ennemis de la République." (1) Im Ganzen gesehen bietet er das Bild eines in seinen Grundfesten erschütterten Staates, der von "terribles gens" weitgehend beherrscht wird. Und man darf wohl annehmen, daß er, und mit ihm die Leser, den Entschluß Contis verstehen, auf die "couronne qui est environnée de tant d'épines" zu verzichten. Ein Königtum, das mit soviel Einschränkungen verbunden ist - er druckt die Pacta Conventa ab, die Friedrich-August nach seiner Wahl unterschreiben mußte - scheint ihm nicht so sehr erstrebenswert. (2) Ja, er meint sogar, nur eine Änderung der Regierungsform könne die Dinge in Polen noch zum Besseren wenden. (3) Nur unter stärkstem Druck von Außen - hier meint er die Türken - seien die Polen imstande, einen heilsamen Entschluß zu fassen.

Im Gegensatz zu der ausführlichen Information über Polen wird von "Moscovie" nur wenig berichtet. In auffallendem Kontrast zu den polnischen Zuständen stehen die Erwähnungen des Sieges über die Tataren bei Asow und die Bemerkung: "tout est tranquille dans ce Pais-la." (4) Der "Mercure" erwähnt zwar den Strelitzenaufstand, gibt auch Berichte wieder, daß auf die Nachricht von diesem Aufstand die Tataren in russische Gebiete eingefallen seien, daß viele "mécontens" sich der Erhebung angeschlossen hätten und die Prinzessin Sofija die Regierung wieder in die Hand nehmen wolle. (5) Der Verfasser nennt aber diese Nachrichten "des Nouvelles imaginées" - "toute l'Europe est informée du contraire". Und selbst, wenn es nicht alle wüßten, so müßte doch die Langsamkeit, mit welcher der Zar nach Moskau zurückkehre, schon Beweis genug sein, daß alles in Ordnung sei. Er schließt: "Ces troubles qui étoient peu de chose, ont été entièrement appaisez; on en peut garantir le Public." (6) So erscheint hier "la Moscovie" als ein relativ gefestigter Staat, dem kleinere Erschütterungen nichts anhaben können. Das Bild seines Herrschers ist noch ziemlich blaß, der einzige Hinweis auf seine Tatkraft ist die kurze Erwähnung der Tatsache, daß Peters Anwesenheit alle Dinge beschleunige. (1)

Mit der Berichterstattung der ersten Jahre des Zeitraumes, dem unserer Betrachtung gilt, ist schon ein vorläufiges Bild (von Polen bzw. Moscovie) gegeben, und es bleibt festzustellen, ob sich wesentliche Erweiterungen oder gar vollständige Änderungen ergeben, oder ob die Ansichten, zunächst von Polen - die über Moskovien sind ja noch sehr dürftig - keinen grundlegenden Wandel erfahren.

Die folgende Jahre stehen im Zeichen des Nordischen Krieges und den damit verbundenen Umwälzungen, vor allem dem Aufstieg Rußlands, das in dieser Zeit von "Moscovie" zu "la Russie" (oder "l' Empire Russien") aufgewertet wird (ca. 1724).

Die Nachrichten aus dem Norden beginnen damit, daß der "Mercure" feststellt, der Zar und der polnische König befänden sich in sehr gutem Einvernehmen, wobei er noch erwähnt, daß Peter große Anstrengungen mache "pour se rendre redoutable à la porte ottomane" (2) und außerdem auf die polnische Unterstützung gegen die Türken hoffe. Umso erstaunter ist der Verfasser, als er im Monat März vermelden muß, daß sächsische Truppen ohne Kriegserklärung in Livland einmarschiert sind. (3) Gänzlich unverständlich ist ihm, daß einerseits der Zar die Allianz mit Schweden erneuert habe, er aber andererseits Truppen zur Unterstützung des polnischen Königs schicke, (4) August wohl auch damit rechne, (5) Peter aber andererseits dem schwedischen Residenten versichert habe, daß er, weit davon entfernt, Karl XII. den Krieg zu erklären und Truppen nach Livland zu schicken, streng den Frieden bewahren wolle. (6) Der Krieg ist dem "Mercure" ein Rätsel, und der Verfasser vermutet, daß mehr dahinter stecke als es den Anschein habe. (7) Diese Überlegung hat er schon im März angestellt: (8) "S'il est vrai que les Moscovites donnent du secours à la Pologne, il y a lieu de presumer que sa Maj.Pol. et le Czar ont d'autres desseins que de favoriser seulement ceux de la couronne de Danemark." Im Oktober erst kann er seinen Lesern mitteilen, daß das Rätsel nun gelöst ist: Peter hat im Juli (3./14.7.1700) Frieden mit der Pforte geschlossen und marschiert nun mit starken Kräften auf Narva. (9) Große Chancen räumt der Berichterstatter dem Zaren nicht ein,: so "formidable" die Armee Peters auch sei - der "Mercure" spricht von 70.000 Mann, deren Infanterie in gutem Zustand sei und deren Garde Elitetruppen seien - so sei er doch nicht imstande, die Schweden zu schlagen. Sie würden ihn zwingen, sich nach Moskau zurückzuziehen. (10) So wird denn auch Anfang des Jahres 1701 der Sieg des "roi de Suède sur le moscovite" vermeldet: die an Zahl weit unterlegenen Schweden (nur 20.000) hätten 130.000 Russen geschlagen, jedoch sei der Zar nicht bei der Armee gewesen; er habe sich einige Tage vorher nach Pskow begeben, um noch Verstärkungen heranzuführen. (11)

Die diesem Monatsbericht folgenden Reflexionen sind ein einziges Loblied auf Karl XII: "Il vient, il vit et il vainquit". (12) In den folgenden Monaten werden Spekulationen über einen baldigen Friedensschluß der Krone Schweden mit dem Zaren angestellt (13) -

trotz des Vertrags zwischen August II. und Peter I. (1), aber der Berichterstatter glaubt nicht so recht an diese Gerüchte ("bruits"). (2) Er erläutert auch, warum er einen baldigen Frieden für unwahrscheinlich hält; den Grund sieht er vor allem in der Person des Zaren: "Le Czar est un Prince bouillant et qui n'a pas de petites vues. Il a des nombreuses armées et d'ailleurs il est piqué au jeu à cause de l'échec terrible qu'eurent ses troupes l'année dernière." (3) Jedenfalls wolle er mit 20.000 Mann erneut in die Kampagne eintreten. (4) Allerdings wird wenig später eine erneute Niederlage der Moskoviter gemeldet: 5.000 Schweden schlagen bei Dorpat "une armée Russienne ... extrêmement nombreuse." (5) Dann wird von der Einnahme Marienburgs und Nöteburgs durch die russischen Truppen berichtet. Bei der Kapitulation Marienburgs haben die Moskoviter ihr Versprechen eines ehrenvollen Abzugs für die Garnison gebrochen und sie gebunden nach Moskau wegführen lassen. (6) Das Verhalten der moskovitischen Tuppen wird wiederholt als sehr undiszipliniert dargestellt: (7) die Briefe aus Narva, Dorpat und Reval "ne sont remplies que de lamentations sur les ravages que font les Moscovites qui brûlent et ruinent tous les lieux par où ils passent ... On croit que le dessein des Moscovites est d'employer une quinzaine de jours à ruiner le Pais ..." Sicher ist jedoch, so meint der Verfasser, daß sie alles Getreide fortnehmen, außerdem führen sie alle Jungen nach Moskovien weg. (8) Immer wieder versucht der Zar, die Republik Polen, die sich selbst nicht als im Krieg mit Schweden befindlich betrachtet, durch ein Bündnis in den Krieg hineinzuziehen. (9) Damit ist die Lage des polnischen Staates in diesem Kriege angesprochen. Der Berichterstatter kann als Fazit eigentlich nur feststellen: "tout y est dans la dernière confusion ... c'est un cahos impénétrable." (10) Daher ist es nicht zu verwundern, daß der Verfasser manchmal sein Unvermögen zu genauerer Darstellung oder eingehenderem Kommentar gestehen muß, (11) denn die Situation in Polen erscheint oft so unübersichtlich, daß er nicht weiß, was er sagen soll. Es ist ja auch nicht so einfach, die dort herrschenden Verhältnisse überhaupt einigermaßen zutreffend darzustellen, und der Leser muß nach der Lektüre völlig verwirrt sein. Der polnische König führt Krieg an der Seite des Zaren gegen die Schweden, aber die Republik will damit nichts zu tun haben; (12) andererseits bittet die Republik den Zaren um Hilfe gegen die Tataren, die dieser wiederum nur gewähren will, wenn sie sich zu einem Offensivbündnis mit ihm gegen Schweden bereitfindet. (13) Ein Teil des Adels schwört, für August II. sein Leben zu lassen, (14) während wiederum der Primas und sein Anhang das Interregnum verkündet und mit Hilfe der Schweden einen neuen König wählen lassen will. (15) Nicht genug damit, herrscht in Litauen so etwas wie ein Privatkrieg zwischen den Sapieha und Ogiński, (16) wobei letzterer sich mit den moskovitischen Truppen verbindet und auf den Besitztümern seiner Landsleute haust wie in Feindesland. Alle Versuche, auf einem Sejm eine Lösung der Probleme zu finden, scheitern an der Eigensucht der Magnaten. (17) Kein Wunder, wenn der Mercure schließlich resignierend feststellt: "On ne sçauroit concevoir de plus grand désordre que celui qui regne dans la République de Pologne et le Cardinal Primat a raison de dire, que les Polonois sont devenus la risée de leurs voisins..." (18) Und wenn er auch noch im Januar 1700 in seinen Überlegungen feststellte, daß Polen "une république puissante et fière" (1) sei, so ist doch ebenso klar für ihn, daß die polnische Nation nicht in der Lage sei, in einen Krieg gegen Schweden einzutreten, (2) "elle est lasse de la guerre." (3) Im übrigen hat der König auch genug Sorgen mit den Unruhen in Litauen, die sich jahrelang hinziehen und deren Ende nicht abzusehen ist; die Landtage gegen ergebnislos auseinander. (4)

Der "Mercure" stellt seine Vermutungen über die Ursache der inneren Streitigkeiten an: Zum einen schreibt er sie den eigensüchtigen Interessen der Magnaten zu, (5) die ihren eigenen Nutzen höher achten als das Wohl der Republik; zum anderen aber äußert er auch den Verdacht daß es gewisse Mächte gebe, die ein Interesse daran hätten, die Unruhen in Polen zu erhalten und sie unter der Hand auch noch zu fördern. (6) Diese Gedanken werden an verschiedenen Stellen geäußert, (7) so daß hier eine ziemlich genaue Einschätzung der Republik und ihrer politischen Zustände - und Möglichkeiten - vorliegt und der Leser sich ein recht zutreffendes Bild machen kann. Der dringendste Mangel in diesem Land wird vom "Mercure" deutlich angesprochen: "on entrevoit que le grand ressort manque en Pologne, je veux dire l'argent et le bon sens." (8) Als Fazit kann man wohl die Aussage sehen, die am Ende seines Berichtes vom Juli 1704 steht: (9) "une République qui s'est divisée contre elle-même, et qui par cette divison mal entendue est devenue l'objet de la pitié, et en même tems de la raillerie de toute l'Europe. Les deux partis, tout Polonois qu'ils sont, se traitent déjà de part et d'autre avec le fer et le feu ... La Pologne acheve de se ruiner, elle acheve de devenir l'objet de mépris des autres Puissances." Und an anderer Stelle: "Ils [les confédérés] seront les dupes des Puissances qui ont sçu le secret de les mettre en jeu ..."(10)

Hinterläßt die Darstellung der moskovitischen Tätigkeiten doch im allgemeinen den Eindruck, daß hier *eine* Gewalt den Gang der Ereignisse bestimmt,so erhält der Leser im Gegensatz dazu von der Adelsrepublik den Eindruck, daß eine Vielzahl von Gewalten aus unterschiedlichsten - meist persönlichen - Interessen gegeneinander steht und den Staat zum Spielball der benachbarten Mächte werden läßt. Daß es der Zar ist, der einen großen Einfluß ausübt, wird aus mehreren Andeutungen klar: daß er die Republik zum Bündnis gegen Karl XII. zwingen will, seine Truppen in polnischem Gebiet sich aufhalten und sich einer Adelsgruppe (Ogyński) anschließen. In dieselbe Richtung weist die Beurteilung der Lage des neugewählten Königs, Stanisław, vom dem der Verfasser annimmt, daß Karl XII. ihn nicht auf dem Thron halten könne; sondern: "le Czar, lui seul, pourrait bien l'arrêter tout court." (11)

Der Eindruck eines ordnenden Willens, der alles lenkt gegenüber der totalen Konfusion der Adelsrepublik wird in den Berichterstattungen der folgenden Jahre verstärkt, zumal dann noch die äußeren Erfolge für den Zaren dazukommen. In ihrer Beurteilung des polnischen Adels und der Republik sind sich die beiden Periodika "Mercure" und "La Clef du cabinet des Princes" einig: auch der "Clef" kommt zu den gleichen Schlüssen: "la mésintelligence augmente de plus en plus parmi la Noblesse Polonoise ... elle regne même dans l'Armée de la Couronne, où l'on parle d'établir une nouvelle Confédération dans la vûe d'éloigner du Royaume toutes les troupes étrangères qui achevent de ruiner la malheureuse République, désolée par la peste, la guerre et la famine ..." (1) Und als Illustration für das Verhalten Adliger und zur Kennzeichnung der Lage berichtet der "Clef": "mais le palatin de Beltz offensé de ce que le nouveau Roi [Stanisław] avoit disposé de sa Charge en faveur du Palatin de Kiovie, refusa de se soumettre, forma et soutint un parti considérable, sous prétexte des libertez de la république, auquel le Roi Auguste sous main, et le Czar de Moscovie ouvertement, fournissoient les alimens nécessaires pour entretenir ce part divisé du corps de la République." Eine Einigung wäre möglich gewesen, wenn einer der beiden Beteiligten verzichtet hätte: "mais la ferme opiniâtreté de l'un et de l'autre ... entretint la division qui a continué de ruiner l'état ..." (2) "Opiniâtreté" ist ein Begriff, der häufig im Zusammenhang mit den polnischen Adligen fällt und recht gut ihre Haltung kennzeichnet. Während der "Mercure" auf dem Standpunkt steht, daß die Sache König Augusts II. die Sache aller Könige sei, (3) sieht der "Clef" das etwas differenzierter, wenn er schreibt, (4) daß sich das Königreich Polen noch lange an die Herrschaft Augusts erinnern werde, da er es war, der ihnen den Krieg mit den Schweden beschert hat. Im übrigen ist es diesem Verfasser ohnehin unverständlich, warum August so große Opfer von seinem Stammland Sachsen verlangt: er muß nun zum zweiten Mal große Summen für die Stimmen der Großen aufbringen (5) - und das nicht etwa für die Vergrößerung des Kurfürstentums, sondern nur "pour donner à leur électeur un simple titre de Roi d'une couronne élective sans pouvoir donner les Charges et les Emplois qu'à des Polonais." (6)

Beide Zeitschriften sind gute Beobachter, was die wachsende Abhängigkeit Polens vom Willen des Zaren anbelangt. Der"Clef" bringt es deutlich zum Ausdruck: "On a publié en Pologne une Déclaration du Czar de Moscovie, par laquelle est enjoint à la Noblesse et au peuple, de demeurer unis, à peine de la vie et de confiscations de leurs biens: dans un Etat Monarchique et Despotique un Souverain ne pouvoit pas mieux ordonner en Maître: le Czar prétend par là d'empêcher les Membres de la République de Pologne de se plaindre des vexations des Officiers et soldats moscovites: car il n'a pas en vûe de leur inspirer cette union pour le maintien de leurs libertez et de leur indépendance." (7)

Dieses Problem - das Verhalten der moskovitischen Truppen in Polen - wird von beiden Zeitschriften sehr deutlich dargestellt: (8) Immer, wenn die Polen fordern, daß die Truppen abziehen sollen, erhalten sie zur Antwort, daß diese nicht eher abmarschieren könnten, als bis Ruhe und Ordnung im Lande herrschten. Die Auswirkungen ihrer Anwesenheit sind schrecklich: sie leben in Polen mit mehr Zügellosigkeit als in erobertem Feindesland, verlangen hohe Kontributionen (durch militärische Exekutionen!) und "les Moscovites y vivent dans une espèce de discretion".(9) Die Adligen verlassen ihre Schlösser und überantworten die Bauern der Willkür der Moskoviter. (1) Die Städte der Ukraine versinken in Asche. (2) Der Preis für die "Hilfe" der Moskoviter werde nicht gering sein. Der "Clef" vermutet, daß es die Polen irgendeine Provinz oder Grenzverschiebung kosten werde. (3)

Das allgemein übliche Attribut für das Königreich Polen lautet "pauvre" oder "malheureux". (4) Währenddessen steigt das Ansehen des Zaren mit seinen Erfolgen, seine Truppen haben Gelegenheit gehabt, kriegserfahren zu werden. (5) Über den Sieg bei Poltava berichtet der "Mercure" in zwei Monaten mehrere Seiten lang, (6) und der triumphale Einzug in Moskau mit den Resten der schwedischen Armee wird ausführlich beschrieben mit dem Zusatz: " enfin on n'a rien obmis, pour renouveler dans cette occasion, les pompeux spectacles dont les anciens Romains honoroient leurs généraux." (7) Welch ein Gegensatz zu Polen, wo alles drunter und drüber geht und kein Monat verstreicht, ohne daß nicht über "troubles", "animosités", "mécontens" berichtet wird. (8) Während der "Mercure" z.T. der Faszination des erfolgreichen Zaren erliegt, bringt der Berichterstatter im "Clef" einige kritische Anmerkungen und versucht auch, Peters Absichten und Ziele zu ergründen. Im "Mercure" wird Peters rastloser Einsatz in den eroberten Gebieten (Livland) geschildert, wo er die Unordnung beseitigt und Handel und Wandel fördert. Den Krieg mit den Türken hat er vorausgesehen; und alle Russen, Adel und Volk, machen mit Freude die größten Anstrengungen, weil sie von der gerechten Sache ihres Monarchen überzeugt sind. (9)

Die Berichte über den Pruthfeldzug sprechen zuerst nur über die Erfolge des Zaren, (10) auch der Vertrag zwischen dem Wesir und Peter kommt auf Drängen des Türken zustande, (11) da er die Vergeblichkeit seines Anrennens auf die russischen Stellungen eingesehen habe. Allerdings seien die Bestimmungen des Vertrages von großer Geheimhaltung umgeben, man wisse nichts darüber. Aber schon in seinem Kommentar zu den Septembernachrichten meldet der Verfasser Zweifel an: anscheinend sei der Vorteil doch auf Seiten der Türken gewesen, man sei jedoch durch die Geheimhaltung der Artikel in der Unsicherheit belassen worden. (12) Nach Kenntnis der Friedensbedingungen meint der Verfasser, daß der Zar, da er ja zu diesem Frieden gezwungen worden sei und die Pforte sich sicher nicht an ihn halten werde, weil zu Gunsten Karls XII. nichts stipuliert sei und weil der russische Einfluß in polnische Angelegenheiten verhindert werden soll - die Türken wollen sich selber dort einmischen - daß aus allen diesen Gründen der Zar den Vertrag nicht einzuhalten brauche, (13) obwohl doch alle Welt ("toute la terre") wisse, "jusqu'où va la délicatesse de ce Monarque touchant la bonne foi ". (14) Diese Bemerkung steht im völligen Gegensatz zu den Beobachtungen des "Clef", der sich auf den mehrmaligen Wortbruch des Zaren bezüglich der Behandlung der schwedischen Garnisonen von Wiborg und Riga bezieht und meint, daß man sich ohne Garantien nicht auf die Zusicherungen des Zaren verlassen könne. (15) Das zeige auch die Tatsache, daß Peter sich weigert, Livland, dessen Eroberung und Angliederung an Polen als Vorwand für den Krieg gegen Schweden gedient hat, nun an seinen weniger glücklichen Alliierten herauszugeben, obgleich er diese Eroberungen im Namen Polens gemacht hat. (16)

Der Zar hielt sein Versprechen nicht und ließ sogar die Stände Livlands ihm als "Sa Majesté Czarienne Grand Empereur de la Russie" den Treueid ablegen. Der "Clef" kommentiert: "Si ce procédé repugne en quelque manière à la bonne foi du traité d'alliance entre les Polonois et les Moscovites, il s'accommode à la politique et aux intérêts d'un conquérant, supérieur en puissance à tous les Souverains du Septentrion." (1) Und er versucht eine Vorstellung von der Macht dieses Herrschers zu geben, eine Macht, "qui augmente tous les jours", indem er die verschiedenen Truppen aufzählt, die der Zar gleichzeitig im Felde stehen hat. (2) Was ist das für ein Herrscher, welche Absichten hat er? Sein wichtigstes Ziel sei, so der "Clef", die Interessen aller Herrscher Europas gut kennenzulernen. Zu diesem Zweck würden in alle Staaten Gesandte geschickt, um deren Entdeckungen, Sitten, Gebräuche, Handel, Geldwesen, Intrigen, Verwaltung, Justiz zu notieren und an den Zaren weiterzuleiten. Die Absicht Peters sei: "de faire un composé de tout ce qu'il y a de meilleur dans les autres Etats, pour en corriger ce qu'il y a de mauvais dans le sien .." (3) Er wolle Manufakturen einrichten, einen Handel schaffen, der ihn unabhängig mache von anderen Ländern, eine große Anzahl von Ausländern zur "Peuplierung" seiner weiten wüsten Gegenden heranziehen. Wenn ihm das alles so gelinge, wie die Disziplinierung der russischen Truppen, dann bestehe kein Zweifel "qu'il ne soit un jour un des plus puissants et des plus redoutables Monarques de la Chrêtienté." Manche glaubten sogar, daß er sich um die Kaiserkrone des Heiligen Römischen Reiches bewerben würde. Der Verfasser will sich zwar nicht für die Wahrheit dieses Gerüchtes verbürgen, aber er sagt doch: "les vûes du Czar sont grandes et ses forces mêmes présentement sont déjà à redouter par les voisins." (4)

Die Berichterstattung über Polen wird auch in den folgenden Jahren weitgehend von zwei Themen bestimmt: der Unruhe des polnischen Adels und der Auseinandersetzung mit Rußland, wobei die kurländische Frage eine nicht geringe Rolle spielt. Ein Ereignis findet allerdings ein sehr großes Echo in den Zeitschriften: das Thorner Blutgericht (in der zweiten Hälfte des Jahres 1724). In allen Berichten wird auf die weitreichenden Folgen dieses Ereignisses hingewiesen; das Dissidentenproblem würde, nach Auffassung der Verfasser, eine schwere Belastung für die Republik sein. In Rußland ist es ebenfalls ein innerpolitisches Ereignis, das lange die Aufmerksamkeit der Zeitschriften auf sich zieht: die Anklage gegen den Thronfolger Aleksej sein Verzicht auf den Thron und sein Tod. Schließlich erfolgt auch eine ausführliche Würdigung Peters, als die Nachricht von seinem Tode bekannt wird.

Das Verhältnis der Republik zum russischen Staat ist weiterhin äußerst gespannt: immer noch stehen moskovitische Truppen in großer Zahl in Polen, wo sie auch bleiben, obwohl sie laut Pazifikationsvertrag das Land verlassen müßten - genauso wie die sächsischen Soldaten des Königs August II. Aber der russiche Gesandte, Fürst Dolgorukij, nimmt die Konföderation eines Teiles der Armee (wegen des ausstehenden Soldes) zum Anlaß, den russischen Truppen einen längeren Aufenthalt in Polen zu verschaffen, um, wie er sagt, den Frieden hier aufrechtzuerhalten, (5) im

Juni 1718 sind sie noch immer da. (1) Schließlich gibt Dolgorukij bekannt: er werde mit seinen Truppen nicht eher aus Polen abziehen, ehe die Republik nicht feierlich auf Smolensk und Kiew verzichtet hat. (2) Dem Berichterstatter bleibt als Feststellung übrig, daß die Moskoviter das unglückliche Land völlig ruinieren und daß der Gesandte Moskaus den Sejm an jeder Beschlußfassung hindern soll (3) - ein deutliches Zeichen, wie die Machtverhältnisse liegen! Die Absicht des polnischen Adels, die Moskoviter zu verjagen, hält der "Mercure" für undurchführbar. "Ils ont beau être disposez à vouloir repousser la force par la force, le remède paroît pire que le mal, et les suites en sont si dangereuses, qu'il faut convenir que jamais Royaume n'a été dans un état si violent, ni moins capable de résister aux coups qu'on pourroit lui porter ..." (4) In diesem Zusammenhang scheint es nicht uninteressant, wenn der "Mercure" berichtet, daß Friedrich-Wilhelm von Brandenburg-Preußen einen Brief an August II. geschrieben habe, in welchem er seinen Ärger über das anscheinend weitverbreitete Gerücht Ausdruck verleiht, der Zar und er wollten ihre Kräfte zu dem Zweck vereinen, die polnische Freiheit zu zerstören und die besten Provinzen der Republik unter sich aufzuteilen! (5) Wieder lastet der Verfasser den größten Teil der Schuld an diesen elenden Zuständen dem Adel an, für dessen Charakterisierung er folgende Worte findet: " des esprits chauds et remuans, sur lesquels les Haines, les Factions ou l'intérêt particulier à (!) infiniment plus de pouvoir que le motif du bien public;" (6) "des esprits si inquiets et si portés à la division", "disposés à prendre feu à la première occasion."(7) Auch habe nicht etwa Friedensliebe den polnischen Adel dazu bewegt, mit August II. ein Übereinkommen zu schließen, sondern allein die Unmöglichkeit der einen oder der anderen Seite, einen Vorteil über den Gegner zu erringen. (8) Wohl hat der Verfasser Mitleid mit der Bevölkerung, die unter den Plünderungen der russischen und sächsischen Soldaten und den Bedrückungen des eigenen Adels zu leiden hat. Aber er macht doch deutlich, daß er das Treiben der polnischen Magnaten mißbilligt und sie nicht verstehen kann. Dies Unverständnis zeigt sich besonders, als der "Mercure" davon berichtet, daß ein einziger Adliger, der Landbote von Halicz, den Sejm ohne Begründung gesprengt habe. (9) Für ihn ist die polnische Freiheit fast Zügellosigkeit, (10) und er vergleicht die Republik, die seit 20 Jahren gequält wird "de cruelles divisions, accablée tour à tour de guerres intestines ou étrangères ou de famine" mit einem hinfälligen, altersschwachen Körper, (11) denn keines der angewendeten Heilmittel habe Hilfe bringen können, sondern im Gegenteil das Übel noch verschlimmert.

Gänzlich ohne Verständnis steht er dem Anwachsen religiöser Intoleranz gegenüber, wie sie sich bei den Ereignissen in Thorn 1724 und deren Folgen für den Magistrat der Stadt manifestiert. In einem ausführlichen Bericht über den Aufruhr in Thorn gibt er die Schuld den Jesuiten und ihren Schülern, die er als Wahnsinnige sieht, die mit dem Säbel in der Hand in der Stadt Amok laufen.(12) Die Folgen dieses Ereignisses sind weitreichend, fast alle auswärtigen Mächte legen Protest ein, (13) ja es geht sogar das Gerücht, ein Krieg stehe bevor. (14) Das Landvolk rotte sich an verschiedenen Stellen zusammen "pour piller; trouvant cette manière de vivre plus commode que de rester dans leurs maisons et de cultiver les Terres, en sorte que l'on a été obligé dans quelques endroits de faire marcher contre eux quelques troupes de la couronne ..." (1) Die ganze Nation sei mit Schande bedeckt, den König treffe keine Schuld, nur die polnischen Minister, aber vor allem die Jesuiten und die Priester "qui ne prêche(nt) que carnage et désolation." (2) Die Einsichtigen und Friedliebenden sind in der Minderzahl, Flugschriften gegen Protestanten werden verbreitet, Kirchen geschlossen und Pastoren vertrieben, man fürchtet sogar allgemeine Ausschreitungen gegen Protestanten, welche von der Kanzel herab auf das schärfste angegriffen werden. (3) Der König versuche alles, um den Polen Vernunft zu predigen, aber ohne Erfolg. (4) Wieder resümiert der Verfasser ein Jahr Berichterstattung über Polen mit der resignierenden Feststellung, alles sei ein wirkliches Chaos und das Verhalten des polnischen Adels eben so beispiellos wie unverständlich.(5)

Einen ähnlichen Fall wie in Polen sieht der Verfasser im Prozeß um den Carevič Aleksej, und zwar in Bezug auf die Rolle der Geistlichkeit. Schon im Februar 1718 wird die Exekution des Fürsten Volkonskij gemeldet mit dem Bemerken, daß Seine Zarische Majestät vor seiner Abreise aus Petersburg für seine Untertanen ein Exempel habe statuieren wollen. (6) Im April berichtet der "Mercure", daß der Zar bereits seit geraumer Zeit mit seinem ältesten Sohn und Nachfolger sehr unzufrieden gewesen sei. "La malheureuse conduite de ce Prince affligeoit d'autant plus S.M. Czarienne, qu'elle prévoyait, que si jamais il montoit sur le Trône de la Grande-Russie, il ne manqueroit pas de détruire tout ce qu'Elle avoit fait jusqu'ici en faveur de ses sujets."(7) Er schildert die Unterwerfung Aleksejs unter den Willen seines Vaters und druckt sowohl das Manifest Peters zu dieser Gelegenheit als auch die Verzichtserklärung des Carevič ab. (8) Gleichzeitig wird der zweite Sohn des Zaren, Peter Petrovič, als zukünftiger Thronfolger designiert. An diese Bestimmungen knüpft der "Mercure einige Überlegungen an: ob es dieser Entscheidung des Monarchen "tout puissant et absolu qu'il soit" wohl beschieden sei, Wirklichkeit zu werden. Er verweist unter anderem auf das Beispiel aus Peters eigener Jugend und meint dann nachdenklich: "Qui sait si les Partisans du Czarovitz déshérité et surtout ceux qui sont fermement attachez aux anciennes coûtumes du Pais, que le Czar tâche d'abolir entièrement, ne trouveront pas les mêmes moyens pour changer cette disposition ... ou y apporter quelque tempérament?" (9) Dabei sei gar nicht daran zu zweifeln, daß der Zar mit dieser Verfügung nur das Wohl seiner Untertanen im Auge gehabt habe, welche er zu perfektionieren und den kultiviertesten Nationen Europas ebenbürtig zu machen trachte. Es sei nur zu hoffen, daß er damit nicht die Saat zu einem langen und grausamen Krieg gelegt habe. Im Juni werden weitere Exekutionen aus Moskau gemeldet, (10) und der Zar, so der "Mercure", entdecke ständig neue Fakten der Verschwörung, (11) und die Komplizen würden exemplarisch bestraft; die Großen, Bischöfe und andere Amtsträger, würden nicht davon ausgenommen. Ohne Unterschied erleiden alle dasselbe Schicksal. Er schließt aus den Nachrichten, daß alles, was man bisher über den Klerus des Landes veröffentlicht habe, nur zu wahr sei "puis qu'ils avoient engagé tant de différentes personnes dans leur parti et que les sentiments indignes et peu chrêtiens qu'ils avoient inspiré au peuple contre leur souverain pendant le cours de ses Voyages, êtoient à la veille d'êclore d'être poussez bien loin ..., Enfin toute la Moscovie par l'horreur des supplices, est dans une consternation inexprimable ..." (1) Im August meldet die Zeitschrift den Tod Aleksejs, der bei der Verlesung seines Todesurteils in eine Art Apoplexie gefallen, und, nachdem er um Verzeihung gebeten habe, gestorben sei. (2) Der Grund für das Todesurteil sei gewesen, daß Aleksej seinem Vater nicht alles gestanden habe. Es sei nur bekannt geworden, daß er die in Mecklenburg stehenden russischen Truppen gegen seinen Vater habe marschieren lassen wollen.

Der "Mercure" untersucht die Haltung des Zaren in seinen "Réflexions" des Monats August. Er kommt zu dem Schluß, daß die Handlungsweise des Zaren, selbst wenn sie anscheinend gegen die Natur sei, doch richtig und letztlich auch zum Heile seiner Staaten gewesen sei. Schließlich habe der Carevič nicht nur seinen Vater, sondern die ganze Familie töten und eine allgemeine Erhebung der russischen Truppen veranlassen wollen. Den Wahrheitsgehalt dieser Anschuldigungen prüft er nicht nach. Der Berichterstatter verweist auf das Beispiel Philipps II. von Spanien. (3)

Andere innenpolitische Ereignisse werden nicht in dieser Ausführlichkeit geschildert, wohl aber wird erwähnt, daß Peter eine Akademie der Wissenschaften gegründet, (4) die Verwaltung reformiert, (5) und daß er den Brief Kaiser Maximilians an Vasilij Ivanovič III. (1505-1533) aus dem Jahre 1514 veröffentlicht habe, in welchem dem Zaren der Titel "Empereur et dominateur de tous les Russiens" beigelegt wird. (6) Und sicher mit einem Seitenblick auf Polen berichtet der "Mercure", daß Peter in einem Edikt die Zahl der Klöster und Mönche sowie deren Einkommen begrenzt (7) und die Jesuiten aus Rußland vertrieben hat. (8) Diese Neuordnung lobt er ganz besonders, und er hebt auch hervor, daß der Zar Aberglaube und Fanatismus aus der russischen Kirche entfernt habe mit Hilfe der Wissenschaften, die er beim Klerus eingeführt habe. (9)

Über Reaktionen auf diese Verordnungen erfährt der Leser nichts. Wie denn überhaupt bei den Berichten aus Rußland fast ausschließlich Ereignisse erwähnt werden, die unmittelbar mit dem Herrscher bzw. mit dem Hof zu tun haben. Einzelpersönlichkeiten des Adels treten nur in ihrer Funktion als Inhaber eines vom Zaren verliehenen Amtes auf, während in Polen hauptsächlich die Aktivitäten der einzelnen Adelsfamilien im Vordergrund stehen. In seltenen Fällen wird vom Volk berichtet, in Polen meistens von Stadtbewohnern und Bauern, die unter den Ausschreitungen der moskovitischen, sächsischen und auch polnischen Truppen, sowie den Folgeerscheinungen wie Teuerung, Hunger und Seuchen zu leiden haben. Vom russischen Volk erwähnt er nur die Soldaten. Damit verbinden sich vor allem die Begriffe "ravages", "dégâts" oder auch "indociles". (10) Andererseits kann der Verfasser sich nicht genug tun, Peter zu preisen: noch zu seinen Lebzeiten schreibt er über ihn (im Zusammenhang mit der Affäre in Thorn 1724):

"Pierre le Grand ècoute moins sa passion pour la gloire que sa modèration et son èquitè naturelle, ces vertus exigent en lui qu'il ne refuse pas son puissant secours aux oprimez, et pour certain il les secourra, mais il refuse de recourir à la force jusqu'à ce qu'on oit èpuisè toutes les voies de la douceur et de la nègociation. Qu'il est rare de trouver sous le diadème autant de prudence, d'indulgence, d'èquitè et de modèration."(1) Nach Peters Tod gibt es nur noch eine Würdigung: "Le plus grand Prince que l'Europe ait vû depuis plusieurs siècles."(2) Er ist "Hèros", "homme vertueux", "le bon pêre", "ce sage Empereur". (3) Er hätte es verdient, vom Gesetz der Sterblichkeit ausgenommen zu werden. (4) Der "Mercure" gibt allerdings zu, daß die Übertragung der Regierungsgewalt an seine Witwe Katharina - die er fälschlich einer letzten Anordnung Peters zuschreibt (5) - nicht ganz ohne Risiko war, (6) da unter den Russen doch eine ganze Menge Verteidiger der alten Bräuche waren, welche, da sie sehr stark seien, die neuen abschaffen könnten.

Auch der "Clef" bringt einen Nachruf auf Peter I., den er als den größten Herrscher auf Rußlands Thron bezeichnet, (7) geboren mit den seltensten Talenten,Vater seiner Völker; der Wunder gewirkt hätte, wenn er mehr Zeit gehabt hätte, seine Pläne zu verwirklichen. (8) Die einzige Handlung in seinem Leben, die Anlaß zu Vorwürfen geben könne, sei der Tod seines Sohnes Aleksej, den er, so sagt der Zar selber, der Sicherheit und dem Glück seiner Völker geopfert habe. Katharinas Nachfolge sei der letzte Wille des Zaren gewesen, allerdings meldet er schon im Juni, daß die Zarin zwar keine Opposition habe, daß Peter der Große aber den Großfürst Peter (II.) als Nachfolger gewünscht hätte. (9)

Im übrigen beschäftigen sich die meisten Nachrichten ebenfalls mit Polen. Auch der "Clef" führt eine Art "Tagebuch" über den Ablauf des Sejm, wenn auch nicht ganz so ausführlich wie der "Mercure". Und auch hier kommt die Uneinigkeit der Landboten, welche die meiste Zeit mit unnützen Reden verbringen, deutlich zum Ausdruck. (10) Es ist die Frage nach den Rechten der Protestanten, die besonders stark die Gemüter erhitzt und deren Brisanz sich in den Vorgängen von Thorn (Juli 1724) deutlich manifestiert hat. Ursprünglich sei dies nur eine Angelegenheit von Schülern der verschiedenen Konfessionen gewesen, dann aber sei sie doch ernst geworden durch die Haltung der lutherischen Bevölkerung, die vorgab, von den katholischen Studenten beleidigt worden zu sein. In dieser Zeitschrift ist eine antiklerikale Haltung kaum vorhanden; während der "Mercure" eindeutig Stellung bezieht gegen diesen Rückfall in das Zeitalter der Glaubensauseinandersetzungen, ist der "Clef" eher geneigt, den Katholiken und der Reaktion der polnischen Regierung zuzustimmen. (11) Er vermerkt die Schnelligkeit in der Vollstreckung des Urteils und die Interventionsdrohungen der protestantischen Fürsten. (12) Zu diesem Zwekke sollen alle inneren Streitigkeiten beigelegt werden; im übrigen hoffen die Polen, "que Dieu les assisteroit dans la dèfense de son honneur et bèniroit leurs Armes." (13) Die Auswirkungen der Kriegsvorbereitungen auf die Bauern besteht in der völligen Vernachlässigung der Feldarbeit und in allgemeiner Zügellosigkeit. (14) Trotz dieser Mißstände und dem zum Teil fürchterlichen Durcheinander, trotz des vorhersehbaren Mißerfolgs des geplanten Sejms in Grodno (1) findet diese Zeitschrift durchaus noch eine positive Beurteilung der polnischen Nation: "Au reste, sans me mêler de faire ici le Politique, il me sera bien permis de dire, que tel qui menace est souvent fort éloigné du but de ses projets; on remarque à la vérité que les Polonois, tant qu'ils n'ont rien à démêler au dehors, sont peu unis entre eux, c'est un effet de leur jalousie et de leur inquiétude naturelle; mais ont-ils quelque chose à craindre, on voit ordinairement que l'amour de la patrie et de leur liberté les réunit et pour lors ils sont redoutables, étant naturellement braves, aguerris et puissans; peu de Nations étant en état comme celle-ci, de mettre sur pied en moins de huit jours, sans peine et sans dépense,plus de 100.000 hommes de cavalerie, et presque tous les Polonois étans Soldats." (2)

Eine ähnliche Einschätzung der militärischen Stärke des polnischen Heeres haben die "Mémoires" noch im September 1734, zumindest was die Tapferkeit in einem Krieg gegen äußere Feinde angeht. (3) Allerdings geben die "Mémoires" wenig später eine sehr bildhafte Beschreibung der Kriegsführung zwischen Polen und Russen. (4)

Aus der Sorge um sein Werk ist wohl auch Peters des Großen Statut über die Thronfolge hervorgegangen (5.2.1722). Darin wurde bestimmt, daß der regierende Herrscher nach seinem freien Willen den Nachfolger bestimmen könne. Peter versäumte es aber, einen Nachfolger zu benennen, so daß bei seinem Tode keine gültige Entscheidung vorlag; denn auch auf seinem Sterbelager war er nicht mehr imstande zu sagen, wem "alles" übergeben werden sollte. Durch diesen unglücklichen Erlaß des Zaren wurde bis zur Thronfolgeordnung vom April 1797 die Nachfolge nicht durch Gesetz oder durch eine andere - gewohnheitsrechtliche - Ordnung entschieden, sondern eher zufällig, durch Intrigen oder Palastrevolutionen. So kam Katharina, die Witwe des Zaren, durch die geschickte Agitation Menšikovs und Tolstojs sowie die Unterstützung der Garderegimenter auf den Thron. Nach ihrem Tode (1727) bestieg der Sohn Aleksejs, Peter (II.) den Thron, auch hieran waren die Garderegimenter nicht ganz unbeteiligt. Ihm folgte 1730, unter Umgehung der Reihenfolge und auf Betreiben des Obersten Geheimen Rates, die Tochter des Zaren Ivan (V.), die Herzoginwitwe Anna von Kurland auf den Thron. Zwar wurde versucht, Annas Macht als Zarin durch eine Art Wahlkapitulation einzuschränken, aber dieser Versuch scheiterte an der Opposition des petrinischen Dienstadels, so daß Anna ebenso autokratisch regieren konnte wie ihre Vorgänger. Die Kaiserin ernannte zu ihrem Nachfolger den Sohn ihrer Nichte Anna Leopoldovna, Ivan (VI.), und bestimmte ihren Favoriten Biron zum Regenten. Dieser wurde gestürzt und Anna Leopoldovna zur Regentin ausgerufen; eine Fürstin, die kaum Anhänger im russischen Adel hatte. So konnte die Zarevna Elisabeth, Peters Tochter, 1741 die Lage ausnutzen und sich zur Kaiserin ausrufen lassen. Sofort nach ihrem Regierungsantritt ernannte sie den Sohn ihrer Schwester Anna von Holstein zu ihrem Nachfolger; der als Peter III. 1762 die Regierung antrat, aber schon ein halbes Jahr später von seiner Frau Katharina gestürzt wurde. (5)

Anna Ivanovna, die spätere Kaiserin Anna, hatte 1710 den vorletzten Herzog von Kurland aus dem Hause Kettler geheiratet, und nach dessen frühem Tode (1711) gelangte auch in Kurland der russische Einfluß zunehmend zur Geltung. Die Nachfolge im polnischen Lehnsherzogtum Kurland wurde, da der letzte Herzog keine Nachkommen hatte, zu einer wichtigen Frage. 1726 wurde Graf Moritz von Sachsen, ein natürlicher Sohn Augusts II, mit Annas Zustimmung zum Herzog gewählt. Aber der russische Widerstand war so stark - und der polnische Reichstag erklärte die Wahl für ungültig - daß Moritz von Sachsen zum Verlassen des Landes gezwungen wurde. Der Günstling Annas, Biron, trat 1737 nach seiner Wahl durch den kurländischen Adel die Herzogswürde an. (1)

So verknüpften sich also in Kurland aufs engste russische und polnische Interessen, sowie die des sächsischen Hauses, so daß der "Mercure" hier von einem gordischen Knoten spricht, auf dessen Lösung man gespannt sei. (1) Die Kurländischen Stände wählten den Grafen Moritz von Sachsen; (2) Menšikov, der selber gern Herzog werden wolle, drohe mit Gewalt, (3) russische Truppen werden in Marsch gesetzt. (4) In seinen "Réflexions" weist der Verfasser auf die historischen Rechte Polens auf Kurland hin (5) und meint, alle die Leser müßten sich für diese Nachrichten interessieren, "qui prennent part à la conservation de la liberté contre les entreprises de ceux qui semblent établir pour maxime que les hommes ne sont nez que pour obéir." Natürlich beschäftigt sich auch der Sejm (in Grodno) mit diesem Problem; wie dem regelmäßigen Leser des "Mercure" schon vertraut, herrscht dort allgemeine Uneinigkeit, und alle Landboten vertreten nur ihre eigene Meinung, halten endlose Reden und fürchten, irgendein Privileg ihrer kostbaren Freiheit könnte verletzt werden. (6) Währenddessen verstärken die Russen ihre Truppen in Kurland.

Beim Lesen dieser Mitteilungen wird sich der Abonnent vielleicht an eine frühere Stelle im "Mercure" erinnert haben, wo unmittelbar hintereinander zwei bemerkenswerte Informationen abgedruckt waren: die eine betraf das "liberum veto" - wenn auch dieser Begriff nicht benutzt wird - die andere die Lage der Republik beim Scheitern des Sejm in Grodno: (7) ein einziger Ignorant genüge, um im Reichstag die besten Absichten zu durchkreuzen. Polen sei nun in der traurigen Lage, daß es den Nonkonformisten nicht Gerechtigkeit widerfahren lassen könne, "sans y être publiquement contrainte par la perte de quelque Bataille et peut-être d'une partie de l'Etat." Anläßlich der Thorner Affaire geht der "Mercure" mit den Polen noch einmal hart ins Gericht. Sie glaubten wohl, daß sie Gerechtigkeitssinn und christlichen Glauben allein besäßen und alles Recht auf ihrer Seite sei - dabei fällt wieder der Ausdruck "opiniâtreté Polonoise". Man könne beinahe meinen, daß die Polen niemanden zu fürchten hätten: "C'est la cause de la Religion qu'ils defendent, et si les saints et les Anges ne combattent pour eux, ils appelleront les Tatares pour défendre l'honneur de la Vierge et des Saints contre les Protestants." (8)

Wenn man sich die bisherigen Ausführungen des "Mercure" zu den polnischen Verhältnissen vor Augen führt, könnte man den Eindruck gewinnen, als habe es sich der Verfasser angelegen sein lassen, ein möglichst negatives Bild von der Adelsrepublik zu zeichnen. Das muß umso eher so scheinen, als er geradezu enthusiastische Worte für den Zaren findet, wohlgemerkt für die Person Peters, nicht für das ganze Volk oder die herrschende Gruppe. Er spricht voller Bewunderung über die Werke während des Krieges: Bau und Verschönerung von Palästen, Konstruktion einer großen Flotte, die mit guten Offizieren und geschickten Matrosen besetzt ist. Aber besonders lobt er die Maßnahmen auf kirchlichem Gebiet; vor allem, wenn man die vorherigen Zustände in Betracht ziehe, sei das Verdienst des Zaren sehr hoch zu veranschlagen. (9) Dann hebt er hervor, nach welchen Gesichtspunkten Peter seine

Mitarbeiter aussucht; nur das Verdienst ist entscheidend, nicht Titel, Geburt, Religion oder nationale Herkunft. (1)

Nun hat dagegen in Polen der König keine Macht, grundlegende Änderungen ohne Billigung des Adels vorzunehmen. Das weiß der Herausgeber genau, und deshalb setzt er sich auch ausführlich mit den Möglichkeiten auseinander, welche die polnische Verfassung dem König zusammen mit dem Adel bietet. Da wäre die Alternative, schon zu Lebzeiten des Königs einen Nachfolger zu benennen, damit der Republik beim Tode Augusts II. das Interregnum und die damit verbundenen Unruhen erspart blieben. Aber einige Adlige sind mißtrauisch und vermuten sofort, daß damit die Freiheit der Wahl beeinträchtigt und die Erblichkeit der Krone - und demzufolge die Sklaverei - eingeführt werden solle: es nutzt nichts, ihnen zu demonstrieren, daß zum Wohle der Allgemeinheit jede Partei etwas nachgeben müsse. (2) Er vergleicht den polnischen Staat mit der römischen Republik und erinnert daran, welche Übel das Veto der Volkstribunen dem römischen Staat zugefügt habe. Und deshalb stellt er fest, daß die Freiheit selber in Gefahr sei, wenn ihr die treue Führerin, nämlich die Vernunft, nicht zur Seite stehe. (3) Und eben diese, so der "Mercure", lasse der polnische Adel vermissen. Er meint: "si une certaine opiniâtreté n'étoit pas comme naturelle à cette nation, on pouroit dire que c'est chez elle seule que la liberté banie de la meilleure partie de l'Europe, a etabli sa demeure." (4) Die Freiheit verschließe sich nicht der Vernunft. Und deshalb nennt der "Mercure" die Adligen "feroces Polonois".

Das Schlüsselwort zum Verständnis des Bildes, das der Verfasser von den Polen entwirft, ist "opiniâtreté" - Starrsinn, Eigensinnigkeit. Daher ist ihm die Haltung des polnischen Adels unverständlich, und für ihn ist es ganz klar, daß die Republik die Kontrolle der Staatsgewalt zu weit treibt und die Freiheit mißbräuchlich verwendet. (5) Er bezieht sich auf die Beratungen im Sejm und meint,"toute l'Europe" verfolge aufmerksam die Beratungen "de cette nation dépositaire des droits sacrés, de la liberté", (6) Und er möchte dem Leser und vielleicht auch den Polen klarmachen, daß es wohl ruhmvoll sei, Festigkeit in der Verteidigung der Freiheit zu zeigen; aber es sei nicht weniger glorreich, sich den Umständen anzupassen. Diese sollten alle politischen Überlegungen mit beeinflussen, sonst laufe man Gefahr, das Wohl der Nation aus dem Auge zu verlieren. (7)

Eine ähnliche Haltung vertritt auch der Herausgeber der "Mémoires historiques." In seinen Berichten aus dem Jahr 1729 häufen sich Ausdrücke wie "cabales et brigues", (8) "intrigues", (9) "les divisions parmi les grands",(10) "des révoltes" (11), "les mécontens", "des ésprits séditieux", (12) "disputes et emportemens". (13). Alles das mache der Nation keine Ehre (14), und ähnlich wie der "Mercure" schreibt auch diese Zeitschrift einen Teil der Unzufriedenheit den Machenschaften des Klerus zu (15) sowie auch den Anhängern des Königs Stanisław, die nach Meldung der "Mémoires historiques" bereits Anfang des Jahres 1729 eine mächtige Partei bilden. (16) Die Schlußfolgerung dieser Zeitschrift aus den Zuständen in Polen - wobei hier im Gegensatz zu der Berichterstattung des "Clef" die antiklerikale Spitze deutlich ist - läßt sich in dem Satz resümieren, den sie am Ende des Juliberichts druckt: "Enfin on peut dire que tout est en combustion dans ce Royaume." (1)

2.1.2. 1733 - 1736

Die Berichterstattung über Polen in diesen Jahren (1733 - 36) beginnt mit dem Thema wieder, das wir 1725/26 verlassen haben: mit der zu erwartenden Erfolglosigkeit des Sejms, da alle Landtage ohne Ergebnis waren. Die Klagen der Protestanten bestehen ebenfalls weiter, und die Bevölkerung leidet unter Seuchen, die bereits viele Menschen hingerafft haben. Aber die größte Aufmerksamkeit beanspruchen natürlich die Vorgänge um den vakanten polnischen Thron und der daraus folgende Krieg. Während der Vorbereitungen zur Eröffnung des Sejm erkrankt August II. und stirbt am 1.2.1733. Schon auf die Nachricht vom bevorstehenden außerordentlichen Sejm hin beordert Kaiserin Anna ein Infanterie- und ein Kavallerieregiment an die polnische Grenze. (2) Das hindert die polnischen Landboten allerdings nicht, nach alter Manier erst einmal über alle möglichen Punkte in Streit zu geraten. (3) Ähnlich wie im "Mercure" ist die Darstellung des Ablaufs des außerordentlichen Sejms im "Clef", wobei letztere Zeitschrift die Dinge jedoch wesentlich gelassener sieht: einige Landtage seien sehr unruhig verlaufen "par des débats que les divisons ordinaires entre les Nonces et leurs Protestations y font élever." (4) Die "Mémoires historiques" sind dagegen wieder kritischer. Schon im allgemeinen Überblick am Anfang des Jahres 1733 äußert sich dieser Herausgeber skeptisch: mit Bezug auf bereits drei erfolglose Reichstage fragt er sich, ob ein vierter Sejm ebenso erfolglos sein werde: "dans ce cas on ne pourra s'empêcher de dire, que la République court ouvertement à l'Anarchie." (5) Der Verfasser versucht eine Würdigung der Herrschaft Augusts II. in Polen und meint, er habe niemals das Vertrauen der Polen und daher auch keine Erfolge gehabt. (6) Bei der Thronvakanz stehe die Adelsrepublik wieder im Mittelpunkt des Interesses der wichtigsten Höfe, denn schon kurz nach dem Tode Augusts II. könne man bereits wieder vier Parteien erkennen; je eine für den Kurfürsten von Sachsen, für König Stanisław, für Ferdinand von Bayern und für den Fürsten Wiśniowiecki. Der Verfasser weist gleich darauf hin, daß Stanisław vom französischen Hof unterstützt werde, der es weder an Autorität, noch an Geld, noch an Verbündeten fehlen lassen werde, um ihn wieder auf den Thron zu heben. Schon wird auch ersichtlich, daß es ohne das Eingreifen russischer Truppen nicht abgehen wird, da die Zarin Anna sich - mit Berufung auf den Vertrag zwischen Konföderierten und König August II. vom November 1716 - gegen Stanisław ausspricht und mit Waffengewalt droht, wenn er doch gewählt werden sollte. Der "Mercure" zitiert den Artikel, auf den die Zarin sich bezieht und stellt fest, daß Peter I. nur Vermittler und nicht Vertragspartner gewesen sei und den Kontrakt auch nicht ratifiziert habe. Die russische Regierung leite aber ein Recht auf Intervention ab, da sie Garant des Vertrages sei und es nicht dulden könne, daß die Gesetze in Polen verletzt werden könnten. Andererseits hat Frankreich schon zu erkennen gegeben, daß es im Falle der Beeinträchtigung der Wahl die Freiheit und Recht der Nation verteidigen werden. So kann der Leser des "Mercure" schon im April des Jahres 1733 voraussehen, wie sich die Dinge in Polen weiterentwickeln werden, zumal sich auch Konföderationen bilden mit dem ausgesprochenen Ziel, nur einen König zu wählen, der Pole ist. (1)

So ist der Krieg vorprogrammiert, als nach vielen tumultuarischen Sitzungen des Konvokationssejms - bei denen es um überzählige Landboten und Dissidenten geht, die man von der Abstimmung ausschließt - und nach erfolgtem Wahlsejm Stanisław zum König von Polen gewählt wird. Der "Mercure" betont die Rechtmäßigkeit seiner Erhebung, die auch gemäß den vorgeschriebenen Formen erfolgt sei. (2) Der gleichen Ansicht ist der Verfasser der "Mémoires", der in seinem Rückblick auf 1733 - viel zugespitzter als der "Mercure", der sich vorsichtiger ausdrückt - schreibt: "Elle [l'élection de Stanisław] a été faite malgré les approches d'une Armée, qui venoit porter la désolation au coeur de la Pologne et la seconde a été l'ouvrage de cette même Armée; ensorte qu'on peut dire que le Roi Stanislas a été élu par les Polonois, et que l'electeur de Saxe a été choisi par les Moscovites pour regner en Pologne." (3) Die Polen, welche sich um Unterstützung an die Russen gewandt haben, nennt er "monstres", "Ennemis de la Patrie". (4) Noch deutlicher wird er in den Januarnachrichten, in denen er erneut - in einem langen Bericht - die Rechtmäßigkeit der Wahl Stanisławs darlegt - Einmütigkeit der Polen! - und die Handlungen der Zarin und Kaiser Karls VI. ausdrücklich verurteilt. (5) Der "Clef" berichtet zwar ebenfalls ausführlich über den Konvokationssejm (6) und vom Wahlsejm, aber er erwähnt nicht, daß eine Partei die Russen um Hilfe ersucht hat, ebensowenig setzt er sich mit der Frage der Rechtmäßigkeit der Wahl Stanisławs, bzw. der Augusts III. auseinander. Das letztere läßt sich vielleicht erklären mit seiner Auffassung von der Aufgabe des Journalisten, der die Geschehnisse mit unparteiischem Blick sehen und das Urteil dem Leser überlassen müsse. (7) Jedoch kann man seinen Äußerungen entnehmen, daß er die starre Fixierung auf die Wahl Stanisławs bei gleichzeitiger Gewißheit eines Einmarsches der Russen nicht billigt. (8) Aber schon seit dem Juli 1733 stehen 30. bis 40.000 Russen an der litauischen Grenze, und der Konseil der Kaiserin Anna hat in mehreren Sitzungen über Maßnahmen beraten, die zu ergreifen seien, "pour empêcher que les Polonois n'élisent un Roi qui ne seroit pas agréable à Sa. Maj. Imp." (9) Es findet sich auch ein Pole, der die Russen um Hilfe bittet: Fürst Wiśniowiecki bittet die Zarin, doch Truppen zu schicken, "pour aider les véritables patriotes à défendre leur liberté opprimée."(10)

Die russiche Armee marschiert nur zu dem Zweck ein, um den Vorhaltungen und den guten Diensten der Kaiserin mehr Nachdruck zu verleihen. (11) Und so kommt es wieder zu den schon vertrauten Meldungen vom totalen Durcheinander in Polen und Litauen: es sei jenseits allen Vorstellungsvermögens: "ce ne sont que Pillages, meurtres et incendies." (12) Mit Drohungen werden die Bürger Krakaus gezwungen, August III. anzuerkennen, unter russischem Schutz leistet der Sachse den Eid auf die Pacta Conventa. (13)

August III. hat keine Unterstützung von polnischen Truppen, er ist völlig auf die Russen angewiesen. Obwohl die Russen noch Verstärkung erhalten, haben die Armeen der Krone und des Herzogtums noch Vorteile über sie, und der russische General Lacy läßt polnische Magnaten, die sich bei ihm befinden, bespitzeln und erlaubt ihnen nicht, sich zu entfernen. (1) Im Dezember stehen ungefähr 80.000 Russen - Kalmücken und Kosaken inbegriffen - in Polen; von den polnischen Führern hat mit 20.000 Mann Potocki das größte Aufgebot; Tarło, Rudziński und andere haben kleinere Abteilungen. Aber, sagt der "Mercure", auch sie könnten eine ansehnliche Armee bilden, wenn sie sich vereinigen würden. (2) Jedoch reicht das nicht aus, um den sehr disziplinierten russischen Truppen in einer Schlacht gegenüberzutreten. Daher führen sie eher eine Art Kleinkrieg. Dieser hat zur Folge, daß das Land völlig verwüstet wird, weil man den Russen die Mittel zur Versorgung zerstören will. (3)

Auch im Jahr 1734 werden vor allem Berichte über die Lage in Polen gebracht, über Rußland erfährt der Leser eigentlich nur etwas im Zusammenhang mit den polnischen Ereignissen. Da im vergangenen Jahr der Berichterstattung keine "réflexions" zu den einzelnen Abschnitten gegeben wurden, versucht der"Mercure" nun in einer Art Rückblick die wichtigsten Ereignisse zusammenzufassen und zum Teil auch zu kommentieren. Dies "Avantpropos" ist in den folgenden Jahren fast regelmäßig den Berichten vorangestellt. Der Verfasser erläutert, warum die Thronvakanz in Polen immer zu Parteibildungen, Intrigen, Kabalen, Streit und Korruption führt. Das liege erstens daran, daß die Polen den Fehler begangen hätten, es zuzulassen, daß auch ausländische Fürsten sich um die Krone bewerben können "qui se défiant de l'emporter par leur mérite, tâchent de l'acheter (4) ensorte qu'elle a été souvent exposée au plus offrant." (5) Aber, und das ist sein zweites Argument, das sei nicht ein Fehler der Regierungsform, sondern es liege am Ehrgeiz und Stolz der Magnaten, "qui se jugeant tous égaux ou supérieurs les uns aux autres, ne veulent pas devenir les sujets de l'un d'entr'eux ..."(6) Daher könne man sich nicht wundern, daß die Krone dem Meistbietenden gegeben werde. Er betont aber nochmals die Rechtmäßigkeit der Wahl Stanisławs und beschuldigt den Kaiserhof in Wien und den Hof in Dresden, daß sie ein geheimes Abkommen geschlossen hätten, um sicherzustellen, daß nur ein Kandidat gewählt werde, der den Nachbarstaaten genehm sei. (7) Und nur eine Handvoll Unzufriedener, vor allem Litauer, habe sich mit den Russen verbündet - die sie auch noch selber ins Land gerufen hatten - und den Sachsen gewählt. Zu den gleichen Schlußfolgerungen wie der Berichterstatter des "Mercure" kommen die des "Clef" und der "Mémoires". Beide halten das Recht der Polen, sich ihren König zu wählen, für ein sehr zweifelhaftes Privileg, aus dem meistens nichts Gutes entstehe. (8) So geht der schreckliche Krieg aller gegen alle in Polen weiter; die Russen erobern nach 135-tägiger Belagerung Danzig, in das Stanisław sich zurückgezogen hatte. Hier wird die Tapferkeit der russischen und der französischen Soldaten (unter Plélo) (9) erwähnt. Wieder kommt es zu Klagen darüber, daß die Russen die Kapitulationsbedingungen nicht einhalten. Die französischen Truppen werden als Kriegsgefangene nach Kronstadt gebracht, der französische Botschafter wird gefangengenommen, der Primas von Polen und der Marschall des Wahlsejms werden von russichen Abteilungen abgeführt und sächsische und russische Truppen machen Jagd auf die verschiedenen Teile der Armee, die zu Stanisław halten. (1) Trotz der massiven Bedrückung durch die Russen dauern die Konföderationen zugunsten Stanisławs an. (2) Man nimmt an, daß Potocki bald eine Armee von 60.000 Mann zur Verfügung haben werde. Die Auseinandersetzungen gehen 1735 weiter, und die Folgen sind dem Leser schon aus den Berichten der vorhergehenden Jahre bekannt. Auf die Klagen der Polen bei der Kaiserin wegen der Steuer- und Fourageerhebungen läßt Anna ihnen antworten, da sie einen Kandidaten gewählt hätten, der den Russen unerwünscht sei, müßten sie nun auch die Folgen tragen. (3)

Nichts könnte dem Leser des "Mercure" die völlige Wehrlosigkeit und die Abhängigkeit vom russischen Willen deutlicher machen als diese angebliche Bemerkung Annas, ebenso wie ein anderer, ihr zugeschriebener Ausspruch, der ihre völlige Mißachtung der Adelsrepublik zeigt: "pour ce qui concerne la Pologne, puis qu'il n'importe pas beaucoup de quel expédient on se sert pour apaiser les troubles de Pologne ... pourvû qu'on y réussisse au plûtôt." (4) Trotzdem hat Stanisław noch eine sehr große Anhängerschaft, wenn auch der aufmerksame Leser an ihrem Wert für den vertriebenen König zweifeln muß: der "Mercure" berichtet, daß die beiden Häupter der Partei Stanisławs, Potocki und Tarło, sich entzweit haben, daß aber Tarło neuen Zulauf habe, weil ihm einige Vorteile über Russen und Sachsen gelangen, die seine Anhänger hoffen ließen "trouver avec les Tarło plus d'une occasion de butiner."(5)

Man kann nicht behaupten, daß der "Mercure" diese Anhänger Stanisławs besonders freundlich betrachtet, und er räumt ihnen keine Chancen gegen die Russen ein. Die Anhänger der verschiedenen Parteien ruinieren sich gegenseitig, und die Armeen der verschiedensten Couleur leben auf Kosten der Adligen, der Bürger und Bauern. Daran ändert sich auch zu Beginn des folgenden Jahres nichts, obwohl Stanisław inzwischen seine Abdankung mitgeteilt und seine Anhänger gebeten hat, die Waffen niederzulegen. (6) Für den "Mercure" sind diejenigen, die sich August III. nicht unterwerfen, nur "Renitens" und "Mal-Intentionnez". (7)

Im Mai meint der Verfasser aber feststellen zu können, daß sich nunmehr alle Magnaten dem König August III. unterworfen hätten. (8) Übrigens ohne irgendwelche Nachteile für sie. Bei einem Vergleich der Ansichten und Urteile des "Mercure" mit denen des "Clef" über die Ereignisse des Jahres 1733-35 fällt auf, daß beide Zeitungen weitgehend übereinstimmen; besonders in ihrer Beurteilung des polnischen Adels zeigen sich starke Ähnlichkeiten. (9) Deutlicher als im "Mercure" wird aber im "Clef" die Rolle der Russen hervorgehoben. Für ihn ist die Zarin die eigentliche Herrin Polens, (10) und an keiner Stelle ist eine Verurteilung des russischen Eingreifens zu bemerken. Eher könnte man seine Berichte dahingehend interpretieren, daß die Polen die Einstellung der russischen Regierung ja vor der Wahl gekannt und sich somit, indem sie auf der Wahl Leszczyńskis bestanden, ihr Unglück selber zuzuschreiben hätten. (11)

Gänzlich anders beurteilt der Berichterstatter der "Mémoires historiques" die Lage in Polen. Die Republik sei im Recht gewesen, sich gegen die Vorschriften der Zarin und des Kaisers zu wehren. (1) Die Krönung Augusts III. und den nachfolgenden Sejm nennt er das traurigste Schauspiel dieser Art, das man jemals in Polen gesehen habe. (2) Deutlich lassen die "Mémoires" durchblicken, daß die Unruhen in Polen von "jemand" angezettelt worden seien (3) und wiederholen mehrmals ihre Überzeugung, daß man zwar notfalls alle Polen zur Unterwerfung zwingen könne, daß das jedoch letztlich unnütz sei - es würden immer wieder neue Erhebungen entstehen; die bloße Anwesenheit Stanisław's halte den Haß auf Russen und Sachsen aufrecht; den Willen der Nation könne man nicht brechen. (4) Ausdrücklich weist der Herausgeber dieser Zeitschrift darauf hin, daß die Truppen Leszczyńskis fast ausschließlich aus polnischen Landsleuten bestehen, die des Kurfürsten von Sachsen aus 60 - 80.000 "Moskovitern" und 20 - 30.000 Sachsen. Und er versäumt es nicht, die Bemerkung anzufügen: "Tout homme désintéressé sait bien ce qu'il doit en penser ..." (5)

Die Meinung, daß die Moskoviter und Sachsen im Grunde gar nichts erreicht hätten, weil es sich immer nur um eine erzwungene Unterwerfung handele, vertreten die "Mémoires" auch noch im April. (6) Sie machen deutlich, daß sie die Sprachregelung - Schutz und Wohlwollen für die Republik - völlig durchschaut haben. Der Berichterstatter will sich nicht täuschen lassen durch das "Wunder", daß plötzlich niemand mehr den Russen standhalten kann. Er vermutet eher, daß Frankreich, Stanisław, die Polen und vielleicht auch die Russen übereingekommen sind, Frieden zu schließen, weil der Krieg für Franzosen und Russen zu teuer ist. (7). Im übrigen ist er auch im Oktober 1735 noch der Ansicht, daß es im Grunde genommen nur darum gehe, die Polen in Abhängigkeit von den Russen zu halten, alles andere seien nur Erklärungen "pour le public." (8) Nur die Präsenz russischer Truppen halte die Polen davon ab, von ihrer Freiheit, gemäß ihren Wünschen, Gebrauch zu machen. Im übrigen weist er nach, daß die Russen selber sich widersprüchlich verhalten. Auf der einen Seite behaupten sie, die ganze Nation habe August nun anerkannt und das Werk sei beendet, andererseits trauen sie dem Frieden so wenig, daß sie ihre Truppen nicht abziehen wollen. (9) Diese Zeitschrift verurteilt die polnischen Adligen nicht, die zu Stanisław halten, wie es der "Mercure" tut. Wohl weiß auch sie um die Uneinigkeit des Adels, seine Tendenz, nur aus eigensüchtigen Motiven und Interessen zu handeln, (10) aber sie ist der Ansicht, daß sich niemand einzumischen habe und man die Wahl und den Willen der Nation respektieren müsse.

Wenn nun in Polen die Waffen auch weitgehend schweigen und Ruhe eingekehrt ist, so kann der Leser, der alle Ereignisse verfolgt hat, doch kein positives Bild von der Adelsrepublik haben, die sich durch Streit und Zwietracht anscheinend selber ruiniert. Wie ganz anders stellt sich dagegen das russische Reich im "Mercure" dar! Es zwingt den Polen seinen Willen auf, schließt einen Vertrag mit dem fernen Persien - in dem es zwar auf alle Eroberungen verzichtet, dafür aber die Unterstützung der Perser gegen die Türken und Handelsvorteile erhält - (11) besiegt Türken und Tataren, (12) so daß der Herausgeber schließlich zu folgender Überlegung kommt: (1) "c'est à l'Empire de Russie qu'est reservé la gloire d'arracher le Croissant de Constantinople, d'y relever la Croix, et d'y établir l'Empire Grec. C'est un Projet digne de l'Invincible Princesse qui gouverne ce formidable Empire." Mit dieser Aussage trifft die Zeitschrift in der Tat eine Vorstellung des Feldmarschalls Münnich, dessen Absicht es war, den Rückschlag (von 1711) gegen die Türken wettzumachen und darüber hinaus bis nach Konstantinopel vorzudringen und das Osmanische Reich zu zerstören. (2) Während sie als großes Ereignis in Polen, von dem man überrascht ist, das Gelingen des Pazifikationssejms bezeichnet, feiert sie die Einnahme der Krim, die siegreichen Armeen und die fähigen Generale der Russen, die den Ruhm Rußlands in ganz Asien und Europa verbreiten (3): Rußland strahlend, siegreich - Polen ruiniert, ganze Landstriche verödet. Was meldet der "Mercure" aus Petersburg? (4) "Notre cour l'emporte en Richesses et en Magnificence sur toutes les cours de l'Europe: et il y a peu, où l'on voie plus de Bijoux où l'Or, l'Argent, les Broderies, en un mot, tout ce qu'il y a de plus propre, de plus riche, et de plus brillant, soit en plus grande abondance." Auch im "Clef" besteht ein großer Teil der nicht umfangreichen Berichterstattung aus Rußland - sofern diese nicht mit der polnischen Frage im Zusammenhang steht - aus Nachrichten über Festlichkeiten in Petersburg, (5) wobei die Großartigkeit dieses Hofes, wie im "Mercure", hervorgehoben wird.

Allenfalls gibt es noch Nachrichten über Heeresvermehrungen und Kämpfe mit den Tataren.

Die "Mémoires" berichten fast nichts aus Rußland. Die absolute Vorrangstellung der polnischen Angelegenheiten zeigt sich in der Berichterstattung aller dieser Zeitschriften, wobei man eine Übereinstimmung in den Nachrichten feststellen kann, die Interpretation, das Urteil (wenn auch nicht immer ausdrücklich vermerkt) jedoch unterschiedlich ausfällt.

Standen bisher vor allen Dingen die Verhältnisse in Polen im Mittelpunkt der Berichterstattung, so ändert sich das in den Jahren (1740 - 42), die wir jetzt zugrunde legen wollen. Es ist natürlich nicht so, daß von Polen nichts mehr gemeldet wird, aber schon an den jeweiligen Rückblicken für das vorangegangene Jahr kann man ablesen, wo das Hauptinteresse des Verfassers liegt. Im Rückblick des "Mercure" auf 1739 und auf 1741 wird Polen überhaupt nicht erwähnt.

2.1.3. 1740 - 1742

In diesem Zeitraum ist der allgemeine Tenor über die Lage in Polen: "Tout est à présent fort tranquille dans ce Royaume."(6) Der Berichterstatter meint sogar, daß seit 1736 sich die Maxime entwickelt habe, sich in nichts einzumischen. (7) Das heißt aber nicht, daß in der Adelsrepublik alles zum Besten steht: Es herrsche große Hungersnot und Teuerung, (8) preußische Truppen seien in Posen eingedrungen und plünderten eine Abtei, (9) die kurländische Frage bewege weiterhin die Gemüter; (10) und für den anstehenden Sejm (Oktober 1740) sieht der "Mercure" nicht viel Aussicht auf Erfolg, da die Tagungspunkte ausgesprochen schwierig seien und bereits zum Scheitern des vorangegangenen Reichstages geführt hätten. Es geht immer noch um die Vergrößerung der Armee, um den Durchmarsch russischer Truppen, um den Anschlag der preußischen Truppen und um Klagen der Protestanten. (1)

Über den Verlauf des Sejm erstattet der "Mercure" ausführlich Bericht und vertritt zu Beginn die Ansicht, daß man Hoffnung auf ein friedliches Ende haben könne. (2) Allerdings muß er schon im folgenden Monat seine optimistische Haltung revidieren - der Reichstag geht ergebnislos auseinander! (3) Diese Tatsache - und das Verhalten des einen Landboten, das er ausführlich schildert - bietet ihm den Anlaß, in seinem Rückblick auf 1740 auf das Liberum Veto (4) einzugehen. Der Landbote Orański, der bei den Verhandlungen des Sejm dauernd Schwierigkeiten machte, (5) hatte nämlich gesagt, er tue das alles für die Erhaltung der Gesetze und des Liberum Veto: "pour lequel [le maintien] il employerait ses derniers efforts." (6) In seinem Kommentar meint der Verfasser, (7) daß Polen solange ein Land der Unordnung bleiben werde , die eine natürliche Folge dieser Art von Anarchie sei, so lange die Stimme eines einzigen Landboten der Versammlung der ganzen Nation jegliche Aktivität nehmen kann. Und er fragt sich, ob es denn gar keinen Mittelweg gebe zwischen dem Liberum Veto und der Mehrheitsentscheidung und macht den Vorschlag, daß man bei der Eröffnung jedes Sejms ein Komitee von fünf, sieben oder neun integren und gesetzeskundigen Personen einsetzen solle, um über die Berechtigung und Gültigkeit des Einspruchs zu entscheiden. Aber der Geist der Zwietracht sei anscheinend nicht zu zerstören, und obwohl im allgemeinen keine großen Unruhen herrschten, bilden sich beim drohend bevorstehenden russisch-schwedischen Krieg zwei Parteien, und nur mit Mühe könne die Bildung zweier entgegengesetzter Konföderationen abgewendet werden. (8) Auch in den beiden anderen Zeitschriften fällt die Berichterstattung über Polen im Gegensatz zu dem sonst üblichen Umfang geringer aus. Der größere Teil besteht in Berichten über Verhandlungen der Polen mit den Russen wegen der Zahlung einer Entschädigung, sowie über die Aussichten des Sejm im Oktober. Der "Clef" merkt zusätzlich an, daß eine Liga gegen die Zarin geplant gewesen sei, die von polnischen Adligen ausgegangen gewesen sei - "dangereuse conjuration". (9) Er benutzt jedoch den Ausdruck "tranquillité entière", um die Lage in Polen zu kennzeichnen. (10)

Während der "Mercure" die dem Leser im Zusammenhang mit Polen ungewöhnlichen Begriffe "tranquillité" und "paix" verwendet, kennzeichnet er die allgemeinen Zustände im Norden, aber besonders in Rußland, mit den Worten "complots" und "conspirations". (11) Die Russen hätten mitten in ihrem Siegeslauf gegen die Tataren und Türken, nach der Eroberung der Moldau und Walachei, innehalten müssen. Trotz dieser glorreichen Aktionen sei Rußland gezwungen gewesen, einen wenig vorteilhaften Vertrag mit den Türken zu schließen, und zwar mit Rücksicht auf die besonderen Umstände des Hofes in Petersburg nach außen und nach innen. (12)

Hier ist zu bemerken, daß der "Mercure" im Gegensatz zu den meist sehr genauen und ausführlichen Nachrichten aus Polen, bei den Informationen aus Rußland oft nur an der Oberfläche bleibt. So umschreibt er die Gründe für den Friedensschluß von 1739 nur ungenau.

Trotz der Erfolge Münnichs und Lacys war die Zarin zum Frieden gezwungen, weil die beiden Verbündeten, Persien und das Haus Habsburg, auf deren Hilfe man angewiesen war, sich aus dem Krieg zurückzogen. Hinzu kamen die Verbindungen polnischer "Patrioten" - der Potockis - zu Schweden, die eine gemeinsame Aktion gegen das Zarenreich zum Ziele hatten. Schweden hatte einen Kurswechsel vollzogen und stand in geheimen Bündnisverhandlungen mit der Pforte, die im Dezember 1739 zu einem Defensivbündnis führten.

Auch innenpolitisch war ein Friedensschluß für Rußland notwendig: es fehlte an Geld, die Bevölkerung entzog sich den Anforderungen der Regierung durch Massenflucht, Hungersnöte und Epidemien traten auf. (1) Dazu wurde der Haß der Russen auf die "Deutschen" immer stärker; andererseits mißtraute Anna den Russen und stützte sich ganz auf ihr zumeist baltisches Gefolge.(2)

In dieser Lage, gekennzeichnet durch allgemeine Unzufriedenheit auf der einen und wachsendes Mißtrauen auf der anderen Seite, schickte die französische Regierung den Marquis de la Chétardie nach Petersburg, um die diplomatischen Beziehungen wieder aufzunehmen; vor allem aber, um genaue Informationen über die Stärke des russischen Reiches zu erhalten. Außerdem sollte der Botschafter sich möglichst darüber Klarheit verschaffen,wie es mit den Anhängern der Tochter Peters des Großen, Elisabeth, stand, die mit der unzufriedenen Gruppe der "Altrussen" in Verbindung gebracht wurde. La Chétardie erhielt den Auftrag (Febr. 1741), Elisabeths Umsturzpläne tatkräftig zu fördern; gleichzeitig wollte Versailles die Schweden zum Angriff auf Rußland veranlassen, wobei dem Botschafter allerdings aufgetragen wurde, Elisabeth klarzumachen, daß Schweden als "Entgelt" für sein Eingreifen zugunsten der Zarewna die Rückerstattung der 1721 verlorenen Provinzen fordern werde. Schweden erklärte tatsächlich Rußland den Krieg (Aug. 1741), aber erst im Dezember 1741, als Elisabeths Position schon schwierig zu werden drohte, kam es durch die Initiative des Preobraženskij Garderegiments zum Sturz der Regentschaft und zur Thronerhebung von Peters Tochter. (3)

Der "Mercure" hat immerhin in Ansätzen von der Unruhe und der Gärung im Lande berichtet.

Auf die inneren Zustände geht der "Mercure" ein: Rußland "étoit dans une fermentation qui menaçoit cet Empire d'une afreux révolution". Der Ehrgeiz habe eine der ersten Familien des Landes dazu verleitet, sich selbst auf den Thron erheben oder zumindest die Zarin stürzen zu wollen. Die Verschwörung - die in Wirklichkeit nicht existierte - sei rechtzeitig entdeckt worden, aber Sorge, Unruhe und Mißtrauen herrschten am Petersburger Hof. (4) Komplizen werden gesucht; die Verschwörung sei nicht neu, aber sie habe immer neue Unruhen hervorgebracht, die man jetzt auf eine Art und Weise entdeckt habe, über die man nichtsverlauten lassen wolle. (1) Die Exekution hochstehender russischer Persönlichkeiten habe auch an den anderen Höfen großes Aufsehen erregt, daher läßt Anna den Abriß einer Familiengeschichte der Dolgorukijs veröffentlichen, von denen einige des Hochverrats angeklagt waren. (2) Die Suche nach Verschwörern dauere unvermindert an, um den Geist der Rebellion in Rußland zu zerstören. (3) Dabei gehe man auch gegen die Verfasser von Libelli vor, verhafte sie und lasse alle die beobachten, "qui se mêlent de parler de nouvelles, ou d'en donner ..." Fast wörtlich genau die gleiche Aussage macht der "Clef", als er über die Aburteilung der Verschwörer und Verdächtigen, sowie die Verbreitung aufrührerischer Schriften berichtet. (4) Die Hinrichtungen im Zusammenhang mit der Verschwörung der Dolgorukij bezeichnet er als "la plus remarquable exécution qui se soit faite dans l'Empire Russien depuis celle que fit faire le Czar Pierre I. dont on a encore la mémoire fraîche." (5) Gleichzeitig berichten beide Zeitschriften aber auch, daß der Abschreckungseffekt, der durch die Exekutionen erzielt werden sollte, nicht erreicht wurde: Die Regierung und die "Wohlgesinnten" werden auf Plakaten ständig angegriffen. (6) Interessant ist, daß die "Mêmoires" berichten, man mache der Zarin Vorhaltungen, daß der Luxus am Hofe überhand nehme und geradezu beispiellos sei, so daß sofortige Abhilfe nötig sei. (7) Annas Verfügungen bezüglich der Nachfolge, ihr Tod, sowie der Staatsstreich gegen Biron werden nur kurz erwähnt, (8) aber im Rückblick auf 1740 doch genauer betrachtet. Biron habe die Ordnung im Staate umgestürzt, und durch die treuen Untertanen Münnich und Ostermann seien Ruhe und Ordnung wieder eingekehrt. (9) Kein Wort über Annas Regierung - für den "Mercure" ist sie "une grande Princesse qui avoit constamment marché sur les Traces de l'Immortel Pierre le Grand ..." (10), wie überhaupt festzustellen ist, daß er niemals Kritik übt an den gekrönten Herrschern.

Im Mai 1741 meldet der "Mercure", daß in Petersburg am Hofe außerordentliche Bewegung herrsche, da man drei äußerst wichtige Fragen zu behandeln habe - Krieg um Schlesien, die Drohung von Schweden und Unruhen im Innern, (11) stellt aber kurz darauf fest, daß die Russen vor den Schweden keine Angst hätten: ihre Marine sei mindestens ebenso gut wie die schwedische, und was die Landtruppen angehe, so könne man jederzeit fünf Russen gegen drei Schweden ins Feld stellen "et ce ne sont plus de ces Troupes qui se laissèrent si facilement chasser à Narwa ..." (12) Immerhin stehen russische Truppen in Livland und Kurland, doch von der schwedischen Kriegserklärung wird man überrascht. Die Russen befürchten, so der "Mercure", ein schwedisch-türkisches Einverständnis unter französischer Vermittlung. (13) Noch im Juni 1741 wird festgestellt, daß in Rußland sich alles in größter Ruhe befinde und Große und Kleine zufrieden seien mit der Regentschaft und ihrer weisen Mäßigung, (14) und Ende des Jahres 1741 drehen sich die Berichte aus Petersburg hauptsächlich um die Frage, ob der Marquis de la Chétardie nun seine Audienz bekomme oder nicht.(15) In Rußland ist sonst weiterhin alles ruhig, und in Finnland scheint der Feldzug beendet: Kosaken und Kalmücken führen dort noch einen Kleinkrieg; will heißen: sie rauben, verwüsten und brennen. (1)

Vergleicht man die Berichterstattung von Rußland und Polen, so muß zweierlei auffallen: die Nachrichten aus Polen sind genauer und umfassender als die aus Rußland, Nachrichten aus dem russischen Reich stammen fast ausschließlich nur aus offiziellen Kreisen. Während in der Adelsrepublik ziemlich schnell bekannt ist, wer unzufrieden ist und sich mit irgendwelchen Absichten gegen den König, den Senat oder seinen Adelsbruder trägt, so scheint es der Zeitschrift doch außergewöhnlich schwer zu fallen, Informationen über die Stimmung in Rußland zu erhalten, abgesehen von solchen, die von höchster Stelle lanciert werden. Nur manchmal klingt in der Zurückweisung von Gerüchten über innere Schwierigkeiten an, daß die offiziellen Verlautbarungen doch nicht ganz so zutreffend sind.

Aus dieser schlechten Informationslage ist wohl auch zu verstehen, daß der "Mercure" völlig überrascht wird vom Staatsstreich der Tochter Peters des Großen. In seinem Rückblick auf das Jahr 1741 geht er in einem längeren Artikel darauf ein. Die vollständige Überraschung des Berichterstatters läßt sich an der Wortwahl ablesen: "Enfin il arriva en Russie la révolution la plus imprévue ..."(2) Schon im nächsten Satz sagt er dann aber, daß die Russen bereits seit langem mit der Regierung der Ausländer unzufrieden gewesen seien und über die Mittel, dieses Joch abzuschütteln, nachgedacht hätten.Und dann sei es schließlich doch völlig überraschend passiert, als man am wenigsten daran dachte. Der "Mercure" drückt sich außerordentlich vorsichtig aus; da er noch nicht weiß, von wem der Staatsstreich inszeniert wurde, schreibt er: "On employa (!) pour cela quelques Grenadiers du Regiment des Gardes qui excitèrent leurs Camarades ... cette Princesse fut placée sur le trône." (3) Über die Rechtmäßigkeit des Thronanspruchs Elisabeths läßt er sich nicht aus; er sagt nur vorsichtig, daß diejenigen, welche die Gesetze Rußland kennen, darüber urteilen mögen, wer mehr Rechte auf den Thron hat, Elisabeth oder Ivan VI. Er kennt diese Gesetze natürlich auch und weiß, daß es nur die Bestimmung des Herrschers ist, die für die Thronfolge ausschlaggebend ist. (4)

Noch im Januarbericht gibt er dem Erstaunen über diesen plötzlichen Umsturz Ausdruck: es schien doch so, als ob gutes Einvernehmen und Eintracht überall herrschten. Dann versucht er eine erste Zusammenfassung der Ereignisse der Nacht vom 5.12.1741. Es habe abends in Petersburg Aktionen gegeben, niemand habe gewußt warum, und dann hätten Garderegimenter die wichtigsten Straßen und Plätze besetzt. Darauf hätten sich Minister, Generäle, Prälaten, die mit Elisabeth verbunden waren, zu ihr begeben und beratschlagt. Die Ursache für alle Unordnung sei bald gefunden worden: sie liege in der Nichterfüllung des letzten Willens Peters I. "toute sorte de gens s'étant intrus dans les affaires du Gouvernement ..." Diesem Mißbrauch solle nun ein Ende gesetzt werden, in Übereinstimmung mit dem Willen Peters, indem man Elisabeth auf den Thron erhebt. (5) Den reichlich kursierenden Gerüchten wird widersprochen: im Ausland werde behauptet, "que cette révolution est l'ouvrage d'une certaine cour [Frankreich] qui n'a jamais paru fort dans les intérêts de la nôtre ..." (1) Das sei völlig falsch. Und nun folgt ein entscheidender Satz, der Auskunft darüber gibt, wie "die" Russen gesehen werden - oder wie sie gesehen werden sollen: "Il faut bien peu connoître le génie de la Nation, et les intrigues de la cour depuis quelques mois, pour s'imaginer que les Russes voulussent se laisser conduire par les intrigues d'une autre cour dans une affaire de cette manière ..." (2)

Erst im April nennt der Herausgeber die Mitwisser des Staatsstreiches: der Prinz von Hessen-Homburg, der Arzt Lestocq, Woronzow und das Preobraženskij Garderegiment. (3) Chêtardie wird in diesem Zusammenhang nicht erwähnt. Auch im "Clef" ist an keiner Stelle von der Mitwirkung von Ausländern am Staatsstreich die Rede. Zwar wird als prominentester Verschwörer, ja als Motor der ganzen Angelegenheit, der Prinz von Hessen-Homburg genannt, aber er wird duch seine Heirat mit der Prinzessin Kantemir als Russe gezählt. (4) Allerdings deutet dieser Berichterstatter an, daß das Vorhaben lange geplant und bemerkenswert geheim gehalten (5) und dann geschickt ausgeführt worden sei. Die Rolle des Garderegiments wird hervorgehoben. (6) Als Elisabeths politische Ziele werden genannt: Rückkehr zu den Maximen Peters des Großen, im Innern wie nach Außen. (7) Sie läßt Milde walten, indem sie kein Todesurteil unterschreibt, (8) sie ist "gracieuse et populaire" und von sanfter Gemütsart. (9) Auf ihrer Reise nach Moskau jubelt ihr das Volk zu und schreit: "vive notre mère!", wobei Männer und Frauen auf den Straßen getrennt seien, nach russischem Brauch (?). (10) Der "Clef" erwähnt ebenfalls die allgemeine Zustimmung zur Thronbesteigung Elisabeths. Er berichtet von der Freude (11) und der Zufriedenheit aller mit diesem Ereignis. (12) Aber in der Außenpolitik bleibt sie unerbittlich: nichts darf den Schweden abgetreten werden: das glorreiche Andenken Peters und der Ruf der russischen Truppen verbieten ihr das. (13)

Aufschlußreich für die Stimmung in der Bevölkerung ist eine Szene, die der "Mercure" schildert und die Anlaß zu einer Bekanntmachung Elisabeths ist: Einige Gardesoldaten gingen in ein französisches Café und mißhandelten den Besitzer, zwei Marineoffiziere in russischen Diensten, ein Engländer und ein Franzose, verteidigten ihn, worauf die Soldaten blank zogen und riefen: "Il faut massacrer tous ces chiens!"(14) So muß Elisabeth öffentlich einem Gerücht entgegentreten, das verbreitet, sie wolle keine Ausländer mehr in ihren Diensten. Ausdrücklich verkündet die Zarin, daß dies ihren Absichten völlig zuwiderlaufe. (15) Vergleicht man diese Absichten Elisabeths mit dem, was der "Clef" über die Aussichten der vorherigen Staatsdiener sagt, so kann der Anreiz eigentlich nicht groß gewesen sein. In einem längeren Abschnitt befaßt sich der "Clef" mit dem Schicksal derer, die auf Veranlassung Elisabeths verhaftet worden sind. Dabei geht er u.a. auf die Regentin und ihre Familie, auf Münnich und Ostermann ein. (16) Im April kommt er noch einmal darauf zurück, als er die Anklage gegen Münnich, Ostermann und die anderen Staatsgefangenen wiedergibt. Er bezeichnet sie als "surprenant": "Les executions violentes dont on ne voit presque point d'exemple chez les autres Nations chrétiennes." (1) Hebt diese Bemerkung den russischen Staat schon aus der Reihe der europäischen Staaten heraus - nicht unbedingt positiv - so gibt auch seine Reflexion im Anschluß an die Berichte den Eindruck wieder, den ein westlicher Beobachter der russischen Entwicklung am Hofe in den letzten beiden Jahren gewinnen konnte. (Dabei ist der Verfasser sich darüber im klaren, daß das, was veröffentlicht wird, durchaus nicht die ganze Wahrheit ist): "Voilà ce que la cour de Petersburg a jugé à propos de rendre public sur le fait des prisonniers qui sont actuellement exilés en Sibérie. Exécution et exil, qui sont la punition des Grands de cet Empire, comme celle des particuliers lorsqu'ils sont accusés d'avoir effectivement abusé de la confiance du Souverain, ou plûtôt de s'être rendus l'objet de la haine et de l'envie de leurs égaux dans l'administration des Emplois dont ils étoient revêtus. On est présentement fait à ces sortes de Tragédies, puisque la fin de chacun des cinq Règnes dont nos mémoires ont montré les événemens, en est marquée." (2) Das geht vor allem auf die innere Lage des russichen Reiches.

Die Stellung Rußlands im Norden wird schlaglichtartig beleuchtet durch den Satz: "Reste à savoir à quelle condition l'Impératrice accordera la Paix," (3) und die Verehrung für Elisabeth wird deutlich in der Bemerkung, daß der russiche Adel alle respektiere, die Abkömmlinge des großen Kaisers Peter sind. (4)

2.1.4. 1760 - 1764

Die Jahre 1760-1762 (1764 wollen wir gesondert betrachten, da es wieder um die Wahl des polnischen Königs und die damit verbundene Einmischung auswärtiger Mächte, vor allem aber der Russen geht) stehen im Zeichen eines erhöhten Interesses für das russische Reich. Das hängt einmal damit zusammen, daß die Zarin mit zur Koalition gegen Preußen gehört und die Republik Polen nicht (nur der König in seiner Eigenschaft als Kurfürst von Sachsen), zum anderen mit den Umwälzungen in Rußland seit dem Tode Elisabeths.

Dem Anschein nach geht es in Rußland 1760 vor allem darum, wie die Regierung ihre finanzielle Lage bessern kann, (5) so daß die Frage der Säkularisierung der kirchlichen Güter besondere Bedeutung gewinnt. (6) In Polen ist das Hauptproblem des Jahres der ständige Durchmarsch russischer und preußischer Truppen. Und solange fremde Truppen auf polnischem Boden stehen, kommt auch kein Sejm zustande - der für Oktober einberufene Reichstag wird von dem Landboten Lusinski mit dieser Begründung gesprengt.Auch der für April 1762 einberufene außerordentliche Sejm bleibt ohne Erfolg. Die Meinung des "Mercure" wird in dem folgenden Satz ausgedrückt, der an Deutlichkeit nichts zu wünschen übrig läßt: "Mais en vérité l'on devroit être las de ces Assemblées, après avoir vu tant de fois leur inutilité. Elles ne servent qu'à prouver la nécessité de réformer la constitution du gouvernement." (7) Dieses ständige vergebliche Einberufen von Reichstagen erscheint dem Leser um so unverständlicher, als er über die wichtigen Probleme informiert wird, die zur Beratung und Beschlußfassung anstehen. Es geht vor allen Dingen immer wieder um Münzverschlechterung, (1) um die Haydamakeneinfälle, die ganze Landstriche verwüsten, um ein effektiveres Zollsystem; alles wichtige Fragen, vor allem auch auf wirtschaftlichem Gebiet, da das Land vom völligen Ruin bedroht ist. Diebesbanden machen die Straßen, soweit man sie noch als solche bezeichnen kann, unsicher und überfallen sogar Kirchen und Klöster, (2) aber der Primas, im Auftrage des Königs gefragt, ob er angesichts der Situation einen Sejm für sinnvoll halte, gibt zur Antwort, daß ein Reichstag solange nutzlos sein werde, als die Kaiserin von Rußland den polnischen Adel nicht für seine Verluste entschädigt habe, die ihm Durchmarsch und Aufenthalt der russischen Truppen verursacht haben. (3)

1762 fängt so an, wie 1761 die Berichterstattung aufgehört hat: der "Mercure" wundert sich über die Inaktivität der russischen Truppen bei dem Feldzug, sie machen keine Diversion nach Brandenburg, (4) die Armee in Pommern ist untätig. Dafür sind sie in Polen sehr aktiv: Ohne auch nur die Zustimmung aus Warschau zu erbitten oder wenigstens abzuwarten, teilt der russische Gesandte mit, daß 12.000 Soldaten in Groß-Polen Quartier machen würden, weil dort eine Neigung des Adels bestehe, sich gegen die russischen Truppen zu konföderieren. (5) Es verwundert daher nicht, daß aus Polen Klagen und Unzufriedenheit über die Russen gemeldet werden. (6) Gerüchte über die Einverleibung Poln.-Preußens in den preußischen Herrschaftsbereich werden wiedergegeben. (7) Der Tatarenkhan bedroht die Republik mit 80.000 Mann und verlangt Entschädigungen von der Republik, die Landtage enden zum Teil ohne Ergebnis. (8) Die Berichterstattung des "Clef" in diesen Jahren ist bei weitem nicht so umfangreich wie die des "Mercure". Das betrifft vor allen Dingen die Informationen aus Polen. Für 1761 berichtet die Zeitschrift vom Mißerfolg des außerordentlichen Sejm, (9) von Haydamakeneinfällen und plündernden Räuberbanden in Litauen (10) und von der Stiftung eines Preises für die besten Arbeiten in Geschichte, Physik, Mechanik und Mathematik durch Jablonowski. (11) Im Rückblick auf das Jahr 1761 wird Polen gar nicht erwähnt, (12) und auch 1762 sind Meldungen aus diesem Land sehr selten. Erst im Dezember wird über den Sejm geschrieben, der nach drei zum Teil stürmisch verlaufenen Sitzungen "zerrissen" wird. Der Zutritt des Grafen Brühl zur Landbotenkammer sei Grund - oder Vorwand - für die Streitigkeiten gewesen. Der "Clef" vermerkt die Existenz zweier großer "Parteien" in Polen: die eine geführt von den Czartoryski, die andere vor allem bestimmt von litauischen Adligen, an deren Spitze Fürst Radziwiłł steht. (13) Dabei weist die Zeitschrift in ihrer Rückschau auf 1762 darauf hin, daß die beiden Gruppen sich auch publizistisch bekämpfen. (14) Charakteristisch für die Adelsrepublik sind "les dissensions domestiques", (15) und der "Clef" kennzeichnet den Sejm als eine Versammlung, in der Streitigkeiten an der Tagesordnung seien.

Eine Frage, die erneut zu Auseinandersetzungen zwischen Rußland und Polen führt, ist die kurländische Herzogswürde. Dies Problem steht in den folgenden Monaten im Zentrum der Berichterstattung aus Polen. (16) Wichtiger aber und für die Leser interessanter sind in diesen Jahren - vor allem 1762 - Meldungen aus Rußland. Sie stehen im Zeichen der Ereignisse, die mit dem Regierungsantritt Peters III., mit seinem Sturz und Tod verknüpft sind. Der "Mercure" berichtet ausführlich darüber; die Februarausgabe schildert Krankheitsverlauf und Tod der Kaiserin Elisabeth und würdigt ihre Milde und Zuneigung für ihre Untertanen und ihre letzten Maßnamen vor dem Tode. (1) Der Verfasser nennt sie eine gute Mutter und betont, daß sie den Beinamen "la clémente" verdient habe, ein Beiname, der mehr wert sei als alle anderen. Noch auf dem Sterbebett habe sie nur an das Wohl ihrer Untertanen gedacht: 13 - 14.000 (!) Gefangene, die wegen Schmuggels verhaftet worden waren, sollten freigelassen, die Salzsteuer solle verringert und ungefähr 25.000 (!) Schuldhäftlinge entlassen werden. Dann verpflichtet sie ihren Nachfolger Peter III., die Verpflichtungen gegenüber den Verbündeten pünktlich einzuhalten. Trotzdem werden sofort nach dem Regierungsantritt Peters Gerüchte über einen Separatfrieden zwischen Berlin und Petersburg laut. (2)

Die ersten Regierungshandlungen Peters werden hoch gelobt. Der "Mercure" vergleicht ihn mit Titus. Gunstbezeigungen und Gnaden seien so gut verteilt, (3) "que le mérite aura désormais droit d'y prétendre", eine interessante Bemerkung, die vielleicht die Praxis unter Elisabeth beleuchten soll. Alle Taten Peters III. versprächen seinen Untertanen ein goldenes Zeitalter. Der "Mercure hebt besonders die Aufhebung der adligen Dienstpflicht hervor - daraufhin habe der russische Adel beschlossen, seinem Wohltäter eine Reiterstatue zu errichten. Der Zar verringert den Salzpreis, was seine eigenen Einnahmen vermindert und das einfache Volk erheblich erleichtert; er nimmt täglich an allen Konferenzen teil, viele Institutionen verändern ihr Aussehen, "et on remarque avec un extrême plaisir que Sa Maj. Imp., dans toutes les démarches, qu'Elle fait, et dans tous les ordres, qu'Elle donne, se propose le bien de ses sujets." (4) Der Herausgeber stellt die wichtigsten Beschlüsse des Zaren vor: er will die Domänen des Klerus der Krone einverleiben und den Staat für die Bezahlung der Priester aufkommen lassen; die Geheimkanzlei wird aufgehoben, die Folter ebenfalls - gilt für den Adel! -, die Garderegimenter sollen preußisch gekleidet werden, die Kompanie der Gardes du Corps (unter Elisabeth besonders geschätzt) wird aufgelöst, eine Staatsbank ist im Gespräch, Gesetze gegen den Luxus werden ins Auge gefaßt. (5) Und obwohl man feststellen kann, daß die neue Regierung gänzlich andere Maximen vertritt als die vorherige, so ist doch bemerkenswert, daß sie alle allgemeine Zustimmung erfahren - ausser beim Klerus. (6)

Nach der Lektüre dieser Informationen über die ersten Wochen der Regierung Peters III., welche gekennzeichnet zu sein scheinen durch die Zustimmung fast aller Stände zu seinen Maßnahmen, muß der Leser des "Mercure" höchst erstaunt sein, wenn er in der Augustausgabe liest, daß der Zar gezwungen wurde, dem Thron zu entsagen und ihn seiner Gattin zu überlassen.(7) In der Berichterstattung des "Mercure" bis zu diesem Zeitpunkt findet sich kaum ein Hinweis auf die Möglichkeit einer solchen "catastrophe", wie der Verfasser es ausdrückt. Wohl findet sich der schon erwähnte Hinweis auf die Unzufriedenheit des Klerus mit der geplanten Einziehung kirchlicher Domänen, (1) wohl schreibt der Verfasser, daß das russiche politische System im Moment einen Wandel zeige, der in der europäischen Geschichte beispiellos sei - gemeint ist die Schwenkung Peters auf die Seite Friedrichs II. (2) - aber noch im Juni berichtet er über die Abschaffung der Knutenstrafe, die zufriedenstellende Lösung des Problems der kirchlichen Domänen und der Priesterversorgungund schreibt als Zusammenfassung:"Si l'on tient la main à l'exécution de ces Ordonnances, il n'y a point de doute que cet Empire ne s'en trouve bien, et que dans peu d'années il ne figure parmi les Etats les plus florissans de l'Europe." (3) Das Erstaunen des Verfassers über Peters Sturz kommt deutlich zum Ausdruck, wenn er schreibt: "On a vu éclore dans cet Empire une Révolution, dont l'histoire du monde ne fournit pas d'exemple. La fortune a marqué son inconstance, par un monument dont la mémoire ne finira qu'avec les hommes." (4)

In der Darstellung des "Mercure" sieht es so aus, als habe Katharina kaum einen Anteil an den Geschehnissen gehabt. Hier erscheint die Nachricht, der Senat habe sich am 9.7. (n.St.) zu einer Beratung zusammengefunden und die Absetzung des Kaisers wegen der von ihm begangenen Staatsverbrechen beschlossen. Als Ausführende dieses Beschlusses werden genannt: die Grafen Rasumowskij, Panin und Butturlin. (5) In einem sofort veröffentlichten (und im "Mercure" abgedruckten) Manifest werden die Verbrechen Peters näher bezeichnet: Bedrohung der orthodoxen Religion und ihrer Traditionen, Friedensschluß mit dem Feinde und damit Beleidigung der ruhmreichen russischen Waffen und, sehr vage, Umstürzung aller inneren Einrichtungen, die dem Wohle des Vaterlandes dienen. (6) Schon im Anschluß an die Juliausgabe war ein umfangreiches Manifest Katharinas über die Revolution und die freiwillige Abdankung des verstorbenen Kaisers abgedruckt worden, (7) völlig ohne Kommentar. Im August wird ein vollständiger Bericht über die Ereignisse gegeben. Was den Verfasser am meisten erstaunt, ist die Tatsache, daß sich der Umschwung ohne Blutvergießen und Unordnung in einem halben Tag vollzogen habe. Deutlich wird, daß es die Garderegimenter waren, die Katharina in ihrem Vorhaben unterstützt haben. Über die Gründe der Entthronung sagt der "Mercure" nichts. Auf eine Disposition der Soldaten und des Volkes zum Umsturz ist in den vorangegangenen Berichten niemals hingewiesen worden, im Gegenteil: der Eindruck wurde erweckt, als sei Peter III. durchaus beliebt. Der "Mercure" meint, außer der Frage der Religion müßten noch andere Gründe für den Sturz Peters ausschlaggebend gewesen sein: er nennt die Absicht des Zaren, Katharina zu verstossen und eine russische Gräfin zu heiraten, die Unzufriedenheit der Garde und der anderen russichen Regimenter, die Peter seine Bevorzugung der holsteinischen Truppen verübelten. (8)

Ohne Kommentar wird die Nachricht vom Tode Peters III. wiedergegeben, zusammen mit dem Manifest Katharinas, das sie aus diesem Anlaß veröffentlicht. Peters Beerdigung, der Katharina fortbleibt - wegen zu großen Kummers - geschieht ohne Zeremonien, wie der Berichterstatter kommentarlos meldet. Stattdessen druckt er ein weiteres Manifest Katharinas ab, in dem sie noch einmal ihre Handlungsweise rechtfertigt. Ausführlich wird über die Belohnungen für die Hauptverschwörer berichtet. Dabei wird erwähnt, daß

Katharina sich auf dem Thron festigen und die Herzen ihrer Untertanen gewinnen wolle durch Gnadenbezeugungen und Liberalität, aber auch durch die Schaffung und Erhaltung eines dauerhaften Friedens. Auf die Mitwirkung von Ausländern will sie dabei verzichten, sie will nur ihre eigenen Untertanen verwenden. (1) Trotz dieser Absichten Katharinas und der Meldung, alles sei so ruhig in Rußland, als ob es nie eine Revolution gegeben habe, muß der "Mercure" im Dezember des Jahres mitteilen, daß in Moskau eine Verschwörung gegen Katharina aufgedeckt worden sei, deren Mitglieder ihre schändlichen Pläne gestanden hätten. Katharina schenkt ihnen das Leben. (2)

Die Ereignisse in Rußland, vor allem im Jahre 1762, beschäftigen auch den Herausgeber des "Clef" besonders stark. Nachdem 1762 sehr wenig Informationen über das Zarenreich erschienen sind, gibt der Tod der Kaiserin und die Thronbesteigung Peters III. Anlaß zu umfangreicheren Meldungen. Aber im Gegensatz zum "Mercure" erfolgt hier keine Würdigung der Zarin Elisabeth. Der "Clef" notiert, daß die Übernahme der Regierung durch den Nachfolger Peter III. in völliger Ordnung und Ruhe vor sich gegangen sei.(3) Wie der "Mercure" nennt er die ersten Maßnahmen des neuen Kaisers und den Beschluß des Adels, Peter III. eine Statue zu errichten; er erwähnt die Absicht des Zaren, regelmäßig mit seinen Ministern zu arbeiten und die Truppen nach preußischem Vorbild exerzieren zu lassen. (4) Aus Warschau meldet der "Clef" kommentarlos das Defensivbündnis zwischen Peter III. und Friedrich dem Großen.(5) Erst im August berichtet diese Zeitschrift über die Vorhaben des Zaren, die Kirche betreffend. Dabei nennt der Verfasser die gleichen Forderungen an den russischen Klerus wie der "Mercure". (6) Im September folgt dann eine detaillierte Darstellung der Ereignisse vom Juli 1762. Als Grund für den Sturz Peters wird neben allgemeiner Unzufriedenheit aller Bevölkerungsgruppen - wovon in den Zeitungen vorher nie etwas berichtet wurde - die Absicht des Zaren angegeben, er habe sich wieder zur lutherischen Konfession bekennen wollen. (7) Der "Clef" bemerkt, daß bereits seit längerem (8) eine Verschwörung existiert habe, an der Personen aller Ränge beteiligt waren. Der Verfasser nennt die Fürstin Daškov, den Hetman der Ukraine,Rasumovskij, den Grafen Panin, den Fürsten Volkonskij und die drei Brüder Orlov. Von einer Beteiligung Katharinas an der Verschwörung ist nicht die Rede, dagegen wird darauf hingewiesen, daß Soldaten und Volk für eine Revolution disponiert gewesen seien. (9) Katharina sei nach Petersburg geholt worden (am 8.7.) und Volk und Soldaten hätten sie als Kaiserin begrüßt; ihr Sohn sei zum Nachfolger erklärt worden.

Allerdings wird aus der folgenden Darstellung der Zeitschrift deutlich, daß die Zustimmung zu diesem Staatsstreich doch nicht allgemein gewesen sein kann: ein Teil des Tages sei damit verbracht worden, die Autorität der neuen Herrscherin in ihrer Hauptstadt zu festigen; Truppen seien zusammengezogen und alle Verbindungswege zu Peter III. sorgfältig gesperrt worden. Von den Bemühungen des Zaren, Katharina Widerstand entgegenzusetzen und seinem Mißerfolg in dieser Hinsicht berichtet der "Clef" nur wenig, bemerkt aber, daß die Kaiserin es abgelehnt habe, mit ihrem Gatten in Verhandlungen zu treten. (10) Wie der "Mercure" weist auch diese Zeitschrift darauf hin, daß sich der Umsturz - "cette grande rêvolution" - völlig ohne Blutvergießen und mit größter Ruhe vollzogen habe. Der Herausgeber druckt ebenfalls die beiden Manifeste der Zarin ab (vom 9.7. und vom 18.7.1762). (1) Zum Tode des Zaren enthält der "Clef" keinerlei Aussage. Im Oktober erwähnt er lediglich, daß die Kaiserin ein Manifest veröffentlicht habe, in welchem sie die Beschwerden der russischen Nation gegen die Regierung Peters III. und die Motive darlegte, die alle Stände dazu veranlaßt hätten, sich zusammenzuschließen, um ihm die Krone zu nehmen. (2) Im Rückblick auf 1762 geht der Verfasser noch einmal auf die Ereignisse im Juli ein. Wegen der häufigen Revolutionen in Rußland und wegen der besseren Übersicht für den Leser druckt er eine genealogische Tabelle der Herrscher Rußlands ab. (3) Im Gegensatz zu den Aussagen, die diese Zeitschrift - wie auch der "Mercure" - zu Beginn von Peters III. Regierungszeit gemacht hatten, heißt es jetzt, daß schon die ersten Maßnahmen des Herrschers seinen Sturz voraussehen ließen. (4) Genau das war aus den Berichterstattungen beider Zeitungen für den Leser nicht zu ersehen. Im Rückblick konstatiert der "Clef" nun, Peter III. sei ein schlechter Politiker gewesen, der alles habe reformieren wollen, ohne den Charakter seines Volkes zu beachten, das schon den geringsten Veränderungen feindlich gegenüberstehe. Ferner habe er keinerlei Rücksicht auf seine Stellung genommen und die Uniform eines einfachen - preußischen - Offiziers getragen. Er habe Verbannte aus Sibirien zurückgerufen und die von Peter I. eingerichteten Werften nach Kronstadt verlegt. Außerdem habe er dann noch die Kirche gegen sich aufgebracht und die Absicht gehabt, seine Frau zu töten. (5) Katharina sei nur dem Ruf des Vaterlandes gefolgt und habe ihren Gatten zur Abdankung gezwungen. Sie sei nun damit beschäftigt, alles wieder rückgängig zu machen, was Peter III. angeordnet hatte und sei einzig und allein um das Wohl ihrer Untertanen besorgt. Allerdings fügt der "Clef" auch hinzu, daß der plötzliche Tod des Zaren der neuen Herrscherin sehr gelegen gekommen sei; ein entthronter Fürst sei immer ein Anlaß zu Besorgnissen.

Wenn der Herausgeber Zweifel bezüglich eines natürlichen Todes Peters III. haben sollte, so äußert sich dieser nur in einer vorsichtigen Formulierung. (6) Er berichtet später von Maßnahmen der Kaiserin, die durchaus Peters III. Politik fortsetzten, nur merkt er es nicht besonders an. (7) Im übrigen betont er die Milde Katharinas, (8) die Zustände in Rußland sind jedoch durch Mord und Diebstahl im verstärkten Maße gekennzeichnet. (9)

Auch aus der Berichterstattung des "Clef" wird deutlich, wie groß der Einfluß der russischen Herrscherin auf die Vorgänge in Polen ist. So gibt er ein Schreiben Katharinas an August III. wieder, in dem die Zarin den polnischen König auffordert, dafür Sorge zu tragen, daß Ruhe und Ordnung einkehrten und die Unruhestifter zum Schweigen gebracht würden; (10) ein Verlangen, dem der König nicht nachkommen konnte, wie der Leser vor allem aus der sehr umfangreichen Berichterstattung des "Mercure" über die innenpolitische Lage Ende 1762 erfahren konnte.

Der Grund für die ausführlichen Meldungen ist der Sejm, der für Oktober 1762 einberufen wurde, und für dessen Erfolg der "Mercure" keine Chancen sieht, da eine große Anzahl von Landtagen ohne Ergebnisse auseinandergegangen waren. (1) Bevor überhaupt ein Marschall gewählt werden kann, wird der Sejm durch den Protest eines Landboten gesprengt. Der "Mercure" berichtet sehr ausführlich über die Bemühungen, doch ein positives Ergebnis zu erreichen, und faßt auch die Ansprachen an die Versammlung zusammen, in denen häufig die Rede davon ist, welche Pflichten gegenüber der Allgemeinheit die Landboten haben, und daß sie zum Heile der Republik arbeiten sollen. (2) Der "Mercure" meint dazu, daß der Streit um die Anwesenheit des Grafen Brühl nur ein Vorwand gewesen sei. Wie der Herausgeber des "Clef" weist auch diese Zeitschrift darauf hin, daß der Adel in zwei Gruppen gespalten sei, deren eine von dem Fürsten Czartoryski und die andere von den Lubomirski - hauptsächlich aus Litauern bestehend - angeführt werde. Die Manifeste beider Parteien werden abgedruckt, aus denen der Leser recht gut den politischen Standort der jeweiligen Gruppen entnehmen kann. Da sie aufschlußreich sind für das Selbstverständnis eines Teils des polnischen Adels und dem damaligen französischen Leser sicher auch Anlaß zum Nachdenken gegeben haben, sollen die wichtigsten Punkte kurz wiedergegeben werden.

Das Manifest der "Patrioten" beginnt mit einer Aufzählung der Vorzüge, die der polnische Adlige hat und mit ihm der polnische Staat: durch Geburt und durch die Verdienste der Vorfahren seien sie im Besitz des höchsten Gutes, dessen sich Menschen rühmen könnten - der Freiheit. Die Vorfahren hätten so weise Gesetze geschaffen, daß es nicht nötig sei, sie in irgendeiner Form zu ändern, alles müsse so bleiben, wie es ist, bzw. auf den guten alten Zustand zurückgeführt werden. Das impliziert vor allem, daß nur "les véritables enfans de la Patrie" die Vorrechte wahrnehmen können, die ihre Vorväter mit ihrem Blut erkämpft haben und die sie, die Nachkommen, bewahren und verteidigen sollen bis zum letzten Seufzer. (3) Graf Brühl habe sich widerrechtlich in den Genuß der Privilegien gesetzt,die doch nur denen zustehen, "qui ont rempli les devoirs de la Noblesse: qui ont défendu la Foi, les Rois, les Loix et la Liberté; qui se sont exposés au danger de perdre les Biens et la vie dans les guerres qu'il y a eu à soutenir contre les Ennemis communs; qui ont comparu dans les Bans, Arrière Bans, Revues, Confédérations, Election des Rois, et ont rendu des services à la Patrie dans les Diètes, Diètines, Magistratures et Sièges de Jurisdictions; en un mot, aux seuls Citoyens de ce Royaume, qui ont servi l'Etat de Père en Fils." (4)

Zur Unterstützung dieser Ansicht werden die verschiedensten Konstitutionen des Königreiches aufgeführt. Während dieses Manifest ganz deutlich die konservative und von ihren Rechten durchdrungene Haltung des polnischen Adels zeigt - dabei auch auf die Opfer hinweisend, die er dem Vaterland gebracht hat - befaßt sich das zweite Manifest eher mit der Tatsache, daß in der Abgeordnetenkammer das Schwert gezogen wurde und versucht, eine moralische Verurteilung der Schuldigen zu erreichen. Aber auch diese Unterzeichner berufen sich auf die "gloire du nom de Gentilhomme Polonois, gloire acquise par le sang et la vertu de nos Ancêtres" und verkünden ebenfalls, daß sie die Prärogativen des Adels um den Preis ihrer Güter und ihres Lebens verteidigen wollen und sich gegen jedes Attentat auf die polnische Freiheit, die Gesetze und die Heiligkeit des Beratungsortes wehren wollen. (1)

Während ein weiterer Sejm ohne Ergebnis bleibt, die verschiedenen Parteien sich unversöhnlich gegenüberstehen, reitet russische Kavallerie quer durch Polen, setzt sich in der Marienburg fest (bzw. räumt sie nicht), geht Kurland verloren. (2) Die Gedanken des Verfassers über diese Zustände werden deutlich im Rückblick auf das Jahr 1763, wobei ihm der Tod des Königs August III. und die damit anstehende Königswahl noch zusätzlichen Anlaß zur Reflexion gibt: da der Erfahrung nach fast alle polnischen Königswahlen mit Blutvergießen verlaufen seien, müsse man das Schlimmste befürchten, nicht nur für Polen, sondern für ganz Europa. Wohl habe Rußland, sowie auch Preußen, die Möglichkeit, auf die Verhandlungen des Wahlsejm Einfluß zu nehmen - was der "Mercure" als durchaus positiv ansieht, (3) da er sich davon die Verhinderung eines europäischen Krieges verspricht. Allerdings kann ihn diese Aussicht nicht von der Befürchtung abbringen, in Ermangelung eines äußeren Krieges werde es dann zu inneren Auseinandersetzungen kommen, denen mit menschlicher Weisheit nicht beizukommen sei. Das erscheint ihm umso wahrscheinlicher, als er sich die Ereignisse der vergangenen Jahre, vor allem die Reichstage, in Erinnerung ruft.

Außerordentlich positiv beurteilt er die bisherige Tätigkeit Katharinas II.: sie habe Europa den Frieden gebracht "cette glorieuse et sage Impératrice" beschäftige sich nun mit den Problemen der Landwirtschaft und des Handels. (4)

So steht die Berichterstattung des Jahres 1764 vor allem im Zeichen der polnischen Königswahl, und, vom Verfasser auch durchaus als nützlich für die friedliche Lage in Europa angesehen, der russischen Präsenz in der Adelsrepublik. Dabei ist es bemerkenswert, daß mehrmals im Laufe des Jahres Versicherungen der Höfe von Petersburg und Berlin abgegeben - und auch abgedruckt - werden, daß an eine Aufteilung polnischen Territoriums unter Rußland und Preußen nicht gedacht sei. (5) Der "Mercure" nennt die einheimischen Kandidaten für die Krone: den Fürsten Czartoryski, den Grafen Branicki - der aber wohl zu alt sei - und den Grafen Poniatowski. (6) Beim letzteren betont er die Vorliebe der russischen Kaiserin für diese Familie (7), sagt aber andererseits auch, daß niemand in Petersburg, wo die polnische Königswahl Hauptgesprächsthema sei, sagen könne oder wolle, "en faveur de quel des Candidats l'Impératrice est intentionnée d'employer ses récommandations." (8) Der "Mercure" bemerkt den Grad der Einflußnahme Rußlands in Polen: er berichtet über die Truppenzusammenziehung an der Grenze, (9) über die Beeinflussung eines Landtages bei Graudenz durch russisches Militär mit den Folgen eines regelrechten Scharmützels zwischen Polen und Russen (10) - er stellt den Unterschied in den Erklärungen der Höfe von Berlin,

Petersburg einerseits und Wien, Paris andererseits fest: während Rußland und Preußen einen Piasten verlangen (1) und zur Konservierung der momentanen polnischen Zustände sogar ein Bündnis schließen - es wird mit Geheimartikel abgedruckt -(2) wünschen Wien und Paris eine völlig freie Wahl, ohne den vorherigen Ausschluß bestimmter Kandidaten. (3) Die Zeitschrift unterrichtet den Leser über den tumultuarischen Verlauf einiger Landtage, über die Schritte der polnischen Dissidenten bei Katharina zur Unterstützung ihrer Forderungen, (4) über die verschiedenen Manifeste unterschiedlicher Adelsgruppierungen, über die Vorkehrungen der Adligen zum Schutze ihrer Häuser und über die der Russen zum "Schutz" des Konvokationssejms (5) - und man kann wohl annehmen, daß der Berichterstatter auch die Überzeugung der Mehrzahl seiner Leser ausspricht, wenn er schreibt: "Si la Pologne étoit moins jalouse de sa liberté que de son repos, elle envieroit le sort des Etats où la Couronne est héréditaire. Le droit qu'elle a d'élire ses Rois, mis en balance avec les inconvéniens qui en résultent toutes les fois qu'elle l'exerce, lui paroîtront une odieuse prérogative plus à déplorer qu'à s'en applaudir." (6) Einer der Korrespondenten aus Warschau spricht offen aus, daß die Polen die Russen gern von diesem Dienst an der polnischen Republik entbinden wollten und der Kaiserin sehr dankbar wären, wenn sie ihre Truppen für andere Zwecke einsetzen würde.

Der "Mercure" berichtet ausführlich über den Konvokationssejm, er gibt Zusammenfassungen von den 35 Sitzungen. (7) Dem Leser bietet sich das schon gewohnte Bild: ein Teil der Landboten protestiert gegen die Anwesenheit fremder Truppen, der Großhetman der Krone, Branicki, erkennt den Sejm nicht an, ebensowenig wie seine Absetzung durch Czartoryski - mit Einwilligung des Primas und einem Teil der Senatoren. Man debattiert, zum Teil mit großer Heftigkeit, erneut über die Rechte der Protestanten. An der Spitze der 20 durch den Sejm zu beratenden Punkte steht die Stärkung der katholischen Kirche, erst an zweiter Stelle wird die Suche nach effektiven Mitteln zur Erhaltung der Ruhe im Königreich genannt. Hinzu kommen Beratungspunkte, wie die Frage, wer den König wählen soll - Arrière-Ban oder Deputierte - die Bezahlung der Kronarmee, die Verhinderung des völligen Zerfalls der polnischen Städte. Die Titelfrage des preussischen Königs, bzw. der russischen Zarin steht ebenfalls zur Diskussion; aber anstatt sich diesem Thema und der eminent wichtigen Finanzfrage zuzuwenden, debattiert die Versammlung mehrere Sitzungen darüber, ob der König - der von Vater- und Mutterseite her Pole sein soll - im allgemeinen polnisch gekleidet sein muß. Der Verfasser bemerkt, daß sich einige Landboten überhaupt nicht an die festgelegten Beratungspunkte halten, sondern Themen anschneiden "suivant leur bon gré, ce qui fait perdre beaucoup de tems." (8) Immerhin stehen auch noch so wichtige Fragen zur Beratung an wie die Einführung einer allgemeinen Steuer, die Adel und Bürgertum gleichermaßen trifft und alle anderen Steuern überflüssig machen soll, (9) ebenfalls der Vorschlag, die Geistlichkeit solle ein Viertel ihrer Einkünfte dem Vaterlande opfern. Beide Vorschläge finden keine Mehrheit. Es wird offenbar, daß zwischen Polen und Litauern nicht die notwendige Einheit besteht,(1 und häufig wird damit gedroht, den Sejm zu sprengen, wenn Vorschläge gemacht werden, die dem Interesse einzelner Gruppen zuwiderlaufen. (1) Das Ergebnis solcher Einwürfe und Drohungen ist, daß in den wichtigen Fragen keine Beschlüsse gefaßt werden, um nicht den Sejm zu gefährden. Der Konvokationssejm endet mit der Entschließung, eine allgemeine Konföderation zu bilden, für die der "Mercure" allerdings keinen großen Erfolg sieht, da, wie er meint, sich unzweifelhaft noch andere Ligen bilden würden, die der Konföderation entgegen arbeiten würden. (2) Diese seine Aussicht findet er bestätigt durch die Tatsache, daß eine große Anzahl vornehmer Familien sich nach Dresden absetzt. Daß eine große Katastrophe über Polen hereinbrechen wird, hält er für sicher. (3) Denn die Partei des Großhetman Branicki erhält Zulauf, und viele ausländische Offiziere verstärken sie. Immer mehr Magnaten werden mißtrauisch durch den Vertrag zwischen Katharina und Friedrich, dessen Inhalt der Republik nicht mitgeteilt wurde. Ferner verwendet Czartoryski neben Truppen der Krone auch ausländische Verbände, eine Tatsache, die im Widerspruch zu den grundlegenden Gesetzen der Republik steht - unter dem Vorwand, wie der "Mercure" sagt, der Sicherheit des Königreichs. So gibt es also drei Parteien - der Verfasser nennt außerdem eine "neutrale" - und da keine zur Versöhnung bereit ist, meint der "Mercure" schließen zu können, daß sie auf fremde Hilfe rechnen, zumindest die Branickis (le partide Saxe) und die Poniatowskis, bzw. die Czartoryskis ("il a pour lui les Russes"). (4) Dazu bildet sich noch eine Konföderation unter dem Fürsten Radziwiłł in Litauen, gegen die Poniatowski und der russische Gesandte Repnin mit Unterstützung russischer Truppen vorgehen. Hinzu kommen die andauernden Auseinandersetzungen mit den Protestanten, die sich ebenfalls nach auswärtiger Unterstützung umsehen. Die Behandlung der polnischen Dissidenten durch die Republik ist dem Verfasser völlig unerklärlich, da doch die Folgen jedem klar sein müssen: "La dureté avec laquelle on traite les Protestans ou non Conformistes en Pologne ne peut manquer d'augmenter la mésintelligence qui règne dans ce Pais-ci; c'est du bois ajouté au feu de la guerre civile qui vient d'éclater dans ce Royaume et il n'en faut pas davantage pour achever de le mettre en combustion." (5) Um das Durcheinander noch zu vervollständigen, hat ein Abgesandter der litauischen Konföderation die Zarin darum gebeten, die Verfassung Polens wirksam zu unterstützen - was Katharina "cette grande Princesse [qui] ne s'occupe que de grands projets pour le bien être et la gloire de son Empire, " sofort zusagt. (6)

Die Zustände in Polen, die der "Mercure" mit soviel Aufmerksamkeit verfolgt und ausführlich darstellt, veranlassen den Verfasser zu einem längeren Kommentar in einer Anmerkung, in der er das Interesse der polnischen Nation an einem möglichst "unsterblichen" König betont, da die Wahl des Nachfolgers die schwierigste und schrecklichste Angelegenheit sei. Und da sich die Wahlberechtigten auch noch gegenseitig behindern und zum Teil gegensätzliche Maßnahmen für richtig halten, wird jede Königswahl für sie eine wirkliche Zwangslage, eine große Bürde. (7) Der "Mercure" hält es für wichtig, zwei Reden Stanisław Poniatowskis abzudrucken, in denen er die großen Verdienste der Zarin um Ruhe und Sicherheit in Polen hervorhebt. Ohne die Hilfe russischer Truppen wären noch mehr Leute ums Leben gekommen, und die Verwüstungen und Angriffe auf Privatpersonen - vor allem durch die Radzwiłłs und ihren Anhang - wären noch größer gewesen. Katharina wird in den höchsten Tönen gelobt, nicht nur, weil sie die Ruhe und Ordnung wiederhergestellt hat, sondern auch weil sie die Gleichheit unter dem Adel garantiert. (1) Sicher hängt diese ausführliche Wiedergabe der Reden damit zusammen, daß der "Mercure" seine Leser darauf vorbereiten will, daß der Redner mit ziemlich hoher Wahrscheinlichkeit der neue polnische König sein wird. Im September spricht der Verfasser sogar mit Sicherheit von Stanisław als dem zukünftigen König, da die anderen Mächte ihrem Kandidaten keine wirksame Unterstützung mehr bieten können. (2) Keyserling verteilt eine Erklärung der Zarin an den Wahlsejm, in der sie ihren Wunsch kundtut, den Grafen Poniatowski als polnischen König zu sehen. Dieser hält sich bis zur Wahl bei der russischen Armee auf. Diese bleibt auch nach der Wahl in Polen, obwohl ihre Anwesenheit kaum noch nötig erscheint, da die unzufriedenen Magnaten sich nach und nach mit Stanisław arrangieren. (3)

Fast die gesamte zweite Hälfte des Jahres 1764 steht im Zeichen der Berichterstattung über die polnische Wahl und die damit zusammenhängenden Ereignisse. Aus Rußland wird wenig berichtet - es sei denn im Zusammenhang mit der polnischen Frage. Die einzige Nachricht, die sich mit einem anderen Ereignis beschäftigt, ist die Meldung vom Tod des unglücklichen Zaren Ivan VI., der im Gefängnis ums Leben kam. An der Richtigkeit der offiziellen Darstellung Katharinas wird nicht gezweifelt, das Manifest der Zarin, das auf die Ereignisse Bezug nimmt, wird abgedruckt. (4)

2.1.5. 1768 - 1774

Auch im Rückblick auf das Jahr 1767 steht Polen wieder im Mittelpunkt der Berichterstattung, (5) und mit der Republik zusammen auch die Zarin. Über die Vorgänge im Königreich und das Verhalten des polnischen Adels und der Geistlichkeit urteilt der "Mercure" folgendermaßen: die kostbare Freiheit, von der die Polen solches Aufheben machten, bringt nichts anderes hervor als Verwirrung, Streit und Uneinigkeit. (6) Den Grund für diesen desolaten Zustand sieht er vor allem in der Dissidentenfrage. Der Sejm entscheidet nichts zugunsten der Non-Konformisten, so daß schließlich die Russen, Repnin an der Spitze, die Sache in die Hand nehmen werden. Denn die Fähigkeiten der erhabenen Katharina sind so groß, meint die Zeitschrift, daß niemand daran zweifelt, sie werde Polen eine neue gesetzliche Grundlage geben, so wie sie gerade in Moskau eine Kommission unter ihrer Aufsicht an der Erstellung eines Kodex für ihre eigenen Länder arbeiten läßt. (7) Für die von den Russen verhafteten und verschleppten Mitglieder der polnischen Kirche, bzw. des Adels äußert der "Mercure" kein Wort des Verständnisses - er betont im Gegenteil sogar die Einmischung des Papstes, der die Beschöfe erst zu dem Widerstand aufgereizt habe. (8) Auch an anderer Stelle wird die Einmischung des Papstes in die Angelegenheiten der polnischen Republik mit

Mißfallen vermerkt, und zwar anläßlich der Beschlüsse der Kommission bezüglich der Dissidenten. (1) Immer wieder zeigt sich die - zumindest - kritische Haltung des Herausgebers gegenüber der Kirche, die in die politischen Bereiche eingreifen will. Das wird besonders deutlich, als er über die Gründung der Konföderation von Bar berichtet; er steht dieser Vereinigung durchaus negativ gegenüber und schreibt: "L'on avoit espéré que l'heureuse issue de la Diète rameneroit la Paix et la tranquillité générale: cependant les avis reçus de la Podolie font évanouir ces idées flatteuses ... ce qu'il y a de plus fâcheux dans cette affaire [Konf. v. Bar] , est que les Mécontens tâchent de couvrir leurs desseins ambitieux du voile de la Rêligion ... le peuple est incité par les artifices de quelques ecclésiastiques." (2) Die Devise der Konföderation "pro religione et libertate, aut vincere aut mori" wird abgedruckt: Im Ganzen gesehen steht der Verfasser dieser Konföderation gänzlich verständnislos gegenüber, er verurteilt sie als Akt eines ehrgeizigen und fanatischen Adels, ja als eine Art Raserei, (3) aus eigensüchtigem Interesse, unter dem Vorwand, Freiheit und Religion zu erhalten. Sie könne aber, so die Meinung des "Mercure", nichts anderes tun, als das Unglück ihres Vaterlandes herbeizuführen. (4) Dabei wird durchaus auch auf die Einwirkung fremder Mächte hingewiesen. Aber trotz aller Rückschläge steigt die Feindseligkeit gegenüber den Russen; und obwohl der Adel seine Besitztümer dahinschwinden sieht, kann er der Begeisterung nicht widerstehen, die ihn dazu bringt, sich für die erlittenen Unterdrückungen durch die Russen zu rächen, obwohl - so die Zeitschrift - der Adel selber die Russen ins Land gerufen habe, als der Thron vakant war. Die Russen wiederum werfen den Polen Wankelmütigkeit und Undankbarkeit vor. (5)

Voller Mißbilligung beschreibt der Verfasser die Zustände in den Provinzen, die Schauplatz der Auseinandersetzungen waren: mehrere Distrikte befinden sich in einem Zustand, von dem sie sich während einer ganzen Generation nicht erholen können. Unmöglich, überhaupt eine Vorstellung von den Plünderungen, Massakern und dem Durcheinander zu vermitteln. Aber der "Mercure" hat die Erklärung - und damit auch ein Urteil über den polnischen Adel - bereit: "suites immancables de cette licence qui découle du faste et du peu de peine, qu'on se donne de cultiver le coeur et l'esprit." (6) Prunksucht und Mangel an Erziehung, das sind seiner Meinung nach die Hauptfehler, die zu solcher Verwahrlosung und Verrohung führen. Was den Verfasser besonders empört, ist die Tatsache, daß die Urheber dieser Zustände sich nicht schämen, diese als Zeichen ihrer Liebe zur Freiheit und ihres Eifers für die Religion zu verherrlichen. (7) Im Kontrast zu dieser Zügellosigkeit der Konföderation steht die gute Disziplin der russischen Armee und die Menschlichkeit des Generals Apraksin, der bei der Eroberung Krakaus gut alle Aufrührer hätte niedermachen können, aber trotzdem die Stadt vor Brandschatzung bewahrt hat. (8) In Petersburg arbeitet die Kommission weiter an dem neuen Kodex und diskutiert die Frage der Leibeigenschaft, für deren völlige Abschaffung sich einige Kommissionsmitglieder aussprechen. (9) Während der Leser bisher schon ein Bild vom völligen Chaos in Polen erhalten hat, erfährt er nun, daß sich auch noch türkische Truppen auf die polnische Grenze zubewegen und russische Abteilungen ebenfalls in Bewegung geraten, so daß es für den Leser nicht erst des Kommentars durch den "Mercure" bedarf, um festzustellen, daß bei einem türkisch-russischen Krieg der Niedergang Polens dann vollendet sein wird. "Ainsi, la Pologne est sur le point de se voir le Rendez-vous de nombreuses Armées, et se prépare sa propre destruction." (1) Die Tendenz, die Tätigkeit der Konföderierten - besonders der von Bar - völlig zu verurteilen und die Absichten der russischen Zarin bezüglich Polens zu loben, setzt sich auch in den folgenden Monaten fort. Immer wieder werden sie dargestellt als diejenigen, die ohne Rücksicht auf ihre Landsleute das Land plündern, Handel und Wandel zerstören, den Feind der Christenheit ins Land rufen, den Russen die Waffen aufzwingen und schließlich - unter dem Vorwand der Freiheit und der Bewahrung der katholischen Religion - den Untergang ihres Vaterlandes herbeiführen werden. Ähnlich wie im "Mercure" wird der Zustand der Adelsrepublik im "Clef" beschrieben: alles scheine zur Zerstörung Polens beitragen zu wollen; Verwirrung und Unruhe steigerten sich von Tag zu Tag.(2) Allerdings wird in dieser Zeitung kein so hartes Urteil über die Konföderierten gefällt. Der "Clef" spricht von ihrer Tapferkeit bei der Verteidung Krakaus gegen die russischen Belagerer, (3) trotz der Rückschläge bilden sich neue Ligen; einmal seien die Russen, ein andermal die Konföderierten die Sieger. (4) Diese Zeitschrift macht deutlich, daß es in der Mehrzahl der kleine und mittlere Adel ist, der sich gegen die Russen zusammenschließt, die Magnaten bleiben untätig. (5) Sie notiert auch, daß es weder bei den polnischen Truppen noch bei den Einwohnern eine Neigung gebe, gegen ihre Landsleute zu kämpfen, welche die Fahne der Freiheit erhoben hätten. (6) Der "Clef" bemerkt außerdem, daß der russische Gesandte Fürst Repnin der eigentliche Herrscher in Polen sei, daß die russischen Truppen die zum Reichstag versammelten Landboten einschüchtern sollten. (7) Zwar enthält sich der Herausgeber jeglichen Kommentars, aber seine Darstellung der Russen ist bei weitem nicht so positiv wie die des "Mercure". In dieser Zeitschrift erscheinen die Russen - und besonders Katharina - voll der besten Absichten für Polen. (8) Die Kaiserin will weiter nichts als das Glück der Völker - auch des polnischen, wobei sie allerdings auf gewisse Schwierigkeiten stößt. (9) Die Konföderierten werden bezeichnet als "Mécontens séditieux", (10) "soi-disant confédérés", (11) "Rébelles de leur Patrie"; (12) ihre Handlungen sind gekennzeichnet durch die Verachtung der Gesetze. (13) Dagegen werden diejenigen, welche auf die Unterstützung der Russen hoffen, als "la plus saine partie de la nation Polonoise" bezeichnet. (14) Die Konföderierten sind sich nicht einmal untereinander einig; es kommt zu Streitigkeiten über die Wahl eines Generalmarschalls aller Gruppen. Ausserdem sind einige Mitglieder für den König, andere gegen ihn. Und, so meint der "Mercure", so werden sie schließlich nur noch in einem Punkt einig sein. "se ruiner eux-mêmes en voulant ruiner les autres." (15) Es ist unerheblich, daß es den russischen Truppen gelingt, einige konföderierte Abteilungen zu schlagen - sie sind wie eine Hydra. Da bleibt nur zu hoffen, daß die einzelnen Ligen sich selber mattsetzen. (16) Der "Mercure" ist ohnehin der Ansicht - zusammen mit den Polen benachbarten Völkern - daß man Pole sein müsse, um sein Unglück nicht zu bemerken und durch Erfahrung klug zu werden. (1) Die Folgen der ständigen Kriegszüge für das Land sind schrecklich - der "Mercure" versäumt es nicht, darauf hinzuweisen. (2) Diese furchtbaren Zustände werden immer wieder dargestellt, und in den Beschreibungen finden sich dann folgende "Schlüsselwörter" zur Charakteristik der Lage Polens: "déchiré, dissensions intestines, funeste, désolation la plus affreuse, ruine." (3) Hinzu kommen noch andere, ebenso bezeichnende Vokabeln: désastres, troubles, misères, discorde etc.

Der "Mercure" stellt schon in seiner Rückbesinnung auf 1768 fest, daß selbst bei Siegen der Russen über die Türken und Konföderierten das Übel damit nicht beseitigt sei: "mais il est des maux qu'on ne sauroit guérir qu'en extirpant la partie que en est affectée, et ceux de la Pologne semblent être à-peu-près de même nature. La sagesse des souverains qui s'intéressent à son sort, les portera peut-être à laisser subsister un membre vicieux, plutôt qu'à détruire tout le corps;" (4) Hier wird die Möglichkeit einer völligen Beseitigung eines Teiles Polens - des von "Übel" befallenen Teils - deutlich ausgesprochen, und es wird auch angedeutet, daß es die Großmächte sein werden, die über den unveränderten oder beschränkten territorialen Fortbestand der Adelsrepublik entscheiden - dank ihrer Langmut lassen sie vielleicht ein schlechtes Teil fortbestehen. Selbst den Krieg Rußlands gegen Türken und Tataren nimmt er nicht so schwer: alles werde - nach viel Unglück für Polen - letztlich doch damit enden, daß Rußland die Republik auf eine feste und solide Grundlage stellen werde. (5) Im übrigen ist es interessant festzustellen, welch völlig andere Haltung der "Mercure" gegenüber den um ihre Freiheit kämpfenden Korsen einnimmt. Sie, die ebenfalls lange Zeit Opfer ihrer inneren Streitigkeiten waren, geben nun unter der Führung ihres berühmten Anführers Paoli, "ce Héros de notre siècle" das Beispiel einer Einigkeit, die ebenso bewundernswert ist wie ihre Tapferkeit. (6)

Beim Rückblick auf das Jahr 1769 geht er noch einmal auf die Korsen ein (diesmal aber nicht im Zusammenhang mit Polen). Hier hat der "Mercure" keine Skrupel zu schreiben, daß dieser berühmte Paoli, der sich leider der Übermacht der Waffen habe beugen und nach England ins Exil gehen müssen, nun abwarten könne, ob ein günstiges Geschick ihm die Gelegenheit gibt, sich dem Dienst an seinem Vaterland erneut zu widmen ... (7) Sicher hat der Herausgeber die beiden um ihre Unabhängigkeit kämpfenden Völker nicht unbeabsichtigt nebeneinander gestellt. Es ist die Unfähigkeit des polnischen Adels, sich auf ein Programm, eine gemeinsame Linie zu einigen, welche die polnischen Kämpfer in einem so schlechten Licht erscheinen läßt, aber ebenso ist es auch die Rücksichtslosigkeit, mit der die eigenen Landsleute behandelt werden und auch der religiöse Anspruch der Konföderierten. Vielleicht spielt auch eine versteckte Ablehnung der französischen Politik eine Rolle.

Bei aller wohlwollenden Betrachtung der russischen Politik und dem Hervorheben der Erfolge gegen Konföderierte (8) und Türken (9) berichtet der "Mercure" doch über die Schwierigkeiten - auch im Innern des Landes -, mit denen die Zarin zu kämpfen hat. (1) Das betrifft vor allem die Finanzlage des Landes und die vermehrten Rekrutenaushebungen. (2) Katharina muß die Steuern erhöhen, Livland und Estland über das übliche Maß hinaus belasten und außerdem, so besagt das Gerücht, den Beamten die Gehälter um 20% kürzen. (3) Andererseits besteht aber der größte Teil der Nachrichten aus Petersburg aus Berichten über Kämpfe mit den Türken.

Obwohl der "Mercure" im allgemeinen keine positive Einstellung zu den Konföderierten hat, druckt er dennoch einige ihrer vielen Manifeste ab, in denen die Gründe für die Erhebung gegen die "Moscovites" angegeben werden. (4) Diese Manifeste - eine einzige Anklage gegen die russische Politik seit 1763 - gipfeln in dem Satz, daß Katharina unter dem Vorwand der Wiederherstellung der öffentlichen Ruhe das Vaterland in Brand setze, die Religion zerstöre und es behandle "comme un Pays conquis par la force des armes." (5) Abgesehen von einer Bemerkung über die Unangemessenheit der Sprache gegenüber der Kaiserin enthält sich der "Mercure" jeglichen Kommentars dazu - wenn man von dem Adjektiv "singulière" als Kennzeichen des Manifests absieht. (6)

Aber auch in der Berichterstattung des folgenden Jahres ist nicht zu entdecken, daß er seine Haltung gegenüber den die Russen bekämpfenden Adligen verändert hat. Erneut ist von ihren Raubzügen die Rede, (7) von Exzessen, Plünderungen und Diebstählen, vom Verlust jeglichen Gefühls für Anstand und Menschlichkeit. (8) Die letzten kümmerlichen Möglichkeiten des Handels und Verkehrs verschwinden gänzlich, (9) die Bauern Podoliens und der Ukraine bestellen die Felder nicht mehr, Seuchen verbreiten sich. (10) Den Übertritt eines halben Kavallerieregiments zu den Konföderierten unter der Führung eines Hauptmanns erklärt der Verfasser damit, daß dies durch Verrat und aus Hoffnung auf Bereicherung geschehen sei. (11) Die Konföderierten haben inzwischen ihre geheimen Absichten offenbart: sie erklären den Thron vakant und stellen sich unter den Schutz der Pforte, um deren Unterstützung sie ersucht haben. (12) Die Person des Königs und seine Stellung werden öfter erwähnt, und die schwierige Lage Stanisław-Augusts ist dem "Mercure" durchaus klar. (13) Er werde von den "soi-disans Patriotes" (14) angefeindet, die Rechtmäßigkeit seiner Würde werde bestritten, und auch die Russen betrachten ihn mit Mißtrauen, wenn er Schritte unternimmt, die ihn vielleicht mit der Nation versöhnen könnten. (15) Dennoch höre er nicht auf, verdienten Magnaten Wohltaten zu erweisen, (16) er behandle sogar die mit Milde, die seine Absetzung fordern und verwende sich für sie bei den Russen. Der "Mercure" charakterisiert ihn so: "Ce Prince dont la bontê fait le caractêre et que l'aveuglement et le fanatisme ne cessent d'outrager ..." (17) Aber vom König erwartet der Herausgeber jedenfalls nicht die Lösung der Probleme.

Von den Russen ist nur die Rede im Zusammenhang mit Siegesnachrichten sowohl über die Konföderierten als über die Türken. (18) Aus Petersburg werden fast ausschließlich Berichte über gewonnene

Schlachten gemeldet, (1) über die russische Jugend, die voller Begeisterung zu den Waffen eilt, (2) von der erstaunlichen Tapferkeit und Furchtlosigkeit der russischen Truppen, (3) von dem großartigen Empfang für Prinz Heinrich von Preußen. (4) So kann der "Mercure" im Rückblick auf das Jahr 1770 feststellen, daß es das Jahr der Siege gewesen sei, Katharinas Herrschaft komme der Alexanders gleich; von den äußersten Enden des Nordens und Südens Europas kommend, scheinen die Armeen und Flotten dieser erhabenen Herrscherin bereit zu sein, sich im Zentrum der osmanischen Macht zu treffen, um schließlich Konstantinopel zu erobern - und der ganze Siegeszug der Russen wird noch einmal nachgezeichnet. (5) Am Ende der Zusammenfassung folgt noch ein Lob für die Menschlichkeit und den Großmut, mit der die Russen Krieg führen: ein Beispiel für alle und Zeugnis dafür, "que les bons souverains font les bons sujets, et que les exemples de vertu, de la part des premiers, ne sont jamais infructueux auprès des derniers." (6) Diesem Einfluß muß man den dauernden Erfolg der russischen Waffen zuschreiben - und natürlich auch der Milde Katharinas, die ihr ebensoviele Herzen gewinne wie ihre Macht.

Die Siegesmeldungen setzen sich auch 1771 fort. (7) Die Nogaier Tataren und die Krim kommen unter russische Herrschaft, (8) die russische Hauptstadt wird zum Treffpunkt der verschiedensten Nationen, deren Gesandte freigehalten werden, und im Juni meldet der "Mercure" aus England das Bekanntwerden von Artikeln aus einem bevorstehenden Friedensvertrag mit der Hohen Pforte. Die Teilung Polens ist darin bereits beschlossene Sache. Die Zeitschrift schreibt. "On donne ici pour authentiques les Articles suivans, lesquels doivent, dit-on, servir de base au traitê de Paix ... La Pologne sera partagêe en quatre portions ..." (9) Dann zählt sie die einzelnen Bestimmungen auf: Friedrich II. solle das königlich-polnische Preußen erhalten, die Provinzen an der ungarischen Grenze gingen an das Haus Habsburg, und die Zarin erhalte die polnische Ukraine. Das verbleibende Territorium solle eine unabhängige Monarchie sein. Trotz der allgemeinen Formulierung ist aus der Nachricht doch zu ersehen, daß die hier angesprochenen Gebietsverluste der Adelsrepublik weitgehend mit denen übereinstimmen, die in der ersten Teilung 1772 verwirklicht wurden.

In Rußland sei alles ruhig; der Krieg geschehe nicht auf Kosten des Volkes, es würden keine neuen Steuern erhoben, für die größten Ausgaben genügten Anleihen und die Kontributionen der Feinde. Die glückliche Bevölkerung Rußlands empfinde Freude, Befriedigung, bekunde Jubel und feiere Feste. (10) In den Mitteilungen über Siege und Feste erschöpft sich die Berichterstattung aus dem russischen Reich. Wesentlich umfangreicher sind wieder die Meldungen aus Polen, die angesichts der Lage natürlich auch Auskunft über die Russen und ihre Politik geben.

Der neue russische Gesandte in Polen, Graf Saldern, (11) bringt eine Deklaration Katharinas mit: voll von vorteilhaften und großmütigen Absichten für Polen. (12) Das, so meint der "Mercure", hat Eindruck gemacht auf die Öffentlichkeit. (13) Wieder werden

Hoffnungen auf eine friedliche Zeit geweckt. Aber im folgenden Monat wird ein Manifest Salderns veröffentlicht, das schonungsloses Vorgehen der Truppen gegen die Konföderierten ankündigt, die er als Störer der öffentlichen Ordnung und als Verlängerer der Anarchie brandmarkt. (1) In einem Schreiben an Ogiński, den Großhetman von Litauen, erinnert er diesen an die Wohltaten der Kaiserin und fordert ihn auf, sofort zu ihm zu kommen und die Befehle der Zarin entgegenzunehmen; wenn er das nicht tue, müsse er die Folgen tragen. (2)

Dieses Vorgehen Salderns, so berichtet der "Mercure", hat nicht den gewünschten Erfolg: Ogiński flieht und geht später zu den Konföderierten über, (3) für die meisten Polen scheint diese Erklärung zu hart, die Herstellung friedlicher Zustände in Polen erscheint unmöglicher denn je, kein einziger Magnat ist Salderns Aufforderung gefolgt: "la petite Guerre continue en conséquence, mais avec des succès différens". (4)

Wieder setzt sich der "Mercure" hauptsächlich mit der Lage der Polen und den Handlungen der Konföderierten auseinander. Ist in den ersten Monaten des Jahres noch in üblicher Manier die Rede von den sogenannten Konföderationen, (5) so läßt sich im September zum ersten Mal ein anderer Ton hören: ein Gegenmanifest, unterzeichnet von Pułaski und Kossowski - sie haben sich mit ihren Truppen nach Częstochowa zurückgezogen - erregt großes Aufsehen. Hier wird in schärfsten Ausdrücken (6) gegen die russische Politik protestiert; es enthält eine Aufforderung an alle Konföderierten, sich mit den Unterzeichneten zu vereinigen und den gemeinsamen Feind zu schlagen; ferner geht daraus hervor, daß die bisherigen Verluste gar nicht so hoch waren, wie sie bisher in den offiziellen Berichten angegeben wurden und daß die Konföderierten, wenn vereinigt, stark genug seien "pour faire la loi qu'ils ont reçue si longtemps." (7) Diese Manifest ist äusserst selten, denn so der "Mercure", "man" ergreift alle möglichen Maßnahmen, um seine Verbreitung zu verhindern. Aber es hat doch großen Eindruck gemacht auf alle, die es gelesen haben; besonders in Litauen soll es bekannt gemacht werden, weil dort die "Gärung" am stärksten ist. Eine Art Begeisterung hat das Großfürstentum ergriffen, ebenso wie auch Podolien, Wolhynien und Russisch-Polen. Der Adel der drei letztgenannten Provinzen begibt sich in Massen nach Litauen, um die noch Unentschlossenen zur Tat aufzurufen: "ces nouveaux confédérés se conduisent avec une noblesse égale à leur courage; ils traitent avec beaucoup d'égards les prisonniers qui leur tombent entre les mains ... Tout le monde sait qu'il y a toujours eu une grande distinction à faire entre les confédérés ..."(8) Eben diese Unterscheidung - zwischen "wahren" Konföderierten und solchen, die unter diesem Namen Verbrechen begehen, Schrecken der zivilisierten Nationen - eben diese hat der "Mercure" bisher nicht gemacht, hat auch niemals ihre besondere Tapferkeit hervorgehoben; im Gegenteil, im allgemeinen ist immer wieder die Rede von Niederlagen der Aufständischen, von Rückzügen, von Plünderungen und unedlen Motiven als Grund für die Kämpfe. Hier wird auch zum erstenmal mitgeteilt, daß selbst Saldern einen Unterschied mache zwischen den "edlen" Konföderierten und den Verbrechern. Es ist nicht zu ersehen, warum der "Mercure" auf diese Linie umschwenkt; vielleicht liegt es wirklich an dem ungeheuren Eindruck des Manifests und dem Übertritt Ogińskis zu den Konföderierten. Denn er bleibt dieser Linie nicht treu, im Gegenteil: schon im November spricht er wieder von den Exzessen der Konföderierten, ohne irgendeine Differenzierung vorzunehmen. (1) Möglicherweise hängt das zusammen mit dem weiteren Schicksal Ogińskis. Nachdem die Russen nach dessen überraschendem Anschluß an die Konföderierten von Bar, deren Generalmarschälle Pac und Krasiński er anerkennt, ins Hintertreffen geraten waren, änderte sich das Bild erneut zum Vorteil der Russen, da Ogiński anscheinend mit seinen Truppen den russischen Soldaten nicht gewachsen war. Ihm hatte man wohl zugetraut, die verschiedenen Korps der Konföderierten zu vereinigen, um dann die Russen zu schlagen. (2) In einem Brief an einen Freund in Königsberg - der "Mercure" druckt diesen ab - schreibt Ogiński seinen Mißerfolg der Untreue und dem Verrat einiger seiner Offiziere, sowie der Feigheit und mangelnden Disziplin seiner Truppen zu. (3) Dies scheint, wenn auch vielleicht der Wunsch nach Rechtfertigung der Niederlage sehr deutlich ist, doch zum Teil die Lage der Konföderierten, so wie sie sich dem "Mercure" darstellt, zu charakterisieren. Es mangelt ihnen an Geld und Lebensmitteln, (4) es existiert nur noch ein intaktes Korps von ca. 2.700 Mann, (5) die Russen wollen die Konföderierten in Częstochowa einschließen, (6) und schließlich gibt es große Schwierigkeiten zwischen den verschiedenen Anführern, sich einem von ihnen unterzuordnen. Das erkennt der Verfasser sehr deutlich als ein großes Handicap für ihre erfolgreiche Tätigkeit: "ils sont tous égaux, Fils libres d'une Mère libre. Par super parem non habet potestatem, est leur maxime favorite." (7) Gänzlich sinken die Konföderierten in der Achtung des "Mercure", als ein Attentat auf Stanisław August bekannt wird. In einer seitenlangen Beschreibung des Attentats gibt er seinem Abscheu über das Verbrechen Ausdruck. Dieses Ereignis ist auch eine Desillusionierung für alle diejenigen in Europa, "qui ont si fort exalté leur générosité héroique [des confédérés] et leur magnanimité désintéressée." (8) Zur Illustrierung seines Urteils über die Konföderierten, die sich seiner Meinung nach nur von blindem Fanatismus, Ehrgeiz und Haß leiten lassen, druckt er den Schwur ab, den die Verschwörer angeblich geleistet hatten. (9) Dieser Schwur ist tatsächlich in den stärksten Formulierungen gehalten: Stanisław erscheint hier als "tyran", "Contempteur des Loix Divines et Humains, Usurpateur du Trône de Pologne, Fauteur des Athées et des Hérétiques, Traître à la Patrie, Oppresseur de la Nation, et instrument de l'ambition et de l'injustice étrangères." (10)

Was aber beim Herausgeber des "Mercure" die stärkste Empörung hervorruft, ist die Information über die Rolle der Geistlichen in dieser Angelegenheit sowie überhaupt in politischen Affären in Polen. Angeblich habe ein Mönch den Attentätern schon vor der Ausführung ihres Planes die Absolution erteilt. (11) Das stimme mit dem überein, was ein Piarist schon im April des Jahres über den verhängnisvollen Einfluß der Geistlichkeit in staatlichen Belangen geschrieben hatte:"la Pologne éprouve ce que l'Histoire de tous les Pays, depuis quatorze Siècles, ne nous a que trop appris, qu'il n'y a point de troubles où ils [les moines] n'aient part; et que, n'étant soumis qu'au Général de leur Ordre, ils désirent sans cesse d'être les chefs de ceux qui cherchent la ruine de leur Patrie." (1) Selbst aus dem sonst - in den Berichten so erscheinenden - ruhigen Rußland vermeldet der "Mercure" einen Aufstand in Moskau, aus religiös-abergläubischen Gründen, gegen den Truppen mit Artillerie eingesetzt werden müssen. (2) Das abschließende Urteil über die Konföderierten, deren Patriotismus und Eifer für Freiheit und Religion seiner Meinung nach nur als Vorwand für ihr verbrecherisches Tun dienen, (3) gibt der "Mercure" im Rückblick auf das Jahr 1771:

> "La Pologne, qui se voit encore le malheureux Théâtre de la fureur des soi-disans confédérés, abandonnés à eux-mêmes par leurs Amis déclarés et secrets, vient d'offrir, à l'exécration de tous les Peuples et de tous les Siècles, un crime horrible qui efface tous les excès, tous les pillages, tous les meurtres sans nombre, dont ces prétendus Défenseurs de la Réligion et des Libertés de leur Patrie infortunée, se sont jusqu'ici rendus coupables." (4)

Dieser Attentatsversuch, gegen den der "Mercure" in den schärfsten Ausdrücken (5) Stellung bezieht, hat die Konföderierten auch das letzte bißchen Sympathie gekostet, das vielleicht noch vorhanden war. Niemand, keine europäische Macht, so meint der "Mercure", kann sie jetzt noch unterstützen. Die Gefahren für das Vaterland, welche die Konföderierten immer beschworen haben, beständen nur in ihrer Einbildung, zumindest jedoch seien sie viel weniger real als die schrecklichen Übelstände, die sie durch ihre ehrgeizigen und eigensüchtigen Pläne in Polen verursacht haben. (6) Nicht ohne Befriedigung hat der Berichterstatter in seiner Zusammenfassung des Jahres 1771 erzählt, daß die Wendung Ogiński s zu den Konföderierten, auf welche diese so stolz gewesen seien, keinen entscheidenden Vorteil gebracht habe, daß im Gegenteil auch er, wie alle konföderierten Truppen vor ihm von den Russen geschlagen worden sei. (7)

Wieder erscheinen die Russen auf der ganzen Linie als Sieger - allein zehn Seiten des Rückblicks auf 1771 sind den kriegerischen Erfolgen gegen die Türken gewidment - und da sich die Konföderierten nach Ansicht des "Mercure" selbst gänzlich desavouiert haben durch das Attentat auf Stanisław, steht einer friedlichen Regelung kaum noch etwas im Wege, zumal die "auguste Impératrice de Russie" n i c h t danach strebe, die Grenzen ihres ausgedehnten Reiches noch zu erweitern und sich mit dem Ruhm ihrer siegreichen Truppen zufrieden gibt. (8) Nicht ganz so positiv wie im "Mercure" erscheint die Politik der russischen Kaiserin im "Clef". Im Rückblick auf das Jahr 1769 spricht er von häufigen Siegen der Konföderierten über die Russen, (9) von der Grausamkeit des russischen Hauptmanns Drewitz, von der großen Anzahl russischer Offiziere, sogar Generäle, die ihren Abschied aus der Armee der Kaiserin nehmen wollten. (10) Erfolgsmeldungen der Russen zweifelt diese Zeitschrift erst einmal an: die Widersprüche seien so häufig, daß man sein Urteil zurückstellen müsse. (1) Sie berichtet von Erfolgen der Türken, die von russischer Seite heruntergespielt werden. (2) Im Rückblick auf 1770 aber beschreibt der Herausgeber den wechselvollen Verlauf des russisch-türkischen Krieges, in welchem bisher jedoch die Russen deutlich die Vorteile hätten. Niemals zuvor, so faßt er zusammen, hätten russische Soldaten mehr Tapferkeit und die Offiziere mehr Eifer und Verständnis gezeigt. (3) Im September 1771 wiederholt er noch einmal die Beobachtung, daß die Berichte vom Kriegsgeschehen sehr widersprüchlich seien, daß aber die Walachei unter türkische Oberhoheit zurückgekehrt sei. (4) Der "Clef" erwähnt den Eintritt des englischen Admirals Elphinston in die Dienste der Kaiserin, (5) schon im Oktober aber habe dieser den Abschied genommen und mit ihm eine große Anzahl Engländer, die nicht unter dem Kommando des Grafen Orlov dienen wollten. (6)

Die Beschwerden der polnischen Konföderierten über die russische Politik im Königreich werden kommentarlos wiedergegeben, (7) und niemals werden im "Clef" die Konföderierten so verurteilt wie im "Mercure". Diese Zeitschrift verwendet nicht zur Charakteristik der Gegner der Kaiserin Begriffe wie "séditieux", "rebelles de leur Patrie" oder "soi-disans confédérés", sie behauptet auch nicht, daß sie die Parole von der Freiheit Polens nur als Vorwand für eigensüchtige Ziele benutzen. Der "Clef" meldet häufiger als der "Mercure" Erfolge der Konföderierten und erwähnt auch die gute Disziplin der Truppen Puławskis; seine Gewährsleute in Polen berichten eher von den Plünderungen der Russen und ihren Grausamkeiten als von denen der Konföderierten. (8) Wie der "Mercure" publiziert er die Deklaration Salderns; (9) im folgenden Monat berichtet er dann von siegreichen Kämpfen der Truppen Puławskis und Zarembas gegen die Kronarmee und russische Abteilungen. (10) Dagegen ist der Erfolg des Manifests von Puławski und Kossowski (18.7.1771) wie im "Mercure" als besonders durchschlagend beschrieben. (11)
Die Niederlage Ogińskis gegen die Russen wird mitgeteilt; sein Schreiben, in welchem er die Gründe für den Mißerfolg angibt, abgedruckt, (12) aber der Mut der Konföderierten, so der "Clef", sei durchaus nicht gesunken, sie hätten weiterhin großen Zulauf. (13)

Dagegen erscheinen sie im "Mercure" Anfang des Jahres 1772 bereits als zum Mißerfolg verurteilt. (14) Da der Verfasser die Gründe der Polen für den hartnäckigen Widerstand gegen die Russen und die Ablehnung ihres Königs nicht akzeptieren kann, sucht er nach einer anderen Erklärung dafür. Er findet sie wieder in den Aktivitäten der Kirche, vor allem der Mönche. Dem wütenden Eifer der Mönche sei ein großer Teil der gegenwärtigen Unruhen zu verdanken, ihr Fanatismus mache die Gemüter blind und verhärte die Herzen, so daß viele Gläubige unberührt seien von dem Effekt, den ein solches Attentat in jedem zivilisierten Staat hervorrufe. Durch solche Machenschaften - der Verfasser nennt sie "sourdes et abominables" - wolle die Geistlichkeit die Nation unter dem Joch des Aberglaubens halten, ja die Jesuiten sollen sogar zum Königsmord aufgerufen haben. (15) Die

Die Damen lassen sich von den Priestern dazu benutzen, Uneinigkeit und Zwietracht überall da zu verbreiten, wo sie noch nicht vorhanden sind. (1)

Aber die Geistlichkeit trägt nicht allein die Schuld. Der "Mercure" vermutet, daß ein großer Teil des Adels ein starkes Interesse daran hat, daß die Unruhen und damit die Anarchie andauern. Denn die Tribunale sind während dieser Zeit geschlossen, sie werden erst wieder ihre Tätigkeit aufnehmen, wenn Ruhe eingekehrt ist. Da der Adel meistens völlig verschuldet sei, habe er gar kein Interesse daran, geordnete Zustände zu wünschen, da er dann seine Schulden zahlen müßte. (2)

Obwohl der "Mercure"im allgemeinen nur von Niederlagen der Konföderierten zu berichten weiß, meldet er in einem langen Bericht im März die Eroberung des Schlosses von Krakau durch konföderierte Truppen unter dem Kommando eines M. de Choisy, Lieutenant-Colonel der Légion de Lorraine, (3) und dann die Übergabe an die belagernden Russen. (4) Obwohl im allgemeinen nur Siegesmeldungen der Russen über feindliche polnische Verbände abgedruckt werden, muß es auf der anderen Seite dem aufmerksamen Leser doch merkwürdig vorkommen, daß ebenfalls ziemlich regelmäßig vom Einmarsch weiterer russischer Truppen nach Polen berichtet wird. (5) Aber nicht nur von russischen Truppenverschiebungen ist die Rede; auch die preußischen und österreichischen Vormärsche auf polnisches Gebiet werden gemeldet. (6) Das veranlaßt den Verfasser zu weiteren Überlegungen, welchem Zweck diese Maßnahmen dienen sollen; wohl herrscht der Eindruck vor, daß irgendetwas Außergewöhnliches sich vorbereitet. (7)

Im Juni dann, als das Erscheinen eines in polnischer Sprache abgefaßten Memorandums bekannt wird, in welchem von den Rechten Ungarns auf Pokutien, die Zips und den Distrikt von Halicz die Rede ist, kommt man zu dem Urteil, (8) daß die Höfe von Wien, Petersburg und Berlin übereingekommen sind, Polen zu teilen und einen Teil des Königreiches dem regierenden König zu überlassen. Der "Mercure" versäumt es nicht, den Magnaten das voraussichtliche Ergebnis ihrer politischen Tätigkeit zu präsentieren:"Ainsi les Magnats Polonois, si fiers, si despotiques, auront été les instrumens de leur propre anéantissement." (9) Allerdings dient diese Aussicht nicht zur Beruhigung der Zustände in Polen. (10) Im allgemeinen ist der "Mercure" skeptisch gegenüber Siegesmeldungen der Konföderierten; er ist eher geneigt, an russische Erfolge zu glauben. Wenn er von tapferen Taten der Aufständischen berichtet, dann sind es solche Verbände, die von Offizieren "d'une certaine cour" angeführt werden; Offiziere, deren Fähigkeiten und Tapferkeit bekannt sind. (11) Der Kampf gegen die Konföderation geht weiter: Tyniec fällt (12) und schließlich, nach vergeblichen Bitten der Konföderierten an den König, nur polnischen Truppen diesen Platz zu übergeben, (13) auch Częstochowa. (14) Die Bedeutung dieses Ereignisses ist dem Verfasser klar: er verweist darauf, wie oft diese Festung vergeblich belagert wurde und kommt zu dem Ergebnis daß mit der Übergabe an die Russen den Konföderierten der letzte, entscheidende Stoß versetzt worden sei. (15)

Der "Mercure" druckt die Deklaration ab, die der russische Gesandte Stackelberg mitbringt und in der die Gründe für das Eingreifen der drei Mächte in Polen dargelegt werden: für den französischen Leser durchaus nicht abwegig, erklärt die russische Regierung, sie werde durch die dauernden Unruhen in Polen auch im eigenen Land gestört, es koste sie viel Geld, ein Übergreifen auf Rußland zu verhindern, daher müßten nun Gebiete einverleibt werden - auf die im übrigen alte Ansprüche beständen - um das eigene Land besser zu sichern, um eine "Frontière plus naturelle et plus sure" zu haben. (1) Darauf folgt die feierliche Versicherung, in Zukunft keine Ansprüche mehr zu erheben.

In den folgenden Monaten berichtet die Zeitschrift vom weiteren Vordringen der Armeen der Teilungsmächte, sowie von deren Bemühungen, ihre neuen Untertanen zum Treueid zu veranlassen. Während, wie der "Mercure" berichtet, die Österreicher dabei auf Schwierigkeiten stoßen, (2) scheint bei den Preußen und vor allem bei den Russen alles reibungslos vonstatten zu gehen. Ja, so meint der Verfasser, die neuen russischen Untertanen hätten es nun eigentlich besser: außer den üblichen Zahlungen an die Kriegskasse seien sie von allen Auflagen befreit. (3) Er stellt fest, daß Adel und Klerus diejenigen seien, die am meisten bei dieser Veränderung verlieren, während Bürger und Bauern wahrscheinlich keinen Grund haben werden, sich zu beklagen. (4) Die Konföderation existiert zum Erstaunen vieler auch im Oktober/ November noch, und eine neue unter einigen Magnaten aus Posen, Kalisch und Gnesen hat sich gebildet; diese letztere erklärt sich für unabhängig von der Regierung in Warschau, und man vermutet, daß sie sich unter den Schutz einer "certaine Puissance" stellen wolle. (5) Dieses Vorhaben läßt den Verfasser noch einmal die Schuld der Konföderationen am Unglück Polens herausstellen. (6) Wenn er auch an anderer Stelle durchaus die hervorragende Rolle einzelner hochgestellter Persönlichkeiten in der Konföderation von Bar erwähnt - auch die Opferbereitschaft nicht verschweigt - (7) so ist doch sein immer wiederholtes Urteil, daß es die inneren Streitigkeiten sind, die Polens Unglück verursacht haben. (8) Das bleibt seine Meinung, auch wenn er andererseits die Rede des Kastellans von Łęczyca, Thaddäus Lipski, vor dem Senatus consilium als "juste, mâle, et capable d'exciter de la chaleur dans des coeurs citoyens" preist. (9) Und wenn er auch kaum in Zweifel zieht, daß die Proteste Polens gegen die Teilung und die angeblichen Ansprüche der drei Mächte gerechtfertigt sind und Rußland dem Projekt nur widerwillig zugestimmt hat, so ist er doch davon überzeugt, daß die Umstände gegen Polen entscheiden werden.(10) Er bewundert die Haltung Stanisławs II. August, dessen Ablehnung der Ansprüche der drei Mächte als "injuste, violente et contraire à ses légitimes droits" er zweimal zitiert, (11) aber es bleibt doch seine Überzeugung, daß, alles wohl abgewogen, das Los der Polen niemals schlimmer werden könne, als dasjenige, dessen unheilvolle Auswirkungen sie seit langem ertragen. Der "Mercure" zweifelt nicht daran, daß die Polen ihr Schicksal aus der Hand der drei Mächte - "Puissances arbitres de leur sort" - entgegennehmen müssen, daß sie Widerstand nicht leisten können und sich den Drohungen, bzw. den Versprechungen beugen müssen.

Die Teilung Polens und die damit verbundene Vergrößerung der drei Mächte bezeichnet er als "révolution encore bien plus importante, considérée rélativement au Système général de l'Europe." (1) Die anderen Revolutionen im nördlichen Europa sind für ihn die Vorgänge in Dänemark (2) sowie in Schweden. (3) Mit großer Skepsis sieht der Verfasser auf die Verhältnisse in Polen: er ist nicht sicher, ob der Verlust des Territoriums einen heilsamen Effekt auf die polnische Nation haben wird.(4) Einer ausdrücklichen Verurteilung des preußischen, russischen und österreichischen Vorgehens enthält er sich. Es klingt allerdings an, daß ein solcher Schritt zu erwarten gewesen war bei dem Zustand in Polen. (5) Ganz anders dagegen erscheint die Darstellung im "Clef". Im Rückblick auf das Jahr 1772 stellt der Herausgeber fest, daß die Konföderierten große Erfolge gehabt hätten und Aussicht bestanden habe, weitere Siege zu erringen. (6) Nur das unerwartete Zusammengehen der Preußen und Österreicher mit den Russen habe dazu geführt, daß sie ihre vorteilhafte Position verloren. Der Teilungsvertrag habe sie der Möglichkeit beraubt, noch Widerstand zu leisten. (7) Im Vergleich mit dem "Clef" muß man wohl dem "Mercure" bescheinigen, daß er zutreffendere Prognosen gestellt und auch bessere Informationen gehabt hat.

Die Berichterstattung des Jahres 1773 im "Mercure" beschäftigt sich vor allen Dingen mit den Verhandlungen der Bevollmächtigten Rußlands, Preußens und Österreichs mit der polnischen Delegation und mit den Vorgängen im Sejm. Darüber wird in aller Ausführlichkeit berichtet, ausgesprochen sparsam sind dagegen die Informationen aus dem russichen Reich. Dazu ist eine Nachricht, die sich im "Clef" findet, sehr aufschlußreich. In einer Ordonnanz habe die Kaiserin verboten, über Religion, Politik, Krieg und Frieden zu sprechen, ein Privatmann dürfe nur Gespräche führen, die seinem Stand und seinem Beruf entsprächen. (8) Wenn diese Meldung auf Wahrheit beruht, dann ist es verständlich, daß in Bezug auf die militärischen Unternehmungen Unklarheit herrscht. (9) Von Verstärkungen bei der Marine wird berichtet, (10) die kriegerischen Auseinandersetzungen mit der Türkei gehen weiter, allerdings kann der "Mercure" nicht ausschließlich Erfolge melden - die Türken, so der Verfasser, hätten aus den Ratschlägen französischer Offiziere Nutzen gezogen, das Kriegsglück habe sich von den Russen wenigstens zum Teil abgewendet. (11) Ebenfalls nur kurz erwähnt werden die erneuten Rekrutenaushebungen, wobei ganz nebenbei durchscheint, mit welchen Methoden das geschah und welche "Ausbildung" diese Männer erhielten, ehe sie an die Front geschickt wurden. Diese neuen Soldaten sollen in der Lage sein, Ende Mai auf dem Kriegsschauplatz zu erscheinen.(12) Von den Reaktionen der russischen Regierung auf die Verbreitung von Flugblättern gegen die Teilung Polens erfährt der Leser nur wenig. (13) Außer der Tatsache, daß trotz aller Vorsichtsmaßnahmen der Regierung doch Schriften mit kritischem Inhalt verteilt und die Kolporteure bestraft wurden, wird keine weitere Information oder gar eine Bemerkung des Verfassers dazu gegeben.

Im Vergleich dazu nehmen die Lobeshymnen auf Katharina einen breiten Raum ein. An mehreren Stellen hebt der "Mercure" ihre großen Herrschaftstalente hervor. (1) Anlaß dazu bieten ihm die Freilassung der inhaftierten und entführten polnischen Senatoren und 5.000 Konföderierter, (2) und die Gründung einer Gesellschaft in Petersburg, die sich zum Ziel gesetzt hat, eine Verbesserung der Landwirtschaft zu erreichen. (3) Dieses Ereignis gibt ihm Gelegenheit festzustellen, daß die Künste und Wissenschaften, die unter Peter I. in Rußland erst "geboren" wurden, nun nahezu zur Vollendung gekommen seien. Die Akademie der Wissenschaft in Petersburg komme den ältesten und wichtigsten Akademien Europas gleich, unterstützt in jeglicher Form durch Katharina selber. Die Pracht der Feste in einem der größten Reiche der Welt wird mehrmals erwähnt. (4) Voller Bewunderung spricht der Verfasser von den unermeßlichen Hilfsquellen des Landes, die den unerschöpflichen Geistesgaben seiner Herrscherin entsprächen. (5) In dieser Bemerkung manifestiert sich das Erstaunen des westlichen Betrachters vor den anscheinend sich immer wieder regenerierenden unerschöpflichen Gütern des Landes - fast nichts weiß er zu berichten von den Bauernunruhen. Der Aufstand Pugačevs, vor allem die Hintergründe dazu, finden kaum Erwähnung. Typisch für die mangelnde Information aus Rußland über ganz bestimmte Ereignisse scheinen uns zwei Formulierungen zu sein, die der Verfasser der Berichte im Januar und Februar 1774 benutzt: "On parle, mais confusément, de Révoltes dans l'Empire de Russie ..." (6) - vorher hat er fünf Seiten lang die Berichte über russische Unternehmungen im Donauraum abgedruckt - (7) und: "La Rébellion qui a éclaté dans le Gouvernement d'Orenbourg, et dont nous n'avons osé (!) dire qu'un mot, le mois dernier, n'est plus problématique; c'est un fait certain comme le prouve le Manifeste suivant ..." (8)

Dieses Manifest von Katharina vom 23.12.1773, das er vollständig abdruckt, erscheint ihm Beweis genug, daß alles zum Besten stehe. Allerdings müßte der aufmerksame Leser merken, daß diese "Banditen", an der Spitze der Räuber Pugačev, der sich für Peter III. ausgibt, nicht gar so harmlos sein können, wenn sogar Gardetruppen zu seiner Bekämpfung entsandt werden müssen. Immerhin gibt der "Mercure" auch noch etwas detailliertere Informationen über den Ursprung und den Schwerpunkt der Rebellion.(9) Der Abdruck eines Briefes aus Moskau (10) bringt weitere Einzelheiten über den Aufstand, (11) über die Beteiligung von mohammedanischen Tataren, über die Raubzüge der Rebellen und ihre Taktik. Allerdings bemerkt der Briefschreiber auch, daß die Aufrührer wohl kein klares Handlungskonzept besäßen; immerhin bestehe jedoch die Gefahr, daß die Zahl der Aufrührer durch weitere Unzufriedene verstärkt würde, die nur einen günstigen Augenblick abwarteten, um sich ebenfalls gegen die Regierung aufzulehnen. Jedenfalls herrsche in Hofkreisen große Konsternation.

Der "Mercure" ist in der Beurteilung der Lage wesentlich optimistischer und informiert seine Leser erstens über die Ursachen des Aufstandes - soweit er das beurteilen kann - und zweitens über die Zusammensetzung der Aufständischen, die er "Troupe de bandits" nennt. (12) Allgemein sei man der Ansicht, daß die Erhebung zustandegekommen sei durch die Rekrutenaushebungen, denen sich die Bauern widersetzten. Anscheinend habe aber auch der

Klerus seine Hände im Spiel. Ausgegangen sei die Revolte von den Minenarbeitern von Demidov, aber der "Mercure" bezweifelt, daß sie wirklich 100.000 Mann umfaßt, unter ihnen sogar Personen von Stand und - polnische Konföderierte, die angeblich nicht wenig zur Erhebung beigetragen haben. (1)

Aber - und das scheint uns kennzeichnend zu sein für die Einstellung der Zeitschrift zum russischen Reich, besonders aber zu seiner Herrscherin - so fährt er fort, ähnliche Revolten habe es schon immer gegeben, vor allem in den Gebieten, die an Sibirien und Persien grenzen - sogar unter Peter dem Großen; sie hätten zwei oder drei Jahre gedauert, ohne den Rest des riesigen Reiches überhaupt beeinflußt zu haben - sie wurden unterdrückt, bzw. sie lösten sich von selber auf. (2)

Daß sogar unter Peter solche Unruhen stattfanden, soll anscheinend die Regierung Katharinas in den Augen des Lesers entlasten - und der "Mercure" tut ein übriges, um die Bedeutung der Nachrichten herunterzuspielen: er bezeichnet sie als übertriebene Berichte, als "contes" (erfundene Geschichten) und meint, andere Dinge in Rußland seien viel wichtiger: "Au lieu de nous amuser à rapporter tous les contes que l'on fait au sujet de ce Chef et de ses Progrès, qui probablement seront bientôt arrêtés, n o u s c r o y o n s m i e u x r e m p l i r n o t r e t â c h e (3) en exposant ici quelques uns des avantages inestimables dont jouissent actuellement les Peuples de la Russie." (4) Zu diesen Vorteilen gehören die Freigabe des Handels und die Aufhebung von Monopolen - wobei vielleicht dem kritischen französischen Leser auffällt, daß dies nun nicht unbedingt Vorteile sind, die das Leben der Schichten verbessern, von denen die Rebellion ausging. Danach fragt der "Mercure" nicht, ebensowenig kommentiert er die Tatsache, daß Katharina den im Kampf gegen Pugačev verdienten Offizieren Geld und - Bauern schenkt. (5) Andererseits ist er aber so ehrlich, auch die Nachrichten abzudrucken, die vielleicht nicht in seine Vorstellung vom "Chef des Voleurs de grands chemins" (6) passen. Er muß sogar erstaunt feststellen, daß die Rebellen über Munition und sogar Artillerie in reichem Maße verfügen, daß man regelrechte Belagerungen vornehmen und Schlachten schlagen muß, um sie aus vorteilhaften Stellungen zu vertreiben. Die Nachrichten bieten doch ein Bild vom großen Ausmaß der Rebellion, sowie auch von der Ordnung und dem Gehorsam, die bei den Aufständischen herrschen, besser als man erwartet habe. Jedoch ist es die feste Überzeugung des "Mercure", daß diese Erhebung ohne Einfluß auf die europäischen Angelegenheiten sei, höchstens insofern, als sie Truppen binde, die an anderer Stelle gebraucht werden. (7) Aber noch im Juli und September muß er Fortschritte der Rebellen melden, zu deren Bekämpfung neue Truppen angefordert werden müssen. Pugačevs Anhang habe sich noch vergrößert durch nogaische Tataren und Donkosaken, sowie - "artifice dont les Rebelles dans l'Empire se sont servis pour grossir leur parti" (8) - durch Raskolniki "espèce de Sectaires, ennemis de la Religion Russe, dont ils n'ont retenu que quelques cérémonies, ne mangeant même pas avec un Russe ..."

Aber im Rückblick auf 1774, der erneut eine Beschreibung der hervorragenden Qualitäten Katharinas einschließt, kann er die Zerstreuung der "Rebellen von Orenburg" melden. (1) Im Zusammenhang mit dem Frieden von Küčük-Kainardži - "la Paix la plus glorieuse que jamais la Russie ait conclue" - wird die Niederwerfung des Aufstandes als ein Ereignis gewertet, daß zum Glück dieses Reiches beträchtlich beitrage. Von dem Glanz, den die Zeitschrift über Katharina verbreitet, fällt auch ein Teil auf den polnischen König, über dessen nahe Beziehung zur Zarin zumindest andeutungsweise etwas bekannt ist. Mehrmals wurden, wie schon erwähnt, seine hervorragenden Eigenschaften hervorgehoben: "sagesse, fermetē, patience et moderation admirables." (2) Der "Mercure" hebt das relativ gute Verhältnis der Russen zu ihren neuen Untertanen und ihr Bemühen um gute Behandlung hervor, wobei vor allem wohl die unteren Bevölkerungsschichten gemeint sind. (3) Es wird zwar von der Fluchtpolnischer Bauern berichtet, die auch Fourage für die Russen liefern mußten, aber dann folgt: "Au reste, on continue d'assurer que la tranquillitē est parfaite dans les Palatinats occupēs par les Russes, qui paroissent avoir pris pour rēgle de gagner, par la douceur, les coeurs des nouveaux sujets." Dagegen schildert er das Verhältnis der Preußen, vor allem aber der Österreicher zu den Polen als problematisch. (4) Dabei deutet der Verfasser noch an, daß der Teilungsplan, so wie er im August/ September vorliegt, noch gar nicht einmal unverrückbar feststehe. Das Gerücht halte sich hartnäckig, daß der König von Preußen nach Ausdehnung seiner Macht in den baltischen Provinzen strebe (Kurland, Semgallen, Samogitien); allerdings sei Rußland überhaupt nicht einverstanden, da ihm das ohnmächtige Polen als Nachbar lieber sei als ein zu mächtiges Preußen. (5)

Der "Mercure" berichtet ausführlich nicht nur über den Ablauf des Sejm - das war immer der Fall - sondern auch, soweit ihm das möglich ist, von den Verhandlungen der polnischen Delegation mit den Bevollmächtigten der drei Mächte. Dabei stellt er an mehreren Stellen (6) ganz klar heraus, daß die Polen von den Großmächten unter massiven Druck gesetzt werden, daß der König in der Tat erpreßt wird, sich für die Anordnungen vor allen Dingen der Russen auszusprechen, daß sowohl der Sejm als auch die Verhandlungen der Delegierten unter militärischer Bedrohung stattfinden und alle Proteste und - wie er sagt - mannhaftes Auftreten gegenüber den drei Mächten nicht nutzt. (7) Die Polen müssen sich in ihr Schicksal ergeben; sie müssen sogar die Gesetze für die zukünftige Ausgestaltung des Staates annehmen - "Loix Cardinales, sur lesquelles nos Cours n'admettront aucune espēce de contradiction." (8)

Wenn allein Protest mit Worten ausreichen würde, um sich der vereinigten Macht Preußens, Rußlands und Österreichs wirksam zu widersetzen, dann, so meint der "Mercure", bestehe einige Aussicht auf Erfolg. (9) Er bezieht sich dabei auf die im reichen Maße kursierenden Flugschriften und Manifeste, von denen er einige auch wiedergibt. Das ist einmal der Protest des Wojewoden von Kiovien gegen die Abhaltung eines Sejm, solange Polen von fremden Truppen überschwemmt sei. Dabei berufen sich die Verfasser dieses Schreibens auf die Deklaration Katharinas aus dem Jahre 1764, in der diese jeglichen Gedanken an Vergrößerung des russischen Territoriums auf Kosten Polens zurückweist und die bestehenden Grenzen garantiert. Dieses Manifest druckt der "Mercure" in vollem Wortlaut in der Anmerkung ab (1) (wie übrigens auch das preußische vom selben Tag wie das russische), desgleichen die Note Keyserlings vom Januar 1765, in der Katharina noch einmal versichert, daß sie den Vertrag von 1686 streng halten werde und im Fall einer drohenden Teilung Polens diesem auf jeden Fall beistehen werde mit allen ihren Kräften. (2) Interessant ist, daß der "Mercure" diese wichtigen Stellen im Text der Verträge durch Schrägdruck hervorhebt, so daß sie dem Leser auffallen müssen. Die Zeitschrift gibt dazu keinen Kommentar, auch nicht zum Manifest von Pac und Krasiński (Augsburg, April 1773), in welchem diese, im Bewußtsein ihrer Ohnmacht gegenüber den großen Mächten, vor der ganzen Welt ihre Klagen und ihren Protest laut werden lassen. (3) Obwohl der "Mercure" diese Verlautbarungen in vollem Wortlaut druckt und durchaus auch die Mittel erwähnt, mit denen die Polen zur Annahme ihres Schicksals gezwungen werden, (4) findet der Leser kein Wort der Kritik an der Teilung als solcher. Der Standpunkt einiger Verfasser von Flugschriften, welche die Teilung in wenig günstigem Licht sehen, wird kurz angedeutet: der Haupteinwand sei, daß mit dieser Aktion die Basis für den Frieden in Europa ruiniert werde. Jedoch nimmt die Zeitschrift hierzu nicht Stellung, sie überläßt es - indem sie diese Position zumindest andeutet - dem Leser, wie er die Handlungsweise der Teilungsmächte sieht. (5) Andererseits gewinnt man den Eindruck, daß der "Mercure" der Ansicht ist, eine solche "Operation" tue Polen nur gut. Sie erscheint dem Verfasser als ein geringes Opfer, wenn man dafür Ruhe und Ordnung im Lande hat. (6) Seine Ansicht über die Haltung des polnischen Adels im allgemeinen und die der Konföderierten von Bar im besonderen bleibt unverändert kritisch, wenn nicht sogar ablehnend.

An mehreren Stellen wird außerdem noch deutlich, worin er die andere wichtige Ursache für Polens tragisches Schicksal erblickt: in religiöser Intoleranz und im Fanatismus. Die Dissidentenfrage sei die sichtbarste Quelle für alle Unruhen, die zum Niedergang des Staates führten. (7) Im übrigen ist die Berichterstattung über Polen in den Jahren 1773, 1774 und 1775 fast völlig beherrscht von den Auseinandersetzungen der Kommissionen über die Unterschrift unter die Teilungsverträge, sowie über die Grenzziehung. Dabei werden oft die Reden wiedergegeben, die anläßlich der Verhandlungen von den polnischen Delegierten gehalten werden, wobei von dieser Seite auch auf den Bruch der Verträge hingewiesen wird. (8) Hinzu kommen die Auseinandersetzungen um die von den drei Mächten den Polen oktroyierte Verfassungsänderung. (9) Alles bleibt vergebens, und wenn auch der "Mercure" die feste Haltung einiger Delegierter hervorhebt, so zeigt er doch auf der anderen Seite immer wieder, daß meistens eigennütziges Interesse im Vordergrund steht. (10)

Trotzdem meint der "Mercure" im Oktoberbericht 1774 (11) ein Wachsen der königlichen Autorität feststellen zu können, während gleichzeitig die Gegner des Königs und des Conseil-Permanent an Achtung verlieren. Immerhin sind Ende des Jahres einige wichtige Probleme gelöst, wenn auch andere bedeutende Fragen noch umstritten sind. Nach Ansicht des "Mercure" hat sich die Haltung der polnischen Adligen nicht geändert: immer noch haben sie vor allen Dingen nur ihr eigenes Wohlergehen im Auge. (1)

Fünf Jahre später steht im Rückblick auf das Jahr 1779 der Satz: "La Pologne, apprise par ses malheurs à apprécier les conquérans, s'occupe d'un code de Loix", woran sich die Überlegung anschließt, ob diese Gesetze wohl jemals den Nachkommen von Nutzen sein könnten.(2) Die Nachrichten über Polen und Rußland sind spärlicher geworden; das ist erklärlich, wenn man an den gleichzeitigen Krieg in Nordamerika denkt. Vor allem aber hat Polen sich fügen müssen; was bis dahin Hauptthema der Berichte aus Polen - zum Teil auch aus Rußland - war, nämlich die Teilung und die damit verbundenen Probleme - ist erledigt. Der "Mercure" beschränkt sich auf Berichte über das Treffen Katharinas mit Joseph II. in Mohilew, zu dem auch ein großer Teil polnischer Magnaten kommt,(3) und über den Aufenthalt des Prinzen von Preußen in Petersburg und die damit verbundenen Festlichkeiten.(4) Die wichtigeren Meldungen sind die aus Polen über die Einberufung und Abhaltung eines Sejm. (5) Dabei soll es um die Verbesserung des Handels und um die innere Lage des Königsreiches gehen. Hier wird auch deutlich, daß immer noch russische Truppen in Polen stehen, daß sie auch während des Sejms noch da sein werden. (6)

2.1.6. 1789 - 1795

In den ersten Jahren unmittelbar vor und während der Revolution erscheinen beide Zeitschriften nicht mehr. Um aber auch aus dieser Zeit noch Informationen über die beiden Staaten zu erhalten, haben wir das "Journal de Paris" herangezogen. (7) Natürlich kann man nicht erwarten, daß die Art und Weise der Berichterstattung ebenso umfassend ist und aus dem gleichen Blickwinkel heraus geschieht. Andererseits ist das "Journal" k e i n e extrem republikanische (jakobinische) Zeitung. Sie gebraucht im allgemeinen eine gemäßigte Sprache. Außerdem muß man zusätzlich bedenken, daß angesichts der politischen Lage in Frankreich selber und den damit verbundenen ungeheuer großen Problemen Nachrichten aus dem Ausland weitgehend in den Hintergrund treten.

In den Jahren 1789-1791 werden Polen und Rußland kaum erwähnt. Im November 1792 erfolgt eine kurze Notiz des Inhalts, daß die russische Kaiserin die Wiederzulassung des Jesuitenordens in Polen angeordnet habe - eine immerhin für das Verhältnis Rußland-Polen aufschlußreiche Bemerkung. (8) Im April 1793 geht es um die Vorgänge um Danzig, wobei besonders die Rolle Preußens hervorgehoben wird, im Zusammenhang mit der zweiten Teilung. Auf den Bruch der Versprechungen Preußens wird kurz hingewiesen.(9) 1794 (12.9.) und am 3.11.93 erscheint eine Notiz aus Sachsen, die sich mit den Vorgängen in Polen beschäftigt. Man verlange in Dresden vom Kurfürsten, daß er den polnischen Patrioten zu Hilfe eile mit 20. - 25.000 Infanteristen; man ist der Ansicht, daß diese Verstärkung genügen werde, um über die Feinde zu triumphieren, wie man ebenso sicher ist, daß bei der Unterjochung Polens unter die drei Mächte auch die Freiheit Deutschlands verloren werde. (1) Im Dezember ist der polnische Aufstand gescheitert; der Rest der "partie de la liberté" legt nach dem Ausscheiden Kościuszkos die Waffen nieder, Repnin ist bereits in Warschau, "où déjà on s'occupe des moyens de consolider le despotisme. " (2) Im Anschluß an die Ereignisse in Polen befaßt sich das "Journal" noch zweimal mit den Vorgängen im Osten. Am 31.1.95 resümiert es eine Sitzung vom Vortage, in der zuerst festgestellt wird, daß England und Rußland die übrigen europäischen Staaten bedrohten; das eine, indem es die Herrschaft zur See, das andere, weil es die Herrschaft zu Lande anstrebe. Hier wird in schärfsten - auch stark propagandistischen Ausdrücken - die russische Politik der letzten 60 Jahre verurteilt; eine kontinuierliche Expansionspolitik wird dem russischen Reich unterstellt. Und wenn es sich bei diesem Riesenreich auch um einen Koloß auf tönernen Füßen handele, so werde er doch vor seinem eigenen Untergang noch die angrenzenden Staaten zerstören: "Danois, Suédois, le torrent moscovite (!) vous menace, Attila (!) s'avance une seconde fois, et vous êtes perdus, si vous ne vous hâtez de prévenir la destruction qui vous attend." (3) Die unglückliche Lage Polens, dessen Einwohner in schrecklichem Elend leben, wird angesprochen; man fürchtet, daß in einem der fruchtbarsten Länder der Welt bald alle Lebensmittel fehlen werden - und trotz dieser Misere haben die Russen immer noch Angst vor einem erneuten Aufstand. (4)

Diese kurze Notiz ist die letzte Nachricht über Polen und Rußland im Jahre 1795; im Dezember druckt das "Journal" einen Auszug aus einem Reisebericht zweier Franzosen ab, die u.a. auch Rußland und Polen besucht haben. (5) Zwei Bände der Reisebeschreibung sind Rußland vorbehalten, einer dagegen nur für Polen und Österreich (zusammen). Die Reisenden ("voyageurs philosophes") berichten über Petersburg und Moskau - beide Städte kommen dabei nicht besonders gut weg -über die Lebensführung Katharinas und über eine merkwürdige Gesellschaft, "le club physique", deren Existenz und Beurteilung in der Öffentlichkeit einen aufschlußreichen Hinweis auf die Sitten in Moskau geben. (6) Über Polen wird nur wenig aus dem Bericht wiedergegeben; zitiert werden die Reflexionen der Reisenden über die Revolution von 1791. Die Idee der Wiederherstellung eines gedemütigten Staates erscheint den Verfassern einer großen Nation würdig; aber ehe man daran ging, hätte man seine Kräfte überprüfen müssen: die Prüfung hätte den Polen gezeigt, daß die benachbarten Nationen viel zu sehr an der Erhaltung der Anarchie interessiert waren, um eine Änderung zu dulden, deren natürliche Folge die Wiederherstellung der Ordnung und die Vertreibung der fremden Mächte sein mußte. In dieser sicher zutreffenden Überlegung erschöpft sich die Wiedergabe des Reiseberichtes von Polen.

2.1.7. Zusammenfassung

Aus der Fülle der Einzelinformationen, welche die Zeitschriften in einem so langen Zeitraum über Polen und Rußland notiert haben, wollen wir versuchen, ein Gesamtbild zu entwerfen. Dies aber ist, da es sich um zwei verschiedene Periodika handelt, nicht einheitlich. Inwiefern es auch Schwankungen unterliegt, die vom Zeitpunkt der Berichterstattung abhängen, wird sich erweisen.

Der "Mercure", Erscheinungsort Den Haag, verfügt über ausgezeichnete und im allgemeinen verläßliche Informationen. Er ist imstande, seine Leser mit einem Verzug von zwei Monaten, in Einzelfällen auch in kürzerer Zeit, über die wesentlichen Ereignisse in den beiden Ländern zu informieren. Wertvoll sind dabei die "rêflexions", später die "rêcapitulations", in denen z.T. das Urteil des jeweiligen Herausgebers deutlich wird. Die Nachrichten über Polen sind während des gesamten Zeitraumes umfangreicher als die über Rußland; sie sind im allgemeinen auch präziser. In beiden Zeitschriften begleitet das Adjektiv "malheureux" wie ein untrennbarer Bestandteil den Begriff "royaume" oder "Rêpublique de Pologne". Sowohl der "Mercure" als auch der "Clef" beurteilen schon seit 1697, bzw. 1711 die Lage der Republik als prekär und prognostizieren ihren baldigen völligen Ruin. Häufig weist der "Mercure" auf einen möglichen territorialen Verlust als Folge der desolaten inneren Zustände der Adelsrepublik hin. Denn die zur Charakteristik Polens am häufigsten verwendeten Begriffe sind - sowohl zu Beginn des 18. Jahrhunderts als auch um 1733, 1740 und in den Jahren der Barer Konföderation - "chaos", "divisions", "querelles" oder "guerres intestines", "troubles", "dêsordre", "la dernière confusion", "mêsintelligence". Der "Clef" weist immerhin noch darauf hin, daß dieses Land ein mächtiger, angesehener Staat in Europa gewesen sei.

Der "Mercure" urteilt strenger: durch seine Berichte entsteht das Bild eines Landes, das völlig unfähig ist, sich gegen seine Nachbarn zu wehren,dessen herrschende Schicht durch mangelnde politische Einsicht, durch Mißbrauch der Freiheit, z.T. auch durch religiösen Fanatismus zum Untergang des Staates beiträgt. Denn in der Beurteilung durch diese Zeitung trägt der polnische Adel fast nur negative Züge: Starrsinn und Egoismus sind seine hervorragendsten Charakteristika; diese hindern ihn nach Auffassung des "Mercure" daran, effektive Politik zum Nutzen des gesamten Staates zu betreiben. Häufig werden die elenden Zustände beschrieben, die durch die ständigen inneren Auseinandersetzungen hervorgerufen werden: Armut, Epidemien, Bauernflucht, Plünderungen, Niedergang des Handels.

Für die Kämpfe der Adligen gegen den König hat der "Mercure" kein Verständnis; im allgemeinen bezeichnet er die Konföderierten - wenn es sich nicht um eine Konföderation mit dem König handelt - als "sêditieux", "rebelles" oder "mutins"; dies Urteil gilt besonders für die Konföderation von Bar. Er neigt dazu, dem konföderierten Adel eigensüchtige Motive zu unterstellen.

Seiner Ansicht nach lebt der Adel dann schamlos auf Kosten der Städte und Dörfer unter dem Vorwand, die Freiheit zu verteidigen. Nicht ganz so hart ist das Urteil des "Clef". Zwar bezeichnet er die polnischen Adligen ebenfalls als egoistisch, häufig nur ihrem eigenen Interesse folgend und dabei das Wohl des Staates aus den Augen verlierend, aber diese Zeitschrift bezweifelt nicht die Ehrlichkeit der Motive für den Kampf gegen die Russen. Ihre Beurteilung der Konföderation von Bar z.B. ist wesentlich positiver, und der Aspekt der Intoleranz, den der "Mercure" immer wieder hervorhebt, tritt beim "Clef" in den Hintergrund.

Regelmäßig berichtet der "Mercure" von den Reichstagen, deren Verhandlungsgegenstände er mitteilt und deren Ablauf er in einer Art Tagebuch schildert. (1) Wichtige Reden - in der Regel immer die des Marschalls der Landbotenkammer - druckt er im Auszug oder zusammengefaßt ab. Die ständig wiederholten Aufforderungen der Redner, das Partikularinteresse hinter das Staatswohl zurücktreten zu lassen, sowie die häufigen Appelle an den Patriotismus und die republikanische Gesinnung werden wiedergegeben,und der Herausgeber versäumt es nicht, auf die Hohlheit dieser Phrasen hinzuweisen, besonders wenn er im gleichen Bericht die "Zerreißung" eines Sejm aus den nichtigsten Gründen meldet. Das Unverständnis der Verfasser mit dieser Art Regierung scheint häufig durch, auch wenn sie sich bemühen, Parallelen zur Römischen Republik zu ziehen. Die Gefahren eines Freiheitsbegriffs, der nach Auffassung der Zeitschrift vor allem "licence" beinhaltet, werden deutlich.

Insgesamt bietet sich dem Leser des "Mercure", zuerst in Ansätzen, dann immer stärker, das Bild eines Staates, der keine Ordnung kennt, in dem eine Bevölkerungsgruppe große Privilegien genießt und diese auf Kosten der Allgemeinheit, ja sogar um den Preis des staatlichen Ruins, verteidigt; eine Schicht, die nur zur Befriedigung persönlicher Interessen aktiv wird und alle Anstrengungen zur Festigung des Staates meidet.

Die Zeitschrift registriert den wachsenden russischen Einfluß in Polen sehr aufmerksam, seit 1712 schon hält sie ihn für bedeutend. Die Klagen der Bevölkerung über das Verhalten der russischen Truppen, über deren ständige Anwesenheit im Königreich und später den Protest gegen die Teilung hält sie zwar für gerechtfertigt, aber auch für nutzlos, da die Polen es versäumt hatten, Einigkeit im Innern herzustellen und eine schlagkräftige Truppe aufzubauen, die erfolgversprechenden Widerstand hätte leisten können. Die Schuld am Unglück Polens, so der "Mercure", liegt nicht bei den Nachbarn, die seine Schwäche ausnutzten, sondern allein beim Adel, der die Republik in diesen Zustand brachte. (2)

Diesem negativen Bild von Polen, das während des gesamten Zeitraumes keine gravierende Änderung erfährt, steht eine in zunehmendem Maße positive Beurteilung des russischen Reiches gegenüber. Das mag auch daran liegen, daß Informationen aus diesem Land ungenauer und bei weitem nicht so ausführlich sind, daß es vor allem offizielle Verlautbarungen sind, die als Grundlage der Zeitungsartikel dienen. In beiden Periodika wird mehrmals darauf hingewiesen, welche Schwierigkeiten es bereitet, verläßliche Nachrichten zu erhalten; und über Verbote der russischen Regierung, Gespräche über andere als private Themen zu führen, wird ebenfalls berichtet.

So erwähnt der "Mercure" niemals das Los der russischen Bauern, während er doch die Leiden der polnischen Landbevölkerung häufig schildert. Noch nicht einmal über die Pugačevščina wird in ihrem ganzen Ausmaß berichtet. Dagegen widmet er der Darstellung von Festlichkeiten am Petersburger Hof breiten Raum, ebenso wie den Erfolgen der russischen Armee, während er von den polnischen Truppen meistens nur Niederlagen meldet.

Peter I., Elisabeth und Katharina II. erfahren eine vorteilhafte Würdigung, das betrifft sowohl ihre Person als auch ihre Politik; daran ändern auch die Ereignisse 1718 - Tod Aleksejs - und 1762 - Tod Peters III. - nichts. Immer wieder wird in den Berichten die Größe und Machtfülle, die Unerschöpflichkeit der Ressourcen des russischen Reiches betont, dessen Stabilität auch die häufigen "Revolutionen" keinen ernsthaften Abbruch tun können. Im ganzen aber kann sich der Leser nur eine unklare Vorstellung von Rußland machen, wenn auch bei der Lektüre der Eindruck entsteht, daß diesem Staat fast alles möglich ist; trotz der - gemessen an Polen - häufigen Berichte über Exekutionen formt sich das Bild eines Reiches, in dem Ordnung herrscht und die staatliche Gewalt fest gegründet ist. Der "Mercure" hebt besonders hervor, daß die russischen Geistlichen keinen Einfluß auf die Politik nehmen können, sondern daß hier allein der Staat in allen Fragen ausschlaggebend ist.

Nicht ganz so ausführlich berichtet der "Clef" über die beiden Länder. Das Bild, das diese Zeitung von der Adelsrepublik entwirft, ist nicht ganz so düster, wenngleich sie ebenso auf das Elend der Land- und Stadtbevölkerung durch die ständigen inneren Auseinandersetzungen hinweist. Desgleichen hebt sie die Eigensucht der Magnaten hervor; jedoch ist die Verurteilung des Adels nicht so deutlich. Den Konföderationen bringt der "Clef" Sympathien entgegen, besonders den Barer Konföderierten; er disqualifiziert sie niemals als Rebellen oder gar Verbrecher. Sein Wohlwollen - aber auch seine Fehleinschätzung der realen Lage - äußert sich unter anderem darin, daß er einen Sieg der Barer über die Russen durchaus für möglich hält, ihre Niederlage als Resultat des - seiner Ansicht nach nicht vorhersehbaren - Zusammengehens der drei Teilungsmächte wertet. Ein Vorwurf wie im "Mercure", die Polen verständen es nicht, sich den politischen Gegebenheiten anzupassen und daraus für ihre Lage Nutzen zu ziehen, findet sich im "Clef" nicht.

Dagegen ist die Beurteilung des russischen Staates nicht so positiv wie in der anderen Zeitschrift. Ihm erscheint Rußland undurchschaubar und unberechenbar; das Bestreben der Herrscher, Nachrichten zu manipulieren, wird von den Autoren vermerkt.

Wie im "Mercure" auch beschränkt sich die Berichterstattung auf Ereignisse am Hofe und bei der Armee, öfter wird die Schuldhaft angesprochen, woraus man auf die finanzielle Lage eines großen Teils des russischen Volkes schließen kann. Die Politik der Zaren/ Zarinnen in Polen wird kritisch gesehen, an der Verläßlichkeit russischer Zusagen wird gezweifelt. Peter der Große erfährt eine zwiespältige Würdigung, Elisabeth und Katharina II. dagegen werden positiv geschildert. Im ganzen kann man auch hier feststellen, daß Rußland sich dem Leser weniger deutlich präsentiert als Polen; zu der räumlichen Entfernung tritt die Lückenhaftigkeit der Informationen, die es schwierig macht, sich eine einigermaßen zutreffende Vorstellung des östlichen Riesenreiches zu machen.

Während der Revolutionsjahre bietet sich dem Leser wenig Gelegenheit, seine Kenntnisse über die beiden Staaten zu verbessern. Eindeutig aber ist die Verurteilung der russischen Politik, des russischen Regierungssystems und die Sympathien - wenn auch nicht frei von Vorbehalten - des "Journal" sind durchaus auf polnischer Seite. Konkrete Kenntnisse jedoch vermittelt es kaum.

2.2. Die Diktionäre

2.2.1. Louis Moréri: Le grand Dictionnaire historique

Wenn es das Ziel der Zeitschriften ist, den Leser über die interessantesten Begebenheiten in Europa zu informieren und oftmals damit belehrende Betrachtungen zu verbinden - z.B. über die Unbeständigkeit des Glücks, den unheilvollen Einfluß der Religion in Staatsdingen, etc. -, so stehen sie in der Auffassung der Verfasser der Enzyklopädie in enger Nachbarschaft mit den Zielen solcher Diktionäre. Auch diese wollen erziehen durch Erweiterung des Wissens und Aufklärung der Leser. In der Tat erfüllt das Diktionär zwei Aufgaben, die bis heute auch von der Presse in Anspruch genommen werden: Sprecher der öffentlichen Meinung zu sein und gleichzeitig die öffentliche Meinung zu bestimmen, zu formen. (1) Bei dem großen Erfolg der Enzyklopädie (2) wird man zwar davon ausgehen können, daß die Benutzer der Enzyklopädie und die Leser der Zeitschriften in den meisten Fällen identisch waren, (3) daß aber auch viele Interessierte zum besseren Verständnis ein Nachschlagewerk benutzten und die öffentlichen Bibliotheken aufsuchten.

Wegen der von den Verfassern der Enzyklopädie selbst bestätigten Verwandtschaft zwischen Presse und Diktionär ist es wohl vertretbar, daß wir im Anschluß an die Untersuchung der Zeitschriften feststellen wollen, welches Bild von Polen und Rußland sich der Benutzer eines Nachschlagewerkes im 18. Jahrhundert machten konnte. Wir legen das Werk von Louis Moréri (4) und die Enzyklopädie (Encyclopédie ou Dictionnaire raisonné des Sciences, des Arts et des Métiers 1751 - 1780, hier: t.12, 1765, t. 14, 1765) zugrunde. War letztere in der zweiten

Hälfte des 18. Jahrhunderts weit verbreitet, so war Ende des 17. und Anfang des 18. Jahrhunderts das Werk von Moréri in relativ vielen Bibliotheken (auch privaten) zu finden. (1) Auch das Diktionär von P. Bayle (2) haben wir herangezogen; es erwies sich aber für unsere Zwecke als unbrauchbar, da die entsprechenden Stichwörter "Pologne" und "Moscovie" (Russie) nicht vorhanden waren. Selbst die Begriffe "Czar", "Autocratie" oder auch "Anarchie" waren nicht aufgeführt. Nur in den Anmerkungen zu einigen Artikeln tauchen manchmal an entlegenen Stellen Bemerkungen zu einzelnen, für uns interessanten Themen auf: so eine kurze Notiz über die Brautwahl des Großfürsten. (3) Auch die Fürsten waren in keinem Artikel vertreten, weder polnische noch russische. Wesentlich ergiebiger ist "Le grand dictionnaire historique ou melange curieux de l'histoire sacrée et profane" von Louis Moréri. (4) Über Polen wird in etwas mehr als drei großen Spalten berichtet, über Moskovien sogar in vier. Hinzu kommen noch kürzere Notizen über Jan Sobieski (5) und "Czar" (6) und unter dem Begriff "Royaumes de l'Europe" (7) werden beide Staaten kurz erwähnt.

Unter den Überschriften: "Son nom, ses bornes et sa divison", "Le pais et les Habitans", "Le Gouvernement", "La Religion" und "Successionchronologique de Ducs, Princes et Rois" wird Polen, das der Verfasser als "Royaume electif de l'Europe"(8) bezeichnet, dem Leser vorgestellt. Als Quelle gibt er an (außer den Geographen): Cromer, Le Laboureur, Jouvin de Rochefort, Davity, Jean Aubert de Fulstin. (9) Eine ähnliche Unterteilung findet der Verfasser für den bedeutenden Artikel über "Moscovie", das er als "grande région de l'Europe" bezeichnet: (10) "Son nom, ses bornes et sa division", "Qualitez du Pais", "Moeurs et Coutûmes des Moscovites", "Succession des Ducs, Gouvernement et Police de Moscovie", "Religion des Moscovites", "La Langue et la Science des Moscovites" und "Auteurs qui parlent de Moscovie". (11)

Nachdem dem Leser eine Vorstellung von der Ausdehnung des Königreiches Polen ,"un des plus grands Royaumes de l'Europe", seiner Einteilung in Provinzen und eine Aufzählung der bedeutenderen Städte vermittelt wurde, geht der Verfasser dazu über, Land und Leute zu beschreiben. Er vermerkt die Fruchtbarkeit, (12) den Reichtum an Vieh, Fisch und Wild; sowie auch an Bodenschätzen; er preist die gesunde reine Luft und meint - sich auf Klein-Polen beziehend - es werde gemeinhin "l'entrée de l'Italie, c'est-à-dire le commencement de toutes sortes de délices" genannt. (13) Dann befaßt sich der Artikel mit dem polnischen Adel, den Bauern und den Frauen. Er versucht die positiven und die negativen Charakteristika gegeneinander abzuwägen: der polnische Edelmann sei groß, robust, geschickt in der Handhabung des Säbels, (14) sprachkundig, (15) großzügig, ein guter Reiter und frommer Katholik. Die Polen seien gute Soldaten (besonders in der Kavallerie), sehr reiselustig, treu, dankbar und ehrlich mit Fremden. Sie kleideten sich prunkvoll und gäben großartige Gastmähler. Dagegen beachteten sie streng die Fastenzeit, allerdings betränken sie sich häufig und griffen dann zur Waffe. Das hänge wohl damit zusammen, daß sie stolz und hochfahrend seien, ihre Freiheit gehe ihnen über alles. Daher rühren auch, so meint der Verfasser, ihre Niederlagen gegen Tataren, Moskoviter und Schweden; aus der Uneinigkeit untereinander und der geringen Macht, die sie ihren Fürsten zugestehen, ist es zu erklären, daß 40.000 Schweden ein Land an den Rand des Abgrunds bringen konnten, das noch in seinen geringsten Aufgeboten 200.000 Kämpfer ins Feld schikken kann. In diesem Zusammenhang äußert der Verfasser des Artikels sich auch über die Umständlichkeit der Beratungen und das Fehlen jeglicher Festungen; beides ermögliche es dem Feind, ungehindert bis vor die Tore von Warschau zu gelangen.

Völlig negativ schildert er die Stellung der Bauern in Polen: "Les paisans sont pauvres et misêrables, ne possedent quoy que ce soit au monde; et sont sujets â des seigneurs qui les traitent avec plus de tyrannie qu'on ne fait les Forçats."(1) Ein Herr habe über seine Bauern Gewalt über Leben und Tod. Das Einkommen eines Edelmannes werde daher folgerichtig auch nicht in Geld, sondern in der Anzahl seiner Bauern angegeben. Die Lebensbedingungen eines polnischen Bauern seien denen des Viehs vergleichbar, das Haus dieser "Sklaven" bestehe nur aus Schlamm und Stroh und einigen Bäumen, die das Dach halten müssen. Die Kinder spielten und schliefen hier zusammen mit den Schweinen; der Hausherr habe häufig auch nichts anderes für seine Mahlzeiten und zum Schlafen als Trog und Raufe seiner Rinder. Oft habe er allerdings eine kleine Wohn-, Koch- und Schlafstelle unter dem Dach. Man trinke Bier oder Hydromel (Met); kein Wasser, da es in ganz Polen faulig sei. Schließlich stellt das Lexikon noch die Situation der polnischen Frauen dar. Sie sind klein und nicht schön; einfach, aber nicht ohne Anstand. Sie hätten kaum Unterhaltung, nur manchmal Bälle oder Festmähler. Andere soziale Schichten, Bürger, Kaufleute, Handwerker, werden nicht erwähnt. Das Lexikon sagt: "Il n'y a que la Noblesse qui soit considêrable en Pologne, le tiers êtat y êtant presque tout esclave ..." (2) Gasthäuser gebe es nicht in Polen; reisende Adlige übernachteten bei Freunden, nähmen Vorräte mit oder hielten bei Bauern an, die sie aufnehmen müßten, das sei sozusagen die Steuer.

Im folgenden gibt der Artikel eine kurze Übersicht über die Herrscherfolge seit Mieszko, der das Christentum annahm. Polen sei ein Staat, dessen Regiment gleichzeitig monarchisch und aristokratisch sei: Monarchisch, weil es einen König gebe, aristokratisch, weil der König kein absoluter Fürst sei. Manche fügten sogar das demokratische Regiment dazu, welches das des Adels sei. Er geht ein auf die Königswahl ("â la pluralitê de voix"), auf die Stellung des Primas von Polen als Interrex, auf die Beschwörung der "Pacta Conventa" durch den neugewählten König, auf die Art und Weise, wie der Sejm einberufen und abgehalten wird, sowie auf die Landtage und die Entsendung der Landboten. Hier merkt er an, daß von den Städten nur Krakau, Danzig und Wilna im Sejm vertreten seien. (3) Er weist hin auf das Liberum Veto (ohne es mit diesem Begriff zu nennen) und bemerkt auch, daß ein Senator - und auch ein Landbote - die

Freiheit hat, die anstehenden staatlichen Fragen zu entscheiden "ou pour le bien public, ou pour son intérêt particulier". (1) Da bei den Provinzialversammlungen alle Beratungen öffentlich seien, könne auch der letzte Bauer etwas über Kriegspläne z.B. erfahren. Das bringe den Feinden einen enormen Vorteil, da sie auf diese Weise über Absichten und Kräfte der Polen informiert seien. Dann zählt er die Einkünfte des Königs auf - Salinen, Kupfer-, Blei- und Silberminen, Fischerei, Judensteuer - (2). Er nennt die wichtigsten Ämter und die damit verbundenen Aufgaben und wendet sich dann der Religionsfrage zu. Der Verfasser berichtet, daß die Polen seit dem Übertritt Mieszkos zum Christentum konstant im rechtgläubigen katholischen Glauben geblieben seien, obwohl auch Lutheraner, Calvinisten, Socinianer, Griechisch-orthodoxe und Wiedertäufer vorhanden seien; aber, so fügt er hinzu, niemals habe die Häresie soviel Macht erhalten wie in anderen Staaten. Er erwähnt die große Anzahl von Juden, die in Polen ein gewisses Ansehen wegen ihres Reichtums genössen. Sie hätten ziemlich große Privilegien, dürften aber keinen Grund und Boden besitzen. Mit einer Tabelle über die Regenten Polens schließt der Artikel, und wir wenden uns den Ausführungen des Lexikons über Moskovien zu.

Nach der Aufzählung der einzelnen Provinzen und wichtigeren Städte beschreibt der Verfasser Land und Leute. (3) Dabei ist festzustellen, daß er Moskovien zu den europäischen Staaten zählt. (4) Dieses Land sei vor allem gekennzeichnet durch Sümpfe, Wälder, Teiche, Seen und Flüsse, wobei die Seen zum Teil außerordentlich groß seien. Wegen der vielen Sümpfe und Wälder sei das Land nicht sehr bevölkert, und die Versorgung mit Getreide sei im Norden außerordentlich schwierig, im Süden gegen Polen hin dagegen recht gut. Neben dem Getreide gebe es Früchte (vor allem Melonen), Honig, Wild und Fische. Erwähnt wird die extreme Kälte, die dazu führe, daß man im Winter vor allem im Schlitten fahre, allerdings sehr bequem, und daß das Getreide nicht immer ausreifen könne. Dabei geht der Verfasser auf eine merkwürdige Pflanze ein, die einer Gurke ähnlich sei, aber das Aussehen eines Lammes habe. (5) An Handelsgütern zählt der Artikel auf: Hanf, Flachs, Leder und Pelze. Dazu kommen noch Wachs, Honig, Oel und Talg. An Bodenschätzen werden Salz-, Schwefel-, Eisen- und Kupferminen genannt. Die Bewohner dieses Landes, so die Information im Lexikon, leben fast ausschließlich in Holzhäusern, da Steine sehr selten sind. Das führt zu häufigen Feuersbrünsten; aber da die Häuser schlecht möbliert sind, ist der Verlust nicht groß. Sie trinken Bier und Hydromel (Met), wobei sie mehrere Sorten kennen.

Nunmehr beschreibt der Autor die Bevölkerung dieses großen Staates: die Moskoviter seien im allgemeinen robust, und die Bojaren ("qui sont leurs nobles") seien besonders beleibt; man könnte beinahe sagen, daß in dieser Tatsache das Zeichen ihres Adels bestehe. (6) Sie trügen lange Bärte, hätten die Haare kurz geschnitten. Frauen- und Männerkleidung seien fast gleich: lange Kleider bis an die Fersen, lange enge Ärmel, eine Mütze, - kein Hut - und Stiefel aus gelbem oder rotem Leder. Es folgt eine Charakteristik der Moskoviter, wobei er übrigens keine Unterscheidung zwischen Adligen und Bauern macht, während er in dem Abschnitt über Polen von "gentilshommes" oder "nobles" spricht, als es um die Merkmale dieses Volkes geht, bzw. von "paysans", als er das Leben der Bauern schildert. Hier heißt es allgemein "les moscovites", weshalb man vermuten darf, daß seiner Kenntnis nach keine Unterschiede im Wesen bestehen.

Der Verfasser schildert sie als mißtrauisch, heimtückisch und von Natur aus so grausam, daß selbst das Amt des Henkers bei ihnen nicht schändlich sei. Im Handel betrügen sie ungestraft, das nennen sie Geschicklichkeit. Sie seien solche Faulenzer, daß die Trägheit ihr natürliches Erbteil zu sein scheine. Dazu komme die Unsitte des Trinkens, die bei ihnen allgemein sei, so daß es kaum Leute gebe, die nicht der Trunksucht verfallen seien. Außerdem seien sie auch starke Tabakbenutzer, obwohl seit 1634 das Rauchen bei hoher Strafe verboten wurde. Der Verfasser meint, daß dieses Verbot zu Recht ausgesprochen wurde, weil einesteils sich ganze Familien finanziell ruinierten und es andererseits häufig zu großen Bränden kam, wenn ein Mann, vom Rauchen betäubt, einschlief. Das Verbot werde aber nicht beachtet. Diese Unsitten, Trunksucht und Rauchen, führten zu noch kriminelleren und schändlicheren, die er nicht nennt. Es gebe sowenig Entgegenkommen und Höflichkeit unter ihnen, daß man sich nicht wundern müsse, wenn sie es auch den Ausländern gegenüber an Anstand fehlen lassen. Außerdem seien sie von Natur aus eitel und arrogant: sie verachteten alle und glaubten, daß keine Nation der ihren vergleichbar sei. Sie hätten eine Neigung zum Stehlen, könnten aber dieser kaum nachkommen, da Diebstahl das am schwersten bestrafte Verbrechen in ihrem Lande sei.

Im übrigen begnügten sie sich mit wenigem, seien starke Kälte und Hitze gewöhnt, würden ziemlich rauh erzogen und schliefen auf dem Fußboden oder auf Bänken- außer den Standespersonen. Ihre Unterhaltung bestehe aus Kämpfen, Schlagen mit Fäusten oder Stöcken und - im Winter - Eislaufen. Ihre Musik werde von Oboen und Dudelsäcken gemacht, und ihre Tänze seien so lächerlich und so roh, daß man sagen könnte, die Tanzbären machten es besser als sie. Bevor der Verfasser sich mit der Regierung dieses Reiches beschäftigt, gibt er einen kurzen Abriß seiner Geschichte, wobei er gleich zu Anfang des Abschnittes betont, daß die Kenntnisse von der älteren Geschichte Moskaus sehr gering sind und es daher schwierig sei, mit derselben Sicherheit davon zu sprechen, wie bei anderen Staaten.

Wovon man aber Kenntnis besitzt, das ist die ungeheure Machtfülle des Zaren: (1) Nur er gibt die Gesetze, er allein setzt Gouverneure ein, entsendet und empfängt Gesandtschaften, setzt Steuern fest, wie er will; seine Macht ist so groß, daß er der Herr über Leben und Güter aller Untertanen ist. Diese nennen sich seine Sklaven, und er spricht sie nur mit dem Diminutiv an. Diese Machtfülle, so das Lexikon, beruht auf drei Maximen: 1. dem Verbot, ohne Erlaubnis des Zaren ins Ausland zu reisen; 2. dem Brauch, daß die Zaren nur Einheimische heiraten, (2)

3. der Unwissenheit - die Moskoviter geben sich damit zufrieden, lesen und schreiben zu lernen. Die Einkünfte des Zaren seien beträchtlich: vor allem ziehe er einen unglaublichen Profit aus den Schenken, die er unterhält. Außerdem erhalte er 5% von den Handelsgütern, andere seien ausschließlich für ihn. Hinzu komme, daß er das Vermögen derer erhält, die kinderlos sterben. Angeblich soll er auch einen Teil der Güter der Leute erhalten, die nicht in der Lage sind, ihm zu dienen, sei es im Heer oder an anderer Stelle.

Seine Streitkräfte seien ebenfalls sehr groß, und sie wären auch furchtbar für die Nachbarn, wenn es den kommandierenden Offizieren nicht gewöhnlich an Eifer, Führung oder Treue mangeln würde. Im Normalfall habe der Zar 15.000 Mann Kavallerie und 12.000 Mann Infanterie zur Verfügung; außerdem habe er 65.000 Mann, die für die Überwachung der Grenzgebiete gegen die Tataren zuständig seien. Im Notfall aber könne er leicht 100 - 200.000 Mann aufstellen, da die Bojaren verpflichtet seien, ihm Soldaten zur Verfügung zu stellen. Ihre Bewaffnung bestehe aus Degen, Axt, Bogen und Muskete; die Moskoviter seien ausdauernd und mit wenigem zufrieden. Allerdings könnten sie eher eine Belagerung aushalten, als selber eine durchführen, noch weniger könnten sie offene Feldschlachten schlagen - dabei seien sie fast immer von Polen oder Schweden besiegt worden.

Das moskovitische Rechtswesen stellt sich außerordentlich einfach dar; wenn ein Schuldner nicht zahlen oder Kaution hinterlegen könne, werde er Sklave, Verbrecher würden zu Wippen oder Tod durch Erhängen oder Köpfen verurteilt. Die Titelfrage erweise sich im diplomatischen Verkehr als außerordentlich schwierig wegen des Anspruchs, den der Zar erhebe. (1) Die Unwissenheit, selbst der Priester, sei enorm. Sie predigten niemals, sondern sie begnügten sich damit, in der Kirche einige Lesungen zu veranstalten. Es gebe keine Kollegien und Akademien im ganzen Staat, wer lesen und schreiben könne, gelte bereits als Gelehrter. Der Artikel weist ebenfalls darauf hin, daß die Moskoviter eine andere Zeitrechnung haben, und er berichtet über die Religion der Moskoviter: die Wahl des Patriarchen - der, wenn er dem Zaren nicht genehm ist, sein Amt nicht erhalten kann -, die Tatsache, daß die Moskoviter der griechischen Konfession angehören. Dabei betont er die strikte Einhaltung der verschiedensten Fastenzeiten. Auch das Leben in den einzelnen Klöstern sei außerordentlich streng.

2.2.2. Encyclopédie ou Dictionnaire raisonné

Im Gegensatz zu dem, was man erwarten könnte, daß nämlich in den folgenden Jahren die Kenntnisse über Moskovien, bzw. Rußland erweitert wurden und ihren Niederschlag in den Lexika fänden, muß man erstaunt feststellen, daß in der Enzyklopädie der Artikel über Rußland einen viel geringeren Umfang hat als der über Polen, ja kaum nennenswert länger ist als der in dem älteren Lexikon. (2) Hinzu kommen noch in den Suppléments knapp anderthalb Seiten über Friedrich II. August und fast zwei Seiten über Stanisław I. sowie kürzere Artikel über Kasimir I. bis Kasimir V. (1), Sigismund I. bis Sigismund III. (2) und über Alexander Sobieski; (3) dagegen n i c h t s über russische Herrscher!

Auch der Chevalier de Jaucourt, (4) der Verfasser des Artikels über Rußland, beginnt mit der geographischen Beschreibung, indem er die Grenzen dieses großen Staates darstellt, den er übrigens zu Europa u n d Asien zählt. Anschließend zählt er 16 Gouvernements auf, wobei er manchmal angibt, wie die dazugehörenden Provinzen an Rußland gekommen sind. Dabei erwähnt er dreimal den Namen Peters des Großen, und zwar im Zusammenhang mit Livland: "le Czar Pierre l'a reprise sur les Suédois", Estland: "cette province est encore une des conquêtes de Pierre" und der Ostsee: "où Pierre le grand a ouvert la mer Baltique à ses états." Aber er weist auch hin auf die Eroberung Novgorods durch Ivan III., (5) eine Eroberung, der Moskau, das bis dahin fast unbekannt war, einen Großteil seiner Reichtümer verdanke. Ferner spricht er Ivan IV. an, den größten (!) Eroberer unter den Russen, der sein Land vom tatarischen Joch befreit und das Königreich Astrachan seinen anderen Eroberungen hinzugefügt habe. (6) Von den Städten nennt er noch besonders Kiev, das er als einzige Stadt bezeichnet, die ein gewisses Alter habe.

Jaucourt erwähnt den außerordentlichen Mangel an Menschen: Voltaire gebe aufgrund der Erhebung von 1747 ungefähr 24 Millionen Einwohner an. (7) Der Chevalier meint jedoch, daß man solchen Zählungen mit Mißtrauen begegnen müsse, da die Anzahl der Untertanen übertrieben würde, um dem Herrscher zu gefallen. Wahrscheinlich habe Rußland kaum 12 Millionen Einwohner. Die Bemühungen Peters, die Zahl der Mönche und Nonnen zu verringern, nennt Jaucourt "soin digne d'un législateur dans un Empire où ce qui manque principalement c'est l'espèce humaine."(8)

Vor der Regierungszeit Peters tendierten Gebräuche, Kleidung und Sitten in Rußland mehr zu Asien als zum christlichen Europa. Die Regierungsweise vergleicht er insofern mit der der Osmanen, als er die Strelitzen und die Janitscharen weitgehend gleichsetzt. Beide Truppen hätten mit Erfolg versucht, Einfluß auf die Besetzung des Thrones zu nehmen. Daher sei die Beseitigung dieser Miliz dringend notwendig, wenn auch nicht ungefährlich, gewesen. (9) Der Titelfrage widmet Jaucourt einen längeren Abschnitt. Er nimmt an, daß der Titel "Zar" mit der Eroberung Kasans an die russischen Herrscher gekommen ist, und glaubt nicht, daß man ihn auf die römischen Caesaren zurückführen könne. Bis zu Ivan IV. seien die Herrscher als "velikij-knes", Großfürst, bezeichnet worden. Jedoch könne man den Kaisertitel noch am ehesten den russischen Herrschern zugestehen, wenn man die Ausdehnung ihres Reiches betrachte. (10)

Den größten Raum der Informationen über Rußland nimmt die Religion bzw. die Konfessionsfrage ein. Jaucourt berichtet zuerst über die Art und Weise, wie die Russen von den Byzantinern das Christentum angenommen haben, und daß sie bis jetzt im griechisch-orthodoxen Glauben fest verharren. Dabei bemerkt er auch, daß die russische Kirche völlig unabhängig ist von irgendeiner anderen geistlichen Macht. Kurz nur spricht er die mangelnde Bildung der Kleriker an, um dann deutlich zu machen, daß sowohl Fedor als auch vor allem Peter zu ihren Armeen und zu ihrem Rat unterschiedslos a l l e Konfessionen, außer der römisch-katholischen, zuließen. Später, als viele katholische Facharbeiter kamen, erlaubte Peter den Kapuzinern die Einreise nach Rußland, niemals aber Jesuiten. (1) Der Chevalier betont, daß Juden in Rußland keine Bleibe hätten; die Russen besorgten ihren Handel selbst.

Merkwürdig zwiespältig ist die Haltung des Chevalier Peter dem Großen gegenüber. Er hebt hervor, daß dieser es gewesen sei, der Rußland großen Einfluß in europäischen Angelegenheiten verschafft habe, daß vor ihm sich asiatische Bräuche immer mehr verbreiteten, (2) daß unter seiner Herrschaft d i e Russen, die nahe an Europa und in den Städten wohnten, zivilisiert worden seien. Aber "le grand homme qui a fait ces changemens", (3) Peter der Große, habe das Glück gehabt, in eine Zeit hineingeboren worden zu sein, die günstig dafür war, einen solchen Wechsel herbeizuführen: "Pierre leur souverain n'eut pas tant de peine á policer sa nation, que quelques auteurs ont voulu nous le persuader." (4) Im übrigen, so Jaucourt, habe bereits der Vater des Zaren, Aleksej, die Grundlagen für das Werk des Sohnes gelegt; er habe seinem Sohn sein ganzes Genie gegeben, das bei diesem nur noch entwickelter, kraftvoller - und durch die Reisen - gebildeter war. Aleksej hätte bereits die Einflußnahme Rußlands in der europäischen Politik angekündigt, er habe eine Gesetzessammlung erstellen lassen - wenn auch unvollkommen - er habe Tuch- und Seidenmanufakturen eingeführt - wenn sie sich auch noch nicht lange hielten, aber er habe das Verdienst gehabt, sie aufzubauen. Er habe die unbewohnten Landstriche an der Wolga und Kama mit litauischen, polnischen und tatarischen Kriegsgefangenen bevölkert und habe versucht, sein Heer zu disziplinieren und nützliche Handwerker in sein Land zu holen. Wenn auch das Ganze noch unvollkommen war, so sei es doch ein Ansatz gewesen, und auch die Errungenschaften, die der russische Staat seit Peter dem Großen gemacht habe, seien noch nicht so fest verankert "que quelque intervalle de barbarie, ne puisse ruiner ce bel édifice commencé dans un empire dépeuplé, despotique, et où la nature ne répandra jamais ses bénignes influences."

Skepsis gegenüber diesem Gebilde bleibt also angebracht. Wohl verfüge der Zar über große Einkünfte - aus Salz-, Bier- und Branntweinhandel, aus dem Unterhalt öffentlicher Bade- und Wirtshäuser, aus der Kopfsteuer, Zöllen, Hafengebühren und Maut, sowie den Krondomänen -, aber das reiche nur dazu, um gegen die Türken Krieg zu führen. "Mais elle [la Russie] ne sauroit, sans recevoir des subsides, la faire en Europe: les fonds n'y suffiroient pas." (5)

Über die Thronfolgeordnung berichtet Jaucourt nur, daß die Krone erblich sei und auch Frauen die Nachfolge antreten könnten; auf Peters Bestimmungen geht er nicht ein. (1) Der Herrscher habe absolute Gewalt über alle Untertanen, er sei niemandem Rechenschaft schuldig. Über die Verteilung von Aufgaben im Staat, das Funktionieren der verschiedenen Behörden, Rechtspflege u.ä. wird nichts gesagt. Aber auch an anderer Stelle wird nochmals betont: "la monarchie de Russie est un pur despotisme." (2)

Über die Lebensumstände, Sitten und Gebräuche der russischen Bevölkerung sagt der Artikel fast nichts aus, ebensowenig gibt er eine detaillierte Auskunft über die Herrscher, und ihre Regierung. Erstaunlich ist nicht die häufige Erwähnung des Zaren Peter, sondern eher, daß seine Leistung nicht so hoch gelobt wird. Im Gegenteil: sein Vater wird in einem längeren Abschnitt vorgestellt; eine Würdigung, die Peter nicht erfährt. Ja noch mehr: sein Werk wird relativiert; erklärt aus den günstigen Umständen, skeptisch in Bezug auf seine Dauer betrachtet. Der Artikel scheint doch stark geprägt zu sein von einem gewissen Abstand gegenüber Versuchen, Peter eine "creatio ex nihilo" zuzuschreiben, ihn als d e n Herrscher überhaupt zu glorifizieren.

Ganz anders präsentiert sich der umfangreiche Artikel über Polen, der ebenfalls vom Chevalier de Jaucourt verfaßt wurde. Schon der Anfang (wenn man die geographische Beschreibung fortläßt) ist dazu geeignet, das Interesse des Lesers hervorzurufen. Der Verfasser begründet auch, warum gerade Polen in besonderem Maße die Aufmerksamkeit des Lesers verdiene: erstens sei dieses Land viel weniger bekannt als die anderen Staaten des Nordens (außer Rußland), zweitens sei die Geschichte eines freien, nicht von einem absoluten König regierten Landes sehr viel interessanter als die der erblichen Monarchien. (3) Bevor er mit der Schilderung der alten Geschichte der Polen/Sarmaten beginnt, nimmt er noch in einem kurzen Abschnitt Stellung zu dem Ordnungsprinzip der freien Staaten: "Le roi, la loi, et la nation, trois forces qui pèsent sans cesse l'une sur l'autre, équilibre difficile. La nation, sous le bouclier de la loi pense, parle, agit avec cette liberté qui convient à des hommes. Le roi, en suivant ou en violant la loi, est approuvé ou contredit, obéi ou désobéi, paisible ou agité." (4)

Der Verfasser weist hin auf die riesige Ausdehnung des polnischen Reiches, die allerdings im Laufe der Zeit wieder verringert wurde durch Verluste in den verschiedenen Kriegen. Die Geschichte des polnischen Staates läßt er mit dem - sagenhaften - Lechus beginnen, der der Begründer des ersten Herrscherhauses sei; ihm folgen die Geschlechter der Piasten und Jagiellonen und schließlich die Wahlkönige. Die Interregna bezeichnet er schlicht als Anarchien. In einem sehr kurzen Abriß der mittelalterlichen Geschichte versucht er vor allem die Elemente hervorzuheben die zu der Entwicklung einer Wahlmonarchie und der Freiheit des Adels geführt habe. (5) Seit Kasimir III., anläßlich der geforderten Ratifikation eines Friedens (6) durch alle"Stände" des Königreiches, hätten diese erkannt, daß es nicht unmöglich sei, eine Republik zu errichten bei gleichzeitiger Beibehaltung eines Königs. (1) Schon Ludwig von Ungarn habe Verträge mit den maßgebenden Gruppen schließen müssen, um überhaupt auf den Thron zu gelangen.

Im Anschluß an die Nachfolge Hedwigs und ihre vorgesehene Heirat mit Jagiello von Litauen wird fälschlich behauptet, daß der Großfürst nur dann Hedwig heiraten durfte, wenn er vorher die bestehende Form des Reiches garantiert habe. Zu diesem Zeitpunkt, so irrtümlich der Verfasser, gab es eine Republik mit drei "Ständen": König, Senat und Ritter; letzterer umfaßt den gesamten Adel. (2) Der Autor vergleicht diese Einrichtungen mit denen der römischen Republik; den entscheidenden Unterschied sieht er darin, daß in Rom - abgesehen davon, daß es keinen König gab - in allen Gruppen Plebeier vertreten waren: "La Pologne (...) n'a compté son peuple qu'avec le bêtail de ses terres. Le sénat qui tient la balance entre le roi et la liberté, voit sans émotion la servitude de cinq millions d'hommes ..." (3) Nach dieser Hervorhebung der wenig menschenfreundlichen Haltung des polnischen Adels fährt Jaucourt fort in seiner Aufzählung polnischer Herrscher, um dann auf die Vorgänge nach dem Tode Sigismund Augusts einzugehen (1573). Zu diesem Zeitpunkt habe man überlegt, wie man neue Schutzwälle für die Freiheit aufrichten könnte. In den Debatten einigten sich die Stände auf bestimmte Artikel, welche der zukünftige König - in diesem Falle Henri de Valois - unterschreiben sollte. (4) Der Verfasser zählt sie im Einzelnen auf und meint, das ganze Interregnum sei damit ausgefüllt worden, sich zu schützen gegen das, was der Adel "les attentats du trône" nenne. Am Tage seiner Krönung entbinde der polnische König, indem er die Pacta Conventa beschwört, seine Untertanen vom Gehorsam im Falle er die Gesetze der Republik bricht. An anderer Stelle (5) geht die Enzyklopädie noch einmal genauer auf die Pacta Conventa ein. Sie werden definiert als "les conditions que la nation polonoise impose aux rois qu'elle s'est choisi." Dabei ist es interessant, das Urteil über diese Bindung des Monarchen zu erfahren: "Au premier coup d'oeil on croiroit d'après cela que la Pologne jouit de la plus parfaite liberté; mais cette liberté n'existe que pour les nobles et les seigneurs, qui lient les mains de leur monarque afin de pouvoir exercer impunément sur leurs vassaux la tyrannie la plus cruelle tandis qu'ils jouissent eux-mêmes d'une indépendance et d'une anarchie presque toujours funeste au repos de l'Etat; en un mot, par les pacta conventa, les seigneurs polonois s'assurent que le roi ne les troublera jamais dans l'exercice des droits, souvent barbares, du gouvernement féodal, qui subsiste aujourd'hui chez eux ..." (6) Jaucourt fährt fort mit der Erläuterung der Aufgaben des Sejm - dabei weist er darauf hin, daß dieses Gremium das Selbstversammlungsrecht besitzt, wenn der König es nicht einberuft - und geht auf die Landbotenkammer und den Senat und seine Aufgabe ein. (7)

Er stellt die großen Ämter vor und die Befugnisse, die damit verbunden sind. Erneut betont er, daß der Sejm eben nicht das

Volk vertritt - das nimmt er im Falle des englischen Parlaments an - sondern nur den Adel. Bei der Darstellung der Tätigkeiten des Sejm - dessen Öffentlichkeit er übrigens nicht bemängelt -, kommt er auch auf die Bedeutung des Liberum Veto. Damit ein Beschluß Gesetzeskraft erlange, so Jaucourt, müsse er von allen drei Ständen, d.h., König, Senat und Rittern, verabschiedet werden. Ein einziger Landbote könne alles zu Fall bringen. Das aber, sagt Jaucourt, sei nicht immer so gewesen, und er fügt an, daß man hier einen schlagenden Beweis für die "Revolution" des menschlichen Geistes habe: sei der damalige Landbote Władysław Siciński 1652 nur mit Mühe der Verfolgung entkommen, so sei heute das sicherste Mittel, in Stücke gehauen zu werden, die Forderung nach Abschaffung des Liberum Veto. (1) Jaucourt ist der Ansicht, daß es mehr Unheil als Gutes stifte. Er berichtet auch, daß damit den Landboten ein Mittel gegeben sei, nicht nur einen Beschluß zu Fall zu bringen, sondern auch den ganzen Sejm zu "zerreißen" - manchmal unter dem leichtfertigsten Vorwand. (2) Als Abhilfe für die ergebnislosen Reichstage nennt er die Konföderationen, in denen nach Mehrheit der Stimmen entschieden wird. (3) Aber, so Jaucourt, oft erhebe sich eine Konföderation gegen die andere, das verursache große Erschütterungen im Staat, besonders wenn die Truppe sich einmische. Das Rechtswesen dagegen beurteilt der Chevalier recht positiv. Die Richter würden jedes Jahr neu vom Adel eingesetzt, die Rechtsprechung sei unentgeltlich - auch Mittellose könnten klagen - und die Tribunale seien wirklich unabhängig: denn der König könne weder ihre Urteile kassieren, noch das Verfahren an ein anderes Gericht ziehen. Allerdings könne man an den König appellieren. Kriminalfälle, in die ein Adliger verwickelt ist, würden vom König und vom Senat abgeurteilt. Das betreffe vor allem Mord, Totschlag und Verschwörung gegen den Staat. Erstaunlich und in anderen Ländern nicht üblich sei es, so Jaucourt, daß polnische Beschöfe - in ihrer Eigenschaft als Senatoren - Todesurteile fällen und Krieg beschließen dürften. Ebenso außergewöhnlich findet er es, daß es keinen Unterschied gibt zwischen "noblesse d'épée" und "noblesse de robe". Jeder Adlige habe sowohl an den kriegerischen als auch an den beratenden Aufgaben im Staate teil.

Diese Darlegungen führen Jaucourt dazu, auf die militärischen Möglichkeiten des polnischen Staates einzugehen. Als ersten vermerkt er, daß Polen auch in dieser Beziehung eine Sonderstellung einnehme: es sei das einzige Land, in dem eine nur aus Adligen zusammengestellte Kavallerie existiere. Das begründet er damit, daß, da der Adel alle Ehren und Vorteile im Staat habe, er sich auch verpflichtet fühle, die Landesverteidigung allein zu übernehmen. Dagegen gehöre die Bebauung des Landes zu den Pflichten des Restes der Nation.

Über die Schlagkraft der polnischen (und litauischen) Armee äußert sich der Chevalier zurückhaltend. Er stellt die Machtfülle des Großhetmans dar, der mehr Macht habe, als die alten Konnetabeln Frankreichs und der keine andere Beschränkung kenne als die, welche er sich selber auferlege. Über seine Handlungen (4) sei er nur der Republik Rechenschaft schuldig. Allein in dem Falle, wenn der König in Person kommandiere, sei die große Autorität des Hetmans aufgehoben. Die Streitmacht Polens bestehe, wenn sie komplett ist - "ce qui arrive rarement" - aus 48.000 Soldaten, die Truppenteile eingeschlossen, die zumeist aus Deutschen bestehen. (1)

Dann geht Jaucourt noch auf den "arrière-ban" ein, den er als "armée la plus nombreuse et la plus inutile" bezeichnet. Er fährt weiter fort: "on verroit dans un besoin plus de cent mille gentilshommes monter à cheval pour ne connoître que la discipline qui leur conviendroit; pour se révolter, si on vouloit les retenir au-delà de quinze jours dans le lieu de l'assemblée sans les faire marcher; et pour refuser le service, s'il falloit passer les frontières." (2) Diese vernichtende Charakteristik des polnischen Adelsaufgebots führt Jaucourt dazu, sich mit dem polnischen "Nationalcharakter" überhaupt zu befassen - ähnlich wie auch Moréri dieses versuchte.

Der polnische Adel hat - laut Jaucourt - nur mehr wenig gemeinsam mit seinen Vorfahren, den Sarmaten; einzig einige Wesensmerkmale hätten sich erhalten. So seien die Adligen freimütig und stolz, aber jähzornig, oft würden Staatsangelegenheiten mit dem Säbel in der Hand entschieden. Wie Moréri weist auch dieser Verfasser auf die Beherrschung vieler Sprachen durch die polnischen Adligen hin. Die Einfachheit und Genügsamkeit ihrer sarmatischen Vorfahren hätten sie vergessen. Bis zum Tode Sobieskis habe der Adel noch bescheiden gelebt, was sich vor allem in der Möblierung der Häuser zeigte. (3) Seit den Sachsenkönigen habe sich die Prunksucht beim Adel verbreitet. Seine Kleidung sei außerordentlich reich; französische Mode und orientalische Pracht, die mehr Glanz als Geschmack zeige, hätten sich vermischt. Die Damen der Gesellschaft führen nur noch in sechsspännigen Kutschen aus, und bei Reisen von einer Provinz in eine andere habe ein Adliger eine Eskorte von 200 Berittenen. Da es keine Gasthäuser gebe, führe er alles Notwendige mit sich; allerdings quartiere er die "Plebeier" aus. Von klein an sei der Adlige an Kälte und Erschöpfung gewöhnt - schon kleine Kinder würden in kaltem Wasser gebadet, damit der Körper abgehärtet wird. Lobenswert findet Jaucourt die Tatsache, daß der Adel die meiste Zeit auf seinen Gütern verbringt; das mache ihn unabhängig vom Hof - der nichts auslasse, um ihn zu korrumpieren - und belebe den ländlichen Handel durch das Geld, das er dort ausgibt.

Dagegen blickt der Chevalier voller Abscheu auf die Behandlung der Bauern durch den Adel. Das Land könnte bevölkert sein und eine blühende Wirtschaft haben, wenn es von einem freien Volk bearbeitet würde. Während man - sogar in Asien - sonst nur Fremde als Sklaven habe, sei der polnische Bauer an die Scholle gebunden. "La Pologne frappe ses propres enfans." (4) Nichts nenne der Bauer - Jaucourt benutzt "paysan", "serf" und "esclave" unterschiedslos nebeneinander - sein eigen: weder das Feld, noch die Kinder, noch die Frau. Alles gehöre dem Herrn, "qui peut vendre également le laboureur et le boeuf". (5) Seine Hütte sei miserabel, und wenn sie abbrenne, interessiere ihn das nicht; seine Kinder wüchsen ohne Kleidung, in einem wilden Durcheinander mit dem Vieh auf: ein Großteil der Bevölkerung falle der Kälte zum Opfer. Wehe dem Bauern, wenn ein betrunkener Adliger auf ihn wütend wird.

Der unmäßige Gebrauch von Wein und starkem Branntwein schade der Republik sehr; sogar Staatsgeschäfte würden mit dem Glas in der Hand erledigt. Andererseits könne man in diesem Lande feststellen, daß gute Sitten mehr wert sind als gute Gesetze: denn obwohl die ausgedehnten Wälder, die Entfernungen der Behausungen, der Brauch, tags und nachts zu reisen, die Gleichgültigkeit der Staroste bezüglich der Sicherheit der Straßen geradezu zu Mord und Raub auffordern, gebe es kaum Beispiele dafür. (1)

In einem längeren Abschnitt befaßt Jaucourt sich mit der Rolle der Religion, bzw. der katholischen Kirche in Polen. Nachdem er kurz auf die Verbreitung des Christentums in Polen eingegangen ist, stellt er fest, daß der Geist des Friedens und der Sanftmut, welcher die polnischen Könige in Bezug auf die Religion auszeichnete, sich auch dem Volke mitgeteilt habe. Er findet es bemerkenswert, daß Polen an den Religionskriegen des 16. und 17. Jahrhunderts kaum Anteil hatte und daß hier kaum Ketzerverbrennungen stattfanden. Die Republik verlange von ihren Königen, daß sie bei der Thronbesteigung die Duldung aller Konfessionen beschwören. Während Jaucourt diese tolerante Haltung begrüßt, bemerkt er auf der anderen Seite den großen Einfluß der katholischen Kirche: (2) die Polen fasteten häufiger und länger als andere Völker, sie seien dem Heiligen Stuhl treu ergeben; der Einfluß des Papstes sei in Polen größer als in jedem anderen Land. Jaucourt bezeichnet diese Ergebenheit als übertrieben; wenn auch der blinde Gehorsam der Zeiten des Mittelalters nicht mehr bestehe, so werde die römische Kirche hier doch sehr respektiert. (3)

Unter dem Aspekt außerordentlich großer Widersprüchlichkeit betrachtet Jaucourt abschließend dieses Land: "La dignité royale avec le nom de république; des loix avec l'anarchie féodale; des traits informes de la république romaine avec la barbarie gothique; l'abondance et la pauvreté ." (4) Die Natur habe dieses Land mit den besten Ressourcen ausgestattet, trotzdem gebe es in Europa kein ärmeres Volk. Die vielen Flüsse forderten geradezu zum Handel auf, aber Handel existiere nicht. Es werde keine Anstrengung gemacht, die Wasserstraßen durch Kanäle zu verbinden, Polen, obwohl mehrmals von Flotten angegriffen, habe niemals eine eigene Kriegsflotte aufgebaut, ebensowenig eine Handelsflotte. Ein Land, das so groß ist wie Frankreich, habe nur 5 Millionen Einwohner, und die Bewohner ließen den vierten Teil des Landes brach liegen, und zwar ausgezeichnetes Land. Der Staat brauche eigentlich bei seiner enormen Ausdehnung eine zahlreiche und schlagkräftige Armee - die Republik könne kaum 40.000 Mann unterhalten. Der Luxus finde sich in einigen Privathäusern, aber die Städte seien ekelerregend durch den schrecklichen Schmutz. (5)

Im Zusammenhang mit der totalen Nichtachtung der Gemeinen stellt Jaucourt fest, daß Polen eben aus diesem Grunde nur wenig Handwerker und Kaufleute habe, und diese seien meistens Deutsche, Juden oder Franzosen. Ebenso ermangele es völlig an notwendigen Bildungsstätten, (1) überhaupt fehle ein reges kulturelles Leben. Die Stellung des polnischen Königs sei nicht einfach: er sei verhältnismäßig arm, und bei allen Streitigkeiten, die sich ergeben, seien die Polen der Ansicht, daß der König im Unrecht sei. Sein Kanzler könne ihm das Siegel verweigern, wenn er die beabsichtigten Dinge für unrecht hält. Das Recht, den König zu wählen, hält Jaucourt für unnütz, ja für schädlich. (2)

Bevor der Verfasser dem Leser in einer kurzen Skizze die wichtigsten polnischen Herrscher vorstellt, faßt er sein Urteil über den polnischen Staat zusammen: "on y voit en un mot une image blafarde des moeurs et du gouvernement des Goths ... L'indépendance de chaque gentilhomme est l'objet des loix de ce pays, et ce qui en résulte par leur liberum veto, est l'oppression de tous. On voit dans ce royaume des grands partageant la puissance du monarque, et vendant leurs suffrages pour son élection et pour soutenir leur pompe fastueuse. On ne voit en même tems point d'argent dans le trésor public pour soudoyer les armées, peu d'artillerie, peu ou point de moyens pour entretenir les subsides, une foible infanterie, presqu'aucun commerce: ... En vain la Pologne se vante d'une noblesse belliqueuse, qui peut monter à cheval au nombre de cent mille hommes: on a vû dix mille russes ... disperser toute la noblesse polonoise assemblée en faveur de ce prince [Stanislas] ... On a vu dans d'autres occasions cette armée nombreuse monter à cheval, s'assembler, se révolter, se donner quelques coups de sabres, et de se séparer toute de suite." (3)

Es folgt eine kurze Aufzählung der polnischen Könige, von denen er einige besonders hervorhebt, darunter Kasimir I. [1034/39-1058], weil er Literatur und Wissenschaft in Polen heimisch machen wollte, Kasimir II. [+ 1194], weil er versuchte, das Landvolk gegen den Adel zu unterstützen, Kasimir III. [1333-1370] wegen seiner Friedensarbeit, Władysław VI. (III:), der 1444 in der Schlacht bei Warna gegen die Türken fiel, Sigismund I. [1506-1548], - den er mit Franz I. von Frankreich vergleicht - und Stefan Bathory [1576-1586] (4), auch Johann Sobieski. (5) Damit kommt Jaucourt sozusagen zu den Zeitgenossen: Friedrich August und Stanisław Leszczyński. Beiden widmet die Enzyklopädie in den Supplément-Bänden noch zwei längere Artikel. Der Chevalier beschreibt die Art und Weise ihrer Thronerhebung und in kurzen Worten ihr weiteres Schicksal. Als Ziel Augusts des Starken, das er im Bündnis mit dem Zaren und dem dänischen König erreichen wollte, nennt Jaucourt die Eroberung Livlands, in der Absicht, die Polen dann leichter einem absolutistischem Regime unterwerfen zu können. Das Ergebnis dieser Unternehmung war jedoch, daß die Polen ihn absetzten und Stanisław Lesczcyński an seiner Stelle wählten und daß August II. auf die Krone verzichten mußte - kein Wort von der dominierenden

Rolle des Schwedenkönigs. Erst nach der Erwähnung der Schlacht bei Poltava wird eine Partei der Schweden genannt, aber auch nur nebenbei, während ausdrücklich gesagt wird, daß August nur mit Hilfe der Russen zurückkehren und sich halten konnte. (1) Der Chevalier streift kurz die Entwicklung im polnischen Thronfolgekrieg und hebt die guten Herrscherqualitäten Stanisławs hervor. Im Anschluß an den Artikel über Polen folgt noch eine knappe Spalte über die Krönung der polnischen Könige in Krakau. Die Pracht dieses Schauspiels wird geschildert, nicht ohne die Anmerkung, daß schließlich alles vom Volk bezahlt werden müsse. (2) Auf zwei Bräuche bei der Krönung geht das "Dictionnaire" genauer ein: am Tage vor der eigentlichen Zeremonie werde der Vorgänger des neu gewählten Königs beigesetzt, und jeder neue Monarch müsse zum Grab des 1079 ermordeten Bischofs von Krakau gehen und dessen Verzeihung und Beistand erflehen. (3)

In den sogenannten Herrscherartikeln der Supplementbände werden sowohl Friedrich August als auch Stanisław noch einmal ausführlich gewürdigt. Dagegen existiert kein einziger Artikel über den russischen Zaren (Zarin), jedoch mehrere kürzere Abschnitte über polnische Könige. Gerade durch die Herrscherartikel aber, die gedacht waren als Mosaiksteine für das Gesamtbild einer Weltgeschichte, gewann die Enzyklopädie ihre Bedeutung als Geschichtswerk; von ca. 1760 bis zum Ausgang des 1. Kaiserreiches war sie, "angesichts der nachlassenden Produktion bedeutender historischer Literatur, das umfassendste und meistgelesene Werk dieser Art, das die gesamte Weltgeschichte darstellte." (4) Die Herrscherartikel galten in ihrer Zeit als Ausdruck der modernen Wissenschaft, "und außerdem bestimmten sie in einer solchen Ausschließlichkeit die öffentliche Meinung, wie es vielleicht [...] in vergleichbarer Weise nur die großen Zeitungen des 20. Jahrhunderts vermögen." (5)

Wenn diese Behauptung Weis' zutreffend ist, dann ist das Schweigen über russische Herrscher doch ein Indiz für eine ganz bestimmte Haltung gegenüber dem russischen Reich: Diderot kannte - zumindet oberflächlich - aus eigener Anschauung wenigstens den Petersburger Hof. Voltaire hatte eine Geschichte Rußlands unter Peter dem Großen geschrieben, Rußland war ein wichtiger Machtfaktor in der europäischen Politik. Fürchteten die Enzyklopädisten den Zorn Katharinas? Die Knappheit der Informationen über Rußland, auch in dem Artikel "Russie", ist doch mindestens erstaunlich, vor allem, wenn man die umfangreichen Artikel über Polen damit vergleicht.

Aufgrund der Verflechtung der polnischen und russischen Geschichte, gerade in diesen Jahren, sollte man jedoch auch in den Artikeln über Friedrich August und Stanisław eine Erwähnung der russischen Politik erwarten. Dazu enthält der Bericht über August den Starken z.T. eine Zusammenfassung der Vorgänge während des Interregnums 1697 und während des Nordischen Krieges.

Sacy, der Verfasser dieses Artikel, beginnt mit einer Würdigung

Jan Sobieskis: "il a forcé les Moscovites à rechercher son alliance, asservi l'humeur indépendante des Cosaques, abaissé l'orgueil de la porte ottomane, repoussé les Tartares, et versé dans le sein de son peuple les richesses qu'il avoit enlevées à ses ennemis ..." (1) Nach seinem Tode habe allerdings nicht viel gefehlt, daß die Republik ihrem völligen Ruin entgegenging. Der Kastellan von Kulm, Przebendowski, so de Sacy, habe Friedrich August den Weg zum Thron gebahnt, ihn unterwiesen in der Kunst, seine Rivalen beiseite zu schieben. Dabei habe sich das Geld als der wesentliche Faktor erwiesen: "Il [l'argent] fut prodigué, et les Saxons s'épuisèrent pour acheter une couronne à leur prince qui fit leurs malheurs et les siens." (2) Der Verfasser beschreibt die Zustände in Polen mit den Begriffen "faction", "cabales", "pièges", bis schließlich Augusts Partei siegte, weil der Wettiner am meisten versprach. (3) Der Artikel berichtet weiter von den Ereignissen des Nordischen Krieges, wobei der Name des Zaren nicht ein einziges Mal erwähnt wird! Es ist nur allgemein von "Moscovites" die Rede, (4) und die Schlacht bei Poltava wird nur mit einem halben Satz erwähnt, als Klippe, an der Karl XII. scheiterte. Viel ausführlicher wird die Haltung des polnischen Adels dargestellt, und zwar im allgemeinen nicht positiv. Er wird geschildert als geldgierig, intrigant, opportunistisch und eigensüchtig; während Friedrich August eine ziemlich vorteilhafte Würdigung erfährt. (5)

Daß das Urteil über den Schwiegervater Ludwigs XV. nicht negativ lauten kann, ist verständlich, daß es aber so positiv ausfällt wie in dem Artikel "Stanisłas Leszczinski", (6) liegt wohl vor allem daran, daß Stanisław als das Vorbild des "roi philosophe" angesehen wird. Sowohl seine körperliche als auch seine geistige Erziehung, sein Interesse für das Staatsrecht und seine Liebe zum Vaterland werden hervorgehoben. Im Unglück habe Stanisław wahre Seelengröße gezeigt: von schwachen Freunden verlassen, ohne Geld, um Kreaturen zu kaufen, habe er sich nach Pommern begeben, um den Besitz seines Wohltäters (Karl XII.) zu verteidigen. Die Vorgänge bei der Doppelwahl 1733 stellt Sacy nur in groben Umrissen dar; seinen Ausführungen mußte der Leser entnehmen, daß Stanisław von den Polen allgemein begrüßt wurde, und nur den vereinigten Truppen des Kaisers und der Zarin (sie wird nicht genannt, der Habsburger jedoch!) der Erfolg der Gegenpartei zuzuschreiben war. (7) Nach seinem Thronverzicht habe Stanisław sich den Werken des Friedens gewidmet, um das Glück seiner neuen lothringischen Untertanen zu schaffen: gerade dies sind Werke, die Stanisław in den Augen eines aufgeklärten Franzosen einen Rang geben: Bau und Errichtung von Kirchen, Krankenhäusern und Manufakturen, die Verschönerung Nancys, die Einrichtung von Erziehungsanstalten für die Jugend. Sacy schließt eine Würdigung an, wobei die Tatsache, daß der Pole die französische Sprache rein und elegant sprach, nicht der geringste Anlaß für seinen Ruhm ist.

Auch in diesem Artikel werden russische Herrscher nicht namentlich erwähnt, ebensowenig wie ihre ständige Einflußnahme auf die Geschicke des polnischen Staates. Der Ruhm Peters des

Großen wird nicht ein einziges Mal verkündet, während doch sein großer Rivale Karl XII. häufig genannt wird. Es heißt bei der Erwähnung der Schlacht bei Narwa: "Charles (...) écrasa les Moscovites" (1), aber auch über die große Wende bei Poltava wird nur gesagt: "Pour comble de malheurs, Charles XII. fut battu à Pultava, le 28 juin 1709, et s'enfuit en Turquie. Tous les princes du Nord se liguèrent pour partager la dépouille du vaincu ..." (2)

Dem Anspruch, den - nach Weis (vgl. oben S. 84) - die Enzyklopädie erhob, wird sie mit den Informationen, vor allem über Rußland, nicht gerecht. Dabei ist festzuhalten, daß die Adelsrepublik genauer geschildert wird, einzelne Herrscher, auch Institutionen besonders hervorgehoben werden. Die soziale Gliederung Polens wird kritisch betrachtet, ebenso die Auswüchse der Regierungsform, aber beides wird doch immerhin angeführt, während über die russischen Verhältnisse nichts gesagt, die große Leistung Peters I. - abgesehen von einem allgemeinen Satz - mit Schweigen übergangen wird. Wertende Bemerkungen wie im Artikel über Polen entfallen hier völlig. Auch nach der Lektüre des Artikels "Russie" bleibt dieses Land dem Leser weitgehend unbekannt. Während der Autor in Bezug auf die Adelsrepublik die Informationen, die ihm zu Verfügung standen, ausgenutzt hat, ist er bezüglich Rußlands nicht so gründlich gewesen. In den Reiseberichten dagegen konnte der Leser ein differenzierteres - wenn auch durch persönliche Erfahrung des Reisenden geprägtes - Bild erhalten.

2.3.1. Rußland und Polen in zwei Kosmographien

Ähnlich wie die Diktionäre wollten auch die beiden nun näher zu betrachtenden Werke vor allem Kenntnisse über Land und Leute vermitteln. Es sind ebenfalls eher Nachschlagewerke als Reiseberichte; da sie sich aber auf die Vorstellung von Staaten beschränken, sind sie geeignet, einen Übergang vom reinen Nachschlagewerk zum Reisebericht zu bilden.

Das erste der uns hier interessierenden Werke ist das Buch von Pierre d'Avity. (3) Es ist schon im 17. Jahrhundert erschienen, wurde aber immer wieder aufgelegt und hat anscheinend zur Standardausrüstung der Bibliotheken gehört. Die "Galérie agréable" ist in Leyden erschienen (ohne Jahresangabe) und war wegen ihrer sehr schönen Stiche und Karten sicher nicht billig. (4)

D'Avity gibt auf 14 Seiten Auskunft über das Königreich Polen und seine dazugehörigen Provinzen; (5) für die Beschreibung der Länder und Herrschaften "des Großfürsten in der Moscaw" benötigt er 8 Seiten. (6) Beim Bericht über das moskovitische Militärwesen zieht er das Königreich Polen zum Vergleich heran (7) und kommt dabei zu folgendem Urteil: "Die Moscoviter sind ihrem Großhertzogen mehr unterthänig, aber die Polen haben mehr Hertzens. Jene halten den Stand/ aber diese fallen frisch an. Die Moscoviter taugen in die Garnisonen/ die Polen aber in das freye Feld. Jene erschrecken nicht vor Hunger und Kält/ diese nicht vor dem Schwerd und Todt." (1)

Diese Bemerkung führt uns zur Beschreibung des polnischen Volkes, bzw. des russischen. Wir beginnen mit der Darstellung Polens. Nachdem er dem Leser eine Vorstellung von der Ausdehnung Polens und Litauens gegeben und die einzelnen Provinzen beschrieben hat - bei den Städten lobt er besonders Krakau - geht er auf die Beschaffenheit des Landes und seine natürlichen Wirtschaftsquellen ein. Das Land sei so fruchtbar, daß gar nicht alle Felder bestellt werden könnten. (2) Reichtum und Vermögen kommen aus landwirtschaftlichen Erzeugnissen im weitesten Sinne (Getreide, Gemüse, Honig, Wachs) sowie aus den Erträgen der Salz-, Eisen-, Kupfer-, Blei- und Schwefelminen. (3) Hinzu komme der Fisch- und Wildreichtum des Landes. Die Polen kennzeichnet D'Avity als vorsichtig, geschickt, freigebig und gütig gegen Fremde - jedenfalls gelte das für den Adel. Das gemeine Volk "weiß die Gäst biß auff den letzten Pfennig zu schaben." (4) Wie alle nördlich lebenden Völker seien auch die Polen dem Trunk ergeben; aber das Reisen sei völlig sicher, Raub und Mord auf den Straßen komme nicht vor.

Die Sprachbegabung wird hervorgehoben, besonders intensiv widmeten sie sich der lateinischen Sprache - sogar auf den Dörfern gebe es Leute, die Latein verstehen. (5) Die Reiselust des polnischen Adels wird ebenfalls betont. (6) Dagegen tadelt D'Avity die Verschwendungssucht. (7) Er wirft den Polen vor, sie seien keine guten Kaufleute, sie verständen sich besser auf ein gutes Leben als darauf, mit ihren Waren Geld ins Land zu bringen. Daher sei auch so wenig Kapital vorhanden.(8) Wenn der Verfasser auch die Neigung zum Wohlleben bedenklich findet, so gesteht er dem polnischen Adel doch zu, daß er gute Krieger hervorbringe. Wenn das Reich in Not sei,müßten die Adligen auf eigene Kosten in den Krieg. Sie seien tapfer und stark; auch wenn sie der Zahl nach unterlegen seien, erwarteten sie den Feind. (9) Allerdings kämpften sie nur zu Pferde, Fußvolk werde in Deutschland oder Ungarn angeworben. Auch führe der Adel allein die Waffen, die Bauern würden armselig gehalten. (10) Befestigungen und Verschanzungen der Lager hätten die Polen nicht. Als König Sigismund versucht habe, Festungen bauen bzw. Städte befestigen zu lassen, habe der Sejm das abgelehnt, aus Angst, der König werde "der Polnischen Freyheit einen Zaum in Mund legen." (11)

Damit kommt der Verfasser zur Machtverteilung in diesem Staat: es handelt sich nach seiner Auffassung eher um eine Aristokratie als um eine Monarchie. (12) Das Ziel der Landboten und der Senatoren sei es, die Macht des Königs zu beschneiden. Besonders die Landboten seien auf die Wahrung der Freiheit bedacht. Die Edelleute haben seiner Meinung nach zu viel Freiheit; sie tun, was ihnen in den Sinn kommt. Sie hielten sich für nicht geringer als der König, behandelten aber ihre eigenen Untertanen wie leibeigene Knechte. Trotzdem wählten sie meistens einen Angehörigen des verstorbenen Königs. (13)

Feinde habe das polnische Königreich nur im Osten: den Großfürsten "in der Moscaw", Tataren, Türken. Was die inneren Angelegenheiten angeht, so nennt D'Avity zwei Umstände, die sich für Polen seines Erachtens unglücklich auswirken: Das sind erstens die vielen Konfessionen, die immerwährende Feindschaft verursachen; und das ist zweitens die Tatsache der freien Königswahl, bei der auch ausländische Fürsten sich bewerben können, die dann mit allerlei Mitteln auf die Adligen einwirken. Auch daraus resultieren Haß und Feindschaft. (1) Auf weitere Einzelheiten der staatlichen Organisation geht der Verfasser nicht ein. Er beschließt seine Darstellung mit einer Aufzählung der polnischen Könige seit Lech und Krakus, die er - wie andere auch - als historische Persönlichkeiten ansieht. (2)

Über die Reihenfolge der russischen Großfürsten sagt er nichts, vermutlich sind ihm die meisten unbekannt. In seinem Bericht über das Großfürstentum Moskau bezieht er sich ausdrücklich auf die Schilderungen Herbersteins. (3) D'Avity rechnet Moskovien zu den europäischen Herrschaften. Dafür gibt er zwei Gründe an: Zum ersten liege das meiste Land in Europa, auch die Hauptstadt - als Grenze zwischen Europa und Asien bezeichnet er den Ob - und zweitens seien die Moskoviter Christen. (4) Nach der Beschreibung der Größe dieses Landes und seiner Beschaffenheit - für D'Avity sind Dniepr und Dniestr noch ein Fluß, Rußland ist für ihn sumpfig, morastig und nicht sehr fruchtbar - wendet er sich den Bewohnern zu. Er beschreibt sie als kräftig, gelenkig, schnell, vierschrötig; mit langem Bart und einer Kleidung, die von der europäischen abweicht: lange Röcke ohne Falten bis unter die Waden, enganliegende Ärmel, rote Kniestiefel. Im übrigen ist das Bild,das er von den Moskovitern entwirft, wenig schmeichelhaft: sie seien verschlagen und "arglistige Betrüger" - besonders im Handel - sie freuten sich, wenn sie anderen schaden könnten; des Streitens, auch um "liederliche" Dinge sei kein Ende; sie lebten insgemein sehr schlecht. "Sie seynd so Barbarisch und Trewloß/item/ so wandelbar und leichtfertig daß kein Trew noch auffrichtige Freundschaft bey ihnen zu finden."(5) Das Recht sei käuflich; wer am meisten Geld gebe, gewinne den Prozeß. Das Volk sei grob und ungeschickt und untauglich zum Handel; es gebe weder gute Handwerker noch Künstler noch Erfindungen; die Moskoviter hätten auch keine Kenntnis von Schiffsbau und Schiffahrt: Zwei Laster vor allem kennzeichneten dieses Volk - Adel sowie auch gemeine Leute: Hurerei und Trunksucht. Auch der Adel sei wild und grob, und die früher so höflichen Nowgoroder seien durch die Moskoviter verwildert. (6)

Allerdings, so meint D'Avity, sei es unwesentlich, ob einer adlig oder aus dem Volke sei, wenn man die Beziehung zum Großfürsten zugrunde lege: "Sie werden gehalten wie Leibeigene Knechte/ ja die vom Adel selbst werden anderst nicht als Sclaven von den Großherzogen gehalten ..." (7) Die ungeheure Machtfülle des Zaren beeindruckt den Verfasser besonders, so daß er in mehreren Wendungen darauf hinweist: der Zar sei unmittelbarer Herr der Leiber und Güter seiner Untertanen und gebrauche sie wie sein Eigentum; alles was schön sei im Land oder von Gesandtschaften zurückgebracht werde , gehöre dem Zaren; (1) er verschicke ganze Familien, damit sie nicht gegen ihn intrigieren könnten; er habe höchste und ungemessene Gewalt über alles; niemand dürfe ohne seine Erlaubnis mit Fremden sprechen oder einen fremden Arzt haben; im ganzen Land gebe es keine Schulen außer den Knabenschulen, in denen Kenntnisse in Lesen, Schreiben und in der Religion vermittelt werden: "Will einer höher studiren/ kompt er in Verdacht/ er strebe nach hohen dingen/ und wird gestrafft. In Summa/ es muß keiner gelehrter seyn als der Fürst." (2) Das am meisten zitierte Sprichwort sei: "Das weiß Gott und der Knjez." (3) Ihrem Zaren folgten die Moskoviter nur aus Furcht vor Strafe in den Krieg. Er bezahle sie nicht, nur im Krieg erhielten die Offiziere etwas Sold. (4) Allerdings gäben sie schnell auf. (5) Fußvolk komme oft aus Deutschland, Ingenieure aus Italien. (6)In einem kurzen Abschnitt geht D'Avity noch auf Glaubensfragen ein. Die Moskoviter seien seit 998 Christen, aber es gebe noch viel Aberglauben bei ihnen. Im übrigen seien sie sehr fromm, machten bei jeder Kirche halt, veranstalteten viele Prozessionen und hielten streng die Fastenzeiten ein. Ihre Priester durften einmal heiraten, die Mönche lebten fast wie Eremiten. Als Besonderheit notiert D'Avity: "Sie schlachten kein Kalb/essen auch dessen Fleisch nicht/ halten es für Sünde." (7)

Wesentlich ausführlicher über kirchliche Bräuche und die Stellung der Religion im täglichen Leben der Russen äußert sich der Autor des Artikels "De la Moscovie" in der "Galérie agréable". (8) Er beginnt damit, daß er die Meinung der Moskoviter über sich selbst wiedergibt: "Les Moscovites ont d'eux-mêmes une si grande présomtion de sainteté qu'ils regardent les autres Nations Chrétiennes comme des paiens et infidèles, croiant que leur seule présence doit les souiller." (9) Er berichtet über den Schutzheiligen der Russen, den heiligen Nikolaus, dem sie viele Wunder zuschreiben und an dessen Wundertätigkeiten man nicht zweifeln dürfe, wenn man nicht in den Verdacht der Ketzerei fallen wolle. Der Patriarch, die Bischöfe und die Mönche äßen niemals Fleisch und dürften nicht heiraten, während die einfachen Priester einmal heiraten dürften. In jedem Haus hänge ein Heiligenbild oder ein Kruzifix, das der Besucher zuerst begrüße; erst dann wende er sich dem Gastgeber zu. Stehe dieser im Rang sehr viel höher, so knie der Eintretende vor ihm und berühre mit der Stirn den Boden.

Die Kommunion werde in beiderlei Gestalt erteilt: der Priester mische Brot und Wein mit ein wenig Wasser im Kelch und gebe jedem Teilnehmer einen Löffel davon. (10) Während der Osterwoche seien die Moskoviter dermaßen fröhlich über die Auferstehung des Herrn, daß sie während dieser Zeit allen Kummer und jede Arbeit verbannten "tellement qu'ils tombent par cela aux débauches des cabarets et des bordels.". (11) Der Verfasser berichtet über den Brauch, sich Ostereier zu schenken und bei der Begrüßung die Formel zu sprechen: "Jesus Christus ist auferstanden", auf welche der andere antwortet: " Er ist wahrhaftig auferstanden."

Die Tauf- und Beerdigungszeremonien findet der Autor ebenfalls erwähnenswert: Die Kinder würden dreimal völlig nackt in das Taufwasser getaucht, und zwar werde bei jedem Kind - wenn es sich um mehrere Taufen hintereinander handelt - frisches Wasser genommen, weil das Wasser durch die Erbsünde verunreinigt sei. Bei einem Begräbnis werde dem Toten, bevor er in die Erde gesenkt werde, ein Paß in die Hände gegeben. (1) Er sei unterzeichnet vom Patriarchen und gegengezeichnet von einem Notar oder einer anderen Person aus dem öffentlichen Leben. In diesem Paß werde bescheinigt, daß der Verstorbene der griechisch-orthodoxen Religion angehört habe, seine Sünden bereut und gebeichtet und dafür Absolution erhalten habe, daß er die kirchlichen Vorschriften eingehalten und sich mit seinem Beichtvater gut vertragen habe. (2) Damit, so schreibt der Verfasser, verdienten die Priester eine beträchtliche Summe. (3)

Ebenfalls mit kirchlichen Bräuchen hängt die "Butterwoche" zusammen: die 6 Tage vor Beginn der Fastenzeit seien ausgefüllt mit Tafelfreuden, die aber oft ausarteten: "en toutes sortes d'infâmes dêbauches, en jeux, voleries, meurtres etc." Mit größerem Recht könne man diese Woche "une vraie Farce du Diable" nennen. (4) Überhaupt werde Unzucht in Moskovien nicht als schweres Verbrechen angesehen, sie sei dort sehr häufig. Angeblich sollen die russischen Frauen von ihren Männern verlangen, daß diese sie schlagen zum Zeichen ihrer Liebe. Über das Tabakverbot (1634) berichtet er, wie auch über das große Ansehen, das der Bart bei den Russen genoß, zumindest solange bis Peter der Große (5) die französische Mode einführte - zum Nutzen der Barbiere.

Wie andere Verfasser, so berichtet auch dieser Autor von der Neigung zum Betrug im Handel, von der schlechten Erziehung der Kinder, von der Habgier der Leute und ihrem mangelnden Ehrgefühl. (6) Wolle ein Mann heiraten, so schicke er 5 oder 6 Verwandte zu dem Mädchen, diese begutachteten es, ob es ohne körperliche Fehler sei. Nach der Hochzeitszeremonie werfe sich die Neuvermählte dem Mann zu Füßen und berühre als Zeichen ihrer Unterwerfung seine Schuhe mit ihrem Kopf. (7) Männer und Frauen trügen vom Tag ihrer Taufe an ein kleines Kreuz um den Hals; dies verehrten sie sehr und trennten sich nie von ihm; wenn man bei einem Verstorbenen dieses Kreuz nicht finde, werde er als Ketzer betrachtet und nicht in geweihter Erde bestattet.

Über den Aufbau des Staates, seine Organisation, sagt der Artikel wenig aus - auch Unterschiede in der Beschreibung zwischen Adel und gemeinem Volk werden nicht gemacht. Es heißt im allgemeinen: "Les Moscovites". Über die Gewalt des Zaren äußert er sich nach schon bekannter Art, wobei er allerdings die fast göttliche Verehrung des Zaren hervorhebt: "Ce prince (Tcar) est tellement craint par ses sujets, qu'ils lui rendent des respêts et honneurs presque divins; sa volontê absolue ètant la seule regle de leurs actions ..." (1) Auch dieses Nachschlagewerk führt die absolute Gewalt des Zaren auf drei Maximen zurück: 1. die Heirat der Herrscher nur mit Töchtern des Landes; 2. das Verbot, ohne Erlaubnis des Zaren ins Ausland zu reisen; 3. das Verbot, irgendeine Wissenschaft zu erlernen. Zum letzteren Punkt bemerkt der Autor: "Quoique le troisième fut plûtôt une paresse tant de la noblesse que des autres. Car il n'est pas contraire aux loix de la Russie, d'apprendre les sciences."(2)

Die Abwesenheit des Zaren Peter sei nicht ohne Gefahr für seine Herrschaft gewesen; so deutet jedenfalls der Autor die Tatsache, daß Peters Gesandtschaft aus 200 Personen bestand "parmi lesquelles les fils des principaux Seigneurs Russiens lui ètoient comme des ôtages de la bonne conduite de leurs peres qui gouvernoient l'Etat pendant l'absence de sa Majesté." (3) Trotz der dem europäischen Leser häufig merkwürdig erscheinenden Bräuche zählt doch auch dieses Werk Moskovien zu den europäischen Staaten, wobei er dessen außerordentliche Ausdehnung betont. (4) Sehr ausführlich berichtet der Artikel über geographische Gegebenheiten. Dabei schildert er die seltsamsten Merkwürdigkeiten: Salz, das aus Seen zusehends nachwachse; eine Pflanze, die wie ein Lamm aussehe; (5) Fledermäuse, die gierig alles Geld einsammelten, das sie bekommen können. Und natürlich geht er auch auf den Reichtum an Pelztieren in Sibirien ein, wobei er schildert, wie die begehrten Zobel gejagt werden. (6) Den größten Teil des Artikels nimmt die Beschreibung einzelner Städte und ihrer Sehenswürdigkeiten ein. Der Verfasser beginnt mit der Hauptstadt Moskau, (7) "la Résidence du Czar", die er eher als eine Ansammlung von Dörfern und Marktflecken bezeichnen möchte, denn als Hauptstadt. Bemerkenswert findet der Verfasser die große Anzahl an Kirchen und Kapellen - er gibt 2.000 für Moskau an. Der Artikel erwähnt und beschreibt, wenn auch nicht so eingehend wie Moskau, noch weitere Städte: Rezan (Rjazan), Novgorod, Nižnij-Novgorod, Archangelsk, Kolomna und mehrere Klöster.

Für Polen, Litauen, Preußen und Kurland stellt das Werk eine Vielzahl von Orten vor: Unwillkürlich wird man dabei an einen Reiseführer erinnert, der dem Leser die größten Sehenswürdigkeiten schildert. Der Autor beschreibt Krakau, vor allem als Krönungsort der polnischen Könige, aber auch als große, reiche, schöne und volkreiche Stadt; er erwähnt kurz Sandomierz, Lublin, Płock, Bromberg, Chełm, Zamošč, (8) Częstochowa, Warschau - nicht sehr umfassend -, Kruszwica, Gnesen, älteste Stadt Polens und Sitz des Primas, dessen große Autorität der Verfasser bei dieser Gelegenheit hervorhebt; Lemberg, das er ebenfalls als eine große, bevölkerte Stadt bezeichnet; Brasław - in seiner Nähe gebe es berühmte Salzseen -, Kamieniec Podolski, dessen starke Zitadelle er rühmt, die diese Stadt zu einem beinahe uneinnehmbaren Platz mache; Wilna - als eine Stadt, wo sich die unterschiedlichsten Konfessionen und Sekten treffen, Thorn und schließlich Mitau. (9)

Über die Beschaffenheit des Landes - "Des Qualitez de la

Pologne" - sagt der Artikel nicht viel. (1) Er berichtet vom Überfluß an Gemüse und Getreide, so daß fern gelegene Länder damit versorgt werden können, und von den großen,fruchtbaren Weideflächen, die es ermöglichen, viel Viehzucht zu betreiben. Er betont das reichliche Vorhandensein von Wachs und Honig. Im Zusammenhang mit der Beschaffenheit dieses Landes führt er ein Sprichwort an: "l'on dit que la Pologne est l'enfer des Paisans, le Paradis des Juifs, le Purgatoire des Bourgois, le ciel des Gentilshommes, et la mine d'or des étrangers." (2) Bei der Beschreibung der Sitten und Bräuche der Polen betont der Artikel den großen Eifer für die Kirche, (3) ihre Liebe zum Geld, für dessen Erwerb sie jede Erniedrigung auf sich nehmen, (4) das sie aber, wenn sie es geliehen haben, fast nie zurückzahlen, sowie Trunk- und Streitsucht. (5) Bei Gastmählern, so erzählt der Verfasser, bringe jeder sein eigenes Besteck mit, und während des Essens würden die Türen abgeschlossen; diese öffne man erst wieder, wenn das Silbergeschirr weggeschlossen sei. (6) Beim Mahl komme es dem Gast nur darauf an, gut zu essen, besonders aber viel Gewürze zu sich zu mehmen. Diener - selbst solche adliger Herkunft - könnten gestraft werden. Der Verfasser hebt die Tatsache hervor, daß sehr häufig Latein gesprochen werde, wenn auch bei Leuten mit niedriger Herkunft mit vielen Fehlern. (7)

Von der Lebensweise der Bauern und ihren Sitten berichtet die "Galerie" fast nichts. Bauern zählten nur als Sklaven, die Bürger der Städte als Leute, die ein Geschäft/ Handwerk betreiben und kein Amt im Staat übernehmen könnten. Das bleibe allein dem Adel vorbehalten. (8) Diese könnten zwar die niedrigsten Beschäftigungen übernehmen, wie z.B. Kutscher, Koch oder Stallknecht, aber ein Handwerk dürften sie nicht erlernen, wenn sie nicht ihren adligen Status verlieren wollten. Die Adligen seien kleine Herrscher, jeder habe auf seinem Land Gewalt über Leben und Tod seiner Untertanen; alle ihre Güter gehörten ihm. Den polnischen König könne man mit Fug und Recht einen "König aller Könige" nennen, denn alle Adligen seien seine Brüder. Die Senatoren verachteten sogar die Ehrentitel des Kaisers; der größte Ehrentitel sei für sie der eines polnischen Edelmannes, denn sie wollten ihre Gleichheit demonstrieren.

Polen, "le seul Royaume Electif de l'Europe" könne als monarchisch und auch als aristokratisch regiert bezeichnet werden. Das Sprichwort sage, daß Polen von der Unordnung regiert werde. (9) Sieben Punkte führt der Autor an, die für den Niedergang (10) des Königreiches verantwortlich seien: 1. die Invasion der Schweden; 2. der Überfall der Moskoviter; 3. der Angriff der Transsylvanier; 4. die häufigen Tatareneinfälle; 5. die häufigen Meutereien der Armee; 6. die zahlreichen und oft vorkommenden Parteiungen im Innern; 7. die Rebellion der Kosaken. (11) Kurz geht der Artikel ein auf den Sejm und die Rolle der Landboten, die von ihren Provinzen beauftragt seien, über ihre Interessen zu wachen. Er erwähnt auch das Liberum Veto, ohne den Begriff zu nennen und fügt kommentarlos hinzu: "cette liberté s'appelle l'Ame de la liberté de Pologne."

Einen ebenfalls kurzen Abschnitt widmet der Autor dem Adelsaufgebot: 100.000 Adlige können sofort zu Pferde steigen. Alle müßten auf ihre eigenen Kosten dienen und sich am vereinbarten Sammelpunkt einfinden; aber sie brauchten nicht weiter als 3 Meilen über die polnische Grenze hinauszugehen, und man könne sie nicht länger als 6 Wochen versammelt halten.

An diese Erläuterung schließen sich noch einige Erklärungen an: Starost heiße soviel wie Kapitän oder Gouverneur eines Bezirkes, er verwalte Städte oder befestigte Plätze; Rokosz wird - ungenau - gedeutet als die Konföderation des Adels mit der Armee: meistens sei der ausstehende Sold die Ursache dafür.(1) Denn , so führt er an, die Offiziere würden nur einmal im Jahr bezahlt, manchmal auch nur alle zwei Jahre. Der polnische Soldat lebe nur von Kohl, Wurzeln und anderen Früchten der Felder und des Waldes. (2) Festungen gebe es nicht; die Polen hätten Angst, daß ihr König mit Hilfe des Bürgertums zu mächtig werden könnte.

Die in diesem Artikel vorgelegten Informationen über Polen sind im Ganzen gesehen doch sehr oberflächlich und zum Teil auch zusammenhanglos aneinander gereiht. Aber sicher war es nicht das Anliegen eines solchen "Reiseführers", einen erschöpfenden Einblick in die Verhältnisse sowohl sozialer als auch politischer und wirtschaftlicher Natur zu geben. Natürlich müssen sich Werke solcher Art auf Reisebeschreibungen beziehen, die damals die einzige Möglichkeit boten, sich über fremde Länder zu orientieren. Da hing natürlich sehr viel davon ab, wie lange der Reisende in dem Lande sich aufgehalten, in welcher Funktion er dort geweilt hatte und wie gut seine Möglichkeiten waren, mehr als nur die Fassade zu sehen.

2.3.2. Die älteren Berichte über Polen

Bei dem oben untersuchten Werk kann man wohl davon ausgehen, daß der Verfasser bezüglich Polens vor allem das Werk von Gaspard de Tende (=Sieur de Hauteville) als Informationsquelle benutzt hat. Manche Aussagen scheinen fast wörtlich übernommen worden zu sein. (3) De Tendes Buch "Relation historique de la Pologne" erlebte zwei Auflagen: 1687 und 1699 unter dem Namen Sieur de Hauteville. Dieser Autor kannte die polnischen Verhältnisse recht gut, da er unter Jan Kasimir (1648-1668) Intendant des königlichen Hauses war; er begleitete den König nach dessen Abdankung nach Frankreich und kehrte 1674 als Sekretär des französischen Gesandten Forbin-Janson nach Polen zurück. (4) Aus diesen Angaben kann man schon schließen, daß er wahrscheinlich gute Kenntnisse von den Gewohnheiten des Adels und dem Leben am königlichen Hof hatte, daß aber Informationen über das Leben der unteren Bevölkerungsschichten sehr viel spärlicher ausfallen müssen (5) - eine Tatsache, die für fast alle Berichterstatter gilt.

Auf fast 60 Seiten gibt der Autor Auskunft über Eigenarten

polnischer Lebensweise, über Religion, Sitten und Gebräuche; fast könnte man meinen, er versuche so etwas wie einen "Nationalcharakter" zu schildern. Er berichtet über die Liebe zum Geld und die fehlende Zahlungsmoral des Adels, der häufig borge und selten zurückzahle, der das Geld dazu verwende,um sich teure Stoffe, Pelze, Pferde, Waffen und vor allem ungarischen Wein zu kaufen. (1) Aber die Adligen seien von Natur aus anständig, gastfreundlich, großzügig und ließen Fremde solange bei sich wohnen,bis diese ein Auskommen gefunden haben. Sie liebten die Prachtenfaltung auch in der Kleidung; und zwar sind die Herren meistens nach der Landessitte gekleidet, die Damen dagegen nach französischer Mode, wobei der Verfasser die Putz- und Prunksucht der Polinnen hervorhebt. (2) Die Herren legten niemals den Säbel ab, sie hätten ihn sogar beim Beten und bei der Beichte dabei. Von klein auf würden die polnischen Kinder abgehärtet gegen die Unbilden der Witterung. In allen vornehmen Häusern gebe es Bäder und für das Volk gibt es öffentliche Badehäuser.

Interessant und aufschlußreich für die gute Beobachtungsgabe des Verfassers und seine Aufgeschlossenheit für alle Bereiche ist eine kurze Bemerkung über die polnischen Kleinkinder - eine solche Beobachtung findet man sonst nicht -: man höre sie weder weinen noch schreien, und das erkläre sich wahrscheinlich daraus, daß man sie nicht in Windeln einwickele und sie daher Bewegungsfreiheit hätten, während die französischen Kinder wie garottiert seien. (3) Über die Ausbildung der jungen polnischen Adligen vermag de Tende nur wenig zu sagen: es gebe keine Akademien, man lerne weder Reiten noch Tanzen. Daher gingen viele junge Männer ins Ausland, um Sprachen zu erlernen und sich zu üben. Aber auch die im Lande Bleibenden übten sich auf ihre Weise, ohne Zwang, was auch Erfolg zeitige, denn die Polen liebten alle leidenschaftlich Musik und Tanz-, auch die einfachen Bauern. (4) Auf der anderen Seite mißbilligt der Autor die Mitleidlosigkeit der Polen. Zwar erduldeten sie jeden persönlichen Verlust mit großer Festigkeit, aber andererseits seien sie dann auch nicht bereit, anderen in der Not zu helfen. Das zeige sich darin, daß sie bei Feuersbrünsten ungerührt zuschauten, ohne Hilfe zu bringen, ja sie hätten sogar so wenig Mitgefühl, daß sie noch nicht einmal ihre eigenen Eltern und Kinder aus der tatarischen Sklaverei zurückkauften. Sie würden sogar tatenlos zusehen, wenn sich die ganze Christenheit bekämpfte. (5) De Tende kommt nach der Darstellung der Lebensumstände der Polen zu dem Schluß: "Il est certain que les Polonois seroient invincibles s'ils estoient bien disciplinées. Car ils sont si endurcis qu'ils considèrent les Allemands comme des peuples délicats."(6)

In einem Artikel über das Militär geht de Tende auf die Schwächen des polnischen Kriegswesens ein. (7) Die mangelnde Disziplin und Ordnung bei den polnischen Truppen, sagt der Autor, sei die Ursache für die elenden Zustände im Königreich und für die Notwendigkeit, fast jedes Jahr neue Truppen aufzustellen. Befestigungen lasse man verfallen, den Offizieren gebe man zwar Marschbefehl und Treffpunkt an, aber weder schreibe man ihnen die Marschroute vor, noch setze man ihnen eine Frist für ihr Erscheinen, so daß viel Verzögerung entstehe. (1)

Die aufgebotenen Adligen, die meistens mehr Sorgfalt auf eine prunkvolle Ausrüstung verwendeten als auf pünktliches Erscheinen (2), gingen häufig auch noch vor Abschluß der Kampagne wieder nach Hause. (3) Die einfache Bevölkerung leide am meisten unter dem Militär: da die Soldaten von ihren Offizieren die ihnen zustehenden Gratifikationen nicht erhielten, plünderten diese ihrerseits die Bevölkerung aus, wogegen die Kommandeure wegen ihrer eigenen Veruntreuungen der Gelder der Republik nichts unternehmen könnten. (4) So bietet sich das traurige Bild, daß die polnischen Soldaten, die vor Hunger und Elend fast sterben, (5) die eigene Bevölkerung plünderten oder zusammen mit den Offizieren einen Rokosz bildeten. (6) Die von den "aufgeklärtesten" - "les plus éclairés" - (7) Mitgliedern des Sejm vorgeschlagene Umgestaltung der polnischen Armee in ein stehendes Herr, um den Mißständen abzuhelfen, werde von den meisten anderen Deputierten mit der Begründung abgelehnt, daß die Generäle zu mächtig würden. (8) Auch bei der Darstellung der polnischen Kavallerie kommt de Tende zu dem Schluß: (9) "c'est la plus belle et la meilleure cavalerie du monde, et (qu') elle seroit invincible si elle estoit plus soumise et mieux payée."

Einen längeren Abschnitt widmet der Autor auch der Religion. Er stellt fest, daß verschiedene Konfessionen im Königreich vertreten sind. Die Polen seien sehr fromm und gäben der Kirche viel, den Armen aber zu wenig, und um ihre kranken Diener kümmerten sie sich nicht. (10) Der Klerus werde hoch verehrt, aber die Lebensführung der Mönche entspreche durchaus nicht ihrem geistlichen Stand. Man könne sogar betrunkene Mönche auf der Straße sehen, ohne daß sich jemand darüber aufrege. (11) Die Geistlichen nähmen häufig ihre Pflichten nicht wahr, sondern betrauten damit Vikare oder arme Schüler. Als Besonderheit bei der Meßfeier vermerkt de Tende: "Quand on lève le Saint Sacrement à la messe, ils se donnent des soufflets, et se frapent la teste contre le pavê ou contre le banc où ils sont." (12) Über die Justiz sagt de Tende nur soviel, als er vermerkt, welche Strafen für einzelne Delikte vorgesehen sind, und wie die Adligen ihre Diener - auch die vom gleichen Stand - bestrafen. Dabei stellt er fest, daß polnische Diner ohne harte Strafen nicht gut arbeiten würden. (13)

Lange Beschreibungen liefert der Verfasser von den Festen im allgemeinen und den Hochzeitsfeiern und Leichenbegängnissen im besonderen. (14) Eine Beerdigung gleiche eher einem Triumph des Lebens, besonders was das sich anschließende Essen und Trinken betreffe. Überhaupt erweckt de Tende durch seine Beschreibung der Gewohnheiten der Polen beim Leser den Eindruck, daß Festgelage einen hohen Stellenwert im Leben haben. Der Hinweis auf den Brauch, sein eigenes Eßbesteck zu Gastmählern mitzubringen, fehlt nicht, ebensowenig wie der Vermerk, daß während des Essens die Türen abgeschlossen würden und man erst wieder öffne, wenn das Silbergeschirr auf seine Vollzähligkeit hin überprüft worden sei. (1) Auch über die Art und Weise des Reisens äußert sich der Autor; dabei hebt er das Fehlen von ordentlichen Gasthäusern hervor, denn dadurch sei man im Winter gezwungen, in verwanzten, schmutzigen Herbergen zu nächtigen, wo sich das halbe Dorf abends trifft, trinke und tanze. Im Sommer sei es am besten, in Scheunen auf frischem Stroh zu übernachten; im übrigen sei es ohnehin notwendig, sich für eine Reise mit allem Wichtigen zu versorgen - Bett, Bettwäsche, Getränke, Essen, Wagenschmiere, Kerzen, etc. - da es auf den Dörfern nichts gebe. (2)

Das Leben der Bauern beschreibt de Tende als äußerst armselig. Er bezeichnet sie als Sklaven, denen nichts gehöre; alles, was sie ansammeln, gehöre dem Grundherrn, den sie nicht verlassen dürften, außer wenn sie in den geistlichen Stand eintreten wollten. Der Reichtum eines Adligen bestehe vor allem in der großen Anzahl seiner Bauern. Für deren Unterhalt brauche dieser nicht viel zu tun : "Pour établir un paysan dans une terre, ou dans un village, le Seigneur luy fait dresser une méchante maison de bois. Il luy donne deux petits chevaux, une vache, des poules, des oyes et du seigle pour en vivre pendant une année: cependant il luy assigne dans le village une certaine étendue de terre qu'il doit labourer pour luy et dont il doit se nourir. Car tout le bien du village appartient au Seigneur." (3) Vier Tage in der Woche müsse die ganze Familie für den Grundherren arbeiten, nur zwei Tage blieben dann für das Feld des Bauern. Während der Erntezeit arbeite das ganze Dorf - zum Teil mit Stockschlägen angetrieben - für den Herren. Obwohl de Tende die Lage der polnischen Bauern als ausgesprochen elend schildert - er berichtet noch über die Wohn- und Kleidungsverhältnisse sowie die Lebensumstände der Kinder - meint er doch, daß die Bauern selbst sich nicht für sehr unglücklich halten, weil sie nichts anderes kennen und auch immer genug zu essen haben. (4) Im übrigen ist de Tende der Ansicht, daß Polens wirtschaftliche Lage wesentlich besser sein könnte, wenn die Bevölkerung sich mehr um die Erschließung neuer Wirtschaftszweige bemühen würde. In dem Zusammenhang weist er auf die Möglichkeit hin, Obstbaumkulturen anzulegen, Papiermühlen und Tuchwalkereien einzurichten und das lederverarbeitende Gewerbe aufzubauen. Dagegen stehe allerdings die Eigenschaft der Polen, die nämlich keine guten Wirtschafter seien und sich um die Erhöhung ihrer Einkünfte nicht bemühten. (5) Hinzu kommt aber auch noch der Bevölkerungsrückgang, der Polens Reichtum stark vermindert habe. Das liege an den vielen Kriegen und den Entführungen von Polen durch tatarische Einfälle. (6)

In mehreren Kapiteln berichtet der Autor über die Ausdehnung des Landes, wobei er jeweils die einzelnen Provinzen des Landes mit den wichtigsten Städten und ihren Grenzen vorstellt. Dazu gibt er noch Informationen, unter welchen Umständen die Provinzen an das Königreich gekommen sind. (7) Dabei vermerkt er auch die Verluste, die Polen im 17. Jahrhundert erlitten hat. Dafür sucht er eine Erklärung, und er findet sie darin, daß der vormals so kriegsgewaltige Adel sich dem Prunk und dem

Wohlleben ergeben und daher seine Tapferkeit verloren und die Bedrückung der Bauern ihren Anfang genommen habe. (1)

In dem Kapitel 6 "Etat de la Pologne" (2) äußert sich de Tende auch zu der Staatsform. Er bezeichnet Polen als eine Republik, wie es auch die Polen selber täten, da der König nur Erster unter Gleichen sei. Die Polen seien so eifersüchtig auf die Erhaltung ihrer Freiheit, daß sie noch nicht einmal Grenzfestungen haben wollten aus Furcht vor einem Machtzuwachs des Königs. Diese Ansichten seien den Polen so sehr in Fleisch und Blut übergegangen, daß sie sie auch ihren Kindern immer wieder weitergäben und die üblen Folgen der ungeschützten Grenzen nicht bedächten. Denn der Staat ist von allen Seiten von Feinden umgeben. (3)

Die Republik Polen, so de Tende, besteht aus drei Ständen: dem König, dem Senat und dem Adel. Alle Gesetze, Bündnisse, Steuerauflagen, Münzprägungen und Kriegserklärungen müssen von allen Ständen gemeinsam getragen werden. Daher sind auch immer einige Senatoren um den König, um die Aufrechterhaltung der Freiheiten des Königreichs zu sichern.

Alle drei Stände stellt der Verfasser in einzelnen Kapiteln vor, in denen er ihre Rechte und Pflichten beschreibt, sowie auch im Einzelfall eine historische Entwicklung aufzeigt. (4) Die Rechte und Pflichten des Königs stellt er zuerst vor: er erwähnt den Zwang, königliche Güter verleihen zu müssen - und zwar nur an polnische Edelleute, (5) Fremde können nur ein Regiment Fußvolk kommandieren, (6) ohne dafür Dankbarkeit von Seiten des Adels zu ernten, da dieser - abgesehen davon, daß er von Natur aus undankbar sei - der Ansicht sei, daß ihm diese Ämter und Güter von Rechts wegen zustehen. (7) Der König habe das Begnadigungsrecht in Kriminalfällen - nicht in Fällen, welche die gesamte Republik angehen, die werden auf einem Reichstag verhandelt (8) - und er habe das Oberkommando über die Armee. (9) Andererseits dürfe er ohne Einwilligung des Sejm keine fremden Truppen anwerben, seiner Gemahlin keine königlichen Güter geben; ohne Einwilligung der Republik könne er weder Gesandte abfertigen, noch Botschafter empfangen, wie er auch das Königreich nicht ohne Erlaubnis verlassen dürfe. (10)

So sei der König in Polen in Wahrheit ein König der Könige, der alle Edelleute mit "mein Herr Bruder" anrede. Denn diese seien in der Tat alle so etwas wie souveräne Herren, die dem König nur solange Gehorsam schuldeten, als er seinerseits alle beschworenen Gesetze einhalte und sie in ihrer Freiheit nicht einschränke. (11) Die Senatoren dagegen, die vom König auf Lebenszeit ernannt werden, seien dazu verpflichtet, den König zu kontrollieren und ihn zur Einhaltung der beschworenen Gesetze zu ermahnen. (12) Sie seien die Mittler zwischen König und Adel und erhielten Ansehen und Autorität der Republik.(13) Die Bischöfe seien immer zugleich Senatoren und hätten den Vorrangvor den weltlichen, die de Tende im einzelnen aufzählt. (14)Ein ganzes Kapitel (15) widmet er dem Erzbischof von Gnesen, der kraft seines Amtes gleichzeitig Legat des Heiligen

Stuhles und Primas von Polen ist. Er beschreibt dessen große Autorität, seine Stellung als Interrex und das Recht, den König zu proklamieren. Er berufe die Senatoren und den Adel ein, wenn der König sich gegen die Gesetze vergangen hat. Diese große Machtfülle hätten die Polen nur einem Geistlichen anvertrauen wollen. (1) Das 11. Kapitel beschreibt den 3. Stand des Königreichs, den Adel. Hier betont de Tende noch einmal, daß Bauern nur als Sklaven, die Bürger in den Städten aber nur als Handwerker, die keine Güter besitzen dürfen, angesehen werden. Der Adel habe alle politischen Rechte: er wählt den König und gibt diesem seine Minister bei, er macht die Gesetze und bestimmt seine eigenen Pflichten; er schützt die Republik, die Gesetze und Freiheiten. Aber, so meint der Verfasser, wenn der Adel glaube, daß es im polnischen Interesse liege, mit allen Nachbarn im Frieden zu leben und mit niemandem Krieg zu führen, so betrüge er sich selbst. Denn die Erfahrung habe gelehrt, daß Polens Nachbarn nur zu gern ihre Gebiete auf Kosten der Republik erweiterten. "Car si l'on peut dire que toutes les Rêpubliques en gênêral sont envisagées de leurs voisins comme un pays qu'ils souhaitent à s'assujettir, on le peut dire encore plus particulièrement de la Pologne, tant par la manière de son gouvernement, que par la cupidité insatiable de tous ses voisins, dont les plus formidables sont les Turcs, les Tartares et les Moscovites." (2) Denn alles, was der König bei einem Einfall der Feinde machen könne, sei, daß er den gesamten Adel aufbiete (Pospolite ruszenie). Die Einstellung, möglichst Frieden zu halten, um jeden Preis, habe dazu geführt, daß Polen große Teile seines Staatsgebietes bereits verloren habe. Sie sind keine guten Politiker, das zeige sich auch in der Behandlung der Kosaken. (3)

Eigentlich, so meint de Tende, seien die Polen mit dem Gesamtadelsaufgebot unschlagbar - wenn sie diszipliniert wären und den Befehlen des Generals gehorchen würden. (4) De Tende berichtet weiter über Privilegien des Adels: es dürfen keine Einquartierungen bei ihnen vorgenommen werden und sie können nicht verhaftet werden, ohne vorher überführt worden zu sein. (5) Das gebe häufig dem Schuldigen die Gelegenheit, sich der Strafe durch Flucht zu entziehen. Außerdem hätten sie Gewalt über Leben und Tod bei ihren Bauern. Und wenn man sie frage, wie sie dieses Privileg mit dem Christentum vereinbaren könnten, so antworteten sie, daß sie zwar diese Gewalt hätten, aber nicht von ihr Gebrauch machten, ebensowenig wie sie eines ihrer Pferde oder einen Ochsen töten würden - die Bauern gälten bei ihnen nicht mehr als unvernünftiges Vieh. (6)

In mehreren Kapiteln stellt de Tende das Interregnum (Kap. 13), die Wahl des Königs (Kap. 14), die Reichstage (Kap. 15), die Wahlreichstage (Kap. 16), die Pacta Conventa (Kap. 18). die Krönung (Kap. 19) vor. Das Interregnum, so der Verfasser, bezeichneten die Polen als die günstigste Zeit, um für die Bewahrung der Freiheit zu sorgen. (7) Er beschreibt, aus welchen Gründen es zu einem Interregnum kommen kann, wobei er deren vier angibt: Tod des Königs, Abdankung, Absetzung, Flucht des

Königs. (1) Im Zusammenhang mit den Königswahlen macht de Tende deutlich, wie groß das Interesse des Adels ist, möglichst viel Geld bei dieser Gelegenheit zu erhalten. Er vermerkt ferner, daß es den Polen sehr schwer falle, einen einheimischen Fürsten zu wählen, da sie sich nicht gern jemandem unterwerfen wollten, der eigentlich nicht mehr ist als sie. Die Freiheit der Wahl des Monarchen sei allerdings oft die Ursache für Auseinandersetzungen. Der Verfasser erwähnt die Wahl Michael Wiśniowieckis, die tumultuarisch und gegen die Absichten des Primas verlaufen (2) und auch völlig - so de Tende - dem Interesse der Republik zuwider gewesen sei: Man hätte beim damaligen desolaten Zustand Polens einen tapferen und reichen Fürsten benötigt, aber "l'aveuglement des Polonois fut alors si grand qu'au lieu de ne penser uniquement qu'au salut der leur patrie ils ne penserent qu'à suivre leur emportement et à satisfaire leur caprice". (3)

Diese Launenhaftigkeit und Heftigkeit des polnischen Adels, die immer wieder dazu führen, daß das Staatsinteresse vernachlässigt wird, werden noch ergänzt durch den Eigensinn und die Käuflichkeit, welche die Gefahren für ein geordnetes Funktionieren des Staates erhöhen. (4) Über die Art und Weise, wie auf den Reichstagen gearbeitet wird, fällt de Tende ein vernichtendes Urteil: "Je diray seulement que les Polonois employent plus de tems à boire qu'à délibérer de leurs affaires. Car ils ne commencent à y travailler que lorsqu'ils commencent à manquer d'argent pour avoir du vin d'Hongrie." (5)

Der Verfasser erklärt den Lesern, wie ein Gesetz zustande kommt, (6) wie Reichs- und Landtage einberufen werden, (7) wie die Versammlungen und ein Wahlsejm ablaufen, was Pacta Conventa sind und welchen Inhalt sie haben. (8) Seine Beobachtungen über die Vorgänge im Umfeld eines Wahlsejm laufen darauf hinaus, daß die Gesandten der auswärtigen Mächte, wollen sie Erfolg haben, die polnischen Adligen mit gutem Essen und reichlich Wein traktieren müssen, um die Stimmen zu gewinnen; niemals aber dürfe man ihnen gleich alles auf einmal geben, denn dann sähen sie keine Verpflichtung mehr, für den Geber zu stimmen.(9)

In diesem Urteil über den polnischen Adel und sein Verhalten bei der Königswahl stimmt de Tende überein mit einem Landsmann, dem Grafen Chavagnac, der sich in kaiserlichen Diensten als Gesandter in Polen aufhielt und die Wahl des Herzogs von Lothringen (1669) unterstützen sollte. (10) Dieser beschreibt den kleinen Adel - der von Natur aus dem Wein verfallen sei - wie er die Gesandten der fremden Mächte "heimsucht" (accabler), um zu einem guten Mahl und ein paar Ecus zu kommen. (11) Das charakteristische Wort ist hier "importunité" - Aufdringlichkeit; der Gesandte fühlt sich von den Adligen belästigt, und die ganze Verachtung des französischen Grafen spricht aus den folgenden Sätzen, in denen er unverblümt sagt, daß man "diese Leute" zwar brauche, sie aber im übrigen nicht als wirklich anständige Männer betrachte: (12) "il falloit ménager ces gens-là, qui ont leur voix comme les plus honnêtes hommes du monde pour l'élection; il est vray qu'on les contentait à bon marché; car pourveu qu'ils eussent du vin, de la bière, du sel, du pain avec du fenoüil, ils étaient très satisfaits ..."(1) An anderen Stellen, in denen er über die verschiedenen Schritte berichtet, die er zur Unterstützung des Herzogs von Lothringen unternahm, wird ebenfalls die Bestechlichkeit des polnischen Adels deutlich, sowie auch das Intrigieren der Magnaten. (2) Aus seiner Erzählung geht klar hervor, welche große Rolle das Geld bei der Wahl spielte und wie Maria Sobieska taktierte. (3) Aus der Lektüre der Memoiren des Grafen, die natürlich nur einen kleinen Ausschnitt aus der polnischen Realität darstellen - was aus dem Auftrag des Grafen erklärlich ist - gewinnt man den Eindruck, daß ein dem Trunk und dem Geld verfallener Adel einen König wählt, der möglichst wenig in Erscheinung treten soll, um eben diese Adligen nicht zu stören.

Wesentlich umfangreicher und auch differenzierter in seinen Informationen über Polen ist der Bericht von François Paul Dalerac (auch Dallerac, Daleyrac, Allayrac) der unter dem Pseudonym Chevalier de Beaujeu seine Memoiren veröffentlichte.(4) Dieser Verfasser hat, wie auch Gaspard de Tende, enge Beziehungen zum polnischen Hof gehabt (allerdings etwas später, zur Zeit Jan Sobieskis). 1685 verlieh im der Sejm des Indigenat. (5) Sein Bericht gliedert sich in drei Bücher. Das erste Buch enthält eine allgemeine Beschreibung des Landes, wobei der Autor allerdings - wie auch in den folgenden Büchern - Abschweifungen vornimmt, wenn ihm bei bestimmten Orten ein Anlaß dazu gegeben scheint. Er beschreibt die Ausdehnung des Königreiches, versäumt dabei auch nicht, darauf hinzuweisen, daß durch ständige Kriege mit den Nachbarn oder durch den Aufstand von Untertanen, die sich zu Fürsten machten, sehr viel Staatsgebiet verlorengegangen sei. (6) Die Ukraine bezeichnet Dalerac als das verheißene Land, als das Land, wo Milch und Honig fließe; Polen sei solange unbesiegbar gewesen als es dieses Gebiet besessen habe. Die Schuld an diesem Verlust legt der Autor den polnischen Magnaten zur Last, welche die Kosaken sehr schlecht behandelten, deren Beschwerden vom König (Władysław IV.) jedesmal verworfen wurden. (7) Der Verlust der Ukraine habe zum einen alle berühmten Häuser Polens ruiniert und zum zweiten die Eroberung Podoliens durch die Türken zur Folge gehabt. (8) Auf das Aussehen der Polen geht Dalerac nur kurz ein, dagegen widmet er den Reisegewohnheiten bzw. -möglichkeiten einen längeren Abschnitt. Poststationen, öffentliche Verkehrsmittel sozusagen, existieren nicht, Straßen seien in schlechtem Zustand, es gebe keine Herbergen, man müsse alles mitbringen. Den Grund für das Fehlen solcher Reisebequemlichkeiten sieht der Verfasser im "génie Polonois": "Il faut établir une fois pour toutes, qu'il n'y a ni postes, ni chevaux de louage, ni carosses publics, ni coches, ni batteaux; ces sortes de voitures publiques sentant la maltote, selon le genie Polonois, et nuisant à la liberté, que ces Républicains estendent jusques à ne pas vouloir fortifier leurs villes, rétablir les chemins, paver les rues, parce qu'il faudroit lever un impost pour en faire la dêpence." (1)

Ähnlich wie de Tende stellt Dalerac die Verhältnisse in den "Herbergen" dar, die er "Cartchema" (karczma = Wirtshaus) nennt; in einem großen Raum befinde sich der Ofen, und hier hielten sich alle auf, Männer, Frauen, Kinder. Was den Verfasser am meisten stört, ist der Umstand, daß hier keine Unterschiede im Stand gemacht werden; das Durcheinander, der Schmutz und Gestank, die Nachbarschaft zu den Tieren seien außerordentlich lästig, und an Festtagen sei es besonders schlimm, weil dann die gesamte "canaille" sich zum Feiern in den "Cartchemas" treffe. (2) In den größeren Städten allerdings gebe es schon bessere Unterbringungsmöglichkeiten, oft von Franzosen geleitet. (3)

Da die Memoiren so angelegt sind, daß der Verfasser jeweils die Entfernung einzelner Orte voneinander angibt und dann an manchen Stellen historische oder aktuelle Ereignisse, die hier stattfanden, schildert, gibt es keinen zusammenhängenden Bericht über soziale und politische Zustände. Erst im 3. Buch erscheinen einige Kapitel, die sich im Zusammenhang mit einzelnen Besonderheiten des polnischen öffentlichen Lebens befassen; so z.B. über die Geschehnisse im Vorfeld des Feldzuges gegen die Wien belagernden Türken. (4) Die Erwähnung der Tatsache, daß Warschau eine Starostie hat - dieses im Zusammenhang mit der Beschreibung der Stadt - nimmt Dalerac zum Anlaß, den Begriff Starostie zu erklären, wobei er auf den Unterschied zwischen solchen mit und ohne Jurisdiktion hinweist. (5) Die Hauptstadt Warschau stellt er dem Leser als wenig attraktiv vor: das Schloß sei ohne architektonischen Reiz, die Stadt ein "Nest" ("un trou"), die Umgebung dagegen aber hübsch, allerdings seien die Straßen in den Vororten ungepflastert und daher im Winter geradezu Abgründe von Schmutz. (6)

Als wichtigen Ort in der Umgebung Warschaus hebt er das Wahlfeld - Koło - hervor, nicht wegen seiner schönen Lage, sondern weil sich hier die bedeutenden Szenen der Königswahl abspielen. (7) Dabei weist der Autor darauf hin, daß auch bei der Königswahl der Grundsatz des "nemine contradicente" gelte; weil aber, wenn dies wirklich durchgeführt würde, es nur noch mit Hilfe eines Wunders einen König gäbe, genüge dann im allgemeinen doch die Mehrheit der Stimmen, unter der Voraussetzung, daß der opponierende Teil des Adels nach und nach überzeugt werde, sei es durch Worte oder durch Säbel. (8)

Lublin dagegen lobt er sehr, besonders hebt er die Existenz des "Surprême Tribunal" hervor, das er als eine Art Parlament wie die französischen beschreibt, aber mit viel größeren Vollmachten. (9) Die Orte Puławy und Zamość erwähnt er ausführlicher: den ersteren deshalb, weil dort das modernste und schönste Schloß "bâti à l'Italienne" stehe, und den zweiten, weil von dieser Stadt das Haus der Fürsten Zamoyski seinen Namen führt, einer Familie, deren letztes Mitglied "estoit l'amour et les délices de la Pologne: il avoit avec un gros bien, les inclinations d'un Roy, l'ame grande, genereux, et une liberalité outrée ..." (1) Einem weiteren Magnaten, Jan Wielopolski, widmet Dalerac einen längeren Abschnitt, indem er dessen Verdienste als Großkanzler hervorhebt: "Un des plus habiles et des plus integres chanceliers qu'il y ait eu en Pologne ..." (2)

Auch andere Persönlichkeiten werden von ihm erwähnt; so die Lubomirskis und die Morsztyns; aber die größte Anerkennung gilt Jan Zamoyski; und König Jan Sobieski. Dessen Sieg bei Chocim 1673 beschreibt er ausführlich, (3) ebenso wie den Anteil des polnischen Königs bei der Abwehr der Türken vor Wien. Ihm werden Beinamen wie "Liberateur" (4) und "Sauveur" (5) gegeben; das deutsche Reich habe nur auf ihn gehofft, dreißig Fürsten hätten darauf gewartet, sich unter sein Kommando begeben zu können. (6)

Interessant ist in diesem Zusammenhang, daß Dalerac auch von dem Vorurteil des Auslands gegenüber Polen und auch seinem König berichtet. Niemand, so meint er, habe geglaubt, daß der König seine Schatztruhen für diesen Feldzug öffnen würde - wohl Anspielung auf die mangelnde Freigebigkeit Sobieskis -, niemand habe es für möglich gehalten, daß er noch in eigener Person einen Feldzug führen, bzw. überhaupt mehr als 8.000 Mann auf die Beine stellen könnte. Diese Ansicht habe Sobieskis Sieg Lügen gestraft. (7) Das Vorurteil gegen Polen sei entstanden durch die Langsamkeit, mit welcher die Geschäfte in Polen verhandelt, und den Mangel an Ordnung, mit der sie ausgeführt werden.(8)

Auch in anderer Hinsicht tritt Dalerac einer durch Zeitungen und Erzählungen weitverbreiteten Meinung entgegen: Polen sei, so werde kolportiert, ein ödes und unkultiviertes Land, in dem jedes Jahr 30 - 40.000 Leute von den einfallenden Tataren verschleppt werden. Dies sei völlig falsch; der Boden in Polen sei fruchtbar und alles Land werde bestellt, in allen Provinzen seien die Dörfer nahe beieinander gelegen, außer an der ukrainischen Grenze und in Masowien. (9) Ähnlich übertrieben seien die Meldungen über die Verschleppung durch die Tataren: dies betreffe nur die Provinz Volhynien, und auch dort habe es in fünf Jahren nur zwei Streifzüge gegeben, mit nicht mehr als 2.000 Gefangenen.

Es wäre jedoch merkwürdig, wenn nicht auch dieser Verfasser versuchen würde, typische Eigenschaften der Polen festzustellen. Die Begriffe, die Dalerac dabei am häufigsten benutzt, sind "indolence" (10) und "esprit d'ostentation et de faste". (11) Deutlich kommt dabei zum Ausdruck - wie auch schon bei de Tende -, daß die Polen keinen Wert legen auf profitable Geschäfte, sie begnügen sich damit, ihr Auskommen zu haben. (12) Sie seien sogar zu bequem, ihre Grenzen zu sichern. (13) Die Neigung zu Prunk- und Prahlsucht stellt er bei verschiedenen Gelegenheiten heraus: so bei den Auftritten des Adels anläßlich eines Sejms, bei den großen Festmählern, bei Hochzeiten und Leichenbegängnissen. Selbst der einfachste Landedelmann habe noch den Hang, seine kümmerliche Behausung als Herrenhof gelten zu lassen. (1) Dagegen bemerkt er den Niedergang in Bezug auf Großzügigkeit und Tapferkeit. (2)

In den Ansichten über die Polen ist natürlich vor allem ein Urteil über den Adel enthalten, da dieser sich als Nation betrachtet. Dalerac berichtet davon, wie es auswärtigen Mächten gelingt, mit Hilfe von willigen Landboten den Sejm mit den fadenscheinigsten Gründen zu sprengen und dabei Unterstützung zu finden, weil der Adel Angst um seine Freiheit hat: "cette pernicieuse liberté que chaque particulier doit avoir de faire valoir sa voix et son suffrage." (3) Er spricht von "cabales", wenn er die Anstrengungen Sapiehas schildert, das Bündnis mit Österreich gegen die Türken zu verhindern; dabei weist er darauf hin, daß es Grundsatz polnischer Politik, beinahe Gesetz sei, die Verbindung mit den Deutschen als für Polen unheilvoll anzusehen. Als er eine Schilderung des polnisch-schwedischen Krieges einschiebt, erzählt er auch vom Abfall der meisten Adligen, die sich Karl Gustav mit ihren Truppen anschlossen, unter ihnen - was jedoch nicht zutrifft - Stefan Czarniecki, der den Schweden Krakau auslieferte, wo diese eine Menge Silber in den Kirchen fanden, aus dem sie Münzen schlugen. Mit diesem Geld kaufte der schwedische König weitere polnische Adlige, aus denen er ein Korps von 12.000 Mann bildete. (4) Allerdings erwähnt er auch, daß Czarniecki wenig später wieder zum König zurückkehrte und dann tapfer für ihn kämpfte; dabei enthält er sich weitgehend jeglichen Urteils über diesen General, bzw. er schreibt nur: "il rentra dans son devoir ... ce général servit utilement sa patrie."(5)

Dalerac läßt es sich aber auch angelegen sein, eine etwas genauere Schilderung "de cette fameuse République" (6) zu geben. Er vergleicht Polen mit der Republik Venedig, (7) weil es eine Regierungsform hat, an welcher nur der Adel beteiligt ist. Aber im Gegensatz zu Venedig habe diese Republik einen König, vor dem der Adel das Knie beuge, um in den Genuß der Ämter und Würden zu kommen, die allein der König verteilen kann. Auch sei der Einfluß der Geistlichkeit auf die Politik in Polen viel größer. Wesentlich für das Verständnis dieser Regierungsform scheint dem Autor zu sein, daß man sich immer vergegenwärtigt, daß der Adel allein die Republik ausmacht: der Reichstag ist der Souverän, der König der Herr. Das Liberum Veto nennt er eines der schönsten Privilegien des Adels, aber auch das gefährlichste, da es von der Laune eines einzigen Adligen abhängen könne, ob ein Sejm erfolgreich sei oder nicht. Die Sitzungen, vor allem der Landtage, verliefen durchaus nicht immer in ruhigen Bahnen. Die von der Verfassung gesetzte Frist von 6 Wochen zur Beratung und zum guten Abschluß eines Reichstages habe früher immer ausgereicht, da damals noch Einigkeit und Vaterlandsliebe unter dem Adel geherrscht habe, aber, so Dalerac, heute habe sich alles verändert. Als Grund gibt er an, daß der Adel in Parteien aufgespalten sei; Reichtum und Liebe zum Luxus habe die Menschen verändert, sie zu Intrigen als Mittel der Beratung greifen lassen. So sei ein erfolgreicher Reichstag schon fast ein Wunder, denn ein Ignorant oder Betrunkener könne jeden Beschluß verhindern.

In diesem Abschnitt äußert der Verfasser indirekt seine Kritik am Verhalten des Adels, wenn er auch nur selten offen tadelt; meistens deutet er sein Mißfallen mit bestimmten Verhaltensweisen nur an. (1) Die Mitglieder der großen Familien treten mit dem gleichen Anspruch auf wie der König, und sie dienen durchaus nicht immer den Interessen der Republik, sondern haben oft nur den eigenen Vorteil im Auge, auch wenn es um die wichtigsten Dinge geht. (2)

Auf die einzelnen Institutionen bzw. Ämter der Republik geht Dalerac an verschiedenen Stellen ein. Er erwähnt das Tribunal von Lublin, (3) die Land- und Reichstage, das Amt des "maréchal" in den Versammlungen, (4) er beschreibt das Amt des Großmarschalls, des Großkanzlers, Großvizekanzlers, Großkämmerers und des Hofmarschalls. (5)

In einem längeren Abschnitt legt der Autor die Befugnisse des Großmarschalls dar: "la plus belle de toutes ces charges ... qui a plus d'autorité que le Roy mesme, estant juge Souverain de la Noblesse, faisant couper des testes, reglant la police, imposant des taxes sur les marchands ..." (6) Dieser Machtfülle stellt er die Befugnisse des Königs gegenüber: dieser ist so gebunden, daß er nur Gutes tun kann; Dalerac weist darauf hin, daß es Sobieski sehr schwergefallen sei, seiner Wahl zum König zuzustimmen, denn er vereinigte die Ämter des Großhetmans und des Großmarschalls in seiner Person; d.h., er war "maistre absolu du Royaume et de l'Armée, et plus Roy qu'il ne l'a esté ensuite." (7) Allerdings gibt Dalerac zu, daß der polnische Adel wenigstens alles tue, den äußeren Glanz der Krone gebührend erstrahlen zu lassen. Zudem merkt er an, daß der polnische König des Schutzes einer Garde nicht bedürfe, weil es ihm kraft seines Amtes unmöglich sei, jemandem zu schaden und weil das polnische Volk unendlich viel Respekt vor dem König habe. (8)

Über die polnische Armee äußert sich der Autor nicht im Zusammenhang. Einen etwas längeren Abschnitt widmet er den Konföderationen der Truppe; er versucht, dem Leser klarzumachen, was man darunter zu verstehen hat: woanders würde man diesen Vorgang eine Revolte nennen, denn die Soldaten wenden sich unter der Führung eines Offiziers gegen die Republik. In Polen diene dieses Vorgehen dazu, den ausstehenden Sold zu erhalten oder aber dazu, um einen General zu stützen, der vom König geächtet wurde. (9) Die Kriegsstärke des polnischen Heeres liege bei 48.000 Mann; niemals gebe es mehr, denn in Notzeiten steige der gesamte Adel zu Pferde; außerdem führe Polen keine Eroberungskriege, sondern nur Feldzüge zur Erhaltung der Grenzen. (10) Im Zusammenhang mit dem Feldzug gegen die Türken habe man die Mannschaftsstärke der Husaren auf 4.000 erhöht. Dalerac nennt das eine beträchtliche Zahl, wenn man die hohen Kosten dieser Truppe in Betracht ziehe, aber, so führt er gleichzeitig an, in der Blütezeit des Königreiches habe man über 20.000 Husaren verfügt. Im Zusammenhang mit der Schlacht am Kahlenberg vertritt Dalerac die Ansicht, daß der Sieg allein Sobieskis

Sieg war. (1)

Wesentlich ausführlicher als über die Armee berichtet der Autor über die Rolle der Religion/ Kirche in Polen. Als Überschrift über diesen Abschnitt könnte man den Satz wählen, mit dem er den Bericht einleitet: "toute la Pologne est Catholique jusques à la superstition." (2) Das zeige sich vor allem darin, daß die Mönche, vor allem die Jesuiten, sehr wohlhabend seien, ein Viertel der Güter des Königreiches gehöre ihnen. Das habe seinen Grund darin, daß viele Privatleute ihr Vermögen lieber den Klöstern als den rechtmäßigen Erben überschreiben. Daleracs Urteil darüber lautet: " [ils] laissent ceux-cy dans un estat abjet, pour enrichir une communauté de fainéants, pour ne pas dire des yvrognes ..." (3) Die beiden Vorwürfe der Faulenzerei und der Trunksucht der Geistlichkeit führt er im folgenden weiter aus. Inmitten dieser offenbaren Frömmigkeit lebten Klerus und Mönche in unverzeihlicher Unordnung und Zügellosigkeit. Hinzu komme noch ein niedriger Wissensstand; Dalerac führt dafür Beispiele an; unter anderem das eines Missionars, der ihm erzählt habe, daß die Gläubigen in manchen Dörfern noch nie etwas von der Heiligen Dreifaltigkeit gehört hatten. Der Autor hält es für ein ständiges Wunder der Gnade Gottes, daß trotz der großen Unwissenheit der Priester und der mangelnden Seelsorge die Reinheit des katholischen Glaubens in Polen habe bewahrt werden können. (4) Für die Sittenlosigkeit des Klerus führt er die Bischöfe als Beispiel an, die sich bedenkenlos betrinken, nie an ihre Pflicht denken, sondern nur daran, wie sie ihre Herde kräftig scheren können. (5) Auch in ihrer Kleidung sei die hohe Geistlichkeit durchaus weltlich und ihr Verhalten bei Hofbällen unterscheide sich in nichts von dem des zügellosesten Höflings. (6) Auf die für Westeuropäer erstaunliche Tatsache, daß Geistliche auch in Kriminalprozessen Urteile sprechen, weist er ebenfalls hin. (7)

Ähnlich wie de Tende (8) stellt Dalerac die Lage der polnischen Bauern dar, wobei er besonders bei den armseligen Behausungen der Landbewohner verweilt. (9) Polnische Dörfer, so der Verfasser, gleichen eher Unterkünften von Wilden oder Armeebaracken. Ebenso wie de Tende ist aber auch dieser Beobachter der Ansicht, daß es den polnischen Bauern besser gehe als den meisten Bauern der anderen Königreiche. (10) Über diesen Aspekt verbreitet sich Dalerac ausführlich und zwar in der ausgesprochenen Absicht, einem weitverbreiteten Vorurteil entgegenzutreten, nach welchem der Bauer absoluter Sklave sei. Es sei zwar richtig, daß die Einkünfte eines Herrn nach der Zahl seiner Untertanen berechnet würden; aber das geschehe wegen der Steuern und Frondienste, die er von den Bauern erhalte. Zum Unterhalt der Republik brauchten die Bauern nichts beizutragen, dafür sorgten allein die Adligen. Der Umstand, daß die Bauern an die Scholle gebunden seien, und die Tatsache, daß ein Herr die Bauern töten könne, hätte, zusammen mit der Zügellosigkeit einzelner Adliger, dazu beigetragen, das Vorurteil im Ausland entstehen zu lassen. (11)

In weitgehender Übereinstimmung mit de Tende und Dalerac befindet sich der Verfasser der von Claude Jordan herausgegebenen Beschreibung Polens. (1) Der Name des Autors wird nicht genannt, es scheint aber so, als habe er de Tendes "Relation" gekannt und auch zur Abfassung seines Berichtes mit herangezogen, denn manche Abschnitte gleichen sich bis in die Formulierungen. Das trifft z.B. zu für viele Informationen in den Kapiteln III und IV, welche er überschrieben hat: "Des Moeurs et Coutûmes des Polnois et des Lithuaniens," (2) und "De la langue et Vêtemens des peuples de Pologne, de leurs Festins, et des Cérémonies de leurs mariages, et funerailles." (3) Wörtlich übernommen sind die Beobachtungen de Tendes über die Geldliebe der Polen und ihre Anstrengungen, an Geld zu kommen, (4) über die Prunksucht, besonders der Damen, (5) aber auch über deren Tugendhaftigkeit, (6) über die Neigung zum Baden. (7) Ebenso gibt es wörtliche Übereinstimmungen bei der Beschreibung der Kleidung der Damen, (8) bei den Bräuchen anläßlich von Festmählern - (9) vor allem dem Mitbringen des eigenen Bestecks und das Schließen der Türen aus Angst vor Diebstahl - bei der Schilderung von Hochzeiten und Begräbnissen (10) und Eß- und Trinkgewohnheiten. (11) Der Autor der "Voyages" beschreibt die polnischen Adligen als sehr reisefreudig und - trotz aller Freundschaft für die Ausländer - als überzeugte Anhänger ihrer Regierungsform und ihrer Landessitten. (12)

Ebenso wie die anderen Beobachter beschreibt auch dieser Polen als ein fruchtbares und wildreiches Land mit vielen Flüssen und Seen. (13) Da nun die Macht eines Staates vor allem in den Einkünften der Krone und im Reichtum des Volkes bestehe, müsse man hier anmerken, so der Verfasser, daß Polen nur über sehr wenig Einkünfte verfüge. (14) Dabei müsse man aber berücksichtigen, daß der polnische König nicht, wie andere europäische Fürsten, die Truppen und die Hofämter bezahlen muß: die polnischen Adligen seien verpflichtet, umsonst zu dienen, so daß der König nur für seine Tafel und für seinen Marstall aufkommen müsse. Dazu genügten aber die Einkünfte aus den Hafenzöllen von Danzig, aus den Ökonomien und aus den Salinen. (15)

Über die Lage der Bauern findet man in diesem Bericht fast die gleiche Schilderung wie bei de Tende, sogar im Urteil stimmen sie überein: (16) die Bauern hielten sich nicht für unglücklich, sie hätten meistens genug zum Leben "ce que bien d'autres en Europe n'ont pas." (17) Der Adel verpachte sein Land nicht, seine Einkünfte beständen aus dem Erlös für Getreide, Vieh und Leder. Allerdings hätten die ständigen Einfälle der Türken, Tataren, Kosaken und Moskoviter den Polen viel Schaden zugefügt.

Über die Privilegien des Adels und seine Pflichten äußert sich der Verfasser in gleicher Weise wie de Tende (und Dalerac), ebenso notiert er die hohe Meinung, die diese Adligen von sich haben; (18) sowie die Eigenarten des polnischen Heerwesens. (19) Über die Rechte des Königs, die Zusammensetzung des Senats und die Autorität des Primas gibt dieser Verfasser die gleichen Informationen wie die vorhergenannten Autoren. Das gilt auch für die Schilderung der Religion und der Sitten des

Klerus. (1) Die Kirche in Polen sei außerordentlich reich, die Einkünfte vieler Klöster überträfen diejenigen einiger französischer Bistümer. (2)

Kann man bei der Betrachtung dieser Reisebeschreibung bis hierhin feststellen, daß sie im wesentlichen nur eine Wiederholung des bereits Bekannten darstellt, - mit zum Teil wörtlichen Entlehnungen - so ist der letzte Abschnitt, der sich mit den Vorgängen nach dem Tode Jan Sobieskis befaßt, nicht übernommen - jedenfalls nicht von den vorher untersuchten Autoren. Eingangs seiner Schilderung weist der Verfasser darauf hin, daß die Polen im allgemeinen keinen Piasten als König wollen "par la jalousie qu'ils ont de voir un de leurs compatriotes élevé au dessus d'eux ..." (3) Sie hätten nur wegen Sobieskis großer Verdienste diese Regel durchbrochen, wobei der Autor vergißt, daß auch der Vorgänger Jans III. ein Piast war. Dann berichtet er über die Konföderation der Armee, die sich unter dem Vorwand des rückständigen Soldes dem Kommando ihrer Generale entzogen habe. (4) Hinzu komme der Streit um die Anwesenheit der Königinwitwe in Warschau - dieser sei der Anlaß gewesen zum Zerwürfnis zwischen dem Kardinalprimas Radziejowski und dem Bischof von Kujawien, Dąbski; dies habe dann auch zu der Zwietracht geführt, die das Königreich zwei Jahre lang beherrscht habe. (5) Dem Beispiel der Kronarmee folgend, konföderierte sich auch die litauische Armee; der Verfasser nennt die Soldaten "rebelles Polonois" und "mutins de Lithuanie", (6) denen sich eine große Anzahl von Vagabunden anschloß, um bei dieser Gelegenheit von den Plündereien zu profitieren.(7) Die Eröffnung des Wahlsejms gibt ihm Anlaß, auf die Uneinigkeit der Deputierten hinzuweisen "il s'écoula un mois en disputes, avant de pouvoir seulement procéder à l'Election d'un Maréchal ..." (8) Der Autor berichtet über die Doppelwahl, bei der sich 28 Woiewodschaften für Conti und 4 für den Wettiner erklärten, und schließt den Bericht über die Proklamation Contis durch den Primas und Friedrich Augusts durch Dąbski an. Folgen dieser Doppelwahl seien dauernde Streitigkeiten zwischen den Bürgern, der drohende Ruin der Republik. Weil aber, so der Autor, diese Auseinandersetzungen und die Zerstörung schließlich auch auf die Nachbarstaaten übergreifen könnten, so daß sie gezwungen wären, in dem Streit Partei zu ergreifen, habe man versucht, durch Vermittlung die Parteien zu versöhnen. (9) Doch auch die Abreise des Prinzen Conti habe die Gemüter nicht beruhigt; neue Parteien bildeten sich in Polen und Litauen; alle verlangten sie, wie auch der Primas, die Wiederherstellung der Gesetze und Freiheiten der Nation, sowie das öffentliche Eingeständnis, daß die Partei des Sachsen die Gesetze gebrochen habe. Schließlich sei es gelungen, dank der Vermittlung des apostolischen Nuntius, Polen vor einem Bürgerkrieg zu retten. (10) Mit einer Zusammenfassung der Pacta Conventa, die August vor seiner allgemeinen Anerkennung unterschreiben mußte, beendet der Verfasser seine Darstellung. Deutlich geht aus der Schilderung um die Vorgänge bei der Wahl und die Proklamation des Königs hervor, daß der Autor das Betragen des Adels, vor allem auch des Primas tadelt.

Ebenfalls wenig neue Gesichtspunkte bietet der Bericht über eine Reise durch Deutschland und Polen von Jean-François Regnard, (1) eine Reise, die er zwar schon 1683 machte, aber deren Beschreibung erst 1731 veröffentlicht wurde. Wie die anderen Autoren auch, schildert er die Mühsal und Unbequemlichkeit der Reisen, beklagt das Fehlen von Gasthäusern (2) und die unfeinen Tischsitten, (3) schildert Beerdigungen (4) und Hochzeiten (5) und meint ebenfalls, daß die Polen alles, was sie haben, ausgeben für ein schönes Pferd, einen guten Anzug und einen großartigen Säbel. Auch Regnard betont die außerordentliche Pracht der Kirchen noch in den kleinsten und ärmlichsten Dörfern, (6) ebenso wie die strikte Beobachtung der Fasten und aller kirchlichen Vorschriften. (7) Die Polen seien außerordentlich stolz, allerdings auch höflich und bildeten sich viel auf ihren Adel ein, dabei lebe doch die Mehrzahl der Adligen in so miserablen Umständen, daß sie ihre Ländereien selber bearbeiten müßten. (8)

Von der Lage der Bauern zeichnet Regnard daher ein düsteres Bild; sie seien als Sklaven geboren, müßten 5 Tage in der Woche für den Herrn arbeiten und hätten also nur den 6. Tag für ihr eigenes Land, ein flüchtiger Bauer werde sofort getötet, die Herrschaft des Adligen erstrecke sich sowohl über Männer als auch über Frauen, er sei Herr über Leben und Tod. Das Elend der Bauern sei unbeschreiblich. (9) Diese ausgesprochen negative Schilderung wird nicht, wie bei de Tende und den anderen Schriftstellern durch einen Vergleich mit den Zuständen in anderen Ländern relativiert. Aber nicht nur das Leben der Bauern sieht der Autor weitgehend negativ: auch den Adel, vor allem den kleineren Adel, schildert er mit abfälligen Worten. Das kommt besonders in dem kurzen Abschnitt über die Einberufung des Pospolite ruszenie zum Ausdruck: " ...vous voyez toute la petite noblesse monter à cheval et se rendre à l'armée: elle y demeure tant que leurs provisions durent qui consistent en une centaine de petits fromages durs comme du bois, une tinette de beurre, et quelqu'autre chose de cette nature; et lorsque cela est consommé et qu'ils ont mangé l'argent de leurs chevaux, ils s'en retournent chez eux ..." (10) In diesem Urteil über den Kleinadel ist natürlich gleichzeitig eine Bewertung des polnischen Militärwesens enthalten: aufgrund ihrer mangelnden Organisation und geringen Truppenstärke sind die Polen überhaupt kaum in der Lage, Krieg zu führen.(11) In Friedenszeiten betrage die Stärke der Armee nur 5 - 6.000 Mann. (12)

Den unterschwelligen Gegensatz zwischen Litauern und Polen spricht Regnard ebenfalls an: der König habe nicht die gleiche Achtung für sie; außerdem befürchte man, daß sie zu den Moskovitern übergehen könnten. (13) Für die Verhandlungen im Sejm bringt der Autor auch nur wenig Verständnis auf: häufig hätten die Deputierten zuviel getrunken;und den Beschluß, kein Licht bei den Beratungen anzuzünden, interpretiert er dahingehend, daß man ihn nur deshalb gefaßt habe, um das ohnehin schon große Durcheinander noch zu verstärken. (14) Regnards Reisebeschreibung erweckt nicht den Eindruck, als habe sich der Verfasser bemüht, tiefer in die Gegebenheiten polnischen Lebens einzudringen. Mit seinem Urteil ist er schnell bei der Hand, und er verteilt Lob und Tadel durchaus vom Standpunkt des "fortschrittlichen" Franzosen, ohne genauer auf die spezifischen Bedingungen seines Reiselandes einzugehen.

Ähnlich oberflächlich ist die Beschreibung des Abbé Chappe d'Auteroche, wobei man allerdings berücksichtigen muß, daß er Polen nur durchquerte, um sein eigentliches Ziel, Tobolsk, zu erreichen. (1) Auch der Abbé ist erstaunt über das Fehlen von Gasthäusern und über die Art zu reisen, hebt aber andererseits die große Gastfreundlichkeit der Polen hervor. (2) Bei dem kurzen Aufenthalt reicht es nur zu einer allgemeinen Darstellung der auffallendsten Merkmale des Königreiches: Polen sei ziemlich volkreich; der Adel erfreue sich der größten Unabhängigkeit, die Nation werde beherrscht von den benachbarten Mächten (1761 bzw. 1768): "son Gouvernement anarchique offre un souverain sans autorité, un Etat sans defense à la merci de ceux qui voudront s'en emparer." (3) Der Leser findet hier alle Urteile und Ansichten wieder, die ihm schon vertraut sind aus den anderen Beschreibungen, wobei letztere wenigstens differenzierter urteilten. Bemerkenswert ist immerhin, daß Chappe für 1761 - dem Zeitpunkt seiner Reise - bzw. für die Zeit vor 1768 - Abfassung seines Manuskriptes - die Tatsache der Unterwerfung Polens unter die Gewalt seiner Nachbarn konstatiert. (4)

2.3.3. Polen in den Berichten zwischen 1760 und 1774

Nicht nur als Reisende, als mehr oder weniger beteiligte Zuschauer/ Beobachter der Vorgänge, sondern als aktive Teilnehmer am Geschehen stellen sich uns die Verfasser der beiden folgenden Werke dar: Beide Berichte sind in den siebziger Jahren geschrieben, beide sind Männern gewidmet, die an entscheidender Stelle politische Verantwortung trugen. Das Buch des Chevalier d'Eon de Beaumont (5) ist dem Herzog von Choiseul gewidmet; das von Thesby de Belcourt (6) dem Grafen Ogiński.(7)

Der Chevalier d'Eon überschreibt sein Werk, das aus mehreren Bänden besteht: (8) "Les loisirs du Chevalier D'Eon" (9). Der erste Band befaßt sich mit Polen "Description de la Pologne". Der Autor informiert den Leser, daß er nur eine allgemeine Vorstellung dieses Landes beabsichtige. (10) In seinen Ausführungen über die Macht des Königs, des Senats, den Adel und die Reichstage bewegt sich der Chevalier durchaus in den Bahnen der schon bekannten Autoren. (11) Interessant sind eher seine Ansichten und Urteile über bestimmte Vorgänge oder Institutionen, sowie das Kapitel XVII: "Du caractère des Polonois".(12) D'Eon zitiert in diesem Abschnitt den Abbé de Polignac, der behauptet habe, kein anderes Volk gleiche den Franzosen mehr als die Polen; dies betreffe sowohl das Äußere als auch die geistigen und moralischen Eigenschaften. Wenn sich auch der Autor diesem Urteil nicht völlig anschließen mag, so zählt er doch auf, was ihm an positiven Wesensmerkmalen aufgefallen ist - auf die Einschränkungen kommt er dann gleich zu spreche: die Polen seien lebhaft (aufgeweckt), hätten einen offenen Geist und eine leichte Auffassungsgabe; sie seien tapfer, liebenswürdig, gastfreundlich. Aber ihre Auffassungsgabe werde nicht durch eine gute Erziehung geschult, ihrer Tapferkeit ermangele es an Disziplin, ihre Gastfreundschaft sei nicht von langer Dauer und häufig auch vom Drang zum Prahlen inspiriert: ihre "inconstance (Wankelmut) naturelle" bringe sie dazu, durch schlechtes Betragen die Gäste zu entfremden; so befreiten sie sich von lästigen Pflichten.Ihre Freundschaft bleibe oberflächlich, aber auch ihre Feindschaft gehe nicht sehr tief; ihre Zeit vergehe in einem ständigen Hin und Her von Zerwürfnissen und Aussöhnungen. Diese Flexibilität mache sie zwar zu geschickten Höflingen, führe auf der anderen Seite aber dazu, daß sie Beleidigungen oder Wohltaten schnell vergäßen, so daß man auf die Dankbarkeit nicht rechnen könne, aber auch sich vor ihren Drohungen nicht zu fürchten brauche. Sie seien listig unter dem Anschein der Treuherzigkeit, die geborenen Redner in ihrer Sprache, von der Wiege an für Intrigen ausgebildet und dennoch eher fähig im Erfinden von einzelnen Maßnahmen als klarblickend in den Prinzipien der großen Politik. Ihre Verfassung gebe ihnen alle Möglichkeiten, ihr eigenes Glück zu schmieden, daher wachse ihre Begehrlichkeit von früher Jugend an; sie führten in ihren Reden dauernd das öffentliche Wohl im Munde, doch allein das Eigeninteresse leite ihr Tun. Im übrigen sei aber bei den Polen das Verlangen nach Reichtum nicht gekoppelt mit Geiz: "Jamais nation ne fut plus fastueuse ni plus dépensière". (1) D'Eon berichtet von Festen nur mittelmäßig begüterter Adliger, bei denen schon allein der Wein 7-800 Dukaten gekostet habe, ganz zu schweigen von allen anderen Unkosten und den Geschenken; denn der Adel eines ganzen Landes sei zu Gast gewesen; und den bewirte man "avec une magnificence digne de meilleures maisons souveraines"" (2); Luxus und Verschwendungssucht zeichneten die polnischen Adligen aus: ein Landbote trete mit einer Unzahl von Dienern und Equipagen auf.

Der Autor zieht die Schlußfolgerung, daß eben infolge der dauernden Vervielfältigung ihrer Bedüfnisse die Polen ständig unzufrieden seien mit ihrem Schicksal, ihrem König und ihren Wohltätern.

Am Ende dieses bemerkenswerten Portraits des polnischen Adels - denn nur ihn schildert D'Eon - versucht der Verfasser das Urteil, das der Leser sich gebildet hat, noch ein wenig zum Positiven zu beeinflussen, wenn er schreibt, daß Tugend, Offenheit, Festigkeit, Uneigennützigkeit, Großzügigkeit ohne Prahlen und Eifer für das öffentliche Wohl den Polen durchaus keine unbekannten Eigenschaften seien. Und überhaupt müsse man zugeben, daß die meisten Untugenden, die man ihnen vorwerfe, eher eine Folge ihrer Regierungsform seien als ihres Temperaments und ihres Charakters. "Celui-ci [leur caractère] les porte à une certaine douceur". (3) Er findet, daß die Tatsache, daß in 200 Jahren weniger Verbrechen geschehen seien als in zwei Jahren in zivilisierten Ländern, viel rühmlicher für die Menschen sei, wenn man davon ausgeht, daß das Fehlen wirkungsvoller Gesetze zur Zügellosigkeit herausfordere. An anderer Stelle bezeichnet er die Polen als eine "nation fougueuse en apparence, mais en effet très douce et très humaine." (1)

Über die einzelnen polnischen Institutionen teilt D'Eon dem Leser, nachdem er sie beschrieben hat, seine persönlichen Überlegungen mit: er berichtet über die tumultuarische Art, in der die Reichstagssitzungen manchmal ablaufen, lenkt aber in einem längeren Abschnitt die Aufmerksamkeit des Lesers darauf, wieviel Taktik und politische Überlegung hinter den Initiatoren einer Auseinandersetzung stehen können. (2) Im übrigen weist der Autor auch darauf hin, daß früher sowohl im Reichstag als auch in den Landtagen die Stimmenmehrheit entschied,erst in letzter Zeit werde die Einmütigkeit der Entscheidung verlangt "par la foiblesse de quelques rois et l'amour d'une liberté mal entendue ..." (3)

Die Konföderation der Armee bezeichnet er als eine Revolte, deren Folgen für das flache Land meistens schrecklich sind: Plünderungen und Kontributionen ruinieren es, ohne daß davon die Schulden weniger würden. (4) Diesen "Rokosz" nennt D'Eon übrigens "boutade sarmatique", was am besten zu übersetzen wäre mit "sarmatische Laune" (5). Dieser Ausdruck wird wohl dem Mangel an Ernsthaftigkeit, an Disziplin, den D'Eon den Polen zuschreibt, am ehesten gerecht, wobei das "sarmatique" noch das altertümliche, ja anachronistische Element betont.

Diese Beobachtung führt ihn an anderer Stelle dazu, die Ursachen für die Unfähigkeit des Staates, sich gegen die ihn umgebenden Mächte zu wehren, zu ergründen. Das tut er in dem Kapitel "De la milice et des forces militaires de la Pologne". (6) "Les Polonois faisoient autrefois trembler les Allemands, les Moscovites, les Suédois et les Tartares: aujourd'hui les choses ont changé de face, et la république se trouve foible contre le moindre de ses voisins." (7) Ursache dieser Dekadenz sei nicht ein Wandel in der Natur der Menschen, sie seien noch genau so tapfer wie früher. D'Eon meint, sechs verschiedene Gründe dafür verantwortlich machen zu können. Zum ersten habe der Machtverlust der königlichen Gewalt auch die Stärke des Staates geschwächt. Je mehr Vorrechte das "Haupt" den einzelnen "Gliedern" zugestanden habe, um so weniger seien diese bereit gewesen, ihm zu helfen. Reichstage und andere Versammlungen seien vervielfacht worden, um die Freiheit zu festigen; und während die Polen ihre Zeit mit Debatten verschwendeten, anstatt zu den Fahnen zu eilen, habe der Feind sie einzeln geschlagen und sie an das Los des Verlierers gewöhnt. (8) Zum anderen sei die Republik geschwächt worden durch die territorialen Einbußen. (9) Drittens fehle mehr und mehr das Geld, der Staatsschatz werde seit einem Jahrhundert ziemlich schlecht verwaltet, die Minen seien aufgegeben, der Handel liege fast völlig darnieder. "Enfin pour comble d'appauvrissement le luxe en Pologne est porté au dernier excès." (10) In dem Ungleichgewicht zwischen der Ein- und Ausfuhr scheint ihm eine wesentliche Ursache für den Niedergang der Republik zu liegen, denn er führt die Idee weiter aus. (1) Eben weil so wenig Geld vorhanden sei - es werde zuviel für Luxuswaren ausgegeben - stoße der Vorschlag zur Truppenverstärkung mit Hilfe einer neuen Kontribution beim Adel auf wenig Gegenliebe; bei den Magnaten nicht, weil sie nur an ihren aufwendigen Lebensstil dächten, beim Kleinadel nicht, weil er oft kaum wisse, wovon er existieren solle. Daraus resultiere viertens, daß der Adel zum großen Teil nicht mehr imstande sei, sich für den Krieg angemessen auszurüsten, und aus diesem Grunde finde die Truppenschau des Adels nicht mehr statt; auch andere Einrichtungen, die der kriegerischen Ausbildung dienten, würden vernachlässigt. Fazit des Verfassers angesichts dieser betrüblichen Bestandsaufnahme: " ... si l'on convoquoit aujourd'hui l'arrièreban, plus de la moitié de cette multitude n'offriroit qu'un ramas de gens désarmés, aussi peu capables de bien entendre le commandement d'un chef que de le bien exécuter ..." (2) Diese Verkettung von Mißständen werde 5. im Innern begünstigt durch die Eifersucht der großen Familien, die wohl wüßten, daß eine gute Ordnung die republikanische Gleichheit wiederherstellen würde, und von außen unterstützt durch die geschickte Politik der Nachbarmächte, die ihr Interesse in den chaotischen Zuständen Polens gewahrt fänden. (3) Da bleibt dem Verfasser nur die traurige Feststellung, daß die Zwietracht und die Begehrlichkeit triumphierten und die wahrhaften Patrioten über die Schande der einen und die Blindheit der anderen klagen könnten. Als letzte Ursache für den Niedergang Polens sieht D'Eon das übertriebene Festhalten an alten Bräuchen im militärischen Bereich. Während alle Nachbarstaaten die neue Art der Kriegsführung übernommen hätten, führten die Polen immer noch Krieg wie ihre Vorfahren vor 200 Jahren! (4)

Der aktuelle Stand des Militärs wird wie folgt beschrieben: der Adel diene nur in der Kavallerie - "un gentilhomme qui embrasse le métier de simple soldat est regardé parmi eux comme un désespéré ou comme un libertin"; (5) diese sei unterteilt in Husaren und Panzerreiter, die mit dem Namen "towarzysz" geehrt würden; (6) bewaffnet seien sie mit Säbel, Axt, Muskete und Pistole. Ihr Wert, so D'Eon, liege in ihrer Beweglichkeit, im Überraschungsangriff. (7) Daneben gebe es noch Dragoner - und Infanterie-Regimenter. Aber alle Truppen zusammengenommen, kämen nur 18.000 Mann für Polen u n d Litauen zusammen. Arsenale, Artillerie und Befestigungen seien ebenfalls in schlechtem Zustand, bzw. kaum vorhanden. (8) Auch das "pospolite ruszenie" sei vom allgemeinen Niedergang betroffen. (9) Nach den verschiedenen Aufstellungen, die D'Eon gesehen hat, soll das Aufgebot der Krone und Litauens aus ungefähr 250.000 Adligen und mehr als 100.000 Fantassins bestehen. Eine solche Menge tapferer Krieger müßte eigentlich wahre Wunder vollbringen, aber wegen des aufrührerischen Geistes der Adligen und des völligen Mangels an Versorgung habe die Einberufung des Adelsaufgebots meistens unangenehme Folgen. (10) Die Schwäche der Republik resultiere auch, so meint der Autor, aus einigen mangelhaften Gesetzen, (11) die den Staat in eine Art Anarchie verfallen lassen.

In seinen Ausführungen weist er auch darauf hin, welches großes Interesse die auswärtigen Mächte an jeder Königswahl haben, (1) mit welchen Mitteln sie eine Wahl in ihrem Sinne erreichen wollen, (2) und im Kapitel XV "Des Intérêts de la Pologne" (3) versucht er den Polen klarzumachen, wo ihre wirklichen Interessen liegen: nämlich sich vor der ständigen Expansionsbereitschaft der Russen zu schützen; das gehe aber nur bei einer Erhöhung der militärischen Schlagkraft und durch eine Allianz mit anderen Mächten. (4) Aber um wirklich effektive Maßnahmen zur Wiederherstellung Polens ergreifen zu können, seien vor allem zwei Voraussetzungen nötig, und diese finde man in Polen nur sehr schwer: "du concert et de l'argent." (5)

Was diesen "Reiseberichterstatter" von allen anderen unterscheidet,ist, daß er eine möglichst umfassende Erklärung für den Niedergang der Republik zu finden sucht. In seiner Aufzählung der verschiedenen Ursachen (6) hat er unserer Meinung nach die wesentlichsten genannt, ohne dabei seine wohlwollende Haltung gegenüber den Polen zu verleugnen.

Von anderer Warte, aber mit fast dem gleichen Ergebnis, berichtet Thesby de Belcourt, ein französischer Offizier in den Diensten der Konföderation von Krakau, von den Vorgängen in Polen während des Kampfes gegen die Russen. Natürlich urteilt er vor allem vom militärischen Standpunkt aus. Sein Bericht beschreibt sowohl polnische als auch russische Zustände. Der Herausgeber sagt in seiner Einleitung, welchem Zweck das Buch dienen soll: in erster Linie soll es der "auguste Souveraine de toutes les Russies" vor Augen führen, wie wenig ihre menschenfreundlichen Absichten in ihrem Lande verwirklicht werden; zweitens soll es dem Leser dazu dienen "à rectifier les fausses notions qu'en ont donnés plusieurs auteurs, surtout Mr. de Voltaire qui, ... n'en a connu du vrai que les roubles, et l'Abbé Chapt de Haute Roche [Chappe d'Auteroche] qui s'en est rapporté à ce qu'on lui a dit ..." (7) Außerdem soll der Leser über die inneren Auseinandersetzungen unterrichtet werden, welche die Republik an den Rand des Abgrunds brachten; aber der Offizier berichtet auch über das Betragen der Russen in diesem Land.

Die erste Feststellung, die Thesby über die polnische Nation macht, betrifft eine Eigenschaft, die schon von den anderen Beobachtern konstatiert wurde, einem Militär aber ganz besonders auffallen muß: "une nation ou tous voulaient commander et personne obéir." (8) Diesen Gedanken verdeutlicht er vor allem am Betragen der Konföderationsmarschälle: da fallen Begriffe wie "mésintelligence", (9) "esprit de cabale et d'amour-propre",(10) "conduite peu réfléchie". (11) Thesby de Belcourt meint sogar, daß die Konföderierten mit Erfolg militärische Operationen von Bedeutung hätten durchführen können, (12) wenn ... Und dann folgt eine ganze Reihe von Gründen, warum alle Unternehmungen, trotz unbestrittener Tapferkeit der Polen (13) erfolglos waren: es gab keinen von allen anerkannten Anführer, das Geld wurde für nutzlose Pferde statt zur Bildung einer schlagkräftigen Infanterie und der Kanoniere verwendet; sobald ein Marschall eine kleine Gruppe Kavallerie beisammen hatte, trennte er sich von den anderen "et alloit tenter quelque chose dans l'espérance de faire seul quelque coup d'éclat." (1)

Der größte Fehler der Polen sei es, daß sie es versäumt hätten, sich in der Kriegskunst weiterzubilden. (2) Diese Unkenntnis führe zu schrecklichen Folgen für die Bevölkerung: ohne Nahrung und Unterkunft fallen sie den Landleuten zur Last und machen die Straße unsicher. (3) Ogiński habe, obwohl von allen Seiten eingeschlossen, die Russen besiegen und 600 Gefangene machen können. Es habe nur noch die Vereinigung mit den Truppen Puławskis gefehlt, sie sei nicht zustande gekommen; "on n'ose dire comment", (4) Ogiński unterliegt. Schlecht ausgerüstet an Waffen, Nahrungsmitteln und Werkzeugen, schlecht geführt, unter sich uneinig, (5) können sie einem Feind nicht standhalten, der nur zum Plündern und Rauben in das Land gekommen zu sein scheint (6) und dessen Offiziere in den meisten Fällen ebenfalls unfähig sind. (7) Thesby de Belcourt kommt zu dem Schluß: "Les Polonois se sont détruits eux-mêmes." (8) Diese Gedanken wiederholt er noch einmal, nun nicht mehr vor allem aus militärischer Sicht, sondern aus allgemeiner, als er aus der Gefangenschaft in Sibirien durch Polen zurückkehrt und Stanisław II. August ein Bittgesuch für die Kriegsgefangenen in Sibirien unterbreitet. (9) Da spricht er deutlich aus: "Les Polonois doivent l'embarras actuel où ils se trouvent, et je peux dire leur perte, à leur vanité." (10) Er hofft, daß die Polen aus diesem Elend lernen werden, aus ihrer Schlaffheit, die dem Wohl des Staates so abträglich ist, sich aufraffen und Uneinigkeit und Zwietracht aus ihrem Land verbannen. Dazu bedarf es der Anstrengung; denn was er bei seiner Rückkehr nach Polen vorfindet, ist schlimm: er trifft nur Leute, die an sich denken, niemand scheint sich um das Schicksal der gefangenen Polen zu kümmern, (11) die Eigensucht ist immer noch mächtiger als das Interesse für das Wohl der Allgemeinheit, (12) die Großen unterdrücken die Kleinen, die Korruption in der Justiz nimmt zu, die Truppen sind vollkommen in Unordnung, (13) wie das ganze Staatswesen. Harte Worte findet er für die Haltung des Adels. Abgesehen von der schon erwähnten Eitelkeit und Eigensucht - die u.a. auch dazu führe, daß man seine Entourage in Unwissenheit lasse, um sie abhängiger vom Herrn zu machen - hätten sich die Adligen durch ihre Tyrannei ihre Untertanen entfremdet, so daß diese einen Wechsel wünschten, um unter eine mildere Herrschaft zu kommen. Diese Einstellung eines großen Teils der Polen hätten die Gesandten der drei Teilungsmächte geschickt ausgenutzt, um den Staat zu zerstückeln. Sie brauchten nur das Feuer der Uneinigkeit weiter zu nähren, das Stolz und Eitelkeit entzündet hätten. So seien die Teilungsmächte mit Geld und Drohungen zum Ziel gekommen. (14) Allerdings sei der Wechsel für die Bewohner dabei doch nicht so vorteilhaft gewesen: die Bauern hätten ihre alte Unfreiheit verlassen und seien in die noch größere unter russischer Herrschaft gefallen. (15) Die Adligen, die mit ihrer Freiheit paradierten, seien ihrer Rechte beraubt worden. (16) Bei aller Kritik an der polnischen Nation wird doch immer wieder das Mitgefühl (17) des Verfassers mit diesem Volk deutlich. So fällt die Bemerkung: "ces tristes rêflexions qui me navrent le coeur." (1)

Weniger freundliche Gefühle hat der Verfasser jedoch, wenn er an das Verhalten der russischen Soldaten, Offiziere und Beamten denkt. Das läßt sich natürlich zum einen aus seinem persönlichen Schicksal erklären, zum anderen aber verurteilt er das Betragen der Russen in Polen auf das Schärfste. (2) Seine Beschreibung Rußlands wird uns im folgenden noch beschäftigen, wenn wir uns der Darstellung dieses Landes zuwenden.

2.3.4. Die Adelsrepublik in einer späteren Darstellung: Vautrin (1807)

Einen kurzen Blick wollen wir noch auf einen Schriftsteller werfen, dessen Werk "L'Observateur en Pologne" zwar schon 1787 entstand, jedoch erst 1807 veröffentlicht wurde und daher einem größeren Publikum vor 1800 nicht zugänglich war. Daher wird unsere Betrachtung sich auf eine knappe Vorstellung beschränken.

Vautrin geht davon aus, daß die meisten Berichte über Polen oberflächlich seien und daß die Auffassung, Kenntnisse von dieser Nation seien in genügendem Umfange vorhanden, jeglicher Grundlage entbehre. Polen spiele im politischen wie kulturellen Bereich überhaupt keine Rolle, und seiner Existenz werde man sich nur dann bewußt, wenn innenpolitische Auseinandersetzungen die Aufmerksamkeit auf sich ziehen. (3) Das Land biete den traurigen Anblick unbebauter Felder, schlechter Verkehrswege und menschenleerer Gebiete. (4) Die schon oft erhobenen Vorwürfe an den polnischen Adel, sein luxuriöser Lebensstil führe zur Verarmung des Landes, die miserable Behandlung der Bauern zur Entvölkerung, werden wieder aufgegriffen. (5) Eine Beschreibung des elenden moralischen und körperlichen Zustandes der bäuerlichen Bevölkerung folgt. (6) In Bezug auf die Verbreitung handwerklicher Fertigkeiten und der notwendigen Bildung habe Polen von seinen westlichen Nachbarn nicht profitiert: seine momentane Situation sei der Galliens vor der Eroberung durch die Römer vergleichbar. (7) Die Erziehung der Jugend werde völlig vernachlässigt; die Eltern gäben ihren Kindern das Beispiel von Egoismus, Prunkliebe und Herrschsucht; ein junger Pole kenne weder die Rechte noch die Pflichten eines Bürgers. (8)

Die Beschreibung der militärischen Schlagkraft Polens gleicht im großen und ganzen dem, was schon Jahrzehnte zuvor beobachtet wurde: persönliche Tapferkeit und Bedürfnislosigkeit vereint mit dem größten Mangel an Disziplin. Die Beschränkung der königlichen Autorität habe auch zum Niedergang des pospolite ruszenie geführt. (9) Ein kultureller Aufschwung sei erst unter den Königen aus dem sächsischen Hause erfolgt; bis in das 18. Jahrhundert hätten die Polen keine Künstler und Wissenschaftler gehabt. Allerdings hätten die Wettiner auch die Neigung zum Luxus in solchem Maße verstärkt, daß der Ruin des Landes die Folge war. (10)

Polen und Russen könne man kaum unterscheiden, die Nuancen zwischen ihnen seien unmerklich. Hauptkennzeichen des Verhaltens eines Polen sei der Hochmut gegenüber Untergebenen und die Unterwürfigkeit gegenüber Höherstehenden. Undankbarkeit, Egoismus, Eifersucht und Neid seien die hervorstechendsten Charakterzüge; daher rührten auch die vielen Konflikte zwischen den großen Familien. (1)

Während der Interregna und der Konföderation zeigten sich die Fehler der Polen besonders deutlich: den wildesten Leidenschaften sei Tor und Tür geöffnet, das Recht des Stärkeren gelte. (2) So sei auch die Konföderation von Bar an ihrer Uneinigkeit, an mangelnder Disziplin, am Fehlen eines allgemein verbindlichen Zieles gescheitert. (3)

Vautrin schließt sein kritisches Werk über die Adelsrepublik mit einer Betrachtung ihrer Verfassung (4) und mit einem kurzen Hinweis auf die Rolle der Russen in diesem Land. Die russischen Herrscher hätten die Anarchie unterstützt, und der polnische Adel habe durch sein Verhalten den Vorwand zum Eingreifen der fremden Truppen geliefert. (5) Im übrigen habe die russische Kaiserin durch ihre Garantie der Verfassung eine Möglichkeit zum Eingreifen. (6)

Nachdem von diesem Verfasser eine enge Verflechtung polnischer und russischer Geschichte aufgezeigt, sogar eine fast völlige Identität der Charaktere beider Nationen behauptet wurde, wollen wir uns nun den Darstellungen zuwenden, in denen Moskovien/Rußland vorgestellt wird.

2.3.5. Rußland in den älteren Reisebeschreibungen

Einer der ersten französischen Reisenden, die über Moskovien berichtet haben, ist der Jesuitenpater Philippe Avril. Er kam zweimal nach Moskau (1686 und 1688), einmal von Astrachen aus und einmal über Warschau. Die "Voyage de Moscovie" ist das 4. Buch der Sammlung: "Voyage en divers Etats d'Europe et D'Asie Entrepris pour decouvrir un nouveau chemin à la Chine." (7) Der Pater hatte mit großen Schwierigkeiten zu kämpfen, um überhaupt eine Einreiseerlaubnis nach Moskovien zu erhalten. Ähnlich wie später Foy de Neuville beschreibt er den Fürsten Golicyn als gebildetsten Mann des ganzen Hofes in Moskau, der die Fremden, besonders Franzosen, gern mochte. (8) Trotzdem verbot er ihnen die Weiterreise. (9) Das hing unter anderem mit dem ungünstigen Empfang zusammen, den die russischen Botschafter in Frankreich erhalten hatten, einen Empfang, den sie sich wegen ihres schlechten Betragens selbst zuzuschreiben hatten. So hatten die Jesuiten darunter zu leiden, denn die Moskoviter seien gewöhnt, alles ihrem Ressentiment zu opfern. (10) Sie gewährten nur dann etwas, vor allem Ausländern, wenn Gewalt oder das Eigeninteresse ihnen eine Ablehnung nicht ratsam erscheinen lassen. (11) Avril bemerkt auch die Empfindlichkeit der Zaren bezüglich ihrer Titel und meint, kein Volk sei förmlicher als das moskovitische. (12)

Auch er macht einige Bemerkungen bezüglich des Charakters dieses Volkes: sie seien unfähig zu jeglicher regelmäßigen, wissenschaftlichen Beobachtung, wollten aber nicht, daß irgendein fähiger Mathematiker diese Aufgaben übernehme. (1)

In der Karnevalszeit kämen alle Laster ungehindert zum Ausbruch, Mord und Totschlag, die schlimmsten Ausschweifungen seien an der Tagesordnung, (2) alles bleibe unbestraft. (3) Das Volk zeige durch die Anzahl der Morde an, ob es gut oder schlecht vom vergangenen Jahr denke. (4) Als Jesuit vermerkt der Pater den Haß der Russen auf die katholische Kirche besonders, wie übrigens auch die Unwissenheit der Geistlichkeit. (5) Der mangelnde Missionseifer der griechisch-orthodoxen Kirche verwundert ihn; (6) er meint, die Moskoviter betrachteten die Religion nur als ein Mittel, um in der Politik Erfolg haben zu können. Avril weist darauf hin, daß der Zar ausländische Offiziere brauche, da seine eigenen Leute unfähig seien. Allerdings sei die Befragung der dienstwilligen Ausländer außerordentlich streng. (7) Der Pater erwähnt Peter I. nur kurz anläßlich seiner Hochzeit mit Eudoxie (8) und merkt an, daß der Zar an der Fallsucht leide, einer in der Familie Romanov erblichen Krankheit. (9) Im übrigen lobt Avril den Anblick der Stadt Moskau - "quand on la regarde de loin" - als einen der schönsten überhaupt. (10) Häufig geht der Pater auf die Polen ein, rühmt ihren König (Jan Sobieski) - "un prince des plus curieux et des plus éclairez qu'il ait en Europe" (11) und die Unterstützung, die er hier für sein Missionswerk erhält. Den Gegensatz zwischen Polen und Moskovitern - er nennt ihn "antipathie naturelle qui regne de tous-temps entre les Polonois et les Moscovites"-(12)unterstreicht er besonders.

Ebenso wie Avril, Thesby de Belcourt und D'Eon haben sich auch andere Schriftsteller mit beiden Staaten beschäftigt. Bei de Tende und Dalerac finden sich nur wenige Stellen, (13) dagegen enthält Claude Jordans Sammlung einen Bericht über Rußland. Diesem wollen wir uns nun zuwenden.

Der Band VII, der die Beschreibung Moskoviens von Mr. de B.F. enthält, ist überschrieben: "Qui comprend tout ce qu'il y a de plus curieux dans la Moscovie" und ist 1698 in Den Haag erschienen. (14) In einem Hinweis an den Leser macht der Verfasser darauf aufmerksam, daß sich die Sitten und Gebräuche der Moskoviter von denen aller anderen Völker Europas stark unterscheiden (15) und beginnt seinen eigentlichen Bericht mit der für französische Leser erstaunlichen Feststellung: "le Royaume des Russes est plus ancien que celui des Polonois," (16) führt diesen Gedanken aber nicht weiter aus.

Im zweiten Kapitel beschreibt der Autor die Eigenschaften des Landes, dem es bei seiner großen Ausdehnung vor allem an Einwohnern fehle.(17) Die Kapitel III, IV und VIII befassen sich mit den Bräuchen der Moskoviter, mit Kleidung und Sprache, ihren Lebensumständen überhaupt. (18) Bei der Beschreibung der äußeren Erscheinung hebt der Autor die auffallenden Merkmale hervor: die Beleibtheit der Männer (1) und ihre langen Bärte. (2) Sie seien von mittlerer Größe, robust, ausdauernd, lebten oft nur von Brot und Wasser und schliefen auf der Erde. Die Säuglinge werden schon nach zwei Monaten entwöhnt; man härte sie früh ab; dies, so der Verfasser, trage nicht wenig zur Widerstandsfähigkeit des Volkes bei. Im übrigen nennt der Autor eine ganze Reihe negativer Eigenschaften, die den Moskovitern zugeschrieben werden: sie seien von Natur aus grausam, listig, unhöflich, frech, gewalttätig, eigensinnig, dünkelhaft und blutrünstig. (3) Sie seien Wüstlinge und Spitzbuben und außerdem so faul, daß der Müßiggang ihnen angeboren zu sein scheine. Sie betrügen geschickt beim Handel, und was in anderen Ländern als Laster gelte, hielten sie für Gewandtheit. (4) Ferner bemerkt der Autor die außerordentliche Neigung der Moskoviter zur Trunksucht. (5) Er beschreibt die Lebensführung dieses Volkes als völlig liederlich; das führt er auf die schlechte Erziehung zurück: "La mauvaise éducation de la jeunesse, à laquelle on montre à peine à lire et à écrire fait qu'ils suivent aveuglément l'instinct de la nature, qui d'ellemême étant dépravée et corrumpue, leur vie ne peut être qu'un dérèglement continuel: leurs conversations ne roulent que sur les sottises [...], ils s'abandonnent à toutes sortes de dissolutions, commettent des péchez contre nature, non seulement de mâle à mâle, mais encore avec des bêtes brutes." (6) Die Unzucht sei außerordentlich weit verbreitet, und Raub und Überfälle sowohl auf dem Lande als auch in der Stadt seien an der Tagesordnung. (7) Die Verkehrsmittel seien sehr schlecht, Musik und Tanz kaum erträglich und ein großer Teil des Nachmittags werde mit Schlafen verbracht, so daß man kaum offene Geschäfte finde. Ihre Musik wird mit Oboen und Dudelsäcken gemacht, und ihre Tänze sind lächerlicher als die dressierter Bären. (8)

Der Mangel an Bildung fällt dem Autor besonders auf: es gebe keine Kollegien und keine Universitäten; niemand dürfe gelehrter sein als der Großfürst. (9) Gedruckte Bücher seien nicht vorhanden, im ganzen Reich gebe es nur eine einzige Druckerei; diese drucke ausschließlich für den Gebrauch des Herrschers. Die Moskoviter sprechen keine Fremdsprachen, "pas même la Grecque ni la Latine," (10) Ärzte und Apotheker finde man nicht in Moskovien. (11) Der Autor erwähnt die vom Westen abweichende Zeitrechnung - Jahresbeginn am 1. September, Zählung seit der Erschaffung der Welt - wobei er darauf hinweist, daß die Moskoviter für die Richtigkeit dieser Zeitrechnung keine Belege anführen könnten - weder Autoren noch Vernunftgründe. (12) Natürlich widmet der Verfasser der Religion und den damit verbundenen Zeremonien und Gebräuchen längere Abschnitte. (13) Er berichtet davon, daß die Moskoviter glauben, St. Andreas habe ihnen das Christentum gebracht, und sie verehren St. Nikolaus als ihren Schutzheiligen, den sie Wundertäter nennen. (14)

In Moskovien sei ein Patriarch das Oberhaupt der Kirche; dieser hänge nicht mehr wie früher von dem byzantinischen Patriarchen ab. Gewählt werde er von der hohen Geistlichkeit, und seine Wahl werde dem Zar angezeigt, da dieser sein Einverständnis erklären müsse. Stimme der Zar nicht zu, finde eine neue Wahl statt. Den Priestern sei es erlaubt zu heiraten, allerdings nur einmal. Die Moskoviter hegten eine außerordentliche Verehrung für ihre Heiligenbilder, in jedem Haus sei eines vorhanden. Lutheranern, Calvinisten, Türken und Tataren sei freie Ausübung ihrer Religion zugesagt, nicht aber den Juden und Katholiken. Die Russen betrachteten die anderen Christen als Heiden und Götzendiener und glaubten, daß deren bloße Gegenwart sie schon beflecke. Daher wasche sich auch der Großfürst jedesmal die Hände, sobald die ausländischen Botschafter, die nicht orthodoxen Glaubens sind, den Saal verlassen haben. Der Autor berichtet über den Brauch der Wassersegnung und der Prozession am Palmsonntag, bei welchem der Patriarch auf einem Eselsfüllen reite, das der Großfürst am Zügel führe. Im Anschluß daran schildert er ausführlich die Zeremonien bei Taufen, (1) Hochzeiten (2) und Begräbnissen. (3) Bei der Taufe hebt er hervor, daß dem Neugeborenen der Teufel ausgetrieben werde, ihm die Haare in Form eines Kreuzes geschnitten würden und es dann ganz nackt in das Taufbecken getaucht wird. Handele es sich um mehrere Taufen, werde das Wasser jedesmal erneuert, weil es durch die Erbsünde des vorherigen Täuflings verunreinigt sei. Das Kind erhalte bei dieser Zeremonie ein Kreuz, das es sein ganzes Leben lang tragen müsse.

Bei den Hochzeitsbräuchen (4) weist der Autor zu Anfang darauf hin, daß trotz der weitverbreiteten Unzucht die Ehe bei den Moskovitern in Ansehen stehe, auch die Polygamie nicht erlaubt sei. Die Verbindung werde von den Eltern beschlossen, und der in Aussicht genommene Bräutigam bekomme seine Braut vor der Hochzeit nicht zu Gesicht - die jungen Mädchen würden in dem entlegensten Zimmer des Hauses eingeschlossen. (5) Das führe oft zu unglücklichen Ehen. Nach der Hochzeit träten die Frauen nicht mehr an die Öffentlichkeit, außer zum Kirchgang oder wenn der Ehemann es ihnen befehle. Diese Lebensweise erscheine den Frauen nicht als hart, da sie von Kindheit an daran gewöhnt seien.

Den Bräuchen bei einem Begräbnis steht der Verfasser ziemlich verständnislos gegenüber: er bezeichnet sie als "extravagances", (6) als er schildert, wie die Verwandten und Freunde den Verstorbenen fragen, warum er gestorben sei, ob es ihm an verschiedenen Dingen gemangelt habe. Dann fingen sie an zu weinen "ou pour mieux dire à beugler et heurler comme des bêtes." (7) Die Moskoviter glaubten zwar nicht an das Fegefeuer, aber sie seien der Ansicht, daß die Gebete der Priester den Verstorbenen den Weg ins Paradies wiesen und der Zorn Gottes durch sie besänftigt werde. Auch dieser Autor berichtet von einem Paß, den der Priester dem Verstorbenen mitgebe und der von ihm und einem Notar - oder einer anderen Amtsperson - unterschrieben wurde.(8)

Die übrigen Kapitel des Buches handeln vom moskovitischen Staat, von den Vorgängen nach dem Tod Fedors (1682) bis zum Ende der Regentschaft Sofijas, (9) einige Bemerkungen über die Zeit der Wirren schließen sich an. (10) Der Verfasser behauptet, daß

Moskovien reichlich Gold und Silber besitze; beides erhalte es nicht aus Minen, von denen es nur wenig gäbe, sondern alles, was in das Land hereinkomme, bleibe auch darin und werde niemals ausgegeben. Die Moskoviter selber zahlten nur mit den Waren ihres Landes: Pelzen, Leder, Honig, Wachs, Flachs, Hanf, Talg. Wenn auch der Großfürst nicht mehr als 22 Millionen Livres haben soll, (1) so ist doch sicher, meint der Autor, daß seine Schätze als die beträchtlichsten in ganz Europa gelten. Die Einkünfte setzten sich zusammen aus der Taille, die alle seine Untertanen zahlten, aus den ungeheuren Gewinnen, die er aus dem Verkauf von Getränken in den Gasthäusern erziele, aus den Hafeneinnahmen in Archangelsk, aus dem Fünftel aller Waren im Lande und aus dem Zehnten der Justizeinkünfte. Über alles Land seines Reiches sei der Großfürst absoluter Herr; er ziehe die Güter ein, wenn keine Nachkommen vorhanden sind; seine Waren müßten zuerst verkauft werden, ehe die anderen Kaufleute mit dem Verkauf beginnen dürften; alle Geschenke, welche seine Gesandten im Ausland erhielten, gehörten ihm. Der Großfürst brauche nicht viel Geld für seine Truppen auszugeben, da alle Bojaren ohne Ausnahme zum Dienst verpflichtet seien. 400.000 Mann, vor allem Reiter, könne der Herrscher innerhalb eines Monats aufstellen. (2)

Aber die Moskoviter seien eher geeignet, einen Platz zu verteidigen als eine Belagerung durchzuführen. Nach einer verlorenen Schlacht würden die Hauptleute mit Peitschenschlägen bestraft, die anderen Offiziere mit Konfiskation ihrer Güter. Im übrigen seien die Moskoviter so feige, daß sie nur dann eine Schlacht lieferten, wenn sie in der vier- bis fünffachen Übermacht seien; trotz dieser Überlegenheit ergriffen sie sofort die Flucht, wenn keine Aussicht auf Sieg bestehe. In ihren Schlachten herrsche gänzliche Verwirrung, sie beachteten keine Ordnung. Am meisten fürchteten sie die Tataren und die Schweden.

Auch dieser Autor betont die außerordentliche Machtfülle des Zaren; (3) er meint, daß diese Art der Regierung dem Wesen und der Natur der Moskoviter bestens entspreche; eine Natur, die unfähig sei, die Freiheit zu ertragen, die sie überhaupt nicht kennen. (4) Der Fürst behandele alle wie Sklaven, sogar die Prinzen aus seinem Haus. Basis dieser enormen Macht seien drei Maximen - es sind die schon oft erwähnten des Reiseverbots,(5) der Unwissenheit und Eheschließung der Zaren nur mit moskovitischen Frauen. Die Macht des Großfürsten erstrecke sich sowohl auf geistliche als auch auf weltliche Dinge, sein Wille sei das einzige Gesetz für seine Untertanen. (6) Nur kurz nennt der Autor die verschiedenen staatlichen Behörden und weist darauf hin, daß alle Beratungen nur nachts stattfinden. (7)

Von der alten Geschichte Moskoviens wisse man nur wenig, sagt der Verfasser. Immerhin gibt er als Jahr der Taufe Vladimirs 988 an, erwähnt auch die Ehe dieses Fürsten mit der Schwester der byzantischen Kaiser. Er erwähnt die Tatarenherrschaft mit den erniedrigenden Huldigungen durch die Russen, Ivan III. als Befreier vom Tatarenjoch, Ivan IV. - "surnommé le Tiran" - (8) Władysław von Polen, der vom Volk verjagt wurde, die Wahl

Michael Romanovs, Aleksej und dessen Sohn Aleksej II., (1) der 1676 den Thron bestieg. Bei seinem Tode hinterließ dieser zwei Söhne und eine Tochter in unmündigem Alter, was erhebliche Unordnung verursachte. (2)

Von den Vorgängen in der Zeit vom Tode Fedors bis zum Sturz der Zarevna Sofija gibt der Autor nur eine ungenaue und verworrene Darstellung, was unter anderem daran liegt, daß er sich nicht im klaren ist über die Beziehung der Personen untereinander und über die zeitlichen Abläufe nicht korrekt informiert ist. So nimmt er an, daß alle drei Geschwister noch unmündig waren und Fürst Golicyn die Vormundschaft über sie hatte und allein regierte, daß er Sofija mit seinem Sohn verheiraten wollte und schließlich diese dazu anstiftete, Ivan gegen seinen Bruder aufzuhetzen, Peter schließlich zu beseitigen und, nachdem Ivan entthront worden war, Golicyns Sohn (verheiratet mit Sofija) zum Zaren zu machen. Peter habe (3) von der Verschwörung seines Bruders erfahren, die Kreaturen seines Bruders hinrichten und seine Schwester in ein Kloster einschließen lassen, Golicyn sei verbannt worden und seine Güter konfisziert. Sein Bruder sei nur mit einigen Vorwürfen bedacht worden.

Eine kurze Charakteristik Peters folgt: Der Kaiser habe eine kriegerische Seele, finde großes Gefallen an militärischen Übungen; oft veranstalte er zu seinem Vergnügen Kämpfe zwischen den Soldaten und den kräftigsten jungen Männern, wobei es nicht ohne Blutvergießen abgehe. Er sei nach deutscher oder ungarischer Mode gekleidet, da er die Kleidung seines Landes nicht schätze. (4) Im übrigen habe die Unordnung am Hofe dazu geführt, daß seit 6 Jahren das Land von Plünderungen und Raubüberfällen heimgesucht werde.

Dieses wenig positive Bild von Moskovien, das überdies auch noch die einem Franzosen schwer verständlichen Züge des russischen Charakters und Landes hervorhebt, war gewiß nicht dazu geeignet, Sympathien zu erwecken. Allerdings scheint der Verfasser nicht selber in Moskovien gewesen zu sein, oft erinnern seine Urteile und Informationen an ältere Darstellungen. (5) Die Quellen, aus denen er sein Wissen geschöpft hat, gibt er nicht an.

Von dem Verfasser des nun zu untersuchenden Berichtes weiß man dagegen mit Bestimmtheit, daß er in Moskau gewesen ist, und zwar zur Zeit der Entmachtung Sofijas. Es ist Foy de la Neuville, dessen "Relation curieuse et nouvelle de Moscovie" (6) eine Schilderung der Ereignisse im Sommer 1689 enthält. (7) Der eigentliche Reisebericht beruht auf in Moskau angefertigten Notizen, die Abschnitte über die innerrussische Entwicklung (1682 - 1687), über die beiden Krimfeldzüge und den Umsturz im September 1689 wurden an Ort und Stelle mindestens konzipiert. Die beiden letzten Kapitel über den gegenwärtigen Zustand und Sitten und Religion schrieb Neuville erst Anfang 1691 (8) in Frankreich.

In dem eigentlichen Reisebericht fällt die überaus positive Darstellung des Fürsten V.V. Golicyn auf. Neuville glaubt am Hofe eines italienischen Fürsten zu sein, die Unterhaltung wird in italienischer Sprache geführt und bezieht sich auf die Ereignisse in Europa. Er habe allein mehr Geist als ganz Moskovien zusammen. (1) Durch den Umschwung am Hofe fällt der Fürst in Ungnade, das Durcheinander und die Unsicherheit, die dem Umsturz folgen, sind unbeschreiblich. (2) Da Neuvilles Stellung in Moskau sehr schwierig ist, möchte er möglichst schnell das Land verlassen und will auch auf eine Audienz beim Zaren verzichten. (3) Den Charakter der Moskoviter kennzeichnet er folgendermaßen: sie wissen nicht, was Höflichkeit und Anstand sind; man darf sie nicht bitten, wenn man etwas erreichen will, denn für Bitten haben die Moskoviter nur Verachtung übrig. (4) Die Zarevna beschreibt er als "ambitieuse et courageuse audelà de son sexe". (5) Ihr Äußeres schildert er sehr unvorteilhaft - aber ihr Geist sei durchdringend und sie kenne alle Schliche Macchiavellis, ohne ihn jemals gelesen zu haben. (6) Für die Familie, der Peters Mutter entstammt, hat er nur Verachtung übrig; er nennt sie "ignorans et sauvages" und "ces brutaux", die alles zerstören, was "ce grand homme" [Golicyn] zum Vorteil und Ruhm der Nation begonnen hatte. Anscheinend wollten sie den Moskovitern nur das schlichte Lesen und Schreiben gestatten und nicht mehr. (7) Auch über Peter äußert sich Neuville. Nachdem er schon an anderer Stelle festgestellt hat, daß die Fallsucht im Hause Romanov erblich sei, (8) schildert er Peters äußere Erscheinung und seine Beschäftigungen: er vergnüge sich damit, seine Kameraden aufeinander schießen zu lassen, meistens schlügen sie sich zu seiner Belustigung nieder; im Winter lasse er die dicksten Herren über das Eis fahren, wobei sie oft einbrechen. Außerdem läute er gern die große Glocke, aber am liebsten schaue er Feuersbrünsten zu, die in Moskau sehr häufig sind. (9) Die Lebhaftigkeit seines Geistes ließe Großes von seiner Regierung erwarten, wenn er gut geführt wäre. (10)

Diese nicht sehr vorteilhafte Beschreibung des Zaren und seiner Umgebung findet ihre Egänzung in der Schilderung des russischen Charakters und der Gebräuche der Moskoviter, sowie ihrer religiösen Überzeugungen. Sie seien Barbaren, mißtrauisch, argwöhnisch, grausam, geizig, gefräßig, armselig, feige und alle Sklaven - außer drei ausländischen Familien -. Sie seien gewöhnlich, brutal und schmutzig, trotz der vielen Bäder. Ohne die Hilfe der Deutschen würden sie nichts zustande bringen. Vor Beginn der Fastenzeit feierten sie den Karneval, dabei herrsche ein unbeschreibliches Durcheinander. Sie schlügen sich wie wilde Tiere und betränken sich mit Branntwein und verlören das bißchen Verstand, das sie von Natur aus haben. Der beste Freund töte seinen Kameraden, wenn er ihm eine Kopeke stehlen könne. Gegen diese Zustände werde nichts unternommen, die Soldaten seien genauso schlimm, und keiner wundere sich, jeden Tag Ermordete auf den Straßen zu finden. (11)

Das moskovitische Heer schildert er sehr unvorteilhaft; er beschreibt es als "une multitude de Païsans, mêchans soldats et peu aguêris", mit dem man keine größeren Aktionen unternehmen könne. (12) Die leichten Truppen, welche die Vorhut bilden, könne man als "enfans perdus" (1) bezeichnen, und die Haupteigenschaft der moskovitischen Generäle sei ihre Unfähigkeit im Kriege. (2) Diese wenig schmeichelhafte Darstellung wird noch ergänzt durch eine ebenso unfreundliche über die moskovitische Priesterschaft (3) und ihren Glauben, sowie eine Zusammenfassung der Ereignisse im Mai 1682, wobei er die Exzesse der Strelitzen "espèce de Milice comme les Janissaires de la Porte" schildert. (4)

2.3.6. Das russische Reich in den Berichten 1768 - 1795

Dieser wenig vorteilhafte Bericht über Moskovien ist sicher durch die persönliche Erfahrung des Verfassers beeinflußt worden - aber auch die um 70 Jahre später erschienene Beschreibung des Abbé Chappe d'Auteroche hinterläßt beim Leser keinen wesentlich günstigeren Eindruck von Rußland. (5)

In seiner Einleitung begründet Chappe, warum er den Bericht geschrieben hat: habe man bis zu Beginn dieses Jahrhunderts kaum davon Kenntnis gehabt, daß in den kalten Landstrichen ein unwissendes und grobes Volk lebe, so lasse der Einfluß, den Rußland nunmehr auf das politische System Europas nehme, es doch von Vorteil erscheinen, Land und Leute besser zu kennen. (6) Chappe hielt sich insgesamt 15 Monate in Rußland auf, 7 davon in Petersburg. Sein Buch enthält sowohl Beschreibungen von Land und Leuten, vom Wesen des russischen Volkes und von seiner Regierung, als auch Reflexionen über die Staatsform und eine kurze Würdigung der Herrscher.

In der Darstellung des russischen Volkes findet der Leser die gleichen Charakteristika wieder wie in den anderen Berichten: Ausschweifungen und Trunksucht (7) sind die immer wiederholten, hervorstechendsten Merkmale. Chappe meint sogar, gute Sitten seien bei den Russen seltener als bei ihren heidnischen Nachbarn. (8) Die Russen kennen kein anderes gesellschaftliches Vergnügen als das Trinken, (9) allerdings nimmt der Abbé die Frauen davon aus. Er ist der Ansicht, daß überhaupt kein gesellschaftliches Leben in Rußland entstehen könne, solange die Frauen dort nicht geachtet würden. (10) Ohne sie könne man keine Gesellschaft im westlichen Sinne formen, ebenso nicht, wenn, wie in Rußland, die politische Freiheit fehle. Jeder habe Angst vor dem anderen: Mißtrauen, Falschheit, Verrat rühren daher. Freundschaft sei ein in Rußland unbekanntes Gefühl, denn sie setze Mitgefühl, Empfindsamkeit voraus. Daher habe trotz Peters Bemühungen die Verbreitung westlicher Sitten hier keinen Fortschritt gemacht; unter einer despotischen Regierung sei das auch nicht möglich. (11)

Das Volk - die russischen Bauern - sei schlecht ernährt, faul, niederträchtig und unglaublich feige. Dabei seien sie doch aber schlau und listig. Sie hätten eine ungewöhnliche Geschicklichkeit zum Diebstahl. Sie seien völlig ohne moralische Prinzipien; sie hätten größere Angst, gegen die Fastengebote zu verstoßen, als einen Menschen - vor allem einen Fremden - zu töten. (1) Chappe vergleicht den polnischen Bauern mit dem russischen, und das Urteil fällt völlig zuungunsten des Russen aus - aber die Schuld an diesem Zustand der Bauern schreibt er dem Regierungssystem zu: Der Pole sei zwar dumm, aber er habe gute Sitten und bearbeite die Felder, um seine Bedürfnisse zu befriedigen und sich an den Annehmlichkeiten des Lebens zu erfreuen, ohne zu verbrecherischen Mitteln greifen zu müssen. Der Russe sei schlau, aber da er nichts besitze, wolle er nur genießen; das könne er aber nur mit unredlichen Mitteln. Jegliches humanes Empfinden sei zerstört: "l'homme est en Russie une denrée de commerce ..." (2) Diesen Menschen ergehe es schlimmer als den Tieren. So werden die Grundsätze der Menschlichkeit und des Gefühls zerstört, sogar die Bindung innerhalb der Familie leide darunter. (3) Noch nicht einmal richtig feiern können die Bauern: während sich in anderen Ländern die Landleute an Festtagen versammeln, von ihren Problemen sprechen und die Jugend zu den Klängen einer Geige tanzt, arten die Feiern in Rußland in Trinken und Unzucht aus; oder aber sie tun überhaupt nichts, denn Müßiggang ist ihr größtes Vergnügen, nach dem Branntwein und den Frauen. (4) Der Abbé meint festgestellt zu haben, daß die Pocken, Geschlechtskrankheiten und der Skorbut Rußland entvölkern würden, wenn nicht sofortige Abhilfe geschaffen werde. Ebenso führe die Ausbeutung der Minen zum Bevölkerungsschwund, (5) sowie auch die Eroberung Sibiriens, weil täglich viele Einwohner dorthin geschickt würden. Das Urteil über den Adel des Landes fällt nicht besser aus: "rampante vis-à-vis du Despote, de ses Supérieurs, et de tous ceux dont elle croit avoir besoin, elle traite avec la plus grande dureté ceux sur lesquels elle peut avoir des droits, ou qui n'ont pas la force de lui résister." (6)

Ein Satz stellt diesem Adel den polnischen gegenüber: der polnische Adlige ist frei, er kann in jedem Fall ungestraft die Tugend üben. (7) In Rußland gebe der geknechtete Adel (8) den Druck an das Volk weiter. Die Adligen wagten sich dem Thron nur zitternd zu nähern, sie ständen immer unter der Drohung, nach Sibirien exiliert zu werden oder das gesamte Hab und Gut zu verlieren. (9) Die Angst und das Mißtrauen, sowie das absolute Schweigen in Bezug auf die Regierung und den Herrscher in Rußland rührten daher, daß jeder Untertan ohne Unterschied einen Mitbürger denunzieren und ihn damit vor die geheime Staatskanzlei bringen könne. Chappes Urteil: Diesem Tribunal, das aus vom Herrscher ausgewählten Ministern besteht, sind alle auf Gnade und Ungnade ausgeliefert; diese Rechtssprechung ist verachtenswert, die Richter sind Helfershelfer der Tyrannei. (10) Mit der Kirche stehe es nicht besser: "L'ignorance, l'ivrognerie et la débauche avec les femmes, sont l'appanage du Clergé de Russie." (11) Der niedere Klerus hänge völlig von den Bischöfen und ihren Launen ab, Mönche und Priester erschienen vor ihnen nur im Zustand tiefster Demütigung. (12) Der Adlige, so Chappe, trete nicht in den geistlichen Stand, den dritten Stand gebe es nicht, so bestehe der gesamte Klerus aus Personen aus dem Volk; oft aus Priesterkindern: diese hätten überhaupt keine Erziehung genossen. (13) Zwar hänge das Volk an der griechischen Religion bis zum Fanatismus, aber es sei so wenig unterrichtet über die

Grundlagen des Glaubens, daß es mit der Erfüllung der äußeren Bräuche seine religiöse Pflicht getan zu haben glaubt. (1) Es hat den Anschein, als habe der christliche Glaube die Russen nur noch bösartiger gemacht. (2) An diesem Tatbestand habe auch das Bestreben Peters des Großen, sein Volk zu zivilisieren, nichts geändert: "Pierre Ier semble (!) avoir créé une nouvelle Nation: mais il n'a fait aucun changement dans l'esclavage, et il en resserre les liens. Il force toute la Noblesse à servir, personne ne peut en être exempt." (3) In bildhafter Sprache beschreibt Chappe die widersprüchliche Art, mit der Peter Fortschritte in Wissenschaft und Kunst erzielen wollte; auch seine Nachfolger seien erfolglos geblieben. (4) Selbst die Ausländer, die ins Land gerufen wurden, arbeiteten in Rußland nicht mit dem gleichen Eifer wie in ihrer Heimat; ihr Genie sei wie erloschen, sobald man sie hierhin verpflanzt hat. Sie seien bald entmutigt, wenn ihre Arbeit immer wieder an Grenzen stoße, die im sozialen Gefüge des russischen Reiches begründet liegen. (5) Man finde bei den Russen weder Genie noch Vorstellungsvermögen, aber sie hätten ein außerordentliches Talent zur Nachahmung - nur müsse das Vorbild fehlerlos sein, weil sie es sonst mit allen seinen Fehlern kopierten. (6) Dieses Talent ist so eindrucksvoll, daß es jedem Reisenden sofort auffällt, wenn er nach Rußland kommt; ja der Abbé meint, daß diese Nation es in einem so hohen Maße besitze, "qu'on auroit pu en former un Peuple bien différent de celui qui existe."(7) Und nach dem vernichtenden Urteil - Liebe zum Vaterland sei unbekannt, niemand wage zu denken, die Seele sei abgestumpft und gemein, Furcht sei die einzige Antriebskraft der Nation - nennt der Abbé auch die Ursache, die seiner Meinung nach zu diesen Zuständen geführt hat: "le despotisme y détruit l'esprit, le talent et toute sorte de sentiment." (8) Nachdem er zuerst die Gründe in Klima und Boden gesucht hat, (9) kommt er doch zu dem Schluß, daß es an der Erziehung und der Regierung liege. (10)

Die häufige Verwendung der Begriffe "esclave" ("esclavage") und "despote" ("despotisme", despotique") zeigt schon an, daß es nicht das Bild von dem "modernen", gewandelten Rußland ist, welches der Abbé entwirft. Es macht ebenfalls deutlich, daß er den "despot éclairé" und seine Werke nicht verherrlichen will. "Le souffle empoisonné du despote s'étend sur tous les Arts, toutes les Manufactures, et pénètre dans tous les Ateliers. L'on y voit les Artistes enchaînés à leur Etabli." (11) Zudem lasse der "despote" diejenigen, die ihren Horizont erweitern wollen, ständig die Gefahr einer solchen Weiterbildung auf bestimmten Gebieten spüren . (12) Aber ohne die Verwirklichung der Freiheit werde man dieses Volk nicht ändern können. Vielleicht, so Chappe - und damit schließt er sich einem Urteil Rousseaus an - wäre es besser, wenn die Russen niemals zivilisiert worden wären. (13) Dieses der Sklaverei unterworfene Volk - und damit meint der Abbé auch den Adel! - regiere nun "l'Impératrice d'Anhalt-Zerbst." (!) Es folgt ein Loblied auf ihr Genie und ihr Bestreben, das Glück des Volkes zu erwirken - sicher werde sie wie dem Adel auch allen anderen Untertanen die Freiheit geben! Sie zeige der Nation, daß sie allein würdig ist, den

Thron Peters zu besteigen. (1) Aber was bedeutet dieses Lob,das er auch an anderer Stelle wiederholt und in dem er Katharina als Fortsetzerin und Vollenderin des petrinischen Werke darstellt? (2) Denn das ist sein Urteil über Peters Werk: "[il] conçoit le dessein de réformer sa nation, et de la civiliser: mais plus absolu qu'aucun des Souverains ses prédécesseurs, il resserre les liens de l'esclavage."(3) Und über Katharinas Thronbesteigung - die er in keiner Weise beschreibt! (4) - sagt er, daß von diesem Augenblick an nur noch der Wille der Herrscherin gelte, die Herrin über Leben und Güter sei und der man sich nur in Unterwürfigkeit und Demut nähern dürfe, indem man ihr die größte Treue schwört. - Was von diesen Treueiden zu halten sei, hat Chappe an anderer Stelle ausgeführt. (5) Verbannungen seien an der Tagesordnung, so daß man in den meisten Städten eine Menge von unglücklichen, mit Ketten gebundenen Verurteilten sehe; auch das führe, so Chappe, zu einer Verhärtung des Charakters. (6) Und trotzdem glaubten die Russen von sich selbst, sie seien allen anderen Nationen überlegen; das lege dem Fortschritt große Hindernisse in den Weg und erschwere die Arbeit der ausländischen Instruktoren außerordentlich.

Es hat sich also fast nichts geändert in Rußland: immer noch glauben die Herrscher - auch die ganze Nation - wie schon Peter I., daß man die Russen nur durch Schrecken und Strafen regieren könne. (7) Seit Beginn ihrer Geschichte sei die Herrschaftsform dieses Landes "despotique" gewesen und daran habe sich auch unter allen folgenden Herrschern nichts geändert.(8) Die Regierung Aleksejs kennzeichnet er als von Erhebungen und inneren Kriegen erschüttert, Sofijas Regentschaft habe nur aus Attentaten und Bestrafungen bestanden; über Peter wird kaum etwas gesagt, Anna sei nur ein Werkzeug in den Händen Birons gewesen, der die Russen mit eiserner Härte regierte, Elisabeth habe nur dank der ständigen Bemühungen anderer und trotz ihres Zögerns und Schwankens den Thron besteigen können. (9) Während ihrer Regierungszeit habe scheinbar Ruhe geherrscht, aber unter der Oberfläche wirkten Neid, Eifersucht und Mißtrauen. Nach Elisabeths Tod hätten alle auf eine Revolution gewartet, aber Peter III. sei es gelungen, sich auf dem Thron zu halten, und mit seinem Manifest zur Befreiung des Adels habe er sogar Begeisterung hervorgerufen. Wegen seines vertraulichen Umgangs habe er sogar einen Teil der Nation für sich gewinnen können, aber der vernünftigere Teil sei von seinem Betragen abgestoßen worden, so daß Katharina auf den Thron erhoben wurde. Die unerwarteten Todesfälle hätten der Kaiserin endgültig den Thron gesichert.

Zwar setzt der Abbé an das Ende dieses Kapitels noch die Huldigung an Katharina, aber sie erweckt eher den Eindruck einer Pflichtübung. Zu oft hat Chappe im Verlaufe seines Berichts von Despoten und von Sklaverei gesprochen und dabei nicht in der Vergangenheit geschrieben. Im ganzen ist es kein positives Bild, das der Abbé entwirft, und es wird nicht gebessert durch die Schilderung der Armee: die Russen hätten keine Neigung zum Militärdienst, viele desertierten; den Soldaten sei die Verzweiflung ins Gesicht geschrieben. (1) Jede russische Armee, wie glänzend sie auch am Anfang einer Kampagne ausgesehen haben mag, verringere sich beträchtlich durch Krankheiten. Die Offiziere seien nicht geschult, die russische Kavallerie sei die schlechteste in ganz Europa, der russische Soldat werde weder von einem Gefühl des Mutes noch von der Ehre angetrieben, nur der Branntwein, die Furchtvor Strafen verliehen ihm manchmal eine gewisse Tapferkeit. Im übrigen reichten die staatlichen Einkünfte nur für die Friedenszeit aus, im Kriegsfalle müsse die Besteuerung erheblich erhöht werden, eine Maßnahme, die die Nation zerrütte. Und trotzdem wird Rußland überall gefürchtet, es sollte sich, so der Abbé, nicht weiter ausbreiten.

Diese Gefahr sieht der Chevalier d'Eon weniger; im Gegenteil; in seinem Memorandum über den russischen Handel versucht er darzulegen, warum Rußland seinen Handel ausweiten müsse und vor allem seine wirtschaftlichen Beziehungen zu Frankreich verbessern solle. (2) Als schlimmstes Hindernis für einen florierenden Handel sieht d'Eon die übertrieben hohen Zölle und Privilegien, die auch dem Binnenhandel schaden. (3) Dabei denkt er vor allem an eine mögliche Ausweitung des französischen Handels. Ausführlich beschäftigt d'Eon sich auch mit den Gesetzen des Landes. Ebenso wie Chappe geht der Chevalier davon aus, daß die Gesetze - und auch der Staatsaufbau - eines Landes abhängig sind vom Boden, vom Klima, von der Erziehung, den Sitten und der Nachbarschaft. Er betont in seinem Aufsatz "Recherches sur les Lois de Russie", (4) daß alle Herrscher Rußlands mit unterschiedlichem Erfolg daran gearbeitet hätten, ihrem Volk Regeln für das Verhalten zu geben, aber niemandem sei es bis jetzt gelungen, einen Kodex festzulegen, der die alten Spuren der Barbarei zum Verschwinden bringen könnte. (5)

Auch Peter der Große "le Reformateur de la Russie" (6) habe immer die Gesetze verbessern wollen, sei aber niemals dazu gekommen, weil er - "créateur de tout" - vor allem durch seine Kriege niemals Zeit gehabt habe, die alten Gesetze - d'Eon bezieht sich hier vor allem auf das vom Zaren Aleksej 1649 (7) herausgegebene Uloženie - zu revidieren. Auch Elisabeth habe ohne Erfolg daran gearbeitet. Anscheinend sei es Katharina II. vorbehalten gewesen, dieses große Werk in Angriff zu nehmen. Es folgt eine Lobpreisung Katharinas, welche die aufgeklärtesten Geister ihrer Zeit dazu berufen habe, einen neuen Kodex auszuarbeiten, dessen Grundgedanken sie aber selber entworfen hatte. (8) Seine Forschungen über die alten Gesetze Rußlands rechtfertigt er damit, daß möglicherweise durch das neue Gesetzbuch, "préparé (!) par la sagesse de cette législatrice", (9) die Erinnerung an das alte verloren gehen würde; außerdem, fährt d'Eon fort, müsse doch auch zukünftigen Generationen die Möglichkeit gegeben werden, das Werk Katharinas mit dem ihrer Vorgänger zu vergleichen; ein Vergleich, der nur ihren Ruhm erhöhen könne.

Nach dieser Bemerkung widmet sich der Chevalier der Betrachtung des Uloženie und seiner Bestimmungen, wobei er im besonderen auf die Lückenhaftigkeit des Gesetzeswerkes hinweist, sowie die barbarischen Bräuche im Kriminalprozeß. (1) Peter I., welcher die große Gesetzesreform in Angriff nehmen wollte - "au titre de conquérant il vouloit (!) joindre celui de législateur" (2) - sei nicht dazu gekommen, weil ihn seine kriegerischen Unternehmungen daran hinderten. (3) Er beschreibt Peters gesetzgeberische Bemühungen seit 1714, die Regelung des Erbrechts - mit katastrophalen Folgen -, (4) die Einrichtung des Oberprokureurs, dessen Tätigkeit ohne Erfolg blieb, weil Korruption und Malversation nicht zu unterbinden waren. Letztlich zeitigten die Mühen dieses "unvergleichlichen Fürsten" doch nicht das erstrebte Ergebnis, und auch in den folgenden 16 Jahren seien wegen der Instabilität der Regierungen keine Fortschritte in dieser Richtung gemacht worde. Elisabeth, die vom Volk mit Hoffnung begrüßt wurde, habe einen neuen Anlauf unternommen, sei aber ebenfalls durch Kriege an der Fertigstellung des Werkes gehindert worden. Peter III., der den Fußstapfen seines Vorfahren folgte, habe Gesetze erlassen, die vorteilhaft für das Land waren. Im Einverständnis mit dem Erzbischof von Novgorod ließ er Schulen einrichten und ordnete das Militär neu. Weiter sagt d'Eon nichts über Peter III.; es entsteht also ein durchaus nicht negatives Bild dieses Herrschers, und der Leser fragt sich mit Recht, warum dieser Fürst nach nur wenigen Monaten Regierungszeit durch eine Revolution vom Thron vertrieben wird und seine Gemahlin stattdessen herrscht. D'Eon enthält sich jeglicher Schilderung der Vorgänge: "Le 28. juin 1762 fut le jour, ou les Russes (!) firent descendre de leur trône, un prince auquel, six mois auparavent, il croyaient devoir ériger des Statues." (5) Die Vorsehung habe Katharina an diesen Platz gestellt, es bleibt dem Leser überlassen, welchen Schluß er aus der kurzen Schilderung zieht. D'Eon gibt die Ansicht der Zarin wieder, daß nur die absolute Monarchie dem russischen Reich angemessen sei, da nur diese - bei der riesigen Ausdehnung - die schnelle Ausführung der Gesetze und die Sicherung der natürlichen Freiheit der Untertanen garantieren könne. (6) An diese Bemerkung schließt sich eine Schilderung der gesetzgeberischen Tätigkeit Katharinas an, in der besonders die Humanität und Weisheit der Zarin gerühmt werden. (7)

Ähnlich äußert sich Thesby de Belcourt. Auch er betont die Menschenfreundlichkeit der Monarchin und veröffentlicht seine Aufzeichnungen vor allem deshalb - sagt der Herausgeber -, um Katharina deutlich zu machen, wie gering ihre Befehle in den entfernten Gebieten ihres Reiches geachtet werden. (8) Wieder nimmt vor allem der Bericht über das Militärwesen und das Betragen der Offiziere und Mannschaften den größten Raum ein. Das Urteil über die russischen Offiziere ist vernichtend: sie plündern die Gefangenen völlig aus (9) und sind im allgemeinen unfähig und ohne angemessene Ausbildung. (10) Ausländische Offiziere seien es, die die größten militärischen Erfolge für Rußland errungen haben. Die russischen Offiziere, auch die Generäle, hätten das Betragen der Soldateska; wie diese seien sie sittenlos und trunksüchtig. Die Mannschaften könnten nur durch große Härte dazu veranlaßt werden, ihre Pflicht zu tun. Die

Armee bestehe aus den schlechtesten Untertanen des Reiches. (1) Ohne die Furcht vor dem Stock könnte man die Truppen kaum dazu bewegen, in das feindliche Feuer zu gehen. Die Russen seien von Natur aus feige; Thesby kann es kaum fassen, daß sogar ranghohe Offiziere zu ihm sagten, die Franzosen seien verrückt, ohne Zwang in die Schlacht zu gehen; wenn sie diese Freiheit hätten, würde man sie nicht im Felde sehen. (2) Furcht, Eigensucht und Fanatismus seien die wahren Triebkräfte, welche diese menschlichen Maschinen (!) in Bewegung setzten. (3) Fast ein Zehntel der Truppe sei entweder mit der Artillerie beschäftigt oder damit, alles, auch die geringste Kleinigkeit, aufzuschreiben. Das ist nötig, meint Thesby, da sonst noch mehr gestohlen würde als es ohnehin schon der Fall ist. (4) Die Ausbildung der Geistlichen sei nicht verbessert; (5) in der Justiz sei kein Fortschritt zu erkennen, der Arme habe immer Unrecht. (6) Leute, die ehrlich sind, würden für extravagant gehalten, andere, die betrügen, seien angesehen. Den "point d'honneur" kennen die Russen nicht oder verkennen ihn. Sie haben noch nicht einmal einen Begriff dafür in ihrer Sprache. (7) Daher hält Thesby die harten Strafen für angebracht; die Behörden verwendeten sie wie gegen dumme und bösartige Sklaven. Peters des Großen Absicht, seine Nation zu zivilisieren, sei nur ein Entwurf; die regierende Kaiserin tue ihr Möglichstes, dies Werk zu vollenden, aber es scheint so, als sei das Material dazu wenig geeignet. Ohne den Stock gäbe es in Rußland überhaupt keine Ordnung, die Furcht vor ihm bewirke alles. (8)

Thesby war nicht in Petersburg, allerdings längere Zeit in Moskau, wo er von den dort lebenden Franzosen erfuhr, daß man hier angenehm leben könne, daß die Gesellschaft sehr gut sei. Allerdings habe die Nachahmung westeuropäischer Verhaltensweisen und Moden z.T. nur negative Folgen gehabt: das macht Thesby deutlich am Beispiel der Damen, die in Frankreich waren, aber dabei nur die schlechten Manieren und nicht den wahren "bon ton" gelernt haben. Sie seien weder wirklich elegant noch geistreich, im Grunde kopierten sie nur die Manieren der Halbwelt. (9)

Der Verfasser befand sich in Moskau, als der Aufstand Pugačevs in vollem Gange war. Er beschreibt die Stimmung in der Stadt in den Tagen, als man meinte, die Truppen des "Bauernzaren" würden auch Moskau erreichen. Hier habe man offen zugunsten des angeblichen Zaren Peter III. gesprochen, eine Art Taumel habe sich in Moskau verbreitet: überall habe man gerufen: Hoch Peter III. und Pugačev. Die ganze Stadt sei in Aufruhr gewesen; es schien eine allgemeine Revolte bevorzustehen. In allen Vierteln regierte die Knute, ohne daß das irgendjemand eingeschüchtert habe. Die Behörden verbreiteten die Nachricht, Pugačev sei vollständig geschlagen worden; alle Briefe wurden abgefangen und geöffnet; man ließ alle Familienvorstände schriftlich einen Eid ablegen, und trotz allem erhob sich gegen Abend des 6. März 1774 der Ruf: Hoch Peter III. und Pugačev! Daß sich die allgemeine Unruhe nicht noch weiter steigerte, schreibt Thesby der Festigkeit Volkonskijs zu. (10)

Betrachtete Thesby de Belcourt Rußland vor allem unter dem Eindruck seiner Erfahrungen mit russischem Militär, so läßt der Titel des nun zu untersuchenden Werkes schon erwarten, daß dieser Verfasser das Land unter einem größeren Gesichtswinkel sehen will. Es handelt sich um Pierre Chantreau, (1) "Voyage philosophique, politique et littéraire, fait en Russie pendant les années 1788 et 1789", Hamburg 1794.

Auch Chantreau berichtet über Pugačev, und zwar im Zusammenhang mit den verschiedenen Männern, die sich für Peter III. ausgegeben hatten. Der Aufstand Pugačevs, so Chantreau, hatte die ernstesten Folgen und versetzte den Hof in größte Unruhe. Er erwähnt auch, daß der Bauernzar dem Zaren Peter III. überhaupt nicht ähnlich sah, daß er aber großen Zulauf hatte - wegen der Unwissenheit des Volkes und weil die Bauern auf ihre Befreiung durch ihn hofften.

Die Maßnahmen der Regierung gegen die Aufständischen nennt er "mal concertées". (2) Pugačev bezeichnet er als "brigand", der sich allen Exzessen hingebe. (3) Der Lage der Bauern widmet er einige Überlegungen: sie seien, so Chantreau, Leibeigene oder Sklaven im vollen Umfange des Begriffs. Man unterscheide Bauern, die der Krone und solche, die Privatpersonen gehören. Ein Sechstel seien Kronbauern, denen es im allgemeinen besser gehe als den anderen. Ihre Existenz sei gesichert, da sie unter dem Schutz des Herrschers stehen; einige seien sogar befreit worden und hätten sich in die Liste der Kaufleute einschreiben dürfen. Denn Katharina wolle wirklich mehr Freiheit und Gleichheit in ihrem Reich verwirklichen. (4) Die unglücklichsten Bauern seien die, welche dem Adel gehören und dessen Eigentum sie wie Pflug und Herde seien. Der Herr könne sie so verwenden, wie er wolle, ohne durch irgendein Gesetz gehindert zu werden. So komme es oft zu Verbrechen, und das sei nicht verwunderlich; eher sei die Geduld unbegreiflich, mit der die Bauern das Joch ihres Herrn ertragen. (5) Um sich zu zerstreuen, gäben die Bauern ihr weniges Geld für Kleidung und Alkohol aus. Einige sparsame Leute versteckten ihr mühsam erworbenes Geld vor ihren gierigen Herren. Dieser Brauch, sein Geld zu vergraben, so Chantreau, sei eine der Ursachen für den Mangel an Bargeld in Rußland. Im übrigen seien die russischen Bauern nicht zu bemitleiden wegen des Mangels an Annehmlichkeiten des Lebens - daran seien sie gewöhnt - sondern wegen ihrer völligen Abhängigkeit. Dabei seien die Russen aber sehr auf Gewinn bedacht; besonders die Kaufleute: "il n'y a peut-être point de marchands qui demandent autant de leurs marchandises, et se contentent de si peu, preuve sûre d'une oppression continuelle." (6) Aber so sei es in allen Ländern des Orients (!), wo das Eigentum nicht gesichert und das Volk dermaßen versklavt sei, daß die Furcht vor ständigen Forderungen es ihm nicht erlaube, seine erworbenen Güter auch zu genießen. (7)

Chantreau bemerkt, daß die Kaiserin dieses Problem wohl sehe, daß sie aber den Besitzstand des Adels nicht antasten könne, indem sie den Bauern Rechte zugestehe, die den Privilegien des Adels widersprächen. (8) Auch an anderer Stelle spricht er Katharinas Neigung an, den Adel zu bevorzugen - was sich aus den Umständen ihrer Thronbesteigung erklären läßt - und stellt fest, daß trotz der reichlich verbreiteten Lobreden über Katharina als Gesetzgeberein, die "Klasse" der Leibeigenen in ihrem Reich die zahlreichste sei. (1) Er betont den Charakter einer despotischen Herrschaft noch, indem er Rußland mit den orientalischen Regierungen vergleicht, in denen als einzige Unterscheidung in den Rängen die Stellung gilt, die einem Adligen durch den Herrscher übertragen wird. (2) Er erwähnt die Tabelle mit den 14 Rängen, in die man eingeschrieben werden müsse, um eine bestimmte Stellung einnehmen zu können. Alle diese Ränge setzten einen militärischen Grad voraus "car en Russie, comme dans tous les états où le chef est un despote, le gouvernement est tout militaire". (3) Die Bedeutung des Militärs in diesem Reich hebt Chantreau auch noch an anderer Stelle hervor: seine Fortschritte, seine Siege, sein Übergewicht im europäischen Staatensystem, das es noch erhöhen wolle, verdanke Rußland dem Heer und der Marine. Er lobt die russischen Soldaten, die, wenn gut kommandiert, die größten Dinge ausführen könnten; ihr Gehorsam gehe bis zur Selbstaufgabe; sie seien unermüdlich und außerordentlich mäßig; aber schlecht bezahlt und rücksichtslos eingesetzt. (4) Die Anzahl der Soldaten, die Rußland in den beiden letzten Kriegen gegen die Türkei verloren habe, sei nicht zu zählen, und so werde es in allen Kriegen dieses Staates sein. (5) Chantreau weist darauf hin, daß die Armee die Krone fast nichts koste. In diesem Zusammenhang spricht er mehrmals von "les despotes de la Russie" - ohne den abschwächenden Zusatz "éclairé" -, die es verständen, möglichst kostenlos zu vielen Soldaten zu kommen. (6) In der Marine sehe es für Rußland nicht sehr gut aus: Ohne die Hilfe der Engländer und Holländer, denen es einen großen Teil seiner derzeitigen Seestellung verdanke, wäre es noch schlechter um die russische Marine bestellt. Denn es fehle Rußland an erfahrenen Matrosen, und es werde so schnell auch keine haben, da die Regierungsform dies verhindere, denn das Meer sei das Element der freien Männer und nicht der Knechte. (7)

Ist an der Marine und dem Heer schon Kritik angebracht, so sieht es mit der Justiz in Rußland ganz schlimm aus: hier sei kaum ein Fortschritt zu verzeichnen, die Rechtspflege befinde sich in dem gleichen Zustand wie zu der Zeit, als man in Rußland noch völlig unwissend war. (8) Das Amt des Richters werde nach Gutdünken und nicht nach Qualifikation besetzt, oft mit verabschiedeten Offizieren, die vom Gesetz keine Ahnung hätten; die Sekretäre und Gehilfen bezeichnet er als die "Hefe der Nation", und das sicherste Mittel, Karriere zu machen, sei die Gewohnheit, die Gesetze falsch auszulegen. (9) Hinzu komme noch eine Unmenge von meist frechen Schreibern, denn, so meint Chantreau, es gebe kaum ein Land in Europa, "où la chicane macule plus de papier qu'en Russie." (10)

Ähnlich negativ ist auch das Urteil über die russische Geistlichkeit - hier sei ebenfalls kein Fortschritt zu verzeichnen: trotz der Bemühungen Katharinas um die Verbesserung der Erziehung der Geistlichkeit sei diese immer noch unwissend und habe auch nicht das Verlangen, besser ausgebildet zu werden. (1) An den Bräuchen anläßlich einer Heirat oder Beerdigung habe sich nichts geändert. (2) Nach Beobachtung des Verfassers hat sich auch nichts geändert an der Verachtung der Russen - hier bezieht sich Chantreau vor allem auf alle die, welche nicht dem Hofe angehören - für alles, was nicht russisch ist. Aber auch die russischen Adligen seien außerordentlich dünkelhaft und nationalstolz. Manieren, Gesellschaft und Unterhaltung des russischen Adels hätten den Schein der Zuvorkommenheit, aber es sei jene Zuvorkommenheit, die steif und gekünstelt wirke. Die Damen nimmt er allerdings von diesem harten Urteil aus. (3)

Bei der Lektüre dieser Reisebeschreibung drängt sich dem Leser der Eindruck auf, daß sich in Rußland seit dem 17. Jahrhundert kaum etwas verändert hat, höchstens in der äußeren Erscheinung, nicht aber in der Substanz. Zwar übertreffe der Glanz und Reichtum des russischen Hofes alles, was man sich vorstellen könne - wobei Chantreau nicht versäumt, auf das z.T. geschmacklose Zurschaustellen von Diamanten hinzuweisen -, (4) aber noch in den kleinsten finnischen Dörfern könne man leicht alle möglichen Dinge erhalten, die man kaum in den größten Städten Rußlands finde, und das Volk von Moskau sei heute noch barbarisch. (5) Zwar sähen die Russen mit Verachtung auf die wilden Horden herab, die an den Grenzen wohnen, aber sie selber seien nicht gebildeter; (6) und trotz allen Fortschritts, den man, so Chantreau, bei den Russen vermutet (!), gebe es kaum eine abergläubischere Nation. (7) Die Aufklärung werde sich auch nicht leicht ausbreiten, solange so wesentliche Hindernisse existieren wie die Art der Regierung und die der Religion, sowie die absolute Knechtschaft der Bauern. Wie aber beurteilt der Verfasser dann die Bemühungen der Herrscher - und diese selbst -, Rußland an den Westen heranzuführen? Chantreau spricht Peter I. nicht die Größe ab, sogar seine Irrtümer seien die eines Genies gewesen, (8) aber auf der anderen Seite erwähnt er "cette cruauté, cette férocité même [...] qui ternissent sa mêmoire," (9) dies seien Eigenschaften, die ihm durch Erbe und Erziehung zugefallen seien. Zwar habe Peter sein Leben damit verbracht, seine Untertanen zu zivilisieren, aber Chantreau bezeichnet es als eine "idée impolitique et chimérique", Kunst und Wissenschaften mit Gewalt und innerhalb eines kurzen Zeitraums ohne Rücksicht auf die Gefühle des Volkes einführen zu wollen. (10) Peter sei unmäßig gewesen in Freundschaft und Haß, in der Rache und im Vergnügen, (11) und der Verfasser nimmt auch Bezug auf die Zustände der Trunkenheit und Raserei, die Peter hinterher bedauerte. (12)

Einen breiten Raum nimmt die Darstellung der Tragödie des Thronfolgers Aleksej ein. (13) Da Chantreau den Eindruck hat, daß es so viele verschiedene Versionen über den Tod von Aleksej gibt, daß man nun weit von der Wahrheit entfernt sei, will er den tatsächlichen Hergang schildern und den Leser nicht den Fakten überlassen "qui ont été defigurés par des écrivains stipendiés (!) qui ont trouvé leurs intérêts à calomnier ou à flatter la mémoire de ce prince infortuné." (14) Chantreau betont, daß die Erziehung des Thronfolgers sträflich vernachlässigt worden sei, indem man ihn den Händen der Frauen und der überaus unwissenden Popen überlassen habe, sowie später Menšikov, der vermutlich die Absicht hatte, die lasterhaften Neigungen des Prinzen zu unterstützen und ihn in die schlechteste Gesellschaft zu bringen. Und in der Tat verbrachte Aleksej seine Zeit in dauernder Trunkenheit und Ausschweifung. Andererseits sei der Zar schon sehr früh gegen seinen Sohn eingenommen gewesen, und er habe ihm große Angst eingeflößt. Aleksejs Lieblingsbeschäftigungen seien das Lesen mystischer Bücher und die Diskussion theologischer Fragen gewesen, von politischen und militärischen Problemen habe er sich mit allen Anzeichen der Abneigung ferngehalten. Die Prozeßakten seien bekannt, auch von Peter veröffentlicht "comme on rend publics ces sortes d'actes [...] avec l'air de vérité qu'on avoit voulu leur donner." (!) (1) Chantreau erwähnt zwei verschiedene Meinungen über den Tod des Prinzen: die erste, offizielle, daß Aleksej am Schlaganfall gestorben sei, die andere, daß er heimlich im Gefängnis hingerichtet worden sei. Der Verfasser hält die zweite Version für glaubhafter "malgré les assertions de Pierre I, et l'apologie de ses panégyristes".(!) (2) Überhaupt wird der Zar im Zusammenhang mit diesem Ereignis nicht positiv dargestellt: der Verfasser meint, daß sein Verhalten ihm Schande machte und daß Aleksej eher unklug als schuldig gewesen sei.

Über Annas Regierungszeit wird wenig gesagt; Chantreau weist darauf hin, daß sie bei Beginn ihrer Herrschaft die Akte zerriß, die sie in ihren Rechten einschränkte; eine Handlung, mit der sie den Wunsch der Nation zu erfüllen schien; diese Nation bestand aus 9 bis 10 Höflingen, den Garden und ungefähr 30 Intriganten, die von Ostermann und Biron geführt wurden. (3) Elisabeth sei eine schwache Frau gewesen, dazu faul und sinnlich. (4) Alles konnten ihre Favoriten bei ihr erreichen - vor allem Šuvalov -, wenn man ihr mit den Begriffen "Menschlichkeit" und "Wohl des Volkes" kam. Zwar spricht Chantreau von ihren großen Qualitäten, von ihrem Schwur, zeit ihres Lebens kein Todesurteil zu fällen, aber er bemerkt ebenfalls, daß sie diesen Schwur zwar gehalten habe, die Gefängnisse aber überfüllt waren, viele dort starben und daß die Geheimkanzlei ihre Tätigkeit weiterhin fortführte. Er bezeichnet die Justiz zwischen den Mauern der Gefängnisse, unter Ausschluß der Öffentlichkeit, als abscheuliche Rache, als willkürlichen Mord. (5) Im übrigen wirft Chantreau der Kaiserin vor, sie habe den Thronfolger Peter III. mit Absicht von den Geschäften ferngehalten, seine Erziehung vernachlässigt und ihn in kindischer Abhängigkeit belassen. Er sei von Spionen umgeben gewesen, die nur Nachteiliges über ihn an seine Tante berichteten; in St. Petersburg wohnte er eher wie ein Staatsgefangener denn wie ein Thronfolger.

Die Vorliebe des Prinzen für Ausländer sei die Ursache seines Unglücks gewesen. Oft habe er sich zu Beleidigungen gegen Elisabeth hinreißen lassen, und Bestužev habe alles daran gesetzt, daß die Kaiserin ihn von der Thronfolge ausschließen solle zugunsten seines Sohnes Paul. (6) Aber in den ersten Tagen seiner Regierung habe der neue Kaiser alle durch seine nützlichen Pläne und klaren Anweisungen überrascht, so daß manche glaubten, er habe sich zu Lebzeiten seiner Tante nur verstellt. In der Folgezeit habe sich gezeigt "que ce prince avoit toujours été sans caractère, et qu'il étoit aussi foible qu'imprudent; que s'il avoit assez de bon sens pour accepter les plans que d'autres lui suggéroient, il n'en avoit pas assez pour les exécuter à propos; qu'il avoit la fureur de vouloir tout réformer, sans rien avoir de cet esprit, de ce tact si nécessaire à un réformateur ..." (1) Ablehnung und Haß seien das Ergebnis seiner Kirchenpolitik und der Bevorzugung der Ausländer gewesen. (2) Im übrigen habe Peter selber kaum eine Gelegenheit versäumt, seine Gemahlin in der Öffentlichkeit vorteilhaft erscheinen zu lassen. (3) Der Plan Bestuževs wurde von den Anhängern Katharinas - Chantreau nennt Volkonskij, Panin, Razumovskij, die Brüder Orlov, sowie die Fürstin Daškov - wieder aufgenommen; der Verfasser bezeichnet ihn als die Regelung, die in jedem Staat "où l'ordre de la succession auroit été mieux déterminé qu'en Russie" durchgeführt worden wäre. Erst wenige Tage vor dem Umsturz habe man den Entschluß zur Thronbesteigung Katharinas gefaßt, weil die Nachteile einer Vormundschaftsregierung zu groß gewesen seien und weil die Zuneigung des Volkes und die Fähigkeiten der Zarin allgemein hoch eingeschätzt wurden. (4)

Aber wenn er auch den allgemeinen Jubel beim Einzug Katharinas in Petersburg schildert, so versäumt er es doch nicht, ebenfalls zu berichten, daß, nachdem sich die Gemüter beruhigt und die Priester aufgehört hatten zu hetzen, eine große Anzahl Personen es bereuten, ihren Herrscher im Stich gelassen zu haben. (5) Der unerwartete Tod des Zaren habe Rußland vor dem drohenden Bürgerkrieg bewahrt. Katharina nun habe in allem Peter I. nachgeeifert, ja, ihn in manchem übertroffen - weil sie Umstände und die Lehren der Zeit auf ihrer Seite hatte - und sie habe sich vor allem bemüht, die rauhen Sitten der Russen - resultierend aus Klima, Erziehung und Vorurteilen - zu verbessern. Hiernimmt der Verfasser die Gelegenheit (erneut) wahr, gegen Voltaire und die "élogiastes de Pierre" zu Felde zu ziehen. Ein völliger Umschwung in den Sitten und Gebräuchen der Russen habe unter Peter stattgefunden, so sagten es Voltaire und seine Anhänger entgegen der Wahrheit, denn Peter selber war nicht sehr zivilisiert, meint Chantreau. Man erwarte nach diesen Beschreibungen eine kultivierte, aufgeklärte Nation, "et est étonné du degré de barbarie dans lequel est encore plongé la grande majorité de cette nation." (6) Es seien vielleicht Fortschritte gemacht, wenn man Rußland heute mit dem alten Moskovien vergleiche, aber wenn man die anderen wirklich zivilisierten Nationen zum Maßstab nehme, so reduziere sich der Fortschritt auf fast Null. Sicher habe der Adel den Ton der europäischen Höfe angenommen, aber "il y a une grande différence entre civiliser une nation ou seulement quelques individus." (7) Alle anderen Bevölkerungsschichten könne man überhaupt nicht mit den kultivierten Völkern des Westens vergleichen.

Noch an anderer Stelle hat Chantreau sich gegen Voltaire (und dessen Parteigänger) gewandt, nämlich im Zusammenhang mit der Rolle Šuvalovs am russischen Hofe. Voltaire habe diesen russischen Fürsten im Westen bekannt gemacht. (1) Dieser habe Elisabeth dazu überredet, die Geschichte ihres Vaters von Voltaire schreiben zu lassen, "qui avoit déjà écrit le roman que nous appellons l'histoire de Charles XII." (2) Allerdings sei das Werk über Peter sehr zur Unzufriedenheit der Russen ausgefallen, es sei unvollständig und des Zaren nicht würdig; Voltaire habe keine der Quellen benutzt, die man ihm aus Rußland zur Verfügung gestellt habe. Auch hier fehlt nicht der Hinweis des Verfassers auf die Geschenke, die Voltaire aus Petersburg erhalten hatte. (3)

Wenn also, wie hier an einem Beispiel deutlich geworden, russische Unterlagen von den französischen Verfassern über Themen der russischen Geschichte im allgemeinen nicht verwendet wurden, bleibt die Frage nach den Quellen, "d'autres mémoires", (4) die sie benutzten. Zu einem großen Teil haben die Verfasser russischer Geschichten daher auch auf Material nicht-französischer Reisender (im weiteren Sinne) zurückgegriffen, vor allem auf die Werke von Engländern, für das vorpetrinische Rußland auf Deutsche.

2.3.7. Die Darstellung der beiden Staaten in den Werken nichtfranzösischer Autoren

Sowohl die Reisebeschreibungen als auch vor allem die Nachschlagewerke beziehen sich bzw. greifen zurück auf ältere Berichte aus dem 17., manchmal auch 16. Jahrhundert. Vor allem aber bedienen sich die Verfasser von Darstellungen der polnischen oder russischen Geschichte der Berichte von Reisenden des 17. Jahrhunderts, später auch der Memoiren von Zeitgenossen. In wenigen Fällen, das gilt vor allem für Polen, werden lateinische Quellen benutzt. Da die Sprachbarriere, gerade für die Darstellung russischer Verhältnisse, hoch ist, werden hier meistens Werke von Deutschen, Holländern und Engländern herangezogen, während im Falle der polnischen Geschichte auch lateinische Texte älterer Art verwendet werden. Für das Rußland vor Peter dem Großen standen den Verfassern meistens Berichte von Gesandten zur Verfügung, die sich längere Zeit in Moskovien aufgehalten hatten; so Herberstein - von dem keine französische Übersetzung existierte -, (5) Olearius - der außerordentlich viel gelesen wurde -,(6) Mayerberg (7) und Korb. (8) Der letztere Autor bezeichnet schon den Übergang zu den Berichten über das veränderte Rußland. Zur Darstellung des Reiches unter Peter und seinen Nachfolgerinnen griffen die französischen Schriftsteller auf die Nachrichten von John Perry, (9) Cornelius de Bruin, (10) Weber (11) und Strahlenberg (12) zurück; in Frankreich bekannt waren auch die Berichte von William Coxe (13) und Richardson. (14) Einige französische Historiker, welche ihre Werke erst nach 1780 veröffentlichten, benutzten auch russische Quellen. So gibt Pierre Levesque in seiner "Histoire de Russie" (1782) folgende Texte an: Chronique de Nestor (1767), Chronique de Nikon (1767), Le livre des dégrés (1777). (15) Für die frühe polnische Geschichte werden herangezogen vor allem Neugebauer (1611), Długosz (1615), Cromer

(1562) und Hartknoch (1687). Für die spätere Geschichte verwenden die französischen Schriftsteller verschiedene Werke von G. Lengnich, bekannt waren auch die Engländer Connor und Coxe. Im übrigen ziehen sie sonst die Beschreibungen französischer Autoren des 17. Jahrhunderts heran.

Gottfried Lengnich (1) hat vor allem Werke zum Recht in Polen veröffentlicht, meistens in lateinischer Sprache. Nach dem Ende des polnischen Thronfolgekrieges hat er die von August III. beschworenen "pacta conventa" in einem längeren Werk kommentiert, das 1741 in französischer Sprache erschien. (2) Das vom Autor geschriebene Vorwort datiert von 1736. Hier beschreibt er seine Absicht, allen denjenigen, die sich eine Vorstellung von Polen machen wollten, die Gesetze - ältere und neuere - welche die Verfassung ausmachen, nahezubringen und zu erläutern. Nichts, so sagt Lengnich, sei interessanter, als die Verträge eines großen Königs mit einer berühmten Nation zu untersuchen, um derentwillen sich der größte Teil Europas in einen Krieg verwickeln ließ. (3) Der Verfasser ist sehr gut informiert, er schildert in den ausführlichen Kommentaren die Rechte und Pflichten des Königs und der Republik. Es geht ebenfalls um die Frage der Erblichkeit, wobei Lengnich auf die verschiedenen polnischen Herrscher hinweist, die das Recht der freien Königswahl in ihren pacta beschworen hatten, (4) um die Erhaltung der Gleicheit unter den Adligen (5) und um die Rechte der Dissidenten. (6) In seinem Kommentar bemerkt Lengnich ausdrücklich, daß nur der Adel die Nation ausmacht; Bürger und Bauern gehören nicht dazu. (7) Im Ganzen gibt der Verfasser einen guten Überblick für den Leser, der sich vor allem über staatsrechtliche Fragen informieren möchte. Über Lebensweise, Ansichten, Sitten, Gebräuche sagt er nichts.

Das wiederum tut zwar der Engländer Bernard Connor in seiner "History of Poland" (London 1698), aber diese beruht zu einem großen Teil auf Berichten deutscher und französischer Autoren. (8) Besonders häufig übernimmt er Aussagen von de Tende [Hauteville]. (9) Allerdings war Connor auch selbst in Polen, und empfiehlt seinen reiselustigen adligen Landsleuten, bei der Großen Tour Warschau und Krakau einzubeziehen. Diese Mühe würde sich trotz der Unbequemlichkeiten lohnen: "the peculiar form of government, the splendour of the Court and the extraordinary Grandeur of the nobility ..." (10) Als Begleiter eines jungen Adligen, der dieser Empfehlung Connors Folge leistete - allerdings erst geraume Zeit später -, schrieb William Coxe einen Bericht sowohl über Polen als auch über Rußland. (11) Seine Darstellung "Travels in Poland, Russia, Sweden and Denmark" (12) reicht bis in das Jahr 1784, ein Zusatz, in dem er den völligen Untergang Polens konstatiert, ist von 1801 datiert. (13) Coxe ist von den französischen Historikern nicht benutzt worden, allerdings existierte eine französische Ausgabe seiner Reisen.

Bedeutende polnische Schriftsteller, deren Werke auch in Frankreich bekannt wurden, waren der Piarist Stanisław Konarski (14) und der Reformator der Krakauer Akademie Hugo Kołłątaj. (15) Konarski widmet seine Überlegungen hauptsächlich dem Problem, wie die ständige Zerreißung der Reichstage verhindert werden und man zu schnellen und wirksamen Beschlüssen kommen könne. (1) Er vergleicht die Republik mit einem alten Gebäude, das man lange vernachlässigt und nur an manchen Stellen flüchtig ausgebessert habe. Dies werde endgültig zerfallen, wenn man es nicht von Grund auf erneuere. (2) Notwendig ist, so der Verfasser, daß Reichstage - die er für unerläßlich für Polens Bestehen hält - nicht mehr zerrisen werden können. Einzelne Maßnahmen nützen gar nichts, alle bisher bekannt gewordenen Änderungsvorschläge - und das sind viele - (3) fassen das Übel nicht an der Wurzel. So kommt Konarski zu der Forderung, daß das Liberum Veto fallen müsse. Ausführlich legt er im 2. Teil dar, daß Mehrheitsbeschlüsse durchaus nicht der polnischen Freiheit schaden würden.

In seinen Schriften, die sich ebenfalls mit der Änderung der polnischen Verfassung befassen, (4) plädiert H. Kołłątaj für die Erblichkeit der Krone: an der freien Königswahl sei nur den Russen gelegen; (5) seit die "aristokratische Allgewalt den höchsten Gipfel des Uebermuths erreicht hatte" - mit Johann Kasimir - und fremde Heere ins Land holte, war es um die Verfassung geschehen. (6) Ähnliche Gedanken äußert er auch in dem anderen von uns herangezogenen Werk: Nach Sigismunds Tod habe man beabsichtigt "de faire du trône de Pologne l'héritage de l'Aristocratie". (7) Kołłątaj tadelt das Verhalten des Adels Ende des 16., im 17. und 18. Jahrhundert; er sei nicht auf das Wohl des Staates bedacht gewesen. (8) Er meint, die Republik habe niemals Angst zu haben brauchen vor despotischen Königen, eher schon vor Aristokraten (hier Magnaten): "Plus d'une fois nos Grands ont eu recours à leurs voisins, pour se procurer le plaisir barbare de se détruire réciproquement, ou d'écraser leur Chef. Jamais alors on ne les a vus s'adresser à leurs concitoyens." (9) Eine meisterhafte Schilderung des Zustandes Polens im 18. Jahrhundert folgt, aber gleichzeitig meint er auch, daß mit dem Großen Reichstag und seinen Ergebnissen (Verfassung vom Mai 1791) doch die ersten Schritte zur Verbesserung des polnischen Staates getan worden sind. (10) Im übrigen nimmt der Verfasser in einer längeren Anmerkung (11) Stellung zu den Reiseberichten westlicher Besucher im Hinblick auf die Lage der Bauern. Vor allem den Franzosen wirft er Oberflächlichkeit in ihren Beobachtungen und Urteilen vor, (12) "car, on le sait, le peuple est rarement l'objet des observations d'un voyageur." (13) Diese letzte Bemerkung ist sicher zutreffend, denn das Augenmerk der meisten Schriftsteller richtet sich vor allem auf die Verfassung des Königreiches, dann auch auf die Sitten und Gebräuche des Landes.

Das ist schon in den Berichten des 15., 16. und frühen 17. Jahrhunderts der Fall. Długosz (14) und Cromer (15) geben vor allem eine Reihenfolge der frühen polnischen Fürsten, wobei sie mit den sagenhaften ersten Herren Lech und Cracus beginnen. Długosz' Darstellung begreift die Regierungszeit Kasimirs des Großen ein; Cromers Geschichte reicht bis 1506. Im einzelnen werden die Taten der Herrscher, vor allem ihre Kriege und ihr Verhalten zur christlichen Religion und deren Förderung durch die Fürsten beschrieben. S. Neugebauer dagegen widmet das 1. Buch in seinem Werk "Historia Rerum Polonicarum" (Frankfurt 1611) den Sitten und Gebräuchen, sowie den staatlichen Einrichtungen der Polen. Er beschreibt das Wesen der Polen - "aperta et candida" - (1) ihre Gastfreundschaft auch Fremden gegenüber, ihre Sprachfertigkeit, ihre Kleidung, Nahrung und ihr häusliches Leben. Er stellt die "ordines Polonorum" (2) vor, berichtet über die Prärogativen des Adels, die Stellung der Geistlichkeit, über Bürger und Bauern. (3) Er schildert die Krönung der Könige und die Grenzen königlicher Macht. (4) In den folgenden Büchern geht er dann auf die Ereignisse unter den polnischen Herrschern ein. Im wesentlichen sind es Informationen dieser Autoren, welche für die Darstellung des mittelalterlichen Polen in den Lexika und den Geschichtswerken verwendet werden. Ebenso entstammen Informationen über Rußland, die uns in den Diktionären und den Reiseberichten begegnet sind, den älteren Relationen aus dem 16. und 17. Jahrhundert. Die Autoren der Lexika haben vor allem Herberstein herangezogen, aber auch Beschreibungen wie die von Paulus Jovius (5) und P. Possevinus. (6). Benutzt wird ebenfalls die "Relation de trois ambassades" von Guy Miège. Merkwürdigerweise wird der Bericht von Jacques Margeret "Etat de L'Empire de Russie et Grande Duché de Moscovie" (1669) so gut wie nie als Quelle verwendet. Auf diese beiden letzteren werden wir an anderer Stelle eingehen. Am häufigsten als Informationsquelle benutzt und auch am meisten gelesen wurde jedoch Adam Olearius. (7) So hat der Verfasser der Reisebeschreibung von Moskovien in der bei Jordan erschienenen Sammlung (8) anscheinend weite Teile des Berichtes von Olearius einfach übernommen. Das betrifft die Neigung der Moskoviter zu Müßiggang und Betrug, (9) ihre schlechte Erziehung und Bildung, (10) ihren Hang zur Ausschweifung, (11) ihre frühere Liebe zum Tabakgenuß und das Verbot des Rauchens. (12) In der Schilderung der Tauf-, Hochzeits- und Begräbnissitten zeigen sich ebenfalls starke Übereinstimmungen. (13) Der Bericht von den Vorgängen um den falschen Demetrius erweckt den Eindruck einer wörtlichen Übersetzung. (14) Das Urteil, daß die Moskoviter "nach Gemüt, Sitte und Lebensart" Barbaren seien, auch keine Lust zur Beschäftigung mit den Künsten und der Wissenschaft hätten, wird von fast allen Schriftstellern wiederholt. (15) Auch er betont, daß die Russen Sklaven seien - daß die großen Herren sich wie Knechte dem Zaren gegenüber verhalten - und daß sie eigentlich nur zur Sklaverei taugten, da sie mit der Freiheit nichts anzufangen wüßten. (16)

Die Unwissenheit der Russen bezüglich ihrer Glaubensgrundsätze merkt Olearius an - dabei bezieht er sich auf Herberstein und den Jesuiten Possevinus, (17) ebenso wie die Abneigung der Priester zu predigen. (18) Der Verfasser weist darauf hin, daß der Patriarch n a c h dem Großfürsten die größte Ehre und Gewalt im Lande habe. (19) In Justiz- und Verwaltungsangelegenheiten herrsche Bestechlichkeit und Willkür. (20)

Die Gewalt des Großfürsten - hier am Beispiel Vassilij III. - hebt Herberstein besonders hervor, und alle folgenden Autoren übernehmen dies Urteil oder bestätigen es aus eigener Anschauung; (1) diese Macht erstrecke sich über Weltliche und Geistliche, über Leben und Gut; niemand dürfe ihm widersprechen. (2)

Der kaiserliche Gesandte berichtet auch, daß die Fürsten im Krieg oder als Führer einer Gesandtschaft für ihre Kosten aufkommen müssen und die ihnen überreichten Geschenke nicht behalten dürfen. (3) Die Moskoviter seien schlechte Kriegstechniker, könnten keine Belagerung durchstehen, seien grausam gegen Gefangene; sie seien verwegen im ersten Angriff, hielten aber nicht lange stand; auch seien sie von außerordentlicher Genügsamkeit. Die Stärke des moskovitischen Heeres beruht auf der Menge ihrer Soldaten, nicht auf der Tapferkeit des Einzelnen oder der Disziplin. (4)

Über den geistlichen Stand berichtet Herberstein das, was auch in anderen Reisebeschreibungen (ab) geschrieben worden ist. (5) Ähnlich wie Olearius äußert er sich über das Abendmahl (6) und den Mangel an Wissen bei den Priestern und Pfarrkindern. (7) Das Leben der Frauen verläuft ohne Abwechslung und in strenger Abgeschlossenheit. Herberstein nennt es "erbärmlich". (8) Elend sei die Lage der Bauern, die sechs Tage in der Woche für den Herrn arbeiten müßten, furchtbar geschlagen würden und mit Leib und Gut den Adligen gehören. (9) Auch er hebt die Käuflichkeit des Rechts hervor, (10) er meint aber, daß diese Habgier und Ungerechtigkeit durch die große Armut hervorgerufen werde. (11) Betrug und List seien die Eigenschaften der Händler und Kaufleute, sie hielten ihre Versprechen nie, erinnerten sich aber gut der Versprechen anderer. (12)

Wurde Herberstein vor allem als Quelle für Nachschlagewerke umfassend verwendet, so findet man den Bericht des anderen Gesandten, Mayerberg, (13) selten in den Literaturangaben der französischen Autoren. Allerdings wurde dessen Beschreibung - im Gegensatz zu der Herbersteins - ins Französische übersetzt, sie erfreute sich allerdings nicht der Beliebtheit wie das Buch Olearius'.

Das Bild, das Mayerberg von seinem Aufenthalt in Moskau und von den Landessitten entwirft, ist nicht sehr vorteilhaft. Die gleichen Beobachtungen, die schon Herberstein und Olearius machten, tauchen auch in seinem Bericht auf, wobei man sich natürlich fragen muß, ob er nicht durch die Kenntnis der beiden Relationen in seinem Urteil beeinflußt wurde. In Bezug auf die religiösen Bräuche, die Unbildung der Priester und ihr dem geistlichen Stande meistens wenig angemessenes Betragen entsprechen seine Bemerkungen durchaus denen seiner Vorgänger. (14) Als Gipfel der Unwissenheit der Moskoviter nennt er die Sitte, den Verstorbenen einen Paß mitzugeben: "qu'auparavent qu'on ensevelisse le défunt, un Prêtre lui met dans la main un certificat écrit par le Notaire du lieu où il est mort ..." (15) Auch für die Macht des Zaren findet Mayerberg ähnliche Worte wie Herberstein und Olearius: er werde von manchen wie eine Gottheit verehrt, (16) seine Herrschaft gleiche eher der eines Herrn über Sklaven als der eines Vaters über seine Kinder. Daher betrachteten sich die Russen auch nicht als solche; und so sei es nur die Furcht, nicht die Ehrerbietung, die sie zum Gehorsam veranlasse. Wenn aber die Furcht nachlasse, dann lehnten sie sich auf, so daß man sie also immer mitleidlos mit Schlägen behandeln müsse: "il commande despotiquement à tous ses sujets." (1) Mayerberg vergleicht Russen und Türken in Bezug auf Höflichkeit, Gehorsam und die Anerkennung persönlicher Meriten - sein Urteil fällt immer zugunsten der Osmanen aus. (2) Der Leser findet die gleichen Klagen wie bei den anderen Reisenden über die Unredlichkeit und Betrügereien der Kaufleute und Handwerker, (3) der Begriff "peu de sincérité" taucht häufiger auf.(4) Das ständige Mißtrauen der Moskoviter und ihre Doppelzüngigkeit den Ausländern gegenüber - auch Eigenschaften der Beamten des Zaren - (5) führt er darauf zurück, daß sie nichts anderes kennen, denn sie selber täten nie etwas ohne Berechnung, daher glaubten sie auch von anderen, daß sie aus den gleichen Motiven handeln. (6) Aus diesem Grunde gebe es bei ihnen keine Freundschaft, sie seien immer bereit, den Freund dem eigenen Vorteil zu opfern. (7) Ebenso unangenehm fällt dem Gesandten die Geheimniskrämerei auf: "Il n'y a point de Nation sur Terre qui cache ses affaires avec tant de soin que la Moscovite". (8) Man könne daher auch niemals Auskünfte erhalten.

Zu diesen wenig erfreulichen Feststellungen kommen dann noch die immer wiederholten Beobachtungen über die Trunksucht, die Unsicherheit der Straßen, (9) die völlige Unfähigkeit zu gebildeter Konversation (10) und das beklagenswerte Los der Frauen - (11) ganz zu schweigen von dem schon zum festen Bestand aller Rußlandreisenden gehörenden Katalog über die Grundlagen der zarischen Macht: Reise- und Lernverbot, Verachtung aller Ausländer, grenzenlose Arroganz. (12) Der Adel verdiene diese Bezeichnung überhaupt nicht. (13)

Dagegen entwirft Mayerberg ein recht positives Bild vom Zaren Aleksej, den er als mit vielen guten Eigenschaften ausgestattet beschreibt, ein Mann des Friedens, sehr gläubig, der seinen Untertanen niemals Unrecht tue. (14) Allerdings hätten seine Favoriten einen sehr großen Einfluß auf ihn und ließen niemanden zu ihm vor, vieles werde ihm verheimlicht. (15) Doch kann sich Mayerberg, ebenso wie später andere Reisende, nicht des Gefühls erwehren, daß er eher wie ein Kriegsgefangener denn wie ein Gesandter in Moskau gehalten werde. (16)

Einige seiner Urteile sind sicher in die Beschreibungen französischer Berichterstatter eingegangen, wenn auch ohne seinen Namen zu erwähnen.

Zu den selten herangezogenen Werken gehört Korbs "Diarium itineris in Moscoviam", (17) aber obwohl es nur wenige lateinische Exemplare gab, haben doch einige Autoren das Buch gekannt und benutzt. (18) Korb schildert besonders ausführlich die Folgen des großen Strelitzenaufstandes, aber er berichtet auch über die Vorgänge nach dem Tode Fedors 1682. Hier hebt der Verfasser die Rolle der Zarevna Sofija hervor, der er die Schuld an den Unruhen im Mai 1682 zuschreibt. Er zeichnet ein negatives Bild von dieser Fürstin, die er als "Fackel und Trompete so vieler gefährlicher Aufstände" bezeichnet. (1) Indem Korb die Grausamkeit der Strelitzen im Jahre 1682 detailliert beschreibt, verfolgt er sicher auch den Zweck, Peters Handlungsweise gegenüber dieser Truppe verständlich zu machen.Denn der Autor schildert die grausamen Hinrichtungen 1698, (2) welche auf Peters Befehl sogar Offiziere und Fürsten vornehmen mußten; (3) schreibt aber auch, es habe überhaupt keinen Unschuldigen unter den Strelitzen gegeben, die Auflösung der Truppe sei gerecht gewesen. (4) Andererseits kommt bei Korb zum Ausdruck, daß die Herrschaft des Zaren durchaus nicht auf allgemeine Zustimmung stieß. (5) Über den Zaren selber äußert der Autor sich an verschiedenen Stellen: er lobt seine glänzenden Gaben, seine Geschicklichkeit und sein Selbstvertrauen; (6) hebt seine Absicht hervor, die Bildung in Rußland heimisch zu machen, (7) wenn diese auch auf den Widerstand der Bojaren stieß. Dem Verhältnis Peters zu der Oberschicht widmet Korb mehrere Betrachtungen: er bemerkt die "hochmütige Unwissenheit", (8) die Taktik, durch Peters Mutter - solange sie lebte - Einwendungen gegen seine Neuerungen vorbringen zu lassen, die Furcht vor dem Zorn des Zaren und die daraus folgende "niedrigste Unterwürfigkeit" (9) und das Mißtrauen Peters gegen seinen Adel.(10)

Das russische Volk beschreibt er als so barbarisch, daß es sogar die von Fremden gezeigte Tüchtigkeit unerträglich findet. (11) Alle lebten in Sklaverei, auch die größten Herren, sie alle erniedrigten sich vor dem Zaren; Korb vergleicht die Russen mit den Türken in Bezug auf die Unterwürfigkeit gegenüber dem Herrscher. (12) Die Neigung zu Betrug und Hinterlist, das völlige Fehlen von geistiger Bildung und Schulung in den handwerklichen Fertigkeiten, daneben aber unerträglicher Hochmut, das seien die Merkmale dieses Volkes. (13) Abgesehen von einigen Ausnahmen seien die Russen ungebildet, schwerfällig, ohne Scham, zügellos, dem Trunk ergeben, unfähig zur Freiheit. (14)

In seiner Darstellung der Geistlichkeit (15) und Rechtspflege bestätigt er die uns schon bekannten Urteile. (16) Die Schilderung der Hochzeitsbräuche und Begräbnissitten (17) entspricht ebenfalls den schon untersuchten Berichten. Auch in dem Urteil, daß die meisten religiösen Übungen nur äußerlich, ohne wirkliche innere Frömmigkeit vorgenommen würden, steht Korb nicht allein da. (18) Seine Darstellung der Kriegführung der Russen und ihrer Fähigkeiten auf diesem Gebiet - im 17. Jahrhundert - entspricht dem Urteil der anderen Beobachter: ein ungeordneter Haufen, von der eigenen Masse erdrückt, ohne Disziplin, ohne Kenntnisse auf militärischem Gebiet; allerdings verursache diese Art der Kriegsführung wenig Kosten, abgesehen von den verheerenden Folgen für die Wirtschaft und die Bevölkerung. (19) Jedoch spricht der Verfasser von der Hoffnung, daß unter der Regierung Peters sich alles zum Besseren wenden, das Wesen der Russen seine Widersetzlichkeit und Grausamkeit verlieren werde, wenn auch bis jetzt das Gute, was ihnen gebracht worden sei, bei vielen nur Unzufriedenheit hervorgebracht habe. (20)

Schildert Korb in seinem Tagebuch noch das Moskovien, in dem

Neuerungen erst im Ansatz zu erkennen sind, der Krieg gegen Schweden als Motor der einschneidendsten Veränderungen noch nicht begonnen hatte, auch durchaus noch Zweifel bestehen konnten, welches Ergebnis die Absichten und Bemühungen des Zaren bringen würden, so konnte gut 20 Jahre später bereits von einem "veränderten Rußland" gesprochen werden. (1)

1711 berichtet der Holländer de Bruin in einem Werk "Reizen over Moskovie door Persie en Indie" - das er dem Herzog Anton Ulrich von Braunschweig widmet - über seine Eindrücke von Rußland unter Peter dem Großen. Vieles entspricht noch den alten Sitten: so schildert er Osterbräuche, (2) die Wasserweihe, (3) die Gewohnheiten der Russen, wenn sie Besuche machen, (4) die Strafen, (5) die Neigung der Männer und Frauen zum Trinken.(6) De Bruin zählt die Haupteinkünfte des Zaren auf, (7) berichtet über die äußerlichen Veränderungen in Rußland - Bartscheren und Kleidung - und die Widerstände gegen diese Maßnahmen. (8) Stark beeindruckt zeigt sich der Verfasser vom Nachahmungstalent der Russen (9) und, wie alle Reisenden, von der unumschränkten Macht des Zaren, die sich sogar auf geistliche Gebiete erstrecke. (10)

Der Holländer war, wie viele Westeuropäer vor und nach ihm nur auf der "Durchreise" in Rußland. Seine Beobachtungen können daher naturgemäß nicht so eingehend sein wie die eines Mannes, der mehrere Jahre lang dort gelebt und gearbeitet hat. Der hannoversche Gesandte Weber hat mehrere Jahre in Rußland zugebracht; er selber spricht von einem "eilf-jährigen Umgang mit der Rußischen Nation". (11)

Nach dem Titel seines Werkes sollte man vermuten, daß ein in vielen Teilen neues Bild dieses Reiches entworfen wird. Aber wie anderen Besuchern vor und nach ihm fällt dem Gesandten sehr stark auf, was er kurz als "Rußische Boßheit" - an anderer Stelle als "Widerspenstigkeit dieser Nation" - kennzeichnet, welcher der Zar ein "deutsches Gegengewicht" setzen wolle, "und durch die Hülfe dieses letzten den alten rußischen Sauerteig ganz auszufegen." (12) Bildung, das Bemühen um gute Manieren, Schulung in den Wissenschaften: all das kann man, von Ausnahmen abgesehen, immer noch nicht in Rußland erwarten. Selbst bei den Russen, die im Ausland waren, stelle man nach ihrer Rückkehr in die Heimat fest, daß alles Neue völlig ohne Einwirkung geblieben ist: "sie nehmen meistens nur schlechte Angewohnheiten mit oder aber sind unerträglich eingebildet wegen der im Ausland etwa erlernten Leibes-Exercitien (denn das Gemüthe laßen sie unbeackert)".(13) Mit wenigen Ausnahmen bleiben die Erfahrungen und Eindrücke im Ausland völlig ohne Einfluß auf das Leben der heimgekehrten Russen, häufig vergrößern sie nur die Untugenden. Desgleichen seien auch fast alle Bemühungen des Zaren, gegen Unterschlagung und Bestechung vorzugehen, ohne Erfolg geblieben. (14) Die Lage der Bauern, ihr Verhältnis zum Adel, zu den Beamten, von denen beiden sie ständig übervorteilt werden, schildert er ähnlich wie die uns schon bekannten Autoren. (15) Übereinstimmung herrscht auch in der Beurteilung russischer Priester (16) und ihrer Unbildung, sowie in der Darstellung der religiösen Bräuche. (1) Da nun im allgemeinen das Bild, das dem Leser in diesem Buch entworfen wird, dem entspricht, was über Rußland seit Jahren berichtet wird, muß man sich fragen, worin denn eigentlich die Veränderung besteht.

Weber sieht sie einmal in der Person des Zaren, in dessen Absichten und Reformbestrebungen; (2) vor allem aber, und jedem am deutlichsten sichtbar, im Militärwesen. So schildert er den Monarchen als besten Minister, General und Admiral, als den gelehrtesten Theologen und Historiker seines Landes; (3) durch härtesten Druck habe er es auch erreicht, daß es in Rußland nun schon viele geschickte Leute gebe. (4) Im Bereich des Militärs habe es der Zar soweit gebracht, daß seine Infanterie keiner in der Welt nachstehen müsse. (5) Soweit etwas mit Furcht und blindem Gehorsam, nicht mit Klugheit, erreicht werden könne, soweit könnten es die Russen allen anderen Völkern zuvortun. Insbesondere sei die Veränderung zu bemerken, wenn man sich die Militärordnung des alten Rußland vergegenwärtigt. (6) Weber versäumt es aber auch nicht, auf die ungeheuren Verluste hinzuweisen, die durch die Marine und den forcierten Festungsbau - und den Bau St. Petersburgs - in der Bevölkerung entstanden sind. (7) Die allgemeine Unsicherheit auf den Straßen, besonders nachts, sei immer noch außerordentlich groß. (8) In seinen chiffrierten Berichten nach Hannover spricht Weber häufiger eine deutliche Sprache; 1718 schreibt er: "J'aurois bien des choses à vous dire des affaires de ce pays terrible où tant de mortels tremblent ..." (9) Nun sind diese Relationen mit ihren Bemerkungen über den Zaren und das russische Volk außer einem beschränkten Kreis niemandem zur Kenntnis gelangt. Trotzdem ist es von Interesse, daß er hier zwar die Bemühungen Peters würdigt, andererseits aber auch immer wieder bemerkt, wie wenig Erfolg dem Herrscher bis jetzt dabei beschieden ist. (10) Er glaubt im Jahre 1718 feststellen zu können, daß der Geist der Rebellion und der Unzufriedenheit allgemein verbreitet sei. (11) Zu dieser Auffassung gelangt er durch die Ereignisse, die im Zusammenhang mit dem Schicksal des Thronfolgers Aleksej stehen.

In dem für die Öffentlichkeit bestimmten Buch spricht Weber von dem schlechten Umgang des Carevič, von seiner Indolenz, von der schlechten Behandlung seiner Gemahlin, (12) andererseits betont er, daß Peter I. alles versucht habe, um seinen Sohn zur "Succession tüchtig zu machen"; Aleksej sei aber immer ungehorsam und widerspenstig gewesen, habe trotz seines öffentlichen Thronverzichts weiter intrigiert, um doch Nachfolger seines Vaters werden zu können. (13) Der Gesandte ist der Ansicht, daß Aleksej tatsächlich beabsichtigte, sich durch einen Aufstand in den Besitz der Krone zu bringen und niemals ernsthaft an eine Änderung seines Verhaltens gedacht habe. (14) Im übrigen gibt Weber die offizielle Version vom Tod des Carevič wieder: er sei an einer Apoplexie gestorben. (15) Im. 2. Band seines "Veränderten Rußland" geht er auf die vernachlässigte Erziehung Aleksejs ein, ohne dem Vater daraus einen Vorwurf zu machen,(16) er erwähnt, daß der Sohn niemals "Willen noch Herz genug hatte",

(1) um gegen seinen Vater gewaltsam vorzugehen.

In seinem Bericht vom 14.2.1718 verteidigt Weber Peters Entscheidung gegen seinen Sohn, indem er die Mühe schildert, die der Zar auf sich nimmt, mit dem Erfolg, daß die meisten Russen hoffen, er werde auf Grund seiner großen Arbeitsbelastung bald sterben, und mit der Nachfolge Aleksejs werde wieder alles seinen gewohnten Gang gehen. (2) Das hindert den Berichterstatter aber nicht, an das Ende in Chiffre zu setzen: "Es wird in diesem Reich Alles mal ein Ende mit Schrecken nehmen, weiln die Seufzer vieler Millionen Seelen wider den Zar zum Himmel steigen, auch dem glimmenden Funken der in aller Menschen verborgenen Wuth nichts als ein Wind und Anführer fehlet." (3) Weber fügt an anderer Stelle an, daß dies schon die 28. Verschwörung gegen Peter gewesen sei. (4)

In seinem "Veränderten Rußland" spielt er die Gefahr solcher Konspirationen herunter: eine allgemeine Empörung sei nicht zu befürchten, wenn auch "einige Unterthanen mit schwürigen Gedanken umgegangen", so fehlten doch zu einer wirklichen Erhebung die Anführer, und der Zar könne sich auf seine Truppen verlassen. (5) Im übrigen sei der Adel des Reiches zwar schon immer dem Zaren außerordentlich unterworfen gewesen, aber mit der Lage unter Peter sei das überhaupt nicht zu vergleichen; Peter I. herrsche unumschränkter - auch über den Adel - als alle Vorgänger auf dem Thron. (6)

Die Ansichten des hannoverschen Gesandten wurden zumindest in großen Teilen der lesenden Öffentlichkeit - auch in Frankreich - bekannt. Die Urteile eines anderen, durch seinen längeren Rußlandaufenthalt und seine Sprachkenntnisse noch besser informierten Kenners der Verhältnisse blieben der Öffentlichkeit unbekannt, wenn sie auch ursprünglich dazu gedacht waren, in ein Geschichtswerk über Peter den Großen einzufließen. Der als Sekretär an der preußischen Gesandtschaft in Petersburg tätige Johann G. Vockerodt legte seine Kenntnisse über das Rußland Peters des Großen in einer ausführlichen Denkschrift nieder.(7) Die Fragen, auf die er eingehen sollte, stammten von Voltaire, der Material für seine Geschichte Rußlands unter Peter dem Großen sammelte. (8) Vockerodt macht dem Leser zu Beginn seiner Ausführungen klar, wie das Reformwerk Peters und das Bestreben, seine Untertanen zu "cultivieren", zu verstehen sei: niemals hätten sich diese Absichten auch auf Bürger und Bauern erstreckt. (9) Der Verfasser läßt auf der einen Seite den alten Russen Gerechtigkeit widerfahren. Er zeigt Verständnis für ihre groben Sitten - es sei ihr Unglück gewesen, daß sie soviel von den Tataren hätten übernehmen müssen - und sie seien nicht dümmer als andere Leute, im allgemeinen sogar anstelliger als das gemeine Volk in Deutschland, in geschäftlichen Unternehmungen zeigten sie unter der Maske der Einfalt ausgesprochenes Geschick. (10) Er versteht auch die Abneigung der Russen gegen Petersburg, denn er meint, daß "dem gemeinen Nutzen" durch den Aufenthalt des Hofes und der Verpflichtung des Adels, dort zu residieren, kein Vorteil entstehe, dies im Gegenteil sich nachteilig auf die Volkswirtschaft auswirke. (11)

Andererseits bemerkt auch Vockerodt, daß westlicher Lebensstil und gute Sitten meistens nur Tünche sind. Im Ausland glaube man dann an eine Veränderung des russischen Wesens, sobald aber die russischen Adligen wieder in ihr Vaterland zurückkämen, so fielen sie "dennoch gemeiniglich wieder in ihr altes Sauleben" zurück. (1) Aus der Einrichtung der Akademie hätten die Russen kaum Nutzen gezogen; kein Russe habe es bis jetzt weit gebracht in den Wissenschaften, und ihre Kinder schickten sie nur sehr ungern zu den Vorlesungen. Aber am meisten, so der aufmerksame Beobachter, seien ihnen die Prinzipien verhaßt, nach denen Peter I. den Staat neu zu ordnen versuchte und z.T. auch geordnet hat. Nur Soldaten - vor allem die Garden - und gemeine Leute verehrten ihn, alle anderen wünschten sich sehnlichst die alte Regierungsform zurück. (2) Sie betrachteten die Truppen als ein Mittel ihres Herrschers, seinen Willen in jedem Fall durchzusetzen,und von Peters Kriegen und der Vergrößerung des russischen Reiches hielten sie schon gar nichts. Sie wollten ihre Ruhe und Bequemlichkeit, der Krieg, die Eroberungssucht richte sie zugrunde. (3) Auf den "point d'honneur", die "gloire" dürfe man sie gar nicht ansprechen, ihnen sei es gleichgültig, welche Meinung andere von ihnen hätten. Ihnen scheine es jedenfalls, als habe die Bekanntschaft mit den Ausländern nur Nachteile mit sich gebracht. (4) Vockerodt sagt an anderer Stelle auch, warum der Kaiser so verhaßt war: er besitze die "allervollkommenste Souverainetė in geist- und weltlichen Geschäften ohne den geringsten Widerspruch," (5) er lasse seinen Adel "das Joch der Knechtschaft rechtschaffen fühlen", er schaffe "alle Distinctiones der Geburt" ab und zwinge alle zu den niedrigsten Diensten, mit einem Worte: er verfüge über Leben und Gut aller Untertanen ohne die geringste Rücksicht, handele allein nach seinem despotischen Willen und Gefallen. Über Peters innere Politik fällt Vockerodt ein hartes Urteil: Justiz, Finanzen, Wirtschaft, Handel kümmerten ihn kaum, wichtige Staatsgeschäfte würden von ihm vernachlässigt, wenn es um seinen geliebten Schiffsbau gehe. (6) Vockerodt bemerkt, "dass er fast alle Menschen so angesehen, als wenn sie lediglich zu seinem Pläsir gemacht wären ..." (7) Rußland habe, gemessen an seiner Ausdehnung, viel zu wenig Einwohner; der Autor schreibt das u.a. den Kriegen und den vielen Bauvorhaben Peters zu, sowie den hohen Steuern - daher Bauernflucht - und der "erschrecklichen Völlerei ... welche unter den Erwachsenen alle Jahre eine große Menge Menschen um den Hals bringt." (8)

Den anderen französischen Schriftstellern standen diese Informationen, die Voltaire sich beschaffen konnte, nicht zur Verfügung. Sie konnten aber, und das tat auch Voltaire, auf englische Berichte zurückgreifen, vor allem auf das Buch (9) John Perrys. (10) Wenn auch die persönlichen Erfahrungen dieses Engländers im Umgang mit den Russen, vor allem mit Apraksin, nicht besonders positiv waren - in 14 Jahren bekam er sein Gehalt nur einmal für ein Jahr -, so versucht er dies nicht zu sehr einfließen zu lassen. Auch Perry bemerkt den "durchgängigen Widerwillen, welchen die mehresten von denen alten Bojaren über alle neuen Unternehmungen hatten, in welche der Czar auf Angebung derer Frembden, über das, was seine Vorfahren jehmalen zu thun sich unterfangen hatten, sich einließ." (1) Er ist auch der Ansicht, daß es bei einer erneuten Niederlage gegen Karl XII. zu einem Generalaufstand gekommen wäre, "in Hoffnung, dadurch es dahin zu bringen, daß der Czar denen unter seiner Regierung geführten Beschwerden abhülfe, und nicht allein sie zu ihrem alten, abergläubischen einfältigen Wesen und Unwissenheit wieder brächte, sondern auch die Frembden, mit welchen sie sich niemalen vertragen konnten, aus dem Lande jagte, wie nicht weniger wegen derer starker Auflagen, und grossen Abgangs ihres Volcks eine Erleichterung schaffete." (2)

Hier finden sich kurz zusammengefaßt alle Beschwerden, die später bei der Vernehmung der Anhänger Aleksejs vorgebracht werden. Perry erwähnt die Gleichgültigkeit des Adels gegenüber Peters Absichten; wenn der Zar vor den alten Bojaren sterben sollte, so würde "das meiste gute ...wieder in Verfall gerathen, und der alte Schlendrian wieder hervor gesuchet werden ..." (3) Hier erinnert sein Urteil an Vockerodts spätere Bemerkung, und auch in manchen anderen Betrachtungen lassen sich Übereinstimmungen in der Beurteilung erkennen. (4) Daneben enthält Perrys Darstellung noch die üblichen Angaben über die Ignoranz der Priester, (5) in der er auch den Grund für die mangelnde Missionstätigkeit sieht. (6) Er bestätigt Darstellungen älterer Reisender über kirchliche Riten, so das Abendmahl, (7) die Taufe (8) und das Begräbnis; auch er erwähnt die Beigabe eines "Zeugnisses" an den Heiligen Nikolaus, (9) ebenso die Ausschreitungen während des Karnevals. (10)

Wie allen Ausländern fällt Perry natürlich die ungeheure Machtfülle des russischen Herrschers auf: "Der Respect und Gehorsam, welchen die Russen ihrem Souveränen leisten, ist so groß, vollkommen unumbschränkt, daß nichts darüber seyn kan. Denn der Czaar regieret seine Unterthanen mit absoluter und despotischer Gewalt, er ist an gar keine Kapitulation oder Grund Gesetze des Reiches gebunden, also gilt sein Wille, er sey gleich wider alle Rechte und Billigkeit, als ein Gesetze... ja, ich kan versichern, daß kein Volk in der Welt sey, welches so viele Hochachtung vor ihren Regenten hegt, als die Russen; denn diese glauben fest, daß kein mächtigerer, klügerer Fürst unter dem Himmel sey, als ihr Czaar, wie es denn auch bey ihnen ein Sprüchwort ist, wenn sie von schweren und unergründlichen Dingen reden, das weiß Gott und der Czaar ..." (11) Der englische Ingenieur schildert das Verhältnis des Patriarchen zum Zaren, bzw. das der Geistlichkeit zur weltlichen Macht und betont dabei, daß schon vor Peter I. - von einigen Ausnahmen abgesehen - die Kirche sich nicht über den Zaren erheben konnte. (12)

Anders als andere Beobachter begrüßt Perry die außerordentlich schnelle Handlungsweise der Justiz, bei der es kein langes Prozessieren gäbe, alle würden ohne Ansehen der Person gleich bestraft; Peter würde jede Parteilichkeit und Korruption streng verfolgen. Die Härte der Strafen hält Perry für angemessen: wenn man die "ungemeine Halsstarrigkeit dieser Nation" bedenke, so könne man sich nicht über die anscheinend grausame Züchtigung wundern. (13) Als Ziel von Peters gesamten Bemühungen gibt er an: das Land "mit allen ersinnlichen Künsten zu cultivieren, und durch eine starke Armee ... sich und seinen Staat formidable ... zu erhalten." (1) An Maßnahmen, welche Peter zur Erreichung dieses Zieles ergriffen hat, nennt er: die Einrichtung von Schulen (2) und Druckereien, (3) die Vergrößerung der Armee und die Belohnung derjenigen, die es wirklich verdienten, die Reduzierung der großen Anzahl von Priestern, (4) die Einrichtung einer guten Artillerie. (5) Die Hauptbeschäftigung Peters aber seien der Schiffsbau und der Aufbau einer kriegstüchtigen Marine, unter dieser Vorliebe müßten andere wichtige Zweige der Regierung oft leiden. (6)

Perry zeichnet das Bild eines rastlos tätigen Herrschers, der seine zumeist widerstrebenden Untertanen zu Diensten und Leistungen für die Größe des Staates zwingt, von der die meisten nichts wissen wollen, der aber auch auf Grund bestimmter Interessen wichtige Teile der Innenpolitik seinen im allgemeinen bestechlichen Mitarbeitern überläßt und das Los der Menschen meistens verschlechtert. An einer Stelle entschlüpft dem Autor ein Satz, der - trotz Anerkennung der Leistung des Zaren - seine Einstellung zum russischen Reich deutlich werden läßt: "was es für eine grosse Glückseligkeit sey, in einem freyen Land zu leben. " (7)

Die Berichte von später in Rußland reisenden Engländern beschränken sich oft nur auf Eindrücke von St. Petersburg - so z.B. William Richardson in seinen "Anecdotes of the Russian Empire" (8) - während William Coxe im Laufe seiner Grand Tour Rußland bereiste. (9) Richardson bemerkt die Schwierigkeit, Informationen zu erhalten; nur das, was vom Hofe genehmigt sei, dürfe verbreitet werden; selbst die Kommission, die Katharina 1768 berufen hat, hat nach Aussage des Engländers keine Möglichkeit, frei zu debattieren. Die Kaiserin setze fest, worüber geredet und wie lange die Kommission bestehen werde, auch die Akademie sei im Grunde ohne Nutzen: "The Academy has subsisted for many years, but what have they done? It may be mentioned, with ostentious pomp, in a news-paper, or by Voltaire (!), and nothing else is intended." (10) Berichte von Verschwörungen und Verhaftungen würden unter der Hand verbreitet, Spione beobachteten alle wichtigen Leute, Katharina verbiete jegliche freie Meinungsäußerung. (11) Seine Berichte über kirchliche Bräuche, das Verhalten der Priester und der Gläubigen, (12) die Willkür der Richter, die Rechtsunsicherheit und die mangelnde Ausbildung (13) zeigen keine wesentlichen Veränderungen gegenüber Darstellungen aus der vorpetrinischen Zeit. Seine Beschreibung der Lebensweise der Bauern und der Folgen dieser Lage für die Gesellschaft entspricht im wesentlichen Chantreaus Ansichten. (14) Wahrscheinlich muß man davon ausgehen, daß Chantreau seine "Reisebeschreibung" aus den Werken der Engländer, vor allem Richardson und Coxe, zusammengestellt hat. (15)

William Coxe entwirft in seiner Reisebeschreibung ein ähnliches Bild von Rußland wie sein Landsmann. Er rühmt die Leistungen Ivans IV., (16) und versucht eine Rechtfertigung der Zarevna

Sofija, die von den Autoren immer falsch dargestellt werde.(1) Er würdigt Peter, der die Grundlagen der russischen Größe gelegt, die Marine geschaffen und das Heer neu geformt habe, der Landwirtschaft und Handel gefördert und Kunst und Wissenschaften ermutigt, sowie seine Untertanen beträchtlich zivilisiert habe. Jedoch sei seine Absicht, die Masse seiner Untertanen gesitteter zu machen, nicht verwirklicht. Der Grund für diesen Fehlschlag, so meint Coxe, sei sein eigenes ungestümes Wesen gewesen, die völlig unrealistische Idee, man könne Wissenschaft und Kunst mit Gewalt einführen und in einem Augenblick das vollbringen, was nur das Werk einer langen Zeit sein könne.(2) Coxe verurteilt Peters Thronfolgeregelung als einen Entschluß, der dem Einfluß der Armee Tür und Tor geöffnet habe. (3) Bei der Darstellung des Schicksals von Aleksej zeigt der Verfasser seinen Abscheu vor der grausamen und ungerechten Prozeßführung deutlich. (4) Auch er glaubt, daß Aleksej enthauptet wurde und hält die offizielle Version für unglaubwürdig "notwithstanding the assertions of Peter, and the apology of his panegyrists." (5) Nicht eben freundlich beurteilt der englische Autor die Kaiserin Elisabeth, (6) die er als "indolent and voluptuous" bezeichnet, (7) und deren "Humanität" er als Propaganda bezeichnet, da zwar öffentliche Exekutionen entfielen, aber im geheimen viele Opfer starben. (8) Das Andenken dieser Kaiserin könne man nicht ehren. (9)

Coxe stellt fest, daß die Darstellungen der Lobredner Peters bezüglich der Veränderungen in Rußland maßlos übertrieben seien. (10) Er sieht Rußland, bezogen auf die Masse des Volkes, fast in dem Zustand, in dem sich der größere Teil Europas während des 11. und 12. Jahrhunderts befand. Es bestehe eben ein großer Unterschied darin, ob man ein paar Einzelpersonen zivilisiere oder eine ganze Nation. Letzteres könne nur erreicht werden durch langsamen und fast unmerklichen Fortschritt. (11)

2.4. Rußland und Polen in der Historiographie

2.4.1.1. Voltaire

Der Schriftsteller, mit dem sich die meisten Autoren, die nach 1700 schrieben, in irgendeiner Weise, positiv oder negativ, auseinandergesetzt haben, ist Voltaire. Diese Tatsache allein zeigt schon den großen Einfluß, den seine Darstellung Rußlands auf das damalige Lesepublikum haben mußte. Deswegen werden wir uns auch von der bisher angewandten Methode, die Berichte in der Reihenfolge ihrer Publikation vorzustellen, abwenden und seine Geschichte Karls XII. und die Rußlands unter Peter dem Großen in den Mittelpunkt stellen. Im Anschluß daran wollen wir die Werke der weniger bekannten Autoren untersuchen. Einen Abschnitt für sich bilden dann die Werke von Leclerc und Levesque, die, wie bereits erwähnt, auch russische Quellen der älteren Zeit heranziehen.

Für seine Darstellungen konnte Voltaire u.a. auf folgende Informationen zurückgreifen: die Memoiren von Schulenburg, Adlerfeld, Poniatowski und Nordberg, Fabrice, (1) de Fierville, de Villelongue. Er gibt selber an: "récit des personnes qui ont passé plusieurs années auprès de Charles XII et de Pierre le Grand." (2) Er kannte Olearius, (3) erhielt Anregungen und Materialien aus Petersburg, (4) ihm standen, wie schon erwähnt, die Ausführungen Vockerodts zur Verfügung, außerdem benutzte er Informationen aus Perrys Bericht. (5) Mit Verachtung spricht er von den Veröffentlichungen anderer Autoren; diese Geschichten seien aufgrund von Zeitungsnachrichten geschrieben worden. (6)

1731 erscheint die erste Auflage der Geschichte Karls XII., sie wird von der Polizei konfisziert, 1740 revidiert Voltaire den Text; 1757 wird ihm von russischer Seite angetragen, eine Geschichte Peters des Großen zu schreiben, im Oktober 1759 ist der erste Teil beendet und erscheint 1760 nach der Approbation durch Petersburg. Der zweite Teil des Werkes erscheint 1763.

Obgleich sein erstes historisches Werk sich vor allem mit Karl XII. befaßt, enthält es natürlich eine Menge Informationen, über dessen größten Gegner, den Zaren, wie übrigens auch über Polen. Schon hier nennt er Peter "beaucoup plus grand homme que lui [Charles XII] ", und beide bezeichnet er als "personnages les plus singuliers". (7) Als Voltaire mit Peter den großen Gegner des Schwedenkönigs vorstellt, skizziert er auch ein Bild des alten Moskau, so wie er bei der Vorstellung Augusts des Starken kurz auf dessen politische Pläne eingeht.

Peter, so Voltaire, habe sich schon durch die Eroberung Asows einen gefürchteten Namen gemacht, eine Eroberung, die ihm die Herrschaft über das Schwarze Meer eröffnete. (8) Der Schriftsteller unterstellt ihm schon zu diesem Zeitpunkt, er habe den Beinamen "der Große" durch erstaunlichere Taten erhalten wollen als durch militärische Siege. Rußland - oder Moskovien - sei vor seiner Regierung in Europa kaum bekannt, das Volk weniger zivilisiert gewesen als die Mexikaner zur Zeit ihrer Eroberung durch Cortez: Sklaven und Herren gleichermaßen Barbaren, in ihrer Unwissenheit und dem Mangel jeglichen Gewerbefleißes verkommend. Im Abgrund der Unwissenheit und des Elends verachteten sie jeglichen Verkehr mit anderen Völkern. Sie kannten noch nicht einmal die Zahlen, sie bedienten sich kleiner Kugeln zum Rechnen. Ihre Religion war voller Aberglauben, sie beobachteten zwar strikt die Fasten, aber sie betranken sich, Männer wie Frauen und Kinder, an allen Festtagen. (9) Als eine Ursache für diese abgrundtiefe Unwissenheit nennt Voltaire - wie andere Autoren auch - das Verbot, ins Ausland zu reisen. Aber während die früheren Schriftsteller berichteten, ohne Erlaubnis des Z a r e n hätten die Russen nicht reisen dürfen, sagt Voltaire: "une ancienne loi, sacrée parmi eux, leur défendait, sous peine de mort, de sortir de leur pays sans la permission de leur p a t r i a r c h e". (10) Die gleiche Tendenz, der Kirche die Barbarei und die Unwissenheit anzulasten, sowie eine absolute Herrschaft über alle Russen, zeigt sich in den Worten: "L'autorité de ce dernier [le patriarche] était sans bornes, comme leur ignorance. Il rendait des arrêts de mort, et infligeait les supplices les plus cruels, sans qu'on pût appeler de son tribunal." (1) Alle anderen Autoren betonen die unumschränkte Macht des Zaren, zitieren die gängige Redensart, die Gott und den Zaren auf eine fast gleiche Stufe stellt (2) - Voltaire stellt es anders dar. Wie besser könnte er sonst die "Aufgeklärtheit" seines Zaren, dessen Toleranz darstellen, wenn er nicht vorher die fanatische Kirche als Herrscherin darstellen würde, die endlich der Vernunft, der Aufklärung, weichen mußte?

Das alles erreichte ein Mann, dessen Erziehung eigentlich eher geeignet war, die Barbarei zu verstärken. (3) Sein Genie entwickelte sich, so Voltaire, mit einem Schlag. Der Verfasser stellt es so dar, als habe es nur des Entschlusses bedurft, um eine neue Nation zu schaffen, (4) als habe Peter beabsichtigt, mit seiner ersten großen Auslandsreise eine Art Lehrzeit zu absolvieren, um zu lernen, wie man besser regieren könne. Am Ende seiner Ausbildungszeit sei er nach Rußland zurückgekehrt "amenant avec lui les arts de l'Europe." (5) In Massen seien ihm Handwerker jeglicher Art gefolgt, große russische Schiffe hätten zum ersten Mal die Ostsee, das Schwarze Meer und den Atlantik befahren. Bildungseinrichtungen erschienen gleich in größerer Anzahl, (6) die Städte wurden den westlichen Vorbildern angepaßt, nach und nach änderten sich Kleidung und Gebräuche - wenn auch mit Schwierigkeiten. Aber als größten Erfolg wertet Voltaire die Abschaffung der Patriarchenwürde, wobei er meint, der Zar habe sich zum Oberhaupt der Religion gemacht.

Peter habe die Bildung der Geistlichkeit gefördert und lasse in den wenigen noch verbliebenen Klöstern Theologie und Philosophie lehren! (7) Allerdings gibt Voltaire zu, daß sich gegen die Reformen im kirchlichen Bereich Widerstand regte. Als besonders lobenswert und als beispielhaft für die zivilisierten Staaten des Westens bezeichnet er das Gesetz Peters, das es den in seinen Diensten stehenden Männern, sowie Bojaren und vor allem Bergarbeitern, verbietet, in ein Kloster zu gehen. (8) Der Müßiggang dürfe nicht unterstützt, nützliche Bürger dem Staate nicht entzogen werden.

Die Kirche habe er so dem Staat unterworfen, aber auch in der Militärverfassung sei er ähnlich vorgegangen. Er habe die "moskovitischen Janitscharen", die Strelitzen, beseitigt. Voltaire meint, diese Truppe habe die Zaren am Gängelband geführt, sie sei ihren Herren gefährlicher gewesen als ihren Nachbarn. (9) Natürlich spielt er dabei auf die Vorgänge in den Jahren 1682 und 1698 an, aber er übertreibt die Möglichkeit, welche diese Miliz hatte, ebenso die Privilegien, welche ihren Mitgliedern anstelle einer guten Bezahlung zustanden. Seine Darstellung der Strelitzen ermöglicht es dem Verfasser aber, zum einen die Beschränkung in der Macht der vorhergehenden Zaren und die ungeheure Machtfülle Peters deutlich zu machen; zum anderen dient sie dazu, den Fortschritt, das Neue, Bessere, besonders hervorzuheben. Es ist dies dieselbe Tendenz, die uns schon bei der Beschreibung der Kirche auffällig zu sein scheint: die Befreiung des Staates von der Bevormundung durch noch - im Verständnis Voltaires - mittelalterliche Institutionen; der Fortschritt der Vernunft, die Schaffung des Neuen aus dem Nichts, bzw. aus dem bisherigen Schlechten, soll betont werden. Voltaire übersieht dabei, daß die Strelitzen ursprünglich - gegenüber der alten Wehrverfassung - als moderne Truppe eingerichtet worden waren, daß die Kirche niemals die russischen Herrscher in Abhängigkeit gehalten hat im Sinne einer Unterordnung der weltlichen unter die geistliche Macht.

Wenn man aber die Absicht hatte, Peter als d a s Vorbild eines ohne Beeinflussung durch Aberglauben und Tradition regierenden Fürsten darzustellen, der allein durch seine Energie und seinen Willen das absolut Neue erschafft, (1) dann mußte das alte Moskau in den dunkelsten Farben geschildert werden.

Wie schon andere Verfasser vor ihm betont Voltaire den großen persönlichen Einsatz des Zaren, der in fast allen Disziplinen seinen Untertanen ein Beispiel war, vor allem aber ein Vorbild an Unermüdlichkeit und rastloser Tätigkeit. (2) Über den Erfolg der Maßnahmen bei seinen Untertanen sagt der Autor wenig; er stellt nur fest: Peter habe Sitten, Gesetze, Militär, das Antlitz seines Landes geändert; die Elite der europäischen Gelehrten sei mit großen Kosten nach Petersburg geholt worden - Voltaire spricht von Bernoulli, Delisle, Bulfinger und Wolff. (3) Die Wissenschaften, überall sonst das Ergebnis einer langen Entwicklung, seien durch ihn in Vollendung nach Rußland gekommen, nun gebe es auch "des philosophes moscovites." (4) Junge Russen reisten auf Befehl (!) des Zaren, und er, Voltaire, habe einige voller Kenntnisse und Geist kennengelernt. Schon für das Jahr 1698 bezeichnet der Autor Peter als den "fondateur de la Russie", der nun auch Eroberer sein wollte. Der Zar habe den Krieg als nützlich für seine Pläne angesehen und habe im übrigen die Rechte seiner Vorgänger in Ingermanland, Estland und Livland wiederherstellen wollen. (5) Zum Zweck der Wiedergewinnung dieser Provinzen habe er ein Bündnis mit dem König von Polen geschlossen. (6)

Um seine militärische Macht war es im Jahre 1700 noch schlecht bestellt; Voltaire weist darauf hin, daß nur die von deutschen Offizieren kommandierten Regimenter von Nutzen sein konnten, die übrige Truppe, so der Verfasser, bestand aus Barbaren, die aus ihren Wäldern herausgerissen waren, bedeckt mit den Fellen wilder Tiere, mit Pfeil und Bogen bewaffnet, ohne Kenntnis irgendeiner Belagerung - diese Leute unterrichtete Peter als Leutnant vor Narva in der Kunst des Krieges. (7) Es ist kein Wunder, wenn ein anderer französischer Autor (8) von einem Roman spricht, als er sich auf dieses Werk von Voltaire bezieht. Aber auch diese phantasievolle Schilderung dient dem Zweck, das alte Moskau mit seinen Einrichtungen als besonders rückständig erscheinen zu lassen, um dann Peters Leistung noch größer herausstellen zu können. (9) Voltaire läßt alles, was zu einer Kritik an Peter I. Anlaß geben könnte, zurücktreten hinter dem für ihn wichtigsten Gesichtspunkt: der Gesetzgebung des Zaren. Immer wieder betont er das Florieren der Künste und Wissenschaften - schon in den Anfangsjahren des Krieges! (1)

Andererseits kommt an verschiedenen Stellen des Werkes ein durchaus zwiespältiges Bild des neuen Rußland zum Vorschein: schon für das Jahr 1704 spricht Voltaire von Peters guten Truppen: gute Ingenieure, eine effiziente Artillerie, viele fähige Offiziere, eine Marine, die der schwedischen Paroli bieten kann, dazu die Sicherstellung der Truppenversorgung; (2) auf der anderen Seite berichtet er davon, daß ganze Abteilungen von Soldaten im Pruthfeldzug (1711) desertierten, daß die Christen in der Moldau lieber unter türkischer Herrschaft bleiben als unter russische kommen wollten, (3) daß russische Soldaten in unerhörtem Ausmaße plünderten und brandschatzten. (4)

Der Autor spricht davon, daß Rußland ein gefährlicher Alliierter für König August war, dem dieser auf Gnade und Ungnade ausgeliefert war, (5) vom "joug moscovite", dem sich die Ostseeprovinzen unterworfen sahen. (6) Ähnlich uneinheitlich ist das Bild, das dem Leser vom Kontrahenten des schwedischen Königs entworfen wird. Der Zar ist in Voltaires Augen u.a. deshalb so zu loben, weil er nur im Staatsinteresse gehandelt habe und sich niemals von persönlichen Animositäten habe leiten lassen. Auch das unterscheide seine Handlungen, so meint der Autor, von denen des Schwedenkönigs. (7) Alles was neu und nützlich war in Rußland, sei ausschließlich das persönliche Werk des russischen Herrschers gewesen. (8) Außer seinen Fähigkeiten in den verschiedenen Handwerken habe Peter auch gute Kenntnisse in der Philosophie gehabt, (9) seine Eroberungen ließen sich damit rechtfertigen, daß er diese seinem Zivilisierungsplan dienstbar machte und daß seine Länder durch seine Siege reicher wurden.(10)

Aber schon wenig später sagt Voltaire auch, daß die Finanzen erschöpft waren und Peter zum Mittel der Inflation greifen mußte, einen Ausweg, den der Verfasser als untauglich zur Verbesserung der Übelstände beschreibt. (11) Er rühmt Peters Vorhaben, nicht nur Städte zu erobern, sondern auch welche zu gründen - die Absicht, Peter in die Nähe Alexanders des Großen zu rücken, ist deutlich - er beschreibt den Platz an der Newa als in jeder Hinsicht feindlich für eine Stadtgründung, und doch habe sich der Wille des Herrschers durchgesetzt. "La nature fut forcée partout." (12) Diesen Satz braucht man nicht nur auf die Schwierigkeiten des Geländes zu beziehen: auch Voltaire tut das nicht, wenn er gleichzeitig von den ungeheuren Opfern an Menschen spricht, die diese Gründung gekostet hat. Von 300.000 Männern, die der Zar aus allen Teilen seines Reiches habe dorthin transportieren lassen, seien 200.000 umgekommen. Peter habe versucht, bei der Eroberung Narvas die Exzesse seiner Soldaten zu verhindern. Wenn er immer die Grundsätze der Humanität befolgt hätte, wäre er der hervorragendste aller Menschen gewesen. (13) Diesen Mangel an Menschlichkeit, an Mitleid, hebt der Autor auch an anderer Stelle hervor: "Il est affreux qu'il ait manqué à ce réformateur des hommes la principale vertu, l'humanité." (14) Der Tod seines Sohnes zeige dies besonders deutlich. Aber Voltaire entschuldigt alles mit dem Guten, das der Zar für sein Volk getan habe.

So entsteht vor den Augen des Lesers das Bild eines Mannes, der allein durch einen Willensakt ein ganzes riesiges Reich zivilisiert, mit westlichen Fachleuten füllt; ein Gesetzgeber, der nur nebenbei auch Eroberer ist - der aber zu Menschenverachtung und Grausamkeit in hohem Maße fähig ist und dem es nicht gelingt, sich selbst von den Folgen seiner schlechten Erziehung zu befreien. Er wäre, so Voltaire, verachtenswert, wenn er nicht soviel Gutes getan hätte für sein Volk. Hier müßte man an den Verfasser die kritische Frage richten, was er mit "bien pour son peuple" meint. Aus den Berichten der Reisenden kann man wohl entnehmen, daß ein großer Teil des Volkes - und der Adel - es nicht so empfand.

Ungefähr 20 Jahre später kommt Voltaire noch einmal auf Peter den Großen zurück, diesmal von der russischen Herrscherin Elisabeth beauftragt, eine Geschichte ihres Vaters zu schreiben. Inzwischen hatte er noch mehr Informationen zur Verfügung, zumindest waren ihm die Ausführungen Vockerodts bekannt. In einem Brief an Voltaire hat sich der preußische Kronprinz Friedrich über den Eindruck, den das Gutachten auf ihn machte, geäußert - er war desillusioniert. (1) Später allerdings pries er die großen Verdienste Peters wieder, der Eindruck der Vockerodtschen Ausführungen war nicht von Dauer. Und die Reaktion Voltaires?

An ihm scheint der Inhalt des Mêmoire spurlos vorübergegangen zu sein; es sei denn, daß er Teile davon benutzte, um das alte Moskau besonders verächtlich darzustellen. Als Motto seiner Geschichte Rußlands unter Peter dem Großen könnte man einen Satz aus eben dieser Darstellung bezeichnen: "Enfin Pierre naquit, et la Russie fut formée." (2) Diese Aussage steht am Ende des 2. Kapitels, das die Zustände vor Peter dem Großen zum Inhalt hat. Der russische Staat übertraf an Ausdehnung alle anderen Staaten der Welt. (3) So wird von Voltaire beim Leser der Eindruck erweckt, als habe ganz Rußland auf Peter gewartet, um endlich zu einem geordneten Staatswesen zu werden. In seinem Vorwort blickt Voltaire noch einmal auf die Geschichte Karls XII. zurück, (4) indem er beide Herrscher erneut miteinander vergleicht. Waren es 1731 noch "les deux plus singuliers monarques qui fussent alors dans le monde", (5) so sagt derselbe Autor um 1759, daß der Schwede es verdient hätte, Peters erster Soldat zu sein. Der eine habe nur Ruinen hinterlassen, der andere sei ein G r ü n d e r in jeder Hinsicht gewesen. Dieses Urteil wird eingeleitet mit den Worten: " o n juge aujourd'hui ...", (6) wobei offen bleibt, wen er mit "on" meint: sich selbst, die lesende Öffentlichkeit oder nur einen Teil derselben. Mit Sicherheit wissen wir, daß zumindest Rousseau mit Voltaires Urteil über Peter den Großen und sein Werk nicht übereinstimmte. (7) Zur Auswertung seiner ihm vorliegenden Informationen sagt Voltaire, daß alles verwendet werden müsse, was Auswirkungen auf das öffentliche Leben gehabt habe, rein private Geschehnisse dagegen nicht Gegenstand einer Geschichte sein sollten. (8) Auch die Schilderung von Schlachten sei nutzlos, ebenso die Verbreitung von Neuigkeiten; es komme darauf an, diejenigen "Revolutionen" darzustellen, welche die Sitten und Gesetze eines großen Staates änderten; nur darum verdiene es die Geschichte Peters, bekannt gemacht zu werden - des Zaren, von dem er 1759 schrieb, er habe Solon und Lykurg übertroffen. (1)

Nach diesen einleitenden Bemerkungen des Verfassers weiß der Leser, wie Peter der Große dargestellt werden soll, vor allem, wenn er die Geschichte Karls XII. kennt. Zu fragen hätten wir uns aber noch, ob außer den schon 1731 festgestellten Tendenzen noch andere dazugekommen sind oder ob der Verfasser in manchen Belangen sein Urteil änderte.

In der Beschreibung des alten Moskau, seiner Sitten und Gebräuche sind kaum Unterschiede festzustellen. Voltaire betont die Nähe der russischen Sitten und Kleidung zu den asiatischen Völkern; ebenso sei die Regierung der türkischen ähnlich gewesen wegen der Strelitzen, deren Zahl er mit 40.000 angibt und deren Anmaßung und Gefährlichkeit für den Staat er besonders hervorhebt. (2) Indem er das tut, vergrößert er den Ruhm Peters, denn er schreibt, daß die Zerschlagung dieser Truppe notwendig war, um die Ordnung in Rußland herzustellen; nichts, so Voltaire, sei nötiger, aber auch gefährlicher gewesen. Hier, wie auch an anderen Stellen, übertreibt der Verfasser: sicher war es nötig, das Problem der militärisch kaum noch verwendbaren Strelitzen zu lösen, aber daß dies die gefährlichste Aufgabe Peters war, trifft den Sachverhalt nicht.

Natürlich stellt er daher auch die beiden Strelitzen-Aufstände ausführlich dar und betont die Barberei ihres Betragens. Die Schilderung der Grausamkeiten, welche die Strelitzen im Januar des Jahres 1682 begingen, erstreckt sich über mehrere Seiten und läßt an Bildhaftigkeit nichts zu wünschen übrig, (3)das Strafgericht Peters über die Aufständischen im Oktober 1698 wird mit einer halben Seite abgetan: Voltaire berichtet hier entweder in unpersönlichem "on" oder im Passiv; (4) von einer Beteiligung des Zaren, davon, daß Bojaren zum Henkersdienst gezwungen wurden, erwähnt er nichts. Der Autor sucht nach einer rationalen Erklärung für die Bestrafung: wenn der Zar nicht ein notwendiges, abschreckendes Beispiel hätte geben müssen, hätte er vielleicht einen Teil der Strelitzen, die er hatte hinrichten lassen, zur Zwangsarbeit verurteilt, da das für ihn und den Staat wesentlich nützlicher gewesen wäre. Aber er glaubte, die Nation ein für allemal von jedem Ungehorsam abschrekken zu sollen. (5) Allerdings scheint das Beispiel der Strenge keinen nachhaltigen Eindruck gemacht zu haben, oder aber die Russen empfanden die Lage als so unerträglich, daß sie ein erneutes Strafgericht in Kauf nahmen. (6) Sogar Voltaire erwähnt die Erhebung in Astrachan 1705, unterschlägt aber die Revolte Bulavins (1707/08) und den sich daran anschließenden Bauernaufstand (1709/10). Lapidar meint der Verfasser: sie [die Aufrührer] würden bald niedergeworfen. (7) Davon, daß reguläre Truppen zur Unterdrückung des Aufstandes eingesetzt wurden, sagt er nichts.

Ebenso oberflächlich - unkritisch - ist seine Hervorhebung der Humanität, in diesem Fall der Kaiserin Elisabeth. Es sei ein unerhörtes Beispiel von Nachsicht und Milde, keine Todesurteile zu verhängen. Die Missetäter seien zur Arbeit in den Bergwerken verurteilt, und so seien sie dem Staat nützlich: das sei ebenso weise wie human! (1) Anscheinend fragte sich Voltaire nicht, wie andere es vor und nach ihm taten, wie denn die Realität der Gefängnisse, Folter und Knutungen aussah. Was ihn vermutlich am meisten an dieser "Humanität" erfreute, war wohl, daß auf diese Art und Weise ein Nutzen für den Staat dabei herauskam; konnte er doch außerdem noch den westlichen Staaten - vor allem Frankreich - zeigen, wie human und aufgeklärt es bei anderen Völkern zuging.

Wie schon erwähnt, ist Voltaire der Ansicht, Peter habe die Reise 1697 unternommen, um zu lernen, seine Länder besser zu regieren. Davon, daß Peter ursprünglich die Haltung der europäischen Höfe für eine Fortsetzung des Krieges gegen die Türken kennenlernen wollte, berichtet Voltaire nichts. (2) Ebenso ungenau ist er in seiner Darstellung der Gründe für den Aufstand der Strelitzen 1698. Als Anstifter der Erhebung nennt er Bojaren, denen die alten Bräuche teuer waren; Priester, denen die Neuerungen als Sakrileg erschienen; die Partei Sofijas wurde aktiv, die Erlaubnis des Tabakverkaufs gegen das Verbot der Kirche tat ein übriges. Endlich ergriff der allgemeine Aberglaube auch die Strelitzen, die auf Moskau marschierten, in der Absicht, die Zarevna Sofija auf den Thron zu setzen und einem Zaren die Rückkehr zu verweigern, der die Bräuche verletzt hatte, indem er bei Ausländern zu lernen wagte. (3) An dieser Stelle müßte gefragt werden, worin denn eigentlich das Gute bestand, das Peter bis 1697/98 für sein Volk tat?

Im Gegensatz zu der von Voltaire verbreiteten Ansicht, Peter habe sofort, nach dem Sturz seiner Halbschwester Sofija die Regierung mit Energie übernommen, (4) bleibt festzustellen, daß er bis zum Tode seiner Mutter (1694) durchaus ihr und der sie beratenden Gruppe die Führung der Geschäfte überließ. (5) Sein ausschließliches Interesse galt dem Militär und der Marine; und nach seinem ersten mißglückten Versuch, Asow zu erobern, beschränkten sich die "Wohltätigkeiten" und die "Reformen" auf ein selbst für die Russen unerhörtes Maß an Lasten und Leistungen für den Krieg gegen die Türken. Die Strelitzen waren in diesem Krieg immer an exponierter Stelle gewesen, sie waren in allen ihren Rechten eingeschränkt worden und wehrten sich eigentlich nur gegen eine weitere Verschlechterung ihrer Lage. (6) Voltaire stellt es außerdem so dar, als habe der Krieg mit Schweden lange die großen Projekte Peters durchkreuzt; (7) nichts davon, daß das Bündnis zwischen Peter und August II. tatsächlich ein Angriffsbündnis war und der Zar größte Schwierigkeiten hatte, seine Kriegsvorbereitungen vor den Schweden zu verheimlichen, solange der Friede mit den Türken noch nicht geschlossen war. Wenn, wie Voltaire behauptet, dieser Krieg Peters große Reformpläne tatsächlich so sehr störte, müßte sich der Autor fragen lassen, warum der Zar den Angriff auf Schweden überhaupt plante. Es ist so, daß Peter vor allem erst einmal äußere Erfolge, Zugang zum Meer haben wollte, daß er doch zuerst "conquérant" und nicht "législateur" war und daß eben die gesetzgeberische Tätigkeit zu einem großen Teil erst die Frucht der Erfahrungen aus einem langen Kriege war. Ebenso oberflächlich berichtet Voltaire über die erzwungene Änderung im äußeren Habitus der Russen. Den Zwang zu anderer Kleidung begründet er damit, daß es nützlich (!) war, daß sich die Russen von denen, welche sie in allem unterrichteten, nicht unterschieden: "la haine contre les étrangers étant trop naturelle aux hommes,et trop entretenue par la différence des vêtements." (1) Es sei nicht schwierig gewesen, die neue Mode am Hofe einzuführen; nur das gemeine Volk habe sich dagegen gesträubt und durch Steuern dazu veranlaßt werden müssen; und dann heißt es bei Voltaire: "Tout cela s' exécutait gaiement, et cette gaiété prévint les séditions." (2)

In dem Kapitel X, das überschrieben ist: "Conjuration punie. Milice des Strelitz abolie. Changements dans les usages, dans les moeurs, dans l'état et dans l'église" berichtet der Autor - außer von der Niederschlagung des Strelitzenaufstandes - über die Änderungen in der Kleidung, über die Einführung von Assembléen als Beitrag zur Schaffung einer wirklichen Gesellschaft, (3) die Einrichtung regulärer Truppen nach deutschem Vorbild, über die Verpflichtung der adligen Jugend, in Heer und Flotte als Gemeine zu dienen, (4) über die Reform der Finanzen - (5) die früher wie in der Türkei verwaltet worden seien - über die Reform der Kirche (6) - dies am ausführlichsten -, über die Änderung der Anrede im Verkehr der Untertanen mit ihrem Herrscher, wobei Voltaire bemerkt, daß dies nichts am Gehorsam geändert habe. Jeden Monat (!) habe es Änderungen und neue Einrichtungen gegeben. So also erstreckte der Zar seine Fürsorge auf Volk, Kaufleute und Reisende. Und wie wurden diese nützlichen (!) Neuerungen aufgenommen? Der Verfasser sieht das so: "la plus saine partie de la nation" applaudierte, die Klagen der Anhänger alter Sitten wurden in den Akklamationen der vernünftigen (!) Menschen erstickt. Alle diese großartigen Unternehmungen begann Peter, b e v o r er noch den günstigen Waffenstillstand mit der Türkei geschlossen hatte. (7) Abgesehen davon, daß in Karlowitz (Jan. 1699) Friede geschlossen wurde nur zwischen dem Kaiser, Polen und Venedig einerseits und der Türkei andererseits - Rußland war nur durch einen Unterhändler vertreten - und zwischen Rußland und der Pforte erst im Juli 1700, - ob man ihn als vorteilhaft bezeichnen kann, bleibt dahingestellt - will Voltaire den Leser glauben machen, daß alle diese "Neuschöpfungen" bis zum Jahre 1700 schon existent, zumindest aber in Angriff genommen waren.

Dagegen ist festzustellen, daß zwar im Zuge einer ersten Reform der Städteverwaltung auch gleichzeitig eine Finanzreform stattfinden sollte (1699) - die bereits von früheren Regierungen angestrebt worden war - , daß aber diese Maßnahmen in den Ansätzen stecken blieben. Die Einführung der Assembléen nach westeuropäischem Vorbild geschah erst gegen Ende des Nordischen Krieges - Weber zitiert die "Verordnung, wie die Assembléen in Petersburg gehalten werden sollen" und gibt das Jahr 1719 an. (8) Wenn auch natürlich die Reform des Heeres und die Neuschaffung der Marine (9) schon entscheidend vor 1700 stattfanden, so datiert die Verpflichtung der jungen Adligen zum Dienst als Gemeine in den Garderegimentern erst von 1714. (1)

Am ausführlichsten widmet der Verfasser sich der Kirchenreform, die aber zu diesem Zeitpunkt (1700) noch gar nicht begonnen worden war. Sicher gibt Voltaire korrekt an, daß die Patriarchenwürde nach dem Tode Hadrians nicht mehr erneuert und daß das geistliche Reglement, welches die kirchliche Organisation regelte, erst 1721 erlassen wurde. Trotzdem erweckt die Anordnung der Informationen in diesem Kapitel den Eindruck, als sei alles schon vor 1700 konzipiert und begonnen worden.

Der Absatz, der sich mit Peters kirchenpolitischen Reformen befaßt, wird eingeleitet mit dem Satz: "La rêforme de l'Eglise, qu'on croit partout difficile et dangereuse, ne le fut point pour lui." (2) Allerdings sagt der Verfasser ausdrücklich, daß Peter sich nicht zum Haupt der russischen Kirche machte,wie er es noch in der Geschichte Karls XII. behauptet hatte. (3) Keine Erklärung, warum es nicht schwierig war - wenn man nicht einfach annehmen will, daß diese Leichtigkeit der Veränderung einfach in Peters überwältigender Persönlichkeit lag, jedenfalls in Voltaires Augen.

Wieder wird versucht, der russischen Kirchenleitung Tendenzen zur Bekämpfung der zarischen Autorität zu unterstellen; (4) sie habe sich das Recht des Schwertes angemaßt. Aber die russische Kirche hat nie die Autokratie des Zaren bestritten, und der Herrscher hatte ein unbestrittenes und uneingeschränktes Verfügungsrecht auch in kirchlichen Angelegenheiten; (5)allerdings bedeutete das nicht, daß die Kirche ein Organ des Staates war. Wenn der Patriarch eine starke Persönlichkeit war, konnte es sein, daß er außerordentlichen Einfluß auch in politischen Dingen erlangte.(6) Aber das lag dann nur in der Person begründet und ist auch nicht zu vergleichen mit den Auseinandersetzungen im Mittelalter im Deutschen Reich - hinter dem Patriarchen stand keine reale Macht. Im übrigen war die Frage schon unter Peters Vater grundsätzlich geklärt worden: der Primat der weltlichen Herrschaft wurde unmißverständlich ausgesprochen. (7) Peter hat wohl kaum aus Besorgnis vor eventuellen Übergriffen der Kirche in staatliche Belange eine Reform angestrebt, sondern eher, um auch die Geistlichkeit in einen rational durchgestalteten Staat einzuordnen; u.a. aber auch aus kriegsbedingten Gründen; so z.B. geschah die Wiedereinrichtung des Klosterprikazes, die "auf eine verschleierte Säkularisierung des kirchlichen Grundbesitzes hinauslief," (8) um den Reichtum der Kirche den Zwecken des Krieges nutzbar zu machen. Dieses Nützlichkeitsdenken lenkte Peter in vielen Entschlüssen - auch in seiner toleranten Haltung gegenüber anderen Konfessionen; und eben dieses Denken ist es, daß Voltaire so sehr schätzt: "utile" ist ein Wort, daß bei ihm außerordentlich häufig auftaucht. (9) Er benutzt es auch, um - anläßlich der Darstellung des Nordischen Krieges - die beiden Protagonisten und ihre Haltung zu charakterisieren: Charles "cherchait une gloire moins utile et plus brillante." (10)

Die beiden Herrscher werden einander als lebende Antithese gegenübergestellt: der eine als Zerstörer, der andere als Schöpfer, (1) der eine groß nur in seiner Person, der andere groß in seinem Werk. (2) Schreibt Voltaire noch in der Geschichte Karls XII. von den enormen Opfern, welche die Gründung Petersburgs verlangte, so ist in der Geschichte Peters davon kaum noch die Rede;nur von den natürlichen Hindernissen, welche sich diesem Plan entgegenstellten, wird gesprochen, die aber den Gründer nicht entmutigten: "Il eut une ville en cinq mois de temps." (3) Nichts davon, daß die Arbeiter zwangsweise zu den Arbeiten abgestellt wurden; diese Arbeitskräfte sind im Grunde für Voltaire auch ohne Interesse, seiner Meinung nach ist es ohnehin der Zar, der alles allein vollbringt. In der Darstellung des Verfassers wird der Eindruck einer rastlosen Tätigkeit des Herrschers erweckt, der überall ist und immer mit Hand anlegt. (4) Sicher trifft es zu, daß der Zar überall als Initiator auftrat und durch seinen persönlichen Einsatz ein Beispiel gab, aber die Tendenz des Verfassers, diese Tatsache hervorzuheben, indem er die objektiven Schwierigkeiten besonders herausstellt, dagegen Peters Sprunghaftigkeit und Improvisation verschweigt, führt dazu, daß der Leser den Eindruck gewinnt, alles sei möglich, wenn man nur wolle, als seien die Herrscher Westeuropas nur zu bequem, vergleichbare Leistungen zu erbringen. Das fällt u.a. auf, wenn man Voltaires enthusiastische Beschreibung Petersburgs liest, das besser ausgestattet sei als Rom; ja selbst Ludwigs XIV. Bemühungen um die Verbesserung der Sicherheit in Paris seien nicht so hoch zu bewerten wie das, was Peter in seiner Stadt und in Moskau tat. (5) Immer wieder hält der Verfasser den westlichen Staaten vor, was möglich ist, wenn der herrscherliche Wille aufgeklärt genug ist, gegen alle Institutionen vorzugehen und sich rücksichtslos - im Sinne der Nützlichkeit - durchzusetzen. (6)

Dieser Wille setzt sich auch durch, wenn er gegen die persönlichen Bindungen des Herrschers vorgehen muß. Ein Beispiel dafür sieht der Autor in der Scheidung Peters von seiner ersten Frau - (7) und natürlich in der Verstoßung seines Sohnes Aleksej, (8) während Menšikov die Gnade und Milde des Zaren erfuhr. Die Schuld Eudoxies war es, daß sie sich nicht über die Vorurteile ihres Landes und ihrer Erziehung erheben konnte; das Vergehen Aleksejs war es, daß er zu viele geistliche Schriften las. Die Vernachlässigung seiner Erziehung, um die sich der Zar kaum kümmerte, sondern die Sorge dafür Menšikov überließ, wird nicht erwähnt; nur daß Aleksej die ersten Jahre seiner Kindheit von "superstitieux" erzogen wurde, die ihn dann für immer verdarben. Der schlimmste Vorwurf in Voltaires Augen aber ist es, wenn er sagt: "... il se laissa gouverner par les prêtres." (9) Sie hätten ihm weisgemacht, daß das ganze Volk den Zaren und seine Unternehmungen verabscheute; natürlich erwähnt der Verfasser nicht, daß diese Meinungen nicht völlig aus der Luft gegriffen waren - die häufigen Aufstände bewiesen es, sowie auch die Gerüchte über Peters Herkunft. Aleksej habe sich allen Ausschweifungen hingegeben, aber, schlimmer noch, der ganzen Gemeinheit der alten Sitten, die ihm so lieb waren. Diese Liederlichkeit habe ihn schließlich verblöden lassen.(10)

Kein Wort über Peters Exzesse, über das Saufkonzil, über seine in der Trunkenheit häufigen Angriffe auf Personen in seiner Nähe. Auf das Verhältnis Vater und Sohn wird nicht weiter eingegangen; Voltaire betont nur, daß Peter alles versucht habe, sich mit seinem Sohn zu versöhnen, er habe ihm sogar für ein Jahr die Regentschaft gegeben, während die Ehe des Vaters mit der livländischen Magd den Sohn sehr verbittert habe. Drei Briefe des Zaren an seinen Sohn werden zitiert. (1) Jedesmal wird der Zorn des Vaters deutlich, der einen Thronfolger nach seinem Willen möchte, der Aleksej vor die Wahl stellt, entweder sich zu ändern oder aber die Konsequenzen in Form eines Ausschlusses von der Thronfolge zu ertragen.

Auch Voltaire gibt zu, daß Peter seinem Sohn gegenüber hart war. (2) Er meint aber gleichzeitig, daß dem Zaren das Recht zugestanden habe, frei über die Nachfolge zu verfügen, da es in Rußland keine feststehende Thronfolgeordnung gegeben habe, (3) und im übrigen das Gesetz von 1714 ihm, wie allen anderen russischen Vätern, das Recht einräumte, einen Erben zu bestimmen. (4) Der Verfasser gibt sich die größte Mühe, die Anklage und das Urteil gegen Aleksej zu rechtfertigen. (5) Peter habe entscheiden müssen zwischen dem Interesse von 18 Millionen Menschen und einem Mann, der unfähig war, sie zu regieren. (6) Keine der Anschuldigungen, so Voltaire, war präzise, keine Verschwörung konnte nachgewiesen werden, es war weiter nichts als das Aufbegehren eines unzufriedenen Sohnes - aber: dieser Sohn war der Erbe des größten Reiches in Europa. Der Verfasser gibt auch zu, daß man Aleksej über seine Gedanken befragt habe, etwas Unerhörtes in allen anderen Ländern. Aber man dürfe eben nicht über Gesetze und Sitten eines Volkes mit den Maßstäben anderer Nationen urteilen: der Zar hatte das Recht, seinen Sohn allein wegen der Flucht aus Rußland mit dem Tode zu bestrafen. (7)

Mit diesem Satz, in dem verzweifelten Bemühen, seinen Helden zu retten, hat Voltaire praktisch seine gesamte Geschichte Rußlands unglaubwürdig gemacht - denn was hat er anderes getan, als die Sitten und Gebräuche des alten Moskau ständig an denen der westlichen Völker zu messen und sie abzuqualifizieren, sie lächerlich zu machen, wenn sie der westlichen Denkungsweise nicht entsprachen? Was bleibt dann von seinem Helden, seinem "législateur" par excellence, der doch vor allem Wissen und Technik nach Rußland brachte, um das Alte zu ändern, und der mit den anderen Nationen mithalten wollte?

Ungewollt verrät der Verfasser auch etwas über die "Geständnisse" des Carevič: Über 4 Monate lang dauerte der Prozeß: "Le prince fut interrogé plusieurs fois; il fit les aveux qu'on e x i g e a i t ..."(8) Voltaire vergleicht die Situation in England, wo jedermann, auch der Prinz von Wales, gehen kann, wohin er will, mit der in Rußland; hier sei es nicht möglich, daß der Thronfolger das Land verlasse ohne Erlaubnis - ist es nicht genau das, was der Verfasser am alten Moskau so scharf verurteilt hat? Aber Voltaire hat sofort die Entschuldigung bereit: Aleksej habe sich des schwersten Vergehens überhaupt schuldig gemacht, nämlich des Verbrechens gegen die Nation:"de vouloir la replonger dans les ténèbres dont son père l'avait tirée." (1) Den Grund für den tragischen Tod Aleksejs sieht Voltaire in dem Mißbrauch der Religion, in dem Einfluß der Priester und Mönche, der Quelle so vielen Unglücks. Die Tatsache allein, daß es - angeblich - die Kirche war, die Aleksej in seinem Verhalten bestärkte, genügt dem Verfasser, Peter in jeder Hinsicht zu rechtfertigen.

Ähnlich blind ist der Autor, wenn es darum geht zu schildern, wie froh der Zar war, als er endlich Frieden mit Schweden hatte, um nun im Frieden seine Reformen weiter durchführen zu können. (2) Kein Wort davon, daß Peter noch während des Krieges mit Schweden (März 1720) bereits den Krieg gegen Persien vorbereitete; und nur kurz erwähnt Voltaire, daß Peter 1721 sofort losschlug. Der Friede wurde erst 1723 geschlossen. Das gibt dem Verfasser Gelegenheit, Peter mit Alexander dem Großen zu vergleichen, zu berichten, daß bald alle Nationen, außer den Polen, - die Voltaire ohnehin verachtete - den Kaisertitel anerkannten, der dem Zaren 1721 angetragen wurde. Dieses "bald" bedeutete immerhin mehr als 20 Jahre. Ebenso versucht der Autor den Eindruck zu erwecken, als sei das ganze aufgeklärte Europa erfreut gewesen über Peters Heirat mit Katharina. (3)

Voltaire, dessen erklärte Absicht es war, nicht mehr die Geschichte der Herrscher und ihrer Kriege, sondern die der Völker zu schreiben, berichtet nur über den Zaren, über die Lebensbedingungen der Bevölkerung sagt er nichts. Seine Siege, besonders den bei Poltava, stilisiert er hoch zu Schicksalsfragen; bei Poltava habe es sich entschieden, daß die großen Anstrengungen Peters, die dem ganzen Menschengeschlecht nützlich (!) seien, nicht mit ihm untergingen, und daß Rußland nicht in das Chaos zurückfiel. (4) Er wiederholt noch einmal an anderer Stelle, daß die Schlacht bei Poltava die einzige sei "... qui ... ait servi au bonheur du genre humain." (!) (5) Er würdigt Peters Werk mit den Worten: "La Russie parvint de la pauvreté et de la grossièreté à l'opulence (!) et à la politesse. Un seul homme parce qu'il avait un génie actif et ferme éleva sa patrie ..." (6)

Niemand wird ernsthaft die große Bedeutung des Sieges von 1709 in Frage stellen, niemand wird die große Leistung des Zaren vermindern wollen. Aber auf der anderen Seite muß man feststellen, daß diese Geschichte Rußlands unter Peter dem Großen weniger an wirklicher Information gibt als andere. Nicht nur, daß der Zar Alexander gleichgestellt wird, er ist sogar vergleichbar den antiken Göttern, die aus dem Chaos die Welt schufen.

2.4.1.2. Fontenelle, Rousset de Missy

Die Tendenz, Rußlands Geschichte erst mit dem Regierungsantritt Peters beginnen zu lassen, ist nicht neu; schon bei Fontenelle ist sie in seiner "Eloge du Czar Pierre I" (1725) (7) zu erkennen. Nach der Darstellung der Zeit bis 1698, (8) in der die üblichen Klischees von der Unwissenheit, Faulheit und übertriebenen Religiosität der Russen verbreitet werden, von ihrer Trennung vom europäischen Staatensystem - Rußland bilde eine Nation á part - geredet wird, beginnt Fontenelle den folgenden Abschnitt mit einem Satz, der ganz in die später so hervorragend ausgearbeitete Linie Voltaires paßt: "Tout étoit á faire en Moscovie et rien á perfectionner. Il s'agissoit de créer une Nation nouvelle et, ce qui tient encore de la création, il falloit agir seul, sans secours, sans instruments. L'aveugle politique de ses prédécesseurs avoit presque entièrement détaché la Moscovie du reste du monde ...". (1) Hier findet der Leser bereits alles, was ihm bei Voltaire wiederbegegnet: Peter mußte diesen Staat erst schaffen - vorher war nichts - ! und er mußte es ganz allein tun, ohne Hilfe. Alle seine Vorgänger haben nichts für die "lumières" in Moskovien getan, im Gegenteil, sie haben den Staat noch abgetrennt von den Gegenden, aus denen das Licht der Vernunft hätte kommen können.Fontenelle spart auch nicht mit ehrenden Vergleichen: Peter sei Augustus und Karl dem Großen vergleichbar, ja noch mehr, die erfahrensten seefahrenden Nationen wollten gern dem Zar gehorchen. (2)

Unmittelbar nach dem Tode des Zaren erschienen zwei Werke, die sich mit Rußland beschäftigten, das eine angeblich von einem Bojaren Nestesuranoi geschrieben und in 4 Bänden 1725/26 in Amsterdam und Den Haag erschienen, das andere, 1728 publizierte, informierte über die Witwe Peters. Beide sind von dem gleichen Verfasser, nämlich Jean Rousset de Missy. (3) Der erste Band der Memoiren über Peter beschäftigt sich mit den Vorgängern des Zaren, da das Verdienst Peters nur richtig gewürdigt werden könne, wenn man die Politik seiner Vorgänger kenne. Hier tritt die gleiche Tendenz auf, die es darauf anlegt, Peters Werk um so größer erscheinen zu lassen, indem man die Politik seiner Vorgänger herabsetzt. Wir wollen nicht ausführlich auf dieses Werk eingehen; der Verfasser der "Mémoires" ist insofern aber von Interesse, als er auch gleichzeitig die Redaktion des "Mercure historique et politique" innehatte (seit 1724) und später noch zeitgeschichtliche Sammelwerke herausgab, z.B. "Les intérêts présens et les prétensions des puissances de l'Europe ..." (4) Als französischer Réfugié vertrat er den Standpunkt der religiösen Toleranz, und das blieb nicht ohne Folgen für seine Darstellung. Wenn auch die holländischen Zeitungsschreiber und Publizisten als die bestinformierten ihrer Zunft galten - und Rousset besonders besaß vorzügliche Informationen - (5) so erstreckten sich diese sicher nicht auf die Geschichte Rußlands im 16. und 17. Jahrhundert.

Rousset hat seinen vier Bänden über Peter den Großen auch einen über Katharina I. folgen lassen. (6) Darin hebt er die Verdienste der Zarin hervor, ohne deren Rat Peter schließlich keine Unternehmung mehr begonnen hätte, nachdem sie durch ihren Einsatz am Pruth dem Zaren und dem russischen Reich die Freiheit gerettet hatte. (7) Ihrem Einfluß sei es auch zu verdanken, daß der Petersburger Hof ein neues Gesicht erhielt, ja, sie sei es gewesen, die die Einführung der Assembleen veranlaßte. Die Verbindung Peters mit der Frau ohne Herkunft möchte Rousset als durchaus normal betrachtet wissen, da sich die russischen Herrscher immer eine Gemahlin unter ihren Untertanen ausgesucht hätten. (1) Im übrigen ergreift er hier gleichermaßen die Gelegenheit, Aleksej herabzusetzen, der ein Prinz mit überaus unangenehmem Wesen gewesen sei, der nichts Gutes versprochen habe. (2) Rousset spricht die Vermutung aus, Peter habe Katharina die Nachfolge sichern wollen, um Aleksejs Sohn auszuschließen. (3) Auf dem Sterbebett noch habe er alles geregelt. (4) Ja sogar die Affäre des Blutgerichts von Thorn habe er der Fürsorge der Zarin empfohlen. (5)

2.4.1.3. Mauvillon

Kann man diesem Verfasser unterstellen, daß er - in der Absicht, Katharina von dem Vorwurf zu befreien, sie habe gegen den Thronfolger intrigiert, - ihren Einfluß auf Peters politische Entscheidungen maßlos übertrieb, so muß man von dem Autor einer "Histoire du Czar Pierre" von 1742 annehmen, daß er stark die Belange des polnischen Königs aus sächsischem Hause vertritt. Eléazar de Mauvillon wird von Formey als "secrêtaire intime du roi de Pologne, Electeur de Saxe" bezeichnet. (6) Mauvillon widmet das Werk dem Grafen Brühl und fügt seinem Buch über 100 Seiten mit Belegen zur Geschichte des Zaren an. (7) Der Verfasser nimmt im Kreise der anderen Autoren insofern eine Sonderstellung ein, als er zur Darstellung des Strelitzenaufstandes von 1698 und dessen Niederwerfung sowie der Bestrafung der Aufrührer sich ausschließlich auf Korb stützt. Es ist - unseres Wissens - nicht häufig der Fall, daß ein Schriftsteller diesen Bericht heranzog, bzw. in der Lage war, ihn heranziehen zu können. Vielleicht spielen hier tatsächlich die Verbindungen zum sächsischen Hofe eine Rolle. Jedenfalls bezeichnet Mauvillon Korbs Bericht als sehr nützlich und diskutiert dessen Verläßlichkeit in einigen Anmerkungen, in welchen er die besseren Informationen Korbs gegenüber anderen Schriftstellern hervorhebt. (8) Auch für die Zeit vor Peter bezieht er sich oft auf ihn.

Bei der Darstellung des alten Moskau begegnet der Leser den schon von allen Schriftstellern hervorgehobenen Merkmalen: Sklaverei aller Untertanen, extreme Unwissenheit, keine Kenntnisse in Musik und Tanz; Lügen und Meineide in der Rechtsprechung waren das Übliche, Ausländer mußten sich in die gleiche Sklaverei gegenüber dem Zaren begeben wie die Russen, Überhöhung der Person des Herrschers als der Vollkommenheit des Wissens und der Kenntnisse. (9) Der Tenor der Darstellung läßt sich mit folgendem Zitat illustrieren: "Un Moscovite qui savoit lire et écrire étoit un habile homme. Ce à quoi ils réussissoient le mieux, c'étoit à s'enivrer, à prêter de faux sermens, à tuer, à voler, à pousser l'obstination et l'opiniâtreté, jusqu'à la férocité et à commettre mille désordres dans certains jours de Fête." (10) Mauvillon sagt ausdrücklich, daß er die "alten" Russen deshalb beschreibe, damit jeder sich ein Urteil bilden könne über das umfassende Genie Peters in der Reform, die er bei diesem Volk durchgeführt habe. Das harte Urteil über die Moskoviter erstreckt sich sowohl auf das Volk als auch auf den Adel, dem vorgeworfen wird, er habe nur den Willen des Zaren gekannt und sonst nichts: kein Gefühl für Ehre, Ruhm, Tugend, Mut, Vorsicht - er habe ein Leben in Faulheit und Müßiggang geführt. (1) Ehe sich der Autor seinem Helden zuwendet, berichtet er kurz über die Geschichte der Zaren seit 1613. Dabei erwähnt er besonders den Halbbruder Peters, Fedor (1676-1682), in den man große Hoffnung habe setzen können, da er die Notwendigkeit gesehen habe, die Nation zu reformieren und ihr Gefallen an Kunst, Handel und militärischer Disziplin beizubringen. Er habe auch die Ausländer protegiert. (2) Ausführlich schildert der Autor die Regentschaft der Zarevna Sofija, die er als Frau mit großem Verstand bezeichnet, und die ihre Talente auch habe anwenden wollen. Gleichzeitig nennt er sie aber auch hinterhältig und arglistig. (3) Er liefert auch eine Beschreibung V.V. Golicyns, des Favoriten Sofijas, den er als "plutôt bon Politique que grand Capitaine" qualifiziert. (4) Er sei höflicher und gebildeter gewesen als die Russen im allgemeinen. Allerdings unterstellt Mauvillon ihm, er habe nach dem Zarenthron gestrebt. (5) Er habe dem jungen Zaren alle Vergnügungen verschafft , die dazu geeignet waren, ihm den Verstand zu verwirren und ihn regierungsunfähig zu machen. Peters gute Anlagen hätten ihn vor den Folgen dieser Ausschweifungen bewahrt, aber man könne nicht leugnen, daß er sich auch im fortgeschrittenen Alter noch Exzessen hingegeben habe, die zu entsetzlichen Wutausbrüchen führten und seinem Ansehen schadeten. In einem anderen Land und bei einem anderen Volk wäre Peter ein Fürst ohne Tadel gewesen, denn er hätte eine bessere Erziehung gehabt. Trotzdem, so Mauvillon, hätten die Keime der Tugend in ihm nicht erstickt werden können.

Auch dieser Autor behauptet, daß Peter von Anfang an die Absicht gehabt habe, seine Untertanen aus der schrecklichen Unwissenheit herauszuholen und sie den zivilisiertesten Nationen gleichzumachen. (6) Sein oberstes Ziel sei der Ruhm gewesen, und der habe für ihn eben darin bestanden, die Russen westlichen Völkern anzugleichen. (7) Interessant ist die Rolle, die der Verfasser Menšikov zuschreibt. Er schildert ihn geradezu als den bösen Geist des Zaren: er habe Peter zur ehelichen Untreue verleitet, auf sein Wirken hin habe Peter die Zarin Evdokija verstoßen, und er sei es auch gewesen, der den Carevic Aleksej in den Augen seines Vaters herabsetzte. Auch das Ende des unglücklichen Thronfolgers sei Menšikovs Schuld: nach Erhalt eines Schreibens seines Sohnes aus Neapel sei der Zar milde gestimmt gewesen, aber Menšikov habe den Rest väterlicher Zuneigung zerstört und den Herrscher dermaßen gegen den Sohn aufgebracht, daß er sogar sein Versprechen gegenüber Aleksej vergessen habe. (8) Katharina habe sich dann mit dem Favoriten des Zaren verbunden und gemeinsam mit ihm an Aleksejs Untergang gearbeitet. Unglücklicherweise habe die Zarin soviel Einfluß auf ihren Gatten gehabt, daß sie ihn von seinen milden Vorsätzen abbringen konnte. (9)

In der Darstellung der Vorgänge folgt Mauvillon z.T. den Überlegungen Lambertys in seinen "Mêmoires pour servir à l'histoire du XVIIIe siècle, " (1) verändert den Inhalt aber so, daß der Zar völlig entlastet, - die "hochgestellte russische Persönlichkeit" berichtet von der Enthauptung des Carevič durch seinen Vater nach vorausgegangener Knutung - und alle Schuld Menšikov und Katharina zugewiesen wird, die nach Meinung vieler Russen den Carevič vergiftet hätten; manche behaupteten sogar, mit Wissen des Zaren. Von dieser Beschuldigung, wie auch von der angeblichen Enthauptung Aleksejs durch den Vater hält Mauvillon überhaupt nichts. (2) Allerdings verfällt er dann im Eifer, Peter zu entlasten, in das andere Extrem: er erklärt den Zaren als über jede Art von Henkerstätigkeit erhaben - (3) ein offenkundiger Widerspruch zu seiner eigenen Darstellung der Bestrafung der Strelitzen 1698; hier hält er sich völlig an Korbs Beschreibung und berichtet daher auch, daß Peter eigenhändig mehrere Schuldige hingerichtet, auch andere Bojaren dazu gezwungen habe. An dieser Stelle weist er sogar noch darauf hin, daß das Amt des Henkers in Rußland durchaus ehrenhaft sei. (4) Im Zusammenhang mit der Schilderung der Foltern, Exekutionen und Klagen der Frauen und Kinder der Verurteilten spricht Mauvillon von "boucherie",und erst Lefort habe Peter von weiteren Grausamkeiten abhalten können. (5) Jedenfalls ist er der Ansicht, daß der Zar durchaus noch beabsichtigte, das Todesurteil gegen seinen Sohn nicht ausführen zu lassen, und daß aus eben diesem Grunde die beiden größten Feinde des Carevič, Menšikov und Katharina, diesen vergifteten. (6) An die Version, daß Aleksej beim Verlesen des Todesurteils vor Schreck gestorben sei, vermag er nicht zu glauben: von einem solchen Vorfall habe er noch nie gehört, und wenn so etwas passieren könnte, dann am wenigsten in Moskovien "où la vie est comptée pour peu de chose". (7) Er bleibe bei der Beschuldigung Menšikovs und Katharinas, wie auch die gesamte russische Nation.

Trotz seiner vehementen Verteidigung Peters kann er doch nicht umhin, die Umstände der Exekutionen zu schildern: die Behandlung hoher Adliger, z.T. Verwandter des Zaren, die Knutung zweier Fürsten; die "Gnade", die Peter einigen von ihnen im allerletzten Augenblick gewährt, alles das macht es dem Leser etwas schwer, an die Zivilisiertheit des Monarchen zu glauben. Auch für den unglücklichen Thronfolger findet Mauvillon mildernde Umstände: wenn er besser erzogen worden wäre, hätte man aus ihm etwas machen können; aber der Zar habe ihn fast nie gesehen, und Menšikov, der selber schroff und gewöhnlich war, behandelte den ihm Anvertrauten mit tiefer Verachtung. Das führte dazu, daß der Carevič entartete, faul und gleichgültig wurde. (8) Ebenso beschuldigt er Menšikov, den Sturz und die Verurteilung des Vizekanzlers Šafirov verursacht zu haben, indem er falsche Zeugen gegen ihn auftreten ließ - der Handel mit Meineiden sei ohnehin in Rußland an der Tagesordnung. (9)

Mauvillon geht auch ein auf Peters Wutanfälle: (10) er wertet sie einmal allgemein als ein Zeichen menschlicher Schwäche; zum anderen meint er, es sei dem Zaren ergangen wie manchem Lehrer: er unterrichte faule, ungeschickte und mürrische Leute, er verliere die Geduld, tadele und schlage. In seinem ersten Zorn habe

Peter alle töten wollen. Dieses Widerstreben der Russen zu lernen, zu arbeiten, Mühe auf sich zu nehmen, illustriert der Verfasser an mehreren Beispielen, (1) die vor allem auf den Adel bezogen sind. Im Zusammenhang mit der Affäre um den Thronfolger und die Bestrafung der Angeklagten weist Mauvillon noch darauf hin, daß auch ein Adliger in Rußland in die Lage versetzt werden könne, Almosen zu verlangen; denn wenn er die Gunst des Herrschers verloren habe, bleibe ihm nichts - der Zar sei absoluter Herr über Leben, Freiheit und Güter seiner Untertanen. (2)

In weitgehender Übereinstimmung mit Voltaires Auffassung bezeichnet Mauvillon seinen Helden mit Vorliebe als "Rêformateur" und sieht darin die Größe des Zaren. Nur habe er sich leider nicht lange des Friedens erfreuen können. (3) Allerdings ist dieser Verfasser doch aufrichtiger als Voltaire: er gibt zu, daß die Gelegenheit günstig war, die russischen Grenzen nach Persien hin zu erweitern. (4)

Naturgemäß nimmt die Schilderung des Nordischen Krieges und auch des Feldzuges gegen die Türken (1711) einen breiten Raum ein. Die Darstellung des Verhaltens der russischen Streitkräfte vor Narva und bei Poltava bietet keine neuen Aspekte, (5) ebensowenig wie die des Pruthfeldzuges; hier betont Mauvillon die friedfertige Gesinnung des Wesirs. (6) Weniger positiv ist seine Darstellung des Verhaltens der russischen Soldaten bei der Eroberung Narvas und in Polen. (7) Peter habe die Polen gehaßt, weil sie soviel Aufhebens gemacht hätten von seinen Truppen in ihrem Land. Außerdem sei er im Gegensatz zu den Polen tolerant gewesen. Der Verfasser hebt die Duldung anderer Konfessionen durch Peter hervor; er habe sogar die Raskolniki nicht verfolgen lassen, solange sie ihre Glaubenssätze nicht öffentlich verkündeten. (8) Den Altgläubigen widmet er einige Abschnitte, in denen er das übliche Unverständnis des westlichen aufgeklärten Menschen gegenüber den Anliegen der Raskolniki an den Tag legt. Er berichtet von den Mißständen in der Kirche und Peters Bemühungen, diese abzustellen, (9) von der Abschaffung des Patriarchats (10) und der Absicht des Zaren, alleiniges Oberhaupt der russischen Kirche zu sein. (11)

Die Maßnahmen, welche Peter zur Erleichterung der Lasten der bäuerlichen Bevölkerung ergriffen habe, seien dieser zum Nachteil ausgeschlagen, weil die guten Absichten des Gesetzgebers von den eigensüchtigen Interessen des Adels zunichte gemacht worden seien. (12) Die Bauern verfielen ins Elend, verließen mit ihren Familien das Land; Peter habe eine Untersuchung angeordnet - er habe von den Unternehmungen nichts gewußt - und einige Adlige seien schwer bestraft worden. Wirkliche Entlastung brachte den russischen Bauern aber nur die Stationierung einiger Truppen in der Ukraine - bei den Kosaken - und der Einsatz der Russen in Polen bei der Konföderation, (13) also zu Lasten anderer Bauern.

Mauvillon gesteht zu, daß die große Reformtätigkeit des Zaren durchaus noch nicht ihren Abschluß gefunden hatte, als er starb; "la réforme qui n'étoit encore qu'ébauché." (1) Und daß sie noch in den Anfängen steckte, kann man u.a. der Schilderung der Justizreform entnehmen, die Peter, laut Autor, auf dem Sterbebett vornahm. Alle anwesenden Senatoren und Großen des Reiches hätten Peter zugestimmt; ein Dekret sei formuliert worden "qu'il signa et data de son lit ... de sorte qu'avant que d'expirer, Pierre eut la consolation d'avoir encore réformé la Justice." (2) Auf dem Sterbebett habe er auch Katharina zu seiner Nachfolgerin bestimmt (3) und habe sie zur Verteidigung der Interessen des Herzogs von Holstein verpflichtet. Beide vom Autor geschilderten Vorgänge sind reine Erfindung; vermutlich wollte Mauvillon damit noch einmal die unermüdliche Sorge des Zaren für sein Reich demonstrieren.

Am Ende seines Werkes versucht Mauvillon eine zusammenfassende Würdigung seines Helden. Er nennt ihn "Monarque le plus extraordinaire que le Monde ait peut-être jamais vu." (4) In dem Begriff "extraordinaire" schwingt in etwa die gleiche Bedeutung mit wie in "singulier": Dieser Mann fiel aus dem Rahmen der üblichen Herrscherpersönlichkeiten, und das muß nicht nur positiv gemeint sein. Der Verfasser beschreibt den Ausdruck seiner Augen als "rude et sauvage", ihr Anblick erwecke Furcht. Der ungeheure Tatendrang des Zaren wird hervorgehoben; er sei ein Feind jeglichen Müßiggangs gewesen. Der Autor verschweigt die Exzesse Peters nicht, die dazu beigetragen hätten, seine Gesundheit zu untergraben. Am meisten habe es Peter erfreut, wenn er im Rahmen der menschlichen Möglichkeiten als Schöpfer habe tätig werden können. Als Gesamteindruck bleibt beim Leser wohl das, was Mauvillon in dem Satz ausdrückt. "Il étoit extrême en tout!" (5)

2.4.1.4. Lacombe, Contant D'Orville

Diesem Urteil Mauvillons schließt sich auch ein anderer Autor an, der 1760 eine "Histoire des Revolutions de l'Empire de Russie" publizierte. (6) Der Verfasser ist Lacombe, der 1762 noch einen zweibändigen Abriß der Geschichte der nordischen Staaten folgen ließ. (7) Für die "Histoire des Revolutions" kann man feststellen, daß der Autor in vielem der Meinung Mauvillons folgt, aber auch z.T. sich den Ausführungen Voltaires anschließt. Die Schilderung des "alten" Moskau entspricht ganz dem üblichen Klischee: "Die finstere Decke der Barberey umhüllete dieses gantze Land; ein erschrecklicher Despotismus erhielt die Untertanen in der härtesten und elendesten Skaverey." (8) Lacombe betont die ungeheure Machtfülle der Zaren; deren "Ergötzlichkeit" es war, "daß sie die Todesstrafen selbst an denen vollzogen, die sie dazu verurtheilet hatten." (9) Mit dieser Bemerkung nimmt er dem Verhalten Peters im Jahre 1698 das Odium; er stellt es sozusagen in die Tradition zarischer Machtausübung; und indem er angibt, daß dies normale "Verrichtungen" gewesen seien, kann er andererseits den Fortschritt in Peters Entwicklung feststellen.

Wie Voltaire hebt dieser Verfasser die Macht des russischen

Patriarchen hervor; er fällt "aus eigener und unumschränkter Gewalt" Todesurteile - ein Beispiel dafür gibt Lacombe nicht an; wie auch nicht für die Behauptung, daß der Patriarch sich von dem vor ihm auf der Erde liegenden Volke den Treueid schwören ließ. Die Ausführungen über Bildung und Verhalten der russischen Geistlichkeit bieten das übliche Bild. Der Verfasser gibt eine kurze Zusammenfassung der russischen Geschichte bis 1682, von diesem Zeitpunkt an berichtet er detaillierter, nachdem er vorher zweimal betont hat, daß es das Recht der Nation gewesen sei, sich einen Souverän zu wählen. (1) Die Zarevna Sofija wird wie üblich als listig, ränkevoll und ehrgeizig charakterisiert; als eine Fürstin, die alle Winkelzüge kennt und sich skrupellos der verwerflichsten Mittel bedient. (2) Auch den Fürsten Golicyn zeichnet der Autor nicht vorteilhaft, obwohl er dessen Gelehrsamkeit hervorhebt. (3)

Wie Voltaire ist dieser Verfasser der Meinung, Peter habe seit 1689 ganz selbständig regiert; auch er meint, Peter habe aus Mitleid mit der elenden Lage seines Volkes den Beschluß gefaßt, "die Regierungsform zu ändern, und eine bessere Ordnung unter seinen Unterthanen einzuführen." (4) Unter dem Datum 1689 berichtet Lacombe, daß Peter allen seinen Verpflichtungen als Herrscher nachgekommen sei. Besonders um die Finanzen (1689!) habe er sich gekümmert. (5) Die Darstellung des Strelitzenaufstandes und seiner Niederschlagung entspricht den Schilderungen Mauvillons, die Bewertung lehnt sich ebenfalls an die bekannten Schriften an. (6) Bei der Lektüre dieses Werkes entsteht gleichfalls der Eindruck einer ungeheuren Geschäftigkeit, der Verfasser äußert sich dahingehend, daß Peter "sich vervielfältigte". (7)Gleichzeitig gibt der Autor ganz unumwunden zu, daß der Zar, wenn es sich um seinen Vorteil handelte, sein gegebenes Wort und das Recht anderer nicht gelten ließ, dies aber bei anderen unnachsichtig bestrafe. (8)

Trotz aller Bemühungen, durch die Anwerbung ausländischer Fachkräfte die Lebensbedingungen in Rußland zu verbessern, sei die Mehrzahl des Volkes den Fremden gegenüber feindselig geblieben. Die Lage der Ausländer in Rußland sei daher meistens nicht besonders vorteilhaft gewesen, denn die Moskoviter haßten die arbeitsamen und geschickten Leute und verfolgten sie. (9) Der Carevič wird als Symbol dieser rückständigen Moskoviter dargestellt, der ein Feind des Ruhmes der Nation war und alle Laster wieder einführen wollte, die Peter gerade vertrieben hatte. (10)

Im übrigen folgt Lacombe in der Darstellung des Prozesses Aleksejs weitgehend den Ausführungen Mauvillons, allerdings widmet er der Todesursache keine größere Überlegung. (11) Er rechtfertigt Peters Handlungsweise mit dem Hinweis, er habe damit ein Opfer zum Besten seines Staates und für seinen Ruhm gebracht.

Wie Voltaire spricht auch Lacombe von der Zivilisierung Rußlands, die vor Peters Tod schon eine feste Tatsache gewesen sei; wie dieser verlegt er die Förderung der Manufakturen und des inneren Ausbaus in die Zeit der "Stille des Friedens", die -

uneingestanden - auch bei ihm sehr kurz ist. Und obwohl der Autor unter dem Datum 1719 meinte, daß dieses Opfer - Aleksej und seine Anhänger - ebenso wie die exemplarische Bestrafung der Strelitzen zur endgültigen Abschreckung möglicher Verschwörer gedient habe, muß er von erneuten Unruhen noch in den letzten Jahren des Zaren berichten. (1) Wie Mauvillon ist Lacombe der nicht zutreffenden Ansicht, Peter habe, um sein Werk würdigen Händen zu übergeben, Katharina zu seiner Nachfolgerin bestimmt, nachdem er die "Gesinnung seiner Unterthanen" in diesem Punkt erforscht hatte. (2) Die Würdigung der Person des Zaren entspricht ebenfalls der Darstellung Mauvillons.

In ähnlicher Form wie Lacombe (3), nämlich in Abschnitten, die chronologisch geordnet sind, berichtet Contant D'Orville (4) über die russische Geschichte seit der Gründung des Kiever Reiches durch Rurik. Allerdings stellt er dieser Aufzählung von Ereignissen eine längere Einleitung voran, die er "Remarques prêliminaires" nennt. (5) Hier spricht er die geographischen Gegebenheiten, Einkünfte des Staates, die verschiedenen Bevölkerungsschichten, Rechtsbräuche und religiöse Sitten an. Der Verfasser kannte Olearius und Mayerberg; er übernimmt in vielen Fällen, vor allem bei der Darstellung und Beurteilung Peters des Großen, Voltaires Ansichten. In seinen Vorbemerkungen beschreibt er Rußland als ein Land, das zweifellos immer eine eher despotische als monarchische Regierung gehabt habe, auch in den Zeiten, als es aus Teilfürstentümern bestand. (6) Die Macht des Zaren wird als in jeder Beziehung unumschränkt dargestellt: er erwähnt noch besonders das Recht des Herrschers, völlig frei über die Nachfolge zu entscheiden. (7) Wie Voltaire stellt er die Abschaffung des Patriarchats als einen Akt der "Staatsnotwehr" dar, da die außerordentliche Macht des geistlichen Oberhauptes gefährlich geworden sei. (8) Durch die Einrichtung des Heiligen Dirigierenden Synods sei es Peter gelungen, den Klerus seines Landes in Schranken zu halten und ihn zu bilden. (9) Über die religiösen Bräuche berichtet Contant nichts Neues, er hält sich an die bekannten Aussagen. Dagegen gibt er eine völlig verfehlte Darstellung der Struktur des russischen Adels, der angeblich aus vier "Klassen" bestehe.(10) Anläßlich der kurzen Beschreibung des Gerichtswesens und der verschiedenen Strafen erwähnt Contant auch, daß es in Rußland keine Advokaten gebe: alles werde schriftlich abgewickelt.(11)

Die russischen Soldaten seien ausgezeichnet; sie setzten ihre Ehre darein, das Leben gering zu achten und die schlimmsten Qualen zu erdulden. Das Volk im allgemeinen wird immer noch so dargestellt wie schon in den älteren Berichten: von Natur aus faul, betrügerisch, trunksüchtig, vor den Herren kriechend, vor den Gleichgestellten frech. Um die Unwissenheit vor Peters Regierungsantritt zu dokumentieren, berichtet der Autor, daß allein die Tatsache, daß jemand eine Art Tagebuch führte, ausreiche, um ihn ins Gefängnis zu bringen. (12) Zwar habe sich unter Peter sehr vieles gebessert, aber das Volk, festgehalten in seinen Ketten, kenne immer noch kein anderes Vergnügen als den Branntwein. (13) Die Erzählung der Ereignisse vor Peters Regierungsantritt umfaßt ungefähr 125 Seiten, Peters Herrschaft widmet der Verfasser nahezu 60, den Nachfolgern des Zaren (bis 1768) ungefähr 100 Seiten.

Die Praxis der Teilung des Reiches unter den Söhnen bezeichnet Contant als den wichtigsten Grund dafür, daß Rußland lange nicht zu den mächtigen Staaten gezählt habe. (1) Die Mongolenherrschaft beschreibt er als einen Zustand der Demütigung, während dessen Dauer die Russen durch ihre Uneinigkeit ihre Bande noch verstärkt hätten. (2) Erst Ivan III. habe die tatarische Oberherrschaft abschütteln können, er habe auch das Teilungsprinzip aufgehoben. (3) Interessant ist Contants Beurteilung Ivans IV.: die meisten Geschichtsschreiber hätten ihn als ein wahres Ungeheuer dargestellt, (4) aber wenn man die Umstände berücksichtige, in denen sich der Zar befand, und "le caractère i n c i v i l i s é, (5) dur et barbare de son peuple", dann könne man nur noch von einem strengen Herrn sprechen, der die meisten Verbrechen, die man ihm zur Last lege, überhaupt nicht begangen habe. (6) Der Autor rückt ihn in die Nähe Peters des Großen, wenn er schreibt, daß er menschlich gewesen wäre, wenn er in einem gesitteten Land geboren wäre, ja, er meint sogar: ..."s'il fût né un siècle plus tard, il aurait réformé les Russes."(7)

Dagegen verdammt er Boris Godunov völlig, er belegt ihn mit allen möglichen schlechten Eigenschaften. (8) Die Grobschlächtigkeit der Sitten, die in westlichen Augen geradezu unwahrscheinlichen Ereignisse - wie z.B. das Auftauchen der falschen Zaren - hebt Contant immer wieder hervor, bescheinigt den Russen auch - wie schon andere - eine Neigung zum Aufruhr: "Chez les Russes, du murmure à la révolte il n'y a qu'un pas ..." (9) Der erste Romanov-Zar (Michail) erfährt eine sehr positive Darstellung, (10) unter Aleksej sei die Justiz reformiert und mit der peinlichsten Genauigkeit Recht gesprochen worden. (11) Die Regierungszeit Aleksejs wird positiv dargestellt: hier seien bescheidene Anfänge gemacht worden: ausländische Offiziere in regulären Truppen, Unterstützung großer Politiker - Naryškin wird besonders hervorgehoben - und Pläne zur Erstellung einer Flotte: (12) sein Nachfolger Fedor habe versucht, auf diesem Weg fortzufahren und das Volk zu zivilisieren. Die häufigen Exekutionen werden damit entschuldigt, daß sie dem wilden Charakter der Russen zugeschrieben werden. (13) Sofija erfährt die übliche Beurteilung. (14)

Wie Voltaire sieht Contant D'Orville in Peter den Herrscher, der kraft seines Willens von Anfang an konsequent auf sein Ziel zugesteuert sei: von Beginn seiner Herrschaft an habe der Zar geplant, sein Land gesitteter zu machen; (15) schon fängt die Reform an, neue Verhaltensweisen setzen sich durch. Die Auslandsreise 1689 geschieht aus dem noblen Grunde zu lernen,mit welchen Mitteln man ein Volk glücklich machen könne - (16) das entspricht genau Voltaires Auffassung, ebenso wie die Schilderung der Strelitzen und der mit ihnen in Verbindung stehenden Personen als Undankbare, welche die Wohltaten des Zaren nicht annehmen wollten. (17) Als Hauptgrund für die Niederlage der Russen bei Narva gibt der Autor den Streit zwischen Croy und Dolgorukij an. (1) Nur 5 Monate nach der Gründung St. Petersburgs habe dort bereits ein holländisches Schiff geankert, um Handel zu treiben. Von den enormen Opfern, unter denen die Stadt erbaut wurde, sagt er nichts: es ist nur die Rede von dem unermüdlichen Russen, der mit der einen Hand gegen die Schweden kämpfte und mit der anderen die Bauarbeiten verrichtete; und von dem Willen des Zaren, der alle zu den größten Anstrengungen beflügelte. (2) Die Aufstände in Astrachan, der Kosaken und Baschkiren in den Jahren 1705-1708 werden nur am Rande erwähnt; das ganze Ausmaß der Unzufriedenheit mit der petrinischen Regierung wird nicht dargestellt. (3) Die Lage Peters im Jahre 1708 wird zutreffend als kritisch geschildert; allerdings bezeichnet Contant den Zaren hier auch schon als den "législateur des Russes", (4) sich auf diese Weise Voltaires Sicht völlig anschließend. Deutlich wird dagegen, wie gering der Wert des russischen Rekruten veranschlagt wurde - es gab ja so viele, so daß es Peter leicht wurde, ständig neue einzuziehen. (5) Die Schlacht von Poltava und ihre Bedeutung wird - abgesehen von den viel zu hohen Zahlen - verhältnismäßig sachlich geschildert, die für Peter gefährliche Situation am Pruth erfährt auch eine nüchterne Beurteilung: Der Friede von 1711 wird als sehr günstig für den Zaren angesehen, und die Geschichte von der Bestechung des türkischen Wesirs wird nicht berichtet. (6) Peters Stellung im Norden im Jahre 1715 wird so umschrieben: "les princes du Nord étaient ses alliés ou ses créatures." (7)

Einen längeren Abschnitt widmet Contant der Thronfolger-Affäre, die er allerdings in das Jahr 1719 verlegt. (8) Aleksej wird geschildert als ein junger Mann, der trotz der Bemühungen des Vaters um seine Ausbildung sein Vergnügen in Ausschweifungen findet und im übrigen die gleiche unglückliche Veranlagung wie seine Mutter zeigte: er habe es gewagt, offen gegen Peters Neuerungen zu protestieren. (9) Auch Contant ist der Ansicht, daß Menšikov und Katharina schließlich zu seinem Tod beigetragen haben. Das Urteil über Peter den Großen entspricht völlig dem Voltaires: "En montant sur le thrône, Pierre-le-Grand adopta son projet de réforme, et toutes les actions de sa vie tendirent constamment à ce but." (10)

Eine ähnlich positive Wertung erfährt Peters Tochter Elisabeth, die völlig ohne eigenes Zutun, allein aus dem Willen ihrer Untertanen, auf den Thron erhoben worden sei. Als Grund für die Unzufriedenheit und die Bildung einer Partei zugunsten Elisabeths wird die Nichtbeachtung des Letzten Willens Peters angegeben (!). (11) Elisabeth wird geschildert als Stütze der Religion, als Vorbild in Bezug auf Tugend und Frömmigkeit, als treue Verbündete und Liebhaberin der Kunst und Wissenschaften. Sie habe auf dem Thron die Milde heimisch gemacht, "que le législateur des Russes avait été forcé (!) d'écarter de ses Etats -". (12) Ein fast ebenso positives Bild gewinnt der Leser von ihrem Nachfolger Peter III. Er habe lauter gute Absichten gehabt, habe dem Adel die Freiheit gegeben zu reisen, wann und wohin er wollte, habe dann aber auch noch die Kirche reformieren wollen, und dies gefährliche Unterfangen sei ihm zum Verhängnis geworden. (1) Contant unterstellt dem Zaren allerdings, er habe seine Ehe mit Katharina annullieren und seinen Sohn für illegitim erklären lassen wollen. Diese Absichten seien zu einem Teil Anlaß zur Verschwörung gewesen, die dann ausbrach. Von Katharinas Beteilgung daran wird kein Wort erwähnt, (2) ebenso hält der Autor sich an die offizielle Version der Todesursache Peters: eine heftige Kolik habe zum Tode geführt. (3) Während Peter an der Reform des Klerus scheiterte, sei Katharina die Durchsetzung der Veränderungen gelungen, denn: "Tout est possible au souverain qui sçait faire marcher d'un pas égal la justice, la prudence et l'autorité. " (4)

Interessant ist die Darstellung des russisch-polnischen Verhältnisses in den Jahren 1764-1768. Katharina habe die besten Absichten für das Wohlergehen der Republik gehabt, (5) in freier Wahl (!) hätten die Polen Stanisław August gewählt, (6) und die Truppen der Russen ständen nur in Polen, um Ruhe und Ordnung wiederherzustellen. Eben diesem Zwecke habe auch die Entführung der polnischen Senatoren gedient (1767); es sei das einzige Mittel gewesen, um Gerechtigkeit und Unschuld triumphieren zu lassen. (!) (7) Katharina wird in der Schlußbetrachtung (1768) dargestellt als mit ungeheuren Arbeitsaufgaben belastet: der Türkenkrieg, die Erhaltung eines Königs auf seinem Thron, die Befriedung eines Königreiches, die Beglückung grosser Volksmassen - jeder andere würde unter der Last dieser Aufgaben zusammenbrechen. (8)

2.4.1.5. Kéralio, D'Eon

Die Auseinandersetzungen Rußlands mit Polen und der Türkei sind auch Gegenstand eines anderen Berichts, der 1778 erschienen ist unter dem Titel: "Geschichte des letzten Krieges zwischen den Russen und den Türken." Der Verfasser, Louis Felix Guinement de Kéralio, geht in seiner Darstellung auf die polnischen Verhältnisse ein, so daß wir uns an anderer Stelle damit beschäftigen werden. Hier sei nur festgestellt, daß er dem Despotismus als wesensmäßige Eigenart die Expansion zuordnet: (9) "Nach dem Tode August III. suchte die rußische Kaiserin dem Grundsatz ihrer Vorgänger oder vielmehr der Eigenschaft ihrer Regierungsart zu Folge auch ausser ihren Gränzen zu herrschen ..." (10)

Schreibt Kéralio dem Despotismus, insbesondere dem russischen, eine ihm immanente Tendenz zur Expansion zu, so meint der Chevalier d'Eon in der russischen Geschichte ein Beispiel für die plötzlichsten Erhebungen und die schnellsten Stürze zu finden. (11) So jedenfalls äußert er sich in seiner "Histoire impartiale (!) d'Eudoxie Foederowna, première femme de Pierre le Grand". (12) Der Verfasser sieht den großen Zaren durchaus mit kritischem Blick, ja, man hat den Eindruck, daß die lobenden Epitheta nur Pflichtübungen sind, (13)während er auf der anderen Seite doch die Schwächen und Fehler Peters heraushebt. Die größere Distanz kommt unter anderem schon darin zum Ausdruck, daß er Peter nicht, wie seit Voltaires Geschichte Karls XII.

fast durchgängig gebräuchlich, den "législateur de la Russie" nennt, sondern den "restaurateur de la Russie". (1) Während Voltaire mit dem Begriff "législateur" den Schwerpunkt darauf legt, daß Peter der Große Rußland erst zu einem Staate mit Gesetzen im westeuropäischen Sinne gemacht habe, betont D'Eon den Aspekt des Erneuerns, vielleicht sogar des Wiederherstellens und drückt damit aus, daß schon vor Peter ein mächtiger Staat vorhanden war, den der Zar erneuern mußte, daß also keine völlige Neuschöpfung stattfand. (2) Der Autor hebt hervor, daß Peter nur durch eine Folge von Katastrophen auf den Thron gekommen sei (3) und seine Regierung damit begonnen habe, die möglichen Anhänger seiner Halbschwester Sofija mit den schrecklichsten Qualen in Furcht zu versetzen. (4)

D'Eon schildert Evdokija als vollkommen an Schönheit und Geistesgaben, tadelt aber gleichzeitig ihre Unklugheit im Verhalten Peter gegenüber und ihre schlechten Ratgeber. (5) Im übrigen ist er der Ansicht, daß Lefort der Feind der Zarin gewesen sei und von Anfang an versucht habe, ihre Stellung zu untergraben, weil Evdokija Leforts Bemühungen, Peter zu einem zügellosen Leben zu verleiten, Widerstand entgegensetzen wollte. (6) Menšikov, der Leforts Platz nach dessen Tod eingenommen habe, wird unterstellt, daß er seine Position dadurch habe unangreifbar machen wollen, daß er Katharina zum Zaren brachte und auf ihre Dankbarkeit hoffte. (7) Der Litauerin wirft D'Eon vor, sie habe sich einen Weg zum Thron bahnen wollen; diesem Ziel diente der Übertritt zur russisch-orthodoxen Kirche, diesem Ziel opferte sie den Stiefsohn Aleksej, den sie zusammen mit Menšikov bei seinem Vater in Mißkredit brachte. (8) Ihr wird großer Einfluß auf Peter zugeschrieben: "elle regnoit sur le coeur de Pierre avec autant de despotisme qu'il en mettoit lui-même dans le gouvernement de ses Etats ..." (9) Der Zar wird dargestellt als ein harter und heftiger Mann, (10) mißtrauisch und argwöhnisch, (11) der alles seiner Arbeit und nichts der Erziehung verdankte; (12) ein gefürchteter Herrscher, dem niemand zu widersprechen wagte, weil er sonst in Lebensgefahr geriet; dessen Wille Gesetz sein mußte. (13) Die Vorgänge um die Verurteilung des Carevič nennt D'Eon ungerecht, (14) niemals habe geklärt werden können, welcher Art eigentlich die Verbrechen waren, die dem Prozeß als Begründung dienten. (15) Er berichtet von den schrecklichen Folterungen, die alle in die Affäre des Carevič verwickelten Personen erdulden mußten und schreibt dann: "Non content de tant de supplices", (16) habe der Zar dann auch noch die Verurteilung Evdokijas angestrebt. (17) D'Eon ist allerdings der Ansicht, daß ein Komplott bestanden habe, und daß es, wenn es zur Ausführung gelangt wäre, dem Zaren, "qu'on doit maintenant nommer empereur",(18) gefährlich geworden wäre. Daß bei so kritischer Betrachtung Peters das Bild Katharinas (I.) noch unvorteilhafter ausfällt, ist dann nicht mehr erstaunlich. (19)

2.4.1.6. Rulhière

Eine ähnlich distanzierte Haltung zu Rußland nimmt Claude-Carloman de Rulhière in seiner "Histoire ou Anecdotes sur la Révolution de Russie en 1762" (1) ein. Rulhière begleitete Baron de Brêteuil, den französischen Gesandten, in der Eigenschaft eines Attaché nach Petersburg. Während des Umsturzes befand er sich in Rußland, wie auch Chappe d'Auteroche. Er notierte Stunde für Stunde den Ablauf der Ereignisse, und dieses Erlebnis hat sein Bild von Rußland geprägt: (2) "A peine a-t-on passé huit jours (!) en Russie qu'on peut déjà parler raisonnablement des Russes: tout saute aux yeux dans ce difforme colosse, le despotisme ne présente rien à étudier et le czar est cent fois plus despote en vivant en société avec ses sujets qu'un mufti, l'Alcoran à la main, eut le droit de balancer ses volontés, sans avoir à garder le respect des anciennes coûtumes ni à ménager les moeurs d'une nation à qui la hâche et le bâton ont appris qu'elle en doit changer. Tout y est désuni, le jour ne tient pas à la veille et n'annonce pas le jour qui suivra." (3)

Rulhière war 15 Monate lang in Rußland gewesen, er sprach die Landessprache nicht, war also in seinen Informationen auf einen bestimmten Personenkreis beschränkt. Choiseul, zu dem Zeitpunkt Außenminister, ermutigte ihn zum Schreiben dieses Berichtes; die erste Lesung des Werkes fand Ende 1767 in seinem Hause statt. (4) Allerdings gab er Rulhière den Rat, es nicht zu veröffentlichen. (5) Katharina versuchte alles, das Manuskript zu kaufen und zu vernichten; eine Widerlegung hat es nicht gegeben, (6) Lesungen fanden weiterhin statt - noch 1776 vor Prinz Heinrich von Preußen - (7),es existierten auch mehrere Kopien.

In seinem Widmungsbrief an die Comtesse d'Egmont (8) legt Rulhière dar, welches sein Bild von Rußland ist: die Frivolität der Intrigen, die Zügellosigkeit der russischen Sitten und das kindische Wesen Peters III. seien die Mittel und Wege des Umsturzes gewesen; die einzige Moral sei der Gehorsam, der Wille des Zaren einziges Gesetz. (9) Etwaig auftretende Züge von Geschick und Mut dürften nicht zu Illusionen verleiten. "Tout l'Etat est réellement affaissé sous le poids du gouvernement, la crainte est par tout, la méfiance est sur le trône, mais l'espérance est aux portes du palais ... quelques âmes fortes, placées entre la bassesse de l'esclavage et l'audace des conjurations, deviennent nécessairement atroces ..." (10) Rulhière gibt zu, daß die russischen Herrscher, unterstützt von Ausländern, versucht haben, ihre Nation zu zivilisieren; er hat aber klar erkannt, daß dieses Unternehmen von vornherein mit Inkonsequenz geschah: indem die Zaren ihren Willen auf die Erreichung dieses Zieles richteten, verschlimmerten sie den Despotismus. Ganz deutlich spricht er es aus, indem er damit gleichzeitig die Panegyristen der Zaren attackiert: man könne nicht beides wollen: "être servilement obéi" von Leuten mit "dignité et lumières". (11) Damit hat Rulhière den zwiespältigen Charakter der Reformen im russischen Reich seit Peter angesprochen..

Das Bild Katharinas II. ist schon im Einleitungssatz seiner "Anecdotes" festgelegt: "J'étais présent à la révolution qui a précipité du trône de Russie le petit fils de Pierre-le-Grand pour y placer une étrangère. J'ai vu cette princesse échappée du Palais en fugitive, forcer le même jour son mari à lui abandonner sa vie et son empire." (1) Damit trifft Rulhière eine grundsätzliche Feststellung: 1. Peter III. war der legitime Herrscher, Katharina nur eine Ausländerin; die Illegitimität ihrer Thronbesteigung wird betont durch die Aussage, daß Peter III. immerhin der Enkel des großen Kaisers war; 2. Katharina war maßgeblich beteiligt am Komplott und hat auch über das Leben ihres Gatten entschieden. Es ist dann nicht mehr erstaunlich, wenn der Verfasser von den ehrgeizigen Plänen der Großfürstin spricht, die durch die gewalttätige Usurpierung des Thrones Herrscherin wurde. (2)

Um Peters III. Charakter verstehen zu können, so Rulhière, müsse man seine Erziehung berücksichtigen: in frühester Jugend sei er abwechselnd für die schwedische und für die russische Krone erzogen worden; als er dann in Rußland eingetroffen war, habe man ihn den schlechtesten Ratgebern anvertraut: daraus habe die merkwürdige Mischung resultiert, die gute Absichten in lächerliche Manieren degenerieren ließ und alberne Ansichten auf große Objekte richtete. Er habe sich an den großen Ideen der Freiheit, der Gleichheit und des Heroismus aufgerichtet, "mais il aimait le grand avec petitesse et, se proposant d'imiter les héros dont il descendait, son génie le retenait dans des puérilités." (3) Seine Gattin Katharina habe alle Möglichkeiten genutzt, um ihn in der Öffentlichkeit als unfähig für die Regierung darzustellen, (4) sie habe so getan, als sei sie unablässig den Gewalttätigkeiten Peters ausgesetzt. (5) Mit großem Geschick habe sie es verstanden, sich zwei voneinander unabhängige Parteien - die auch noch unterschiedliche politische Ziele hatten - zu schaffen und beide getrennt operieren zu lassen. (6) Peter dagegen habe alles getan, um seinen Untergang zu beschleunigen: er ließ sich auf den Münzen abbilden, wie er war; mit dem Ergebnis, daß er zum Gespött des Volkes wurde; er gab dem russischen Adel die gleichen Rechte wie in anderen Völkern - aber er präzisierte diese Freiheit nicht, und so entstand der Eindruck, getäuscht worden zu sein; (7)er rief die nach Sibirien Exilierten zurück, darunter Biron und Münnich; das Ergebnis war, daß sich am Hof alter Haß und unvereinbare Interessen sammelten. (8)

Alles, was er begann, sei, so Rulhière, in der Absicht richtig und gut gewesen; seine Frau habe die gleichen Reformen mit grossem Erfolg durchgebracht, aber Peter habe die Maßnahmen überstürzt und es an der nötigen Rücksichtnahme fehlen lassen. (9) Katharina habe sich beim Volk durch die strikte Beobachtung kirchlicher Bräuche beliebt gemacht, sie habe sich die Garden verpflichtet, aufrührerische Reden im Volk verbreiten lassen. (10) Dabei habe sie es geschickt vermieden, auch nur den Anschein zu erwecken, als wäre sie das Haupt einer Verschwörung. (11) Im übrigen beschreibt der Autor die Atmosphäre in den Monaten der Herrschaft Peters als eine Mischung aus Orgien am Hof und militärischen Übungen bei den Truppen; (1) in den Gesprächen sei ein gegenseitiges Abtasten der Meinung über die Regierung üblich gewesen, "le public" habe auf ein außerordentliches Ereignis gewartet, (2) es sei eine allgemeine Disposition zum Umsturz vorhanden gewesen, (3) die allerdings z.T. künstlich hervorgerufen worden sei. (4) Ein solches Vorgehen sei in Rußland viel leichter als in anderen Ländern: denn da in diesem Land schon die Unterhaltung über politische Themen mit dem Tode bestraft werden könne, sei die Verbreitung von Gerüchten allein schon der Beginn einer Revolte gewesen. (5)

In seinen weiteren Ausführungen schildert der Verfasser ausführlich den Ablauf des Umsturzes, das entschlossene Verhalten Katharinas und die schwankende Haltung des Zaren, die zu seinem endgültigen Ende führte, den Anteil der einzelnen Personen am Gelingen des Unternehmens. Nebenbei läßt er Bemerkungen über das russische Volk einfließen: es sei von Natur aus untätig, fröhlich, liederlich, (6) zur Verschwörung bereit, da es seinem Wesen nach zur Geheimhaltung neige, gleichzeitig aber auch im höchsten Grade mißtrauisch und zerstritten. (7)

Rulhière ist außerdem der Ansicht, daß das Volk von Katharina getäuscht worden sei, denn es habe angenommen, daß der junge Großfürst (Paul) zum Kaiser ausgerufen werden sollte, da über das Schicksal Peters III. Unklarheit herrschte. (8) Er meint auch, daß, nachdem das erste Hochgefühl sich gelegt hatte, Peter große Chancen gehabt habe, das Steuer herumzureißen und Kaiser zu bleiben. (9) Vor allem sei Moskau, die wirkliche Hauptstadt Rußlands, nicht ohne weiteres dem Petersburger Vorbild gefolgt. Die Soldaten seien aus ihrem Taumel wieder aufgewacht und hätten sich gefragt: "par quel enchantement (!) on les avait conduits, jusqu'à détrôner le petit fils de Pierre-le-Grand, pour donner sa couronne à une Allemande." (10) Die Matrosen seien besonders unzufrieden gewesen, (11) kleine Unruhen waren an der Tagesordnung. Solange Peter III. lebte, so glaubte man, werde die neue Regierung keine Ruhe haben. Daher hätten die Gebrüder Orlov ihn ermordet; Rulhière nimmt an, daß die Kaiserin von dem Mordplan wußte und ihn billigte, (12) obwohl sie sich nach außen den Anschein der untröstlichen Witwe gab. (13)

Nach dem Tode des unglücklichen Ivan (VI.) habe sie niemanden mehr zu fürchten gehabt außer ihrem Sohn, gegen den sie sich aber dadurch absicherte, daß sie ihm den Grafen Panin als Erzieher zuwies, der gleichzeitig auch leitender Minister war.(14)

Sicher gibt Rulhière in diesen "Anecdotes" zwar den Ablauf der Ereignisse im wesentlichen richtig wieder, aber seine Urteile sind doch beeinflußt von einer im Grundsatz sehr kritischen Einstellung gegenüber Rußland und vor allem gegenüber Katharina. Die Oberflächlichkeit seiner Ansichten, die schon allein von der Unkenntnis der Landessprache und der Beschränktheit des Bekanntenkreises herrühren, sowie auch eine gewisse Voreingenommenheit der russischen Politik gegenüber, darf jedoch u.M. n. nicht dazu führen, seine Ausführungen zu verwerfen. Seine

Ansichten werden in großem Umfang von den französischen Diplomaten in Petersburg geteilt. (1) Schärfer als die Panegyristen des "neuen" Rußland und die kritiklosen Bewunderer Peters sieht er das grundsätzliche Dilemma, dem alle russischen Herrscher ausgesetzt sind; die prinzipielle Unmöglichkeit, mit drakonischen Strafen, schärfster Unterdrückung und Bevormundung ein aufgeklärtes Volk zu schaffen, "eine innere Unmöglichkeit": ein despotischer Wille, der "Knechte und Untertanen behalten und sie gleichzeitig zu freien Bürgern machen will," (2) "die politische Quadratur des Zirkels." (3)

2.4.1.7. Levesque

Im Gegensatz zu Rulhière und anderen Schriftstellern, die glaubten, nach einem kurzen Aufenthalt oder dem Studium einiger Mémoiren alles über die Russen zu wissen, im Gegensatz aber auch zu Voltaire und seinen Anhängern meint der Autor der "Histoire de Russie", Pierre Charles Levesque, (4) daß es eines langen Studiums bedürfe, genauer Kenntnisse nicht nur der russischen Sprache, sondern auch des Kirchenslawischen, um eine wirklich fundierte Aussage über die Russen und ihre Geschichte machen zu können. (5) Seiner Meinung nach war es den Franzosen bisher unmöglich, eine russische Geschichte zu schreiben: alles, was man zur Verfügung hatte, waren einige wenige Wahrheiten und viele Lügen, verbreitet von unwissenden oder voreingenommenen Reisenden. (6) Auch Voltaire nimmt er von seiner Kritik nicht aus. (7) Was er den verschiedenen Autoren vor allem vorwirft, ist ihr Bemühen, dem Leser zu gefallen. Dabei sei oft die historische Wahrheit in den Hintergrund getreten. Seine Einstellung drückt er in dem Satz aus: "La sécheresse est un défaut dans l'histoire mais nous la préférons au mensonge." (8) Als Rechtfertigung für die Veröffentlichung einer Geschichte Rußlands erwähnt er u.a. den Handelsaustausch mit den westlichen Ländern, den Überfluß an natürlichen Ressourcen und - nicht zuletzt - das Gewicht dieser Macht in der europäischen Politik. (9)

Gleich zu Anfang seiner Einleitung stellt er klar, worin der große Irrtum der meisten Schriftsteller besteht: die Übertreibung der Barbarei des alten Rußland führe zu einer Überschätzung seiner Fortschritte. (10) Mit deutlicher Spitze gegen Voltaire stellt er fest, daß es eben nicht so war, daß Peter bei seiner Thronbesteigung nichts als eine von wilden Tieren bewohnte Wüste vorgefunden habe, aus denen er dann Menschen machte. Zu Unrecht habe man das ganze Verdienst an Rußlands Aufstieg zu europäischer Größe Peter zugeschrieben: Großvater, Vater und Bruder hätten entscheidend dazu beigetragen. (11)

Der erste Band dieses Werkes beschreibt die Anfänge des Kiever Staates bis zum Mongoleneinfall (1237), der zweite umfaßt die Mongolenherrschaft bis zum Tode Vasilij III. (1533), der dritte setzt ein mit der Herrschaft Ivans IV. und endet mit dem Tode Fedors (1682). Der vierte Band ist ganz Peter und seinem Werk gewidmet, während der fünfte sich in Kurzfassung mit den Regierungen seit 1725 bis 1778 befaßt. Exkurse über geographische und wirtschaftliche Verhältnisse schließen sich an. (1) Im dritten und vierten Band ist jeweils ein Kapitel über "Moeurs et usages" im 16. bzw. 17. Jahrhundert eingeschoben. (2) Levesque folgt in seiner Darstellung der frühesten Geschichte Rußlands der Nestorchronik und hebt hervor, daß die Russen schon im 9. Jahrhundert seßhaft waren und in umwallten Plätzen lebten. (3) Einen längeren Abschnitt widmet der Autor der Christianisierung; und Vladimirs Übertritt zum Christentum wird im Zusammenhang damit gesehen, daß schon dieser erste christliche Großfürst seine Untertanen mit Hilfe der griechischen Lehrer und Mönche habe unterrichten wollen - Levesque benutzt das Verb "éclairer". (4)

Breiten Raum in der Darstellung nehmen die Auseinandersetzungen der Kiever Russen mit den Polen ein. (5) Ähnlich positiv wie Vladimirs Bestrebungen zur Unterrichtung seines Volkes bewertet der Verfasser die Herrschertätigkeit Jaroslavs (1019-1054); er nennt ihn "premier législateur de la Russie" (6) und hebt sich damit bewußt ab von der Praxis der Aufklärer um Voltaire, Peter als den "législateur" Rußlands besonders zu profilieren. Ebenso in Abweichung von den üblichen Darstellungen der frühen russischen Zeit betont er die Verbindungen dieses Staates zum Westen. (7) Ferner geht er auch auf die Regierungsform ein und erklärt ausdrücklich, daß das alte Rußland nicht despotisch regiert worden sei, das Volk sei frei gewesen,und Klerus und Große des Reiches seien zur Beratung herangezogen worden.Die Bürger hätten sogar das Selbstversammlungsrecht besessen. (8)

Als Gründe für den Niedergang dieses ersten Reiches und seine Unterwerfung durch die Mongolen sieht er die Praxis der Teilung des Reiches unter die Söhne des Fürsten und deren Uneinigkeit an, die es nicht zu einer gemeinsamen Abwehr kommen ließ. (9) Wieder wendet er sich gegen Voltaire, der seiner Ansicht nach die "alten" Russen zu gering einschätzt (10) und die Demütigung durch die Tataren übertreibt. (11) Von Ivan I. Kalita (1328-1341) an sollte man, so Levesque, Moskau als Hauptstadt des russischen Reiches betrachten. (12) Im Zusammenhang mit der Heirat Ivans III. mit einer griechischen Prinzessin tritt der Verfasser der von vielen verbreiteten Meinung entgegen, die Großfürsten hätten eine Brautschau veranstaltet, um sich eine Gemahlin unter den Töchtern des Landes zu wählen. (13) In diesem Band nimmt die Darstellung der russisch-polnischen, bzw. russisch-litauischen Beziehungen einen sehr großen Raum ein, der den häufigen Auseinandersetzungen zwischen Litauen und Moskau durchaus angemessen ist. (14)

Ivan IV. (1533-1584) erfährt eine differenzierte Beurteilung; Levesque arbeitet besonders die Zwiespältigkeit seiner Persönlichkeit heraus. (15) Er nennt ihn einen "législateur", "protecteur du commerce et des arts", aber auch "bête féroce".(16) Damit rückt Levesque den letzten Rurikiden in die Nähe Peters des Großen, vor allem,weil er auch seine Leistung auf dem Gebiet der Kodifizierung der Gesetze hervorhebt, (17) und relativiert wieder die Aussagen Voltaires über d e n Gesetzgeber

Rußlands.

Naturgemäß widmet der Autor der Darstellung der Zeit der Wirren seine besondere Aufmerksamkeit. Einmal mehr hebt der Verfasser hervor, daß auch vor Peter dem Großen die Zaren um Unterrichtung ihrer Untertanen bemüht waren: Boris Godunov wollte mehr ausländische Fachkräfte nach Rußland ziehen, um das Volk zu belehren. (1) Aber indem er den Talenten Godunov Achtung zollt, verweist er gleichzeitig auch auf die Verbrechen, die dieser Zar vor und während seiner Herrschaft begangen hätte. Als das schlimmste bezeichnet er es, daß Boris Godunov die Leibeigenschaft eingeführt habe. Er habe sich dazu veranlaßt gesehen, weil die ehrgeizigen Unternehmungen Ivans IV. den Staat entvölkert und zur Vernachlässigung der Landwirtschaft geführt hätten. Um die Bauern an ihre Pflicht zu erinnern, sei ihm nichts anderes eingefallen, als sie in Unfreiheit zu bringen und sie an die Scholle zu binden. (2) Gleichzeitig aber bezweifelt Levesque, daß die Leibeigenschaft erst so spät eingeführt worden sein soll: er gesteht den Novgorodern und den ihnen zugehörigen Territorien zu, daß es bei ihnen noch freie Bauern gab; für die Mehrheit der Fürsten, die auf die Erträge des Landes angewiesen waren, zieht er das in Zweifel.

Ausführlich geht der Verfasser auf das russisch-polnische Verhältnis während der Zeit der Wirren ein. Er bescheinigt den Polen ein provozierendes Verhalten gegenüber den Russen, sie hätten sich wie Tyrannen aufgeführt und keinerlei Rücksicht auf die einheimische Bevölkerung genommen. (3) Levesque unterstellt Sigismund III. von Polen (1587-1632), er habe die Absicht gehabt, Rußland entweder zu erobern - wobei der Autor gleich einwendet, daß ein so ausgedehntes Reich nicht eine Provinz von Polen werden konnte - oder die besten Territorien zu annektieren. (4) Der Verfasser, der die polnischen Unternehmungen in keinem guten Lichte sieht, spricht auch an anderer Stelle von einer Art "Erbfeindschaft" zwischen diesen beiden Staaten, von einem seit langem genährten Haß, der die Kriege zwischen den beiden Nationen besonders grausam machte. (5) Diese Feindschaft sieht er auch in den folgenden Jahrzehnten als eine Konstante russisch-polnischer Beziehungen: versuchten die Polen, sich bietende Gelegenheiten zu ergreifen, um ihr Staatsgebiet auf Kosten Rußlands zu vergrößern, so unternahmen es die Zaren nicht weniger, bei günstigen Konstellationen mit Zins zurückzuerobern, was ihnen die Polen genommen hatten. (6) Levesque erwähnt in diesem Zusammenhang ebenfalls die Kandidatur Aleksejs für die polnische Krone; desgleichen legt er die Gründe für das Scheitern seiner Bewerbung dar. (7) Das Verhältnis Rußland-Polen stellt sich bei ihm dar als ein von gegenseitigem Mißtrauen und Haß getragenes Nebeneinander, indem jeder sofort die Schwäche des Nachbarn zum Zwecke der Expansion nutzt. (8) Den Vater Peters des Großen bedenkt er mit viel Lob, und wieder geschieht das im Gegensatz zu den überschwenglichen Lobeshymnen der Verehrer Peters. Levesque spricht vom Gesetzeswerk Aleksejs, das er deshalb besonders hervorhebt, weil der Zar in einem Land, das noch nicht weit fortgeschritten war in den Wissenschaften, Rücksicht nahm auf die Lage und die Überzeugungen seines Volkes. (1) Hier kann man die Kritik an Peters überstürztem Verfahren schon feststellen, deutlicher wird der Verfasser, wenn er schreibt: "Enfin, Alexis a commencé à lever un coin du voile qui tenait ses sujets dans les ténèbres. Pierre I., son fils, a voulu le déchirer d'un seul coup. Il a peut-être été plus ébloui qu'éclairé de la lumière dont ses yeux et ceux de ses peuples n'étaient pas encore préparés à soutenir l'éclat." (2)

In einem besonderen Abschnitt berichtet der Autor über Sitten und Gebräuche der Russen im 16. Jahrhundert, dem im 4. Band auch ein solcher über die Lebensumstände im 17. Jahrhundert folgt. Bemerkenswert ist, daß er wieder die Unwissenheit des russischen Volkes in Beziehung setzt zu dem, was im übrigen Europa allgemeiner Brauch war. Sicher, so Levesque, glaubte man in Rußland noch an Zauberei, (3) aber das tat man in anderen Ländern Europas auch. (4) In vieler Hinsicht entspricht seine Darstellung anderen, bereits bekannten. Das gilt für die Situation der Frauen, (5) die Einfachheit der Wohnungen, (6) die Käuflichkeit der Justiz (7) und bestimmte Verbote bezüglich der Nahrung. (8) Es gilt ebenso für die Darstellung der Gewalt des Vaters in der Familie, wie für die Kriegstechnik. (9) Dagegen legt Levesque Wert darauf festzustellen, daß die Bauern noch nicht leibeigene Knechte waren, daß sie zwar kein Eigentum an Grund und Boden besaßen, aber die Möglichkeit hatten, jederzeit den Dienst aufzukündigen und sich nach einem anderen Lebensunterhalt umzusehen. (10)

Der Autor beschreibt die Einfachheit des Lebens, auch des Adels, der durchaus noch nicht dem Müßiggang verfallen war, sondern durch fast ständigen Kriegsdienst in Atem gehalten wurde. (11) Er spricht von der "première liberté de la nation", die erst durch die Härte Ivans IV., durch den Schrecken, den er der Bevölkerung einflößte, beseitigt wurde. (12) Vor dessen Regierungszeit habe es nämlich noch so etwas wie Versammlungen der würdigsten Gemeindeglieder gegeben, die noch ein bescheidenes Maß an Rechtsprechung und Selbstverwaltung hatten - der Autor wagt den Vergleich mit den Römern und Griechen. (13) Erst während der Zeit der Unterdrückung - und er meint damit den Zeitraum vom Ende der Regierung Ivans IV. an - hätten die Russen das Gefühl für "honneur" nicht mehr gehabt, aber vorher sei es durchaus vorhanden gewesen und die alten Gesetze hätten Sorge getragen, es auch zu erhalten. (14) Allerdings führt er später in aller Deutlichkeit noch einmal aus, daß der Herrscher im 17. Jahrhundert "avec le despotisme le plus absolu" regierte, (15) daß nicht nur das Volk, sondern auch die Fürsten und Adligen, ja sogar die im zarischen Dienst stehenden Ausländer alle von der gleichen Strafe bedroht waren: auf den leisesten Wink des Zaren hin konnten sie mit Knute und Stöcken geschlagen werden. Von der alten Freiheit blieb nichts, und Levesque beantwortet die Frage, warum diese Entwicklung eingetreten sei, mit dem Hinweis auf den Einfluß der Nachkommen des Dimitrij Donskoj (+ 1389) und mit der Furcht, die Ivan IV. allen eingeflößt habe. (16) Desgleichen macht Levesque deutlich, daß der Zar das entscheidende Wort bei der Wahl des Patriarchen zu sprechen hatte und daß die Herrscher sich nicht so vor dem kirchlichen Oberhaupt demütigten, daß sie sich und ihre Würde erniedrigten. (1) Der Vorrang der zarischen Gewalt vor der des Patriarchen wird deutlich herausgestellt.

In vieler Hinsicht entspricht jedoch seine Darstellung derjenigen älterer Autoren - er zieht Mayerberg heran: das gilt für die abergläubische Respektierung der äußeren Zeichen der Kirche, (2) für den Bilderkult, (3) für die mangelnde Bildung, (4) für die Begräbnissitten, für die Verachtung anderer Völker. (5) Dabei stellt er fest, daß es sich bei dem Schreiben, welches den Verstorbenen mitgegeben wurde, nicht um einen Paß für den Heiligen Nikolaus handelte, sondern um ein Gebet - und dieser Brauch existiere immer noch. (1782) (6) Allerdings relativiert er das harte Urteil über die Unwissenheit der Moskoviter insofern, als er darauf hinweist, daß auch in den westlichen europäischen Ländern noch genügend Aberglaube im 17. Jahrhundert vorhanden gewesen sei, (7) und daß auch schon vor Peter dem Großen sehr viel geschrieben wurde und nicht nur ein paar Leute lesen und schreiben konnten. (8) Als charakteristisch für den russischen Staat bezeichnet aber auch er das große Mißtrauen jedem Fremden, auch Botschaftern gegenüber. (9) Hinzu kommt noch die Unsicherheit der Straßen, in der Stadt und auf dem Land; das Räuberunwesen, das zu einem großen Teil hervorgerufen wurde durch das Elend, die Faulheit des Volkes und die harten Herren. (10) Er bestätigt die üblichen Charakteristika der Trunksucht, des schlechten Geschmacks in Kleidung und Essen, den asiatischen Luxus und die weiterhin andauernde härteste Unterwerfung der Frauen unter ihren Gatten. (11) Er weist aber auch darauf hin, daß die Strelitzen unter Zar Ivan als eine stehende Truppe, ausgerüstet mit Gewehren, eingerichtet wurden und daß diese in der Zeit der Wirren degeneriert sei.

Michail und Aleksej ahmten in militärischer Hinsicht die Nachbarn nach, um sie schlagen zu können: Michail hatte deutsche Kavallerie und stellte Dragonerregimenter auf, Aleksej verringerte die Kavallerie, und fast alle höheren Offiziere waren Deutsche. (12)

Nachdem Levesque solcherart festgehalten hat, daß schon unter den ersten Romanovzaren Ansätze zur Übernahme westlicher Kenntnisse vorhanden waren, widmet er die übrigen Kapitel des 4. Bandes Peter dem Großen. Er konstatiert: "Les premières années du règne de Pierre-le-Grand devaient être orageuses." (13) Daß diese ersten Jahre so stürmisch waren, führt der Autor darauf zurück, daß die Regierung der Zarevna Sofija soviel Anklang gefunden hatte. Sie hatte sich eine Partei geschaffen, die ihre Politik stützte, und hatte sich den anderen angenehm gemacht durch ihre kluge Verwaltung der Staatsgeschäfte. Man vermißte sie - und Peter tat nichts, um sie vergessen zu machen; im Gegenteil: er tat alles, um sich die Nation zu entfremden. (14) Das, so Levesque, war auch der Grund für den Aufstand 1698. In der Darstellung der Niederwerfung des Aufstandes und der von Peter dabei angewandten Methoden folgt der Autor den Schilderungen Korbs. (15) Interessant ist, daß Levesque die persönliche

Betätigung des Zaren und der Fürsten zurückzuführen sucht auf ältere Bräuche, die bei der Niederschlagung staatsbedrohender Rebellionen in Anwendung kamen. (1) Auch hier bezieht sich der Autor auf das Beispiel Ivans IV. bei der Bestrafung ihm verdächtiger Adliger und meint: "Ce rapport entre le crime et la punition prouve qu'elle ne dépendait pas seulement du caprice du Souverain." (2)

Levesque untersucht das Vorgehen Peters gegen alte russische Bräuche und Überzeugungen: er ist der Ansicht, daß die Mittel, die der Zar anwandte, um die Kirche in den Augen des Volkes herabzusetzen, unklug und empörend waren: "il révoltait la superstition du peuple et ne la corrigeait pas." (3) Das gleiche unkluge Verhalten wirft der Verfasser Peter vor, als es um die Änderung in der äußeren Erscheinung ging. (4) Anstatt auf die Macht des Beispiels zu vertrauen, zwang er die Russen, auch die alten ehrwürdigen Bojaren, ihre Kleidung und Barttracht zu ändern. Und gegen Voltaires Behauptung, alles habe sich fröhlich abgespielt, meint der Autor, daß diese Fröhlichkeit vielleicht am Hofe und bei den Freunden des Fürsten zu finden war; aber: "la rage était dans le coeur du peuple, et ce jeu coûtera du sang." (5) Fazit seiner Überlegungen: Peter konnte nicht warten, und das sollte sich unheilvoll auswirken. Es stehe außer Frage, so Levesque, daß die Russen große Vorteile aus ihrem Verkehr mit den Ausländern ziehen konnten, erst der Austausch von Kenntnissen bringe wirkliche Fortschritte. Aber das alles müsse sich langsam vollziehen und ohne daß man die Gefühle der Bevölkerung unnötig kränke. (6)

Der Autor schließt eine kurze Überlegung darüber an, daß auch solche Bräuche wie Kleidung und religiöse Übungen für ein Volk die Funktion von Gesetzen haben können. Wenn man diese dem Volk plötzlich nimmt, fehle ihm eine wesentliche Bindung, dann gebe es nichts grundsätzlich Verehrungswürdiges mehr, nichts habe mehr Macht über die Menschen, außer der bloßen Furcht.(7) Die Befreiung der Frauen aus der Abgeschlossenheit ihrer Gemächer und ihre Zulassung zu den Gesellschaften wurde von den meisten Autoren gelobt als wichtigster Beitrag zur Zivilisierung der Nation. Levesque ist da etwas anderer Ansicht: indem der Zar sie aus ihrer Zurückgezogenheit herausholte, führte er sie gleichzeitig auch aus der bisherigen Tugendhaftigkeit. (8) Peter selber verletzte sehr häufig die Regeln der Höflichkeit und des Anstandes.

Die alten Übel der Unwissenheit und Faulheit, des Aberglaubens und der Ineffektivität in der Verwaltung wollte Peter beseitigen, er ließ Schulen für Mathematik und Astronomie einrichten. (9) Mit Voltaire ist der Autor der Meinung, daß die Müßiggänger und notorischen Faulenzer zu verschwinden und in eigens dafür eingerichteten Häusern nützliche Arbeit zu verrichten hätten. (10) Dagegen hält er die Abschaffung des Patriarchats für nicht richtig, denn die einem absoluten Despotismus unterworfenen Völker brauchen eine Barriere zwischen sich und den Fürsten. (11) Auch an anderer Stelle wirft der Autor Peter mangelndes Verständnis für die Wichtigkeit von scheinbar nebensächlichen Dingen vor: bei der Einrichtung des Senats schaffte der Zar die alten Titel ab - Bojar, Okol'ničij, dumnyj d'jak - und nannte die Mitglieder Präsidenten oder Räte. Damit, so Levesque, beging er zwei Fehler: die Maßnahme mißfiel den Grossen und sie schadete dem Respekt des Volkes vor den Vertretern der staatlichen Autorität. (1)

In der Bewertung der außenpolitischen Tätigkeit schließt Levesque sich dem allgemeinen Urteil an: Poltava entschied über das Schicksal zweier Kronen; (2) Karl XII. kämpfte nur aus persönlichen Gründen, Peter dagegen wollte nützliche Pläne verwirklichen. (3) Allerdings gibt der Autor zu, daß der Krieg von Dänemark, August II. und dem Zaren als ein Angriffskrieg gegen Schweden geplant war; es ist keine Rede davon, daß dieser Krieg Peter aufgezwungen wurde. (4)

Auch in dieser Darstellung nimmt die Schilderung des Konfliktes zwischen Peter und seinem Sohn breiten Raum ein. Der Verfasser nennt die gleichen Vorgänge wie die anderen Autoren auch, kommt aber zu unterschiedlichen Schlußfolgerungen und Urteilen. Er nimmt Aleksej in Schutz gegen alle die Schriftsteller, die ihn als völlig denaturiert dargestellt haben. (5) Nach seiner Kindheit, in der er sich selbst überlassen bleibt, ist er dem Einfluß der Priester und Mönche ausgesetzt. (6) Er weiß, daß viele der alten Bojaren wie er denken - auch Levesque meint, daß viele Neuerungen und Änderungen Peters für die Nation zum Nachteil waren - (7) und er kann kein Vorbild in einem Vater sehen, der sich oft sehr unwürdig aufführt und dem Sohn die Ausschweifungen vorhält. (8) Der Hauptfehler Aleksejs war, so der Autor, seine Faulheit, während Peter voller Tatendrang war. Im übrigen meint der Verfasser, daß der Carevič ein Jahrhundert vorher als ein liebenswürdiger und gebildeter Fürst gegolten hätte. (9) In dem ganzen Prozeß gegen Aleksej wird vor allem eines deutlich: es gab keine Verschwörung, kein Komplott gegen den Zaren - nur die entsetzliche Furcht, die der Zar allen einflößte. (10) Das Verfahren gegen den Carevič und seine Mitwisser bezeichnet er als "contre les bonnes loix", (11) "où on suivait les formes insidieuses de l'inquisition." (12) Er läßt die Frage offen, ob Aleksej alle Geständnisse nur unter der Folter gemacht hat, hält es aber für möglich. (13) Er ist auch der Ansicht, daß niemand das Todesurteil unterschrieben hätte, wenn er wirklich frei gewesen wäre. Aber alle zitterten vor dem Zaren: "c'est une honte pour la Russie et une preuve que le Monarque avait avili, par la terreur, les âmes de la nation ..." (14) Erneut vergleicht er Peter mit Ivan IV., beide hätten viele Charakterzüge gemeinsam. (15)

Indem er auf das Thronfolgegesetz eingeht, das er "loi funeste à la patrie" nennt, da es den Weg bereitet habe für Unruhen und Verwüstungen, meint er abschließend: "Ne valait-il pas mieux qu'Alexis regnât?" (16) Ebenso verurteilt Levesque die unterschiedliche Behandlung der Missetäter: Menšikov und Apraksin, die mehrmals wegen Unterschlagungen angeklagt waren und allen Grund hatten, den Zorn des Zaren zu fürchten, gehen ohne größere Bestrafung aus. (17)

Am Schluß des Bandes versucht der Autor eine Würdigung Peters: er nennt ihn einen Helden, einen großen Mann; ein guter Regent war er nicht. Er habe die westlichen Völker nachgeahmt und nicht einmal bemerkt, daß die Nachahmung nur unvollkommen war, er habe die Knechtschaft verschärft und von den Menschen das Verhalten und die Leistung freier Männer verlangt, (1) er war kein großer Gesetzgeber (2) und hatte auch nicht erkannt, welches die Ursachen für den Gewerbefleiß und die Wirtschaftskraft Englands waren; (3) er wollte das Gute und hat sich oft geirrt: "Il faut le plaindre". (4)

Levesque zieht folgendes Fazit: "Enfin, il est probable que, si Pierre n'avait pas régné, les Russes seraient aujourd'hui ce qu'ils sont et peut-être mieux qu'ils ne sont ..." (5)

Kurz geht Levesque im 5. Band ein auf die Regierung der Kaiserin Anna, wobei er vor allem die Auseinandersetzungen um die polnische Thronfolge beschreibt. Hier wird deutlich, daß die Russen mit Bestechung und Gewalt ihren Kandidaten durchsetzten, wobei Levesque noch ein Urteil über das Betragen des polnischen Adels anschließt. (6) Über den Türkenkrieg fällt er ein vernichtendes Urteil: kostspielig, ruinös, riesige Verluste an Menschen, ohne irgendeinen Vorteil für die Russen. (7) Den Entschluß Annas, ein kleines Kind als Nachfolger einzusetzen, bezeichnet er als unheilvoll und nur verständlich durch den Einfluß, den Biron auf die Zarin ausübte. (8) Annas Hofhaltung wird als die glänzendste ganz Europas beschrieben; aber es war ein Luxus ohne Geschmack; oft waren Prunk und Unsauberkeit nebeneinander. (9) Religiöse Toleranz gibt es zwar für die unterschiedlichen Glaubensgemeinschaften, aber diese "tolérance politique et intéressé" erstreckt sich nicht auf die Angehörigen der russischen Kirche; sie dürfen ihre Konfession nicht ändern. (10) Die Regentschaft Anna Leopoldovnas für ihren Sohn bezeichnet Levesque als eine Zeit des Friedens und der Ruhe. Sie habe sich besonders durch ihre Inaktivität ausgezeichnet; die wichtigsten Staatsgeschäfte seien oft sträflich vernachlässigt worden. (11)

Nun habe "man", so der Autor, daran gearbeitet, in Elisabeth, die er als "douce et peu énergique" bezeichnet, den Ehrgeiz zu wecken. Dieses "man" präzisiert der Verfasser durch die Namen Lestocq und La Chétardie, die eine Partei zugunsten der Zarevna formten. (12) Der französische Botschafter war es, der die Partei zu ihren Gunsten leitete, sie Kontakt mit Schweden aufnehmen ließ und ihr Geld lieh. Die Mitverschwörer seien mehr als unvorsichtig zu Werke gegangen, und nur der Blindheit der Regentin habe Elisabeth es zu verdanken, daß sie nicht eines Staatsverbrechens angeklagt wurde. (13)

Die Beschreibung der Aufnahme des Umsturzes durch die Bevölkerung differiert wesentlich von den Darstellungen anderer Verfasser. Levesque äußert die Meinung, daß die Thronbesteigung Elisabeths nicht die Freude hervorgerufen habe wie der Sturz Birons. Die Nation habe den Umsturz nicht gewollt, nur Einzelpersonen hätten ihn aus persönlichen Gründen herbeigeführt. Man

habe sich unter dem milden Regiment der Großfürstin wohlgefühlt, und wer auch immer es unternommen hätte, sich an die Spitze einiger Truppen zu stellen, hätte die alte Regierung wiederherstellen können . (1) Er berichtet über die - angebliche - Verschwörung 1742, die er "plutôt cette intrigue" nennt, und den persönlichen Anteil, den Elisabeth an der Verfolgung der als Verschwörer Beschuldigten nahm. Gleichzeitig meint er, daß aus dieser Episode der Haß der Zarin auf Friedrich II. herrührte. (2) Den russischen Anteil am Siebenjährigen Krieg beschreibt Levesque nur kurz: Als Gründe für die mangelnde Aktivität der Generäle gibt er an, daß Minister und Heerführer schwankten zwischen ihrer Pflicht, der Zarin zu gehorchen, und der Furcht, dem Erben zu mißfallen. (3)
Dieser Nachfolger, Peter III., wird durchaus nicht nur negativ gesehen. Er habe eine schlechte Erziehung gehabt, einen ungeregelten Verstand, aber er sei milde gewesen, seine Exzesse hätten zur Zeit Peters I. keinen Anstoß erregt. (4) Im Gedächtnis der Russen müsse er als ihr Wohltäter bleiben. (5) Peter III. habe die Geheimkanzlei abgeschafft - eine Einrichtung, die der Verfasser mit den schärfsten Ausdrücken belegt -, er habe dem Adel die Freiheit wiedergegeben, er habe die Güter des Klerus mit der Krone vereinigt: welcher Herrscher, so fragt der Autor, könne in einer langen Regierungszeit soviel Gutes tun, wie Peter in dem kurzen Zeitabschnitt? Das, so antwortet er sogleich auf seine Frage, werde derjenige sein, der einen Dritten Stand schaffen und dann allen Kronbauern die Freiheit geben und die Adligen zwingen werde, seinem Beispiel zu folgen. (6) Trotz seiner Ausschweifungen und seiner Verrücktheit habe er doch einige unsinnige Gesetze, die man ihm zuschreibt, nicht erlassen: weder habe er den Gebrauch der französischen Sprache verboten - er selber sprach russisch, französisch und deutsch - noch habe er den Priestern die Kleidung lutherischer Priester vorschreiben und noch viel weniger die evangelische Konfession als Staatsreligion einführen wollen. (7) Allerdings habe er seinen Sohn von der Thronfolge ausschließen und ihn und seine Mutter in eine Festung sperren wollen. (8) Diese Absicht des Zaren sei der Anlaß für eine Verschwörung zugunsten Katharinas gewesen; Levesque drückt sich hier sehr vorsichtig aus; von Aktivitäten Katharinas zur Schaffung einer ihr ergebenen Partei berichtet er nichts, wie überhaupt im folgenden nur noch Positives über die russische Herrscherin gesagt wird - oder, wenn es schwierig wird, Mißerfolge und Rückschläge zu begründen, Entschuldigungen für sie gefunden werden.

Der Ablauf der Vorgänge im Juli 1762 wird vom Verfasser kurz geschildert, wobei er darauf hinweist, daß es Peter III. ohne weiteres möglich gewesen wäre, die Verschwörung im Anfang zu beseitigen, bzw. später den Truppen seiner Gemahlin siegreich entgegenzutreten. (9) Aber Peter habe sich selbst aufgegeben. Über das Ende des Zaren drückt Levesque sich vorsichtig aus: er gibt die offizielle Version über die Todesursache wieder, deutet aber auch an, daß es Meinungen gibt, die Katharina zumindest eine Mitverantwortung für den Tod ihres Gatten zuschreiben. (10) Katharinas Regierung sei nicht bemerkenswert wegen der Eroberungen, sondern sie sei gekennzeichnet durch nützliche Reformen und Institutionen.(1) Dazu rechnet Levesque die Neuordnung der Kompetenzen im Senat und in den Kollegien, (2) die bessere Bezahlung der Richter, um jeden Grund für Bestechlichkeit auszuschließen, (3) die Gewährung einer Altersversorgung für Staatsdiener, (4) die Reform der Gesetze durch eine von ihr eingesetzte Kommission. (5) Wenn die Kodifizierung des Rechts nicht zustande gekommen sei, so liege das zum ersten am Krieg gegen die Türken und zum anderen zweifellos an den weniger bekannten Hindernissen. (6) Dafür habe sie aber dem Staat einen sehr großen Dienst erwiesen, indem sie das Erbgesetz Peters des Großen fallen ließ. (7) Über den Türkenkrieg berichtet der Autor nur in groben Umrissen, (8) aber er bemerkt, daß die Russen ihren Ruhm und ihre Eroberungen teuer bezahlen mußten: zum einen erwähnt er die verheerenden Folgen der Pest, (9) dann beschreibt er die Konsequenzen der unfähigen Verwaltung, die zur Auswanderung ganzer Stämme führte, (10) und schließlich auch die Erhebung großer Bereiche des Landes unter Pugačev. (11) Bezeichnend ist der Satz: "La Russie, presque constamment victorieuse dêsirait peut-être encore plus ardemment la paix que son ennemi. Brillante au dehors, ses maux êtaient dans son sein." (12) Damit umschreibt Levesque ziemlich genau die Situation des Kaiserreiches. Seine Erfolge verdankte der "misêrable" seinem Haß auf den Adel und dem Versprechen, die Leibeigenschaft abzuschaffen. (13) Levesque beschreibt Pugačev als einen "scêlêrat", der um des Vergnügens willen raubte, mordete und plünderte und nach mehreren vergeblichen Versuchen endlich nach dem Frieden mit der Pforte besiegt werden konnte. (14) Einen breiten Raum nimmt die Schilderung des russischen Verhältnisses zu Polen in den Jahren 1764-1773 ein. (15) Einige Bemerkungen über den polnischen Adel schließen sich an. Auf das Bild Polens in den Werken über Rußland werden wir noch an anderer Stelle eingehen.

2.4.1.8. Leclerc

Fast zur gleichen Zeit wie Levesques "Histoire de Russie" erschien eine fünfbändige "Histoire Physique, Morale, Civile et Politique de la Russie ancienne et moderne" (Paris 1783 und 1784) von N.G. Leclerc. (16) Leclerc hat Levesques Werk gekannt, in Anmerkungen nimmt er u.a. durchaus nicht freundlich auf dessen Kritik an Peter dem Großen Bezug. (17) Leclerc nimmt wieder stärker als Levesque ältere Urteile über Rußland auf und schließt sich in seiner Beurteilung Peters des Großen im wesentlichen, wenn auch nicht in allem uneingeschränkt, Voltaire an, von dem er manchmal ganze Abschnitte zitiert.(18)

Der erste Band befaßt sich mit der Zeit der Gründung des Kiever Reiches bis zur Unterwerfung unter die Mongolen. Darin befindet sich auch ein längerer Abschnitt über die russische Religion, in dem all das wiederholt wird, was bereits von anderen Autoren darüber geschrieben wurde. Er betont besonders die Äußerlichkeit aller Verrichtungen und die geringen Kenntnisse des Volkes in religiösen Dingen. (19) Die Neigung zum Aberglauben und zum Diebstahl, so der Verfasser, finde man genauso bei den Negern der Goldküste. Sehr oft vergleicht Leclerc gewisse religiöse Bräuche der Russen mit den Gewohnheiten anderer - meist primitiver - Völker. (1)

Da er in diesem Kapitel im Präsens schreibt, ist anzunehmen, daß alles, was er über religiöse Bräuche schreibt, seiner Ansicht nach auch noch für seine Zeit gilt - bei manchen Sitten merkt er es ausdrücklich an. (2) Leclerc erwähnt wieder den Paß für den Heiligen Nikolaus, welcher den Verstorbenen direkt ins Paradies bringen soll. Der Autor vergleicht diesen Brauch mit ähnlichen in China. (3) Er stellt auch die Palmsonntagsprozession besonders heraus, bei welcher der Zar das Pferd des Patriarchen am Zügel führe. (4)

Im Anschluß an die Darstellung religiöser und kirchlicher Sitten zählt Leclerc die Patriarchen auf, wobei er Nikon besonders ausführlich schildert. (5) Er stellt ihn dar als einen Menschen niedriger Abkunft, mit übermäßigem Ehrgeiz, (6) der alle alten Kirchenvorschriften zu seinem Vorteil änderte und sich schließlich anmaßte, vom Herrscher zu verlangen, daß ohne seinen Rat der Zar weder Krieg noch Frieden beschließen dürfe. (7)

Auch einer seiner späteren Nachfolger, Joakim (1674-1690), habe Intrigen gesponnen und sei in die Politik der Zarevna Sofija verstrickt gewesen. Das sei alles Anlaß genug gewesen, daß "man" sich überlegte, wie und ob dieses Amt weiterbestehen sollte, da doch viele Patriarchen durch ihre große Autorität so viele Unruhen im Staat erregt hätten. (8) Die Änderung durch das Manifest Peters des Großen erklärt der Verfasser kurz im Anschluß daran. Der erste Band schließt mit einer zusammenfassenden Würdigung des Kiever Reiches. Das Urteil ist hart: die russische Geschichte habe bisher (bis ins 13. Jahrhundert) nichts anderes zu bieten als das Aufeinanderprallen zerstörerischer Leidenschaften mit allen daraus resultierenden schrecklichen Folgen. Grund für den Untergang des Kiever Reiches war, so Leclerc, die Eigensucht und Blindheit, die Willkür und das Mißtrauen der einzelnen Fürsten, (9) die ständigen Teilungen und die Zerwürfnisse, die noch nicht einmal aufhörten, als das Land bereits den Mongolen unterworfen war. (10)

Der zweite Band umfaßt die Zeit der Mongolenherrschaft, den Aufstieg Moskaus, die Befreiung von den Tataren bis zur "Smuta". Einen breiten Raum nimmt dabei die Schilderung der Unterwerfung Novgorods (1471/1478) durch Ivan III. (1462-1505) ein. (11)

Die Auseinandersetzungen zwischen Russen und Polen werden ebenfalls ausführlich geschildert. (12) Mit einer moralischen Betrachtung über die Laster der Fürsten und die schrecklichen Folgen, welche die öffentliche Zurschaustellung eines unmoralischen Lebenswandels für die Bevölkerung hat, (13) beginnt Leclerc den Bericht über Ivan IV. (1533/1547-1584). Er vergleicht Ivan mit dem französischen Herrscher Henri III., beide hätten Favoriten gehabt, deren Korruptheit der Grund für die Übeltaten beider Fürsten waren. (14) Erst durch seine Heirat mit Anastasija Romanova habe er zum Guten zurückgefunden, er sei gerecht, großzügig, freundlich gewesen. (1) Leclerc zeigt Ivan IV. als einen umsichtigen Herrscher, (2) der einsah, das mit einem Heer nach Art des Adelsaufgebots keine großen Eroberungen mehr gemacht werden konnten. Aber das positive Bild des Zaren muß bald einem sehr viel negativeren weichen: der Autor berichtet von der Schaffung der Opričnina (1565), einer Truppe, die dem Zaren blind ergeben war. Leclerc hält diese Maßnahme für notwendig, um die Russen zur Ordnung zu bringen. (3) Er schildert Ivans Rache an Novgorod, Tver' und Pleskow, (4) lehnt jedoch die Berichte Kurbskijs, Possevinus' und des Italieners Guagnini über die entsetzlichen Strafen als "contes improbables" ab. (5) Am Ende seiner Darstellung Ivans rühmt er diesen Zaren als "ami de l'ordre et de la justice, un conquérant, un Législateur, un Protecteur du Commerce et des Arts"; aber dann habe der Fürst seinen Charakter geändert: "Un monstre va paroître sur la scène". Diese Veränderung schreibt Leclerc der Korrumpierung durch schlechtes Beispiel zu, der Verbitterung über seine Untertanen. (6) Ein noch negativeres Bild entwirft der Autor von der Regierung Boris Godunovs. (7)

Daran schließt sich eine ausführliche Darstellung der Unternehmungen des falschen Demetrius und der polnischen Aktivitäten an.

Der 3. Band beginnt mit einem kurzen Abschnitt: "Moeurs de la nation russe au commencement du XVIIe siècle." Im wesentlichen handelt es sich um eine Zusammenfassung dessen,was der Autor bereits als charakteristische Kennzeichnung der Regierung Godunovs herausgestellt hat. (8) Die Nation sei melancholisch, dumm, stumm und furchtsam geworden; Vergewaltigungen, Ausschweifung, Ungerechtigkeit kennzeichneten das Volk ebenso wie die "inconstance nationale, sa tendance à la révolte". (9) Leclerc ist der Ansicht, daß die Russen niemals das wirkliche Wesen hatten, das ihnen entsprach: diese Nation habe nie grundlegende Maximen gehabt, ihre Politik sei nicht der geographischen Lage angemessen gewesen, die es möglich machte, sich Wissen und Kenntnisse zu erwerben. Die russische Außenpolitik sei eben durch das gekennzeichnet, was essentiell zu jedem despotischen Regiment gehöre: andere Völker zu überfallen. (10) Daher seien die Völker in der Nachbarschaft Rußlands auch immer gleichzeitig seine Feinde gewesen.

Kurz stellt der Autor die Regierungszeit des ersten Romanovzaren vor, wobei er ihm Weisheit ohne Fanatismus bescheinigt und das, obwohl er im Kloster von einer Frau erzogen worden sei. (11) Leclerc betont den vorteilhaften Einfluß, den der Patriarch Filaret, der Vater des Zaren, auf die politischen Entscheidungen hatte. (12) Ähnlich positiv wird auch sein Sohn Aleksej dargestellt. Alle, die von ihm sprechen, hätten ihn als einen guten Menschen, sowohl im privaten als auch im öffentlichen Bereich, geschildert. Kritik übt der Verfasser an der unter diesem Zaren durchgeführten Münzverschlechterung: damit habe der russische Hof selber das Vertrauen der Bevölkerung zerstört. (13) Allerdings sei Aleksejs Regierungszeit durchzogen von inneren und äußeren Kriegen, sowie blutigen Erhebungen. (1) Daher sei der Zar genötigt gewesen - und wegen des "esprit factieux de la nation" - eine staatliche Inquisitionsbehörde zu schaffen, die Geheimkanzlei. Wenn auch unter seiner Herrschaft dieses Tribunal milder gewesen sei als später, so zeige es doch, daß die Gesetze des Staates unzureichend waren. (2) Alle Neuerungen, die in Rußland durchgeführt werden, schreibt Leclerc der Tätigkeit des Vaters von Aleksejs zweiter Frau Natalja Naryškina zu. (3)

In der Darstellung der Sofija folgt der Autor ganz dem wiederholten Klischee von der machtbesessenen Frau, die kein Mittel scheute, um die Regierungsgewalt zu erlangen. Dabei setzt er sich mit Levesque auseinander, der eine Ehrenrettung Sofijas versucht hatte. (4)

Zur Unterstützung seiner Ansicht zitiert Leclerc Voltaire, der es wiederum direkt aus russischer Quelle habe. (5) Die Verwendung von Voltaires Geschichte als sichere Quelle geschieht relativ häufig; an einer Stelle allerdings spricht Leclerc davon, daß dieses Werk des Philosophen eben bestellt gewesen sei und daher der Verfasser der Wahrheit nicht immer den Vorrang gegeben habe, (6) vor allem deswegen nicht, um das Urteil über Peters Verhalten seinem Sohn gegenüber abzumildern. Im übrigen aber schließt sich Leclerc ganz der Auffassung Voltaires vom "créateur, Réformateur, législateur" an; wie dieser meint er, daß die Natur Peter zu eben diesem Zwecke gebildet habe. (7) Der junge Zar selber habe bei seiner Thronbesteigung gefühlt, daß die Zivilisierung seine Aufgabe sei. Der Leser trifft bei diesem Verfasser die gleichen Urteile, die gleichen Auffassungen von Peters Werk wieder wie bei Voltaire; die kritische Auseinandersetzung mit dem Zaren beschränkt sich im wesentlichen auf dessen Verhalten seinem Sohn gegenüber, (8) während er sonst von Peters Milde spricht. (9) Allerdings konzediert auch Leclerc, daß die Reformen überstürzt eingeführt wurden und unter der Regierung eines einzigen Mannes die Russen nicht zivilisiert werden konnten. (10)

Den ersten drei Bänden über das alte Rußland läßt Leclerc weitere drei folgen; allerdings enthält der 3. Band der Geschichte des modernen Rußlands nur geographische Angaben. (11) Im 2. Band faßt er kurz die Regierungen von Katharina I. bis Elisabeth zusammen; über Peter III. und Katharina II. schreibt er nichts: "la prudence nous impose silence sur les règnes des successeurs d'Elisabeth." (12) Leclerc führt aus, daß Katharina I. allgemein beliebt gewesen sei, daß sie Aleksejs Sohn Peter (II.) gern als Nachfolger ihres Mannes gesehen hätte, daß aber Menšikov sie selber zur Nachfolgerin habe ausrufen lassen. (13)

Die Regierungszeit Peters II. sei friedlich verlaufen; Anna Ivanovna sei von einigen Adligen deshalb als Zarin vorgeschlagen worden, weil man das Regierungssystem habe ändern wollen. Das Porträt Annas fällt nicht ungünstig aus: ihr Fehler sei es jedoch gewesen, die gesamte Gewalt in die Hände ihres Favoriten zu legen. (1) Leclerc schildert richtig, daß Ostermann zuerst gegen den Krieg mit der Pforte gewesen sei, (1735-1739), meint aber, daß Münnich ebenfalls ein Gegner dieses Krieges war, was nicht zutrifft; Biron habe ihn gewollt. Schließlich sei der Krieg doch zum Ruhme Münnichs, aber mit katastrophalen Folgen für Rußland geführt worden. (2)

Der Autor berichtet von den Verhaftungen und Hinrichtungen im Jahre 1740, (3) von der Unwilligkeit der russischen Offiziere zum Dienst in der Armee, (4) vom Haß auf Biron. (5) Leclerc vermutet richtig, daß der französische Botschafter La Chêtardie einen nicht unerheblichen Anteil am Staatsstreich Elisabeths hatte. (6) Er untersucht kurz die Frage, inwieweit Elisabeth berechtigt war, den russischen Thron zu besteigen. Dabei ist er nicht ganz so sicher in seinem Urteil: zwar sei die Zarevna die rechtmäßige Erbin gewesen, die ihrem Vater hätte folgen sollen; andererseits aber sei sie durch Senatsbeschluß von der Nachfolge ausgeschlossen worden. Jedenfalls sei Anna Leopoldovna keine Usurpatorin gewesen; und Leclerc betont, völlig zu Recht, daß die Zarin Anna das Recht hatte, ihren Nachfolger, in diesem Fall Ivan, zu bestimmen. (7)

Der Autor schließt seine Untersuchung mit der Überlegung, daß Revolutionen in despotisch regierten Staaten häufig seien. (8) Elisabeth sei zwar die Mutter der Unglücklichen gewesen und habe allen Wohltaten erwiesen, aber ein Staat ohne Verfassung und Grundgesetze sei auf schwankendem Boden gegründet. In einem solchen Land gebe es keine Sicherheit für einen Fürsten, denn es genüge schon eine ehrgeizige Person, um das Militär gegen den Herrscher aufzuwiegeln. Der Adel bedeute nichts in einem despotisch regierten Staat; wenn ihm die Gunst des Fürsten entzogen werde, gerate er in Vergessenheit, und Emporkömmlinge würden mit den höchsten Ämtern betraut. (9) Rußland werde erst dann zur Ruhe kommen, so der Autor, wenn es wirklich zivilisiert sei; es genüge nicht, nur die Hauptstadt der europäischen Kultur anzugleichen; das müsse mit der gesamten Nation geschehen. (10)

So habe Elisabeth immer Angst um ihr Leben gehabt; daher sei es Bestužev leicht geworden, ihren Neffen Peter bei ihr in Mißkredit zu bringen. Den zukünftigen Zaren habe man wie einen Gefangenen gehalten und alle diejenigen, die ihn positiv hätten beeinflussen können, aus seiner Umgebung entfernt.(11)Seine Frau dagegen habe sich weitergebildet; und Leclerc drückt die Hoffnung aus, daß Katharina die Machtmittel für den Frieden einsetzen werde. (12) Hier kommt deutlich zum Ausdruck, daß nach Ansicht des Autors noch eine Menge in Rußland geschehen muß, ehe dies Volk sich wirklich den westlichen Nationen angenähert habe. Zwar schreibt Leclerc, daß die Russen sich nicht erst langsam Wissenschaft und Kunst erobern mußten, sondern sie in ihrer Perfektion übernehmen konnten, (13) daß Peter I., "un nouveau Promethée" (14) sie eingeführt und einige (!) Untertanen durch sein Beispiel dazu ermutigt habe, sich zu bilden. Aber, so der Verfasser, der Zar habe übersehen, daß man erst Menschen bilden mußte, ehe man Franzosen, Engländer oder

Deutsche aus den Russen machte. Hier kritisiert Leclerc, ähnlich wie Rousseau, wenn auch nicht ganz so scharf, das Vorgehen des Zaren. Katharina habe den Fehler erkannt und beginne mit der Erziehung, vor allem mit der Bildung der Popen. (1) Auch Peter habe es nicht erreicht, in Rußland so etwas wie einen Dritten Stand zu schaffen, und das Problem der Leibeigenschaft sieht Leclerc als das schwierigste überhaupt. (2) Weder Peter noch seine Nachfolger hätten die Menschen geschont; so gehe die Bevölkerungszahl zurück, durch Krankheiten, Abwanderungen ganzer Stämme, ständige Rekrutierungen und Kriege. (3)

Der Autor beschreibt das russische Volk als lebhaft, neugierig, schlau und fröhlich; die Russen hätten eine schnelle Auffassungsgabe und machten zu Beginn erstaunliche Fortschritte; es fehle jedoch an Ausdauer, nach einigen Monaten langweilten sie sich und könnten sich an strenge geistige Arbeit nicht gewöhnen. Sie liebten die Ruhe und vor allem das Spiel; (4) die Freiheit verwechselten sie mit Zügellosigkeit: Freiheit bestehe für sie darin, sich aller Dinge, die man finde, zu bemächtigen, soviel zu trinken und so lange zu schlafen wie möglich. (5) Es ist deutlich, daß der Autor Rußland in Bezug auf Bildung und Zivilisation durchaus noch nicht als dem europäischen Westen gleichrangig ansieht.

2.4.1.9. Castêra, Masson

Nur einen kurzen Blick wollen wir auf das Werk von Jean-Henri Castêra werfen: "Histoire de Catherine II, Impêratrice de Russie" (6) und auf die "Mêmoires secrets sur la Russie et particulièrement sur la fin du rêgne de Catherine II. et le commencement de celui de Paul I." von Charles F. Ph. Masson. (7)

Bei der Lektüre beider Werke muß der Leser sich in Erinnerung rufen, daß die Autoren zu einer Zeit schrieben, als die Revolution die Grundlagen der Politik und Gesellschaft geändert hatte und daß manche Urteile über Rußland sich dementsprechend von denen der vorher besprochenen Schriftsteller unterscheiden (können).

Castêra rechtfertigt sein Unternehmen einer Biographie Katharinas damit, daß sie großen Einfluß auf das Schicksal vieler ihrer Zeitgenossen genommen habe. (8) Der erste Band beschäftigt sich mit den Ereignissen bis 1764; der Autor beschreibt die Ausdehnung des Landes und zeichnet die Geschichte des Kiever Reiches und die Anfänge der Moskauer Zaren nach. Als er von Ivan IV. berichtet, erwähnt er vor allem die Erstellung eines Gesetzeskodex. Im übrigen aber sei dieser Zar, "quoique lêgislateur", (9) der grausamste und sonderbarste unter allen Despoten gewesen.

Eine ausführliche Darstellung erfahren Aleksej, Sofija und natürlich Peter I. Aleksejs Regierung sei von vielen Aufständen heimgesucht worden, ohne daß man andere Mittel zur Behebung der Ursachen angewandt hätte als Säbel und Henkersbeil. (1) Andererseits habe dieser Zar aber auch versucht, Handel und Kunst zu fördern; und die Regierung Fedors lobt Castêra besonders, weil er das "mestničestvo" aufhob. (2) Die Urteile über die Zarevna Sofija unterscheiden sich nicht von denen der meisten anderen Autoren (mit Ausnahme Levesques), während seine Schilderung Peters des Großen im allgemeinen Voltaires Vorbild folgt, wobei er allerdings nicht dazu neigt, den Zaren zu glorifizieren. Castêra bezeichnet ihn als "le plus violent et le plus cruel des monarques." (3) Das Urteil über Menšikov und Katharina I. fällt auch sehr ungünstig aus, und Castêra läßt durchaus offen, ob beide nicht das Ende des Zaren herbeigeführt haben. (4) Anna habe anscheinend nur den Thron bestiegen, um Biron Gelegenheit zu geben, zu regieren und seinen Haß zu befriedigen, (5) im Innern hätten daher desolate Zustände geherrscht.

Im einzelnen berichtet Castêra über die Vorgänge um die Thronbesteigung Elisabeths, die er als "foible, bigote et voluptueuse" bezeichnet. (6) Er verurteilt die Zarin wegen ihrer Sittenlosigkeit, ihrer Verschwendungssucht und ihrer Faulheit in den Staatsgeschäften. (7) Daß das russische Volk seine Augen vor der Unordnung am Hofe verschloß, begründet er damit, daß zum einen Peters Vorbild noch fortwirkte, zum anderen damit, daß der Russe eben für die blinde Knechtschaft geschaffen sei. (8) Im übrigen bezeichnet er die russische Nation immer noch als "superstitieuse et plus qu'à demi-barbare." (9) Peters III. erste Schritte in der Regierung des Reiches seien durchaus vernünftig gewesen, er habe sich als würdig, gerecht und geduldig erwiesen, und so habe er zuerst nur Anhänger gehabt. Dann allerdings habe sich herausgestellt, daß er unfähig war, allein zu regieren. Aber dies sei eine Folge seiner mangelhaften Erziehung gewesen; er habe das Bestreben gehabt, Gutes zu tun, nur hätte ihn eben jemand darin unterstützen müssen. (10) Katharina dagegen habe von Anfang an die Kunst verstanden, ihre Umgebung zu täuschen, tiefe Gläubigkeit zu heucheln und Milde zu demonstrieren. (11) Dieser wenig vorteilhafte Eindruck von der Zarin (12) wird noch verstärkt durch die Schilderung ihres Verhaltens, als ihr Mann - mit ihrem Wissen, daran läßt derAutor keinen Zweifel aufkommen - ermordet war. (13) Er bezeichnet Katharinas Anhänger als "rebelles" und versäumt es nicht hinzuzufügen, (14) daß die Moskauer Bevölkerung die Zarin bei ihrem Einzug in die Stadt kaum begrüßte und daß die Soldaten mit Geld und Branntwein bestochen waren und später unruhig wurden, weil sie ihren legitimen Herrn verraten hatten. (15)

Es folgt ein längerer Exkurs über den polnischen Staat, an dessen Ende der Bericht über die Wahl Stanisław Poniatowskis steht. Dabei bemerkt Castêra zutreffend, daß in den letzten 50 Jahren Rußland die ausschlaggebende Macht in Polen war.(16) An die Schilderung der Wahl mit allen Unregelmäßigkeiten (17) schließt sich die Darstellung der Ermordung des unglücklichen Ivans VI. an. Castêra betont, daß das russische Volk auch diesen Mord der Zarin anlastete: "il [le peuple] la regardoit comme une des femmes les plus coupables qui eussent jamais usurpé la couronne; il détestoit sa puissance, mais il rampoit à ses pieds." (1) Er wiederholt öfter, daß Katharinas Stellung durchaus nicht gesichert war. (2) Das sei besonders deutlich geworden in den verschiedenen Aufständen, vor allem aber in der Erhebung der Kosaken unter Pugačev. Schon vor diesem seien vier verschiedene Männer aufgetreten, die sich für den Zaren Peter III. ausgegeben hätten; und Pugačev hätte sicher Erfolg gehabt, wenn er es besser verstanden hätte, seine Siege auszunutzen. (3) Auf der anderen Seite gesteht der Autor Katharina auch zu, daß sie noch andere Mittel als Strafen und Militär anwandte, um ihre Position zu festigen. Er lobt ihre Bemühungen auf dem Gebiet der Rechtspflege, ihre Sorge für die Peuplierung und für die Erziehung und Bildung. (4)

Bei der Schilderung der Zustände in Polen 1768-1772, die einen breiten Raum im 2. Band einnehmen, beurteilt Castéra auch das Verhalten der anderen Mächte in der polnischen Frage. Nachdem er dargelegt hat, daß die Russen in Polen nach Belieben schalteten und walteten, (5) kritisiert er die mangelnde Unterstützung der Barer Konföderierten durch die übrigen europäischen Mächte, vor allem aber Frankreich. (6) Der erste Teil des dritten Bandes befaßt sich weiter mit dem Schicksal Polens bis zu seinem Ende als Staat 1795. Daß die Schilderung des russischen Vorgehens nicht positiv sein kann, ist aus der bisher bekannten Haltung des Autors durchaus verständlich; er verweilt aber auch sehr lange bei den Unternehmungen Kościuszkos und seiner Anhänger. (7) Gegen Schluß seines Werkes versucht Castéra noch, eine Charakteristik der russischen Nation zu geben. Was ihm besonders imponiert, ist das große Talent der Russen zur Imitation. (8) Wenn die russischen Bauern auch unwissend und abergläubisch seien, so sei das die Folge der mangelnden Erziehung und der Knechtschaft; sie seien außerordentlich lernfähig. (9) "Mais avec de l'instruction et des loix sages on pourroit en faire le meilleur des peuples." (10) Die Mehrzahl der russischen Adligen bezeichnet er als barbarisch und dumm. (11) In dem Urteil über die russischen Bauern unterscheidet sich Castéra von den meisten anderen Beobachtern, jedoch wird von fast allen Besuchern Rußlands das große Talent zur Imitation hervorgehoben.

Die negative Meinung über den russischen Adel wird weitgehend geteilt von Masson, (12) dem Verfasser der "Mémoires secrets". Dieser betont, daß sein Werk das Ergebnis eines zehnjährigen Aufenthalts in Rußland sei, daß er durchaus freundliche Gefühle für die Russen hege, wegen ihrer guten Eigenschaften, daß er aber gleichzeitig gegen ihre Herrschaft eingenommen sei: diese Ansicht gründe sich auf die Schrecken, die er gesehen oder selbst erlitten habe. (13) Masson will über eine große Nation, einen glänzenden Hof, eine beinahe vergöttlichte Herrscherin schreiben, aber seine persönlichen Erfahrungen - so kann der Leser voraussetzen - werden auf seine Betrachtungsweise Einfluß genommen haben. Er selbst bezeichnet sich als "victime de la proscription en Russie". (14) Sein Urteil über Katharinas Herrschaft und auch über ihre Persönlichkeit ist nicht positiv: ihre Regierung sei glücklich und glänzend für sie und ihren Hof gewesen, aber das Ende habe sich als katastrophal für das Volk und das Reich erwiesen: alle Bereiche der Verwaltung seien zerrüttet gewesen, jeder habe in seine Tasche gewirtschaftet und die Armen, aber auch vor allem die Staatskasse, geplündert. Katharina habe sich niemals Gedanken gemacht über die Herkunft des Geldes: "Catherine (...) se glorifioit de voir la capitale s'embellir sous ses yeux et applaudissoit au luxe dêsordonnê des coquins, qu'elle prenoit pour une preuve de la prosperitê de son rêgne. Jamais, même en France, le pillage ne fut si gênêral ni si facile." (1) Er setzt als sicher voraus, daß Katharina die Mörderin ihres Mannes war und daß sie Verräter und Mörder kaufte, um in Schweden zu ihrem Ziel zu gelangen. (2) Masson weist darauf hin, daß es in Rußland keine Gesetze, nur Ukase gebe, daß die Ursache für die innere Desorganisation des Staates bei den verderbten Sitten der Nation, vor allem aber des Hofes zu suchen sei. Was der Stock und das mörderische Beil Peters I. nicht geschafft hätten, hätte auch nicht von einer Frau erreicht werden können, zumal sie als Usurpatorin des Thrones auf Komplicen Rücksicht nehmen mußte. (3) Sie habe viele gute Sachen angefangen und sie dann nicht zu Ende geführt, (4) aber ihre ungerechten Kriege hätten ihr wenigstens den Ruhm eingebracht, den man dem Erfolg nicht verweigern könne. (5) Die französische Revolution sei es gewesen, welche dazu beigetragen hätte, Rußland in klarem Licht zu sehen: "on y vit l'injustice, le crime et le sang, oû l'on avoit vu la grandeur, la gloire et la vertu." (6) Die Franzosen, bis dahin die eifrigsten Verbreiter ihres Ruhmes, wurden nun zu ihren strengsten Richtern. (7) Dabei, so der Autor, sei sie es gewesen, die diese Revolution vorangetrieben habe: durch ihre Taten, vor allem in Polen, habe sie Europa gegen sich und die Monarchie aufgebracht. (8) Sie habe auch Kunst und Wissenschaft nicht wirksam gefördert: "le rêgne heureux d'Elisabeth" habe sie weit mehr ermutigt. Ihr großer Plan sei es gewesen, das griechische Kaisertum wieder zu erneuern, (9) sie sei der Despot aller Könige in Europa gewesen, und sie sei es gewesen, die - nach dem Tode Friedrichs II., - Europa nach ihren Wünschen "comme un pantin" habe agieren lassen. (10)

Den russischen Adel in den letzten Jahren der Regierungszeit Katharinas bezeichnet Masson als "la canaille de l'Empire", (11) allerdings betont er, daß die alten Familien bei ihr in Ungnade waren, mit Ausnahme der Saltikovs. (12) Rußland befinde sich ohnehin noch, wenn man das Volk betrachte, im Zeitalter Karls des Großen. (13) Rußland sei heute die Zuflucht der Unwissenheit, des Aberglaubens und der Vorurteile, die überall sonst in Europa verfolgt würden. (14)

Es erübrigt sich, weitere Details seiner Darstellung Rußlands anzuführen; angemerkt sei nur noch, daß er versucht, den Nationalcharakter des Adligen, des Höflings, des Bauern, des Künstlers und des Soldaten zu schildern, (15) wobei er der Tapferkeit und Bedürfnislosigkeit des russischen Soldaten durchaus Gerechtigkeit widerfahren läßt. (16) Im ganzen betrachtet, ist sein Werk weniger eine historische Darstellung der Regierungszeit Katharinas, als eine durch persönliche Erfahrungen und die Entwicklung in Frankreich geprägte Propagandaschrift, die aber, da sie in der Form von Memoiren erschien, nicht politisch wirksam werden konnte und außerdem auch schon auf die Entwicklung im 19. Jahrhundert hinweist.

2.4.1.10. Hinweise auf die Adelsrepublik

Am Schluß unserer Untersuchung über das Bild Rußlands, wie es sich in den Geschichtswerken darstellt, scheint es uns geboten, darauf hinzuweisen, daß fast alle von uns herangezogenen Schriftsteller sich in längerer oder kürzerer Form auch mit der Geschichte Polens beschäftigt haben. Eine größere Anzahl von ihnen hat sowohl eine russische als auch eine polnische "Geschichte" geschrieben; so z.B. Lacombe, Contant-D'Orville, D'Eon de Beaumont; aber auch Autoren wie Voltaire, Mauvillon, Levesque und Leclerc haben, was angesichts der engen Verflechtung der Geschichte beider Staaten verständlich ist, Streiflichter auf die Entwicklung des westlichen Nachbarstaates der Russen geworfen.

Voltaire widmet in seiner "Histoire de Charles XII" einige Seiten dem polnischen Staat, vor allem natürlich im Zusammenhang mit der Erhebung Stanisław Lesczcyńskis auf den polnischen Thron auf Veranlassung des Schwedenkönigs. Wir finden hier die üblichen Bemerkungen über die Fruchtbarkeit des Landes und den mangelnden Gewerbefleiß seiner Bewohner, was, auch nach Ansicht Voltaires, daher komme, daß das Volk versklavt und der Adel stolz und müßig sei. Polens Regierung sei das getreue Abbild des alten "gouvernement celtique (!) et gothique", (1) der König müsse einen regelrechten Vertrag mit seinen Untertanen schließen; er sei praktisch ohne Macht. Der Adel verkaufe seine Wahlstimme; kaum habe er einen König gewählt, so intrigiere er auch schon gegen ihn. (2) Eine oberflächliche Beschreibung der Reichstage und ihrer Funktion folgt, sowie die Behauptung, Konföderationen seien illegitime Versammlungen, nur durch die Gewohnheit legitimiert. (3) Die Bemerkungen über die polnischen Streitkräfte enthalten die üblichen Klischees über die Undisziplinierheit, mangelnde Erfahrung und Ausdauer. (4) Den Krieg gegen Schweden habe die polnische Nation zu Recht nicht als ihre Sache angesehen, es habe nicht im Interesse des polnischen Adels liegen können, die Macht Augusts oder Peters zu erhöhen. (5) Als Seele des Aufruhrs gegen den König bezeichnet Voltaire den Kardinalprimas Radziejowski, den er als "homme plein d'artifice et d'obscurité dans sa conduite" (6) bezeichnet.

Ihm sei es vor allem zuzuschreiben, daß keine Einigung zwischen König und Nation zustande kam, er habe August verraten, trotz eines neuerlich geschworenen Eides, und diesen schließlich abgesetzt. (7) Das gesamte Land war nun in zwei Parteien gespalten. Vom Kandidaten des Schwedenkönigs, Stanisław, entwirft Voltaire ein positives Bild; er hebt besonders hervor, daß er sogar Freunde gehabt habe, beim polnischen Adel eine äußerst seltene Erscheinung. (1) Die Wahl und ihre Folgen führten zum endgültigen Ruin des Landes. Schließlich habe es drei Parteien gegeben, die sich bekämpften. (2)

Ein in vielem ähnliches Bild entwirft Mauvillon, (3) wenn er auch König August positiver darstellt als Voltaire. So behauptet er z.B., die Unterhändler des Königs hätten ohne dessen Billigung in die Abdankung eingewilligt. (4) Von der Freiheitsliebe des polnischen Adels ist er nicht überzeugt: sie sei nur der Vorwand für Zwietracht. (5) Ausführlich berichtet Mauvillon über die "Pazifikation" Polens (1717 der "stumme Reichstag"), wobei er davon ausgeht, daß der Zar seine Vermittlerdienste angeboten und August alles versucht habe, um die Malkontenten zufriedenzustellen; erst die Drohung Peters, weitere russische Truppen zu entsenden, habe die Verhandlungen zum Erfolg geführt. Daß der Sejm praktisch unter der Drohung russischer Waffen abgehalten wurde, deutet der Verfasser nur an. (6)

Wie schon bemerkt, entwirft Levesque das Bild einer Art "Erbfeindschaft" zwischen Russen und Polen. Die ständigen Auseinandersetzungen beider Völker sind immer wieder der Gegenstand der Erzählung seit dem Mittelalter. (7) Die dauernden Kämpfe um das Smolensker Gebiet werden geschildert, wobei der Autor kein vorteilhaftes Bild von den westlichen Nachbarn der Russen entwirft. (8) Das polnische Heer sei ebenso disziplinlos gewesen wie das russische, (9) und die polnischen Herrscher (vor allem Sigismund III.) hätten nie die Hoffnung aufgegeben "d'y [à Moskau] établir [leur] domination ou d'en arracher au moins de vastes lambeaux". (10) Daß die Polen die Kandidatur des Zaren Aleksej ablehnten (1648), ist für Levesque ganz selbstverständlich: "La République aurait été trop faible pour balancer le pouvoir du prince; la couronne serait devenue héréditaire, et la Pologne n'aurait été bientôt qu'une province de la Russie." (11) Daher wählten die Polen Jan Kasimir, weil sie ihn nicht zu fürchten brauchten und dieser nicht imstande war, der Anarchie Einhalt zu gebieten. Die häufigen Kosakenaufstände führt der Autor - zu Recht - auf die schlechte Behandlung durch den polnischen Adel zurück. (12) Im Zusammenhang mit dem Nordischen Krieg geht er ebenfalls auf die polnischen Zustände ein. (13) Über die Wahl von 1733 berichtet Levesque und verurteilt implizit das Eingreifen der Zarin Anna, (14) tadelt Münnich, (15) der einen Preis auf Stanisławs Kopf aussetzte; vor allem aber prangert er das Verhalten des polnischen Adels an, der, anstatt seinem geleisteten Eid nachzukommen, sich entzweite, gegeneinander kämpfte und so zum Ruin des Landes beitrug. (16) Vorsichtig bringt der Autor auch zum Ausdruck, daß bei der Wahl 1764 ebenfalls die Gesetze des polnischen Staates und seine Souveränität vor allem durch die Russen verletzt wurden. (17) Allerdings entschuldigt er Katharina mit ihrem Eifer für das Wohl der Dissidenten. (18) Über die Konföderation sagt Levesque wenig die Lage Polens 1768 beschreibt er so: "on vit à la fois, dans le sein de la République, une guerre civile, une guerre étrangère et une guerre de religion." (1) Die Verantwortung für die Teilung wird vor allem Friedrich dem Großen und Maria Theresia zugeschrieben, Katharina habe nur ihren Einfluß in Polen wahren wollen. (2)

Ähnlich wie Levesque geht auch Leclerc im Laufe seiner Darstellung mehr oder minder ausführlich auf die Ereignisse in Polen ein. Er schildert ebenfalls die Rivalität zwischen den beiden Völkern und stellt einige Ereignisse in Polen ausführlicher dar, unter anderem auch die Auseinandersetzungen zwischen Litauen und Polen um die Union, (3) die Teilung Livlands in ein polnisches Lehensherzogtum Kurland und Semgallen und in Livland. (4) Auch Leclerc geht auf die Kandidatur Aleksejs für die polnische Krone ein; die Art und Weise, wie der Zar seine Wahl durchsetzen wollte, konnte nach Meinung des Autors nur die Ablehnung durch die polnische Nation zur Folge haben. (5) Natürlich berichtet der Verfasser auch über Jan Sobieski und seine militärischen Erfolge. (6)

2.4.2.1. Dalerac, La Bizardière, Chèvremont

Die nur kurzen Bemerkungen über die polnische Geschichte, die wir bei den Verfassern von Werken über Rußland finden, sollen nun ergänzt werden durch die Darstellungen, die sich die Beschreibung Polens und seiner Geschichte zur Aufgabe gemacht haben. Dabei können wir nicht, wie im vorangegangenen Kapitel, einen Autor besonders in das Zentrum der Betrachtung rücken, sondern wir werden nach bestimmten Zeitabschnitten vorgehen. Es zeigt sich nämlich beim Vergleichen der Erscheinungsdaten der Bücher, daß in manchen Jahren Häufungen auftreten, die, so scheint es uns, durch die politischen Ereignisse bestimmt sind.

Einmal konzentrieren sich die Publikationen um das Jahr 1700, was, so nehmen wir an, durch die Doppelwahl von 1697 und ihre Folgen ausgelöst wird. Eine zweite Konzentrierung ergibt sich in den Jahren 1734-40, diese wohl auch verursacht durch die Vorgänge in Polen. (7) Einen neuerlichen Höhepunkt bringen die Jahre zwischen 1768 und 1775, während zwei größere Werke zwischen 1750 und 1762 erschienen sind.

Wir wenden uns kurz den Schriften zu, die um 1700 publiziert werden. Der uns schon bei den Reiseberichten begegnete François Dalerac hat 1699 in Amsterdam seine zweiteiligen "Anecdotes de Pologne ou Mémoires secret du Regne de Jean Sobieski III. de son nom" veröffentlicht. Sie wiederholen im wesentlichen die Aussagen des uns schon bekannten Textes. Allerdings weist der Autor hier auf die Schwierigkeiten hin, die dem Gesandten einer auswärtigen Macht bei der Beurteilung der politischen Lage in Polen begegnen. Er dürfe sich nicht zu sehr den Ansichten des Hofes nähern, denn dann habe er die Republik gegen sich, wenn er dagegen umgekehrt sich mit der Republik arrangiere, sei mit Sicherheit der Hof mit allen einflußreichen Leuten sein Gegner. (8) "Tout y est plein de cabales, d'intrigues, de partialitez ..." (9)

Besonders abfällig äußert sich Dalerac über die polnische Armee: ihr guter Ruf habe wohl vor allem auf der Unfähigkeit ihrer Gegner beruht. (1) Zwar gebe es Kühnheit und Festigkeit bei den Kämpfern, aber das sei eher einer gewissen Gleichgültigkeit gegenüber den Gefahren zuzuschreiben, einer gewissen prahlerischen Zurschaustellung, welche durch die Zahl bestärkt werde - denn, so meint der Autor, diese bis an die Zähne bewaffneten Adligen würden es nicht wagen, einen kräftigen Franzosen anzugreifen. Sie seien nur tapfer, wenn sie zu vielen oder vom Branntwein berauscht seien. (2) Die mangelnde Organisation der Märsche und Quartiere mit den schrecklichen Folgen für die Bevölkerung (3) ist ebenso Gegenstand der Betrachtung wie die Degeneration der ehemaligen Elitetruppe, der Husaren. (4) Und obwohl er die Infanterie als in bemitleidenswertem Zustand befindlich beschreibt - die Soldaten gleichen eher Küchenjungen als Kämpfern - tue sie doch ihren Dienst und sei das Heil des Vaterlandes, während die glänzende Kavallerie nur deren Verzierung sei. (5)

Die große Zeit des Königreiches sieht Dalerac in der Regierung Sigismunds III. und seines Sohnes Władysław IV., als der polnische Hof an Pracht und Großartigkeit alle anderen in Europa übertraf. (6) Früher sei Polen das wahre Abbild des alten römischen Glanzes gewesen; die Polen seien die Erben der Römer gewesen, sowohl in der Art ihres Betragens als auch in ihrer Regierung. (7) Von dieser Größe sei nur ein Name, eine Idee, ein Schatten geblieben, und der polnische Adel sei wie der spanische geworden: "fastueux dans la misère, plein de son païs [...] méprisant tout par comparaison à la Pologne." (8)

Der Schwerpunkt des Werkes von Michel de La Bizardière, hier benutzt in der von E. Szarota abgedruckten deutschen Übersetzung von 1697, liegt auf der Darstellung der verschiedenen Königswahlen: "Histoire des Diètes de Pologne pour les Elections des Rois," Paris 1697. (9) Deutlich wird aus seiner Schilderung der Zerfall der Adelsschicht in mehrere Parteien, die sich oft sogar mit Truppen gegenüber standen, die zunehmende Intoleranz gegenüber den Dissidenten und die mangelnde Übereinstimmung zwischen Litauen und Kronpolen. Aus den Worten des Verfassers kann man entnehmen, daß er die Forderungen der Nichtkatholiken ebenfalls für unpassend hält. (10)

Ein besonders auffälliges Beispiel für die Spaltung in zwei Parteien, die beide mit bewaffneter Macht auftreten, ist bei der Wahl Sigismunds III. zu sehen, als sich die Zborowskis und Zamoyskis mit ihrem Anhang gegenüber standen und "die wenigen Senatores so allein den gemeinen Nutzen suchten/", nicht imstande waren, Einigkeit zu erzielen. (11) Der Verfasser macht dem Leser auch klar, daß bei dem größten Teil des polnischen Adels die Furcht vor dem Einfluß des Hauses Habsburg immer gegenwärtig war und daher dessen Kandidaten meistens nicht so große Aussichten hatten. (12) In der Wahl des Władysław IV. kommt noch einmal zum Ausdruck, daß der Adel im allgemeinen Angehörige des königlichen Hauses anderen Kandidaten vorzog. (13) Der Tod des Władysław habe, so der Verfasser, für die Polen üble Folgen gehabt, denn die Kosaken hätten nun die Möglichkeit gesehen, sich gegen die Republik zu erheben. (1) Das hatte den Erfolg, daß auf dem Konvokationssejm von den Landboten Einigkeit demonstriert wurde; die an sich schon sichere Wahl von Jan Kasimir, des Bruders von Władysław, wurde in Frage gestellt durch die Bewerbungen Aleksejs und Rakoczis von Siebenbürgen, die beide mit Waffengewalt drohten. Die spätere Abdankung des Königs führt der Autor darauf zurück, daß Jan Kasimir in seiner 20jährigen Regierungszeit ständig in inneren und äußeren Kriegen zu kämpfen hatten und schließlich - trotz der Bitten der Polen - seine Ruhe in Frankreich fand. (2)

Eine ausführliche Schilderung der Umstände, die zur Wahl Michael Korybut Wiśniowieckis führte, schließt sich an. Dabei versäumt es La Bizardière nicht, auf die neuerliche Bewerbung des Zaren, diesmal für seinen Sohn Fedor - "weil er ihn nicht geschickt genug Moscau zu regieren/ achtete" - (3) hinzuweisen. Im übrigen hält er die Wahl des polnischen Fürsten für übereilt und schlecht durchdacht: Wiśniowiecki selber habe sich für dieses Amt völlig unfähig gehalten. (4) Unter seiner Regierung sei Polen in einem so schlechten Zustand gewesen wie nie zuvor; erst der Sieg Sobieskis über die Türken bei Chocim 1673 sowie der Tod des Königs habe die Polen aufgerichtet. Sobieski habe dann öffentlich für den französischen Thronprätendenten gearbeitet, im geheimen aber seine eigene Kandidatur verfolgt. (5) Wieder wird in der Schilderung deutlich, welche Mittel von den verschiedenen Parteien angewendet wurden, wie wenig Einigkeit unter den Magnaten bestand, welche Rolle eine starke Stellung bei der Truppe spielen konnte. (6) Dem militärischen Erfolg, auch den Bemühungen Frankreichs, so der Verfasser, habe Sobieski schließlich seine Wahl zu verdanken. (7)

La Bizardière hat diesem Werk, das bis zur Wahl Sobieskis reicht, noch ein zweites folgen lassen mit dem Titel:"Histoire de la Scission ou Division arrivée en Pologne le 27 juin 1697 au sujet de l'Election d'un roy" (Paris,1700), in dem er auf die Wahl nach Sobieskis Tod eingeht. Wir wollen nur einen kurzen Blick auf die Einleitung werfen, in welcher er die Ansicht äußert, daß die Vorgänge in Polen für ganz Europa von Bedeutung seien. Hier skizziert er in wenigen Sätzen die Entwicklung dieses Volkes, das sich als einziges das Recht der Wahl seines Oberhauptes zu wahren gewußt habe, das durch seine Tapferkeit berühmt sei und seine Eroberungen dem Wunsch anderer Völker verdanke, ebenfalls die Segnungen einer milden Herrschaft zu genießen.(8) Unter Wiśniowiecki habe man um den Bestand des Reiches fürchten müssen. Sobieski habe diese Befürchtungen zerstreuen können, aber nach seinem Tode sei der Haß gegen seine Familie so groß gewesen, daß die Nation ihre wahren Interessen vernachlässige und blind in ihren Ruin gehe. 1621 hätten sie keine Angst vor 200.000 Türken gehabt, nun (1697) fürchteten sie sich vor 12.000 Sachsen. Aber La Bizardière gibt die Hoffnung nicht auf, daß die Polen doch noch aus ihrem bemitleidenswerten Zustand herauskommen; das ist für ihn gleichbedeutend mit einer tatkräftigen Unterstützung des französischen Prinzen Conti: "les Polonois ont de la piété et du courage; ils pourront prendre des résolutions conformes à leur génie. Ils vinrent autrefois chercher un de leurs rois dans l'Abbaye de Cluny où il s'étoit réfugié; ils trouveront celuy-cy à la Cour de France..." (1)

Wenn dieser Schriftsteller mehr oder weniger offen für die französische Kandidatur spricht, so kann man bei dem folgenden Autor vermuten, daß er die Interessen seines Herren, des Herzogs von Lothringen, vertritt. Es handelt sich bei dem Verfasser um den Sekretär Karls von Lothringen, der 1702 ein Buch veröffentlichte mit dem Titel: "L'Etat actuel de la Pologne". (2) Wir wollen nur ganz kurz auf dieses Werk eingehen, das in immer erneut wiederholten Wendungen die Meinung vertritt, der polnische Hof habe sich seit Jan Sobieski, vor allem durch die Schuld der Königin, gänzlich in das Fahrwasser der päpstlichen und der habsburgischen Politik ziehen lassen und damit seine ureigensten Interessen verleugnet. (3) Das sei der Anfang vom Ende der polnischen Freiheit gewesen. (4) Der Verfasser ist der Ansicht, daß es seit undenklichen Zeiten (5) in Polen immer zwei Parteien gegeben habe, die einander offen oder versteckt bekämpften; daß die Union mit Litauen noch eine dritte hinzugebracht hatte, die nun das Gegeneinander der Interessen der Magnaten vervollständigte. (6) Eine wirkliche Geschichte Polens könne man nur schreiben, wenn man Einsicht nehmen könne in die Hausarchive der Magnaten; diese seien aber Fremden unzugänglich und dürften ihnen auch nicht bekannt gemacht werden. (7) In diesen Archiven sei das Geheimnis der Politik des Adels zu finden. (8)

Chèvremont versucht darzustellen, daß diese beiden Parteien - und oft auch noch die litauische - die Masse des kleinen Adels als Köder benutzten, um die Interessen der auswärtigen Mächte kennenzulernen, ehe die großen Familien ihre Karten aufdeckten. (9) Da diese sich nun aber lange zurückhielten, um die Absichten der anderen Parteien zu beobachten, könne es zu erstaunlichen Entwicklungen innerhalb kürzester Zeit kommen. (10) Daher könne ein Gesandter kaum sichere Prognosen stellen, und er sei deshalb nicht zu tadeln, denn das liege eben an der Art der Polen, Politik zu betreiben. Diese beruhe vor allem auf dem Interesse der jeweiligen Magnaten. (11) Immer wieder kommt der Verfasser auf die Unsicherheit der politischen Verhältnisse zurück, auf die Eifersucht der großen Familien untereinander und das Eigeninteresse, was alles zusammen zum Untergang der polnischen Republik führen werde. (12) Betrachtet man die Jahre, die der Wahl Friedrich Augusts von Sachsen folgen, die Verwicklung Polens in den Nordischen Krieg, die schrecklichen Folgen für Wirtschaft und Handel, kann man dem Verfasser eine gewisse Voraussicht nicht absprechen. Allerdings ist nicht gesagt, daß der Niedergang der Republik aufgehalten worden wäre, wenn ein anderer Kandidat sich durchgesetzt hätte.

2.4.2.2. Massuet, Desroches, Chevrières

Der polnische Thronfolgekrieg gibt den Anlaß für das Erscheinen mehrerer Bücher über Polen und seine Könige.Die Qualität dieser Werke wird jedoch oft den Ansprüchen nicht gerecht.

Die fünfbändige "Histoire des Rois de Pologne et des Révolutions arrivées dans ce Royaume" von 1734 und die "Histoire de la guerre présente" von 1735, beide vom gleichen Verfasser, sind dafür ein Beispiel. (1) Der erste Band der Geschichte der polnischen Könige ist, nach eigener Angabe des Autors, ein Neudruck der 1698 erschienenen "Histoire de Pologne et du Grand Duché de Lithuanie" von Jolli. (2) Die genauere Betrachtung dieses Bandes können wir beiseite lassen, da sich beim Lesen herausstellt, daß ganze Passagen wörtlich übernommen sind, entweder aus dem Sammelwerk von Claude Jordan, (3) oder direkt aus dem Bericht Gaspard de Tendes. (4) Das gilt besonders für die Kapitel, die sich mit der Regierungsform, der Religion, dem Adel und seiner Lebensart befassen. (5) Auch die Aussagen über die polnische Armee entsprechen denen, die wir schon bei anderen Verfassern gefunden haben. (6) Daß dieser erste Band weitgehend die Wiedergabe eines älteren Werkes ist, kann man u.a. auch daraus ersehen, daß der Autor die Türken als die gefährlichsten Gegner der Polen bezeichnet (7) und den russischen und polnischen Staat als gleich stark einschätzt. (8)

Es folgt dann eine kurze Beschreibung der Regierungszeit der polnischen Könige, in die eine höchst unvorteilhafte Darstellung der Moskoviter eingefügt ist (9) und in der auch ein Porträt Peters entworfen wird. (10) Sigismund III. wird vorgeworfen, er habe die beste Gelegenheit, Moskovien zu unterwerfen, versäumt, als er seinen Sohn Władysław nur mangelhaft unterstützte. (12)

Die Bände zwei bis fünf enthalten eine ausführliche Schilderung der Lage Polens nach dem Tode Sobieskis (1696) bis zum Ende des Thronfolgekrieges (1735). Im einzelnen befaßt sich der Verfasser in zwei Bänden mit dem Interregnum nach dem Tode Sobieskis, den Intrigen der verschiedenen Parteien, mit der Konföderation der Armee, den Auseinandersetzungen zwischen den Sapieha und den Ogiński, den Folgen des Nordischen Krieges für Polen - kurz, das dem Leser wohlbekannte Bild der Uneinigkeit, der Eigeninteressen der Magnaten wird hier entworfen. Dabei ist festzustellen, daß der Autor als Quelle für seine Darstellungen anscheinend die Berichte der Zeitungen benutzt hat, an manchen Stellen sind wörtliche Übereinstimmungen zu erkennen. (13) Das ist noch deutlicher im 3. Band, der die Jahre 1705 - 1733 umfaßt, und im 4. Band, der das Interregnum 1733 schildert. Hier sind ganze Passagen aus dem "Mercure historique" übernommen worden. (14) Der 5. Band beschreibt den Krieg mit allen Manifesten der einzelnen Parteien. Da der gleiche Autor auch noch eine "Histoire de la guerre présente" geschrieben hat, in der er allerdings ebenfalls die anderen Kriegsschauplätze berücksichtigt, wollen wir auf diesen Band nicht näher eingehen. Das

Buch über den polnischen Thronfolgekrieg enthält detaillierte Schilderungen über die militärischen Aktionen, vor allem der Vorgänge bei der Belagerung Danzigs. (1) Massuet greift hier wie in den anderen Bänden in großem Umfang auf Zeitungsberichte zurück, so daß wir auf eine genaue Betrachtung verzichten können. (2)

Ebenfalls Informationen der Zeitungen benutzt der Verfasser einer Geschichte Augusts II.. J.B. Desroches de Parthenay war der Herausgeber der "Mêmoires historiques pour le siècle courant". (3) Auch in seiner Darstellung tauchen keine neuen Aspekte auf. Desroches betont besonders die Verdienste Sobieskis und die Undankbarkeit und Lethargie des polnischen Adles. (4) Die mangelnde Ausnutzung der Siege gegen die Türken, (5) die geringe Bereitschaft, Geld für die Armee aufzubringen, (6) die Unruhen, welche durch die konföderierte Armee nach dem Tode Sobieskis verursacht wurden, (7) die Bestechlichkeit und die Intrigen der Magnaten anläßlich der Königswahl (8) - all dies sind Beobachtungen, die schon von vielen anderen Autoren gemacht wurden. Allerdings weist Desroches darauf hin, daß für den Prinzen Conti nach der Doppelwahl durchaus noch gute Chancen bestanden, wenn er unverzüglich nach Polen gereist wäre und Unterstützung mitgebracht hätte - die Nähe des Kurfürsten und die Bereitschaft, sofort viel Geld zu verteilen, hätten diesem die entscheidenden Vorteile gebracht. (9)

Zutreffend schildert der Autor auch die Atmosphäre in den ersten Herrschaftsjahren Augusts II.: das gegenseitige Mißtrauen zwischen dem Adel und dem König, (10) den Streit zwischen den Sapiehas und den Ogiǹskis, die Abneigung der Polen gegen die Sachsen, den Krieg gegen Schweden, ohne die Beteiligung der Republik, (11) die Konföderation des großpolnischen Adels.(12) Interessant ist sein Kommentar zur Verpflichtung Augusts, der moskovitischen Armee sächsische Ausbilder zu schicken und russische Truppen in Polen aufzunehmen, damit diese militärische Erfahrungen sammelten: "On ne pouvoit imaginer rien de plus funeste pour la Suède, et peut-être pour une partie de l'Europe: c'êtoit là le vrai moyen d'aguerrir les Moscovites." (13) Letzte Ursache für die Unordnung in Polen ist für Desroches die Teilung der Autorität zwischen König und Republik. (14)

Ein ähnliches Bild von Polen - und auch von den Russen - entwirft der Verfasser des Buches "Histoire de Stanislas Ier, Roi de Pologne et Grand Duc de Lithuanie, Duc de Lorraine et de Bar". (15) Erst das Chaos in Polen seit 1704 habe der Nation die Augen geöffnet, daß sie Opfer der eigenen Treulosigkeit und Unzuverlässigkeit geworden war:"Jusqu'ici ils n'avoient voulu se dêterminer pour aucun des deux Rois êlus, maintenant ils êtoient rêduis à s'abandonner à l'autoritê et à la discrêtion d'une Nation êtrangère, composêe la plûpart de Tartares et de Calmucks (!), peuples barbares et fêroces." (16) Zwar habe August sich krönen lassen unter dem Eindruck der Waffen und habe seine Wahl erreicht durch die Ausnutzung irregulärer Wege, (17) aber derjenige, der das Land erst völlig in die Unordnung gestürzt habe, sei der Primas Radziejowski gewesen. Dieser wird geschildert als ein Mann ohne Prinzipien und völlig seiner Rachsucht ergeben. (1) Er sei es gewesen, der August II. zum Angriff auf Schweden geraten habe, um desto besser seine persönlichen Interessen durchsetzen zu können. (2) Der König wird dabei relativ positiv gesehen: Langmut mit den unverschämten Forderungen (3) des Adels, Tapferkeit in der Schlacht (!),(4) von großer Güte mit allen Adligen. (5) Chevrières berichtet aber auch von den Meriten des 1704 gewählten "Gegenkönigs" Stanisław , (6) von dem Chaos, das in Polen während der Nordischen Krieges (7) geherrscht habe, vom Wankelmut des Adels und seiner Unfähigkeit, in den Debatten des Sejm schnell zu Entschlüssen zu kommen, die z.B. dem 1733 neu gewählten König Stanisław großen Nutzen gebracht hätten. (8) Statt dessen sei die meiste Zeit mit nutzlosen Ansprachen verbracht worden.

Das Werk enthält im 2. Band auch eine ausführliche Beschreibung der Belagerung Danzigs - mit den Briefen Stanisławs -,(9) die, ähnlich wie die bei Massuet, auf alle Umstände eingeht und keine neuen Aspekte enthält.

2.4.2.3. Pimpie de Solignac

Wesentlich gründlicher hat sich der Chevalier P.J. de la Pimpie de Solignac mit der polnischen Geschichte beschäftigt. (10) Im Druck erschienen sind fünf Bände seiner "Histoire générale de la Pologne"; (11) gewidmet war sie dem Dauphin. In seinem Vorwort äußert sich Solignac über die Verfasser, die vor ihm über dieses Thema geschrieben haben (12) und nennt die Quellen, die er häufig heranzieht. Dabei handelt es sich vor allem um lateinisch geschriebene Werke aus dem 16. und 17. Jahrhundert. (13)

Im ersten Band gibt Solignac einen Überblick über die geographische Beschaffenheit des Landes sowie über die Anfänge des polnischen Staates bis 1102. Wie die anderen Autoren auch erzählt er die sagenhaften Anfänge von Lech, Cracus und Piast, gibt aber gleichzeitig zu, daß die Nachrichten über die ersten Herzöge Polens (von 550 an, mit Lech I.) ausgesprochen unsicher seien und den Eindruck von Fabeln erweckten. (14) Daher beginnt er seine eigentliche Darstellung auch erst mit Mieszko I. (ca. 960-992), der das Land in die Reihe der christlichen Nationen führte. Als Zeichen der Ergebenheit für den christlichen Glauben und der Bereitschaft zu kämpfen, hätten die Polen zu der Zeit bei der Verlesung des Evangeliums die Säbel aus den Scheiden gezogen, und der Autor fügt hinzu: "On a vû de nos jours quelques vieux Polonois suivre encore cet usage." (15) Ausführlich berichtet Solignac über Bolesław Chrobry 992-1025, (16) dessen Auseinandersetzungen mit den deutschen Kaisern, den Böhmen und den russischen Fürsten. Der Autor ist der Ansicht, Bolesław habe sein Volk ständig mit Kriegen beschäftigen müssen, da der Aktionsdrang der Polen im Frieden zu gefährlich werden konnte. (17)

Die Anfänge des späteren Senats verlegt er - wenn auch nicht ganz sicher - in die Zeit Bolesławs. (1) Das Interregnum nach dem Tode Mieszkos II. (1034) ist gekennzeichnet durch Unzufriedenheit: "Les murmures éclatèrent." (2) Wir wollen nicht im einzelnen auf die Geschichte der Herzöge und Könige Polens eingehen, die Solignac in den folgenden Bänden schildert. Uns interessiert vor allem der Anhang in dem dritten Band, der überschrieben ist: "Caractère, moeurs et usages des Polonois Depuis que leur Etat est érigé en République." (3)

Der Verfasser setzt diesen Exkurs zwar an das Ende des dritten Bandes, aber aus der Art und Weise seiner Darstellung - er schreibt häufig im Präsens - geht hervor, daß ein großer Teil der Beobachtungen in seinen Augen auch für das Polen des 18. Jahrhunderts gilt. Diese Auffassung wird ganz deutlich am Schluß des Abschnitts, wenn er schreibt: "Ce sont encore les mêmes coûtumes, les mêmes loix, les mêmes privilèges, la même forme de gouvernement, qu'au temps où ils s'érigèrent en République. Immobiles dans un coin de l'Europa, ils n'ont senti le contre-coup d'aucune des révolutions qui y sont arrivées. Ils ont eu part à ses guerres, et ils n'ont pris les manières, ni des peuples qu'ils ont vaincus, ni de ceux qui ont eu l'avantage de les vaincre. Tout a changé autour d'eux, et ils se retrouvent les mêmes qu'ils étoient il y a près de quatre siècles." (4)

Den Mitteilungen, die schon de Tende und Dalerac gemacht haben, wird nichts Neues hinzugefügt: wir finden die gleichen Urteile über das Heer, (5) über den Charakter der Polen (6) - stolz, offen, verschwenderisch, gastfreundlich, tapfer, undiszipliniert -,über die Bauern, (7) den Adel, (8) das Liberum Veto. (9)

Letzteres hält Solignac für die einzige Ursache des Durcheinanders in allen Teilen der polnischen Regierung. (10) Allerdings gibt er auch zu, daß immerhin auch der König und der Senat damit die Möglichkeit hatten, Beschlüsse abzuwenden, die ihnen nicht genehm waren. Der Autor ist ferner der Ansicht, daß Polen in dem Augenblick seine einstige Stärke verlor, als es die Strenge seiner Sitten aufgab und der Luxus sich verbreitete. (11) Alle guten Eigenschaften, die den Charakter der Polen ausmachen, seien gleichzeitig auch ihre größten Fehler, wenn sie bis zum Exzess getrieben werden: auch die Tugenden müssen in einem "juste milieu" gehalten werden, damit sie nicht zu Lastern degenerieren. (12)

Schon für das Interregnum nach dem Tode Sigismund Augusts (1572) bemerkt Solignac, es habe so viele Streitigkeiten gegeben, daß es schließlich ebenso viele Republiken wie Parteien gab. Er führt das darauf zurück, daß die Polen nicht mehr wußten, wie die Vorgänge bei einer Königswahl abzulaufen hatten, (13) weil sie lange den Thron immer den Söhnen der Könige zuerkannt hatten; (14) sie hatten also nicht die Gewohnheit, immer einen ausländischen Fürsten zu wählen. (15)

2.4.2.4. Coyer

Die gleichen Quellen wie Pimpie de Solignac benutzte auch der Abbé Coyer, der ebenfalls Kontakt mit König Stanisław hatte. (1) Er hat eine dreibändige Geschichte Jan Sobieskis geschrieben, deren Einleitung wörtlich von Jaucourt für seinen Artikel "Pologne" in der Encyclopédie übernommen wurde. (2) Auch Coyer greift natürlich auf vorher erschienene Werke über Polen zurück. Abgesehen davon, daß er zum Teil die gleichen Quellen angibt wie Solignac, (3) stimmen viele seiner Aussagen, auch in ihrem Urteil, mit denen in den älteren Reisebeschreibungen überein. (4) Vom Luxus und der Verschwendungssucht der Polen hat er die gleichen Vorstellungen wie Pimpie de Solignac, (5) der wiederum Aussagen von de Tende übernommen hatte. Der Abschnitt über die Bauern enthält ähnliche Aussagen - wie die Darstellung Daleracs, (6) der aber wesentlich differenzierter beschreibt, während Coyer summarisch feststellt: "La Pologne frappe ses propres enfants." (7) Während in dem Reisebericht des Franzosen Ende des 17. Jahrhunderts versucht wird, ein komplexes Bild von den Lebensumständen der Bauern zu entwerfen, begnügt sich der Abbé mit plakativen, schlagwortartigen Sätzen, welche den Leser mit Ablehnung gegenüber einem Staat erfüllen sollen, der solche Zustände duldet. (8)

Als Quellen für die Zeit Sobieskis gibt Coyer in seinem Vorwort zwei Gewährsleute an; den militärischen Teil seiner Ausführungen habe er von einem französischen Offizier, Dupont, der Chefingenieur der Artillerie und Hauptmann eines Dragonerregiments gewesen und Sobieski auf seinen Feldzügen gefolgt sei, den politischen Teil habe er von A. Załuski aus den Briefen an seine Freunde. (9) Die Macht der katholischen Kirche in Polen, der, wie Coyer meint, blinde Gehorsam gegenüber den Anordnungen des Papstes wird besonders herausgestellt, aber auch hier verläßt der Autor nicht die Bahnen des bisher Üblichen, denn auch in den Reiseberichten des 17. Jahrhunderts wird darauf hingewiesen. Nur hat der Abbé wiederum die einprägsameren Formulierungen und , da er ja nur eine Einführung für sein eigentliches Thema beabsichtigt, auch die kürzere und damit zum Teil vergröbernde Darstellung. (10)

In einem knappen Überblick nennt Coyer die Könige Polens bis Sigismund III., dem auch er vorwirft, er habe die Gelegenheit verpaßt, Moskovien für Polen zu erobern. (11) Dabei übernimmt der Abbé ohne Vorbehalt die sagenhaften Herzöge des 6. - 9. Jahrhundert, die Cromer und Długosz nennen. (12) Lobend hebt er die Regierungszeiten Bolesław Chrobrys, Kasimirs I., Kasimirs II. und Kasimirs III. hervor, und zwar wegen ihrer Verdienste um die Bildung ihrer Untertanen. Dabei legt der Abbé besonderen Wert darauf, die Bemühungen zu erwähnen, die Kasimir II. und Kasimir III. unternahmen, um das Los der Bauern zu erleichtern. (13) "Il eut toutes les grandes qualités d'Auguste, et plus de valeur", sagt er von Kasimir III. (14) Lobende Worte findet der Autor auch für Jagiello und vor allem für seinen Sohn Władysław III. (1434-44). (15) Innerhalb von zwei Jahren sei der noch junge König den großen Herrschern gleichgekommen; (1) er sei der erste gewesen, der es gewagt hätte, gegen die Türken zu kämpfen, er habe diese zum Frieden gezwungen, und der Papst habe den feierlich beschworenen Vertrag gebrochen. (2) Gleichfalls positiv beurteilt - wie von allen Verfassern, die über dies Thema schreiben - wird Sigismund I., den er mit Karl V. und Franz I. vergleicht und den er aufgrund seiner ständigen Fürsorge für das Wohl des Volkes eigentlich als beiden anderen Herrschern überlegen ansieht. (3) Coyer berichtet dann über die Familie Jan Sobieskis, über seine Reisen und über seine Heimkehr nach Polen, das durch Kosakenaufstände erschüttert wurde. Dabei betont der Abbé - wie auch andere schon vor ihm - daß es die Mißachtung der kosakischen Privilegien durch den polnischen Adel war, die aus einem treuen Volk aufständische Untertanen machte. (4) Er beklagt dabei die Schwäche des Königs Jan Kasimir, der sich nicht gegen seinen Adel durchsetzen konnte. (5) Der Verfasser beschreibt ausführlich die Kriege gegen Schweden und Rußland, in denen Jan Sobieski das Kriegshandwerk erlernte. Er berichtet von dem Plan Jan Kasimirs, auf Anraten seiner Frau einen französischen Prinzen zu seinem Nachfolger wählen zu lassen; und da der Großmarschall Lubomirski dieses Projekt öffentlich mißbilligte als Bruch der Verfassung, habe der Hof ihm die Schuld an der Bildung der Konföderation der Armee gegeben und ihn zum Staatsfeind erklärt mit Verlust seiner Güter und seines Lebens. Coyer bezeichnet dieses Urteil als illegal. (6) Sobieski wird zum Großmarschall ernannt und die folgende militärische Auseinandersetzung, die in die Bruderschlacht bei Mątwy (1666) mündet, wird ausführlich geschildert. (7) Nach dem Tode Potockis wird Sobieski Großhetman, und Coyer nimmt dies zum Anlaß, die Machtfülle dieses Amtes darzustellen. (8) Ausführlich beschreibt der Verfasser die Abdankung Jan Kasimirs und die Gründe, welche diesen dazu veranlaßten. Den Wahlsejm nach der Abdankung des Königs nimmt er zum Anlaß zu schildern, wie eine Königswahl ablaufen sollte. Er fügt aber gleich hinzu, daß das schöne Bild der Eintracht nur selten zutraf: im allgemeinen war es keine freie und ruhige Wahl: "La corruption des Grands, la fougue de la multitude, les brigues, les factions, l'or et les armes des Puissances étrangères,"(9) alles habe dazu beigetragen, daß es kaum einstimmige Wahlen gab.

Wir übergehen den Bericht über die Wahl Michael Korybut Wiśniowieckis, den er mit Sobieski vergleicht, ein Vergleich, der natürlich zugunsten des letzteren ausfällt. Coyer erwähnt auch, daß es der König und die "österreichische Partei" am Hofe waren, die einen wirklichen Ausgleich mit den Kosaken hintertrieben, indem sie einen Landboten dazu veranlaßten, den Sejm zu zerreißen. (10) Da der König, so der Verfasser, sich mit der Hohen Pforte ebenfalls verfeindete, hätte sich eine Liga gebildet, um ihn abzusetzen. Dieser Liga gehörte unter anderen berühmten Leuten der Primas Prażmowski an.Sobieski, so Coyer, erfuhr erst später davon und empfahl dann einen französischen Prinzen. Michael Korybut Wiśniowiecki wurde verschiedener Vergehen gegen die beschworenen pacta conventa beschuldigt. (11) Es ist natürlich das Bestreben des Autors, das Verhalten seines Helden zu rechtfertigen; besonders leicht kann er das, wenn er die Tatenlosigkeit des Königs und dessen Einwilligung in den für Polen schmachvollen Frieden von Buczacz beschreibt. (1) Die Schlacht bei Chocim bildet den Abschluß des ersten Bandes.

Zu Beginn des zweiten Bandes schildert Coyer das Interregnum nach dem Tode König Michaels und stellt die Kandidaten mit ihren Parteigängern vor. Sein Urteil über die polnischen Großen bei dieser Gelegenheit entspricht dem aller bisher angeführten Autoren: die Krone wird dem Meistbietenden verkauft, nicht von der Republik, sondern von Einzelpersonen. (2)

Wir übergehen den Bericht von der Wahl und der Krönung Sobieskis, Teile von der Schilderung der Krönungsfeierlichkeiten finden sich fast wörtlich in der Enzyklopädie wieder. (3) Im übrigen lobt Coyer die Menschlichkeit seines Helden, die er auch gegenüber den Soldaten und Kosaken walten ließ; allein die Religion ließ ihn manchmal diese Haltung vergessen - ein Fehler, der, so Coyer, in Polen häufig anzutreffen sei. (4) Im weiteren Verlauf seiner Geschichte Jans kommt der Autor dann auf den Abschluß des Bündnisses mit dem Wiener Hof zur Abwehr der Türken. Er fragt sich, ob der Entschluß zu diesem Vertrag klug war, denn während die Osmanen mit dem Krieg gegen die Habsburger beschäftigt waren, hätte der König Kamieniec Podolski zurückerobern können. Leopold I. habe den polnischen König für das Bündnis gewonnen, indem er ihm die Ehe Jakobs (Jans ältestem Sohn) mit einer Erzherzogin in Aussicht stellte und versprach "de perpétuer la Couronne de Pologne dans sa Famille, en la rendant héréditaire de gré ou de force..." (5) Der zweite Band endet mit der Schilderung der Belagerung Wiens und der Befreiung der Stadt durch das vereinigte Heer. Hier vergleicht Coyer die Lage mit derjenigen der Griechen vor Troja: erst durch das Erscheinen des polnischen Königs wurde aller Streit beigelegt: "C'étoient les Grecs divisés devant Troie. Agamemnon parut, et l'harmonie génerale s'établit contre l'ennemi commun." (6) Natürlich hebt der Verfasser die Tapferkeit der polnischen Kavallerie besonders hervor. (7)

Der dritte Band umfaßt die Jahre der Mißerfolge Sobieskis, gekennzeichnet vor allem durch sein Bestreben, die Krone für seinen Sohn zu sichern. Nachdem Coyer beschrieben hat, wie der König sich bemühte, seinem Volk die friedliche Nutzung seiner Erfolge zu ermöglichen, (8) kommt er auf die Intrigen der Königin zu sprechen, welche auch den König bei der Nation unbeliebt machten. (9) Sobieski habe die Wahl gehabt (1686) zwischen einem Friedensangebot des Sultans, der ihm Kamieniec und Entschädigungen versprach, damit er die Liga gegen die Türken verlasse, und dem Angebot Leopolds I., die Fürstentümer Moldau und Walachei in seinem - Sobieskis - Hause erblich zu machen. Die Entscheidung, die der polnische König fällte, findet nicht die Zustimmung des Autors. (10) Die eigentliche Schuld an dieser Fehlentscheidung aber trifft, nach Ansicht des Autors, die Königin und die Jesuiten. Die Polen verurteilten den Entschluß ebenfalls; sie wollten von der für sie nachteiligen Liga, deren Vorteile nur Wien hatte, nichts mehr wissen. (11)

Trotz allem, was Coyer gegen die Politik Sobieskis in den letzten Jahren seiner Regierung einzuwenden hat - das meiste geht in seinen Augen zu Lasten der Königin und der Kirche! - lobt er ihn als einen fähigen König und vergleicht ihn mit Vespasian. (1) Er wäre auch von den Polen geliebt worden, wenn er weniger auf seine Frau gehört hätte. Der "Alexander des Nordens" - und damit meint der Verfasser Karl XII. (!) - habe ihn als einen großen König verehrt. (2) Aber der wirklich große polnische König werde der sein, und das ist die Auffassung des Autors und gleichzeitig sein Urteil über den polnischen Staat - und natürlich auch über den absolutistischen französischen Staat - der in Frieden seinem Land die Möglichkeit zu Handel und Verkehr erschließt; der das Liberum veto abschafft, um die Nation mit der Mehrheit der Stimmen zu regieren, - der dem Adel klar macht, daß die Bauern auch Menschen sind und der vor allem ihre Knechtschaft aufhebt.(3)

2.4.2.5. Lacombe, Contant D'Orville

Die Bemerkungen Lacombes über Polen in seinem "Abrégé chronologique de l'histoire du Nord" (4) können wir in aller Kürze darstellen. Dem chronologischen Abriß läßt er einige allgemeine Bemerkungen folgen. Darin beschreibt er Beschaffenheit des Landes, die Kleidung und die Gewohnheiten seiner Bewohner, die Lage der Bauern und die wichtigsten Institutionen. Nichts an diesen Bemerkungen enthält neue Aspekte, im allgemeinen werden die Aussagen wiederholt, die wir bei Dalerac (Mémoires), de Tende, Jordan (Voyages) und dann auch bei Pimpie de Solignac und Coyer gefunden haben. (5) Die Bemerkungen über die polnischen Streitkräfte entsprechen ebenfalls denen in den älteren Reiseberichten, ebenso wie die Schilderung der Friedfertigkeit des polnischen Adels. (6) In Anlehnung an Solignac stellt auch er fest, daß die Polen in ihren alten Bräuchen verharren, daß seit Hunderten von Jahren keine Änderung eingetreten sei. (7) Die Geschichte des Staates Polen läßt Lacombe wie die anderen Schriftsteller auch mit Lech beginnen, (8) wie seine Vorgänger in dem Thema lobt er Bolesław I., welcher der Vater und Beschützer seines Volkes gewesen sei. (9) Das in Abständen immer wiederkehrende Leitmotiv für die inneren Zustände in Polen, "Anarchie", benutzt dieser Autor bereits für das Jahr 1037. (10) Es taucht abgewandelt wieder auf für das Jahr 1260 - (11) Zeit der Erbauseinandersetzungen und der Mongoleneinfälle -, 1572 nach dem Tode Sigismund Augusts, (12) 1648 nach dem Tode Władysławs, (13) 1665 (Aufstand des Lubomirski), (14) 1668 nach der Abdankung Jan Kasimirs. (15) Das übliche Lob für Sigismund I. fehlt nicht: "un sage sur le Trône, un philosophe Roi (!) - un Souverain bienfaisant ...", er habe die Polen zivilisieren wollen. (16)

Ähnlich wie dieser geschichtliche Abriß, der nur anhand der Jahreszahlen die jeweils wichtigsten Ereignisse erwähnt, ist das Buch von Contant d'Orville aufgebaut, der uns schon begegnet ist, als wir uns mit der Darstellung der russischen Geschichte befaßten.

Wie in dem Band über Rußland gehen auch hier "Remarques préliminaires" voraus. Nach einem kurzen geographischen Überblick beschreibt Contant den Charakter der Polen - (1) völlig in Übereinstimmung mit den anderen Schriftstellern - die soziale Gliederung - (2) nur Adel und Bauern, kaum Bürger -, die Teilung der Macht zwischen König, Senat und Ritterstand, (3) die verschiedenen Arten von Konföderationen, (4) die Lage der Bauern (5) und die Wirtschaft; (6) alle diese Beobachtungen sind zusammengestellt aus den bekannten Werken und lassen manchmal wörtliche Übereinstimmung erkennen. (7) Das erweist sich auch bei näherer Betrachtung seiner Kommentare zu den Ereignissen: das Säbelziehen beim Verlesen des Evangeliums, (8) das Urteil über Bolesław I., (9) über Sigismund I., (10) die Beschreibung, wie es zur Kandidatur Heinrichs von Valois kam (11) und die Entfernung eines Bildes im Warschauer Schloß durch Peter I.; (12) die häufige Erwähnung der Begriffe "anarchie" und "indépendance" (13) kennzeichnet die Auffassung des Verfassers vom Verlauf der polnischen Geschichte: das Übermaß an Freiheit, die ständige Furcht vor Unterdrückung durch den König hat in seinen Augen schließlich zum Ruin des Staates geführt. (14) Er schließt sein Werk mit der Schilderung des aktuellen (1767) Zustandes in Polen: zwei Parteien, die sich unversöhnlich gegenüber stehen, "qui cherchèrent mutuellement à s'écraser, sous le voile du bien public, de l'amour de la patrie, et du zèle de la religion, si l'on joint à ses objets les ressorts de la politique, les droits de bienséance et de voisinage, l'interprétation des traités, plus ou moins arbitraire, on aura à quelques égards le tableau de l'état violent de la république..." (15)

2.4.2.6. Pfeffel

Der Verfasser des Werkes, dem wir uns nun zuwenden wollen, Christian Friedrich Pfeffel, (16) hat sich etwas weniger oberflächlich als die beiden vorher genannten Autoren mit Polen befaßt, vor allem mit seiner Regierungsform. Die "Mémoires sur le gouvernement de Pologne" sollen ein Abbild der gegenwärtigen (um 1755) Republik geben. (17) In seinem Hinweis an den Leser betont der Autor, daß die "Mémoires" das Ergebnis eines langen Aufenthaltes in Warschau seien. Im übrigen bezieht er sich auf die wohl besten Kenner der Verfassung Polens: auf Hartknoch und vor allem auf G. Lengnich. (18)
Pfeffel gliedert seine Schrift in fünf Bücher, die er in Kapitel unterteilt. Das erste Buch enthält den geographischen Teil des Werkes, wobei er im einzelnen auf Klein- und Großpolen sowie Litauen eingeht, die "Provinces unies et incorporées à la Pologne" - Preußen, Livland, Kurland - und schließlich die von Polen abgetrennten Territorien beschreibt. Im 2. Buch befaßt sich der Autor mit den drei Ständen der Republik, dem König, dem Senat und den Rittern, im 3. äußert er sich über die Regierungsform und die Institutionen, im 4. über die Justiz. Das letzte Buch ist der Untersuchung der Einkünfte und der Streitkräfte der Republik vorbehalten.

Der Leser erhält ein fundiertes Bild der Institutionen und ihrer Wirksamkeit, sowie der politischen Möglichkeiten des polnischen Staates. Die im ersten Buch dargestellten territorialen Entwicklungen sind im wesentlichen zutreffend;Pfeffel geht besonders auf die Gebiete ein, um deren Besitz es häufig Auseinandersetzungen gegeben hatte: Preußen, Pommern, Schlesien, dann Livland, Kurland, die Ukraine. (1)

Ausführlich berichtet Pfeffel über die drei Stände im Staat, hier - wie im Zusammenhang mit der polnischen Verfassung immer - n i c h t gemeint als Stand im soziologischen Sinne, sondern als eine politische Gruppe, die eine bestimmte Gewalt innehalt. (2) Drei solcher "Stände" gibt es in Polen: den König, Inhaber der "majestas"; den Senat, Inhaber der "auctoritas" und den Ritterstand, Inhaber der "libertas". Soziologisch gesehen gehören sie alle dem gleichen Stand an, nämlich dem Adel.

Diese drei "Stände" regieren, so Pfeffel, gemeinsam die Republik Polen, sind voneinander unabhängig und haben jeder einen bestimmten Anteil an der Gestaltung der Politik. (3) Als erstes beschreibt Pfeffel die Entwicklung der königlichen Macht: seit 1697, wahrscheinlich aus Abneigung gegen Maria Sobieska und unter dem Einfluß des Primas Radziejowski, habe man von dem bis dahin geübten Brauch, den König aus dem Kreise der königlichen Familie zu wählen, Abstand genommen. Die "pacta conventa", die der neue König beschwören muß, bezeichnet der Autor als eine Art Kapitulation; außerdem betont er, daß der König erst mit der Krönung, n i c h t schon mit seiner Wahl, alle Rechte seines Amtes habe: Verteilung der Ämter und Würden, Einberufung der Reichstage, Verfügung über die Einnahmen - die er n i c h t erhöhen darf. (4) Seit 1632 habe er nicht mehr das Münzregal, daraus resultiere ein völliges Durcheinander in Bezug auf die Zahlungsmittel, das sich sehr schädlich auf den Handel auswirke.

Sehr ausführlich beschreibt Pfeffel die Rechte und Pflichten der Senatoren, die er mit den englischen Peers vergleicht. Sie seien, wie in England, eine Art Vermittlungsinstanz zwischen dem König und dem Volk. (5) Diese Mittlerfunktion wurde auch von den älteren Schriftstellern betont. (6) Im einzelnen beschreibt der Autor fünf verschiedene "Klassen" von Senatoren, angefangen von Senatoren geistlichen Standes, die in allem den Vorrang haben, über die Wojewoden, Kastellane (1. und 2. Ranges) bis zu den Staatsämtern. (7) Interessant sind die Versuche Pfeffels, dem Leser durch Vergleiche mit bekannten Ämtern eine bessere Vorstellung von den polnischen Würden zu geben. So vergleicht er - nicht völlig zutreffend - die Wojewoden mit den deutschen Herzögen im Mittelalter, (8) die Kastellane mit den Burggrafen in Deutschland, (9) den Krongroßhetman mit dem Konnetabel in Frankreich. (10) Die Staatsämter werden vorgestellt und ihre Aufgaben umschrieben, Pfeffel weist besonders darauf hin, daß die Wojewoden und Kastellane nur unter Verzicht auf ihre Würden diese Ämter einnehmen dürften. (11)

In dem Abschnitt über den Ritterstand ("De l'ordre équestre") erläutert der Autor, was in Polen dazu berechtigt, als Adliger zu gelten:durch Zeugen und authentische Titel - Erwerb von Land, Zugang zu den Landtagen, Ausübung eines Amtes, Adelsbriefe - wird der Adel nachgewiesen und auf den Landtagen diskutiert. "La noblesse bien acquise et prouvée ne se perd que par des crimes d'Etat et par l'abus de la liberté." (1) Das bedeutet, daß ein Adliger nicht im Handel tätig sein und keine Ämter in der Stadt übernehmen darf; er kann aber bei einem anderen Adligen alle möglichen Dienste verrichten, ohne seines Titels verlustig zu gehen. (2) Die ausgedehnten Rechte der polnischen Adligen werden beschrieben, sowohl in politischer als auch in rechtlicher und wirtschaftlicher Hinsicht. (3)

Es folgt eine Darstellung der Regierungsform, wobei der Autor noch einmal betont, daß nur die Beschlüsse Gültigkeit haben, die von allen drei Ständen einmütig gefaßt werden. (4) Er gibt dann die einzelnen Bestimmungen für die Abhaltung der verschiedenen Versammlungen wieder, wobei er auch auf die Landtage eingeht und auf die Geschäftsordnung für die Durchführung eines Sejm. (5) Pfeffel erwähnt, daß manchmal schon Reichstage gesprengt wurden, ehe überhaupt der erste Punkt, nämlich die Wahl des Reichstagsmarschalls (Maréchal de la chambre des Nonces) durchgeführt werden konnte. (6)

Ausführlich geht er auch auf das Liberum Veto ein: wenn ein Landbote die geheiligte Formel: "nie pozwalam" ausspreche, sei der beratene Artikel verworfen und die ganze Beratungsprozedur müsse noch einmal von vorne beginnen; verlasse dieser aber die Versammlung, so sei der Sejm "zerrissen". (7) Die unbegrenzte Freiheit führe immer dazu, daß die besten Absichten nicht verwirklicht würden, denn man könne sich wohl kaum vorstellen, daß es ein Projekt gebe, dem sowohl der Senat in seiner Gesamtheit als auch der letzte Landbote seine Zustimmung geben könne. (8) Nachdem Pfeffel noch die außerordentlichen Versammlungen - Konvokations- und Elektionssejm-erläutert hat, beschreibt er die verschiedenen Arten der Konföderationen, bei denen er drei unterscheidet: die erste sei im Prinzip nichts anderes als ein großer Rat, sie ist mit dem König verbunden; die zweite Art - Pfeffel sagt Rokosz - sei gegen den König gerichtet und nur dann legal, wenn dieser dauernd gegen die Pacta conventa verstoße. Die dritte Art der Konföderationen seien die Armeerevolten, die große Schäden anrichten. (9) Im letzten Kapitel beleuchtet der Verfasser die wirtschaftliche Lage des Landes und seine militärische Stärke. Dabei stellt er fest, daß die Republik überhaupt keinen Vorteil aus ihrer ausgedehnten Ländermasse ziehe: der Landbesitz von Klerus und Adel (11/12 des Landes) sei frei von jeder Steuer, die meisten in den anderen Staaten üblichen Steuern seien in Polen ganz unbekannt, der Adel zahle keine Zölle; nur die Kapitation - die vor allem für den Unterhalt der Truppen verwendet wird - müsse jeder bezahlen. Es gebe keinen Handel, keine guten Verkehrsverbindungen in Polen; Pfeffel spricht von "extrême pauvreté." (10) Da es an Geld mangele, könnten auch keine Truppen ausgehoben werden: anscheinend hielten die Polen eine starke

Armee nicht für nötig, (1) bzw. die eifrigen Republikaner fürchteten sie. Polen könnte in militärischer Hinsicht, so Pfeffel, einen ausgezeichneten Platz unter den Staaten Europas einnehmen: es fehle nur an Disziplin; stattdessen gebe es kein Land in Europa, dessen Armeen schwächer und weniger gefürchtet seien als die polnische. Daran ändere auch das Pospolite ruszenie nichts, das er als so etwas wie eine allgemeine Mobilmachung bezeichnet, (2) aber auch diese gelte nur für 15 Tage.

Dieses Buch des gelehrten Juristen Pfeffel gab jedem Leser ein zuverlässiges Bild von den Zuständen in der Adelsrepublik; der Autor enthält sich jeglicher Parteilichkeit, macht aber die Schwächen des Regierungssystems deutlich.

2.4.2.7. Caraccioli

Der Verfasser des 1775 anonym erschienenen Buches "La Pologne telle qu'elle a été, telle qu'elle est et telle qu'elle sera" (3) behauptete in seiner Vorrede ebenfalls, daß er ganz unparteiisch schreiben wolle, (4) aber sein Werk ist doch wesentlich von politischen Absichten bestimmt. Die Teilung Polens belehre alle Bürger darüber, was die Gewalt vermöge und welchen Gefahren eine schwache Regierung immer ausgesetzt sei. Alle Europäer seien Zuschauer dieser "scène la plus touchante", denn alle Königreiche bildeten eine Familie; alle gerechten Menschen seien Weltbürger, und daher gehe sie jede große Veränderung an. (5)

Der Verfasser spricht im ersten Teil seines Buches, der sich mit der Vergangenheit Polens beschäftigt, von einem besonders guten Verhältnis zwischen diesem Land und Frankreich. (6) Außerdem stellt er als ein grundlegendes Charakteristikum Polens fest, daß dieses Land mit keinem anderen zu vergleichen sei: "il ne ressemble qu'à lui-même par la singularité de ses usages et de ses constitutions." (7) Nach der Aufzählung der geographischen Gegebenheiten des Landes betont der Autor noch einmal, daß das charakteristische Kennzeichen der polnischen Nation die Freiheit sei, sie dulde keine anderen Fesseln, als jene, die sich selber anlege - und diese Unabhängigkeit sei häufig der Anarchie benachbart. (8) Es sei typisch für dieses Land, daß es ständig der Schauplatz von "révolutions" gewesen sei.

Caraccioli faßt dann kurz die Geschichte Polens zusammen, wobei er einzelne Herrscher charakterisiert; einige Könige sollten niemals vergessen werden wegen ihrer Leistungen für den Staat. (9) Auch er ist der Meinung, Sigismund III. (1587-1632) hätte Moskovien erobern sollen. (10) Natürlich lobt der Autor Jan Sobieski besonders, seine Regierungszeit kennzeichnet er als "l'epoque des plus brillans évênemens". (11) Er geht sogar soweit, zu behaupten, daß Polen, bis dahin nur aus wenigen Reiseberichten bekannt, nun ein Treffpunkt für Ausländer wurde. (12)

Der Autor beschreibt die Folgen des Nordischen Krieges für Polen und die zweimalige kurze Herrschaft Stanisławs I.. Darauf folgt eine Erläuterung der polnischen Institutionen, die im wesentlichen auf die Darstellungen von Pfeffel, Coyer und auch die älteren Berichte von de Tende und Dalerac zurückgreift. (1) Auch bei der Aufzählung der Eigenschaften des polnischen Adels bezieht er sich auf die bekannten Autoren.(2)

In einem kurzen Abschnitt entwirft Caraccioli das Bild eines Staates, der nie zur Ruhe kommt: "La Rêpublique, souvent aux prises avec ses voisins, avec ses Rois, avec elle-même ne subsista pendant plusieurs siècles qu'au sein des orages et des rêvolutions". (3) Selbst in den Zeiten scheinbarer Ruhe sei man nicht sicher gewesen, ob nicht im nächsten Moment wieder ein Aufruhr losbrechen würde. Trotzdem seien Diebstähle und Mord äußerst selten. (4) Der Autor erwähnt, daß den Jungen früh die Liebe zur Republik eingeflößt werde; e i n e Folge der republikanischen Tugend sei es, daß man die freie Rede schätze und jeder seine Meinung äußern dürfe. (5) Polen habe immer große Männer, nicht nur in der Rethorik, sondern auch in den anderen Wissenschaften gehabt. (6)

Jedoch habe sich das polnische Wesen unter dem Einfluß der Herrschaft Augusts II. geändert: der sächsische Kurfürst habe den Prunk stark gefördert, mit der Nachahmung der französischen Sitten habe sich auch die innere Einstellung geändert, und diese Veränderung sei schlimmer gewesen als die Kriege. (7) Der Vergleich mit Rom bietet sich dem Autor öfter an: (8) aber es gebe immer noch "anciens Sarmathes", die sich durch Großmut und Offenherzigkeit auszeichneten. (9)

In dem 2. Teil seines Buches beschäftigt sich der Verfasser mit dem aktuellen Geschehen in Polen, wobei "aktuell" auch die Zeit des Interregnums 1763/64 ist. Caraccioli entwirft ein positives Bild von Stanisław August; alle, sogar die Konföderierten, seien der Ansicht, daß man keinen besseren König habe wählen können; und doch - seine sämtlichen Vorzüge verschwinden aus dem Gedächtnis, wenn sich die Polen vor Augen führen, daß es die Russen waren, die ihm zur Krone verhalfen. (10) Beide, die russische und die polnische Nation, beharrten auf ihren Forderungen, und aus dem Zusammenstoß resultierte Krieg. (11) Der Autor ist der Ansicht, daß es niemals zu den Auseinandersetzungen um die Wahl gekommen wäre, wenn sich nicht die Frage der Dissidenten erhoben und Katharina sich nicht ausdrücklich für deren Belange erklärt hätte. (12)

Caraccioli verurteilt die Entführung der polnischen Senatoren auf Veranlassung des russischen Botschafters (13) und tadelt - vorsichtig - die ständige Anwesenheit der russischen Truppen in Polen, (14) aber er verschweigt auch nicht die schrecklichen Folgen der Konföderationen, die furchtbare Zerrissenheit des Staates, die Uneinigkeit selbst unter den Konföderierten. (15) Alle diese Beobachtungen sind von anderen Autoren auch gemacht worden. Die Polen hätten sehen müssen, wohin sie ihre Zwietracht bringe; während sie ihre ganze Aufmerksamkeit den

Religionsfragen widmeten, untergrub man unmerklich ihre Gesetze und ihre Verteidigungskraft. Nichts, so der Autor, ist vorhanden, um den Feinden Widerstand zu leisten: "La Pologne n'a ni poudre, ni canons, ni arsenaux..." (1)

Er beklagt den Schaden, der vor allem auf dem Gebiet der Bildung angerichtet wird: er entwirft ein positives Bild von der Erziehungstätigkeit der Piaristen, von der Gelehrsamkeit des Klerus, den Kenntnissen des Adels. (2) Wenn der Verfasser auch die Zivilisiertheit Polens betont, so bedauert er doch die Existenz der unfreien Bauern sehr, zumindest hält er sie für politisch unklug: bei einer Befreiung der Bauern würden die Grundherrn zwar verlieren, aber der Staat gewinnen, denn freie Männer würden für ihr Land kämpfen. (3) Er hält es für sicher, daß die Republik in einer besseren Lage - wenigstens wirtschaftlich - wäre, wenn sie weniger Adlige und dafür mehr Kaufleute, Handwerker und Arbeiter hätte. (4) Der Autor äußert noch eine bemerkenswerte Vermutung, die auch seinen politischen Standpunkt beleuchtet: die übrigen Mächte Europas hätten deshalb nicht zugunsten der Repbulik eingegriffen, weil sie ohnehin mit der Selbstzerstörung dieses Staates gerechnet hätten und "qu'il étoit à propos qu'il n'y a plus dans le monde ni Aristocratie, ni Démocratie..." (5) Den Russen aber hätten die westlichen Nationen die Möglichkeit zur Herrschaft, vielleicht über ganz Europa gegeben, indem sie den "Moscovites" ihre Fachkräfte zur Verfügung stellten. (6)

Die erste der beiden Bemerkungen greift der Verfasser im 3. Teil wieder auf, mit dem er den geschichtlichen Rahmen sprengt, bzw. den Überblick über die aktuellen Ereignisse zu einer Prognose der Zukunft Polens ausweitet. Die polnische Freiheit habe die anderen Mächte schon lange geärgert: "Un souverain absolu n'aime point à entendre parler d'une nation qui fait la leçon à ses maîtres." (7) Deutlich läßt er durchblicken, daß die Dissidenten in Polen sich niemals des Schutzes der Teilungsmächte hätten erfreuen können, wenn diese nicht schon lange Absichten auf polnisches Territorium gehabt hätten; im übrigen halte nur das gemeinsame Interesse an Polen die drei Teilungsmächte zusammen. (8) Außerdem müsse wohl jeder zugeben, daß die Polen, selbst gemessen an dem Verhalten der Engländer und Holländer, den tolerantesten Staat hatten. (9) Trotz der großen Macht Rußlands, Preußens und Österreichs im Vergleich zu Polen ist der Verfasser überzeugt: Polen wird nicht untergehen "le courage des Polonois ne meurt point". (10) Sogar die Bauern werden die Republik vermissen, da sie nun Steuern zahlen müssen und den Mangel an notwendigsten Dingen kennenlernen werden. (11) Die politische Lage in Europa werde sich ändern, da das Gleichgewicht gestört sei. (12) Die Teilungsmächte werden auch ihre Last mit den neuerworbenen Provinzen haben: abgesehen von den Kosten für den Unterhalt von Soldaten wird ihnen der Patriotismus der Polen zu schaffen machen, (13) und er schließt sein Werk mit den Worten: "Je les vois, ces braves Polonois, qu'on attaque de toutes parts, je les vois repasser en eux-mêmes leurs terribles malheurs, se rappeller les grands hommes qui les précédèrent et qui leur crient du fonds de leurs tombeaux de venger la Patrie ..." (1)

2.4.2.8. Joubert

Von der großen Bedeutung der polnischen Teilung für das europäische Staatensystem ist der Verfasser des folgenden Werkes, Pierre Joubert, ebenso durchdrungen. In der Einleitung zu seiner "Histoire des Revolutions de Pologne depuis la mort d'Auguste III jusqu'à l'année 1775" (Warschau 1775) betont er die Beispiellosigkeit des Vorgehens der Teilungsmächte und sieht ganz Europa von kriegerischen Auseinandersetzungen bedroht. (2) Unter dem Vorwand, Polen zu schützen, habe m a n seine Freiheit verletzt; m a n habe vorgegeben, die Meinungsverschiedenheiten innerhalb der Nation zu schlichten und habe sich zu ihrem Bedrücker gemacht. Zum Erstaunen Europas hätten sich die drei rivalisierenden Mächte zusammengeschlossen, um Polen zu zerstückeln; fremde und eigene Truppen seien gleichermaßen dabei, das Land zu zerstören; die Verbündeten Stanisławs teilten sich seinen Staat auf, und die russische Kaiserin, die Poniatowski zur Krone verholfen habe, entreiße ihr jetzt die schönsten Kleinode. (3) Wie Coyer bezeichnet Joubert Polen als das Land der Gegensätze: "Il n'y a point de Peuple qui offre des contrastes plus frappans. La dignité Royale est absorbée dans l'autorité républicaine ; quelques lois justes paroissent sortir de l'anarchie féodale; leur gouvernement est un mélange bizarre de celui des Romains avec la barbarie gothique, et l'abondance est presque toujours à côté de la pauvreté." (4) In der Einleitung beschreibt er kurz die Verfassung der Republik, wobei vieles von Pimpie de Solignac, Coyer und den älteren Schriftstellern - manchmal wörtlich - übernommen wurde. (5)

Die Interregna bezeichnet er als die Zeiten des Bürgerkriegs in Polen; den Begriff "anarchie" benutzt er häufig (6) und beschreibt die Auswirkungen der Uneinigkeit und der vielen Konföderationen sehr ausführlich. Joubert ist sogar der Ansicht, daß die Polen es mit Absicht vermieden, eine einstimmige Königswahl zu erreichen, weil sie dann die Einführung der absolutistischen Regierungsform befürchteten. (7) Die Schuld an dem bedauernswerten Zustand des Staates gibt er daher in erster Linie nicht den Nachbarn, die sich auf Polens Kosten vergrößern wollen, sondern den Polen selber: "Malgré les Puissances formidables qui enclavent la Pologne, elle n'auroit rien à craindre, si elle ne portoit dans son sein des ennemis plus cruels que ceux du dehors, et qui la déchirent sans cesse sous le spécieux prétexte d'en soutenir les droits. C'est à ces oppresseurs de leur propre patrie, que ce Royaume doit l'état déplorable dans lequel il est plongé; c'est ce peuple, toujours inconséquent dans sa conduite, toujours prêt à rejetter le Souverain qu'il a choisi, toujours protestant contre les meilleurs établissemens, qui est la cause que les trois Puissances alliées ont mis fin à toutes ses dissensions..."(8)

Ausführlich berichtet Joubert über die Vorgänge während des

Interregnums, die identischen Erklärungen Friedrichs II. und Katharinas, sie würden die Integrität der polnischen Grenzen respektieren - beiden Bänden ist je ein Anhang mit "Pièces justificatives" beigegeben - (1) über die Mißstände auch in monetärer Hinsicht, (2) über die unterschiedlichen Pläne der Magnaten - einige versicherten sich der Unterstützung der Russen - (3) und den Aufenthalt russischer Truppen auf dem Gebiet der Republik. (4) Die beruhigenden Manifeste der Zarin und des Preußenkönigs seien nur verfaßt worden, um den Polen Sand in die Augen zu streuen. (5) Joubert macht ganz deutlich, daß die russischen Truppen sowohl die ordnungsgemäße Abhaltung einiger Landtage als auch die des Reichstages verhinderten; (6) er schreibt, daß die Russen sich über die Polen lustig machten, wenn sie alle Patrioten aufforderten, sich mit ihnen zur Erhaltung ihrer Freiheit zusammenzuschließen, da doch gerade sie es gewesen seien, welche die Zerreißung der Landtage provoziert hatten. (7)

Als Dank für die Anerkennung des russischen Kaisertitels habe Katharina den Polen versprochen, daß sie niemals Ansprüche auf polnische Provinzen erheben, sondern im Gegenteil deren Integrität garantieren werde. (8) Im übrigen gibt Joubert vor allem Friedrichs II. ehrgeizigen Plänen die Schuld an der Zerstückelung der Republik. (9) Deutlich wird auch, daß die Dissidenten nach Meinung des Verfassers benutzt wurden, um die Uneinigkeit zu erhöhen; der Autor drückt sich vorsichtig aus und schreibt: "Les Dissidens auxquels on vouloit faire jouer un rôle pour augmenter les troubles de ce Royaume..." (10) Die Wahl Stanisławs wird ausführlich geschildert, ein relativ positives Bild von dem neuen König entworfen; wie überhaupt der Autor bemüht ist, dem letzten polnischen König Gerechtigkeit widerfahren zu lassen. (11)

Großen Raum nimmt die Auseinandersetzung um die Dissidenten im Sejm von 1766 ein, wobei er die intransigente Haltung der Bischöfe von Krakau und Kiowien besonders hervorhebt, wie auch die Einmischung Preußens und Rußlands; und zwar nicht nur in der Konfessionsfrage, sondern auch in der Verwaltung der Finanzen. (12) Er berichtet über die Konföderation der Dissidenten, die sich unter den Schutz der Russen stellte (1767) und die sich später unter der Führung Karol Radziviłłs zu einer größeren, nicht nur Dissidenten umfassenden, Konföderation erweiterte (Konföderation von Radom, Juni 1767). Joubert nennt die Forderungen der "Radomer", unter denen sich, wie er betont, fast nur "catholiques tolérans" befanden, die Forderungen wurden in einem Manifest veröffentlicht. Der Autor räumt ein, daß Konföderationen in Polen nichts Außergewöhnliches seien, daß aber die Schnelligkeit, mit der diese enstanden (1767), außerordentlich sei und daß sie sich vor allem auf den Schutz der Zarin und anderer Höfe stützten.Bei mehr Zurückhaltung gegenüber den Dissidenten, mehr Toleranz, so Joubert, hätte sich Polen diese Konföderationen ersparen können, zumindest aber deren offene Unterstützung durch Rußland und Preußen. Im übrigen aber glaubten fast alle, - Provinzen, Stände, sogar Pivatpersonen - daß sie Grund zur Klage hätten. (13)

Der Autor beschreibt die Vorgänge auf dem Sejm von 1767, die Rolle des Nuntius, der die Bischöfe in ihrer Ablehnung von Zugeständnissen an die Dissidenten bestärkte, (1) die Entführung des Bischofs von Krakau und anderer Gegner der Forderungen der Russen. (2)

Der zweite Band seiner "Histoire des Révolutions de Pologne" beginnt mit dem Bericht über die Gründung der Konföderation von Bar. (3) Ähnlich wie im "Mercure Historique" (4) wird die Barer Konföderation dargestellt als eine Vereinigung, die unter dem Deckmantel religiöser Motive ihre eigensüchtigen, gegen das Wohl Polens gerichteten Ziele verfolgt. Bei Joubert wird allerdings ganz deutlich, daß die Aufrechterhaltung von Ruhe und Ordnung und die Hilfeleistung durch die Russen nur ein Vorwand zur ständigen Stationierung von Truppen war. (5) Wie im "Mercure", so wird auch in diesem Buch die Neigung zu Konföderationen als eine Art Krankheit des Geistes betrachtet: der "Mercure" spricht von "phrénésie", (6) Joubert von "manie"; (7) beide Verfasser sind wohl der Ansicht, daß rationale Erklärungen für dies Verhalten der Polen nicht mehr ausreichen. Joubert unterstellt eine Art Kreuzzugsstimmung (8) gegen die Dissidenten und die Anhänger des Königs bei den Konföderierten, was er durchaus nicht positiv meint: in dem Zusammenhang benutzt er häufig die Begriffe "séditieux", "sédition", (9) "mauvais desseins des confédéres" und "rebelles". (10) Allerdings gesteht er auch zu, daß die Gewalttätigkeit der gegen die Konföderierten angewandten Mittel nicht geeignet war, zur Versöhnung beizutragen. (11) Außerdem habe man anfangs die ersten Anzeichen der Unzufriedenheit nicht ernst genug genommen. Interessant ist, daß der Verfasser meint, die Öffentlichkeit - le public - sei der Meinung, alle Konföderationen seien auf Veranlassung des preußischen Königs entstanden. (12)

Ähnlich wie im "Mercure" werden die Folgen des völligen Chaos beschrieben; (13) die Beurteilung der Konföderierten entspricht im allgemeinen ebenfalls der im "Mercure" geäußerten Ansicht: sie verursachen die größten Schäden, schonen niemanden; (14) Joubert nennt sie "perturbateurs de la tranquillité publique". (15) Andererseits weist der Verfasser aber auch darauf hin, daß die Polen in einer sehr unglücklichen Lage waren: gleichgültig, ob sie sich gegen den König konföderierten oder ihn stützten, e i n e auswärtige Macht würde sie immer unterdrücken. Ihre Freiheit sei nur noch eine Chimäre gewesen, (16) trotzdem hätten sie gehofft, daß der russisch-türkische Krieg sie von den russischen Truppen befreien würde. (17) Joubert berichtet auch davon, daß dauernd neue russische Regimenter nach Polen kamen, daß aber, kaum sei eine Konföderation zerstreut worden, sich schon wieder mehrere neue gebildet hätten. (18) Jedoch habe zwischen ihnen keine Einigkeit geherrscht, es sei sogar zu Blutvergießen gekommen. (19) Die wirklichen polnischen Patrioten wünschten den Frieden und ein Ende der Konföderationen; selbst der Name der Konföderierten sei in Polen nach zweijährigem Durcheinander verhaßt gewesen, und keine europäische Macht habe sie unterstützt. (20) Trotz der Verluste der Konföderierten ging der Kleinkrieg weiter. (1) Die Person des Königs wurde dabei immer unwichtiger, seine Anordnungen wurden nicht mehr respektiert. (2)

In den schärfsten Worten wendet sich der Verfasser gegen die Konföderierten: es seien Männer , die der Ehrgeiz verblendete und welche der Geiz zur Raubgier trieb. (3) Sie seien ohne Ehre gewesen, von den wahren Patrioten verachtet; Vagabunden, die bald als Flüchtlinge in der Fremde Schutz vor Strafe suchten; "n'ayant que le crime pour guide, dépouillés de toute vertu et enthousiasmés des titres chimériques que la rébellion leur donnoit, ces hommes, dont les crimes ne méritoient aucune grace, aussi mauvais citoyens que sujets infidèles, osoient publier des universaux contre leur Souverain..." (4) Natürlich trägt das fehlgeschlagene Attentat auf Stanisław viel zu dieser harten Verurteilung bei. (5)

Einen großen Teil der Schuld tragen nach Ansicht des Verfassers die Priester und Mönche, sowie auch einige Magnaten, in deren Interesse es gelegen habe, die Anarchie aufrecht zu erhalten, da sie dann ihre Schulden nicht zu bezahlen brauchten. (6) Erst als die Truppen der drei Teilungsmächte eingerückt seien, hätten die Polen erkannt, wie glücklich sie sich schätzen konnten, von einem König wie Stanisław regiert zu werden; die Besatzungstruppen hätten den Polen die Augen geöffnet und sie von der Manie der Konföderationen geheilt. (7) Auch dieser Autor stellt fest, daß die Kaiserin Katharina ihre neuen polnischen Untertanen wesentlich milder behandelt als die Preussen und Österreicher die ihrigen. (8) Ebenfalls wird deutlich angesprochen, daß alle drei Teilungsmächte gegen das Völkerrecht handelten und daß sie auch in Zukunft, schon aus reiner Gewohnheit, die Geschicke des polnischen Staates in hohem Maße bestimmen würden. (9) Den Polen wirft der Autor vor, daß sie trotz der schrecklichen Erfahrungen immer noch nicht ihr wohlverstandenes Interesse sähen, sondern die Zeit mit nutzlosen Erklärungen vergeudeten, anstatt in den Land- und Reichstagen konstruktiv an der Verbesserung der Zustände mitzuarbeiten. (10) Aber Joubert ist der Ansicht, daß man von einem Staat mit einer derartigen Verfassung wie der polnischen nichts anderes erwarten könne: "Un Royaume où l'anarchie règne et où le premier venu se croit en droit de faire la loi, ne peut que pancher vers son entière destruction." (11)

2.4.2.9. Rulhière

Hält dieser Autor schon die Anarchie in Polen für die Ursache der ersten Teilung, so zeigt die Überschrift von C.C. de Rulhières Hauptwerk "Histoire de l'Anarchie de Pologne et du Démembrement de cette République", (12) daß diese zum Gegenstand der Beschreibung gemacht wird. Die ersten sechs Bücher der "Histoire de l'Anarchie" waren im Dezember 1770 fertiggestellt, 1771 folgten weitere neun. Choiseul förderte den Verfasser und machte ihn mit Wielhorski, dem Abgesandten der Barer Konföderation bekannt; Rulhière vermittelte die Bekanntschaft des Polen mit Literaten, vor allem mit Rousseau. (13) Der Autor stand auch in Verbindung mit Favier und dem Grafen Broglie.(1) Rulhière starb vor Vollendung seines Werkes (1791); zu seinen Lebzeiten wurde die "Histoire de l'Anarchie" nicht gedruckt; sie erregte nicht das Aufsehen und war nicht so verbreitet wie die "Anecdotes", welche Katharina II. um jeden Preis vernichten lassen wollte. Wir werden daher nur kurz auf das Werk eingehen.

Rulhière benutzte als Quellen zum einen die älteren Schriftsteller wie Cromer, Heidenstein, Le Laboureur, Herberstein und Mayerberg, zum anderen zog er vor allem Lengnich heran. (2) Er kannte das Buch von Pfeffel (3) und erhielt eine Menge mündlicher Informationen von den in Paris sich aufhaltenden polnischen Adligen. (4) Seine Arbeit wurde ihm ermöglicht durch Choiseul, und aus seinen Ausführungen geht hervor, daß er die Tätigkeit des "Secret" in Polen, vor allem das Konzept Broglies, für richtig hielt. (5)

Auch Rulhière sieht die Adelsrepublik als Barriere gegen die Russen. Bemerkenswert ist, daß er unter dem Eindruck der Ereignisse die Rolle der Russen in der polnischen Geschichte als ein wesentliches Element sieht und daher in seiner Geschichte der polnischen Anarchie gleichzeitig auch einen Überblick über die Entwicklung in Rußland gibt. (6) So ist dieses Werk ebenso aufschlußreich für die russische Geschichte wie für die polnische; und der Autor läßt es sich angelegen sein, von Beginn seiner Darstellung an beide Völker miteinander zu vergleichen. (7) Dabei wird deutlich, daß er die Polen als Retter Europas vor den barbarischen Völkern sieht, (8) während er die Russen vor allem als Eroberer, als Unterdrücker der benachbarten Völker beschreibt. (9)

In seiner Einleitung stellt Rulhière die beiden Völker, deren Auseinandersetzungen ein wesentliches Thema der Geschichte seines Jahrhunderts sind, als die Verkörperung von Gegensätzen gegenüber. Auf der einen Seite, so der Autor, bietet Rußland das Bild eines Staates, der, gelenkt von einem einzigen Herrscherwillen, immer mächtiger werde und versuche, seine Nachbarn zu unterjochen. Die Zaren/ Zarinnen benutzten alle Vorteile, die einem despotischen Regime zur Verfügung stehen: Intrigen, Geheimhaltung, Disziplin, Vereinigung aller Kräfte; schadeten sich aber selbst durch die Mängel, welche man immer im Gefolge des Despotismus finde: ein dauernder Wechsel in den Prinzipien, maßloser Ehrgeiz, mangelnde Menschenkenntnis; und bei der Verwendung ihrer Sklaven fänden sie keine andere Unterstützung als deren blinde Ergebenheit.

Auf der anderen Seite wird Polen dargestellt als ein Staat, der, durch ein Übermaß an Freiheit in Anarchie versunken, alle Anstrengungen unternehme, der Unterdrückung durch seinen Nachbarn zu entgehen. Dabei werde die Adelsrepublik behindert durch das Fehlen einer Armee, die Unordnung der Finanzen, die leere Staatskasse, den Haß der großen Familien und ihr persönliches Interesse, die Uneinigkeit und den völligen Mangel an Hilfsmitteln. Dagegen könnten die Polen zurückgreifen auf einen fast unerschöpflichen Schatz an Tugenden, die den Menschen natürlich sind; den Abscheu vor der Knechtschaft, die Stärke der Waffen, den Fleiß der meisten Bürger. Dies bezeichnet Rulhière als den Hintergrund des Bildes, das er den Lesern von beiden Staaten entwerfen will. (1) Nach der Überzeugung des Autors hat Polen sich selbst entmachtet, (2) ist es die unbeschränkte Anwendung des Liberum veto gewesen, die zum Niedergang des Staates geführt hat. (3) Es ist bemerkenswert, daß Rulhière ebenso wie Rousseau (4) die Konföderationen als Institutionen betrachtet, die mehr als einmal den Staat gerettet haben. Allerdings weist Rulhière auf die Gefährlichkeit dieses Mittels hin, während Rousseau sie als Schutz und Schirm der Republik erhalten wissen will. (5)

Der Verfasser der "Histoire de l'Anarchie" ist der Meinung, daß der Sieg vor Wien 1683 für die Polen fatale Folgen gehabt habe, da er sie in ihrer Illusion bestärkt habe, eine Reform ihres Staatswesens sei nicht nötig. Auch Europa habe sich über die wahre Stärke (oder Schwäche) der Republik getäuscht. (6) Polen sei in Lethargie verfallen; die wichtigsten Zweige der Regierung und Verwaltung seien nicht mehr überwacht worden; (7) und wenn die Adelsrepublik in den vorangegangenen Jahrhunderten mit der Entwicklung der anderen Staaten Schritt gehalten habe, so sei Mitte des 17. Jahrhunderts ein Stillstand eingetreten; bzw. man sei zurückgeschritten - ohne daß die Mehrzahl der Polen sich dessen bewußt geworden sei. (8)

Der Nordische Krieg und die Politik Augusts II. hätten den Niedergang vollendet; (9) da der König den Adel nicht habe unterwerfen können, habe er versucht, ihn zu korrumpieren und zum Luxus zu verleiten. (10) Trotzdem habe man während der Regierungszeit Augusts III. (und auch später) immer noch gute Sitten und Beachtung der alten Bräuche feststellen können.(11)

Völlig anders stellt sich Rußland dar. Wie Baudeau, (12) dessen Ansichten Rulhière in manchen Punkten teilt, sieht er den Beginn russischen Expansionsstrebens nicht erst bei Peter I., sondern bei Ivan IV. (13) Er spricht den Russen jegliche Fähigkeit zu schöpferischer Tätigkeit ab; sie könnten nur imitieren: "On les voit dans tous les temps ce qu'ils sont de nos jours, habitués à suivre les pensées des autres sans en former aucune: dèsqu'ils imitent, tout leur devient facile, ils semblent des prodiges de conception ou d'adresse; mais le talent leur manque aussitôt qu'ils n'ont plus de maître ou de modèle, et l'image s'efface au moment où l'objet disparaît." (14) Es sei die Schuld der Ausländer, daß die Russen so weit fortgeschritten und so tief in die europäischen Angelegenheiten hineingezogen worden seien. (15)

Der russische Adel sei eitel, feige und liebe den Müßiggang; er verbinde Prunksucht mit Armut und sei grausam und betrügerisch. Peter habe bei seiner Thronbesteigung eine Nation vorgefunden, die bereits korrumpiert war, noch ehe sie zivilisiert wurde! (16) Der Zar habe sich seines Volkes geschämt und seine Reisen unternommen, um Wissenschaft und Handwerk kennenzulernen und nach Rußland zu bringen. Aber er habe keinen Reformplan gehabt, keine Prinzipien zur Erziehung entwickelt; sein einziges Ziel sei es gewesen, sein Land den von ihm bereisten Staaten möglichst ähnlich zu machen. (1) Er habe von der günstigen geographischen Lage seines Landes profitiert, aber er habe nichts gewußt von den subtilen Mitteln zur Bildung von Menschen. Er kannte nur die Gewalt: "il se fit le bourreau de ses sujets, pour les civiliser." (2) Wie Chappe d'Auteroche (3) betont Rulhière die Unmöglichkeit, gleichzeitig Unabhängigkeit im Denken und Handeln und absoluten Gehorsam zu verlangen. Peters Herrschaft sei ein gewalttätiger, militärischer Despotismus gewesen. (4) Seine gesamte Reformtätigkeit habe der Zar nur als Mittel dazu betrachtet, seine Grenzen vorzuschieben und sich in alle europäischen und asiatischen Angelegenheiten einzumischen. (5)

Mit dem Staatsstreich Elisabeths hätten sich die alten russischen Sitten wieder durchgesetzt. Unwissenheit und Barbarei hätten sich in ihrem ganzen Ausmaß erhoben; die freiwillige Knechtschaft sei erneut aufgetreten, ebenso wie die fast göttliche Verehrung für die Herrscherin. (6)

Wir wollen nicht weiter auf Rulhières Überlegungen eingehen, die Tendenz seiner Darstellung scheint uns deutlich zu sein: er arbeitet einen krassen Gegensatz zwischen den beiden Völkern heraus, indem er die Stärke des russischen Reiches und die Schwäche des polnischen Nachbarn betont, gleichzeitig aber darauf hinweist, daß Tugenden und gute Sitten sich trotz aller Bemühungen Peters des Großen um Zivilisierung seines Volkes auf polnischer Seite finden; absolute Knechtschaft bei den Russen, totale Freiheit bei den Polen. Es ist interessant, daß auch Rulhière das enorme Imitationstalent der Russen hervorhebt, ja alle ihre Fortschritte auf die Anwendung dieses Talentes reduziert; eine Betrachtungsweise, die sich bei vielen Autoren finden läßt.

2.4.2.10. Baudeau

Wie bei den Werken über die russische Geschichte, so ist es auch bei denen über Polen selbstverständlich, daß Beobachtungen über den Nachbarstaat mit einfließen. Besonders auffällig wird diese Tendenz natürlich in den Jahren 1764-1772 - wie auch bei Rulhière zu beobachten war - als der russische Einfluß in Polen für jedermann offensichtlich war.

Ein Autor macht es sich zum Prinzip, beide Staaten in ihren Beziehungen zueinander zu betrachten, obwohl der Titel seines Werkes dies nicht vermuten läßt. Die "Lettres historiques sur l'Etat actuel de la Pologne et sur l'origine de ses malheurs" (Amsterdam/ Paris 1772) des Abbé Baudeau (7) sollen die zwei Hauptgründe für den Verfall der polnischen Adelsrepublik darstellen: zum ersten die konsequente, jahrhundertelang verfolgte Politik der Moskoviter, die auf die Vernichtung der eigenstaatlichen Existenz Polens abzielte und zum zweiten die eigenen

Fehler der Polen in ihrer Verwaltung.

Baudeau hat sich zum Ziel gesetzt, durch einen historischen Abriß die inneren Zustände Polens und seine Beziehungen zu den russischen Nachbarn dem Leser deutlich zu machen "[qu'] il y a deux cents ans que les m o s c o v i t e s ont formé le plan de s o u m e t t r e ou d' a n é a n t i r les deux Nations qui leur servent de barrière en Europe, l e s S u é d o i s et les P o l o n o i s; il y a deux cents ans que leurs Czars poursuivent l'exécution de ce projet, tantôt par la r u s e, tantôt par la v i o l e n c e; il y a par malheur plus de deux cents ans que les P o l o n o i s eux-mêmes travaillent à leur propre destruction avec plus de succès encore que leurs ennemis". (1) Baudeau sagt niemals "russes", er spricht nur von "moscovites", was schon seine Einstellung deutlich macht, denn im allgemeinen wird der Begriff nur für die russische Geschichte bis ungefähr 1700, manchmal noch bis 1721 benutzt, aber dann spricht die Mehrzahl der Schriftsteller von "russes". Der Begriff "moscovites" schließt wesentlich das barbarische, wilde, vom übrigen Europa entfernte Element ein; indem Baudeau diesen Begriff ausschließlich (!) benutzt, spricht er den Russen alles das ab, was ihnen gemeinhin seit Peter dem Großen zugestanden wird: Anfänge der Zivilisation, Ablegen der barbarischen Bräuche, Hinwendung zu den Anschauungen des westlichen Auslandes. Baudeau spricht auch immer von "Czar/ Czarine", n i e m a l s von "Empereur/ Impératrice", auch nicht bei Peter I. oder Katharina II.

Um seine Behauptung von der planmäßigen Zerstörung der Republik durch die Russen und der akzidentellen Schwächung durch die Fehler der Polen selbst stützen zu können, will Baudeau historische Beispiele anführen. Dazu unterscheidet er zwei Epochen: die eine von ca. 1500 bis zum Regierungsantritt Peters des Großen, die andere von diesem Zeitpunkt an bis 1768. (2) Wirklich souverän seien die Großfürsten von Moskau erst seit Ivan IV., (1533/47-1584) "très justement surnommé le Tiran", "ce Néron du Nord". (3) Sein Plan sei es gewesen, seine Herrschaft in Europa auszudehnen, europäische Gebräuche und Künste zu übernehmen, um unter den Herrschern im Westen bestehen zu können; Peter I. habe nichts weiter getan, als diesem vorgegebenen Plan zu folgen. (4) Ivan III. (1462-1505), den Baudeau ebenso negativ darstellt wie Ivan IV., (5) habe den Weg dahin vorgezeichnet, ebenso wie die zu verwendenden Mittel: Ivans III. erste Sorge sei es gewesen, sich zum Despoten in seinen Ländern zu machen bei gleichzeitiger völliger Entmachtung und Erniedrigung der Fürsten, vor allem derer aus der eigenen Familie; dann habe er stehende Truppen aufgestellt und sich bereichert, indem er seine Nachbarn plünderte. Ausserdem habe er es sich angelegen sei lassen, mit den Herrschern Europas in Verbindung zu treten, die ihm nützen oder seinen Feinden schaden könnten; er habe sich der Maske der Religion bedient, um seine Pläne gelingen zu lassen; (6) und schließlich habe er sich die Wertschätzung der eigenen Nation und der Fremden erworben, indem er scheinbar Handel und Kunst begünstigte. (7) Die Nachfolger Ivans III. seien exakt nach diesem Muster vorgegangen. (1) Durch die Eroberung Novgorods und Severiens "qu'il avait usurpé sur le Duc de Lithuanie son gendre" - sei Polen Nachbar der Moskoviter und das Objekt ihrer Eifersucht geworden. (2) Da aber die Moskoviter über keinen einzigen fähigen General verfügten, habe man es mit Lokkungen versucht, denen schließlich auch Fürst Glinskij erlegen sei. (3)

Wir können auf die Wiedergabe weiterer Details über die russische Politik verzichten: grundsätzlich ordnet Baudeau die gesamte Politik der Zaren dem einen angesprochenen Ziel unter und zeichnet ein äußerst unvorteilhaftes Bild von den Russen und ihren Herrschern. (4) So plante Ivan IV., den Zielen seiner Vorfahren getreu, Invasionen nach Schweden, Livland und Polen; in der Zwischenzeit ließ er sich Fachkräfte aus Europa kommen und gewöhnte seine Soldaten an den Krieg. (5) Der Zar, "féroce Fondateur du Despotisme Moscovite", habe vor allem deshalb mit so extremer Grausamkeit gehandelt, weil er den Nachbarvölkern jeglichen Mut zum Widerstand gegen seine Eroberungsabsichten nehmen wollte. (6) Auch der Begründer des neuen Zarengeschlechts, Michail Romanov, sei dem Brauch seiner Vorgänger gefolgt und habe Polen in einen Krieg gestürzt. Die Krönung Michails kommentiert Baudeau dahingehend, daß nunmehr, da man die entfernteren Nachkommen Ruriks von der Nachfolge ausgeschlossen habe, die Zarenkrone nicht mehr als erblich oder als durch Wahl vergeben betrachtet werden könne, sondern sozusagen als "occupative (7) par faction". Darunter versteht er, daß sie demjenigen zuerkannt wurde, der sie als erster in Besitz nahm mit dem Recht des Glücklichsten oder des Stärksten, seien es Prinzen oder Prinzessinnen oder sogar Fürsten aus fremdem Geschlecht. Michail habe sich noch zurückhalten müssen, was die Ausübung der unbeschränkten zarischen Gewalt angehe, aber unter seinem Sohn und Nachfolger hätten dann die Willkür, die ungerechten und zerstörerischen Steuern, die abscheulichen Ungerechtigkeiten wieder (!) begonnen. (8) Auch die Romanovs hatten wie die Ruriks, so der Autor, immer ihre Augen auf Polen gerichtet und ihre Hände danach ausgestreckt.

Die Darstellung der 2. Epoche (1698-1764) leitet er mit der Bemerkung ein, daß man in dieser Zeit noch besser als in der vorhergehenden die destruktive und usurpierende Politik der Moskoviter verfolgen könne. Dabei untersucht Baudeau vier Regierungszeiten; die der Zarin Katharina I. und ihres Nachfolgers Peter II., sowie die noch kürzere Peters III. läßt er aus. (9) Peter der Große ist in seinen Augen nichts weiter als der Vollstrecker eines Planes, der 200 Jahre vorher gefaßt wurde. Wenn der Zar auch, da er glücklicher, besser unterrichtet und etwas (!) weniger wild war, das große Werk fast vollendete, so muß man dabei berücksichtigen, daß er das Projekt fertig vorfand und auch die Ausführung schon weit fortgeschritten war. (10) Der Autor betont ausdrücklich noch einmal an anderer Stelle, daß alles, was man Peters Initiative zuschreibt, schon lange vorher geplant und in Ansätzen vorhanden gewesen sei - sogar das Projekt der Marine. (11) Peter sei, unter Augusts II. Namen, der wahre Herrscher Polens gewesen, (12) die Moskoviter, "perfides et cruels", bezeichneten sich nun als Freunde Polens, oder als Verbündete und Schutzmacht; aber unablässig suchten sie Polen heim, raubten, mordeten und plünderten - (1) und Peter habe mit Befriedigung gesehen, daß die schwedischen und sächsischen Truppen den Ruin des Landes vollendeten. (2) Ein wesentliches Ziel Peters sei es gewesen, die Ressourcen der Republik für immer zu zerstören und Polen gänzlich zu ruinieren. Das sei ihm auch völlig gelungen, denn bis zum Jahre 1770 hätten sich die Städte noch nicht von diesen Verwüstungen aus den Jahren 1707/08 erholt; dazu seien Jahrhunderte nötig. (3) Der Vertrag von Birsen 1701 zwischen Peter I. und August II. sei der Anfang vom Ende Polens gewesen: August habe Polen an die Moskoviter verkauft; unter dem schönen Etikett der Alliierten und Beschützer seien die Moskoviter die wahren Herren Polens geworden. (4)

Die Herrscherinnen, die danach den russischen Thron bestiegen, seien dem Vorbild Peters gefolgt: Anna habe den Polen einen König aufgezwungen, der völlig von ihr abhängig war, (5) die dank einer Verschwörung zur Zarin erhobene Elisabeth habe die Republik nicht mehr zu fürchten brauchen, da ihre Unterwerfung total und unwiderruflich schien. (6) Sie brauchte nur noch die Anarchie in Polen aufrechtzuerhalten und alle Gelegenheiten auszunutzen, die militärische Präsenz der Russen in dem Nachbarstaat zu erhalten. (7) Katharina II. nutzte alle Gelegenheiten, um Polen in der Abhängigkeit zu halten; für ihr Eingreifen fanden sich immer Beweggründe: zuerst die Wahl eines Piasten, dann die Dissidentenfrage, darauf die Konföderation von Radom und die von Bar, und schließlich der Krieg mit der Pforte. (8) Trotzdem behaupte, so der Autor, die Zarin immer noch, daß sie Polen nicht als erobertes Land betrachte. (9)

Seiner Meinung nach hätten das Geld, die Anstrengungen und nicht zuletzt auch die vielen Menschen, seit 200 Jahren zur Eroberung Polens eingesetzt, Rußland wesentlich mehr Nutzen gebracht, wenn man im eigenen Lande damit Handel, Gewerbe, Kunst und Landwirtschaft gefördert hätte. (10) Rußland hätte ein bessers Ansehen bei den übrigen Nationen Europas, wenn es in seinen Grenzen bliebe, die riesigen Wüsten fruchtbar machte, Recht und Gerechtigkeit zur Herrschaft gelangen ließe und Eigentum, Freiheit und Sicherheit begründen würde. (11)

Nach dieser sehr kritischen Darstellung der russischen Herrschaft und ihrer Politik könnte der Leser erwarten, daß eine äußerst vorteilhafte Beschreibung des polnischen Staates und seiner Aktionen folgen werde, denn schließlich stellt Baudeau Polen als das Opfer russischer Eroberungswut vor. Aber schon in der Einleitung zu seiner Untersuchung sagt der Autor, daß der andere Faktor für den Untergang Polens in den inneren Zuständen dieses Staates zu suchen sei. Die Republik Polen ist für ihn zum Zeitpunkt der Niederschrift dieser Untersuchung nicht mehr existent. (12) Mehrmals spricht er von der "nullité absolue" im Zusammenhang mit der politischen Bedeutung dieses Staates. (13) Mit ihm seien alle Polen, ohne Ausnahme, der Ansicht, daß ihre unglückliche Lage von der totalen Anarchie herrühre, in der es sozusagen nur noch die äußeren Erscheinungsbilder eines Königs, eines Senats, eines Sejm, der Gesetzgebung und Verwaltung gebe, ohne irgendwelche Funktionsmöglichkeiten. (1) Als Hauptursache für den Untergang des polnischen Staates bezeichnet er das Zerwürfnis mit Schweden; diese Feindschaft mit den daraus folgenden kriegerischen Auseinandersetzungen hätten die Moskoviter für ihre Pläne ausgenutzt. (2) Überhaupt vertritt Baudeau den Gedanken einer Barriere - gegen die Moskoviter -: Polen und Schweden sollten sich verbünden und sich mächtige Beschützer in den Staaten des westlichen und südlichen Teils Europas suchen. (3)

Einen großen Anteil an den Rückschlägen der Republik schreibt der Autor auch dem Einfluß der Kirche zu, vor allem den Jesuiten, sowohl in der Vergangenheit - er schildert die Auseinandersetzungen Jan Zamoyskis mit der Gesellschaft Jesu - (4) als auch in der aktuellen Lage (1768-71). (5) In seiner Einleitung zum Artikel "Conduite des Polonois avant le siècle présent" zeichnet Baudeau ein völlig düsteres Bild vom gegenwärtigen Zustand in Polen: ohne Staatsschatz, ohne Armee, ohne Bildung; es gebe weder Straßen, noch Städte; ein Staat ohne Landwirtschaft, die diesen Namen verdienen würde; (6) Millionen Sklaven unterhalten 200.000 kleine Despoten in ihrem Elend, einige Tausend in der Mittelmäßigkeit und einige Hundert im Luxus; ein solcher Staat, ohne Handel, Gewerbe und Kunst, unfähig dem Übel zu steuern wegen des völligen Fehlens von Ordnung und Autorität - ein solcher Staat, so Baudeau, muß einfach seinen besser organisierten Nachbarn zum Opfer fallen. Während also die Polen sich im Laufe der Jahrhunderte in die größte Anarchie brachten, schufen die russischen Zaren den aggressivsten Despotismus in ihrem Reich. (7)

Die erste Epoche, die Baudeau betrachten will, unterteilt er in fünf Abschnitte, analog zu den fünf fundamentalen Revolutionen, mit denen die totale Anarchie vorbereitet, angefangen und weiter vorangetrieben wurde. (8) Die erste Voraussetzung für die spätere Auflösung des Staates wurde, so der Autor, schon unter Kasimir III. (1333-1370) geschaffen. Zwar habe dieser König sehr viel für sein Volk getan, (9) aber er habe das Wesentliche nicht beachtet: er habe die enorme Wichtigkeit der Bildung nicht erkannt. (10) Wie alle in Europa habe Kasimir III. die Wissenschaft der Mönche und Priester für die wahre Bildung gehalten; der folgenreichste Schritt - "le principe de la première des révolutions tendante à l'anarchie" (11) - sei der gewesen, eine Versammlung von ausgezeichneten Männern des Reiches einzuberufen, um einen Gesetzeskodex zu redigieren. (12) Dies sei der Beginn der Macht des Senates gewesen, einer Macht, die dieses Gremium bald in bemerkenswerter Weise auch gegen den König anwenden sollte. (13) Die Verbindung Polens mit Ungarn hält der Autor für unglücklich - jedenfalls für Polen, denn das Resultat der Artikel, die Ludwig von Ungarn 1355 und 1374 (14) mit dem Adel vereinbarte, war, nach der Meinung Baudeaus, ein Wahlkönig ohne Gesetzgebungsrecht, fast ohne Land und ohne andere Einkünfte. (15) Kasimir III. und Ludwig hätten den Adel despotisch auf seinen Ländereien gemacht, nun habe es keine Grenzen mehr für die Abhängigkeit der Bauern von den Herren gegeben. (1) 1333 habe noch eine volle Souveränität der polnischen Könige bestanden, 1370 sei es noch die Herrschaft der Aristokratie gewesen, der König nur noch gewählter Repräsentant; und die Söhne Kasimirs IV. (1447-1492), Johann I. Albrecht (1492-1501), Alexander (1501-1506) und Sigismund I. (1506-1548) hätten nur noch einer vollständigen Demokratie als Präsidenten vorgestanden. (2) Daß es so weit kam, sei die Folge der moskovitischen Politik gewesen; aus reiner Notwendigkeit seien Könige und Senatoren gezwungen gewesen, dem Ritterstand große Zugeständnisse zu machen. (3) Da die Moskoviter ihnen dauernde Kriege aufzwangen, der Adel also ständig kämpfen und die Mittel für den Krieg aufbringen mußte, verlangte er auch mehr Rechte: "ses Représentants [de l'ordre équestre] ne consentirent à payer de contribution, et à porter les armes contre les Moscovites ou leurs Alliés , qu'en s'assurant tous les droits de la souveraineté." (4) Trotzdem seien die Reichstage bis 1536 in Ruhe vor sich gegangen, alle Beschlüsse seien mit Stimmenmehrheit gefaßt worden, (5) erst die Religionsstreitigkeiten führten zu Auseinandersetzungen und zur Zerreißung der Reichstage. (6) Aufgrund dieser äußeren und inneren Gegebenheiten hinterließen die Jagiellonen eine "anarchie démocratique", (7) und wenn diese auch noch nicht ihren Gipfel erreicht hatte, - einige Reichstage hatten noch einen guten Ausgang, die Gesetze wurden noch respektiert - so sei doch der Geist der Parteibildung und des Bürgerkrieges entstanden. (8) Von der Wahl Heinrichs von Valois an gab es Pacta conventa, Baudeau nennt sie Wahlverträge, (9) und von diesem Augenblick an hätte der Adel das Wahlrecht als sein vornehmstes Privileg betrachtet, weil auf diese Weise seine Rechte gesichert, ja erweitert werden konnten. Unter Stefan Bathory habe der König dann auch sein letztes Recht aufgeben müssen: er war nicht mehr Richter über den Adel. (10) Seit Sigismund III. (1587-1632) und unter seinen Nachfolgern habe die Anarchie ständig zugenommen, die Republik sich selbst immer mehr aufgelöst, seien dem auswärtigen Einfluß Tor und Tür geöffnet gewesen, hätten die Polen jede Gelegenheit versäumt, ihr Vaterland zu stützen und zu regieren, und jede Gelegenheit ergriffen, sich zu zerstreiten, zu zerstören, sich ihren schlimmsten Feinden auszuliefern.(11)

Die Entstehung der Konföderationen bezeichnet Baudeau als Antwort auf das Liberum veto, das zum erstenmal 1652 angewendet wurde, die erste Konföderation - zugunsten des Königs - habe 1655 stattgefunden. (12) Von der Konföderation unterscheidet er den Rokosz - er nennt ihn eine Verschwörung ("conjuration"). Dieser Zusammenschluß des Adels sei nur dann legitim, wenn der König die pacta conventa verletze.(13) Der größte Vorteil der Konföderationen liege darin, daß alle Beschlüsse mit Stimmenmehrheit gefaßt werden. (14)

Die ersten fünf Revolutionen verlegt Baudeau also in die Zeit Kasimirs III. (1355), Kasimirs IV. (1454), Sigismunds I. (1536), Heinrichs von Valois, bzw. Stefan Bathorys (1573/78) und Jan Kasimirs (1652). Die 6. Revolution habe Ende des 17. Jahrhunderts stattgefunden und habe die polnische Nation jeglichen Einflusses und jeglicher Macht auch in ihren eigenen inneren Angelegenheiten beraubt: "Dans cette époque vous verrez, Monsieur, les diètes ordinaires absolument infructueuses, les confédérations absolument dominées par d'autres Puissances, et leurs constitutions confirmer les troubles, l'anarchie, la nullité complette de la Republique." (1) Den "stummen" Sejm von 1717 sieht Baudeau, sowohl inhaltlich als auch der Form nach, als Bekräftigung der polnischen Anarchie, als Quelle aller Übel. (2)

Der Autor läßt es sich angelegen sein, die Schuld des polnischen Adels an diesen Zuständen deutlich zu machen; (3) er hebt aber auch hervor, daß ein Teil der europäischen Mächte - Frankreich! - ebenfalls mitverantwortlich zu machen sei. (4) Wie er den Anteil der Russen daran beurteilt, haben wir bereits dargelegt. (5) Beim Tode Augusts III. (1763) hätten sich zwei Parteien gebildet, die beide nur das Beste der Republik wollten, nämlich dem Staat seine seit 1701 völlig zerstörte politische Existenz wiederzugeben. Leider aber führte, so Baudeau, die unterschiedliche Auffassung über die Mittel, die man dabei verwenden wollte, zu einer Art Bürgerkrieg zwischen den beiden Gruppen, die jeweils von zwei großen Familien angeführt wurden: den Branickis und den Czartoryskis. (6) Als wahre "citoyens" bezeichnet er diejenigen, die seit 1702 versuchten, den ausländischen Einfluß zu verringern, Polen aus dem Nordischen Krieg herauszuhalten; die Stanisław I. 1733 wählten und sich gegen die Russen konföderierten und die 1764 ihre Stunde gekommen sahen, Reformen durchzusetzen mit Hilfe der Generalkonföderation unter dem Fürsten Czartoryski. (7) Diese wahren Patrioten, so Baudeau, "furent toujours traversés par les hommes avides de biens et d'honneurs, vendus aux Moscovites et à la Cour, par le parti Théologique et les Grands intéressés à la rupture des diètes, à l'anarchie, qui les rendoit absolus et despotiques dans leurs emplois." (8)

Wenn auch die Wahl Stanisław Poniatowskis nicht den Vorschriften entsprach, (9) so wurden doch einige Reformen in Angriff genommen, welche die größten Mißstände beseitigen sollten. (10) Die zwei Jahre, welche der Wahl Poniatowskis folgten, seien Jahre des friedlichen Aufbaus gewesen. (11) Baudeau räumt ein, daß es dabei sicher auch zu Unregelmäßigkeiten gekommen sei, (12) aber Polen hätte einen schrecklichen Feind in der modernen Politik Europas, der, als er die Anstrengungen der Polen zur Wiederherstellung ihres Staates sah, sofort in Aktion trat. Dieser Feind sei das von allen Mächten wie ein Axiom anerkannte Prinzip, die polnische Anarchie sei vorteilhaft für die übrigen Staaten Europas. (13) Allein die Aussicht, Polen könne vielleicht wieder ein mächtiger Staat werden, ließ die Vertreter einer solchen Maxime zu allen Mitteln greifen, um die Republik erneut in Anarchie zu stürzen. (14) Die Frage der Dissidenten hätte dabei als Vorwand gedient, (15) denn von sich aus hätten sich diese nicht erhoben; ausländischer Antrieb hätte dazu geführt. (16) Die einzige Handlung der Dissidenten sei die Unterzeichnung der Konföderationsakte durch 573 Männer gewesen, "ils ont laissé faire tout le reste, ne pouvant pas l'empêcher." (1)

Die Ziele der Konföderierten von Radom lehnt Baudeau ab, weil sie alles, was an Verbesserungen im Entstehen war, abschaffen wollten, (2) und seiner Meinung nach protestierten alle Polen gegen diese Forderungen; selbst die Radomer seien nicht mit allem, was in ihrem Manifest stand, einverstanden: ausländischer Druck habe sie zur Unterschrift gezwungen. Aber auch das Manifest der Barer Konföderation zeige nichts anderes als die "nullité absolue de la République".(3)

Baudeau beschließt sein Werk damit, daß er versucht, den Polen Regeln anzuempfehlen, nach denen sie ihr politisches Verhalten richten sollten: Bevor man irgend etwas Definitives entscheide, sollten Jahre der Überlegung, der Erprobung vorausgehen; die Beschlüsse von 1764 sollten wieder in Kraft gesetzt werden - wenn auch nur provisorisch, bis eine bessere Lösung gefunden werde -, die Polen sollten ihre wahren Interessen erkennen und danach handeln, dann sehe er eine gute Zukunft voraus: "La Nation a généralement une vivacité d'esprit et une générosité de sentiments qui me font regarder son bonheur comme infaillible si elle s'en occupe sérieusement et uniquement, en oubliant les animosités particulières et les disputes frivoles." (4)

Deutlicher als bei allen anderen Schriftstellern ist hier die Verbindung russischer und polnischer Geschichte dargestellt worden, allerdings auch unter dem einseitigen Aspekt, daß die Russen von Beginn ihrer vollen Souveränität an die Vernichtung Polens (und Schwedens) angestrebt hätten. Auch andere Autoren haben in ihren Werken die russisch-polnische Verbindung gesehen, aber niemals in einem solchen Maße wie Baudeau. Sein Buch kann kaum noch als historisches Werk gesehen werden, obwohl es weit in die Geschichte Polens zurückgeht. Man könnte es eher einordnen in die Reihe der Schriften, die vor allem um 1770 entstanden sind und z.T. durchaus propagandistische Ziele verfolgten. Fabre meint in seinen Anmerkungen zu den von ihm herausgegebenen Werken Rousseaus , "la réformation de Pologne" sei fast wie ein Thema für einen Wettbewerb in den beginnenden siebziger Jahren gewesen. (5)

Bevor wir auf die anderen Darstellungen eingehen, die mehr oder weniger politischen Charakter haben, jedenfalls aber nicht als historische Werke anzusehen sind, wollen wir nur kurz einen Blick darauf werfen, wie die Russen/ Moskoviter in den Werken über Polen dargestellt werden. Baudeaus Ansicht über die Russen haben wir dargelegt; obwohl sein Werk "Lettres historiques sur l'Etat actuel de la Pologne" heißt, erfährt der Leser mindestens ebensoviel über die russischen Herrscher und ihre Politik. Weniger mitteilungsfreundlich in dieser Hinsicht zeigen sich die anderen Autoren, sofern sie nicht gleichzeitig ein Werk über die russische Geschichte verfaßt haben. Joubert äußert sich sehr zurückhaltend über die Russen - er benutzt den Begriff "Moscovites" nicht -, und wenn er auch die

Teilung als solche verurteilt, so schiebt er doch die Verantwortung für diese Politik, wie wir gesehen haben, Friedrich II. zu. Zwar deutet Joubert an, daß die Russen öfter gewaltsam die polnischen inneren Angelegenheiten beeinflußten, (1) daß die Zarin entgegen ihrem Versprechen die russischen Truppen auf polnischem Territorium läßt, (2) aber da er die Konföderierten und ihr Verhalten außerordentlich kritisch beurteilt, findet er an dem Betragen der russischen Soldaten nichts auszusetzen. (3) Auch Caraccioli äußert sich nur wenig über die russische Politik, Katharina II. wird ohnehin meistens ohne Kritik betrachtet. (4) Er benutzt allerdings an einigen Stellen den Begriff "moscovites", und zwar bezeichnenderweise dann, wenn er die Gefahr der zu großen russischen Macht für Europa beschwört. (5)

2.5. Politische Schriften

2.5.1.1. Rousset de Missy

Viele Schriftsteller haben sich in den Jahren 1730 bis 1775 mit den Zielen der einzelnen europäischen Mächte befaßt. Meistens in kürzeren Darstellungen haben sie versucht, die Beweggründe für politische Aktionen zu entdecken. Rousset de Missy, aufmerksamer Beobachter der Ereignisse, veröffentlicht 1728 in 3 Bänden ein "Recueil historique d'actes, négociations, mémoires et traitez" (La Haye). Unter anderem ist im dritten Band enthalten der Vertrag von Wien (1726) zwischen Karl VI. und Katharina I., der Briefwechsel Georgs I. mit Katharina I., ein "Projekt zur Pazifikation des Nordens" (1720) (6) und Aktenstücke zur kurländischen Frage, u.a. "Pactes et Conditions auxquelles Gothard Kettler, Maître de l'ordre teutonique, soumit la Livonie et la Courlande au Royaume de Pologne, conclués à Wilna, le 28 novembre 1561". (7) Der gleiche Verfasser veröffentlicht 7 Jahre später "Les intérêts présens et les prétensions des puissances de l'Europa". (8) Kapitel IV behandelt die Interessen und Ansprüche des russischen Reiches. In den einleitenden Sätzen macht Rousset klar, wie groß der Wandel in der europäischen Politik in den vergangenen 50 Jahren gewesen sei: damals seien kaum 22 Zeilen über Rußland zustande gekommen, nun aber nehme es an allen Vorgängen, sowohl im Süden als auch im Norden, teil. (9) Rousset beschreibt die vorteilhafte Lage der Russen gegenüber dem persischen Reich, (10) den günstigen Handel mit den Chinesen, (11) die schwache Position der Türken, die keinen erfolgreichen Krieg - nach der verpaßten Gelegenheit vom Pruth 1711 - mehr gegen die Russen führen könnten. Im übrigen ist der Autor der Ansicht, daß Russen und Polen gemeinsam gegen die Türken vorgehen müßten, das liege im beiderseitigen Interesse. (12)

Andererseits habe Rußland umfassende Ansprüche an Polen, und es bestehe ohnehin schon wegen Peters I. Eroberungen kein gutes Verhältnis zwischen den beiden Ländern. Der Hof in

Petersburg habe jedoch ein unfehlbares Mittel zur Hand, um die Polen an jeglichem aggressiven Vorgehen zu hindern: indem er käufliche Kreaturen unterhält, die in seinem Auftrag jegliche für Rußland unvorteilhafte Beschlußfassung verhindern. (1) In jedem Falle aber sei die Thronbesteigung Stanisławs I. für die Russen unannehmbar, denn für sie sei es von höchstem Interesse, einen ihnen völlig ergebenen König in Polen zu haben. (2) Die Schweden würden immer Feinde der Russen sein, letztere müßten daher ein Bündnis mit Dänemark und dem preußischen König in Betracht ziehen. England, bzw. Holland seien nur durch das Handelsinteresse an Rußland gebunden.

Polen dagegen, "cette puissante République" (3) müsse es zum Prinzip seiner Politik machen - ebenso wie alle Republiken - sich in seinem gesamten Umfang zu erhalten, keine Abtretungen von Provinzen zu dulden, aber auch keine Eroberungen zu machen, sowie jegliche Neuerung in seinem Regierungssystem zu verhindern. Von allen Nachbarn habe sich Polen vor allem vor den Russen in acht zu nehmen: zum einen wegen der territorialen Ansprüche des östlichen Nachbarn, zum anderen wegen der außerordentlichen Schlagkraft der russischen Truppen, während die polnische Miliz nichts tauge. Rousset beschreibt Polen in Gegensätzen: in keinem Staat gebe es mehr Ämter und weniger Ordnung; nirgends gebe es einen Staat, dessen Einwohner mehr zu Soldaten geboren seien; es gebe aber auch keinen Staat, wo man weniger imstande sei, einen Feldzug durchzuhalten. Den Polen bleibe daher nur, wenn sie nicht ihre Verfassung ändern wollten - was Rousset nicht für möglich hält - das Bündnis mit den Schweden, denn Preußen falle als Alliierter aus. Darüber hinaus müsse Polen mit zwei großen innenpolitischen Problemen fertig werden: es müsse verhindern, daß die Krone (im sächsischen Hause) erblich werde (4) und, die wesentlich komplexere Frage, es müsse das religiöse Problem lösen, da die Republik sonst Gefahr laufe, schwere Verluste hinnehmen zu müssen. (5)

In dem "Etat politique de l'Europe", (6) gewidmet dem Grafen Brühl, werden in der Einleitung u.a. kurz die wichtigsten Ereignisse der polnischen und russischen Geschichte dargestellt. Dieses Werk enthält keine neuen Aspekte; es ist allerdings bemerkenswert, daß der Abschnitt über Polen nur acht Seiten umfaßt - er setzt mit Mieszko I. ein! -, der über Rußland dagegen dreißig, beginnt aber erst mit Ivan III. Beide Kurzzusammenfassungen enthalten viele Ungenauigkeiten, vor allem der Abschnitt über Rußland manchen Fehler.

2.5.1.2. D'Argenson

Wir wenden uns daher dem Werk des Marquis d'Argenson zu, der in seinen "Considérations sur le gouvernement ancien et présent de la France" (7) verschiedene Regierungssysteme betrachtet, um das für Frankreich beste zu finden. Seine Absicht ist es zu zeigen, daß die Annahme, - seit Richelieu verbreitet - Ruhm und Macht der königlichen Autorität beruhten auf der sklavischen Abhängigkeit der Untertanen, nicht zutreffend, ja ein Vorurteil sei; Argenson ist der Ansicht, "que l'administration populaire sous l'autorité du Souverain, ne diminue point la puissance publique, qu'elle l'augmente même et qu'elle seroit la source du bonheur des Peuples." (1) Der Autor will mit der Darstellung der verschiedenen Regierungsformen seine Ansicht illustrieren; bevor er aber die einzelnen Staaten vorstellt, definiert er zuerst verschiedene Begriffe; unter anderem findet er zwei Spielarten der Aristokratie: die legitime Aristokratie "où les gens distingués par leur naissance et leur prudence gouvernent absolument pour le bien commun" und die "falsche Aristokratie": "un petit nombre de Citoyens s'arroge toute autorité par usurpation et rapporte tout à leurs intérêts ou à leurs passions." (2) Aber das Allerschlimmste sei eine Regierung durch den gesamten Adel ohne Unterschied, diese degeneriere zur Anarchie. (3) Den Despotismus definiert er als eine Regierungsform, in welcher der Machthaber völlig unabhängig von jedem Gesetz, sei es grundlegender oder besonderer Art, ist; er degeneriere oft zur Tyrannis. (4)

Argenson ordnet dann die verschiedenen Regierungsformen den einzelnen Nationen Europas zu: zwei hätten eine aus monarchischen, aristokratischen und demokratischen Zügen gemischte Form: England und Schweden, Polen (wie auch das Reich) rechnet er zu den aristokratischen, die Schweiz und Holland zu den demokratischen Ländern. Alle anderen seien Monarchien - aber die Türkei und Rußland tauchen in der Aufzählung der Monarchien n i c h t auf. (5) Seine Beurteilung des Zarenreiches ist noch unsicher: "Tout est révolution dans ce monde [...] qui peut prédire où vont les Moscovites (!) ? Pour une Nation, qui pour ainsi dire défriche, tels que sont les Russiens, il faut des Loix qui excitent aux Arts." (6) Das wiederholt der Verfasser noch einmal in dem Kapitel über Rußland, wobei er den Rat gibt, daß die Ausländer nicht zur Peuplierung, sondern als Lehrer des Geschmacks und des guten Tones in das Land geholt werden sollten. Im übrigen übt er Kritik an der Expansionspolitik der Zaren/ Zarinnen; (7) das Reich sei bereits übermäßig groß. Es sollte nur an Kriegen teilnehmen, die ihm die Freundschaft der anderen Mächte eintragen würden, denn schon bereue Europa, daß es so viele Hilfe beim Aufbau geleistet habe. Für die Aristokratie sei in Rußland keine politische Hoffnung: Peter habe mit Erfolg an der Herabsetzung des Adels gearbeitet, seine Nachfolger werden nicht anders handeln. (8) Die Warnung vor der russischen Macht ist unüberhörbar, die Betonung der zarischen Macht ganz deutlich. (9) Einer kritischen Betrachtung unterzieht der Autor aber auch die Regierungsform der Polen: sie repräsentiere alle Nachteile der falschen Aristokratie. Zwar erkennt er die Tapferkeit der Polen an, aber ohne Führung und Disziplin nütze sie nichts, das Eigeninteresse der Adligen rangiere weit vor dem des Staates: Polen könne sich nicht schützen. (10) Er vergleicht das polnische System mit der mittelalterlichen Feudalherrschaft in Frankreich, wobei er aber anmerkt, daß es in Polen gesetzlich geregelte Grundlagen dafür gegeben habe und in Frankreich nicht, weshalb die französischen Könige ihre Aristokratie nach und nach zerstören konnten. (1)

2.5.1.3. Raynal, Les Droits

Ein ebenfalls sehr kritisches und nicht sehr differenziertes Bild der Adelsrepublik entwirft Raynal, (2) der, wie Argenson, das feudale Element besonders hervorhebt und der Meinung ist, Polen habe es verdient, von den benachbarten Ländern unterdrückt zu werden. (3) Dieses harte Urteil rechtfertigt er mit der Unterdrückung der Bauern im Innern. Allerdings drückt er die Hoffnung aus, daß aus dem Verbrechen der Teilung Gutes erwachse, indem die Usurpatoren ihre neuen Untertanen befreien würden. (4)

Die Verurteilung der Teilung ist, bei aller negativen Einstellung zu den polnischen Zuständen, bei vielen Verfassern zu finden. (5) Als ein beispielloses Ereignis qualifiziert es der Verfasser des Buches "Les Droits des trois puissances alliées sur plusieurs provinces de la république de Pologne." (6) Der Verfasser macht es sich zur Aufgabe, die völlige Haltlosigkeit der Ansprüche der drei Teilungsmächte nachzuweisen. (7) Er wolle die Partei der Unterdrückten gegen die Unterdrücker ergreifen, selbst wenn die letzteren die Gewalt auf ihrer Seite haben, das Urteil über die drei Mächte sei von der Öffentlichkeit schon gefällt worden. (8) Wenn wir auch nicht ausführlich auf diese aus englischer Feder stammende Schrift eingehen wollen, so sei doch darauf hingewiesen, daß der französische Herausgeber in seinem Vorwort - wie alle französischen Autoren, die sich zur Teilung äußern - die Verantwortung für dieses Ereignis Friedrich II. zuschiebt und die beiden Kaiserinnen als Werkzeuge seines Ehrgeizes darstellt. (9) Allerdings gibt er auch zu, daß die mit Polen befreundeten Mächte dessen Interesse nicht sehr eifrig vertreten haben; er macht ebenfalls deutlich, daß Rußland bereits mit der Königswahl die Unterwerfung Polens vorbereitet habe. (10)

Gänzlich anderer Art als die bisher betrachteten Werke, die von politischen Ereignissen ausgingen, bzw. den politischen Zustand der verschiedenen Staaten untersuchten, sind die drei Schriften, die wir noch kurz vorstellen wollen.

2.5.1.4. Espiard, Gazon-Dourxigné

Sie stehen eher in einer Linie mit Voltaires "Essai sur les moeurs et l'esprit des nations", dessen Erscheinungsdatum (1756) (11) ungefähr in der Mitte zwischen den beiden anderen Büchern liegt: 1743 erscheint "Essai sur le Génie et le Caractère des Nations" (12) und 1766 "Essai historique et philosophique sur les principaux ridicules des différentes Nations." (13) Diese Verfasser äußern sich nur kurz über die beiden Völker, die uns hier beschäftigen. Gazon-Dourxigné erwähnt Polen überhaupt nicht, (14) behandelt im 8. Kapitel die Moskoviter zusammen mit den Deutschen. (15) Espiard äußert sich kritisch über Polen; er wiederholt die Vorstellung von den mittelalterlichen Zuständen der Republik, (1) den versklavten polnischen Bauern und dem erniedrigten Dritten Stand. (2) Dem Adel attestiert er Tapferkeit, Robustheit, Stolz und Unabhängigkeitsstreben. (3)

Für ein Urteil über die "Moscovites" sei es eigentlich noch zu früh. Die Berichte von den Fortschritten seien verfrüht, es sei eine Schwäche der Schriftsteller, fremde oder neu auf der europäischen Szene erscheinende Völker zu bewundern. (4) Aber er ist der Ansicht, daß sich unter der scheinbaren Feigheit und Disziplinlosigkeit durchaus der Keim der Freiheit und des Mutes verbergen könne, er sei nur versteckt unter dem Mantel der Sklaverei, in der das Volk gehalten werde.(5) Die Gewalt des Fürsten ersticke alles, was an Unterrichtung möglich wäre. (6) Ein ähnlich zurückhaltendes Urteil über die "Moscovites (!)" fällt Gazon-Dourxigné: sie verharrten freiwillig in der tiefsten Unwissenheit, weil sie glauben, wenn sie Kenntnisse erlangten, würden sie die Rechte des Zaren antasten. Sie seien noch weniger unterrichtet über ihren Glauben als ihre polnischen Nachbarn. (7) Zwar hätten sich die Sitten ein wenig geändert - wegen der enormen Bemühungen Peters des Großen - (8) aber im ganzen hätten die Moskoviter doch Mühe, sich ihren westlichen Vorbildern zu nähern: "quelques leçons de discipline militaire , mais en tout le reste,ils leur sont fort inférieurs." (9) Zar Peter I. sei zu loben, daß er so lernbegierig war, aber trotz der vielen Talente habe es ihm wesentlich an menschlichen Qualitäten gefehlt. (10)

2.5.1.5. Montesquieu

Auch Montesquieu hat sich an verschiedenen Stellen seines Werkes (11) über Peter den Großen geäußert; er hat dessen Reformen beurteilt und auch einige Bemerkungen über die Adelsrepublik gemacht.

In seinen Äußerungen über Moskovien - Montesquieu benutzt fast ausschließlich die Begriffe "Moscovie/ Moscovites" - bezieht er sich häufig auf den Bericht J. Perrys. (12) So gibt er dessen Aussage wieder, daß in diesem Land kein Wort für "honneur" existiere (13) und daß die Moskoviter sich leicht verkauften: die Ursache dafür sei, so Montesquieu, daß ihre Freiheit wertlos sei. (14)

Auch dieser Schriftsteller ist der Ansicht, daß es in Moskovien nur Sklaven gebe; Adel im westeuropäischen Sinne sei dort nicht vorhanden: "Le peuple n'est composé que d'esclaves attachés aux terres, et d'esclaves qu'on appelle ecclésiastiques ou gentilshommes, parce qu'ils sont les seigneurs de ces esclaves." (15) Die despotische Gewalt der russischen Herrscher/innen, der fraglose Gehorsam aller Untertanen sind für ihn wesentliche Kennzeichen dieses Staates: Furcht ist die dem Despotismus essentielle Eigenschaft, so wie die Ehre zur Monarchie und die Tugend zur Republik gehören. (16)

Für Montesquieu - wie später für Rousseau (1) - ist Peter der Große nicht der "lêgislateur". (2) Der Zar hat seiner Ansicht nach die wichtigsten Grundsätze eines wirklichen Gesetzgebers nicht beachtet: man müsse den "esprit gênêral de la nation" berücksichtigen, und dieser werde bestimmt durch Klima, Religion, Tradition, Sitten, Gewohnheiten, Gesetze. (3) Da es in despotisch regierten Staaten keine grundlegenden Gesetze gebe, müsse man Sitten und Bräuche achten, um nicht alles umzustürzen. (4) Peter hätte also die Gewohnheiten der Moskoviter nicht durch Gesetze ändern dürfen, sondern hätte das Beispiel wirken lassen sollen. Im übrigen ist Montesquieu der Auffassung, daß die Leichtigkeit, mit der die Russen westliche Sitten übernahmen, ein Beweis dafür sei, daß der Zar eine zu schlechte Meinung von seinen Untertanen hatte; Zwang wäre gar nicht nötig gewesen. (5) Die Russen sind eine europäische Nation; daher mußte es leicht sein, europäische Sitten einzuführen. Die Andersartigkeit der moskovitischen Lebensgewohnheiten führt der Autor darauf zurück, daß durch Eroberung und Vermischung mit anderen Völkern sich dem Klima des Landes nicht adäquate Sitten eingebürgert hätten. (6)

Den Gedanken, daß Peter der Große nichts anderes tat, als die Nation wiedererstehen zu lassen, äußert Montesquieu auch an anderer Stelle. (7) Wie Voltaire auch, mit dem er sonst nicht übereinstimmt, ist der Verfasser des "Esprit des Lois" der Ansicht, nicht der Zar, sondern Karl XII. sei der Aggressor im Nordischen Krieg gewesen. (8) Andererseits hält Montesquieu die Schlacht bei Poltava nicht für so bedeutend - Karl XII. hätte den Krieg auf jeden Fall verloren, denn er bekämpfte nicht einen Staat, der sich in einem Schwächezustand befand, sondern "un empire naissant!" (9) Den Versuch des Zaren, eine Flotte aufzubauen, die den wichtigsten seefahrenden Nationen ebenbürtig war, hält der Autor für erfolglos. (10) Über die Adelsrepublik finden sich nur wenige Äußerungen. Die außerordentlich ungleiche Verteilung des Vermögens in Polen wird registriert, ebenso wie die Armut des Staates. (11)

Die Meinung, daß die Unterdrückung aller aus der Unabhängigkeit jedes einzelnen resultiere, wird ebenso vertreten wie die Ansicht, Polen sei das Symbol für eine völlig verfehlte Adelsherrschaft. (12)

2.5.1.6. Stanisław Lesczcyński

Man kann sicher nicht behaupten, daß die drei letztgenannten Autoren eine positive Darstellung Polens, bzw. Rußlands versucht hätten. Und doch ist der Autor, der es wirklich wissen müßte, der Ansicht, daß in der französischen Öffentlichkeit und in maßgeblichen politischen Kreisen des Hofes ein zu schmeichelhaftes Bild der Republik vorhanden sei. Dieser Autor ist der polnische Exkönig Stanisław I., der versucht, die mangelnde Unterstützung seiner Partei im polnischen Thronfolgekrieg u.a. auf diese Ursache zurückzuführen. (13)

Wichtiger aber als die Verteidigung der französischen Außenpolitik gegen Angriffe aus den Reihen seiner polnischen Landsleute, die Frankreich vorwarfen, es habe sie im Kampf für Stanisław's Krone im Stich gelassen, bzw. den Krieg für eigene politische Zwecke benutzt, sind die Überlegungen, die der "philosophe bienfaisant" zur Verfassung seines Vaterlandes anstellt. In seinen "Observations sur le Gouvernement de Pologne" (1) möchte er Mittel vorschlagen, die seiner Ansicht nach geeignet seien, die Mißstände in der Regierung zu beseitigen. (2) In seinem Vorwort entwirft er ein deprimierendes Bild von der aktuellen Lage der Republik: "un Etat comme le nôtre, où les Tribunaux sont sans justice, les conseils sans union, les Armées sans discipline, le Trésor sans argent, et où tout périt, tout se détache, tout se dissout au milieu des dissensions et des désordres." (3) Wie Konarski (4) vergleicht er die Republik mit einem alten, baufälligen Gebäude, an dem nichts geändert wurde, weil man am Werk der Väter nichts verbessern wolle. (5) Stanisław sieht durchaus auch, daß es in Polen Kräfte gibt, die an einer durchgreifenden Änderung der Zustände nicht interessiert sind und eine Erörterung dieses Themas überhaupt ablehnen. (6)

Als Hauptursache für die Unordnung in Polen sieht der Autor die Aufhebung des Gleichgewichts zwischen der königlichen Autorität und den Rechten des Adels. (7) Stanisław entwirft ein durchaus realistisches Bild vom Zustand der Republik, auch von der großen Zahl von Adligen, die sich auf den Standpunkt zurückziehen, daß Polen bisher immer mit allen Bedrohungen fertig geworden sei und das auch in Zukunft der Fall sein werde. (8) Der Autor betont, daß er nichts am Kern der Verfassung ändern, sondern nur die Form verbessern wolle. Er ist der Ansicht, daß in seinem Vaterlande genügend Hilfsquellen vorhanden seien, um ein solches Reformwerk durchzuführen. Man müsse nur die vorhandenen Kräfte auch einsetzen wollen; im allgemeinen dächten die Adligen nur an sich, an die Verwirklichung ihrer Ideen und an ihre Freiheit, ohne zu bedenken, daß sie eben damit der Freiheit anderer Schaden zufügen könnten. (9) Die Vorrechte, die ein polnischer Adliger habe, seien so umfassend, daß damit eigentlich sein Ehrgeiz befriedigt sein müßte; stattdessen wolle er immer mehr und alles seinem Willen unterordnen. Dem Verfasser ist es unverständlich, woher seine Landsleute die Zuversicht nehmen, daß sie von ihren mächtigen Nachbarn in Ruhe gelassen werden. Das Vertrauen auf die Unvereinbarkeit der Interessen der drei Großmächte sei jedenfalls unbegründet: "Notre tour viendra sans doute, où nous serons la proie de quelque fameux conquérant: peut-être même les Puissances voisines s'accorderont-elles à se partager nos Etats." (10)

Einer der Hauptgründe für die Schwäche Polens sei die Abneigung seiner Bewohner, von den Nachbarn etwas zu lernen, besonders in militärischer und politischer Hinsicht. Die Polen seien Sklaven ihrer Gewohnheiten. (11) Polen könne sich überhaupt nicht gegen einen feindlichen Einfall schützen - es fehle an allem: Truppen, Artillerie, Geld, Vorräten und Festungen;

die Art der Kriegsführung sei völlig überholt: auch hier, so Stanisław, ziehen sich die Adligen auf den Standpunkt zurück, daß ihre Kampfesweise bisher immer genügt habe. Er ist der Ansicht, daß man von den anderen Nationen lernen müsse, nicht nur auf militärischem Gebiet, sondern auch im politischen Bereich: durch die Einrichtung ständiger Gesandtschaften in den wichtigsten Städten Europas müsse man den Verhandlungen der anderen Staaten folgen und sie beobachten, damit die Republik, aus Mangel an Information, nicht zum Spielball der Ausländer werde. Zu diesen Verbesserungen müßte auch eine moralische Erneuerung treten: die schlimmsten (nationalen) Laster - die Liebe zum Luxus, die alten und unversöhnlichen Feindschaften, der Wucher, die Meineide - müßten verschwinden. (1) Diese Untugenden hält der Autor besonders dem Adel vor: zwar sei er das Bollwerk und die Stütze des Staates, aber wenn sich die Mitglieder dieses Standes einer größeren Lernbereitschaft befleißigten, würden ihre in großer Zahl vorhandenen Talente wirklich zum Vorschein kommen. Alle guten Eigenschaften seien vorhanden, aber sie würden überdeckt von der Liebe zum Müßiggang und zum Luxus, vom Geist der Uneinigkeit und der Streitsucht. (2)

Stanisław geht mit seinen Landsleuten hart ins Gericht: sie verabsäumten es aus Faulheit, ihre natürlichen Gaben weiterzubilden, sie bekräftigten sich gegenseitig in ihren Vorurteilen, um keine Änderung vornehmen zu müssen, sie hielten lange Reden - in denen wenig gesunder Menschenverstand zu finden sei - und glaubten, damit seien sie große Staatsmänner; beschlossen werde nichts. Alle wollten herrschen und niemand gehorchen; nirgends würden solide Kenntnisse verlangt: "il semble que dans notre Nation pour parvenir aux premières dignités, il ne faut ni mérite, ni sçavoir, ni connoissances des affaires, et qu'il suffit d'être né Gentilhomme pour ne rien ignorer." (3) Immer wieder kommt Stanisław darauf zurück, daß der Adel lernen müsse, man müsse von seiner hohen Meinung von sich selbst abkommen und einsehen, daß nicht alle alles können; man müsse den Hang zur geistigen Immobilität bekämpfen, auch Neuerungen einführen; schließlich könne man sich nicht dauernd auf die guten Dienste der Vorsehung verlassen. (4) Der Adel sei bisher immer schuld gewesen an den Unruhen im Staat, er müsse von seinen Rechten einen überlegten Gebrauch machen. Wenn man von den Versammlungen in Polen auf die Führung der Staatsgeschäfte schließen wolle, so müsse ein Beobachter zu dem Schluß kommen, in Polen regiere der Zufall. (5) Stanisław ist der Ansicht, daß die Adligen, die bei einem Adligen im Dienst stehen, von den Versammlungen ausgeschlossen werden sollten, ebenso wie jene, die keine Güter in Polen besitzen. Diese sollten ihre Pflicht dem Vaterland gegenüber in der Armee erfüllen.

Der Autor beschäftigt sich auch mit der heiklen Frage des Liberum veto. Alles Übel rühre daher, daß der Eindruck entstanden sei, wenn irgendetwas am Gebrauch dieses Rechts verändert werde, füge man auch gleichzeitig der Freiheit schweren Schaden zu. (6) Er möchte das Liberum veto nicht abschaffen, aber er plädiert für einen anderen Gebrauch: es sei anzuwenden, wenn es um Affären gehe, die zur Beratung anstehen, nicht aber, um bereits beschlossene Dinge aufzuheben; und schon gar nicht dürfe das Liberum veto angewandt werden, um dem Sejm jegliche Aktivität zu nehmen.

Eine ähnlich schwierige Frage ist die Stellung der Bauern. Stanisław ist davon überzeugt, daß die Mißachtung, mit der die Bauern behandelt werden, noch einmal gefährliche Folgen haben könnte. (1) Dabei seien sie die Quelle allen Wohlstandes, erst sie ermöglichten dem Adel das luxuriöse, bequeme Leben. Abgesehen von moralischen Gründen, so der Autor, gebe es durchaus auch politische Überlegungen, die zu einer besseren Behandlung der Bauern führen müßten: die Unterdrückung könnte einen Aufstand hervorrufen, sie habe schon zu einem empfindlichen Mangel an Handwerkern geführt. (2) Wenn man einen blühenden Staat wolle, müsse man die Knechtschaft aufheben.

Einen weiteren Abschnitt widmet Stanisław der Armee. Es sei besser, überhaupt keine Truppen zu haben als solche, welche die Republik gegenwärtig unterhält: sie seien zu nichts nutze, verharrten in Untätigkeit, wenn sie nicht gerade das eigene Land ausplünderten. (3) Was man wirklich brauche, sei eine ständig einsatzfähige Armee, nicht, um damit Eroberungen zu machen - das sei mit dem Wesen einer Republik nicht zu vereinbaren - sondern um den Bestand zu wahren. Auf keinen Fall aber dürfe es den Magnaten noch erlaubt sein, eigene Truppen zu halten; wenn sie, um dem in Gefahr geratenen Staat beizustehen, Truppen bezahlen wollten, so müßten sie diese dem Hetman unterstellen.

Man kann dem Verfasser sicher nicht unterstellen, daß er die Republik und ihre politischen Einrichtungen zu positiv gesehen habe; andererseits muß man feststellen, daß seine Beobachtungen nicht wesentlich anders geartet sind als die der französischen Autoren, die oft nur Berichte aus zweiter Hand zur Verfügung hatten. Anzumerken aber ist, daß Stanisław, wie der auch mit ihm zusammenarbeitende Pimpie de Solignac, die Immobilität der polnischen Gesellschaft, die gleichsam in den alten Formen erstarrt zu sein schien, besonders hervorhebt. Daher die ständig wiederholte Aufforderung an die Polen, von ihren Nachbarn zu lernen, sich den veränderten Gegebenheiten anzupassen.

2.5.1.7. Pyrrhys de Varille

Gute Kenntnisse aus eigener Anschauung muß man auch dem Verfasser der beiden folgenden Schriften zubilligen. Pyrrhys de Varille war in Begleitung des Grafen Broglie nach Warschau gekommen; er wurde Erzieher im Hause des Fürsten Sanguszko und erhielt anschließend das Indigenat. (4) Geschrieben wurden die "Lettres sur la constitution actuelle" 1764, sie waren, wie auch andere Schriften Varilles, in Frankreich verbreitet. (5) Aus der Tatsache, daß der Verfasser um das Indigenat bittet und es auch erhält, kann man entnehmen, daß er sich, wenigstens teilweise, mit dem Schicksal der Polen verbunden fühlt; aus seinen Schriften kann man erkennen, daß er ihnen durchaus nicht unkritisch gegenübersteht. In den "Lettres" äußert sich Pyrrhys de Varille unter anderem über den "Nationalcharakter" der Polen: trotz der jahrelangen Anarchie sei die Nation nicht in Barbarei verfallen: die Straßen seien sicher, es gebe kaum Überfälle, Plünderungen, Diebstähle oder Morde; alle seien im übrigen der Ansicht, daß die Polen überaus liebenswürdig und gastfreundlich, besonders gegenüber Fremden, seien. (1) Die Nation sei stolz auf ihre Freiheit, voller Rücksichtnahme gegenüber den Mitbürgern; sie sei trotz häufigen Streits eher zur Einigung und Milde geneigt, ihre Tapferkeit beweise sie vor allem gegen die Feinde Polens, niemals verzweifele sie an der Zukunft ihres Vaterlandes, Bürgerkriege gebe es nicht. (2)

Nach dieser sehr euphemistischen Schilderung kommt der Autor zu den Punkten, die ihm Anlaß zur Kritik geben. Es sind die schon oft erwähnten Klagen, daß weniger das Wohl des Landes als vielmehr Ehrgeiz und Eigennutz bei den politischen Entscheidungen eine große Rolle spielen; (3) oft erweckten die Verhandlungen der Magnaten den Anschein, als wollten sie Polen nur deshalb als Republik erhalten, weil sie dann mehr "Beute" machen, d.h., die Besitztümer der Monarchie unter sich verteilen und straflos ungerecht handeln könnten. (4) In allen Teilen der Verwaltung herrsche allgemeine Unordnung; dies sei zurückzuführen auf die eigene Schwäche - die auch in der Verfassung mit ihren oft widersprüchlichen Gesetzen liege - (5) auf die Verderbnis der Sitten und die Unwirksamkeit der Gesetze. (6) Jahrhundertelang sei immer nur an der Einschränkung der königlichen Gewalt gearbeitet worden, darüber sei aus dem Blick geraten, daß ein Übermaß an Freiheit noch gefährlicher sein könne und schließlich zur völligen Zerstörung des Staates führe. (7) Es sei eine Schande für Polen, daß alle zwei Jahre regelmäßig und manchmal auch noch zusätzlich mit großem Aufwand Reichstage abgehalten würden, die dann ohne Ergebnis wieder auseinandergehen; (8) das diene nur den anderen Mächten. So erscheint Pyrrhys de Varille eine Reform dringend notwendig.

Er verfolgt die Entwicklung der polnischen Verfassung bis ins Jahr 1764 und widmet seine Aufmerksamkeit besonders den Königswahlen. Zwei Wahlen hebt er heraus: die von 1573 (Heinrich Valois) und die von 1697 (Doppelwahl). Erst 1573 seien die Verfahrensweisen für die Thronvakanzen und die Königswahl genau festgelegt worden, zu diesem Zeitpunkt seien auch die Pacta conventa zum erstenmal formuliert. Vorher habe es solche Verträge nicht gegeben. Pyrrhys de Varille definiert sie: "Ces pacta conventa ... ne sont autre chose que le contrat authentique qui énonce les clauses et conditions auxquelles la République consent à reconnoître pour son Roi le candidat qu'elle a élu par préférence." (9) Natürlich setzt der Autor sich auch mit dem Liberum veto auseinander, das er am liebsten aufgehoben sehen möchte; (10) da er aber Realist genug ist, um zu erkennen, daß der Adel diesem Vorschlag nicht zustimmen wird, möchte er wenigstens verhindert wissen, daß schon ein Einzelner den Sejm zerreißen kann, und will erreichen, daß die Anwendung des Liberum veto nur für bestimmte, genau definierte Fälle gelten solle. (1) Aber auch dann sollen noch gewisse Einschränkungen gelten, die er im einzelnen aufzählt. (2)

Es folgt eine kurze Aufzählung der Interregna von 1586 (Tod Bathorys) bis 1696 (Tod Sobieskis), die schließlich in eine Untersuchung der Wahl Augusts II. 1697 mündet. Der Kurfürst hatte seine Wahl nur seinem Geld und dem Umstand zu verdanken, daß er seine Truppen sofort zur Hand hatte. Er habe durch die Einführung des Luxus und der Geldliebe die Polen korrumpiert, und durch seine Eroberungspolitik habe er das Land in einen schrecklichen Krieg gestürzt. (3) Seit 1733 entscheide nur noch Waffengewalt über die Vergabe der Krone. Bis dahin seien fremde Truppen nur dann auf polnischem Territorium gewesen, wenn es eine Doppelwahl gegeben hatte und ein Kandidat unterstützt werden sollte. 1733 sei es völlig anders gewesen; Rußland und Österreich entschieden über die Krone und hatten Truppen in Polen, ehe überhaupt eine Wahl stattgefunden hatte. (4) Das Beklagenswerte dabei sei, daß die Polen nicht lernen wollten, ihr wahres Interesse zu sehen, daß sich immer eine Gruppe finde, auf die die Russen oder Österreicher sich berufen könnten. Eigensucht und Eifersucht der Magnaten seien die beiden Tore, durch welche die Ausländer nach Polen gekommen seien, um den polnischen Thron zu besteigen. (5) Dem Verfasser ist es völlig klar, daß die Polen dem Willen der Russen und Preußen, Stanisław Poniatowski als König zu sehen, nichts entgegensetzen können. Daher rät er, sich in die Realitäten zu fügen und nach vollzogener Krönung gemeinsam eine Reform der polnischen Verfassung durchzuführen. (6) Das Allerwichtigste sei aber, daß der Adel selber völlig einig sei.

Schon zu Beginn seiner Schrift gibt der Verfasser mehrere Hinweise auf Reformen. Er wiederholt sie an verschiedenen Stellen. Wenn er auch immer das glückliche Naturell der Polen lobt, so ist er doch der Ansicht, daß endlich gemeinsame Anstrengungen, - d.h. mit dem König und nicht gegen ihn - unternommen werden müssen, um Polen als Staat lebensfähig zu erhalten. Auf das Liberum veto sind wir schon eingegangen.

Varille schlägt weiter vor, in den Landtagen nur die Stimmenmehrheit zu verlangen und das Wahlrecht von der Größe des Besitzes abhängig zu machen, damit diejenigen, die nichts zu verlieren haben, keinen Einfluß auf politische Entscheidungen erhalten. (7) Für den Fall der Anwendung des Liberum veto durch eine Minderheit müßten Schiedsrichter - Varille nennt sie "censeurs (!)", "arbitres" oder "tuteurs" - berufen werden, die prüfen müssen, ob die Anwendung des Vetos berechtigt ist. (8) Ein permanenter Staatsrat müsse gebildet werden, Finanzen geregelt, ein einheitliches Zivil- und Strafrecht für ganz Polen geschaffen, eine effiziente Armee - vom Staat bezahlt - eingerichtet und der Handel gefördert werden. Zur Erreichung dieser Ziele fordert Varille die allgemeine Besteuerung. (1) Selbstverständlich ist es Pyrrhys de Varille klar, daß bei einer solchen Reform, die zu einer Stärkung der Republik führen soll, die russische Reaktion von Bedeutung ist. 1764, als er die "Lettres" schreibt, ist er noch der Ansicht, daß die Zarin kein anderes Interesse habe als die Wahl Stanisławs und daß dieser nach seiner Krönung ungehindert Reformen durchführen könne. (2)

In den 1772 in London veröffentlichten "Rêflexions politiques sur la Pologne" (geschrieben 1767) (3) setzt der Autor sich stärker mit der Rolle der Russen auseinander. Zum einen kommentiert er Katharinas II. "Exposition des Droits des Dissidens" (1767), zum anderen möchte er, daß die Russen gezwungen werden, Farbe zu bekennen über ihre wahren politischen Absichten. (4) Deutlich stellt er heraus, daß es die Schwäche Polens sei, welche die russische Politik dazu herausfordere, in der Republik den herrschenden Einfluß auszuüben. (5) Im übrigen unterstellt er Katharina, daß sie nicht von gewöhnlichem Ehrgeiz getrieben werde, sondern daß Polen sich auf ihre Großzügigkeit und ihren Edelmut verlassen könne. (6) Das wichtigste Anliegen der Republik müsse es sein, sich mit den Russen zu versöhnen, aber so, daß ihnen keine Handhabe gegeben sei, in Zukunft in polnische Angelegenheiten einzugreifen. (7) Wenn es Rußland wirklich nur, wie öffentlich erklärt, um die Dissidentenfrage gehe, dann könnten die Polen sich mit den Russen einigen - blinder Fanatismus, wie er sich in der letzten Zeit verbreitet habe, sie durchaus fehl am Platze und schade nur. (8) Vor allem aber sei es wichtig, daß die Nation einig sei; die Konföderation von Radom habe auf einen falschen Weg geführt. (9)

In den folgenden, später geschriebenen Überlegungen hat sich seine Einstellung gewandelt. 1768 (10) ist sein Optimismus bezüglich der russischen Absichten in Polen verschwunden, wenn er auch immer noch Katharina II. in Schutz nimmt. (11) Ehe Rußland die Barer Konföderierten als Rebellen bezeichnen könne, müsse es deutlich erklären, daß es Polen als eine russische Provinz betrachte. (12) Bei einem allgemeinen Aufstand könne aber nicht mehr behauptet werden, die Russen handelten im Interesse der Freiheit Polens. (13) In dem "Coup d'oeil sur les vues secrètes ...", 1771 geschrieben, ist die Anklage gegen Rußland deutlich: Varille erkennt, daß die Dissidentenfrage nur ein Vorwand für den Petersburger Hof war, (14) daß die Konföderierten von Radom getäuscht und die Landtage von den Russen beherrscht wurden; daß diese Polen schon als eine moskovitische Provinz sahen. (15) Auch er warnt vor der zunehmenden Macht des russischen Reiches, es dürfe niemals weiter nach Westen vordringen; niemand, auch Preußen nicht, könne eine weitere Vergrößerung des Zarenreiches wünschen. (16) Polens Rolle sei es, Barriere zu sein zwischen Rußland und dem Westen. (17) Daher müßten die übrigen europäischen Höfe Polen stützen.

2.5.1.8. Rousseau

Ebenfalls mit der Rolle der Russen setzt sich Rousseau auseinander, allerdings ohne sich irgendwelchen Illusionen über die Zarin hinzugeben. Im "Contrat social" lehnt er den Weg, den Peter der Große gegangen ist und der bei den "Philosophen" soviel Beifall gefunden hat, völlig ab. Peters Reformen seien völlig falsch gewesen, die Russen würden niemals zivilisiert sein, der Zar habe verhindert, daß seine Untertanen jemals sie selbst sein könnten. (1)

Er widmet den Russen keine eigene Untersuchung, aber unausgesprochen sind sie in seinen Betrachtungen über Polen immer präsent. Wie Pyrrhys de Varille und andere sieht er Polen als Barriere gegen die Russen und meint, daß dies auch im Interesse Europas liege. (2) Die Russen, so Rousseau, betrachten alle Menschen so, wie sie selber sind: "des hommes nuls sur lesquels deux instruments ont prise, savoir l'argent et le Knout." (3) Die Russen dürfe man nur verachten, sie nicht durch Haß ehren, die Erinnerung an ihre Barbarei müsse ständig wachgehalten werden. (4) Solange nur ein einziger russischer Soldat in Polen stehe, könne es nicht frei sein, und solange die Russen sich in die Angelegenheiten der Republik mischten, sei diese immer bedroht. (5)

Rousseau sieht die Situation durchaus realistisch: ein schwacher Staat, ohne Festungen, ohne wirtschaftliche Ordnung, ohne Truppen, im Innern zerstritten, sieht sich mächtigen Nachbarn gegenüber, die Polen zum Ziel ihrer Unternehmungen machen. In dieser Situation kennt der Autor nur ein Mittel, um Polen zu erhalten: die Republik so in den Herzen ihrer Einwohner verankern, daß sie dort bestehen bleibt, trotz der Anstrengungen der Unterdrücker. Dorthin kann Gewalt nicht gelangen. Man könne vielleicht nicht verhindern, daß die Russen Polen verschlingen, aber man müsse erreichen, daß sie diesen Bissen nicht verdauen können. "Si vous faites en sorte qu'un Polonois ne puisse jamais devenir un Russe, je vous réponds que la Russie ne subjuguera pas la Pologne." (6) Dies ist die zentrale Überzeugung Rousseaus. Im Widerspruch zu den Philosophen, allen voran Voltaire, ist er der Ansicht, daß es nötig sei, die nationalen Eigenheiten zu bewahren, ja sie noch zu verstärken. Er betont die Einzigartigkeit der polnischen Nation (7) und er will, daß die Unterschiede zu den anderen Nationen noch bedeutend stärker hervorgehoben werden. Er begrüßt es, daß noch eine Nationaltracht vorhanden ist; der Brauch, sie zu tragen, müsse gepflegt, alte, den Polen eigene Sitten, wiederbelebt werden. Sein Rat an die Polen gipfelt in dem Satz: "faites exactement le contraire de ce que fit ce Czar tant vanté." (8) Hier kann man Rousseaus Einstellung am deutlichsten sehen: die Bewahrung der nationalen Eigenart allein - nicht, wie in Rußland geschehen, die Nachahmung westlicher Vorbilder - kann Polen vor der gänzlichen Zerstörung retten. Daher ist auch die ungeheure Bedeutung, welche er der Erziehung beimißt, verständlich. Daher ist auch der Vergleich mit den Juden zu erklären, den Rousseau an den Anfang seiner Erklärungen stellt.

Moses - daneben nennt er an Gesetzgebern der alten Welt noch Lykurg und Numa - habe es durch seine Gesetze erreicht, daß das jüdische Volk trotz seiner Zerstreuung und Verfolgung, ohne Staat, noch immer existiere, und, das ist Rousseaus Überzeugung, auch weiter bestehen wird. (1) Das ist für ihn wirkliche Gesetzgebung - unter den modernen Nationen gebe es keinen einzigen wirklichen Gesetzgeber - die Spitze gegen die Panegyristen Peters des Großen ist nicht zu übersehen. (2) Die Konföderierten von Bar sollen ein Beispiel sein: selbst wenn einzelne unter ihnen vielleicht den Interessen der Allgemeinheit zuwider gehandelt haben - an ihnen soll sich die Jugend ein Beispiel nehmen, die alten republikanischen Tugenden sollen dadurch einen neuen Aufschwung erfahren. (3) Die jungen Männer sollen zu Polen erzogen werden; niemand anders sollen sie gleichen als sich selbst; keine ausländischen Erzieher; alle müßten die gleiche öffentliche Erziehung haben, alle zu gleicher Verehrung republikanischer Tugenden geführt werden. Wenn das gelinge, dann werde die Nation wiedergeboren werden. (4)

Wir wollen nicht im einzelnen auf die Reformvorschläge Rousseaus eingehen, sondern nur versuchen, das Bild deutlich zu machen, das er von Polen hat, bzw. anderen vermitteln will. Wir erwähnten schon weiter oben, daß er die Lage der Republik durchaus realistisch sah, wenn er auch durch den Krieg der Russen mit den Türken dazu neigte, die Chancen der Polen zu überschätzen und die russische Macht zu unterschätzen. (5) Die Konföderierten von Bar sieht er sehr positiv, seiner Meinung nach haben sie das Vaterland gerettet. (6) Überhaupt ist er im Gegensatz zu anderen Autoren der Meinung, daß die Konföderationen für die Existenz der Polen nötig waren und nötig sein werden, allein schon deshalb, weil sie viel schneller entscheiden können als das im Sejm möglich ist. Aber ihr Vorteil besteht nicht nur darin, daß bei ihren Entscheidungen die Stimmenmehrheit gilt: Rousseau vergleicht sie mit der Diktatur in der römischen Republik: ohne die Konföderationen gebe es die Republik Polen schon lange nicht mehr. Das gegenwärtige Beispiel genüge, um zu beweisen, wie nötig sie für die Freiheit sind: "les confédérations sont le bouclier, l'asile, le sanctuaire de cette constitution. Tant qu'elles subsisteront, il me paroît impossible qu'elle se détruise." (7) Es müsse sogar vorgesehen sein, daß in bestimmten Situationen, beispielsweise dem unprovozierten Einmarsch fremder Truppen, ganz Polen sich zu einer Generalkonföderation zusammenschließe.

Ebenso wie seine Ansichten über die Konföderationen differieren auch seine Urteile über das Liberum veto von denen anderer Schriftsteller. Er hält es nicht für ein von vornherein schädliches Recht. Aber sobald bei der Anwendung bestimmte Grenzen überschritten wurden, wurde es zu dem gefährlichsten aller Mißbräuche. Aus einem Garanten der Freiheit sei es zu einem Instrument der Unterdrückung geworden. Seiner Meinung nach muß es eigentlich abgeschafft werden, da es, solange der Staat sich in einer Periode der Reformierung befindet , außerordentlich gefährlich werden kann. Weil dem Autor aber klar ist, daß die Polen an diesem Privileg hängen, möchte er es nur noch in bestimmten Situationen angewandt wissen: "Le Liberum veto seroit moins dêraisonnable s'il tomboit uniquement sur les points fondamentaux de la constitution!"(1) Für ganz absurd und barbarisch hält er es, daß es einem einzigen Landboten gestattet sein sollte, dem Sejm durch sein Veto die gesamte Aktivität zu nehmen. Wer das versuchen wolle, müsse mit der Todesstrafe belegt werden. (2) Rousseaus weitere Ausführungen zu diesem Thema betreffen vor allem die zukünftige Handhabung des Liberum Veto.

Einen längeren Abschnitt widmet er der Frage der Stände: die Gewohnheit, die polnische Republik in drei Stände, nämlich Ritter, Senat und König einzuteilen, hält er für völlig unsinnig. Nach seinem Verständnis sind weder Senat noch König ein wirklicher Stand. Er unterteilt die polnische Nation zwar ebenfalls in drei Stände, doch unterscheidet er Adel, - der alles ist -, Bürger, - die nichts sind - und Bauern, - die weniger als nichts sind. (3) Die gesamte staatliche Gewalt liege in den Händen des Ritterstandes. Den Zustand der Schwäche, in den Polen gefallen ist, schreibt er allein diesem Umstand zu - daß der zahlenmäßig größte Teil der Bevölkerung vom staatlichen Leben ausgeschlossen ist. (4) Wirklich frei könnten die Polen erst sein, wenn auch der größere Teil der Nation befreit sei. Um eine Befreiung der Bauern komme man nicht herum; aber Rousseau ist sich über die Schwierigkeit dieses Unternehmens im klaren. Das größte Hindernis ist dabei seiner Meinung nach nicht die Eigensucht des Adels, sondern eher die durch lange Knechtschaft verderbte Moral der Bauern. Man müsse sie langsam an die Freiheit gewöhnen, (5) bevor man ihren Körper befreie, müsse ihre Seele befreit werden. Auch hier spielt wieder die Erziehung eine wesentliche Rolle.

Bei der Betrachtung der Gesetzgebung hebt Rousseau erneut die Einzigartigkeit der polnischen Situation hervor: die gesetzgebende Gewalt habe ihre Macht nicht dadurch verloren, daß sie von der Exekutive unterdrückt wurde. Nichts hat sie von ihrer höchsten Autorität verloren, nichts ist über ihr - aber niemand gehorcht. (6) Von außerordentlicher Wichtigkeit und oft unterschätzt seien die Landtage, sie seien das wahre Palladium der Freiheit. (7) Hier brauche man fast gar nichts zu ändern, es sei denn, daß man nach der Rückkehr der Landboten strengstens prüft, ob sie sich an die ihnen mitgegebenen Instruktionen gehalten habe. Im übrigen hält Rousseau die von vornherein festgelegte Dauer eines Sejms auf 6 Wochen für unsinnig - man müsse sich nach den gegebenen Umständen richten. (8) Auszusetzen hat er an den Reichstagen, daß so viele unnütze Diskussionen stattfinden, die nur kostbare Zeit verschwenden, daß es erlaubt ist, bewaffnet dort zu erscheinen. Andererseits dürfe man auch nicht zu viele Regeln aufstellen - die endlosen Ansprachen brächten zwar enormen Zeitverlust mit sich, aber das sei immer noch besser, als wenn nur noch bestimmte Leute den Mund aufmachen dürften. (9) Die Erblichkeit der Krone lehnt er ab - Polen sei nur deshalb noch frei, weil jeder Regierung eines Königs ein Interregnum vorausgegangen sei, in welchem die Nation in ihre vollen Rechte eintritt und alle eventuellen Mißbräuche der königlichen Gewalt abgeschafft werden. Die Pacta conventa sind für ihn der Schutz des Staates und dürfen nicht preisgegeben werden.

Als weitere Quelle der Schwäche Polens sieht er - neben dem Mißbrauch des Liberum veto und der Mißachtung der Gesetze - die Tatsache, daß es den Magnaten erlaubt ist, eigene Truppen zu halten und miteinander Krieg zu führen. (1) Die Armee der Krone sei bisher nicht imstande gewesen, die Invasionen der Nachbarn abzuwenden, und Polen werde auch nicht in der Lage sein, soviel Mittel aufzubringen, um ein den Nachbarmächten ebenbürtiges Heer aufzustellen. Da die polnische Nation, Rousseau wiederholt es unermüdlich, sich von allen anderen Nationen Europas in Wesen, Regierung und Sprache (!) unterscheide, solle sie das auch im militärischen Bereich tun. Wie andere Verfasser auch ist er der Ansicht, daß eine Republik ihrem Wesen nach nicht aggressiv ist, d.h., Eroberungskriege sind für sie ausgeschlossen. Anders aber als seine Schriftstellerkollegen sieht er die Lösung für Polen: sie besteht n i c h t in der Nachahmung der anderen europäischen Truppen, d.h., er lehnt stehende Truppen und Festungen ab, sondern in der Schaffung einer Miliz, ähnlich wie sie in der Schweiz vorhanden ist. (2) Um dieses Ziel zu erreichen, müsse man aber in Polen das Ansehen des Soldaten heben: er dürfe nicht länger als ein Räuber betrachtet werden, der, um leben zu können, sich für fünf Sous am Tag verkaufe, sondern als ein Bürger, der seine Pflicht dem Vaterlande gegenüber erfüllt. Der von Natur aus tapfere Adel solle sich üben, auch in Gehorsam und Unterordnung, aber wieder nicht nach dem Vorbild der anderen Mächte, sondern um eine Taktik zu erlernen, die ihm angemessen ist: "la petite guerre" - Armeen zu vernichten, ohne jemals eine wirkliche Schlacht zu liefern.

Das wichtigste sei es, in den Herzen aller Polen eine Art "ivresse patriotique" (3) zu erwecken; sie allein gebe die Kraft,- nicht einer vorübergehenden Unterwerfung zu entgehen - einer dauernden Unterdrückung mit Erfolg zu begegnen. Rousseau kann es sich nicht vorstellen, daß die Konföderierten von Bar gänzlich ohne Unterstützung von Bürgern und Bauern geblieben sein sollten. Solche Bürger müßten mit allen Zeremonien in den Adelsstand erhoben, solchen Bauern müßte die Freiheit gegeben werden. (4) Auf jeden Fall aber sei es notwendig, den riesigen Abstand zwischen den Magnaten und den gänzlich verarmten Adligen zu verringern, vor allem auch deshalb, weil der Luxus der großen Herren die Habsucht der Kleinen hervorrufe und dann in den Herzen keine andere Regung mehr Platz habe. Den Luxus, die Ursache der Korruption, müsse man gänzlich ausrotten, auch dies ist eine notwendige Erziehungsmaßnahme, um die Republik instand zu setzen, genügend Widerstandskraft gegen den Feind aufzubringen. (5) Rousseau widmet der Erziehung und der Art und Weise, wie in Polen zukünftige Ämter besetzt und Reichstage abgehalten werden sollen, viele Überlegungen, auf die wir hier im einzelnen nicht eingehen wollen. Immer wieder aber wird deutlich, daß er die Konföderierten hochschätzt, die Polen in ihrer nationalen Eigenart bestärken will und eben darin ihre eigentliche Überlebenschance sieht. (1)

Rousseau schrieb die "Considérations" im Winter 1770/71 (2), im September hatte Puławski Częstochow von den Russen erobert. Aber erst im Juni 1771 war das Werk beendet. (2) Zu diesem Zeitpunkt hatten die Konföderierten schon einige Rückschläge hinnehmen müssen. Seit Juli 1771 waren die "Considérations" Choiseul, seinem Nachfolger D'Aiguillon, Hennin, (3) Gérard und Rulhière bekannt. Auch der Abbé Mably hat den Text gesehen. (4)

2.5.1.9. Mably

Mably hat sich unter den Titeln "Du gouvernement et des lois de Pologne" (5) und "De la situation Politique de la Pologne en 1776" (6) mit dem gleichen Thema auseinandergesetzt. (7) Der Vertreter der Barer Konföderation, Wielhorski, hatte sowohl Rousseau als auch Mably die gleichen Unterlagen zur Verfügung gestellt. Mablys Schrift "Du gouvernement et des Lois de Pologne" wurde erst 1789 in London publiziert; jedoch entstanden die beiden Teile ungefähr zur gleichen Zeit wie Rousseaus "Considérations": Teil 1 im August 1770 - v o r Rousseaus Werk -, Teil 2 im Juli 1771 - n a c h Vollendung der "Considérations". (8)

Im Gegensatz zu Rousseau, der, obwohl nicht blind für die Fehler der Polen und die Mißbräuche ihrer Verfassung, die Republik, vor allem die Konföderierten mit Verständnis und Wohlwollen betrachtete, hat Mably (9) für sie nur Verachtung übrig. In "Le banquet des Politiques" macht er sich über die politische Unwissenheit und Verblendung polnischer Würdenträger lustig und will den Leser glauben machen, selbst die an wichtigster Stelle des Staates stehenden Männer hätten keine Ahnung von den Gründen für den Niedergang der Republik und ständen den Ereignissen immer noch fassungs- und verständnislos gegenüber. (10) Mably schildert Polen, als sei es die Tatarei, voller Schmutz, ohne Unterkunftsmöglichkeiten, ohne Städte, die diesen Namen verdienen. (11) Man habe ihm in Paris die Polen ganz falsch geschildert, er schäme sich, so getäuscht worden zu sein. (12) Es sei ihnen nicht einmal klar, daß aus einer Verfassung wie der ihren nichts anderes resultieren könne als eine "anarchie monstrueuse". (13) In Polen finde man die schrecklichste Unwissenheit, die gewöhnlichsten Vorurteile, den dümmsten Aberglauben und den größten Starrsinn; die Konföderation von Bar sei nichts anderes als eine Angelegenheit der Intrige: ehrgeizige Frauen hätten den Neid und die Eifersucht einiger Magnaten auf Stanisław Poniatowski angefacht. (14)

Die gleichen Auffassungen begegnen uns auch in der kurzen Schrift "De la situation politique de la Pologne en 1776".(15) Es gebe keine Hoffnung für Polen, jemals seine Situation verbessern zu können. (16) Es fehle an verdienten Männern, welche die Nation zu führen verstehen; und wenn es sie gäbe, so seien nicht genügend gebildete Staatsmänner da, um Polen eine neue Regierungsform zu geben, denn mit der alten könne es unmöglich bestehen. (1) Im übrigen ist Mably der Ansicht, daß die völlige Aufteilung der Republik in absehbarer Zeit geschehen werde, und sei es nur deshalb, um einen möglichen Konflikt zwischen den Teilungsmächten zu vermeiden. (2) Jeglichen Funken von Vaterlandsliebe und Mut suche man in Polen vergeblich, die Könige aus dem sächsischen Hause hätten den Adel durch die Einführung des Luxus verweichlicht. (3) Vom polnischen Adel hält Mably ohnehin nichts: die Adligen ohne Vermögen gehen den niedrigsten Beschäftigungen im Hause eines Magnaten nach; wenn sie Mut besitzen, zeigen sie ihn, indem sie ihren Herren berauben. (4) Von den Magnaten sagt der Autor, daß es ihre Intrigen, ihr gegenseitiger Haß und ihre Zwietracht gewesen seien, die das Unglück über Polen brachten. (5) Der mittlere Adel sei zwar weder vom Elend noch vom Luxus korrumpiert und somit eigentlich zum Kampf für das Vaterland berufen: aber er sei so unwissend, daß er nichts unternehmen könne. Bauern und Bürger, so Mably, fallen als mögliche Bundesgenossen im Kampf gegen die Teilungsmächte aus. (6)

In der 1770 verfaßten Schrift "Du gouvernement et des lois de Pologne" (Teil 1) stellt Mably die Lage der Polen noch nicht ganz so aussichtslos dar. Allerdings hat es den Anschein, als ob der Autor selber davon nicht ganz überzeugt ist. Er macht nämlich seine positive Beurteilung davon abhängig, daß die Information zutreffend ist, die Magnaten hätten ihre alten Fehden vergessen und seien durch das gemeinsame Ziel einander nähergekommen. Der Zusatz: "Comme je n'en doute point aprês nos conversations" (7) klingt jedenfalls nicht sehr zuversichtlich. (8)

Im übrigen ist der Atuor der Meinung, die Republik habe ihr Unglück ganz allein ihren schlechten Gesetzen zu verdanken; (9) "anarchie la plus monstrueuse", das ist die ständig wiederholte Formel des Verfassers zur Kennzeichnung des polnischen Staates. Natürlich ist das Liberum veto ein Mißstand, aber es sei nicht die Quelle allen Übels. Es sei selber nur die Folge eines noch älteren Mangels; (10) ebenso wie die Konföderationen, die er mit Verschwörungen gleichsetzt, (11) ist es abzuschaffen. Die ständigen Konföderationen hätten die Polen, so Mably, an den Zustand des Bürgerkrieges gewöhnt. (12) Die meisten seien ohnehin nur das Werk einiger weniger ehrgeiziger Männer gewesen, die sich ein Vergnügen daraus machten, die Interessen des Vaterlandes den eigenen zu opfern. (13) Da er die fest eingeprägten Ansichten der Polen in Bezug auf ihre Gebräuche kenne, habe er nicht die Aufhebung des Liberum veto und das Verbot der Konföderationen gefordert, sondern er rate, beides in Vergessenheit geraten zu lassen. (14) Den Barer Konföderierten wirft er vor, sie handelten nicht mit dem nötigen Druck, seien zu abwartend, hielten sich zu sehr in der Defensive. (15) Im übrigen ist er wie Rousseau der Ansicht, daß der Kleinkrieg die den Polen gemäße Art der Kriegführung ist. (16) Bei dem gegenwärtigen Zustand Polens - der Existenz des Liberum veto und der Konföderationen, der Diskrepanz im Vermögen der Adligen, der großen Ausdehnung der Provinzen - hält Mably die freie Königswahl für äußerst schädlich und die Einführung einer Republik oder aber einer Aristokratie für unmöglich. Der einzige Weg zu einer Stabilisierung der politischen Verhältnisse sei die Erblichkeit der Krone. Da die Polen nicht imstande seien, einen Piasten als König zu ertragen (1) und ein auswärtiger Fürst den benachbarten Mächten ein ständiger Anlaß zur Einmischung sei, bleibe die Erblichkeit der Krone die einzige Möglichkeit.

Hier wird auch das Bild deutlich, das der Verfasser vom polnischen Adel hat: seine ständige Zwietracht hat den Staat geschwächt und wird ihn auch völlig ruinieren, wenn keine Abhilfe geschaffen wird. (2) Die Magnaten folgen lieber ihren ehrgeizigen und tyrannischen Plänen, wirkliche Gleichheit wollen sie nicht. (3) Sie sind träge, (4) denken nur an Reichtum und Luxus. Man müsse aus eigensüchtigen und kriecherischen Adligen Männer machen, die ihre Ehre darin sehen, sich zum Wohle des Vaterlandes Bildung anzueignen, Verdienste zu erwerben. (5) Wo man in Polen auch hinblicke, alles sei in einem desolaten Zustand! Kein Handel, keine Manufakturen, unbebautes Land, die Verwaltung ein einziges Durcheinander, ungerechte und barbarische Gesetze,besonders den Bauern gegenüber; ein niedriger Adel, der sich zu demütigenden Diensten bei den Magnaten verstehen muß, das völlige Fehlen von Handwerkern, die gänzlich unbrauchbare Armee. (6)

Im Gegensatz zu Rousseau ist Mably eher der Meinung, daß die Polen dem Beispiel ihres erfolgreichen Nachbarn hätten folgen sollen. (7) Er betrachtet den polnischen Adel mit einer Art Schrecken: herrisch, obwohl heruntergekommen, d.h. unverschämt; der seine Erniedrigung am Volke ausläßt, voll von alten vorgefaßten Meinungen ist und keine bürgerlichen Pflichten kennt. (8) Jeder Pole sei entweder ein Unterdrückter oder ein Tyrann, je nachdem, ob er schwach oder stark ist. Die Gesetze blieben ohne Wirkung, da es der Exekutive an Macht fehle, ihnen Geltung zu verschaffen. Solange dieser Zustand herrsche, die Polen nicht ernsthaft an einer Reform arbeiteten, solange bleibe die Republik Schauplatz immer der gleichen Unordnung. Der kleine Adel werde es eines Tages müde sein, den Schatten einer Republik zu verteidigen, die nur Sklaven oder Tyrannen produziert. Diese Adligen hätten nichts zu verlieren, wenn sie unter die Herrschaft einer fremden Macht geraten. (9)

Aus Mablys Ausführungen kann man eine tiefe Skepsis in Bezug auf die möglichen Reformen in Polen entnehmen. Er scheint darin bestätigt zu werden durch das spätere Geschehen.

2.5.1.10. Mêhée de la Touche

Hatten die meisten der in diesem Kapitel herangezogenen Schriften die Ereignisse in der Zeit unmittelbar vor oder während der Teilung Polens zum Gegenstand, so wollen wir uns nun noch zwei weiteren Werken zuwenden, die während der französischen

Revolution erschienen sind und die beide auch Bezug nehmen auf die am 3. Mai 1791 verabschiedete polnische Verfassung. Die Verfasser, Méhée de la Touche und J. Ph. Garran, unterscheiden sich in der Darstellung Polens. Beide Verfasser sind von den Ideen der französischen Revolution geprägt, und doch ergibt sich bei mancher Übereinstimmung im Urteil für den Leser ein unterschiedliches Bild. Das liegt vor allem an der Art der Darstellung. Das Buch Méhée de la Touches "Histoire de la prétendue révolution de Pologne avec un examen de sa nouvelle constitution" erschien 1792 in Paris. Der Verfasser ist in Polen gewesen, von dort nach Rußland gereist (1788) und nach dem 3. Mai 1791 nach Polen zurückgekehrt. Bevor er nach Rußland abreiste, äußerte er sich außerordentlich positiv über Land und Leute, nach seiner Rückkehr redigierte er die "Gazette de Varsovie" und machte sich aufgrund seiner aufrührerischen Artikel der Polizei verdächtig, so daß der Polen verlassen mußte. Jean Fabre nennt ihn einen "agent provocateur" in Diensten Katharinas, einen Revolverjournalisten, der von russischem Geld bezahlt wurde. (1)

Das hier zu untersuchende Werk läßt daher auch nichts mehr von einer positiven Einstellung zu den Polen spüren; Méhée hat nur Verachtung für sie übrig. War er 1788 noch der Ansicht - wie viele Schriftsteller vor ihm auch - daß Polen und Franzosen einander ähnlich seien, (2) so heißt es 1792: "... quel rapport y a-t-il entre les Polonois et nous? Nous sommes une Nation brave et nombreuse, les Polonois ne sont plus ni l'un ni l'autre, nous sommes tous égaux et libres, les Polonois abhorrent l'égalité ... nous avons conquis notre liberté et nous la défendons au prix de notre sang, les Polonois ont de tout temps vendu la leur au plus offrant. La France n'a rien de commun avec la Pologne." (3) Das Bestreben, die Polen in den Augen der Revolutionäre zu diskriminieren, wird schon in seinem Vorwort deutlich: man könne die französische Revolution nicht stärker herabsetzen, als wenn man sie mit der polnischen vergleiche. (4) Die Polen selber seien der Auffassung, nur eine gute Verfassung fehle ihnen, um ein blühendes Staatswesen zu werden; Méhée ist der Ansicht, daß, bei der Betrachtung aller Vorurteile, ihrer Gebräuche, ihrer Fehler, man zu dem Schluß kommen müsse, Polen werde lange ohne Verfassung sein (5) - es sei nicht dazu geeignet. Seine Meinung vom polnischen Adel ist außerordentlich gering: er macht den niedrigen Adel lächerlich, (6) kritisiert die Adligen, die sich auf das Vorbild ihrer Vorfahren berufen; (7) wenn sie gebeten würden, für das Vaterland Opfer zu bringen, kehrten sie zur alten polnischen Kleidung zurück: "l'amour sacré de la liberté, l'horreur de l'oppression, qui chez tous les peuples enfantent des miracles, ne réussissent en Pologne qu'à faire repousser quelques moustaches". (8) Die Polen seien treulos und ohne Gesetz, das Wort eines Kalmücken sei hundertmal mehr wert als das eines Polen. (9)

Warschau sei ein häßlicher, schlecht gebauter schmutziger Ort, dunkel und gefährlich: "Varsovie, qui d'ailleurs est la sodôme moderne, le repaire des aventuriers, et le centre de tous les vices." (1) Es erübrigt sich, noch weiter auf diesen Text einzugehen; natürlich läßt er an der Verfassung von 1791 kein gutes Haar - sie erscheint ihm heuchlerisch, da die Bauernbefreiung (2) nicht durchgesetzt und die Lage der Bürger auch nicht wesentlich verbessert wurde. (3)

Méhée glaubt im übrigen auch nicht an eine weitere Teilung; diese Gerüchte seien von den Polen mit der Absicht in Umlauf gebracht worden, um eine schnellere Entscheidung im Sejm herbeizuführen. (4) Kennzeichnend für seine Meinung von den polnischen Adligen ist auch die Äußerung, daß die Menschlichkeit und die Tugenden Stanisław Leszczyńskis den Polen dermaßen mißfallen hätten, daß er gezwungen war, ein anderes Volk glücklich zu machen. (5)

Wesentlich anders stellt sich Polen in der Schrift Garrans "Recherches politiques sur l'Etat ancien et moderne de la Pologne, appliquées à sa dernière Révolution" dar. (6)

2.5.1.11. Garran

Im Gegensatz zu Méhée de la Touche,der die Russen nur ganz selten erwähnt und Katharina als eine zu aufgeklärte Herrscherin bezeichnet, als daß sie solche Untertanen wie die Polen überhaupt haben wolle, im Gegensatz dazu äußert sich Garran sehr häufig über die Russen und ihre Herrscher. In seinem Vorwort erläutert der Autor das Ziel des Buches: es müsse allen Lesern ganz deutlich die Notwendigkeit zeigen, "de relancer dans les déserts de la Moscovie ces hordes de Russes (!) qui, dégénérés de la servitude elle-même par leurassujettissement au joug de tant de femmes, viennent dans ce siècle de régénération et de lumières, étendre leur dépopulation et leur barbarie sur les plus beaux pays de l'Europe ..." (7) Rußland ist für ihn, ebenso wie die Türkei, trotz einiger westlicher Provinzen ein asiatischer Staat. (8) Die russischen Adligen bezeichnet er als "cette autre espèce de serfs qu'on appelle des nobles en Russie", (9) die russischen Richter sind die bestechlichsten in Europa. Die von Katharina zusammengerufene Kommission, welche den neuen Gesetzeskodex beraten sollte, nennt er "des esclaves de toutes ses provinces". (10) Für Katharina II. hat der Autor nur Verachtung übrig: er nennt sie: "la Brunehaut du Nord" (11), "la chaste Catherine" (12) und "cette religieuse souveraine". (13) Er wünscht den Russen, daß ihnen ein neuer Pugačev erstehe, der dieses Land endlich befreien werde. (14) Für alle Herrscher Rußlands hat er ein ablehnendes Urteil: "ce féroce Pierre Alexiewicz qui fit mourir son fils, et sa femme Catherine I, qui l'a, dit-on, empoisonné lui-même, et leur digne successeur Catherine II., qui fit aussi périr le czar son mari." (15) Voller Verachtung spricht er von den "valets d'une femme Russe" - damit meint er die Minister Katharinas ! - welche die ersten Staatsmänner wie auch die niedrigsten Knechte mit der Knute umbringen lassen oder diese verstümmelt nach Sibirien schicken können. (16) Wenn er Vergleiche zwischen Russen und Polen anstellt, so fallen diese immer zugunsten der letzteren aus: die Russen sind viel intoleranter in Glaubensfragen und viel lasterhafter, (1) in Polen habe es keine Religionskriege und keine Massaker gegeben, noch nicht einmal die Inquisition sei dort vertreten gewesen. Garran schreibt diesen Umstand dem Nationalcharakter zu: die Polen seien von Natur aus sanfter. (2)

Trotz dieser grundsätzlich positiven Einstellung den Polen gegenüber hat Garran doch eine Menge Vorbehalte, die sich zum Teil - wie auch die Urteile über die Russen - aus seiner politischen Überzeugung erklären lassen. Garran ist der Ansicht, daß sich die Polen mit mehr Energie als Einsicht auf dem Wege zur Freiheit befinden, (3) daß sie eine interessante, aber in Frankreich weitgehend unbekannte Nation seien, (4) daß Polen ähnliche Aufgaben hätte wie die französische Republik. Polen müßte die gleichen Hindernisse überwinden: einen Tyrannen ächten, die Monarchie zerstören, den Adel verschwinden lassen, die Freiheit errichten, die Liga der Despoten bekämpfen. (5)

Die Frage, die Garran sich in seiner Einleitung stellt und die in ihrer jakobinischen Formulierung überspitzt klingt: ob es Polen gelingen werde, seinen Platz wieder zu erobern, indem es auf dem jetzt beschrittenen Weg fortfahre, oder ob es den benachbarten Despoten - oder der eigenen Uneinigkeit - zum Opfer fallen werde, diese Frage sollte kurz darauf negativ beantwortet werden. (6) Der Autor versucht in seiner Schrift zu ergründen, wie es dazu kommen konnte, daß für eine privilegierte Klasse die größtmögliche Freiheit erreicht werden konnte auf der Grundlage der Knechtschaft des Restes der Nation. (7) Dabei betont er noch einmal die außerordentliche Tatsache, daß ein Volk, Retter Europas vor den Türken, dessen Herrscher noch im 17. Jahrhundert die Moskoviter besiegten und deren Krone ausschlugen, das allein durch seine Hilfe die Habsburger vor dem türkischen Joch bewahrte, dem die Kurfürsten von Brandenburg den Lehenseid schuldeten, daß dieses Volk nun eben den genannten Mächten zum Opfer fiel. Die Lösung dieses Rätsels liege in den Eigentümlichkeiten, die auf einzigartige Art und Weise die polnische Geschichte charakterisieren. (8) Von der Natur sei das Land gut ausgestattet worden, allerdings gebe es zur Ausbeutung der Naturschätze kaum Menschen. Wenn man es durchreise, glaube man sich in den amerikanischen Kolonien: kaum Städte, schlechte Wege, keine Gasthäuser. (9) Die Lage der Bauern beschreibt er ähnlich wie de Tende, natürlich aber mit mehr moralischer Entrüstung. Allerdings fügt er hinzu, daß es den russischen Leibeigenen noch viel schlechter gehe "parce que leurs maîtres ... sont beaucoup plus féroces." (10) Die Bewohner der Städte, so Garran, seien fast zu der gleichen Bedeutungslosigkeit gebracht wie die Bauern. Die Bürger könnten keine Staatsämter bekleiden und kein Land erwerben; daher seien die Städte hauptsächlich von Fremden bewohnt, welche die notwendigsten Handwerke ausüben. (11) Der Kontrast zwischen äußerster Freiheit und extremer Knechtschaft sei kennzeichnend für Polen, aber, so meint Garran, eigentlich für alle Reitervölker. (12)

Ausführlich beschäftigt sich der Autor mit der Verfassung. Wie Pimpie de Solignac betont er die Unveränderlichkeit der polnischen Sitten und Gesetze. (1) Die Entstehung des Liberum veto führt er auf die Tatsache zurück, daß niemand zur Annahme eines Gesetzes gegen seinen Willen gezwungen werden sollte; (2) es sei langsam entstanden, und wahrscheinlich habe es 1652 die allgemeine Anerkennung gefunden. Dieses Recht habe zur permanenten Einflußnahme auswärtiger Mächte auf die inneren Angelegenheiten der Republik geführt. (3) Das Liberum veto sei auch deshalb als Privileg erhalten geblieben, um der "populace de la noblesse" den enormen Abstand zu den Magnaten und den mittleren Adligen erträglich zu machen. (4)

Der Ruin der polnischen Republik sei nicht zu verhindern gewesen, wenn man bedenke, auf welche drei Grundsätze man die polnische Verfassung zurückführen könne: Bürger seien nur die unnützen Männer, welche die arbeitsamen unterdrücken. Jeder Bürger oder Adlige könne sich gegen die Gesetze erheben und außerdem noch verhindern, daß man neue erlasse. Er könne ungestraft Unrecht tun und sein Vaterland verraten, ohne daß man ihn zur Verantwortung ziehen könne. (5)

Die Verfassung müsse also unbedingt geändert werden, nur gehe das in Polen nicht auf dem Wege einer Erhebung: "par une singularité dont l'histoire fournit peu d'exemples ... les insurrections sont devenues une partie de la constitution; et comme l'anarchie étoit l'état ordinaire du gouvernement, c'est par ces insurrections mêmes ... qu'on a essayé de rétablir l'ordre dans les temps de crise." (6) Mit diesen Worten umschreibt Garran die Konföderationen. Wenn sie auch, wie man sagt, Polen oft gerettet haben, so seien sie doch eine ständige Quelle der Zwietracht, ein Instrument für die benachbarten Mächte, ihre eigenen Interessen in Polen durchzusetzen. Garran nennt die Konföderation von Wilna, "vendue à la Russie, qui a porté son vil protégé [Stanisław!] sur le trône en 1764", und die von Targowica 1791. (7) Daher seien sie oft der Gipfel allen Übels. (8) Nicht eine einzige Konföderation habe die Befreiung der Bauern zum Ziel gehabt. (9) Das eigentliche Verbrechen der polnischen Regierung bestehe darin, daß sie das Volk so lange unterdrückt habe, und der Adel sei umso schuldiger, als er selber sich für die Freiheit begeisterte.

Polen befinde sich noch in den Zeiten des 14. Jahrhunderts, nur wenige Nichtadlige könnten lesen und schreiben, der Müßiggang des Adels habe zu einer Verderbnis der Sitten geführt. (10) Der Mißerfolg der Verfassung von 1791 habe gezeigt, daß der König und die Adligen das Vaterland nicht würden retten können. (11) Das einzige, wirklich wirksame Mittel sei die Befreiung der Bauern, die gerechte Verteilung von Rechten und Pflichten für alle, Adel und Bauern sollten gemeinsam eine neue Verfassung erstellen, (12) die Adligen mit dem Volk verschmelzen. (13) Man kann aus Garrans Vorwort schließen, daß auch er das polnische Volk, versehen mit den "plus heureuses dispositions" (14) als Bollwerk gegen die Russen sieht, an denen er überhaupt nichts Positives finden kann.

2.5.2.1. Favier, Broglie

Deutlicher als bei Garran wird die Idee, Polen als Barriere gegen die Russen zu benutzen, (1) bei dem Grafen Broglie, der in Zusammenarbeit mit Favier in einigen Memoranden für den König die französische Diplomatie seit 1756 kritisch Revue passieren ließ. So entstanden die "Conjectures raisonnées sur la situation actuelle de la France dans le Système Politique de l'Europe". (2) Das erste Memorandum wurde Ludwig XV. am 16. April 1773 übergeben, bis August 1773 erhielt der König noch 11 weitere Schriftstücke. Favier (3) war ein talentierter politischer Schriftsteller und mit Broglie bekannt. (4) Wir lassen die Ausführungen Faviers zur Stellung Frankreichs im europäischen Staatensystem beiseite und untersuchen seine Äußerungen, die Polen und Rußland betreffen.

Im gleichen Band wie die "Conjectures" ist auch ein Memorandum abgedruckt, das Broglie zur Kenntnisnahme für den Dauphin (1.3.1774) über die Teilung Polens verfaßt hat. (5) In beiden Schriften, sowohl in diesem Memorandum als auch in den "Conjectures" kommt Broglies kritische Einschätzung der französischen Außenpolitik seit dem Vertrag von Versailles deutlich zum Ausdruck. Broglie läßt klar seine Ansicht erkennen, daß es ein Fehler Frankreichs war, ein Land vom russischen Despotismus unterdrücken zu lassen, das durch traditionelle Bande mit Frankreich verknüpft und dessen Nutzen offensichtlich war. (6) Er ist ferner der Auffassung, daß eine energische Unterstützung der Konföderation von Bar ganz Polen unter die Waffen gebracht hätte; und alle russischen Armeen hätten nicht ausgereicht, diese Menge zu zerstreuen. Rußland sieht er mit dem Sieg über die Türken fast am Ziel, das seit Peter dem Großen für die Politik des russischen Reiches bestimmend gewesen sei. (7)

In den "Conjectures" schätzt er die Russen militärisch stark ein; (8) ein Gegengewicht gegen deren enorme Macht sei unbedingt notwendig. (9) Broglie hält Rußland für den Ursprung aller Verwicklungen im Norden seit dem Beginn des Jahrhunderts. (10) Dabei geht er auch auf die Rolle des großen Zaren ein: er habe den Plan gefaßt, seinem Volk den Rang unter den großen Nationen Europas zu erkämpfen und habe das auch erreicht durch die Kriege gegen die Schweden und die Türken. Durch seine Niederlagen sei August II. gezwungen gewesen, sich in die Arme seines mächtigen Nachbarn zu werfen, - dieser habe dadurch den Vorwand gehabt, sich immer in die polnischen Angelegenheiten einmischen zu können. Trotz der Verschwörungen und Revolutionen habe Rußland nichts von seiner Macht verloren: zwar habe der Souverän gewechselt, aber die Macht sei nicht beeinträchtigt gewesen , Bürgerkriege habe es nicht gegeben, das System sei nicht geändert worden und werde sich auch nicht ändern. (11)

Einen längeren Abschnitt widmet Favier (Broglie) der Untersuchung, ob ein erneuter Umsturz - etwa zugunsten des Großfürsten Paul - im Bereich des Möglichen liege. Er glaubt es nicht, und wenn doch einer stattfinden sollte, würde er an den Prinzipien der Innen- und Außenpolitik - er wiederholt es - nichts ändern, (1) weder in Bezug auf Schweden, noch auf Polen oder die Türkei. Die Stoßrichtung zum Schwarzen Meer gegen die Türken ist nach Favier eine traditionelle Komponente der russischen Außenpolitik, vor allem auch aus wirtschaftlichen Gründen. Der Verfasser verfällt nun allerdings nicht in den Fehler mancher Schriftsteller, die, wie er sagt, dafür bezahlt wurden, um Europa mit übertriebenen Zahlen von der russischen Grösse zu berauschen - es sei bekannt, trotz der Geheimhaltung der russischen Verwaltung, welche Anstrengungen zur Rekrutierung im Türkenkrieg unternommen werden mußten, und die Friedensbeteuerungen Petersburgs gegenüber Schweden seien auch nur darauf zurückzuführen, daß Armee und Flotte größter Anstrengungen bedürften. (2) Die ständigen Rekrutierungen erschöpften die Bevölkerung; aber diesem Mißstand sei bei einem Volk von Sklaven schnell abgeholfen. Die Verschwendung von Menschen sei im übrigen üblich in Rußland: Peter habe Millionen von ihnen im Krieg und für seine Bauten geopfert, seine Nachfolger seien seinem Beispiel gefolgt. (3) Rußland ist nicht nur stark durch seine militärischen und menschlichen Reserven, es hat auch nützliche Verbündete - ohne sie, so meint Favier -, hätte es Polen niemals unterwerfen können. (4)

Die Polen werden durch die Armeen der drei Teilungsmächte zur Zustimmung zu den Verträgen gezwungen, wer sich gegen diese auflehnt, wird als Rebell behandelt. Die russischen Truppen, so meint der Autor, können sich dann aus Polen zurückziehen, und wenn der Friede mit den Türken geschlossen ist, kann Rußland alle Vorbereitungen für einen Angriff auf Schweden abschließen. (5) Rußland ist "victorieuse et menaçante de tous côtés", (6) und kann wirklich effektiv nur mit englischer Unterstützung in die Schranken verwiesen werden. (7) Polen habe man dank der Unentschlossenheit des französischen Ministeriums den russischen Generälen und dem Hof in Petersburg ausgeliefert und so den Anlaß zu weiterreichenden Plänen gegeben. (8) Frankreich habe im Norden jede Glaubwürdigkeit verloren, die Polen glaubten nicht mehr an die französische Unterstützung: ein Teil des Adels habe sich den Russen zugewandt, ein anderer habe den Bürgerkrieg entfesselt. Es gebe keine Republik Polen mehr; der König werde nur solange König sein, als es den Teilungsmächten beliebe. Ob es noch eine weitere Teilung gebe oder nicht - Polen werde keine Verbindungen mehr mit europäischen Mächten haben. (9) Die Schuld an dieser Entwicklung liegt nach Ansicht Faviers/ Broglies in der französischen Passivität. Zwar habe sich Frankreich oft in die polnischen Angelegenheiten eingemischt, "mais jamais avec les moyens qu'elle auroit dû employer". (10)

2.5.2.2. Broglie: Correspondance secrète

Hier wird die Enttäuschung deutlich, die Broglie empfinden mußte, der 20 Jahre versucht hatte, den russischen Einfluß einzudämmen und eben aus diesem Grunde Polen als Staat erhalten wissen wollte. Broglie, der Polen aus eigener Anschauung kannte (Botschafter in Polen 1752-1758), hat als Mitglied des "Secret du Roi" (1) versucht, getreu seiner Instruktion durch den Prinzen Conti (30.7.1752), dem russischen und österreichischen Einfluß in Polen entgegenzuarbeiten und am Zustandekommen einer Allianz zwischen Schweden, der Pforte, Preußen und Polen unter französischer Führung mitzuarbeiten. Oberstes Ziel der Politik im Norden sollte es sein, "de former une barrière impénétrable entre la Russie et le reste de l'Europe." (2) Um diesem Ziel näherzukommen, mußte eine starke französische Partei in Polen unterhalten werden. Broglie hat sich sowohl während seiner Botschaftertätigkeit als auch in seiner Eigenschaft als Leiter des "Secret" (3) völlig in den Dienst dieser Politik gestellt. (4)

In seiner geheimen Korrespondenz mit Ludwig XV. erscheint das russische Reich als eine Macht, die das Gleichgewicht im Norden bereits stark erschüttert hat, als gefährlicher Feind Frankreichs, den man niemals aus der Bedeutungslosigkeit hätte herauslassen dürfen. Am besten sei es, so meint Broglie, wenn ein Umsturz, dem von französischer Seite mit Geld nachgeholfen werden könne, Rußland in die alte "Anarchie" zurückstürzen lasse. (5)

Die Hoffnung auf gewaltsame Veränderungen flackert immer wieder auf, (6) besonders da die Ansicht vorherrscht, daß die russische Regierung mehr als andere Revolutionen unterworfen sei. (7) Während des Krieges der Russen mit den Türken rechnen einige französische Diplomaten, ganz vorsichtig auch Broglie, mit einer Erschöpfung der Finanzen der Zarin, die sie dann an weiteren Expansionen hindern würde. (8) Aber im Frühjahr 1773 kommt Favier (Broglie) - wie erwähnt - doch zu der Erkenntnis, daß auch ein Umsturz an den allgemeinen Prinzipien der russischen Politik nichts ändern würde. (9) Daß dieses Reich als Symbol des Despotismus - und zwar in der negativen Bedeutung des Begriffs - (10) schlechthin gesehen wird, ist aus Broglies Einstellung und den Erfahrungen während seiner diplomatischen Tätigkeit fast selbstverständlich. (11) Der Petersburger Hof - zur Zeit Elisabeths - wird gekennzeichnet mit den Begriffen "désunion", "intrigues", "cabales", (12) und Katharina II. ist in Broglies Augen eine Herrscherin, die von Ehrgeiz, Hochmut und Eitelkeit geleitet wird. (13) Die Russen seien eine hochmütige Nation, (14) und ihre Regierung trage sich ständig mit Expansionsplänen. (15)

Wenn man sich an die Auffassung Broglies von der Funktion Polens im politischen System Frankreichs erinnert, so ist erklärlich, daß jegliches Ausbreiten russischen Einflusses in der Adelsrepublik auf seine Kritik stoßen mußte. Polen (auch Schweden) ist der Ort, an dem die Interessen Frankreichs und Rußlands aufeinanderstoßen, und Broglie ist der Ansicht, daß die Zarin nicht eher Ruhe geben werde, als bis der französische Einfluß gänzlich aus Polen verschwunden sei. (16) So wird daß Vorgehen Katharinas im Nachbarstaat seit 1763 auf das schärfste verurteilt, das Verhalten der russischen Soldaten kritisiert. (17)

Für Broglie aber sollte Polen das Bollwerk gegen die russische Expansion bilden, auch wenn er sich durchaus keinen Illusionen über die politischen Fähigkeiten der führenden Gruppen in diesem Lande hingab. Wenn sie jedoch gut beraten und geleitet, in ihrem Eifer gezügelt und auf vorsichtige Politik ohne Emotionen und innere Auseinandersetzungen geführt würden, dann könnte die Republik durchaus wichtig für Europa sein.(1)

Aus den Briefen des Grafen wird deutlich, wie er die polnischen Adligen einschätzt: sie seien sehr indiskret,(2) in ihren Entscheidungen richteten sie sich nur nach ihrem persönlichen Vorteil, (3) sie hätten keine Vorstellungen von den anderen europäischen Höfen und ihren Interessen und seien geneigt, alle anstehenden Probleme auf ihre inneren Streitigkeiten zu beziehen. Die Republik befinde sich im Augenblick in einem Zustand der Anarchie, der Demütigung, (4) "dans un estat de nullitê"; (5) aber unter dem Eindruck des Zulaufs zu den Konföderierten Anfang des Jahres 1769 hat er doch Hoffnung auf eine Veränderung der Verhältnisse. (6) Dabei überschätzt er die Konföderierten durchaus nicht: er weiß, daß viele von ihnen ihre eigenen Landsleute durch ihr Verhalten gegen sich aufbringen, daß sie untereinander uneinig und auch nicht sehr verläßlich sind; aber, so meint er, das lasse sich durch eine gute Führung und Hilfe von auswärtigen Mächten ausgleichen. (7) Von einer "multitude rassemblêe au hazard" (8) könne man nichts anderes erwarten, aber unter dem Kommando französischer Offiziere hätten sie schon gute Erfolge gehabt; (9) man müsse sich eben auf ihre besondere Art einstellen. (10) Die Qualifizierung Polens als "malheureux Royaume" (11) taucht auch bei ihm auf, ebenso wie die Begriffe "confusion", "dêsastres" zur Kennzeichnung der inneren Zustände.(12)

Für den polnischen König dagegen bringt Broglie kein Verständnis auf: war er 1768 noch der Ansicht, Frankreich solle zwischen der Republik und dem König vermitteln, (13) so ist er vier Jahre später der Überzeugung, daß Stanisław II. August immer im Einverständnis mit Katharina II. gewesen sei, (14) er habe sein Schicksal verdient. (15) Welchen Eindruck müssen die Berichte über die Konföderierten von Bar (16) und über die Zustimmung der Mehrheit der Bevölkerung zu ihren Zielen auf ihn gemacht haben - trotz aller Bemühungen von russischer Seite, wie Broglie bemerkt, deren Erfolge herabzusetzen und die Konföderierten als Rebellen zu brandmarken, (17) - wenn er zeitweilig von seiner Prognose einer baldigen Teilung Polens abrückt. (18) Als diese dann Tatsache wird, weist Broglie noch einmal darauf hin, welchen Verlust an Ansehen dies Ereignis für Frankreich bedeute. (19)

2.5.2.3. Instruktionen für die Gesandten

Aus den Instruktionen für die französischen Gesandten in Polen (20) - seit der Königswahl 1697 bis zum Zeitpunkt der ersten Teilung - geht hervor, welch ein großes Interesse die Politik Frankreichs an diesem Land nahm. Auch aus ihnen tritt uns ein bestimmtes Bild der Adelsrepublik entgegen. Den dort zum ersten Male residierenden französischen Vertretern wird die Stellung des polnischen Königs und die Macht des Adels erklärt. (1) Schon 1726 wird Polen in der Instruktion für de Livry als ein Land bezeichnet, "qui ne conserve plus[...]que l'ombre et le nom d'une liberté presque éteinte." (2) Die Republik erscheint zu diesem Zeitpunkt als ein Staat, der jegliches Engagement in europäischen Angelegenheiten ablehnt; sein einziges Interesse bestehe darin, im Innern Frieden zu bewahren und, wenn möglich, nach außen strikte Neutralität. Seit Beginn des 18. Jahrhunderts, so heißt es in der gleichen Instruktion, sei Polen vor allem bekannt wegen seiner schwierigen Lage, die es König August verdanke. (3) Das Mißtrauen zwischen dem Monarchen und dem Adel wird öfter angesprochen; (4) die Reichstage werden als nutzlose Versammlungen angesehen und der Adel wird dahingehend charakterisiert, daß es ihm vor allem auf seinen Profit ankomme; er sei unzuverlässig und stelle seinen privaten Vorteil dem allgemeinen Interesse voran. (5)

Dieses Urteil taucht 1729 in der Instruktion an den Marquis Monti wieder auf, die Einschätzung Polens als wehrloser Staat wird wiederholt. (6) Der Adel werde der Gewalt weichen; er sei auch leicht geneigt, sich über seine wahre Lage hinwegzutäuschen, um nicht gezwungen zu sein, aktiv zu werden. Eine vorausschauende Planung könne man von ihm nicht erwarten. (7) In den folgenden Jahren wird der Überzeugung von der völligen Verteidigungsunfähigkeit und der Versklavung Polens durch die Russen immer wieder Ausdruck verliehen. (8) Die innere Zerrissenheit der Republik, die Bedeutung der Streitigkeiten zwischen den Magnaten, (9) ihre Unbeständigkeit im politischen Handeln wird hervorgehoben. (10)

Diese eher negative Einschätzung des polnischen Adels und seiner führenden Familien findet sich in der Instruktion für den Grafen Broglie wieder. (11) Dabei wird auch der Einfallsreichtum der Landboten bezüglich der Erfindung von Vorwänden zur Zerreißung des Sejm angesprochen. Nach Ansicht der französischen Politiker findet sich in den polnischen Gesetzen für jede Absicht, und sei sie noch so schädlich für das Staatswohl, eine Handhabe. (12)

In der Anweisung für den Marquis de Paulmy (13) wird das bisherige Vorgehen Frankreichs in Polen nochmals resümiert und die Adelsrepublik einer kritischen Beurteilung unterworfen. Als gravierendster Fehler der französischen Politik wird die Behandlung Polens als eines den übrigen Mächten Europas gleichberechtigten Staates angesehen. (14) Diese falsche Einschätzung habe zu einer äußerst kostspieligen Politik geführt und sei völlig sinnlos gewesen, da weder Polen Frankreich noch Frankreich den Polen wirksame Hilfe leisten könne.

Die Regierungsform der Adelsrepublik wird als Anarchie bezeichnet, die Gesetze seien den widersprüchlichsten Interpretationen unterworfen und das Liberum veto bilde ein ständiges Hindernis für jegliche auf das Staatswohl gerichtete Politik. Die

Charakteristik des Adels, vor allem der Magnaten, entspricht den bisher genannten Urteilen. Da die "Anarchie" den Interessen Frankreichs entspreche, reduziere sich das zukünftige Vorgehen darauf, Polen als Staat unversehrt zu erhalten.

Die Konföderierten werden ebenfalls mit scharfer Kritik bedacht: (1) da die Bildung einer Konföderation sogleich eine gegnerische ins Leben rufe, resultiere daraus nichts anderes als die Plünderung der Bevölkerung. Diese Zusammenschlüsse seien gekennzeichnet durch Mangel an Ordnung und Disziplin, und ihre Existenz könnte den Russen zum Vorwand dienen, ihre Absichten in Polen zu verwirklichen . Aber da die Polen nichts ohne Geld unternähmen, sei die Gefahr einer Konföderierung des Adels äußerst gering.

In der Instruktion für den französischen Gesandten Bréteuil in Petersburg wird die Rolle umschrieben, die Polen in der französischen Politik im Norden Europas spielen soll: es solle ein Hindernis bilden für die Unternehmungen der Russen. (2)

Die 1760 erfolgte Einschätzung der polnischen Konföderierten wiederholt sich in den geheimen Anweisungen an Taulès, der zur Barer Konföderation geschickt wurde. (3) Man glaubt in Versailles nicht an einen Erfolg der Barer: vorübergehende Siege seien vielleicht möglich, aber die Massen der gut disziplinierten russischen Soldaten würden sie bald erdrücken. Wichtig aber sei es, daß die ganze Nation sich gegen ihre Unterdrückung erhebe. Bis zu diesem Zeitpunkt (1768) hätten es die Uneinigkeit, die Schwäche und die Gleichgültigkeit der Polen mit ihrem Schicksal unmöglich gemacht, etwas zu ihren Gunsten zu unternehmen. Nach Auffassung des französischen Ministeriums muß das unglückliche Königreich zum Kriegsschauplatz gemacht werden, um die russische Expansion zum Stillstand zu bringen. (4) Die Konföderierten selber verdienten kein Vertrauen: sie seien uneinig und unfähig; sie handelten nur aus persönlichem Interesse, nur die wenigsten hätten das Wohl des Vaterlandes im Sinne: sie hätten keine Mittel, keinen Plan, kein System und keine allgemein verbindliche Grundlage. Sie verdienten nur Verachtung; aber das Interesse Polens und die Notwendigkeit, den Vormarsch der Russen aufzuhalten, seien mit ihrer Sache verbunden. (5)

In der offiziellen Instruktion an Taulès ist die Verurteilung der Polen nicht ganz so deutlich: hier wird von eifrigen Bürgern gesprochen, welche sich aus Verzweiflung, Freiheitsliebe und religiösem Fanatismus dazu entschlossen hätten, die Waffen zu ergreifen. (6) Sie würden Polen seine Ehre, seine Freiheit und Unabhängigkeit wieder erkämpfen. (7)

Interessant aber ist der Hinweis, warum Polen trotz aller dargestellten Mängel seiner Verfassung, der politischen Unzuverlässigkeit seiner herrschenden Schicht, der großen Kosten und des geringen Nutzens für Frankreich in der französischen Politik eine große Rolle spielt: die Unternehmungen in Polen stehen immer in engem Zusammenhang mit Rußland. Polen soll der

"Deich" sein gegen die russische "Flut", dieser Gedanke der "Barrière" taucht immer wieder auf. (1) Ist Polen der Hauptgegenstand des "secret", so ist es das einzige Ziel der französischen Politik Rußland betreffend, diesen Staat soweit als möglich aus den europäischen Angelegenheiten herauszuhalten. (2)

Der Begriff, der von den französischen Diplomaten am häufigsten zur Charakteristik der russischen Politik - und auch ihrer Herrscher - benutzt wird, ist "ambition", oft im Zusammenhang mit "domination" oder "dominer" benutzt. (3) Auffällig ist ebenfalls, wie häufig die Gesandten aufgefordert werden, sich genau über alles zu informieren; immer wieder wird betont, wie wenig man in Frankreich über diesen Staat wisse. (4)

Seit Beginn des Nordischen Krieges wird der Aufstieg des Russischen Reiches - in den Instruktionen bis 1733 meistens "Moscovie" - in Versailles aufmerksam verfolgt. Die Unternehmungen Peters in der Ostsee erregen besonderes Interesse. 1710 wird der Zar als Herr des Ostseeraumes bezeichnet, (5) auf eine Herausgabe seiner Eroberungen dürfe man nicht rechnen, denn diese gäben ihm Gewicht in der europäischen Politik. (6) In der Instruktion an den Grafen Croissy (7) vom April 1715 wird ein Portrait des Zaren entworfen: er sei in einem Land geboren, in dem Unwissenheit und Barbarei herrschten, aber es sei ihm gelungen, die Fehler seiner Erziehung und seines Temperamentes zu erkennen und sie zu korrigieren. Er habe die niedrigsten Arbeiten verrichtet, um zu lernen, und habe erkannt, daß die Kenntnisse der anderen Staaten auch in seinem Reich verbreitet werden müßten. Er habe die Sitten seiner Untertanen geändert, ausländische Fachkräfte geholt und sich eine schlagkräftige Armee geschaffen, die, nach Poltava, seinen Ruhm begründet habe. Die Unfähigkeit seines Sohnes Aleksej wird mehrmals festgestellt und eine Allianz aus diesem Grunde und wegen der weiten Entfernung abgelehnt. (8)

Die Macht des Zaren mache sich bereits im Deutschen Reich bemerkbar, (9) und 1726 wird vermutet, daß die "Moskoviter" den Frieden im Norden stören wollten. (10) Es ist von den barbarischen Truppen die Rede, die Polen überschwemmten, und von der absoluten Notwendigkeit, den Russen den Weg nach Deutschlang zu versperren. (1729) (11) Ihr Verhalten in Polen wird stark kritisiert. (12) In der umfassenden Instruktion an den Marquis de la Chétardie (1739) werden die Ansichten des französischen Ministeriums über das östliche Reich deutlich: Rußland störe das Gleichgewicht im Norden, sein Ehrgeiz zeige sich bei allen Gelegenheiten; im Innern sei die Lage durchaus noch ungeklärt, es gebe viele Unzufriedene, die Regierung der Ausländer unterdrücke die alten Familien, und Revolutionen seien im Bereich des Möglichen. Eine genaue Information über die innere Lage sei außerordentlich wichtig, aber auch sehr schwierig, da häufig falsche Nachrichten verbreitet und auch Spione in den Haushalten der ausländischen Vertreter eingesetzt würden. (13) Die Regierungsweise der Zarin Anna wird als "singulier" bezeichnet, ebenso wie ihr Testament zugunsten

Ivans VI. (1) In die Besorgnis um den zu großen Einfluß Rußlands im Norden, (2) - vor allem in Polen - (3) mischt sich die Hoffnung, daß es vielleicht zu inneren Unruhen kommen könnte, welche die Russen in der Außenpolitik zu mehr Zurückhaltung veranlassen würden. (4)

Da der russische Hof als ein Ort ständiger Intrigen und Umtriebe gesehen wird, (5) ist es für die französischen Minister besonders wichtig, die einflußreichsten Persönlichkeiten zu kennen. Der mangelnde Arbeitseifer Elisabeths, ihre Neigung zu Vergnügungen sind bekannt, aber man erwartet in Versailles (1760), daß aufgrund ihrer zunehmenden Schwäche nun die Frömmigkeit stärker in den Vordergrund treten wird, wobei gleichzeitig die Behauptung ausgesprochen wird, daß, wie allgemein bekannt, die russische Frömmigkeit eher Aberglaube sei. (6) Der Tod Elisabeths werde wahrscheinlich zu Auseinandersetzungen führen; in den despotisch geführten Ländern sei es so, daß die Truppen den Thron vergeben würden.

Die dem Baron de Breteuil (7) erteilten Instruktionen umfassen auch eine Charakteristik des russischen Reiches: dies Land sei fast genau so groß wie die Staaten der mächtigsten Fürsten Europas zusammen, zur Sicherung des eigenen Territoriums brauche es nur wenige Truppen und könne daher das Gros seiner Armeen jenseits seiner Grenzen verwenden; es treibe ohne Schwierigkeiten Handel bis nach China, habe kriegsgewohnte Soldaten und ein beinahe despotisches Regiment. Dies alles, sowie die Bemühungen der russischen Herrscher, ihre Untertanen von den Resten der Barbarei zu befreien, die noch Ende des 17. Jahrhunderts vorhanden waren, mache Rußland zu einem gefährlichen Nachbarn, und alle europäischen Fürsten müßten darauf achten, diese Macht nicht noch größer werden zu lassen. Im folgenden wird an alle Gelegenheiten erinnert, bei denen die Russen nach Auffassung der französischen Minister gegen jegliche Vereinbarungen und jeden Anstand gehandelt hätten. (8) Ein tiefes Mißtrauen gegenüber dieser Macht kommt hier zum Ausdruck. Die französische Regierung unterstellt, daß seit Peter I. ein Plan existiere, von dem die russische Regierung nicht abweiche und den sie je nach Gelegenheit konsequent durchführe. (9) Grundlage aller russischen Politik sei ein "esprit de conquête". (10) Auch in einer späteren Instruktion an Saint-Priest (in Konstantinopel) wird Rußland als ein Staat charakterisiert, der, durch seine geographische Lage von Europa her unangreifbar, aus seiner Position den größten Nutzen ziehe, dem System Peters des Großen folge und seine monopolartige Stellung in den für die Ausrüstung der Marine benötigten Rohstoffen in politische und militärische Erfolge umsetze. (11) Bei dieser Einstellung ist es folgerichtig, wenn als oberstes Ziel der französischen Politik formuliert wird, Rußland soweit wie möglich aus den europäischen Angelegenheiten herauszuhalten. (12)

Trotz der Einsicht in die ungeheuren Ressourcen des russischen Reiches und der Furcht vor einer weiteren Ausbreitung nach Westen geben einige Ereignisse im Innern dem Hof von Versailles

Anlaß zu vorsichtigem Optimismus. So hofft das französische Ministerium auf Auseinandersetzungen zwischen dem späteren Peter III. und den Anhängern Ivans VI., (1) es registriert aufmerksam alle Regungen der Unzufriedenheit mit der gerade existierenden Regierung (2) und hofft - da Rußland als d a s Land der Revolutionen angesehen wird - (3) auf einen Umschwung. 1760, 1762, 1768 und 1772 (4) tauchen in den Anweisungen an die französischen Vertreter immer wieder Hinweise auf Unzufriedene auf; Bestrebungen eines Teils des Adels, die Regierungsform zu ändern, werden den nach Rußland reisenden Diplomaten zur Kenntnis gebracht, aber das französische Ministerium ist dabei doch so realistisch hinzuzufügen, daß man sich auf solche Regungen nicht verlassen könne. (5)

Das Bild, das in den Instruktionen von Katharina II. entsteht, ist sehr negativ: "vanité" und "ambition" werden als wesentlichste Triebkräfte ihrer Politik angesehen, sie sei nur durch verbrecherische Handlungen auf den Thron gekommen und suche den äußeren Erfolg um jeden Preis, damit von ihrer unsicheren Position - sie habe ihren Sohn zurückgesetzt und den Thron usurpiert - abgelenkt werde. Sie habe sich undankbar verhalten gegenüber ihren Verbündeten und gegenüber denen, die ihr zur Krone verhalfen; ihre Politik diene nicht den Interessen des Volkes, sondern nur der Befriedigung persönlicher Eitelkeit. (6) Sie verdanke den Thron nicht, wie Elisabeth, der Liebe des Volkes und der Verehrung für den Namen Peters des Großen. (7) Die Grundlage für die in den Instruktionen geäußerten Ansichten bildeten zu einem großen Teil die Erfahrungen der verschiedenen diplomatischen Vertreter Frankreichs.

Wir wollen einen kurzen Blick auf einige ihrer Berichte werfen (8) und in den Mittelpunkt der Betrachtung das Memorandum des französischen Geschäftsträgers in Petersburg, Sabatier de Cabre, (9) stellen. Ende Dezember 1771 hatte er den Auftrag erhalten, eine ausführliche Denkschrift über die innenpolitische Lage Rußlands, die Verwaltung, die Herrscherin und Persönlichkeiten des Hofes zu verfassen. (10)

2.5.2.4. Sabatier de Cabre

Sabatier de Cabre überschreibt seine ausführliche Darlegung: "Catherine II, Sa cour et la Russie en 1772" (11) und versucht darin, ein, wie er meint, weit verbreitetes Bild dieses Reiches zurechtzurücken: "L'empire de Russie n'est ni aussi puissant qu'on le fait, ni aussi faible que le supposent ceux qui, le voyant de près, se trouvent obligés de déposer la plupart des hautes idées qu'ils s'étaient formées." Auch hier wird darauf hingewiesen, daß eine irrige Vorstellung von den Fortschritten der Russen existiere. Sabatier zitiert die Äusserung eines Franzosen - den er nicht nennt - welcher der Meinung ist, daß die russische Nation nunmehr den westlichen Nationen vergleichbar sei. (12)

Der französische Geschäftsträger ist nicht dieser Ansicht und führt mehrere Gründe an. Er legt dar, warum es zu dem falschen Bild von den Russen kam: die ausländischen Beobachter hätten nur einen oberflächlichen Eindruck erhalten, sie seien den ihnen erwiesenen Schmeicheleien erlegen und von den Adligen und ihren gefälligen Umgangsformen geblendet worden. In Wahrheit aber gebe es nur einen s o g e n a n n t e n zivilisierten Russen und das werde auch immer so sein: (1) die Russen hätten alle Fehler der Franzosen, aber keinen ihrer Vorzüge; die Tugenden blieben ihnen fremd, und sie behielten ihre barbarischen Laster, sie hätten keine Erziehung und wenig Geist, ihre Konversation sei unerträglich. Sie hätten nur die Äußerlichkeiten übernommen, nur die Form; der Geist, der Inhalt sei ihnen fremd geblieben. Ein Russe sei am meisten er selbst, wenn er kein Hemd habe, aber mit Diamanten bedeckt sei, wenn er einem Unglücklichen zwanzig Rubel verweigere, um am Spieltisch sein letztes Stück Land zu riskieren. Kennzeichnend für den Charakter dieses Volkes seien Leichtsinn, Unbeständigkeit, Ungestüm, Vergnügungssucht. Die Russen seien imstande, jeden Tag das Verhalten einer anderen Nation zu übernehmen. In Bezug auf die geistigen Fähigkeiten hätten sie die Beweglichkeit von Affen. (2)

Niemals könnten die Russen eine Nation bilden. (3) Ebenso unvorstellbar sei es, daß Rußland jemals ganz bevölkert sein könnte. Die Mittel, die zur Peuplierung angewendet würden, seien gänzlich untauglich; denn in allen Maßnahmen der Regierung offenbare sich die Verachtung menschlichen Lebens. Daran ändere auch Katharinas Siedlungsprojekt nichts, dem Hunderttausend zum Opfer gefallen seien - nur wenige seien dem Elend, dem Schmutz und der Gleichgültigkeit entkommen - aber das Projekt habe einen großartigen Eindruck gemacht: "le beau manifeste publiê et les gens de lettres avaient chantê les merveilles de l'âge d'or !!!..." (4) Das gleiche gelte für die berühmte Gesetzgebungskommission, an die kaum noch jemand denke. Dabei seien es nicht die Gesetze, die in Rußland fehlten, sondern Bildung, Richter, der Wille und die Gewohnheit, Gerechtigkeit zu üben.

Die Künste würden in Rußland niemals zur Blüte gelangen. Die freien Künste würden von Ausländern ausgeübt, die aber auf die Dauer einen Teil ihres Talents verlieren und keine bedeutenden Schüler hätten. Das gleiche gelte auch für das Handwerk und die Manufakturen. Einheimische Produkte würden nur zu Schauzwecken benutzt, um im Ausland eine gewisse Reputation zu erlangen - auch hier sei der Propagandaeffekt das wichtigste. (5) Wenn die Russen jemals imstande sein sollten, auf die Dienste der Ausländer verzichten zu können, würden sie von dem Augenblick an keinen Fremden mehr nach Rußland hereinlassen.

Der Handel werde niemals das Niveau des übrigen europäischen Verkehrs erreichen, solange man nicht Gesinnung, Gewohnheit und die Regierung ändern würde. Von allen Menschen sei der Russe der gierigste und gewinnsüchtigste. Der Diebstahl sei so allgemein verbreitet, - sogar der Adel beteilige sich daran - daß man sich nicht wundern dürfe, wenn der Kaufmann den

Betrug weiter verfeinere. Außerdem begünstigten die Gesetze den Handel nicht: Freiheit, Sicherheit, Eigentum seien Wörter ohne Sinn. Der Beruf des Kaufmannes sei verachtet. (1)

Für die russiche Marine hat Sabatier nur Verachtung übrig; das Verbrennen einiger türkischer Wracks sei kein Beweis für ihre Stärke. Die Antipathie der Russen gegen den Dienst im Heer sei noch immer vorhanden, und die Offiziere, die schon zu Lande verächtlich seien, wären auf dem Wasser weder tapferer noch besser unterrichtet. Die Gefahr eines weiteren Bevölkerungsrückganges sei gegeben; Rußland zähle ungefähr 18 Millionen Einwohner, aber die enormen Schwierigkeiten im Innern, die ständigen Kriege, der Ehrgeiz der Regierungen, im europäischen Staatensystem eine wichtige Rolle zu spielen, führe zu weiteren Verlusten, zu denen auch die Pest beitrage. (2) Das Fazit seiner Überlegungen faßt Sabatier dahingegehnd zusammen, daß Rußland noch kein gefestigtes Staatsgebilde darstelle und daß es noch einige Zeit beanspruchen werde, bis es zu dem Punkt gelangt sei, an dem viele es bereits sehen.

Im folgenden untersucht der Geschäftsträger die Prinzipien von Katharinas Regierung. Vor allem müsse festgestellt werden,daß jede Hoffnung auf einen Umsturz vergeblich sei, sie regiere ebenso unangefochten wie Elisabeth; und von der Existenz rivalisierender Parteien am Petersburger Hofe sei nichts zu bemerken. (3) Feste Prinzipien als Grundlage der Politik kenne man nicht; außerdem habe Katharina sich in jeder Hinsicht abgesichert, indem sie alle wichtigen Positionen mit ihre Kreaturen besetzte, so daß eine Verschwörung kaum Erfolg haben könne. Zwar verabscheue die ganz Nation Katharina als Herrscherin, als Fremde, als schlechte Mutter; zwar gebe es von Zeit zu Zeit Aufstände, aber sie habe alle Mittel, um diese Versuche zum Scheitern zu bringen; Versuche, die im übrigen oft Einzelunternehmen seien. (4) Eine Erhebung gegen die Zarin könne nur Erfolg haben, wenn sich Großfürst Paul an die Spitze stellte, aber dafür seien keine Anzeichen vorhanden; zudem werde er auch gut beobachtet. (5)

Katharina II. habe von Anfang an im Studium der Werke der Philosophen das Mittel gesucht,um sich einen bestimmten Ruf zu verschaffen; man müsse eine Menge von dem abstreichen, was über ihre großen Fähigkeiten verbreitet worden sei. Viele behaupteten, es gäbe kein Verbrechen, das sie nicht begehen würde, um zu ihrem Ziel zu gelangen. Sie sei eine Frau mit Geist, sie befehle, und sie gebe den Schriftstellern Pensionen; daher der Ruf von ihrem schöpferischen Genie, ihren Talenten, ihrem Weitblick, ihrer Festigkeit. (6) Katharina regiere durch die Furcht und die Gewohnheit des Gehorsams - derjenige, der gerade den Thron innehabe, sei der absolute Herr; man gehorche ihm heute, selbst wenn man ihn am nächsten Tag absetzen wolle. (7)

Die Zarin beabsichtige, eine beherrschende Rolle in Europa zu spielen, ein Gegengewicht zum Einfluß Frankreichs zu bilden; viele Ausländer trügen zum Erfolg dieses Vorhabens bei, vor allem die Schriftsteller und Journalisten. (8) Einige Überlegungen widmet Sabatier dem russisch-polnischen Verhältnis. Peter der Große, der weder so groß gewesen sei, wie er von einigen dargestellt werde, noch aber auch so mittelmäßig, wie man ihn vor seiner Thronbesteigung ansah, habe das Ziel der russischen Politik, welches ihm die Tradition vorgab, erreicht: ein ausländischer Fürst auf dem polnischen Thron, der diesen wie ein russisches Lehen innehatte und die polnischen Magnaten im Zustand der politischen Bedeutungslosigkeit und prunkvollen Lebensführung hielt, welche der polnischen Unbekümmertheit so sehr entspreche. Diese Politik sei von seinen Nachfolgern fortgesetzt worden; denn wenn es jemals einem polnischen Fürsten gelingen sollte, aus dem Konglomerat einzelner Magnaten mit ihrer Klientel ein einiges Volk zu schaffen, wäre Rußlands Rolle in Polen ausgespielt. (1)

Katharina sei auf dem Wege ihrer Vorgänger weiter fortgeschritten; über Stanisław II. und die Polen fällt der Verfasser ein hartes Urteil: er sei nur Spielzeug und Instrument der Zarin, die allein von dem Durcheinander in Polen profitiere. Von den Polen könne man keine große Meinung haben, die Affäre Ogiński beweise das zur Genüge. (2)

2.5.2.5. Berichte der Diplomaten aus Rußland

Dieses Memorandum ist Anfang 1772 entstanden und manches davon findet sich in den "Conjectures" wieder. (3) Wir wollen noch einige Beispiele aus anderen Gesandtschaftsberichten seit 1700 heranziehen, um das Bild etwas zu vervollständigen.

In den Jahren bis 1725, die natürlich im Zeichen des Aufstiegs Rußlands und der Persönlichkeit Peters des Großen stehen, werden dennoch einige Themen angeschlagen, die bis zu dem vorgestellten Memorandum Sabatiers immer wieder auftauchen. Das betrifft die Informationspolitik des russischen Hofes, (4) die Uneinigkeit im Adel über die zu verfolgende Politik - die der Altrussen oder diejenige der Reformen im westlichen Sinne (5) - die Probleme der nach Rußland gekommenen Fachkräfte,(6) die schlechte Verwaltung der Justiz, (7) das Mißtrauen des Souveräns und die Furcht der Untertanen, (8) die schlechte Beurteilung der Offiziere bei gleichzeitiger Achtung vor den Leistungen der einfachen Soldaten. (9)

Einige Wesenszüge der Russen, wie sie 1772 genannt werden, tauchen auch hier auf: das Ruhebedürfnis, (10)die Neigung zum Betrügen, (11) das große Imitationstalent (12) und die Korruption. (13) Der große Machtgewinn des russischen Reiches wird notiert, (14) ebenso wie die ungeheure Arbeitsleistung des Zaren; (15) die Gefahr, daß bei einem frühen Tode des Herrschers alles Neue wieder verschwinden würde, wird häufig erwähnt. (16) Die Affäre um die Thronfolge ist Thema vieler Berichte, wobei der französische Konsul Peters Vorgehen billigt. (17) Der Zar mißtraue seinen Untertanen und seinen Ministern, er verstehe alles weitaus besser als die letzteren; er wisse, daß er nicht geliebt werde, aber er habe die Unterstützung der

Truppe. (1) Aufmerksam wird beobachtet, wie der Zar die Frage der Nachfolge entscheiden wird; (2) aus der Krönung und Salbung Katharinas meint der französische Gesandte Campredon entnehmen zu können, daß sie als Regentin und Souverän nach Peters Tod anerkannt wird. (3) Im Zusammenhang mit den Vorgängen um die Thronbesteigung Katharinas, wobei Compredon bestätigt, daß kein Testament bestand und daß Menšikov und die Garderegimenter dabei eine entscheidende Rolle spielten, (4) nennt der Gesandte die Zarin "la Sêmiramis du Nord"; (5) es ist bemerkenswert, daß diese Bezeichnung schon bei Katharina I. benutzt wird, es verringert den Wert für Katharina II., für welche sie häufig verwendet wurde. Auf die Bedeutung Polens gehen die französischen Vertreter am Rande ebenfalls ein: die Bedrohung der Adelsrepublik durch den nunmehr mächtigen Nachbarn wird angesprochen; (6) für Peter sei sie ein Schutzwall für sein Land und eine Laufplanke, um in die Gebiete seiner Feinde zu gelangen. (7)

Auch in den Berichten der Gesandten späterer Jahre (1730-33, 1738-40) wird die Einflußnahme der Russen auf den polnischen Staat deutlich; besonders wenn es darum geht, jedes Anzeichen von Reform in Polen zu unterbinden, bzw. wenn die kurländische Frage berührt wird. (8) Die Schwierigkeit, präzise Informationen zu erhalten, ist fast ständiges Thema der Berichte. (9) Notiert wird die Unzufriedenheit der Bevölkerung, in diesem Falle mit der Regierung der "Deutschen" unter Anna; (10) die Neigung der Russen zu Aufruhr, (11) die Bedeutung der Garderegimenter. (12) Ferner berichten die französischen Diplomaten von den Folgen der verschwenderischen Regierung Annas: Ruin adliger Familien weger der enormen Prachtentfaltung und der Verpflichtung, Arbeiter zum Bau der kaiserlichen Paläste zur Verfügung zu stellen; die Flotte sei völlig verrottet, und die Bauern der Grenzgebiete ergriffen jede Gelegenheit zur Flucht nach Polen. (13) Die Politik der Zarin erweise sich für den Adel als nachteilig: immer wieder würde ihm ins Gedächtnis gerufen, daß Reichtum und Würden ihn nicht schützen vor der Willkür der Herrscherin. (14) Im übrigen seien sie Adlige nur dem Namen nach: in Wirklichkeit seien sie Sklaven, und die Mehrzahl merke es nicht einmal. (15) Hinzu komme die Frage der Nachfolge: La Chêtardie spricht von zwei Parteien, die gegen die von Anna getroffene Regelung seien: die des Herzogs von Holstein und die der Zarevna Elisabeth, für die ein großer Teil der Armee sei. (16) Aber trotz des desolaten Zustandes der Finanzen, der Marine und auch von Teilen des Heeres sowie der allgemeinen Unzufriedenheit solle man sich nicht über die russische Macht täuschen: die Hilfsmittel seien unermeßlich, besonders wenn der Herrscher über eine unumschränkte Gewalt verfüge; auch die Zahl der Bevölkerung habe noch immer zur Rekrutierung ausgereicht. Und was die innere Gärung betreffe, so wisse man schließlich aus verschiedenen Beispielen, was man davon zu halten habe. Rußland sei jedenfalls in einer unangreifbaren Defensivstellung. (17)

Der gleiche Eindruck von der - trotz aller inneren Instabilität - Unerschütterbarkeit des russischen Reiches spiegelt sich auch in den Berichten der französischen Geschäftsträger in den Jahren 1762-1772 wider. (1) Sabatier nennt Rußland den "colosse moscovite", (2) und wenn dieser auch nicht so mächtig sei, wie es manche im Westen Europas mit Eifer verbreiteten, (3) so sei er doch stark genug, um gleichzeitig die Herrschaft in Polen anzustreben und von der Eroberung Konstantinopels zu träumen. (4)

Naturgemäß stehen die Berichte im Zeichen einer aufmerksamen Beobachtung von Katharinas Regierung. Die französischen Diplomaten sind sich in der Beurteilung der Zarin ziemlich einig: sie halten sie für eine ehrgeizige, ruhmsüchtige Frau, (5) die in der Wahl ihrer Mittel keine Skrupel kennt, (6) die vollendet Theater spielen kann (7) und von Haß auf Frankreich geprägt ist; (8) aber äußerst geschickt sich der Vorteile bedient, die ihr durch die Verehrung der Aufklärer für ihre Person entstehen und die den Wert der Propaganda kennt. (9)

Die gefährdete Position Katharinas kommt jedoch ebenfalls zum Ausdruck: häufig wird in den Jahren 1762-1765 von Verschwörungen, von allgemeiner Unzufriedenheit, von Plänen zur ihrer Beseitigung berichtet; immer aber betonen die Diplomaten, daß es solchen Unternehmungen zumeist an der nötigen Festigkeit und einer allgemein anerkannten Führung mangele. (10) Dabei wird besonders deutlich, welch eine wichtige Rolle die Garderegimenter spielen - Bérenger nennt sie "les anciens strélitz sous un nom différent." (11)

Die Informationspolitik des russischen Ministeriums hat sich nicht verändert; immer noch sei alles auf möglichste Geheimhaltung ausgerichtet, verläßliche Informationen seien kaum zu erhalten. (12) Ebenso wird vermerkt, daß Katharina ihren Untertanen verbietet, sich über andere als private Themen zu unterhalten. (13) Die wichtigsten Themen der Korrespondenz mit dem französischen Ministerium sind der innere Zustand des russischen Reiches und der russische Einfluß in Polen.

Über die Lage im Innern äußern sich die Residenten in Abständen mehr oder weniger ausführlich; natürlich fließen ihre eigenen Urteile mit ein. Nach Ansicht dieser Beobachter steht fest, daß Rußland in finanzieller Hinsicht große Schwierigkeiten hat, der Geldmangel mache sich im gesamten Handelsverkehr bemerkbar, und Katharina nehme alle Möglichkeiten wahr, um die Einkünfte des Staates zu erhöhen. (14) Die Geistlichkeit sei mit ihrer Regierung nicht zufrieden: sie habe die Politik ihres Gatten in Bezug auf die Kirche fortgeführt, und obwohl sie sich immer bemühe, ihre große Frömmigkeit unter Beweis zu stellen, mißtraue ihr der Klerus. (15) Die Truppen seien unruhig; hier müsse die Zarin sehr viel Rücksicht nehmen, besonders auf die Garderegimenter, da sie diesen ihre Erhebung verdanke. (16) Die Armee sei in einem schlechten Zustand; und wenn Katharina auch ihre Aufmerksamkeit verstärkt der Marine zuwende, so sei diese - jedenfalls in den Augen ausländischer Fachleute - nicht viel wert. (17) Noch größer sei jedoch die

Verachtung der ausländischen Offiziere für ihre russischen Kollegen: die russischen Offiziere seien Feiglinge und völlig unfähig. Die meisten jungen Adligen versuchten daher, die Armee zu verlassen. (1) Dagegen herrsche allgemeine Übereinstimmung in dem positiven Urteil über den russischen Soldaten. (2) Diese Beurteilungen finden sich, wie wir gesehen haben, auch schon am Anfang des Jahrhunderts, so daß der Eindruck entsteht, als sei fast kein Fortschritt in Rußland zu verzeichnen.

Dieser Auffassung sind die französischen Diplomaten: immer noch gebe es einen allgemeinen Haß auf Fremde, (3) sei die Bereitschaft zu Aufständen und Meutereien vorhanden, sei die wenige Bildung, die im Ausland erworben wurde, nur Tünche über der alten russischen Natur. (4) "Au reste, il faut regarder cette nation comme absolument une classe à part, sa moutonnerie et sa férocité est un problème à résoudre." (5) Die Unberechenbarkeit, die - für einen Außenstehenden - unmotivierten Schwankungen im Verhalten werden ebenfalls angesprochen. (6) Die alte Barbarei sei noch vorhanden, daran hätten auch die Bemühungen Peters des Großen nichts geändert: "Le peuple est au même point d'inaction, d'inhabilité aux arts et à l'agriculture d'où l'on croit que Pierre Ier a su le tirer par son génie; l'armée, qui est le seul moyen réel que ce prince lui ait donné, détruite par des campagnes éloignées et meurtrières ...". (7) Im übrigen seien die Russen, obwohl sie dauernd Verschwörungen anzettelten und das Wort "Freiheit" immer im Munde führten, so an ihr Sklavendasein gewöhnt, daß sie nach einer gewissen Zeit wieder geduldig ihre Ketten tragen, ohne sie zu bemerken. (8)

Die Verstärkung des russischen Einflusses in Polen wird als ständige Bedrohung für dessen staatliche Existenz und als Zerstörung des Gleichgewichts im Norden angesehen. (9) Wenn auch die polnischen Magnaten in ihrem verwerflichen Egoismus und ihrer Eifersucht immer wieder das Staatswohl außer acht lassen, so müsse man doch Mitleid mit ihrer Blindheit haben und sie vor der russischen Expansion bewahren. (10)

Beim Durchlesen der Berichte der verschiedenen Geschäftsträger in den ungefähr 70 Jahren, die wir in Ausschnitten untersucht haben, ist es auffallend, wie wenig sich das Urteil der Beobachter Rußlands noch um 1770 von dem unterscheidet, was schon zu Beginn des Jahrhunderts verbreitet wurde. Zwar läßt Bausset (Gesandter in Petersburg 1765-1767) den Russen insofern Gerechtigkeit widerfahren als er erklärt, daß der Keim zur Ausbildung der Wissenschaften und Künste vorhanden sei. Man fange an (!), alles wohl zu ordnen und den Wert und die wahre Bestimmung des Menschen zu erkennen. Petersburg sei eine der schönsten Städte Europas, und die Nation könne große Fortschritte machen durch einen engen Kontakt mit den zivilisierten Völkern. (11) Die Meldung allerdings, daß der Bildhauer Falconet nach Rußland berufen wurde, um die Reiterstatue Peters des Großen anzufertigen, gibt Bausset Anlaß zu der Bemerkung, daß die Nation dem Zaren viel schulde; die bisherige Statue beweise eher die Liebe der Russen zu Peter als ihren Fortschritt in der Kunst. (1)

2.6.1. Elisabeth Charlotte von Orléans

Wenn schon in den Berichten aus Rußland und Polen kaum Bemerkungen über künstlerische Betätigung zu finden sind, so kann man nicht erwarten, daß in den Tagebüchern/ Memoiren solche Themen starke Beachtung finden.

Trotzdem wollen wir noch einen kurzen Blick darauf werfen, wie die beiden Nationen sich in den privaten Zeugnissen einiger Zeitgenossen widerspiegeln. Wir gehen dabei - mit einer Ausnahme - nicht auf die umfangreiche Korrespondenz ein, sondern beschränken uns auf die Untersuchung einiger Tagebücher. Diese "Memoiren" sind unterschiedlichster Art, z.T. handelt es sich bei den Tagebuch- oder Memoirenschreibern um einflußreiche Männer, wie den Marquis d'Argenson, den Duc de Luynes, den Marquis de Dangeau, den Duc de Richelieu, z.T. aber auch um Bürger oder Offiziere. Wir haben noch die "Correspondance littéraire" von Grimm und Diderot hinzugezogen, sowie die "Memoires secrets" von Bachaumont, obwohl beide im strengen Sinne keine Tagebücher sind. Sie ermöglichen es aber, auch die Zeit nach 1757 noch mitzuerfassen, denn die Tagebücher, die wir herangezogen haben, beziehen sich nur auf die erste Hälfte des 18. Jahrhundets.

Als Zeugnis dafür, wie Polen und wie Peter der Große von den höchsten Hofkreisen in Versailles Ende des 17. Jahrhunderts eingeschätzt wurden, mögen einige Aussagen der Herzogin Elisabeth Charlotte von Orléans dienen. (2) In ihren Briefen an die Kurfürstin von Hannover äußert sie sich besonders negativ über Polen, während sie, im Gegensatz zu ihrem Schwager Ludwig XIV., die Bedeutung des Zaren Peter durchaus erkennt. Sie weist darauf hin, daß seine Lehrzeit in Holland einmal von größter Bedeutung sein könne, wenn der Zar seine Galeeren einsetzen werde. Über Äußerlichkeiten - wie "Grimassen" - könne man hinwegsehen, solange die Anlagen gut seien. (3) Im Zusammenhang mit der polnischen Königswahl äußert sich die Herzogin auch über die Republik Polen und den polnischen Adel. (4) Sie kann es durchaus nicht begreifen, daß der Kurfürst von Sachsen um der polnischen Krone willen zum katholischen Glauben übertritt und sein erbliches Kurfürstentum wegen eines Wahlkönigreichs ruinieren wird. (5) Sie bezeichnet Polen als ein "stinkendes landt", seine Einwohner als ein "barbarisch volck", (6) als "abscheulich brutal"; das Auftreten der Söhne Jan Sobieskis hat ihre Antipathie gegen den polnischen Adel noch verstärkt: "stehts Brandewein zu sauffen, gantze nächte durch die Gassen zu rennen undt jedermann zu querelliren seindt in meinem sin schlechte tugenden ..." . (7) Sie schließt aus diesem Verhalten des Adels, daß das gemeine Volk "wie Bestien" sein müsse. Zwei Wesenszüge hebt sie hervor, die immer wieder auch von anderen genannt werden: der Adel sei so "abscheulich interessirt", (8) und er habe wenig "ambition". (9)

Die letzte Äußerung bezieht sich wohl darauf, daß es dem Adel gestattet war, auch niedere Dienste für einen Magnaten zu übernehmen. Die Eigensucht des polnischen Adels trat bei der Königswahl besonders deutlich hervor: die Herzogin ist der Ansicht, daß das Vergnügen, die polnische Krone zu tragen, wohl kaum die Mühe und die Sorgen aufwiegen werde. (1) Sie beklagt die schlechten Manieren, die fehlende Lebensart, (2) die Falschheit des Adels (3) und äußert sich sehr skeptisch über die polnischen Truppen. (4)

Aus einer anderen Perspektive schreibt der Verfasser der "Mémoires politiques, amusans et satiriques", die 1716 erschienen und von einem französischen Offizier in russischen Diensten verfaßt wurden. (5) Er berichtet vor allem über den Pruthfeldzug, wobei er die russischen Generale heftig kritisiert, ihre völlige Unfähigkeit und ihren Mangel an Mut immer wieder herausstellt. Peter I. hätte auf seine deutschen Generale hören sollen; aber die meisten ausländischen Offiziere hatten den Eindruck, so Brasey, daß die russischen "Minister" eine Niederlage des Zaren wünschten, damit er endlich zum Frieden gezwungen und das große Ruhebedürfnis der Nation befriedigt würde. (6) Auf die russischen Offiziere ist der Verfasser schlecht zu sprechen: wenn sie in eine böse Lage gerieten, müßten die Ausländer ihnen heraushelfen, (7) aber während der Schlacht ließen sie diese im Stich und versteckten sich z.T. beim Troß. (8) Allein den ausländischen Offizieren verdanke Peter Ruhm und Leben. (9) Allerdings dürfe man sich beim Zaren nicht über seine russischen Generale beschweren, da er es äußerst schlecht aufnehme, wenn man ihm beweise, "que quelqu'un de la nation manque de courage, de tête et de valeur". (10) Die Trunksucht, auch der Offiziere, ist ihm besonders aufgefallen, (11) und gleichermaßen beklagt er die Unzuverlässigkeit der Post und den Brauch der Minister, Briefe, die ihnen in die Hände fallen, einfach nicht weiterzuleiten. (12)

Natürlich sind diese Urteile über Rußland auch geprägt durch die negativen Erfahrungen, die ein großer Teil der ausländischen Offiziere machte: Brasey z.B. wurde über ein Jahr lang nicht bezahlt; außerdem habe Šeremetev die Ausländer ständig bei Peter angeschwärzt. (13) Allerdings fällt sein Urteil über die Polen nicht wesentlich besser aus: als Nachbarn der Russen hätten sie deren Haupteigenschaft, nämlich das Betrügen, angenommen. (14) Man könne sich auf die großartigsten Beteuerungen des polnischen Adels überhaupt nicht verlassen, sie wendeten sich sofort ab, wenn sie merkten, daß sie keine Vorteile mehr zu erwarten hätten: "Tant il est vrai que cette nation est sans consistance, et qu'on ne doit jamais tabler, sur ce qu'elle dit, non plus que sur ce qu'elle sait. Tout en est faux..."(15) Aus den Äußerungen dieses Autors muß man entnehmen, daß er wirklich einige Erfahrungen in beiden Ländern, sowohl Rußland als auch Polen, gemacht hat und daß diese nicht dazu angetan waren, ihm ein positives Bild entstehen zu lassen.

Die anderen Memoiren- oder Tagebuchschreiber kennen die Länder nicht aus eigener Erfahrung, sie bilden sich ein Urteil aus dem Verhalten der polnischen oder russischen Besucher, bzw. aus den Nachrichten, die in der Hauptstadt oder am Hofe kursieren.

2.6.2. Tagebücher

In den Memoiren des Herzogs von Saint-Simon (1) wird Polen nur im Zusammenhang mit der Kandidatur des Prinzen Conti erwähnt; der Herzog ist der Ansicht, der Prinz habe in Wahrheit gar nicht ernsthaft König von Polen werden wollen, daher habe er solange gezögert. (2) Dem Zaren dagegen widmet er mehrere Seiten: er erkennt die Bedeutung dieses Herrschers, von dem noch die fernste Nachwelt berichten werde, denn er habe einer bis dahin gänzlich unbekannten Nation zu einer für ganz Europa erschreckenden Größe verholfen. (3) Es ist bezeichnend, daß zugleich mit der Anerkennung der Leistung des Zaren auch sofort die Erschütterung, ja Bedrohung des europäischen Staatensystems gesehen wird. Anläßlich des Besuches des Zaren 1717 in Paris kommt Saint-Simon noch einmal auf dessen Persönlichkeit zu sprechen: er bezeichnet Peter als mächtigen und aufgeklärten Fürsten, der allerdings von einem Rest barbarischer Sitten nicht frei war und dessen Gefolge sich in seinem Verhalten völlig von dem der übrigen Menschen in den europäischen Ländern unterschied. (4)

Die Memoiren des Marquis de Dangeau (5) haben ebenfalls diese beiden Schwerpunkte: die Königswahl 1697 und Peters des Großen Besuch in Frankreich. Allerdings berichtet er im allgemeinen nur über die Vorgänge, ohne Urteile darüber abzugeben. Dabei nimmt die Schilderung des Zarenbesuchs einen verhältnismäßig breiten Raum ein: Peter erscheint hier ebenfalls als ein äusserst wißbegieriger Mann, der, persönlich bedürfnislos, an allem, was die Naturwissenschaften, das Kriegswesen und besonders die Marine betrifft, außerordentlich interessiert ist.(6) Deutlich geht auch aus Dangeaus Aufzeichnungen hervor, daß der Zar an kulturellen Dingen keinen großen Anteil nahm. (7)

Kurz weist der Tagebuchautor darauf hin, daß russische Truppen sowohl in Mecklenburg als auch in Polen stehen und dort sehr viel Unruhe hervorrufen. (8) Auf das Zerwürfnis zwischen dem Zaren und seinem Sohn geht er ebenfalls ein, berichtet von dem Tode Aleksejs, verzichtet aber auf jeden Kommentar, (9) wenn man nicht in der Notiz, der Zar reise ruhig und ohne Furcht vor einer Revolution, das Erstaunen des Autors über diese Haltung als eine persönliche Stellungnahme werten will. (10)

Auch das "Journal de la Régence" von Jean Buvat (11) geht vor allem auf den Besuch Peters ein: allerdings wird hier ein negatives Bild von der Persönlichkeit des Besuchers entworfen. Buvat betont besonders die fehlende Großzügigkeit, (12) seine Geschäftstüchtigkeit (13) und die schlechten Manieren des Zaren. (14) Auf den Tod des russischen Thronfolgers geht er nur insofern ein, als er ein Schmähgedicht auf Peter I. zitiert. (1)

Das "Journal historique et anecdotique du Règne de Louis XV." von E.J.F. Barbier (2) erweckt gleichfalls nicht den Eindruck, als sei der Verfasser stark an außenpolitischen Problemen interessiert gewesen. Auf die Sitten in Rußland geht er kurz ein, als er von dem großartigen Fest berichtet, das Dolgorukij, "envoyé du czar de Moscovie (!)", anläßlich des Friedensschlusses 1721 gegeben hat: "Le mardi il y a eu la fête du peuple, à la mode de son pays. Il a fait rôtir un boeuf tout entier". (3) Ablehnend äußert sich Barbier über die Heirat Ludwigs XV. mit Maria Leszczyńska; sie sei unpassend für einen französischen König, umso mehr als das Haus Leszczyński nicht zu den vier großen Adelsfamilien in Polen gehöre. (4)

Ausführlicher wird der polnische Thronfolgekrieg erwähnt: "L'affaire de Pologne fait ici du bruit ..." (5) Er bedauert das Los Stanisławs, der legitim gewählt worden sei. (6) Über Rußland bzw. "Moscovie", wie Barbier schreibt, erfährt der Leser nur sehr wenig. (7)

Fast ebenso unergiebig ist das Tagebuch des Duc de Luynes.(8) Er notiert die Besuche Stanisławs in Versailles und die Anwesenheit polnischer Adliger in Paris. (9) Rußland wird erwähnt in Zusammenhang mit der Ernennung eines französischen Botschafters. Dabei bemerkt de Luynes auch, daß es seines Wissens das erste Mal sei, daß Frankreich einen Botschafter in Petersburg habe; Rußland sei außerordentlich teuer, der Petersburger Hof liebe die Pracht und das gute Leben, der französische Vertreter müsse sehr viel Wein im Keller haben. (10)

Über den Tod der Zarin Anna berichtet der Autor, daß "man" argwöhnte, daß sie nicht eines natürlichen Todes gestorben sei, da sie während ihres letzten Regierungsjahres mehrere Mitglieder bedeutender Familien als Verschwörer habe hinrichten lassen. De Luynes erwähnt ebenfalls, daß Anna ihren Großneffen, Ivan VI., zum Thronfolger bestimmt habe. Er weist kurz auf dessen Verwandtschaft mit Peter dem Großen hin, von dem ihm als wichtigstes Charakteristikum im Gedächtnis geblieben ist: "qui vint en France en 1717 et qui fit mourir à son retour son fils." (11) Etwas ausführlicher notiert der Autor die Nachrichten über die Umstände von Elisabeths Thronbesteigung. Dabei erwähnt er, daß sie das einzige noch lebende Kind Peters des Großen sei. Diese Revolution sei völlig ohne Blutvergießen und auf Initiative der Garderegimenter erfolgt. Die Garden hätten Elisabeth gebeten, sich an ihre Spitze zu stellen, und sie hätten das Volk zu ihren Gunsten mobilisiert.(12) Über die Hintergründe dieses Ereignisses scheint de Luynes nicht informiert gewesen zu sein.

Sehr gut unterrichtet ist dagegen der Marquis d'Argenson, der neben den "Considérations sur le gouvernement" (13) auch ein Tagebuch verfaßt hat. (14) Auch er bezieht sich auf den polnischen Thronfolgekrieg und notiert als bemerkenswert, daß

Stanisław durch die Bemühungen des französischen Ministeriums einstimmig gewählt worden sei. (1) Er verurteilt den Einmarsch der Russen - Argenson sagt "moscovites" - nach Polen und berichtet von den Absichten Fleurys, den tyrannischen Bund zwischen Kaiser Karl VI. und der Zarin Anna zu sprengen, um die ungeheure Bedrohung, vor allem des Nordens, zu verringern. (2) Die Überzeugung, "Moskovien" müsse daran gehindert werden, seinen Einfluß in Europa noch zu vergrößern, taucht in den Eintragungen des Marquis immer wieder auf. (3) Er zählt es zu den Mächten, die dauernd die Ordnung Europas stören. (4) Deutlich wird aus seinen Bemerkungen, wie sehr das russische Reich im Lichte einer auf Eroberung und Unterdrückung ausgehenden Macht gesehen wird. Fast alle Staaten im Norden fürchten es. (5) Im August 1739 äußert Argenson die Hoffnung, daß dies neue Reich so gedemütigt werden könne, daß weder Frankreich in Zukunft Befürchtungen zu hegen brauchte, noch das europäische Gleichgewicht in Gefahr gerate. (6) Seine Aufzeichnungen entwerfen durchaus kein positives Bild von Rußland: sehr häufig benutzt er noch den Begriff "Moscovie", "Moscovites"; merkt an, daß Revolutionen in Rußland häufig seien (7) und äußert sich zu Bestužews Handhabung der Staatsgeschäfte: Argenson ist der Ansicht, daß dessen Politik darauf hinauslaufe, Stärke zu demonstrieren und die Nachbarn einzuschüchtern, daß er es aber nicht zu einem Krieg kommen lassen wolle. Man dürfe ihn nicht fürchten, seine starken Worte seien nur Prahlereien. (8) Allerdings bescheinigt er dem russischen Minister auch, daß er eine wahrhaft nationale Politik betreibe und der einzige russische Staatsmann sei, der überhaupt Erwähnung verdiene. (9)

Sein Urteil über das Bündnis zwischen Österreich und Frankreich vom Mai 1756 ist ablehnend; als Konsequenzen dieses Vertrages sieht er voraus: "nous allons nous lier avec cette méchante Russie, et augmenter sa prépondérance dans le Nord; nous allons perdre la Turquie, Suède et Danemark." (10) Von Polen ist in diesem Zusammenhang nicht die Rede, aber in Verbindung mit den Plänen des Prinzen Conti, sich nach dem Tode Augusts III. zum polnischen König wählen zu lassen, erwähnt er die Republik häufiger. (11) Oft wird sie nur beschrieben als das Land, das den Durchmarsch russischer Truppen ohnmächtig erdulden muß. (12) Argenson berichtet von den Reichstagen, die meist ohne Ergebnis bleiben (13) und bekräftigt das Interesse Frankreichs an einem polnischen König, der nicht von den Russen abhängig ist. (14) Er erwähnt auch, daß es in Polen mehrere Parteien gebe, von denen keine die beherrschende sei. Der Adel wolle die Anarchie erhalten wissen, damit jeder Adlige ein Tyrann auf seinem eigenen Besitz sein könne. (15)

2.6.3. Grimm: Correspondance

Wurden die Aufzeichnungen Argensons im wesentlichen von politischen Überlegungen bestimmt, so wird in der "Correspondance" von Grimm (16) vor allem das Urteil des Verfassers über literarische und künstlerische Ereignisse deutlich. Grimm äußert sich über eine Reihe von Schriftstellern, die uns als Verfasser von Historien oder Berichten über Rußland bzw. Polen begegnet sind. So erwähnt er Rulhière, Mably, Baudeau, Pyrrhys de Varille, Coyer und Mercier de la Rivière, an deren Qualitäten er heftig Kritik übt. Von Rulhière sagt er, daß er einer jener Männer sei, die lauter falsche Ideen über die Staaten Europas und ihre Politik verbreiteten, (1) daß kein vernünftiger Mensch glauben könnte, Rulhières Bericht über die Vorgänge bei der Thronbesteigung Katharinas beruhe auf Wahrheit, (2) daß er neben diesem "Roman" nun auf Anordnung Choiseuls auch noch ein phantasievolles Werk über Polen und die Rolle des Petersburger Hofes in diesem Lande schreiben werde. (3) Über Mably äußert er sich ähnlich. Grimm glaubt, daß der Abbé an der Abfassung des Manifestes der Konföderierten beteiligt war; sein Urteil über ihn und seine politischen Anschauungen lautet: "un enfant qui fait l'important en débitant des sottises." (4) Er habe sich von polnischen Adligen falsche Informationen geben lassen; und im übrigen sei das Betragen der Polen in den letzten Jahren wieder ein Beispiel dafür, daß es mit der Klugheit der Menschen nicht weit her sein könne. (5) Über Baudeau und Coyer macht er sich nur lustig, (6) Mercier de la Rivière und Linguet dagegen greift er scharf an; ersteren, weil er es wagt, die Reise nach Rußland mit der lächerlichen und verrückten Anmaßung zu unternehmen, das Genie Katharinas II. leiten zu wollen, (7) den anderen, weil er eine Zeitung herausbringt, welche die Politik der drei Teilungsmächte verurteilt. Grimm attestiert ihm "l'esprit le plus faux et l'ignorance la plus intrépide." (8) Dagegen lobt er die Werke, die den Ruhm Rußlands verbreiten (9) und hebt Katharinas Bemühungen um die Verbreitung der Bildung hervor, die schließlich dazu führen sollen, daß die Menschen frei werden. (10) Die Kaiserin erscheint im Lichte einer wahren Wohltäterin, die auch Kritik vertragen kann und ungebührliches Betragen nur milde tadelt - (11) den Hinweis darauf, daß in anderen Ländern ein "lettre de cachet" die Strafe gewesen wäre, kann er nicht unterlassen. (12) Die Tendenz, Katharina und ihr Werk besonders hervorzuheben und alle Kritik, vor allem auch im Zusammenhang mit ihrer Politik in Polen, als unbegründet zurückzuweisen, ist in seinen Äußerungen ganz deutlich.

2.6.4. Bachaumont

Ähnlich wie Grimm, aber auf einem anderen Niveau und auch ohne den literarischen Anspruch der "Correspondance" berichtet Bachaumont über die kulturellen und gesellschaftlichen Ereignisse. (13) So erwähnt er die Verbannung des Marschalls von Broglie auf seine Güter, (14) das Erscheinen neuer Zeitungen (15) und Bücher. So schildert er u.a. die Aufnahme des 2. Bandes der "Histoire de la Russie" von Voltaire in der Öffentlichkeit: "On n'en est pas plus content que de l'autre. On trouve cet ouvrage extrêmement croqué ... Il est comme les Prédicateurs, le saint du jour est toujours le plus grand chez lui: il avoit dans sa première histoire fait servir le Czar de contraste á la gloire de Charles XII., aujourd'hui Charles XII. sert de marchepied au Czar." (16) Bachaumont meldet das

Erscheinen der Werke Stanisławs und lobt sie sehr, (1) und weist hin auf die "Considérations" des Marquis d'Argenson, die, so der Autor, von Rousseau sehr geschätzt wurden. (2) Er erwähnt den Briefwechsel zwischen Katharina und d'Alembert, der es ablehnte, die angebotene Stelle eines Erziehers des Großfürsten Paul zu übernehmen. Der Brief der Zarin mit den verschiedenen Vergünstigungen für d'Alembert kursierte in Kopien in Paris. (3) Die Kaiserin wolle um jeden Preis einen der französischen "Philosophen" als Erzieher für ihren Sohn. (4) Auch von den anderen Tätigkeiten Katharinas in Frankreich berichtet Bachaumont: den Kauf der Bibliothek Diderots, (5) die Verpflichtung des Bildhauers Falconet, (6) die große Geldspende für die Familie Calas, (7) die Einladung an Mercier de la Rivière, nach Rußland zu kommen - hier mit dem Kommentar versehen, man sei gespannt, welchen Empfang "la Sémiramis du Nord" dem "Législateur moderne" bereiten werde. (8) Auf Mercier de la Rivière geht er ungefähr ein Jahr später noch einmal ein, als er dessen Rückkehr aus Petersburg meldet: die Reise sei kein Erfolg gewesen: Katharina habe geglaubt, einen neuen Untertanen zu gewinnen, das sei aber nicht Merciers Absicht gewesen. (9) Häufig zitiert Bachaumont Voltaire, der seiner Bewunderung für die Kaiserin und die Russen (10) immer wieder neu Ausdruck verlieh - er läßt sogar ein Gedicht mit abdrucken. (11) Schon aus den Notizen Bachaumonts läßt sich ersehen, wie gut Katharina es verstand - und welche Mittel sie anwandte - die französische Öffentlichkeit oder zumindest einen bedeutenden Teil davon für sich zu gewinnen. Aber nicht immer erregte Katharinas Betätigung in Frankreich ungeteilte Begeisterung: so schreibt der Verfasser, daß der Ankauf einer großen Gemäldesammlung durch die Kaiserin mit großer Betrübnis aufgenommen wurde, aber da es an Geld fehlte, sie für den König zu erwerben, mußte man den Kauf zulassen. (12)

Der Autor berichtet aber auch über die Reisen verschiedener Personen nach Polen: so neben anderen Mme. Geoffrin (13) und Baudeau. (14) Er erwähnt die verschiedenen Streitschriften, die anläßlich der polnischen Teilung erschienen (15) und geht auch auf die Bemühungen der Kaiserin ein, die "Ancedotes sur la dernière révolution de Russie" von Rulhière zu kaufen (16) oder, wenn dieser nicht einwilligt, ihm mit Gewalt zu drohen. (17) Viele "connoisseurs", die bei den Lesungen zugegen waren, schätzten das Werk jedoch, es sei durchaus mit den Werken Sallusts und Tacitus' zu vergleichen. (18) Vergleicht man Bachaumonts Aufzeichnungen mit denen von Grimm, so stellt man fest, daß alle die Autoren, die vor Grimms Augen keine Gnade finden - u.a. deswegen, weil sie Katharina II. nicht positiv beurteilen - von diesem Autor mit Achtung erwähnt werden. Das trifft zu auf Mercier, Baudeau, (19) Coyer (20) und auch auf Chappe d'Auteroche. (21)

Auch in diesen privaten Aufzeichnungen finden sich keine Hinweise auf besondere Leistungen in Literatur oder Kunst, welche den Enthusiasmus der Gruppe um Voltaire rechtfertigen. Informationen über kulturelle Äußerungen treten in den Hintergrund gegenüber der Schilderung politischer Zustände und Ereignisse; nur Levesque und Leclerc erwähnen in ihren Werken russische Literaten. Diese Zurückhaltung ist verständlich, wenn es sich um die Berichte französischer Diplomaten handelt; sie ist nicht mehr erklärlich, wenn man davon ausgeht, daß Reisende in Rußland (Polen wird auf kulturellem Sektor ohnehin als nicht existent angesehen) aufmerksam alle Aspekte einer fremden Nation betrachten.

Die Vermutung liegt nahe, daß die französischen Beobachter so sehr in ihrem eigenen Kulturbereich befangen waren, daß sie Äußerungen russischer Künstler - sicher auch wegen der Sprachbarriere - nicht registrierten. Zu fragen ist ferner, inwieweit nicht bereits ein bestimmtes Bild vom russischen Reich sich so verfestigt hatte, daß Änderungen, zumal diese naturgemäß nur langsam vor sich gehen konnten, nicht wahrgenommen wurden. Zum anderen muß man sicher auch in Rechnung stellen, daß die übertriebenen Vorstellungen, die von den Bewunderern Peters, Elisabeths und Katharinas geweckt worden waren, dazu führten, daß die Begegnung mit der russischen Realität zu einer Enttäuschung wurde und dann den Effekt hatte, alles, was an Fortschritten gemacht worden war, zu übersehen.

2.7. Schwerpunkte in den Darstellungen

Im folgenden wollen wir uns kurz vergegenwärtigen, wo die Schwerpunkte in der Darstellung der beiden Länder lagen und ob sich diese im Laufe der Zeit änderten, sowie einen Blick darauf werfen, wie französische Autoren des 17. Jahrhunderts Polen und Rußland schilderten. So bietet sich uns in der anschließenden Zusammenfassung die Möglichkeit, auf eventuell vorhandene Übereinstimmungen, auf Abweichungen oder völlige Neuansätze hinzuweisen.

Schwerpunkte in der Darstellung Polens finden wir vor allem in der immer wieder erläuterten Verfassung, in der Schilderung des Adels und der militärischen Ohnmacht des Staates, in der Religionsfrage und ihren politischen Folgen, sowie auch in dem Versuch, einen "Nationalcharakter" zu entwerfen. Da im Laufe der Zeit weder in der Verfassung noch in der militärischen Organisation wesentliche Veränderungen auftreten, entsprechen sich die Berichte weitgehend; allerdings verlagert sich das Interesse (seit der Mitte des 18. Jahrhunderts) nun von der Beschreibung des tatsächlichen Zustandes auf die Möglichkeiten von Reformen. Veranlaßt durch die politische Lage, beschäftigen sich einige Schriftsteller mit der Frage, wie der Schwächezustand der Adelsrepublik beseitigt werden könne: zur Bestandsaufnahme treten Vorschläge zur Verbesserung hinzu. (1)

Die Beschreibung des polnischen Adels ist während des gesamten Zeitraumes unserer Betrachtung immer ein wichtiger Bestandteil der Darstellung: da der Adel sich als die Nation sieht und diese Auffassung von den meisten Autoren übernommen wird, entspricht eine Charakterisierung der Polen weitgehend der Kennzeichnung des Adels.

Über das polnische Militärwesen, dessen Schwäche anläßlich der verschiedenen Kriege immer wieder mit aller Deutlichkeit zutage trat, äußern sich die Verfasser schon zu Beginn des 18. Jahrhunderts (bzw. Ende des 17. Jahrhunderts) mit großer Skepsis, um nicht zu sagen, Verachtung. Daran ändert sich auch nichts während des Bestehens der Barer Konföderation, wenn auch Beispiele persönlicher Tapferkeit erwähnt werden.

Unterschiedliche Schwerpunkte werden gesetzt bei der Darstellung der Konfessionsprobleme. Wird zu Beginn des Jahrhunderts das feste Beharren der Polen im katholischen Glauben gewürdigt, so setzt sich zunehmend eine Tendenz durch - vor allem seit der Affäre von Thorn - das Verhalten der Polen gegenüber den Dissidenten als Intoleranz, als religiösen Fanatismus zu brandmarken. Das wirkt sich auch auf die Darstellung der Konföderierten aus und trägt mit zu ihrem schlechten Ruf bei den "aufgeklärten" Schriftstellern bei.

Wesentliche Aspekte für die Beschreibung der Adelsrepublik sind das Verhältnis des Königs zu den Magnaten und die Auseinandersetzungen der großen Familien untereinander. Dargestellt werden sie im Verhalten der Adligen bei den Reichstagen, während der Interregna, anläßlich der Königswahlen und bei der Bildung von Konföderationen. Das Verhältnis König/ Adel ist immer von höchstem Interesse; hier werden die verschiedenen Beziehungen aufmerksam registriert; daran ändert sich im Laufe der Zeit nichts. Die bäuerliche Bevölkerung wird in den verschiedenen Schriften nur am Rande erwähnt; die älteren Reiseberichte (1) widmen ihrem Los immerhin einige Seiten, ohne ein allzu hartes Urteil zu fällen, da ihnen die Einrichtung der gutsuntertänigen Bauern eine durchaus geläufige Tatsache ist, die noch nicht unbedingt mit dem Odium der Unterdrückung und Ausbeutung behaftet sein muß.

Im zweiten Drittel des 18. Jahrhunderts ist die Frage der bäuerlichen Bevölkerung in den Publikationen nicht von großem Interesse; das ändert sich seit den 60er Jahren - Coyer spielt dabei eine große Rolle. Unter der von ihm ausgegebenen Parole: "La Pologne frappe ses propres enfants", die auch in der Enzyklopädie wieder aufgenommen wird, entsteht in zunehmendem Maße bis in die 80er Jahre hinein die Tendenz, die Adelsrepublik in Bezug auf die Behandlung der Bauern für besonders rückständig zu halten. Die Zeitschriften berichten allerdings kontinuierlich - zumeist aus aktuellem Anlaß - über die Leiden der bäuerlichen Bevölkerung, auch über plötzliche Ausbrüche der Wut, die sich dann unkontrolliert gegen alle Bewohner einer Gegend richten.

Selten wird auf Handel, Verkehr und Kultur in Polen Bezug genommen, wenn man davon absieht, daß rhetorische Leistungen besonders hervorgehoben werden. Die Passivität auf diesen Gebieten wird mit dem "Nationalcharakter" - "génie de la nation" -

in Verbindung gebracht: immer wieder wird der mangelnde Erwerbssinn betont; dagegen sind das Streben nach Zurschaustellung des Reichtums, die Liebe zum Luxus und das fehlende Verantwortungsgefühl häufig Anlaß zu moralisierenden Überlegungen.

Ein Aspekt, der zunehmend größere Beachtung findet, ist das Verhältnis des polnischen Staates zu Rußland. Zu Beginn des Jahrhunderts beschränken sich die Ausführungen auf wenige Beobachtungen, aber unter dem Eindruck der wachsenden Einflußnahme der russischen Herrscher/innen in die inneren Angelegenheiten der Rzeczpospolita wird die Aufmerksamkeit der Schriftsteller auf diese Beziehung gelenkt, so daß zur Zeit der 1. Polnischen Teilung manche Autoren, Baudeau z.B., die Geschichte Polens und Rußlands fast ausschließlich unter diesem Blickwinkel sehen und eine Art Erbfeindschaft konstatieren. Wesentliche Themen bei der Beschreibung Rußlands sind während des gesamten Zeitraumes die außenpolitischen Aktivitäten, die Zustände am Hof in Petersburg, die "Verwestlichung" des Zarenreiches, die Beziehung Staat/ Kirche und auch das Verhältnis zu den Frankreich verbundenen Staaten: Schweden, Türkei, Polen.

Bei den Berichten über den Hof interessiert die Autoren meistens - und das durchgehend, seitdem es so etwas wie einen Hof im französischen Sinne gibt - das Verhältnis des jeweiligen Herrschers zum Adel, die verschiedenen Gruppierungen, die gegen- oder miteinander arbeiten. Die absolute Macht des Zaren/ der Zarin ist ein Thema, das kontinuierlich die Aufmerksamkeit der Schriftsteller fesselt; ebenso wichtig ist ihnen die Darlegung/ Untersuchung der Auswirkungen dieser Macht auf die adligen Familien, auf den Klerus und die bäuerliche Bevölkerung. Die Außenpolitik mit ihren expansiven Tendenzen wird - je nach Einstellung des Verfassers - mit Besorgnis registriert oder kommentarlos zur Kenntnis genommen; auch hier ist von wesentlicher Bedeutung die Ansicht des Autors über Polens Rolle im europäischen Staatensystem. Für viele ist die Stellung der Kirche im Staat eine Frage von höchstem Interesse; die mögliche Einflußnahme des Klerus auf politische Entscheidungen, seine Macht über den Herrscher und die Bevölkerung beeinflußt das Urteil stark. Häufig sind es aktuelle Ereignisse, die manche Autoren dazu veranlassen, sich mit der Geschichte beider Staaten zu befassen. Da im 18. Jahrhundert gerade im nordost-europäischen Raum viele Anlässe dazu gegeben waren, mußten sich die Verfasser zwangsläufig mit Polen u n d Rußland auseinandersetzen; dabei kam es wesentlich darauf an, von welchen politischen/ "philosophischen" Prinzipien sie bei ihrer Betrachtung ausgingen.

2.8. Einige Berichte aus dem 17. Jahrhundert

Das ist ein wesentlicher Unterschied zu den Darstellungen und Urteilen des 17. Jahrhunderts. Weder war die Verflochtenheit russischen und polnischen Geschickes so deutlich noch differierten die Standpunkte der französischen Schriftsteller in wesentlichen Fragen. So finden wir in den Berichten der Reisenden - im weitesten Sinne - des 17. Jahrhunderts (1) vor allen Dingen die Darstellung der ungeheuren Macht des Großfürsten. Boussingault (2) beschreibt die Macht des Zaren ähnlich wie Herberstein, berichtet über das völlige Fehlen von Akademien und Kollegien, (3) vom Mißtrauen gegenüber Lernbegierigen (4) und erwähnt ebenfalls einen Empfehlungsbrief für den Toten an den Heiligen Petrus. (5)

In der Relation Guy Mièges über die Gesandtschaft des englischen Botschafters Carlisle an den Zaren Aleksej (1663/64) werden viele Beobachtungen geschildert, (6) die später, wie wir feststellen konnten, von anderen Autoren wieder aufgegriffen wurden: die außerordentliche Empfindlichkeit der Russen in der Titelfrage und der Rangfolge, (7) die Liebe zum Müßiggang als besonderes Kennzeichen der Nation, (8) die Geschicklichkeit und der Einfallsreichtum beim Handeln; (9) natürlich fällt die Trunksucht auf - auch bei den Priestern -, (10) die Unzucht, die mangelnde Höflichkeit - auch untereinander -, (11) die übermäßige Unterwürfigkeit, welche die Beamten überheblich macht. (12) Auch Miège vertritt die Ansicht, daß die Moskoviter geborene Sklaven seien. (13) Die Macht des Zaren vergleicht er mit der Gewalt der Assyrerkönige, der Perser und der Türken (!) - der Großfürst herrsche über seine Untertanen wie über Sklaven. (14) Er weist auf die uns schon oft begegneten drei Prinzipien als Grundlage der despotischen Gewalt der russischen Herrscher hin. (15)

Bei diesem Verfasser findet sich ebenfalls das gleiche Urteil über Offiziere und Mannschaften wie in späteren Berichten: die einfachen Soldaten seien sehr gut, die Offiziere dagegen meistens unfähig. (16) Er schildert die Palmsonntagsprozession, bei welcher der Zar das Pferd/ den Esel des Patriarchen am Zügel führe (17) und erwähnt das Empfehlungsschreiben an St. Petrus. (18) Miège ergeht es wie vielen Rußlandreisenden - auch in späterer Zeit: er atmet auf, als er die Grenzen des Landes wieder überschritten hat. (19)

Die Beobachtungen des Hauptmanns Margeret entsprechen in vielen Einzelheiten den bisher genannten; sein Urteil über die russische Nation lautet: "ils [les Russes] sont rudes et grossiers, sans aucune civilité et une nation fausse, sans foi, sans loi, sans conscience, sodomites, et entachés d'infinis vices et brutalités." (20) Faulheit, Trunksucht und Unwissenheit kennzeichnen das russische Volk - der Adel wird von diesem Urteil nicht ausgenommen; (21) es sei mißtrauisch und argwöhnisch, (22) ohne Bildung und der unumschränkten Macht des Zaren unterworfen. (23)

Diese wenigen Hinweise auf Berichte von Reisenden des 17. Jahrhunderts mögen genügen, um festzustellen, wieviele Darstellungen und Urteile in das beginnende 18. Jahrhundert, von einigen Autoren noch in die 70er Jahre, übernommen wurden.

Der Vergleich zwischen Polen und Moskovitern wird auch in den französischen Werken aus dem 17. Jahrhundert gezogen, und er fällt immer zuungunsten der Russen aus - die Höflichkeit der Polen hebt sich vorteilhaft von dem barbarischen Verhalten der Moskoviter ab. (1)

Le Laboureur, der die Reise Maria Gonzagas, welche die Ehe mit Władysław IV. geschlossen hatte, nach Polen schildert, beschreibt den polnischen Adel als den einzig wirklichen auf der Welt: "Il n'y a point de véritable Noblesse au monde que celle de ce Royaume; et il n'y en a point qui ait des privilèges si avantageux: car l'on peut dire, qu'ils sont autant de Princes que de Gentils-Hommes; puisqu'ils sont maistres absolus de leurs testes, s'ils gardent les lois de l'Estat; et de leurs terres encore. Ils naissent tous égaux pour la condition ... les seules charges font la différence ..." (2) Der Autor betont die Privilegien des Adels, aber auch seine Pflichten, seine Höflichkeit und Gastfreundlichkeit, sowie die Solidität der polnischen Republik. Zwar beschreibt Le Laboureur auch die Lage der Bauern - ähnlich wie de Tende und Dalerac - aber er weist darauf hin, daß die Adligen von ihren Rechten nur sehr sparsam Gebrauch machten. (3) Sie seien großzügig, ja verschwenderisch, liebten die Prachtentfaltung, seien treue Freunde und gute Ehemänner und Ausländern gegenüber von großer Zuvorkommenheit. (4) Den polnischen Staat beschreibt er als eine "Monarchie Aristocratique qui se gouverne sous le nom d'un Roy par les Prelats et les Nobles ..." (5) Le Laboureur konstatiert ebenfalls das völlige Fehlen eines Dritten Standes; (6) und bei der Betrachtung der militärischen Kräfte der Adelsrepublik vermerkt er, daß aufgrund ihrer staatlichen Organisation Angriffskriege kaum möglich seien, daß erst im äußersten Notfalle die ganze Kampfkraft der Polen sich entfalte. (7) Für einen lange dauernden Krieg könne man den Adel nicht gewinnen, der Autor vermerkt auch den Mangel an wirtschaftlichem Unternehmungsgeist, der zur Vernachlässigung in der Ausbeutung der Bodenschätze und der Landwirtschaft führe. (8) Seine Ansichten über Verbesserungen in dieser Hinsicht habe er einem polnischen Adligen mitgeteilt; er gibt die Antwort seines Gesprächspartner wieder, und wir möchten diese zitieren, da sie uns auf das Deutlichste das Selbstverständnis des Adels widerzuspiegeln scheint: "Nous ne voulons plus de pays, Nous ne voulons point un Roy trop puissant, ny mesme trop vaillant, ny trop sage: Nous voulons qu'il soit libéral et magnifique comme nous: Nous avons tout à souhait: Nostre terre est la meilleure du monde; et parce qu'elle ne nous peut jamais manquer, Nous vivons mieux dans le désordre que dans l'ordre; et si nous sommes mauvais ménagers, Nous ne pouvons craindre de nous ruiner, à cause de nos privileges; tant s'en faut, Nous sommes d'humeur à ne nous enquester jamais de nos affaires. Nous vivons au présent, Nous n'appréhendons le futur: les biens ne sont rien qu'un accident sujet à toutes sortes de révolutions; mais la Noblesse est éternelle : C'est la richesse et la force de nos Pays, et quiconque sera soigneux de la conserver, la relevera s'il veut faire des actions dignes de sa naissance." (9) Es erübrigt sich, auf die anderen Berichte aus dem 17. Jahrhundert einzugehen; sie entsprechen in allen wesentlichen Punkten der Darstellung Le Laboureurs. (1)

Aus diesen wenigen angeführten Beispielen ist zu ersehen, daß - sowohl für Polen als auch für Rußland - gewisse "Grundfarben" bei der Erstellung eines Bildes von beiden Staaten auch im 18. Jahrhundert durchaus noch benutzt wurden.

ABSCHNITT 3 - Zusammenfassung

Das Ziel unserer Untersuchung war es, in einem möglichst umfassenden Überblick über das Schrifttum Polen und Rußland betreffend festzustellen, ob es wirklich einen weitgehenden Konsens in der Darstellung beider Staaten gegeben hat, und ob das Bild im Laufe der knapp 100 Jahre keinen Änderungen unterworfen war. Wir stellten uns die Frage, ob nicht e i n wesentliches Kriterium für die Darstellung und Beurteilung des einen Staates das Verhältnis des Autors zum anderen Staate sei.

Als ein Ergebnis können wir festhalten, daß es während des gesamten Zeitraumes nicht e i n e dominierende Vorstellung von jedem der beiden Staaten gegeben hat, sondern zwei, die sich - zumindest bei Rußland - deutlich voneinander unterscheiden. Natürlich kann man erwarten, daß während eines so langen Zeitraumes ein Wandel in den Ansichten eintritt; aber das Wesentliche scheint uns zu sein, daß beide Bilder nebeneinander existierten und von jeweils verschiedenen Gruppen während des 18. Jahrhunderts vertreten wurden.

Sehr häufig ist an den unterschiedlichsten Stellen der Berichte über Rußland der Hinweis aufgetaucht, der Autor wolle ein Bild zurechtrücken oder gar ein falsches durch ein seiner Meinung nach zutreffenderes ersetzen. Ebenso wird in Darstellungen über Polen häufig gesagt, daß sich in Frankreich eine bestimmte Vorstellung von der Adelsrepublik durchgesetzt habe, welche es nun zu korrigieren gelte. Dabei wird bei den Bemerkungen über Rußland immer wieder Voltaire zitiert als derjenige Autor, der ein völlig falsches Bild von diesem Staat entworfen habe, während bei dem polnischen Reich die Dinge etwas differenzierter liegen: zum einen habe sich in Frankreich durch die Siege des polnischen Adels über die Türken eine zu hohe Erwartung eingestellt, (1) zum anderen aber sei im Laufe der Zeit das Bild eines völlig degenerierten Volkes verbreitet worden. (2) Je nach Standpunkt des Autors wird dann versucht, eine gegenteilige Auffassung zu vertreten. Dabei ist von entscheidender Bedeutung, welche Haltung der Verfasser zu dem anderen der beiden Staaten einnimmt, d.h., auch welcher Art seine politischen Anschauungen sind.Es spielt eine nicht unwesentliche Rolle für die Darstellung Rußlands und Polens, wie die Haltung des Autors zum "despotisme" ist, zur Stellung des Adels als möglicher Zwischengewalt, zur Institution der Kirche, zu religiösen und sozialen Fragen, zu den Bauern (Leibeigenschaft!) und zur Bedeutung von Zivilisation und Kultur.

Anfang des 18. Jahrhunderts konnte sich der französische Leser über Moskovien/ Rußland nur sehr lückenhaft informieren; falls er überhaupt Interesse hatte, über ein Reich etwas zu erfahren, das so weit außerhalb seines Horizontes lag. Seine Vorstellungen beruhten auf dem, was in den älteren Diktionären, den - sehr wenigen - französischen Reisebeschreibungen und in den Periodika veröffentlicht war. Dabei wurden ihm zum größten Teil - mit Ausnahme der Zeitschriften - Urteile des 17., zuweilen sogar des 16. Jahrhunderts vermittelt. So bestimmten auch im 18. Jahrhundert

Äußerungen über das alte Moskau noch wesentlich die Auffassung von Rußland mit. Bei den Vertretern dieses "traditionellen" Bildes finden wir auch das Schwanken darin, ob das unermeßlich große Reich eher Europa oder Asien zuzurechnen sei. Die Macht des Herrschers wird mit fast den gleichen Worten beschrieben, wie sie schon Herberstein und Olearius verwendeten. Dabei wird besonders hervorgehoben, und das auch noch Ende des 18. Jahrhunderts, so z.B. bei Sabatier, Baudeau und Montesquieu, daß der russische Adel nach westlichem Verständnis diese Bezeichnung nicht verdiene: aus sich heraus sei er nichts, alles hänge nur von der Gunst des Fürsten ab; diese Autoren sehen kaum einen Unterschied zur Stellung der bäuerlichen Bevölkerung gegenüber dem Zaren. Die Politik der Erniedrigung der großen Adelsfamilien, die seit Ivan IV. festzustellen ist, bedeutet für einige Schriftsteller eine Bestätigung ihrer Auffassung, daß das nicht-europäische Element überwiege. Die Bojaren werden beschrieben als lernunwillige, ruheliebende Schicht, die am liebsten auf ihren Gütern leben würde, den Point d'honneur nicht kenne und den Dienst in der Armee ablehne; sie beharre auf den alten Sitten der Väter, verachte Fremde und halte ihre Lebensform und Religion für die beste. Grenzenlose Arroganz und Unwissenheit zeichne sie aus. Das gleiche Bild wird von den Vertretern der Geistlichkeit entworfen und von den einfachen Bauern.

Man kann feststellen, daß in den wesentlichen Charakterzügen der russischen Nation, so wie sie bis in das erste Jahrzehnt des 18. Jahrhunderts beschrieben werden, kaum ein Unterschied zwischen Adel, Klerus und Bauern besteht: Unbildung,Trunksucht, Ruhebedürfnis, Frömmigkeit, die sich vor allem auf Äußerlichkeiten erstreckt; Grausamkeit, Unehrlichkeit, Verschlossenheit, Fernhalten von allem Fremden, freiwillige Abkapselung vom Ausland, das völlige Fehlen jeglichen Ehrgeizes und vor allem die absolute Unterordnung unter den herrscherlichen Willen werden immer wieder konstatiert. Das gänzlich Andere, vom übrigen Europa Abweichende, wird herausgestellt, die Barbarei betont, Ansätze zu Änderungen nicht oder kaum gesehen. Das Fremdartige dieses Staates wird noch gesteigert durch den Begriff "Moscovie" - der eine "nation à part" bezeichnet, die nicht teil hat an der europäischen Geschichte. Die Zeitungen bilden durch die kontinuierliche Berichterstattung ein Korrektiv zu den eingewurzelten Vorstellungen von Moskovien als für das übrige Europa uninteressantem Staat. Sie berichten über die Aktivitäten der Russen im Ostseeraum, in Polen und später auch im Deutschen Reich. Sie registrieren auch zuerst den Wandel im Norden. Der Sieg bei Poltava wird von ihnen sofort als ein Ereignis von großer Tragweite erkannt. Im Anschluß daran und im Zusammenhang mit dem Aufenthalt russischer Truppen auf Reichsterritorium entstehen Spekulationen über die Absichten des Zaren, die durchaus das Gefühl der Bedrohung durch die weitgehend unbekannte Macht im Osten vermitteln. Schon sehr früh wird von verschiedenen Beobachtern die Bedeutung der Ausländer für die russische Entwicklung erkannt und z.T. als für das westliche Europa gefährlich empfunden; die Meinung, ohne ausländische Hilfe sei Rußland nicht bedeutend, ist hier bereits im Entstehen begriffen.

Allerdings deutet sich schon bei diesen, den Bestrebungen und Fähigkeiten der Russen durchaus skeptisch gesonnenen Schriftstellern die große Bedeutung des Zaren Peter an. Bei aller kritischen Beurteilung der Russen und ihres Willens zur Zivilisation ist die Hochachtung vor der ungeheuren Arbeitsleistung Peters des Großen nicht zu übersehen. Unmittelbar nach dem Tode des Zaren (1725) beginnt der Zeitabschnitt, in dem Veröffentlichungen erscheinen, die sich zwar auch mit russischer Geschichte befassen, in deren Mittelpunkt aber Leben und Werk Peters des Großen stehen. Dabei ist zweierlei zu beachten: Peter ist der einzige russische Herrscher, der im 18. Jahrhundert eine biographische Würdigung erhält; (1) die Biographen sind nicht in Rußland gewesen. Das ist insofern von Bedeutung, als das, was sie im Zusammenhang mit Peters Regierungstätigkeit als das "neue" Rußland beschreiben, von späteren Beobachtern im Lande selbst nachgeprüft wurde und häufig Anlaß bot zu Ausfällen gegen eben diese Autoren, vor allem gegen Voltaire.

Seit dem Erscheinen der "Histoire de Charles XII" (1731) kann man das zwiespältige Bild von Rußland verfolgen: ein Strang läuft über Fontenelle, Voltaire, Diderot (2) und Grimm zu Mêhée de la Touche zur Apotheose Katharinas II.,(3) der andere geht über Chappe D'Auteroche, Rulhière, Baudeau, Rousseau und Garran zu Castéra und Masson. Bei der Aufzählung dieser Namen fällt auf, daß diejenigen Verfasser, die auf der vornehmlich kritischen Sichtweise des russischen Reiches beharren, auch diejenigen sind, die Rußland aus eigener Anschauung kannten oder aber Polen in irgendeiner Weise verbunden waren.

Die Gründe für das große Interesse an Rußland liegen einmal darin, daß die Persönlichkeit Peters des Großen Anlaß zur Neugier gab; daß seine Reisen den Eindruck erweckten, als wolle er wirklich einem gänzlich barbarischen Land die perfektionierten Künste und Sitten des Westens überstülpen - und zwar so, daß alles, was im Laufe der Entwicklung sich in Frankreich als falsch, überflüssig und dem Fortschritt hinderlich erwiesen hatte, in seinem Reich nicht mit übernommen werden mußte. (4) Was Voltaire und seine Anhänger mit besonderer Genugtuung erfüllte, das waren vor allem zwei Dinge: das Nützlichkeitsdenken des Zaren und die Haltung Peters des Großen der Kirche/ Religion gegenüber. Alles, was vernünftig - d.h., zweckmäßig "utile" - war, was der Rationalisierung des Staatswesens diente, was den Willen und die Macht des Menschen über die bloße Natur dokumentierte, wurde von Voltaire mit großer Befriedigung registriert. Daher wollte er die Nivellierung der gesellschaftlichen Schichten nicht sehen - bzw. er empfand sie als "utile", - darüber "vergaß" er die normative Kraft des Krieges, übersah er, daß Peter überhaupt keinen Plan hatte. Besonders wichtig war ihm (Voltaire) die Behandlung des Klerus: eine Geistlichkeit, die politisch völlig ohne Einfluß war, die erst durch den Willen des Herrschers zu stärkerer Lehr- und Lerntätigkeit angeregt wurde, entsprach seiner Auffassung von der Verteilung der Macht im Staat. Die - angebliche - Toleranz der russischen Herrscher/ innen war ihm und seinen Mitstreitern - vor allem auch aus propagandistischen Gründen - von großer Bedeutung. Daß sich das Leben eines Volkes ordnen lasse nach vernünftigen Grundsätzen und dies nur dem Glück des Volkes dienen würde, das war Voltaires Überzeugung - und auch die Grimms. Letztlich waren beide durchaus der Ansicht, daß man die Uneinsichtigen auch gegen ihren Willen zu ihrem Glück zwingen müsse. Daher erklärt sich auch die spätere Zustimmung dieser Gruppe zu Katharinas Regierungstätigkeit - auch zur Polenpolitik der Zarin.

So erscheint Rußland in den Augen dieser Autoren als ein Land, das sich dank der höheren Einsicht seiner Herrscher und deren Willenskraft auf dem Wege zu einem rational, nach den Prinzipien der Aufklärung durchgeformten Staatswesen befindet, in dem durch gute Gesetze und vernunftgemäße Institutionen die Einwohner zu ihrem Glück gebracht werden. Unter dem Gesichtspunkt des Nützlichen und dem für das Gedeihen des Staates Notwendigen werden dann auch Ereignisse wie der Tod des Thronfolgers Aleksej, die Einmischung Rußlands in Polen, die Entthronung Peters III. subsumiert. Sollte sich gegen dieses Beglückungsprogramm an irgendeiner Stelle Widerstand erheben - wie in Polen oder durch die Bauernaufstände in Rußland selbst -, so sind die Aufrührer der Opposition nach Meinung Voltaires und anderer von den Priestern beeinflußt, blindem Fanatismus verfallen oder aber Anhänger alter, überkommener Bräuche, die gänzlich ohne Nutzen sind. Wenig Aufmerksamkeit schenkt der Patriarch von Ferney den Realitäten bäuerlichen Daseins, der ökonomischen und sozialen Situation des Adels und der Stadtbewohner. Diese Themen interessieren ihn und seine Mitstreiter nicht. Gänzlich fern liegt ihnen auch eine Betrachtungsweise, welche das Expansionsstreben Rußlands als einen gefährlichen Faktor in der europäischen Politik wertet - eine Konsequenz seiner Auffassung von der vernunftgemäßen Handlungsweise des Zaren.

Vom Erscheinen der "Histoire de Charles XII" bis zur Publikation des 1. und 2. Bandes der "Histoire de l'Empire de Russie sous Pierre le Grand" (1760, 1763) dominiert weitgehend die Voltaire'sche Auffassung vom östlichen Reich. Das "Veränderte Rußland"ist es, welches das Bild der Leser bestimmt, und diese Vorstellung ist es, die sich in den einfachen "Chroniken" Lacombes und Contant d'Orvilles fortsetzt. Zunehmend aber wird Voltaires Darstellung als eine unzutreffende Verherrlichung des russischen Staates angesehen. In den Berichten der Autoren, die Rußland (oder Polen!) aus eigener Anschauung kannten, werden ihm die Fehler aufgerechnet: und genau das, worauf dieser überhaupt keinen Wert gelegt hatte, nämlich die Schilderung der Lage der bäuerlichen Bevölkerung, tatsächliche Auswirkungen der utilitaristischen Beglückungspolitik, das gerät zunehmend in das Blickfeld der Betrachter. Die Haltung wurde allerdings provoziert durch die übertreibenden, bzw. einseitigen und unrealistischen Urteile Voltaires. So wird dann die Realität gemessen an dem, was er über Rußland schrieb, und das Ergebnis der Überlegungen a l l e r Autoren, die sich der Mühe einer Überprüfung unterzogen , ist, daß kaum ein Fortschritt festzustellen sei. Sie rücken wieder so etwas wie "nationale Eigenschaften" in den Mittelpunkt der Betrachtung, sie sehen den Widerspruch zwischen despotischer Verordnungspraxis und der Absicht, freie Menschen zu schaffen, die in Lebensform und Verhalten den Bewohnern des westlichen Europas gleichen.

Auch hier sind es die Zeitschriften, die in dem Zeitraum 1730 - 1764, der durch Voltaires Sicht beherrscht wird, ein wenn auch nicht tendenzfreies, so doch korrigierendes Bild liefern. Zum einen wurde der Leser von ihnen darüber unterrichtet, daß es unter der anscheinend so ruhigen Oberfläche gärte, daß ganze Familien dem Exil oder der Gefangenschaft ausgeliefert wurden, und zwar nicht Leute aus der "canaille", sondern Angehörige der ersten Geschlechter. Zum anderen erhielt der Interessierte einen Einblick in die Aktivitäten der russischen Außenpolitik, und wenn er nur ein wenig über die politischen Verbindungen seines Landes informiert war, mußte ihm auffallen, daß überall dort in Europa, wo französische Interessen im Spiel waren, ihnen russischer Einfluß entgegentrat (Schweden, Polen, Türkei). Besonders deutlich war das in Polen, wo der Einflußnahme durch die französische Regierung zunehmend Schwierigkeiten erwuchsen. Die Adelsrepublik ist dann auch in Wirklichkeit das "champ de bataille", der Schauplatz der Auseinandersetzung, nicht nur im realen politischen Bereich, sondern auch auf dem Felde der Publizistik.

So können wir seit der Mitte der 60er Jahre des 18. Jahrhunderts die verstärkte Auseinandersetzung um das "wirkliche" Bild Rußlands wahrnehmen: Voltaire und seine Anhänger bleiben bei ihrer Linie, das russische Reich, vor allem aber seine Herrscherin, als vorbildlich in den Bemühungen um Aufklärung und Beglückung der Bevölkerung, als Vorkämpfer für die Rechte der Dissidenten, für Toleranz und Glaubensfreiheit zu sehen; k o n k r e t e Beschreibungen der Zustände im Innern des Landes bleiben allerdings aus; es erfolgt keine Analyse der bäuerlichen Lage , die Folgen der dauernden Rekrutierungen und der Überspannung der Finanzen werden nicht untersucht.

Diese fehlenden Angaben liefern diejenigen, die Rußland bereisten - wie Chappe d'Auteroche; Offiziere, die Erfahrungen im Kampf gegen die Russen gesammelt hatten; Kompilatoren wie Chantreau, die Reiseberichte anderer zusammenfaßten.

Wenn auch zu beobachten ist, daß Äußerungen negativer Art über Katharina II. nur sehr vorsichtig formuliert werden, so ist doch festzuhalten, daß bei diesen Autoren die Realität gemessen wird an dem, was an Informationen verbreitet wurde. Öfter wird darauf hingewiesen, daß die Zarin viele Dinge nur für die ausländische Öffentlichkeit veranstaltete, um des Propagandaeffekts willen; während in Wirklichkeit außer einer Absichtserklärung nichts geschehen sei.

In die Reihe derjenigen, die der kritiklosen Bewunderung beschuldigt werden, stellen einige Autoren auch die Zeitungen. Dieser Vorwurf ist zwar nicht völlig unbegründet, geht aber u.M.n. zu weit. Wie wir bemerkten, konnten die Periodika durchaus dazu dienen, die übertriebenen Vorstellungen von der Fortschrittlichkeit und Verbreitung der "lumières" in Rußland zu korrigieren. Sie verwiesen auf die Gärung in manchen Adelskreisen, auf finanzielle Schwierigkeiten, auf die vielen Rekrutierungen, auf Bauernaufstände, Unmutsäußerungen des Klerus und Exzesse russischer Soldaten, besonders in Finnland und Polen. Andererseits kann man aber in der Tat beobachten, besonders beim "Mercure", daß die erfolggekrönte Außenpolitik Peters und Katharinas nicht ohne Folgen für die Beurteilung Rußlands in den Artikeln bleibt, vor allem wiederum vor dem Hintergrund der zum Scheitern verurteilten polnischen Bemühungen im Nordischen Krieg, 1733-35, 1768-1772. Die Beschuldigung - weitgehend - kritikloser Bewunderung kann aber wohl für die Berichterstattung über Katharina II. gelten, jedenfalls was die Äußerungen des "Mercure" betrifft. Aber selbst diese Zeitschrift geht nicht so weit, Rußland als eines der fortschrittlichsten Ländern einzuordnen: die russische Nation bleibt auch für diese Zeitschrift ein Volk von Sklaven, zum Aufruhr disponiert, von Aberglauben erfüllt. Durch die Lobeshymnen herausgefordert, betonen nun die Reisenden seit Chappe d'Auteroche die rückständige, barbarische Seite des russischen Staates. Hier entsteht wieder das Bild von dem unwissenden Volk und den ungebildeten Priestern; vom Adel, dem man den Ehrenstandpunkt nicht verständlich machen kann. Wir finden die Fortführung und Betonung der Linie, die von den älteren Reiseschriftstellern herrührt; die Autoren des 18. Jahrhunderts, die diese Vorstellung weiterhin vertreten, kommen zu dem Schluß, daß alles, was an Europäisierung geschehen sei, nur oberflächlich, bloße Tünche sei. Zur Qualifikation der russischen Nation werden Begriffe wie "orgueil", "domination", "esclavage" verwendet. In der Erfahrung vieler Beobachter ist Rußland immer noch "une nation à part".

Die Vergleiche mit dem Osmanischen Reich, die manche Autoren anstellen, sind nicht zufällig gewählt: die Entfernung vom übrigen Europa soll dadurch betont werden. Noch um die Mitte des 18. Jahrhunderts wird Rußland in die Nähe der außereuropäischen Nationen gerückt. (1) Ein wesentliches Kriterium für die Zuordnung ist die Stellung des Adels; ein Staat, in welchem dieser Stand den willkürlichen Launen des Herrschers ausgeliefert ist, gehört in den Augen vieler vornehmlich dem adligen Stande angehörender Beobachter nicht zu Europa. Ein weiteres Indiz für diese Sichtweise ist das Fehlen eines Dritten Standes im Sinne einer wirtschaftlich und kulturell bedeutenden Schicht.

Zu der distanzierten Haltung Rußland gegenüber tragen nicht wenig die Ereignisse in Polen bei. Das wird besonders deutlich, wenn man die literarischen Erzeugnisse der 70er Jahre betrachtet. Aber auch in den Berichten der Gesandten aus Petersburg ist es nicht das "aufgeklärte" Rußland Voltaires und Grimms, das dem Leser entgegentritt, sondern vor allem das dem europäischen Gleichgewicht gefährliche Riesenreich. Der Gedanke, daß ein Plan bestehe, unaufhaltsam nach Westen vorzudringen, taucht bereits 1760 in der Instruktion an Breteuil auf,(2) und er wird zum Grundprinzip moskovitisch/ russischer Politik erhoben in Baudeaus (und Rulhières) Schriften - hier seit der Regierung Ivans IV. Diese Betonung des expansiven Charakters, der, wie einige behaupten, dem Despotismus wesensgleich sei, setzt sich fort in den Berichten, die während der Französischen Revolution erscheinen; dann wird der Vergleich mit den Horden der Hunnen herangezogen, die Europa überschwemmen; ganz offensichtlich ist die Absicht, das Barbarische des russischen Volkes hervorzuheben.

Rousseau gehört zu den Autoren in Frankreich, die Peters des Großen Absicht, Rußland dem Westen anzugleichen, ablehnen; und zwar nicht nur wegen der angewandten Methoden, sondern auch aus grundsätzlichen Erwägungen heraus. Ist der Schlüssel zum Verständnis seiner Auffassung von der Regeneration Polens der Vergleich mit den Juden und ihrem Schicksal, so gilt diese Aussage auch für die Russen, nur im umgekehrten Sinne: der Versuch Peters, so sieht es Rousseau, die Identität des russischen Volkes zu zerstören, indem er ihm die Gewohnheiten und Denkweise der westlichen Europäer aufzwang, mußte zu einem Fehlschlag führen. Die Moskoviter werden seiner Ansicht nach Barbaren bleiben, weil sie keine Zeit und keine Möglichkeit hatten, Menschen zu werden.

Die Fehleinschätzung der Tragfähigkeit der petrinischen Reformen führt ihn allerdings zu einer Unterschätzung der russischen Macht, was ihre Widerstandskraft gegen die asiatischen Völker betrifft. Rousseaus Bild von Rußland ist weitgehend geprägt von den Berichten, die ihm über die Politik der Russen in Polen vermittelt wurden. Für ihn ist das Zarenreich nicht der Inbegriff des Fortschritts, die Herrscher nicht Verkörperung der Gedanken der Aufklärung. Er sieht das Land im wesentlichen noch als barbarisch, aber auch gefährlich an. Dem russischen Expansionsdrang muß seiner Ansicht nach mit allen Kräften Widerstand geleistet werden durch die Bewahrung der nationalen Identität, durch die Betonung des Eigenständigen, Unverwechselbaren eines Volkes; er empfiehlt also das Gegenteil von dem, was von den "Philosophen" um Voltaire und Diderot als erstrebenswert angesehen wird, die eine einheitliche, auf den gleichen Prinzipien der Aufklärung beruhende Zivilisation in ganz Europa für wünschenswert hielten.

In den "Historikern" Levesque und Leclerc (um 1780) manifestieren sich noch einmal die beiden gegensätzlichen Auffassungen Voltaires und Rousseaus, wenn auch nicht in ganz reiner Ausprägung. In der Ansicht über den Thronfolger Aleksej läßt sich das besonders gut erkennen: ist Levesque der Meinung, daß es für die russische Nation möglicherweise nicht zum Schaden gewesen wäre, wenn Aleksej seinem Vater auf den Thron gefolgt wäre, so lehnt Leclerc diesen Gedanken als völlig abwegig ab. Zwar stimmt auch er mit Levesque darin überein, daß die expansive Außenpolitik nicht zum Vorteil des russischen Volkes sei, daß eine "innere" Eroberung, d.h., die völlige Erschliessung des Landes wesentlich wichtiger wäre, aber in der Beurteilung der Bedeutung westlicher Zivilisation für die Russen differieren die beiden Autoren stark. Während Leclerc der von Fontenelle, Voltaire und ihren Nachahmern vorgezeichneten Linie folgt, Alt-Moskau in den dunkelsten Farben zu schildern, die von Europa abweichende Lebensart als besonders barbarisch und rückständig zu verurteilen, um dann das Petersburger Imperium in umso hellerem Licht erstrahlen zu lassen, setzt Levesque die Zustände in Moskovien im 15., 16. und 17. Jahrhundert in Beziehung mit den gleichzeitig im übrigen Europa vertretenen Auffassungen. Unwissenheit, Aberglaube und Frömmigkeit der Russen vergleicht Levesque mit der ähnlichen Geisteshaltung vieler anderer europäischer Völker im gleichen Zeitraum. Zieht Leclerc, um das völlig Andersartige Moskoviens zu betonen, Vergleiche mit Bewohnern der Südseeinseln oder mit Negerstämmen, so weist Levesque auf die Ähnlichkeit mancher Bräuche und Überzeugungen in Rußland und dem übrigen Europa hin. (1) Steht Leclerc ganz in der "Tradition" Voltaires, Peter der Große habe aus dem Nichts, bzw. aus der völligen Barbarei heraus eine dem Westen ähnliche - unter Katharina sogar ebenbürtige - Nation geschaffen, so schließ Levesque sich eher der Rousseauschen Auffassung an. Er sieht in der Geschichte des alten Moskau durchaus eine Ausprägung mit eigenem Wert, die man unzulässig verkürzt, wenn man sie nur im Vergleich mit dem Frankreich des 18. Jahrhunderts betrachtet.

In der Darstellung beider Autoren, sowohl Levesques als Leclercs, wird die enge Verflechtung russischer und polnischer Geschichte, das Auf und Ab der gegenseitigen Beziehungen deutlich, wenn sie auch nicht mehr auf die Zeit der 1. polnischen Teilung eingehen. Überhaupt halten sich die meisten Verfasser, wenn sie nicht nur die schlichte Verherrlichung Katharinas betreiben, in der Beschreibung und Veurteilung der jüngsten russischen Geschichte zurück - wenn es sich nicht nur um Propaganda handelt.

Wir meinen also, in dem Schrifttum über Rußland zwei, z.T. sogar drei Linien feststellen zu können: Zum ersten die, wie wir sie nannten, "traditionelle" Ansicht, welche die Russen als von den übrigen Europäern wesensmäßig unterschieden betrachtet, die den Aufstieg dieses Staates im Osten mit Argwohn beobachtet und ihn als im höchsten Maße gefährlich für das europäische Staatensystem ansieht; die Vertreter dieser Auffassung sprechen den Russen jegliche Kreativität ab, sie entdecken das einzige Talent dieses Volkes in der Imitation - in der sie allerdings Hervorragendes leisten - und sehen diese Fähigkeit als gefährlich für die anderen Staaten an. Die russische Nation besteht in den Augen dieser Autoren nur aus zwei Gruppen: auf der einen Seite dem Herrscher mit den Truppen hinter sich und auf der anderen Seite der Masse der Bevölkerung. Nicht zufällig wird von einigen - neben dem Vergleich mit dem türkischen Reich - auch der mit dem Römischen Kaiserreich gezogen. (2) Der Adel steht nicht als eine "pouvoir intermédiaire" zwischen Herrscher und Bevölkerung, sondern gehört ihrer Ansicht nach wegen seiner politischen Bedeutungslosigkeit und seiner völligen Abhängigkeit vom Zaren, seiner mangelnden Fähigkeiten auf kulturellem und militärischem Gebiet zur unterdrückten Schicht.

Der einzige Fortschritt, der nicht nur bloßer Schein, sondern Wirklichkeit ist, besteht für diese Beobachter im Anwachsen der militärischen Stärke, und das wird sorgenvoll betrachtet. Einige Autoren gehen sogar so weit, den russischen Herrschern seit Ivan IV. eine kontinuierliche Eroberungspolitik nach einem bestimmten Plan zu unterstellen: als Ziele werden Konstantinopel, der baltische Raum, Polen, sogar das Deutsche Reich genannt. Es ist erklärlich, daß diese Ansicht besonders von Mitgliedern des "Secret" oder ihm nahestehenden Personen vertreten werden, sowie von Schriftstellern, die vor allem am polnischen Schicksal interessiert sind.

Die Russen werden von ihnen charakterisiert als "nation fourbe, séditieuse, superstitieuse, oiseuse", aber mit einem großen Talent zur Nachahmung versehen, das sie in den Stand setzt, sich die Künste und Wissenschaften, sofern diese sich vor allem mit praktischen, nützlichen Dingen beschäftigen, sehr schnell anzueignen. Die andere Linie wird vertreten durch diejenigen Autoren, die einen ungeheuren Fortschritt in der Zivilisation und Kultur seit Peter dem Großen und besonders unter Elisabeth und Katharina II. feststellen zu können glauben. Zu den Bewunderern Rußlands gehört in zunehmendem Maße auch der "Mercure". Wir sind der Ansicht, daß es vor allem der Erfolg der Außenpolitik Katharinas ist, der zu dieser Haltung beiträgt, sowie der Eindruck von Energie, der durch häufige Gesetzgebung hervorgerufen wird, während in der Adelsrepublik anscheinend überhaupt keine Änderung festzustellen ist.

Von sehr großer Bedeutung für eine positive Einstellung zum "neuen" Rußland ist die Haltung der Autoren zur Stellung der Kirche im Staat. Alles, was dazu beiträgt, den Einfluß der Geistlichkeit zu verringern, ist für die "Philosophen" um Voltaire - und auch den "Mercure" - allein aus diesem Grunde schon gut und nützlich. Nach ihrer Auffassung ist es die Kirche, welche die Unwissenheit und den Aberglauben stützt und für ihre eigenen Ziele ausnützt und sich damit den menschheitsbeglückendenden Ideen der Herrscher entgegenstellt. Das positive Bild von den Zaren/ Zarinnen wird besonders gefördert durch die - angebliche - Toleranz in Glaubensfragen. Daß das Engagement für die Dissidenten in Polen nur ein Vorwand für politische Intervention war, daß es orthodoxen Russen nicht gestattet war zu konvertieren, wird dabei übersehen.

Eine dritte Tendenz könnte man in den Werken von Levesque und - weniger deutlich - Leclerc erkennen. Besonders der erstere Autor vertritt eine Linie, die sich z.T. an die Überzeugungen Montesquieus anlehnt, (1) so, wenn er die Reformtätigkeit Peters des Großen kritisch untersucht, die Ansätze von bescheidener Selbstverwaltung vor Ivan IV. hervorhebt (2) und den Russen durchaus auch vor der Regierungszeit des großen Zaren die Neigung zu einer allmählichen Angleichung an den Westen attestiert. Überhaupt sind Gedanken aus dem "Esprit des lois" in einigen Werken wiederzuerkennen: so bei Chappe d'Auteroche - der sich mit Montesquieu auseinandersetzt - und bei anderen, die ihn nicht ausdrücklich nennen, wie z.T. der Chevalier Jaucourt in dem Artikel "Russie" in der Enzyklopädie.

Levesque widmet - wie z.T. Leclerc ebenfalls - den Beziehungen zwischen Rußland und der Adelsrepublik viel Aufmerksamkeit, ohne aber dabei - wie Baudeau oder Rulhière - in eine Verurteilung der russischen Politik oder eine Hochstilisierung Polens zum Retter Europas vor den barbarischen Horden des Ostens zu verfallen. Er versucht, beiden Völkern und ihrer Geschichte Gerechtigkeit widerfahren zu lassen - in weit höherem Maße als Voltaire hat er daher wirklich eine Geschichte des russischen Staates geschrieben; allerdings hatte der Patriarch von Ferney das größere Publikum für sich.

Die Werke aus der Zeit während und nach der Revolution von 1789 heben fast nur noch negative Züge hervor; ähnlich wie die - spärlichen - Veröffentlichungen in den Zeitungen betonen sie das Reaktionäre in der russischen Politik.

Die Vorstellungen von Rußland haben auch politische Konsequenzen: das traditionelle Bild, verstärkt durch die propagandistische Publizistik im Zusammenhang mit der Polenpolitik der Zaren führt dazu, die Russen als unschöpferische Menschen zu verachten, die ohne Hilfe des Auslandes nichts wären - eine frühe Form der These "Ost minus West gleich Null" - und ihnen gleichzeitig einen barbarischen Expansionsdrang zu unterstellen. Das "mirage" der Philosophen verleitet dazu, die kulturellen Errungenschaften und die Fortschrittlichkeit der russischen Regierung zu überschätzen, gleichzeitig aber die Bedrohung für die Nachbarstaaten zu übersehen.

Als ein Korrektiv zu beiden Sichtweisen können die Ansichten der Diplomaten gelten; diese äußerten sich an einigen Stellen ihrer Berichte zu den Vorstellungen, die in der französischen Gesellschaft über Rußland kursierten: nach ihrer Einschätzung ist das Reich weder so bedrohlich, die Bevölkerung weder so rückständig und ungebildet, wie es die Verfechter des traditionellen Bildes meinen, noch ist es so progressiv und so menschenfreundlich/ harmlos wie es die Philosophen sehen. Im ganzen muß man aber doch feststellen, daß auch die französischen diplomatischen Vertreter eher dem traditionellen Bild von Rußland zuneigen.

Komplexer als bei Rußland, wo sich deutlich zwei Stränge voneinander unterscheiden lassen, liegen die Dinge bei Polen. Seit dem Ende des 18. Jahrhunderts, besonders aber seit dem Nordischen Krieg, wird der zunehmende Verfall der Adelsrepublik registriert; vor allem wird der Bereich betrachtet, in dem die Ohnmacht des Staates deutlich wurde: das Militärwesen. Die meisten Beobachter vermerken mit Erstaunen, ja Unverständnis, daß in einem Staatensystem, dessen einzelne Mitglieder ihre Armeen vergrößern und modernisieren, die Polen anscheinend unbesorgt bei ihrer alten Militärverfassung bleiben - die sich immer wieder als unzureichend erweist. Die Friedensliebe des Adels, der Verzicht auf aktive/ aggressive Außenpolitik, - Kennzeichen der republikanischen Staatsform, wie viele meinen - wird hervorgehoben,ebenso wie das unzerstörbare Vertrauen der Polen zum europäischen Gleichgewichtssystem, das,wie sie glauben, ihre territoriale Integrität vor den Expansionsabsichten anderer Staaten schützen würde. (1) Kritisch wird das Verhältnis König-Adel betrachtet: in einer Zeit, da das Bestreben der Monarchen in Europa darauf gerichtet war, ihre Macht völlig von der Mitwirkung der Stände zu befreien, geht die Adelsrepublik den umgekehrten Weg. Sie schränkt die Rechte des Königs ein. Daß dies Verhalten zu Beginn des 18. Jahrhunderts nicht unbedingt wohlwollend beurteilt wird, ist erklärlich; aber auch in der Mitte des 18. Jahrhunderts, als einige Philosophen begannen, die "gemischte" Verfassung als die bestmögliche zu preisen, bedenken sie die polnischen Verhältnisse weiterhin mit Kritik. Das liegt vor allem an zwei Dingen: einmal am Verhalten der Magnaten zu den Bauern einerseits und den Standesgenossen andererseits, zum zweiten an der Rolle der Kirche in Polen.

Schon Dalerac, de Tende, Chavagnac und andere, um 1700 schreibende Autoren, stellen den Adel durchaus mit kritischer Distanz dar; sie sehen seine Schwächen: die ständige Uneinigkeit, die Machtkämpfe der großen Familien, die Eigensucht und den Hang zum Luxus, zur Verschwendung, das Nachlassen kriegerischer Tugenden. Der fehlende Einsatz für die Belange des Staates, die ständige - begründete oder vorgegebene - Furcht vor dem Anwachsen königlicher Autorität, die mangelnde Bereitschaft, von den fortgeschritteneren Nachbarn zu lernen, die Gleichgültigkeit gegenüber dem Profit , dem Handel und Verkehr - alles das wird als negativ vermerkt. Aber die Vorzüge des Adels werden ebenfalls gesehen: Gastfreundlichkeit, Großzügigkeit, bei vielen Familien die Wertschätzung lateinischer Bildung, die persönliche Tapferkeit und der Einsatz für bestimmte Ideale: zum Teil sind es Tugenden, die von Autoren des 17. Jahrhunderts geschildert und in das 18. übernommen wurden. Aber diese früheren Beobachtungen bestimmten das Bild von Polen mit, ebenso wie es die Schilderungen der älteren Autoren von Moskovien taten. So haben wir auch hier ein traditionelles Bild von Polen, das noch weitgehend von Urteilen aus den vorangegangenen Jahrhunderten mitbeeinflußt wird.Die Anhänger dieser Sichtweise von Polen sehen wohl die Schwächen des Adels, des Staates, der verschiedenen Institutionen und zunehmend auch der Sozialstruktur. Aber auf der anderen Seite berücksichtigen sie auch, daß es hier einen Staat gibt, in dem wenigstens im Ansatz ein großer Teil der Bevölkerung (ca. 1/10 - 1/8) an der Regierung teilhat.

Ähnlich ambivalent ist die Haltung zur Kirche. Von vielen wird zu Beginn des Jahrhunderts die selbstverständliche Katholizität der Polen mit Beifall notiert, wenn auch kritisch vermerkt wird, daß es mit der Bildung der meisten Priester - und daher auch der Pfarrkinder - nicht zum Besten stehe. Die Toleranz gegenüber den anderen Konfessionen wird positiv beurteilt.

Hier bringt die Affäre in Thorn (1724) eine Wende, aus der sich zunehmend zwei Linien entwickeln. Das kann man gut erkennen an den gleichzeitigen Berichten der Periodika und den offiziellen Stellungnahmen. Macht sich in den Zeitschriften, besonders im "Mercure", die Tendenz bemerkbar, die Adelsrepublik als ein Zentrum des religiösen Fanatismus und der Intoleranz zu sehen - wobei geflissentlich übersehen wird (auch Voltaire tut das!), daß nur in wenigen Staaten Europas einzelnen Konfessionen soviel Freiheit zugestanden wurde wie in Polen - man denke nur an die Behandlung der Katholiken in England - so zeigt sich in den Instruktionen an den französischen Gesandten eher eine Parteinahme für die katholische Bevölkerung.

In Fortsetzung der seit ungefähr 1725 vertretenen Ansichten, Polen sei intolerant und stehe völlig unter dem Einfluß des Papstes bzw. der Jesuiten, kommen wir dann zu dem Bild, das Voltaire von der Adelsrepublik vermittelte, ebenso diejenigen, die sich seinen Auffassungen anschlossen. In Übereinstimmung auch mit dem "Mercure" wird ein großer Teil des Unglücks der Republik, vor allem aber die Teilung, dem Verhalten des Klerus zugeschrieben. (1) Die gleiche Abwertung erfährt der Adel, dessen mangelnde Anpassungsbereitschaft den Philosophen verurteilenswert erscheint. Immer wieder kann man den Vergleich mit den Russen finden, die so bereitwillig - zumindest die Herrscher und eine bestimmte Adelsgruppe - die Lehren der Aufklärung, das Nützliche und Zweckmäßige westlicher Zivilisation übernahmen und nach außen Erfolg damit hatten. Besonders gut kann man diese Linie im Zusammenhang mit den Berichten über die Konföderation von Bar verfolgen: da diese auch im Namen der Religion auftritt, ist sie sofort diskreditiert.

Wenn der polnische Adel beansprucht, allein die Nation zu sein, so gibt das seit der Mitte des 18. Jahrhunderts häufig Anlaß, auf die Diskrepanz zwischen den Rechten und den Pflichten dieses Standes hinzuweisen und das Fehlen eines tatkräftigen Dritten Standes und das Los der Bauern zu beklagen - ein Vorwurf, der von den Aufklärern den Russen übrigens nicht gemacht wird. Den Polen wird vorgehalten, daß sie statt eines Tyrannen deren Tausende hätten; das bietet eine gute Argumentationsmöglichkeit für die Aufklärer gegen die "Freiheit" der Polen und setzt sie gleichzeitig in den Stand, die Vorzüge des aufgeklärten Despoten in der Person Katharinas II. zu preisen. Ferner eröffnet dieser Tatbestand auch noch die Möglichkeit, die polnische Regierungsform als mittelalterlich zu kennzeichnen, so ziemlich der schlimmste Vorwurf, der im aufgeklärten Jahrhundert gemacht werden konnte. Die fehlende Ordnung, die rationaler Durchdringung sich verschließende Lebens- und Regierungsform führte dazu, Polen als ein anachronistisches Staatswesen lächerlich zu machen.

Auch diejenigen, die wie Argenson die Einflußlosigkeit des Adels im politischen Bereich beklagen und einen starken 2. Stand als "pouvoir intermédiaire" zwischen dem König und der Nation fordern, sehen die Adelsrepublik trotzdem nicht mit

Wohlwollen, weil sie in ihr nur das anarchische Element, das Ungeordnete der Feudalzeit entdecken können.

Wie wir gesehen haben, wird von vielen Autoren der Begriff Anarchie mit dem polnischen Staate assoziiert, auch von denen, die mit Polen eng verbunden waren, wie z.B. der Ex-König Stanisław. Symbol der Anarchie ist für die meisten das Liberum Veto und seine Verwendung; aber auch die militärische Organisation und die Konföderationen werden für die mangelnde Funktionsfähigkeit des Staates verantwortlich gemacht. So lehnen sie das Liberum Veto in seiner existierenden Form ab, versuchen aber, wenn ihnen überhaupt an der Gesundung der Republik gelegen ist, Vorschläge zur eingeschränkten Verwendung zu machen.

Ebenso halten sie die Konföderationen für ein großes Übel, vor allem, wenn es sich um Armeekonföderationen handelt. Sie sehen darin nur eine weitere Möglichkeit, den Zustand der Konfusion und die wirtschaftliche Zerstörung des Landes zu verschlimmern.

Die häufig geäußerte Ansicht, Polens Geschichte sei "unique au monde" führt zumindest zu einer detaillierteren Auseinandersetzung mit diesem Staat. Die Feststellung, die Adelsrepublik sei "immuable" - am deutlichsten von Pimpie de Solignac formuliert - verleitet jedoch dazu, die Veränderungen, die - wenn auch langsam und mit großen Schwierigkeiten - auch hier angestrebt und später teilweise verwirklicht werden, nicht zu beachten oder geringzuschätzen. Beide Feststellungen, sowohl die Einzigartigkeit als auch die Unbeweglichkeit, verstärken den Eindruck von der Unwandelbarkeit polnischen Daseins, von dem statischen Lebensgefühl der Bevölkerung; in den Augen der Aufklärer bedeutet das aber Verweigerung des Fortschritts und seiner "Segnungen" und wird daher mit der schärfsten Kritik bedacht.

Derjenige, der sich am intensivsten mit diesem Problem auseinandergesetzt hat und vom reinen Fortschrittsdenken abweicht, ist Rousseau. Bei ihm finden wir klar den Gedanken formuliert, daß ein Volk seine nationale Identität bewahren müsse, um überleben zu können. Im Gegensatz zu der von den Philosophen - allen voran Voltaire - propagierten Auffassung, nur schnelle und umfassende Übernahme westlichen Wissens und westlicher Zivilisation könne die Staaten im Osten zu gleichberechtigten Mitgliedern der europäischen Staatenwelt machen, empfiehlt Rousseau das Festhalten an alten Sitten, hebt er die Konföderationen als Schild der republikanischen Existenz hervor, besteht er auf der freien Königswahl. Dabei ist es durchaus nicht so, daß er blind für die Fehler der politischen Führungsschicht ist, er wägt nur gegeneinander ab, was wichtiger ist: ein sich mit seinem nationalen Selbstverständnis im Einklang befindlicher Staat, unverwechselbar und jedem Assimilationsversuch anderer, mächtigerer Völker Widerstand leistend, oder aber ein Staat, der sich der modernen - von Rousseau weitgehend abgelehnten - Methoden bedient, um in der europäischen Politik eine entscheidende Rolle zu spielen. Wichtig erscheint uns hier, daß es Rousseau wirklich um die Erhaltung eines Volkes in seiner unverwechselbaren Eigenart geht - er sieht die Adelsrepublik nicht als bloßes Instrument zur Abwehr des russischen Expansionsdranges, nicht funktionalisiert zum Damm gegen die russische Flut.

Die letztere Auffassung ist es nämlich häufig, die einige Schriftsteller, bei aller Kritik an den Zuständen in Polen, zu einer Bejahung des Polenstaates führt. Trotz der nicht funktionierenden Verfassung, der Inaktivität oder aber der auf falsche Ziele gerichteten Aktivität des Adels sind diese Autoren von der Überzeugung durchdrungen, daß Polen eine bestimmte Rolle zu spielen habe, entsprechend derjenigen vor Wien 1683. Für sie bleibt der polnische Adel mit dem Ruhm verbunden, Retter Europas (mehrmals!) vor der Barbarei gewesen zu sein, und für einige ist das in Wahrheit die Aufgabe dieses Staates: Bollwerk zu sein - weniger gegen die unchristlichen Horden, als vielmehr gegen die Eroberungswut der Russen. Darin liegt für sie die Rechtfertigung der Existenz der Adelsrepublik; daher wünschen sie sich eine funktionsfähige Regierung, einen starken polnischen Staat - der sich aber dazu durchaus den Gepflogenheiten westeuropäischer Regierungen anzupassen hat. Bei all denen, die Rußland und seiner Politik mit Skepsis gegenüberstehen, finden wir Polen in der Rolle des Bollwerks gegen die Expansion des Nachbarn.

Das Unglück, das Polen durch die Teilung erleidet, der Niedergang des einstmals mächtigen Staates ist in den Augen der meisten Autoren Schuld der Polen selber, vor allem die des Adels, aber ebenso klar ist für sie, daß dieser Staat, dessen Zugehörigkeit zu Europa niemals in Frage gestellt wird, in seiner Existenz bewahrt werden muß, um seine Funktion zu erfüllen. Allerdings ist sich ein Großteil der Schriftsteller darin einig, daß mit der Wahl Augusts II. der endgültige Untergang der Adelsrepublik einsetzte. Die Verurteilung der Wettiner und ihrer Politik ist fast einhellig - der häufigste Vorwurf ist der, daß sie den Adel korrumpierten, die einfachen Sitten der Polen durch die Einführung des Luxus verdarben und damit auch eine Änderung in der moralischen Einstellung der Adligen zum Staat und zu den Pflichten in der Republik bewirkten. Der für Polen folgenreichste Schritt aber war in den Augen dieser Autoren - wie z.B. Baudeau, Caraccioli und Jaucourt - der Entschluß Augusts II. zum Krieg gegen Schweden. Das wird allgemein als der Anfang vom Ende der staatlichen Existenz Polens angesehen.

So präsentiert sich uns schon seit 1700 das Bild eines Reiches, das seine Blütezeit lange hinter sich hat, dessen staatliche Einrichtungen den Erfordernissen moderner Politik - und das ist vor allem Machtpolitik - nicht mehr genügen, dessen staatstragende Schicht sich den Luxus privater Auseinandersetzungen, auch in Krisenzeiten, leistet; ein Staat ohne ausreichende Einkünfte, ohne erwähnenswerten Handel und Verkehr, dessen Unbeweglichkeit und Erstarrung in den Formen des späten 16. Jahrhunderts ihn wie einen erratischen Block innerhalb Europas erscheinen lassen, während das von der Dynamik Peters des Großen angetriebene russische Reich sich als enorme politische Kraft in Europa bemerkbar macht. Der Maßstab aber für das Bild von Polen und das Urteil, das von den Verfassern gefällt wird, ist die Haltung des jeweiligen Autors zu Rußland. Befindet er sich in Übereinstimmung mit den von den russischen Herrschern proklamierten Zielen, ist er beeindruckt von den äußeren Erfolgen und vom Auftreten russischer Adliger in Frankreich, dann ist er nicht bereit, die Adelsrepublik, die sich so völlig dem bloßen Nützlichkeitsdenken und den rationalen Erwägungen entzieht, und sich weigert, die Errungenschaften der Aufklärung einfach zu übernehmen, als politische und kulturelle Macht überhaupt zur Kenntnis zu nehmen - der Untergang dieses Staates erscheint ihm als logische Konsequenz.

Andererseits wird ein Autor, der in Rußland das Paradebeispiel eines expansionistischen Staates sieht, dessen halbwilde Völkerschaften nur auf ein Kommando warten, um sich über Europa zu ergießen, Polen als unverzichtbaren Damm gegen diese Bedrohung ansehen und dementsprechend den - auch von ihm konstatierten - Niedergang bedauern, aber die Ansätze zum Besseren würdigen und als Beitrag zum Schutze Europas werten; er wird die Konföderationen gegen die Russen als Maßnahme zur Verteidigung der Freiheit feiern - trotz ihrer unbestrittenen Mängel.

So können wir zusammenfassend feststellen, daß es keineswegs ein einheitliches Bild von Rußland gegeben hat, daß auch während der Zeit des größten Einflusses der Aufklärer immer zwei Vorstellungen nebeneinander existiert haben, daß das traditionelle Bild von Moskovien trotz - vielleicht sogar gerade wegen - der Verherrlichung Rußlands und seiner Herrscher durch Voltaire und seine Anhänger fortbestand. Die gleichen Ausdrücke werden verwendet, um die russische Nation zu charakterisieren, und einige Autoren formulieren - beeindruckt von der großen Imitationsfähigkeit dieser Nation - die These von der Bedeutungslosigkeit des russischen Reiches, wenn ihm die Hilfe der Ausländer entzogen wird. Die Voltairesche Auffassung hatte vielleicht zuerst die größere Publizität für sich, aber auf die Dauer - besonders, wenn man sich die Darstellungen aus der Revolutionszeit ansieht - erwies sich das traditionelle Bild als stärker.

Das Bild von Polen dagegen wird geprägt durch Begriffe wie "anarchie", désordre", désunion", "guerre intestine" bei Freunden wie Gegnern der Republik; zu diesen Termini tritt noch ganz häufig "malheur" oder "malheureux royaume" hinzu.

Überspitzt könnte man es folgendermaßen ausdrücken: ein Anhänger Voltaires kann kein positives Bild von Polen entwerfen, ebensowenig wie ein Befürworter Rousseaus eine vorteilhafte Darstellung von Rußland geben kann. Höchst bemerkenswert ist es, daß das Werk, welches die Aufklärer so berühmt gemacht hat und den Höhepunkt ihrer Arbeit darstellt - die Enzyklopädie - eine ganz eigenartige Stellung zu den beiden Staaten einnimmt, jedenfalls wenn man von der Haltung der Philosophen ausgeht. Das von ihnen verachtete, als rückständig, mittelalterlich und jedem Rationalismus feindliche Polen erfährt eine ausführlichere Darstellung als das aufstrebende Rußland - dessen Fortschritte der Verfasser des Artikels noch dazu mit Skepsis betrachtet, während der gleiche Autor Polens Geschichte als ein Lehrstück ansieht. Nimmt man noch hinzu, daß nicht ein einziger russischer Herrscher in den Supplementbänden erwähnt wird, während von Polen eine ganze Reihe der alten Jagiellonenkönige und der Wasas, sogar Zeitgenossen wie August II. und Stanisław I. vertreten sind, dann kann man eigentlich nur zu dem Schluß kommen, daß Rußland von dieser Seite aus doch keine größere Aufwertung im Bewußtsein der französischen Öffentlichkeit erhalten sollte.

Die Möglichkeit, die vor allem Voltaire - aber auch Grimm u.a. - in seinen Schriften nutzte, nämlich die Politik der russischen Herrscher als besonders "aufgeklärt" und das Reich als fortschrittlich darzustellen, diese Möglichkeit nimmt der Chevalier Jaucourt nicht wahr. Im Gegenteil: ihm liegt mehr daran, die wechselvolle Geschichte und die Ausprägung verschiedener staatlicher Kräfte in Polen deutlich zu machen. Die Kenntnisse des Lesers über Polen waren besser, und die Vorstellung einer gemeinsamen europäischen Gesichte blieb gegenwärtig.

Die Kontinuität in der Beurteilung beider Länder über das 18. Jahrhundert hinaus läßt sich besonders deutlich zeigen, wenn man zwei kurze Notizen aus dem "Express" heranzieht. In dem Artikel "Noël en Pologne" vom 6.1.1984 steht der Satz: "Voilà deux ans[...], la Pologne retournait d a n s l e m a l h e u r, c o m m e d' h a b i t u d e." (1) Andererseits finden wir Überlegungen zur Nachfolge [in diesem Falle] Andropovs, die auch von Breteuil oder Sabatier de Cabre geschrieben sein könnten, als sie über die möglichen Auswirkungen eines Herrscherwechsels auf die politischen Prinzipien des russischen Reiches nachdachten und zu dem Schluß kamen, die jeweilige Person ändere nichts an der Regierungsform: "La première illusion à éviter est de surestimer l'importance de ce genre d'événement." (2)

ANMERKUNGEN zu Abschnitt 1

Seite 11

(1) ebda. S. 30
(2) ebda. S. 35
(3) ebda. S. 31
(4) ebda. S. 37
(5) Der Verfasser des Berichtes schreibt in der 1. Person Plural, erweckt also den Eindruck, als sei er ein Pole und Mitbetroffener. Diese Praxis des Berichtes wird häufig gewählt; vgl. z.B. einen Bericht aus Frankfurt/a.M. im gleichen Monat (S. 677), in dem von "notre Magistrat" die Rede ist, ohne daß ein Verfasser genannt wird.
(6) Merc. hist., juin 1764, S. 679/680
vergl. auch: Merc. hist ., avril 1769, S. 474: "le Prince de Repnin a fait entendre publiquement que ceux des Polonois, qui ne se déclareroient point contre les différentes Confédérations [...] et voudroient demeurer dans la neutralité, seroient traités en ennemis ..."

Seite 12

(1) O. Halecki spricht davon, daß der Ausgang der Schlacht bei Poltava (1709) auch das Schicksal des polnischen Staates entschieden habe. Halecki, History of Poland, S. 181

Seite 13

(1) Mohrenschildt, S. 8
(2) Mohrenschildt, S. 23
(3) Mohrenschildt, S. 48
(4) so über La Neuvilles "Relation curieuse et nouvelle de Moscovie" 1698, S. 180
(5) so über Korbs "Diarium itineris", S. 174 und über Weber, S. 185
(6) über La Martinières "Nouveau Voyage vers le Septentrion, 1671, 1708, S. 181
(7) Mohrenschildt, S. 15

Seite 14

(1) Mohrenschildt, S. 68
(2) oder auch die Rolle La Neuvilles als Besucher Moskaus im Auftrage des Königs, S. 10
(3) S. 76
(4) S. 143, 151
(5) S. 57
(6) erschienen 1951, Paris
(7) Lortholary, Introduction
(8) Vgl. die Überschriften der einzelnen Kapitel: "Le mythe de Pierre le Grand", "Evolution du mythe", "La légende

de Catherine"
(9) Voltaire z.B. kannte Vockerodts Bericht über Moskau und Peter, es gab auch Einsprüche seitens der Russen gegen Einzelheiten seiner "Histoire de Russie"
(10) Vgl. Lortholary, S. 33, S. 40, S. 52 ff.
(11) Lortholary, S. 271
(12) Lortholary, S. 273
(13) Lortholary, S. 271

Seite 15

(1) Lortholary, S. 58
(2) Lortholary, S. 71
(3) Lortholary, S. 270
(4) Lortholary, S. 23
(5) Lortholary, S. 270
(6) Paris, 1951
(7) Fabre, S. 8
(8) Fabre, S. 8
(9) Fabre, S. 22
(10) Fabre, S. 8, S. 23 "barbarie gothique"
(11) in: Rostworowski, Leszczyński et les lumières à la polonaise, in: Francastel, Utopie et institutions, S. 16

Seite 16

(1) Fabre, S. 23
(2) Fabre, S. 14
(3) Fabre, S. 8
(4) Fabre, S. 9, S. 14
(5) "Stanislas Leszczyński et les lumières à la polonaise" und "La France de Louis XV."
(6) in seinem Aufsatz "Stanislas Leszczyński et le mouvement philosophique en France au XVIIIe siècle," in: "Utopie et institutions", S. 25-41
(7) in seinem Aufsatz "La France de Louis XV" S. 77

(8) Vgl. hier: S. 19 ff.
(9) Burkert, Frankreich und die 1. Teilung Polens, diss. phil. 1978

Seite 17

(1) D. Peters, Politische und gesellschaftliche Vorstellungen in der Aufstandsbewegung unter Pugačev 1773-1775, Berlin 1973
(2) M.S. Anderson, "Europe in the eighteenth century", 1713-1783, 1960
(3) ebda. S. 1: "The period from the early 1680 to about 1713 acts, in far more than a merely chronological sense, as a bridge between the seventeenth and the eighteenth centuries. It begins with the rise to its highest pitch of the international influence of Louis XIV. and the failure of the Turkish attack on Vienna in 1683. Its

end is marked even more clearly by the treaties of Utrecht and Rastatt in 1713-14 and by Louis' death 1715. It has in many ways a distinct character of its own, but belongs, if a choice must be made, rather to the seventeeenth than to the eighteenth century."

(4) S. 74

(5) Mediger, S. 8

Seite 18

(1) Mensuel in -12° édité à la Haye, édité de Courtilz de Sandras et, après 1689 par Jean Rousset de Missy; ein Jahr Mitarbeit von Bayle

(2) Mensuel in -8°, édité par Claude Jordan, plus tard par de la Barre, de Marchant d'Egly, Briasson; z.T. wurden noch die "Mémoires historiques et politiques" herangezogen

(3) Anderson, a.a.o., S. 16

(4) Anderson, S. 16

(5) Anderson, S. 17

(6) Gabriel Bonno, Liste chronologique des Périodiques de la langue française au dix-huitième siècle, in: Mod. Lang. Quarterly, t.5, 1944, S. 7, S. 3-25

Seite 19

(1) Vgl. Anderson, a.a.o., S. 10: "It must be remembered that it was quite normal for a Minister on leaving office, to take with him large quantities of documents, which he regarded as his private correspondence but which to modern eyes seem important State papers."

(2) Vgl. Irene Himburg-Krawehl, Marquisen, - Literaten - Revolutionäre, Zeitkommunikation im französischen Salon des 18. Jahrhundets, Osnabrück 1970, S. 24 ff., S. 28

(3) Ehrard/ Roger, Deux périodiques français S. 33: "Cantonné dans son rôle d'informateur, il [le journaliste] expose, résume, mais ne juge pas." Ehrard/ Roger weisen in ihrer Untersuchung darauf hin, daß gerade das "Journal des Savants" sich auf die Inhaltsangabe von wissenschaftlichen Werken (oder solchen, die den Anspruch auf Wissenschaftlichkeit erheben) spezialisiert hatte.

(4) Vgl. dazu Godechot a.a.o., S. 160: "le sieur Moreau annonce, en 1779, un cabinet de lecture qui offre, pour six sols la séance, des gazettes et des livres; on lit partout, même dans le charnier des Innocents, dans les cafés, dans les clubs ..."; S. 161: "Les cabinets de lecture facilitent l'accès aux periodiques ...", S. 173: "La curiosité de la foule surprend les observateurs. En 1711, l'abbé Pic écrit: 'C'est une véritable passion que le goût que l'on a pour les nouvelles. Le nombre des nouvellistes s'est accru considérablement depuis que les cafés se sont établis.'"

(5) So bedankt sich der Herausgeber des "Mercure" in seiner

Nummer vom Jan. 1763 für den "accueil favorable, que notre Mercure a reçu" und verspricht seinerseits: "nous tacheront de mériter de plus en plus les suffrages du Public. Notre principale attention a toujours été de lui procurer le détail des événemens les plus intéressans ..."

(6) Vgl. Godechot, a.a.O., S. 213: "Le Mercure exerce une influence considérable. Il est cher: ... Cependant, en 1748, il existe dans 20 villes; en 1756, dans 46 villes françaises ... en 1764, 55 dans le royaume ... Géographiquement, le Mercure est plus lu en province que dans la capitale ... 590 exemplaires sont envoyés à 63 librairies de province et 115 colporteurs le diffusent ..."

Seite 20

(1) Zit. bei Godechot, S. 161
(2) Zit. bei Godechot, S. 171
(3) Godechot, S. 171
(4) Hermann-Mascard, (S. 96): Sie zitiert Malesherbes in seiner Eigenschaft als "directeur général du bureau de la librairie": "il n'y a pas de loi qui soit exécutée quand une nation toute entière cherche à favoriser la fraude et que le gouvernement lui-même reconnaît qu'il faut souvent fermer les yeux."
Hermann-Mascard, S. 97: "L'excés de la licence en France est due, dit Malesherbes, à ce que la nation française est affamée de livres nouveaux; or, un homme qui n'aurait jamais eu que les livres qui dans leur origine ont paru avec l'attache expresse du gouvernement, comme la loi le prescrit, serait en arrière de ses contemporains presque d'un siècle."
(5) R. Mandrou, De la culture populaire au XVIIe et XVIIIe siècle, 1964
(6) G. Bollème, Littérature populaire et littérature de colportage
(7) Mandrou, Culture, S. 38 ff., Bollème, S. 73 ff.
(8) Bollème, S. 66: "pourtant, on lit au 18e plus qu'au 17e siècle; on apprend davantage, comme en témoigne le nombre des abécédaires populaires. Et, surtout, il y a ceux qui savent lire et qui lisent aux autres à haute voix."
(9) Anderson, S. 12
(10) Mandrou, Culture, S. 60
(11) vgl. Bollème, S. 75
(12) Barrière, Vie intellectuelle, S. 292

Seite 21

(1) Barrière, Académie, S. 7
(2) "par lui-même, il [l'amateur] ne peut rien, par le nombre, au contraire, il pourra beaucoup; de là, précisément, son attachement pour les académies, pour ces groupements qui donneront la force à une poussière d'idées, cette force qui va devenir toute puissante et qui sera l'opinion publique.", Barrière, Académie, S. 11
(3) Barrière, Académie S. 99, 100; Feststellung für das Jahr 1736

(4) Barrière, Académie; "L'article Histoire contient à peu près 280 titres et l'article Mémoires 250, il y a une très grande quantité de dictionnaires de toute nature"; S. 107

(5) Barrière, Académie S. 305; vgl. auch Martin, Furet

(6) Mandrou, XVIIe et SVIIIe siècle: "Enfin Paris doit être mis à part: ...La présence des grands Corps, l'existence d'une opinion - bourgeoise, robine et noble - la facilité avec laquelle circulent "les nouvelles", imprimées ou non, font que les milieux populaires, de la capitale participent depuis toujours - d'assez loin - à la vie de cette opinion, à ses mouvements." S. 150

(7) Mandrou, XVIIe et XVIIIe siècle, S. 176, S. 203

(8) Dabei ist die Grenze zu ziehen ungefähr bei den kleineren Kaufleuten, Händlern und Handwerkern. So Schlenke für England, S. 58; Auerbach, "La Cour et la ville", sagt für das 17. Jahrhundert:"'La ville' ist das Großbürgertum, also alle die Gebildeten, die nicht durch bloße Geburt hoffähig sind"; S. 40 - und Mandrou, XVIIe et XVIIIe siècle, S. 197 zählt die Mitarbeiter an der Enzyklopädie auf: Ingenieure, Gelehrte, Professoren, Notare, Fabrikanten, Rechtsgelehrte, einige Handwerker (vor allem Goldschmiede), Pfarrer, ein Pastor.

(9) Mandrou, XVIIe et XVIIIe siècle, S. 203

(10) Häufig erwähnt wird Voltaires Geschichte Rußlands, auch die Schriften des Abbé Baudeau; vgl. hier das entsprechende Kapitel: Tagebücher. Hohe Auflagen hatte z.B. Olearius

(11) So z.B. nach Peters I. Besuch in Paris (1717) oder während des polnischen Thronfolgekrieges; vor allem aber während und vor der 1. polnischen Teilung, vgl. die entsprechenden Kapitel.

(12) Ehrard/ Roger, S. 50

(13) Vgl. dazu: Ehrard/ Roger, S. 48, S. 50; und Furet S. 18: "L'histoire est à dominance profane, elle est aussi à prépondérance moderne, et presque exclusivement européenne."

(14) Martin, II, S. 847: "d'où des relations fréquentes de l'état politique des nations voisines et des révolutions qui s'y opèrent."

Seite 23

(1) Godechot, I, S. 160: "Les uns s'intéressent à la politique: Les gazettes hollandaises, introduites par les fermiers de postes, informent en ce domaine; le libraire David ouvre un bureau de vente pour ces feuilles, le chevalier de Meslé s'en plaint en 1759. Le gouvernement ne néglige pas ce moyen d'information."

(2) Godechot, I, S. 176: "le périodique ... garde[nt] souvent les apparences de la lettre. Au XVIIIe siècle la lettre demeure un moyen de transmettre les nouvelles et elle est encore lue publiquement. Mais le journal tend à se

substituer à elle: il insère volontiers les lettres de ses correspondants, voire de ses lecteurs, ou affecte la forme de l'épître".

(3) Merc. hist., nov. 1698, S. 517

Seite 24

(1) Merc. hist., déc. 1698, S. 669. Allerdings merkt er auch an, wie tapfer die polnischen Truppen sein können, denn er berichtet, daß 8.000 Polen 50.000 Tataren zurückgeschlagen hätten; déc. 1698, S. 670

(2) Avril 1697, S. 382

(3) der teilweise abgedruckt wird; merc. hist., mars, 1697, S. 382; fév. 1697, S. 142, 144, 145

(4) Merc. hist., mai 1697, S. 502, juin, S. 667

(5) "il y a des avis qui portent ...", Merc. hist., janv. 1697, S. 41

(6) Merc. hist., mars 1697, Réflexions, S. 263

(7) Merc. hist., févr. 1697, S. 152; eigene Meinung des Verfassers, der auch Sobieski die stärksten Aussichten einräumt.

(8) Merc. hist., avril 1697, S. 403

(9) Merc. hist., févr. 1697, S. 142, der Bischof von Kujavien an Polignac mars 1697, S. 244

(10) Merc. hist., mars 1697, S. 245

(11) ebda. S. 246

(12) Merc. hist., mars 1697, S. 247

(13) Merc. hist., mars 1697, S. 249

(14) Merc. hist., févr. 1697, S. 142

(15) Merc. hist., mars 1697, S. 257

(16) Merc. hist., juillet 1697, S. 76; niemand habe vorher von der Kandidatur des Sachsen gehört.

(17) Merc. hist., juillet 1697, S. 68, S. 69: 243 compagnies pour Saxe, 34 pour Conti - mit dem Primas

(18) Merc. hist ., juillet 1697, S. 70: "On ne sçait pas encore ce que les Polonois ont exigé de l'Electeur de Saxe avant de lui présenter la Couronne. Cependant on ne laisse pas de dire: Qu'il doit donner à la République dix Millions pour payer l'Armée. Qu'il doit entretenir à ses dépens quinze mille hommes: qu'il doit prendre Caminiek sur les Tartares ..." In den Pacta Conventa unterschrieb August II. u.a.: "on tâchera de recouvrer l'Ukraine ..." (Punkt 8) "on n'introduira aucunes troupes dans le Royaume sans la connoissance de la République." (Punkt 10) "le Roi fera fortifier Kaminietz à ses dépens, lors qu'il l'aura pris ...(Punkt 17) Merc. hist., août, S. 180-183

(19) Merc. hist., Réflexions, août 1697, S. 186

(20) Merc. hist., oct. 1697, Réflexions, S. 498; août, S. 184; oct. S. 485, S. 492; févr. 1698, S. 335

(21) Merc. hist., oct. 1697; Inhalt der Konföderationsakte: Verteidigung des Glaubens, der Kirchen und der Freiheit. Die Konföderierten wollen festbleiben "dans cette sainte union, et la soutenir jusqu'à répandre la dernière goutte de leur sang, avant que de permettre que la Ré-

publique reçoive la moindre atteinte dans ses droits incontestables", S. 480
(22) Merc. hist., oct. 1697, S. 482, 483
(23) Merc. hist., févr. 1698, S. 163

Seite 25

(1) Merc. hist., janv. 1698, S. 12
(2) Merc. hist., janv. 1698, S. 51
(3) Merc. hist., avril 1698, S. 441
(4) Merc. hist., mai 1698, S. 554
(5) Merc. hist., mai 1698, S. 555
(6) Merc. hist., mai 1698, S. 552
(7) Merc. hist., juin 1697, S. 662
(8) Merc. hist., mai 1697, S. 504 - der Zar habe 300.000 Mann gegen die Krimtataren aufgeboten.
(9) Merc. hist., févr. 1697, S. 153
(10) Merc. hist., sept. 1697, S. 153; Sieg vom 20.8.
(11) Merc. hist., sept. 1699, S. 345
(12) Merc. hist., S. 443, 444
(13) Merc. hist., mars 1698, S. 342, 343
(14) ebda.
(15) Merc. hist., juin 1697, S. 665: "chaque Gouvernement a ses avantages et ses inconvéniens. La Pologne qui s'est conservée la liberté d'élire ses Rois et de limiter leur Pouvoir, se trouve présentement dans l'embarras d'un interregne ... ce qui est plus difficile, de réunir ... les suffrages de plusieurs Factions opposées"; und octobre, 1699, S. 447: "C'est quelque chose d'assez surprenant que ce qui s'est passé dans les Diètes Provinciales de Pologne ... Mais il n'y a rien de nouveau dedans. On se sabre quelquefois dans ces Assemblées; et on compte pour de peu de chose lors qu'elles ne se séparent que tumultueusement. Chaque manière de gouvernement a des inconvéniens épouvantables."

Seite 26

(1) Merc. hist., juillet 1699, S. 105
(2) Merc. hist., août 1697, S. 180-183
(3) Merc. hist., juillet 1697, S. 64
(4) Merc. hist., oct. 1698, S. 464
(5) Merc. hist., sept. 1698, S. 337
(6) Merc. hist., sept. 1698, S. 338

Seite 27

(1) Merc. hist., sept. 1699, S. 345 anläßlich der Befestigung von Asov.
(2) Merc. hist., févr. 1700, S. 224, 225
(3) Merc. hist., mars 1700, S. 348: "L'acte d'hostilité du Roi de Pologne contre la couronne de suède est un coup auquel peu de gens s'attendoient"; S. 354
(4) Merc. hist., mars 1700, S. 350
(5) Merc. hist., mars 1700, S. 352; juillet 1700, S. 108

(6) Merc. hist., juillet 1700, S. 108: "que bien loin d'avoir l'intention de déclarer la guerre au Roi son maître, et d'envoyer des troupes en Livonie, elle vouloit observer religieusement la Paix qu'elle avoit conclue avec Sa Maj. Suédoise".

(7) Merc. hist., sept. 1700, S. 332: "En effet, elle la guerre paroît toujours renfermer quelque autre chose que ce que l'on voit, ce qui rend les esprits attentifs ..."

(8) Merc. hist., mars 1700, S. 355

(9) Merc. hist., oct. 1700, S. 455, 461; Peter erhielt die Nachricht vom Friedensschluß im August, daraufhin erklärte der Zar dem schwedischen König den Krieg.

(10) Merc. hist., nov. 1700, S. 567: "Mais outre que 50.000 Suédois, ou Allemans, pourroient bien battre en temps et lieu l'armée Russienne, toute formidable qu'elle est, et forcer le Czar à se rétirer à Moscou ..."

(11) Merc. hist., janv. 1701, S. 101-103; Karl XII. verfügte über 11.000 Mann, der Zar über ungefähr 40.000, vgl. dazu Hatton, Charles XII, S. 149, 151

(12) Merc. hist., janv. 1701, réflexions, S. 106

(13) Merc. hist., mai 1701, S. 605, 608; oct. 1701, S. 460

Seite 28

(1) Merc. hist., avril 1701, S. 489

(2) Merc. hist., mai 1701, S. 605, 608

(3) Merc. hist., mai 1701, S. 608

(4) Merc. hist., mai 1701, S. 605

(5) Merc. hist., févr. 1702, S. 199, 200

(6) Merc. hist., oct. 1702, S. 409; déc. 1702, S. 673

(7) Merc. hist., sept. 1702, S. 329; avril 1702, S. 404

(8) Merc. hist., sept. 1702, S. 329, 330: es wird sogar behauptet, daß sie alle anderen Einwohner töten.

(9) Merc. hist., juin 1702, S. 753

(10) Merc. hist., avril 1703, S. 442 f .

(11) Merc. hist., avril 1703, S. 486: "Les nouvelles de Pologne varient si fort d'un ordinaire à l'autre qu'on ne peut faire aucune réflexion juste sur les affaires de ce Pais-là."

(12) Merc. hist., juillet 1701, S. 189; mars 1702, S. 396

(13) Merc. hist., janv. 1703, S. 399

(14) Merc. hist., sept. 1702, S. 328; déc. 1702, S. 672

(15) Merc. hist., janv. 1704, S. 74; mars 1704, S. 348, 352

(16) Merc. hist., févr. 1701, S. 236; avril 1702, S. 484; sept. 1702, S. 329

(17) Merc. hist., mars 1702, S. 398; M. Pac, der, weil er eine vakante Stelle nicht erhalten hatte, den König beschuldigt, daß er der Grund aller polnischen Schwierigkeiten sei.

(18) Merc. hist., mars 1703, S. 327

Seite 29

(1) Merc. hist ., janv. 1700, S. 226

(2) Merc. hist., avril 1700, S. 442
(3) Merc. hist., mai 1700, S. 575
(4) Merc. hist., juillet 1701, S. 105; août, S. 186; oct., S. 458; déc., S. 672; janv. 1702, S. 91; févr., S. 191-195
(5) Merc. hist., déc. 1701, S. 675
(6) Merc. hist., déc. 1701, S. 675
(7) Merc. hist., févr. 1702, S. 202; mars 1702, S. 402; juillet 1703, S. 293
(8) Merc. hist., avril 1704, S. 422
(9) Merc. hist., juillet 1704, S. 75
(10) Merc. hist., sept. 1704, S. 316
(11) Merc. hist., déc. 1704, S. 680

Seite 30

(1) Clef, nov. 1710, S. 344; févr. 1710, S. 114: "la Peste et la division continuent de désoler ce malheureux Royaume. En un mot, on ne voit point de fin aux maux que les Polonois, se sont attirez aux-mêmex par leur désunion ..."
(2) Clef, févr. 1710, S. 115
(3) Merc. hist., déc. 1709, S. 663
(4) Clef, avril 1710, S. 251
(5) Clef, janv. 1710, S. 58
(6) Clef, mai 1711, S. 333
(7) Clef, déc. 1710, S. 424, 425
(8) Clef, avril 1710, S. 250 - er nennt sie: "fatiguans et insupportables Alliez du Roi Auguste" und "ces fâcheux Alliez"; Clef, mars 1710, S. 177; Merc. hist., oct. 1712, S. 378; nov. 1712, S. 498, 499
(9) Clef, avril 1710, S. 251; mars 1710: "taxes exorbitantes, en argent, en vivres, et en fourages, dans tous les endroits qu'ils sont les Maîtres ...", S. 177

Seite 31

(1) Clef, mars 1710, S. 177
(2) Merc. hist., févr. 1709, S. 197
(3) Clef, janv. 1710, S. 57
(4) Clef, janv. 1710 "ce malheureux royaume", S. 58, 1710, févr; ebenso, S. 144; nov. 1710, S. 344: "la malheureuse République"; mercure, mai 1711, S. 489: "la pauvre Pologne".
(5) Merc. hist., janv. 1709, S. 65
(6) Merc. hist., août 1709, S. 162, 169 f .; sept. 1709, S. 252 f .
(7) Clef, févr. 1710, S. 113
(8) Merc. hist., déc. 1711, S. 622; mars 1712, S. 256; août 1712, S. 139; sept. 1712, S. 263
(9) Merc. hist., févr. 1711, S. 137, 147; mars 1711, S. 254
(10) Merc. hist., août 1711, S. 143, 149
(11) Merc. hist., sept. 1711, S. 256, 257
(12) Merc. hist., sept. 1711, Se. 268, 269
(13) Merc. hist., oct. 1711, S. 293, 294

(14) Merc. hist., oct. 1711, S. 393
(15) Clef, sept. 1710, S. 187; nov. S. 342; déc. S. 423: er berichtet von einem angeblichen Angebot des Zaren an Karl XII. zu freiem Durchzug durch Polen und maximal 5.000 Mann [keine Tataren!] und stellt fest: "si cette offre a été effectivement faite à la Porte, elle n'a été accompagnée d'aucune sûreté, et après l'exemple du traitement qui a été fait aux garnisons de Riga et de Wibourg, on n'est pas surpris que Sa Maj. Suédoise ne s'en soit pas contentée."
(16) Clef, oct. 1710, S. 256

Seite 32

(1) Clef, oct. 1710, S. 257
(2) Clef, oct. 1710, S. 257: Truppen, die den Durchmarsch Karls verhindern sollen, dann Armeen in Polen und Litauen, dann solche zur Unterstützung des dänischen Königs; die Besatzungstruppen und die in den eigenen Ländern und schließlich drei Armeekorps, die gleichzeitig Belagerungen unternehmen.
(3) Clef, nov. 1710, S. 340, 341
(4) Clef, nov. 1710, S. 341; und das vorhergehende Zitat
(5) Merc. hist., mars 1717, S. 261, 266

Seite 33

(1) Merc. hist., juin 1718, S. 620
(2) Merc. hist., août 1718, S. 155; juillet 1718, S. 24
(3) Merc. hist., nov. 1718, S. 537
(4) Merc. hist., déc. 1718, S. 635
(5) Merc. hist., déc. 1718, S. 629
(6) Merc. hist., févr. 1717, S. 154
(7) Merc. hist., mars 1717, S. 275
(8) "Il est certain, d'ailleurs, que l'inclination à la Paix ... a eu beaucoup moins de part à la conclusion de ce Traité, que le peu d'apparence où l'extrême nécessité des peuples a mis les deux partis de se venger l'un de l'autre. Si la Noblesse confédérée trouvoit son compte à vivre aux dépens des Villes et du Plat-Pais, sous prétexte de deffendre la Liberté de la République, les Saxons ne trouveroient pas moins le leur à vivre dans le Royaume comme en Pais ennemi, sous prétexte de maintenir les Prérogatives et l'autorité de la couronne ...; févr. 1717, S. 154/ 155
(9) Merc. hist., nov. 1724, S. 544
(10) "La Liberté polonoise ... va jusqu'à la licence ", Merc. hist., févr. 1717, S. 154
(11) Merc. hist., mars 1717, S. 276: "Le Royaume et la République de Pologne ... pourroit être comparée à un de ces corps cacochimes. Tous les remédes qu'on a voulu apliquer à ces maux n'ont fait que les augmenter."
(12) Merc. hist., oct. 1724, S. 424-429
(13) Merc. hist., janv. 1725, "On commence, mais trop tard, à sentir que l'on a agi avec trop de précipitation dans

l'affaire de Thorn; la manière dont les condamnez ont été traitez, a exité en leur faveur la compassion et les plaintes de toutes les Puissances, de l'Empereur, et même de la Cour de Russie.", S. 73/ 74

(14) Merc. hist., mars 1725, S. 311, 315

Seite 34

(1) Merc. hist., juin 1725, S. 657
(2) Merc. hist., avril 1725, S. 416
(3) Merc. hist., avril 1725, S. 417; mai S. 534; déc. 1725, S. 653
(4) Merc. hist., mai 1725, S. 560: "que peut la raison sur des Esprits qu'une passion aussi violente qu'un aveugle zêle de Religion agite continuellement?"
(5) Merc. hist., déc. 1725, S. 664
(6) Merc. hist., févr. 1718, S. 159: "S.M.Cz. qui anime par les bienfaits, ses sujets à la vertu, leur avoit donné avant son départ de Petersburg, la terreur qu'ils doivent avoir du crime ..."
(7) Merc. hist., avril 1718, S. 389
(8) Merc. hist., avril 1718, S. 390-393, S. 404; auch das folgende
(9) Merc. hist., avril 1718, S. 405/ 406
(10) Merc. hist., juin 1718, S. 619
(11) Merc. hist., août 1718, S. 144; juin S. 629

Seite 35

(1) Merc. hist., juin 1718, S. 630
(2) Merc. hist., août 1718, S. 145, auch das folgende
(3) Merc. hist., août 1718, S. 164/ 164; er nennt Aleksej "malheureux fils dénaturé!"
(4) Merc. hist., mai 1724, S. 501
(5) Merc. hist., mars 1719, S. 266
(6) Merc. hist., août 1718, S. 147
(7) Merc. hist., oct. 1724, S. 434. Im Erlaß vom 30.12.1701 nahm der Zar den Klöstern ihr Verfügungsrecht über die Votčina-Einkünfte. Ključevskij, IV, S. 140.
1722 und 1724 forderte Peter die Umstellung der Männer- und Frauenklöster auf nutzbringende Arbeit, der Eintritt wurde erschwert. Wittram, Peter der Große, S. 131
(8) Merc. hist., juillet 1719, S. 28
(9) Merc. hist., oct. 1724, S. 441. Im "Geistlichen Reglement" vom 25. Jan. 1721 wird die Bekämpfung des Aberglaubens zur Pflicht gemacht, und regelrechter Unterricht ist erforderlich. Wittram, Peter der Große, S. 130
(10) Merc. hist., avant-propos 1726, S. 5;
Merc. hist., sept. 1719; vor allem auch im Zusammenhang mit Schweden, S. 266, 273; mars 1719, S. 270; mai 1718, S. 512: "la misère était très grande dans tous les lieux, Où il y a eu des Troupes moscovites, les Habitans y meurent de faim."

Seite 36

(1) Merc. hist., fêvr. 1725, S. 205
(2) Merc. hist., mars 1725, S. 338
(3) Merc. hist., mars 1725, S. 316/ 317
(4) Merc. hist., avant-propos 1726, S. 4
(5) Merc. hist., mars 1725, S. 317
(6) Merc. hist., avant-propos 1726, S. 4
(7) Clef, avril 1725, S. 296 ff.; auch für das folgende
(8) Clef, 1725, S. 297: "Jusque alors il n'avoit travaillé que pour un peuple qu'il vouloit tirer de la barbarie et rendre le plus considérable de tous les peuples."
(9) Clef, juin 1725, S. 452
(10) Clef, janv. 1725, S. 57-62: "Le Marchêchal fit ce jour-là aux Nonces un Discours des plus pathétiques pour les exhorter à se réunir et à se joindre au Sénat ... Quelques Nonces y consentirent d'abord; mais les autres ayans fait écouler le tems en contestations et en discours pour et contre ...", S. 58
(11) Clef, janv. 1725, S. 63: "Cette affaire qui dans son origine n'était qu'une querelle d'Ecoliers, est devenue très sérieuse, par les circonstances qui l'ont suivis, le College des Jésuites ayant été pillé par la populace, et les Lutheriens qui sont nombreux en cette ville, ayans pris les armes pour faire raison des insultes qu'ils p r é t e n d o i e n t a v o i r r e ç u [Hervorhebungen von d. Verfasserin]. des Etudians catholiques-romains. Ce qui a été regardé comme une rebellion contre la souveraineté du Roi et de la République."
(12) Clef, avril 1725, S. 291
(13) Clef, avril 1725, S. 292
(14) ähnlich wie im "Mercure": "les esprits y sont fort agitez. Les peuples surtout semblent ne respirer que la guerre ... les gens de la campagne négligent la culture des terres, et il règne depuis quelque tems une si grande licence parmi eux qu'on a déjà été obligé plusieurs fois d'employer les Troupes de la Couronne pour les reprimer et arrêter leurs brigandages ..." Clef, juillet 1725, S. 62

Seite 37

(1) Clef, nov. 1725, S. 391
(2) Clef, avril 1725, S. 293
(3) Mém., sept. 1734, S. 267
(4) Mém., janv. 1735, S. 38/ 39
(5) Vgl. dazu Ključevskij, IV, S. 272-283

Seite 38

(1) Vgl. Rhode, S. 297 ff.

Seite 39

(1) Merc. hist., juillet, 1726, S. 43

(2) Merc. hist., juillet 1726, S. 50
(3) Merc. hist., août 1726, S. 172
(4) Merc. hist., sept. 1726, S. 311
(5) Merc. hist., Réflexions, sept. 1726, S. 322-327
(6) Merc. hist., nov. 1726, S. 538-544; S. 545: "Tous ceux qui parlèrent, firent la même chose, proposant toutes sortes de matières, selon qu'elles leur venoient dans l'esprit."
(7) Merc. hist., juillet 1725, S. 79/ 80; auch für das folgende Zitat
(8) Merc. hist., avant-propos 1726, S. 9/ 10
(9) Merc. hist., oct. 1724, S. 452: "ceux qui savent quelle étoit autrefois la face défigurée du Christianisme dans ce vaste Empire."
Die Einstellung des Verfassers wird besonders deutlich, wenn er sagt (mit Bezug auf die Mönche): "pour le bien de l'Etat qui n'est pas obligé de nourir du plus pur de son sang tant de bouches parfaitement inutiles en tous sens, heureux encore quand elles ne lui sont pas préjudiciables en semant dans son sein le trouble et la discorde."

Seite 40

(1) Merc. hist., oct. 1724, S. 453
(2) Merc. hist., sept. 1724, S. 308/ 309
(3) Merc. hist., oct. 1724, Réflexions, S. 450
(4) Merc. hist., oct. 1724, Réflexions, S. 449
(5) Merc. hist., nov. 1724, Réflexions, S. 559; "un parti oposé, à la cour, vouloit prescrire des bornes à l'autorité Royale, par rapport à l'armée, d'un autre côté un parti oposé au précédent, qui prend le beau titre de bien intentionné et veut prescire des bornes à l'autorité des généraux; voilà ce que Platon recommande; mais l'autorité du Roi de Pologne a-t-elle besoin de ces limitations? Celle des généraux passe-t-elle les loix? Où il n'y a point de mal doit-on appeller le medecin? et la liberté publique peut-elle courir quelque danger dans un Etat où les Peuples ont encore leurs droits et leurs Privilèges tout entiers?, Réflexions, nov. 1724, S. 560
(6) Merc. hist., nov. 1724, Réflexions, S. 560
(7) Merc. hist., nov. 1724, Réflexions, S. 561/ 562
(8) Mém., janv.,S. 8
(9) Mém., avril, S. 374
(10) Mém., mai, S. 512
(11) Mém., juillet, S. 29
(12) Mém. août, S. 149
(13) Mém. oct., S. 392, 398
(14) Mém., oct., S. 394
(15) "le peuple est superstitieux, les Ecclésiastiques se servent de cela pour fomenter la divison et pour augmenter le nombre des mécontens", Mém., juin 1729, S. 619
"Le clergé se donne sous main de grands mouvemens pour les [Protestants] troubler dans cette tranquillité",

févr., S. 146, Mém.
Die Jesuiten predigen öffentlich, daß alles Unglück Polens von den Häretikern herrühre; sie seien schlimmer als Türken und Tataren; vgl. auch: Mém., avril, S. 375
(16) mars, S. 263; avril,S. 374; juin, S. 619, Mém.

Seite 41

(1) Mém., juillet, S. 29
(2) Merc. hist., janv. 1733, S. 73
(3) Merc. hist., févr. 1733, S. 167 ff.
(4) Clef, mars 1733, S. 204-206
(5) Mém., 1733, S. 8
(6) Merc. hist., févr. 1733, S. 180

Seite 42

(1) Merc. hist., avril 1733, S. 540-543
(2) Merc. hist., sept. 1733, S. 318
(3) Mém., 1734, S. 5
(4) Mém., oct. 1733, S. 379
(5) Mém., janv. 1734, S. 41
(6) Clef, juin, S. 437 - auch er berichtet vom Auftreten Ogińskis, juillet S. 48-65, août S. 130-135, Clef, oct., S. 305-311
(7) Mars 1734, S. 217: "un journaliste doit regarder d'un oeil indifférent".
(8) Clef, août 1733, S. 144 f.; mai S. 367; nov. S. 374
(9) Merc. hist., juillet 1733, S. 91/92
(10) Merc. hist., sept. 1733, S. 290
(11) Merc. hist., sept. 1733, S. 292
(12) Merc. hist., nov. 1733, S. 560
(13) Merc. hist., nov. 1733, S. 565

Seite 43

(1) Merc. hist., nov. 1733, S. 561/562
(2) Merc. hist., déc. 1733, S. 669
(3) Merc. hist., déc. 1734, S. 671
(4) im April 1733 hatte er die bezeichnende Schilderung gegeben, S. 550: "Rien n'est égal à la profusion qu'on voit ici chez tous les Ministres Etrangers, les Ducats et les Pistoles pleuvent, pour ainsi dire, de tous côtez ...".
(5) Merc. hist., 1734 avant-propos S. 7
(6) ebda.
(7) Merc. hist., 1734 avant-propos, S. 9
(8) Clef, mai 1733, S. 367 f. "Voilà où les Polonois en sont aujourd'hui avec le droit le plus sacré de leur couronne, qui est celui de la liberté qu'ils ont eu de tout tems de concourir par leurs suffrages à l'élection de leurs Rois, sans être gênés en cela par aucune Puissance. Mais si (...) ils viennent à ne point accomplir les désirs des Potentats leurs voisins, leur Patrie sera indubitablement exposée à l'invasion de Troupes

étrangères, et aux malheurs d'une guerre intestine d'où il pourra résulter des troubles dans presque tout le Nord ..."; mém. hist., juillet 1734, S. 16: ..." tout ceci n'aboutira-t-il point à fixer la couronne dans une famille? Ce seroit peut-être un bien, et il est au moins douteux si la liberté dont on est si jaloux en général, et qu'on sacrifie en particulier est plus estimable que la tranquillité qu'on assureroit en perdant absolument cette liberté."

(9) Merc. hist., juin 1734, S. 661

Seite 44

(1) Merc. hist., août 1734, S. 195, 197, 209, 217

(2) Merc. hist., sept. 1734, S. 306

(3) Merc. hist., janv. 1735, S. 69-71

(4) Merc. hist., avril 1735, S. 430; auch août 1735, S. 211: "Outre cela, sa Maj. Imp. ayant appris la Réjection absolue du Plan de Pacification auquel elle avoit applaudi, a fait déclarer aux Ministres Etrangers qui sont ici, ses dernières Résolutions, par rapport à la Pologne ...".

(5) Merc. hist., mars 1735, S. 314, 332

(6) Merc. hist., janv. 1736, S. 87, févr., S. 197

(7) Merc. hist., janv. 1736, S. 79

(8) Merc. hist., mai 1736, S. 545

(9) Clef, sept. 1733, S. 212: "Il n'y a aucun pays au monde où la Noblesse ait porté plus loin ses prérogatives ...", juillet 1734, S. 55: "la confusion et l'esprit de parti n'y diminuent point." 1735 janv., S. 54; févr. S. 141, 142: "Nous passerons aussi le récit des excès qui se commettent sans cesse, des ravages des Terres et le monde peut se faire une peinture de l'affreuse situation d'un pays où la division regne avec opiniâtreté, où le fer et le feu sont employés pour contraindre ceux qui sont rencontrés n'être pas du parti qu'on favorise, à l'embrasser, et où toute licence, n'étant point réprimée, est ... permise." mars, S. 216; avril, S. 278

(10) Clef, déc. 1733, S. 474: "La czarine de Moscovie qui s'en [de Pologne] peut nommer la maîtresse par la force qu'elle a dans son sein".
juillet 1735, S. 58: "possesseur d'un Trône [Auguste] qu'il tient des voeux d'une partie de la Nation Polonoise, et du bras d'une Souveraine également puissante et généreuse ...".

(11) Clef, mai 1733, S. 367 f; août S. 145; oct. S. 296-300

Seite 45

(1) Mém., fevr. 1734, S. 186

(2) Mém., mars 1734, S. 253: "on peut assurer que le Couronnement du Roi Auguste, aussi bien que la diète qui l'a suivi ont été les plus tristes spectacles de cet espèce qu'on ait jamais vus en Pologne. Les acclamations des Peuples étoient accompagnées des gémissemens

d'une infinité de familles ruinées et désolées; et malgré les peines qu'on avoit prises pour assembler un grand nombre de Nonces, il ne s'en est trouvé qu'onze ... Voilà à quoi ont abouti jusqu'ici les violences de plus de soixante mille Moscovites et de plus de vingt mille Saxons."

(3) Mém., nov. 1734, S. 547: "troubles que l'on a excités en Pologne"

(4) Mém., sept. 1734, S. 268, 277; déc. 1734, S. 651

(5) Mém., nov. 1734, S. 542

(6) Mém., 1735, S. 410 f.: "Je l'ai dit autrefois: Que les Moscovites et les Saxons sortent du Royaume, ce sera le vrai moyen de connaître au juste le succès de leurs hostilitez, ou comme ils disent, de leur protection et de leur bienveillance pour la République de Pologne. Si tout ce qu'ils ont fait jusqu'ici n'a pu reduire les Polonois à faire ce qu'ils souhaitoient, je ne vois pas qu'ils puissent se flatter de faire plus de fruit par la suite ...L'amour de la Patrie et le zèle pour un Prince, que l'on a choisi et que l'on aime, sont capables de faire des Heros en Pologne plus qu'en autre endroit du monde."

(7) Mém., mai 1735, S. 517/ 518 - Mit diesem Urteil kommt er der Wahrheit insofern nahe, als die Unterstützung Polens durch den Kardinal Fleury nur halbherzig war, da seine Politik gegen die starke Stellung des Hauses Habsburg gerichtet war und der Streit um die polnische Krone ihm den willkommenen Anlaß zum Kriege bot. Mediger, a.a.O., S. 70; Lerer a.a.O., S. 44, S. 51 f., S. 55, S. 64; vgl. dagegen Rostworowski, Autour de la couronne ...S. 346 f. Der Autor wendet sich gegen diese von Vandal und Mc. Candless Wilson vertretene These. Er meint, der Kampf um die polnische Krone für Stanisław sei von französischer Seite ernsthaft geführt worden und nicht nur Mittel zum Zweck gewesen.

(8) Mém., juillet 1735, S. 16: "Il arrive tous les jours ici quelques Seigneurs Polonois, qui viennent se soumettre au Roi: aussi publie-t-on hautement que toute la Nation est maintenant déclarée pour le Roi Auguste. Cela est bon pour le public. La Cour sait bien ce qu'elle doit en penser, et elle ne se pressera pas de solliciter la retraite des Russiens." - sept. 1735, S. 256: "Si les troupes Russiennes n'évacuent la Pologne, que lorsque le Roi Auguste sera paisible possesseur de la couronne, elle courent risque d'y acquérir le droit de Naturalité."

(9) Mém., oct. 1735, S. 388/ 389

(10) Mém., févr. 1735, S. 147; mars 1735, S. 290-292; juillet 1734, S. 16; sept. 1735, S. 255: "Le sort de la Pologne est d'être divisée ...".

(11) Merc. hist., juillet 1736, S. 61/ 62

(12) Merc. hist., juillet 1736, S. 83; août 1736, S. 168

Seite 46

(1) Merc. hist., mai 1736, rêflexions, S. 573
(2) Vgl. Mediger, a.a.O., S. 153, 162 f; Ključevskij, IV, S. 318 f.
(3) Merc. hist., août 1736, S. 216/ 217
(4) Merc. hist., mars 1736, S. 336
(5) Clef, avril 1732, S. 288; mars 1733, S. 211; avril 1733, S. 287: "cette cour qui passe pour l'une de plus brillantes de l'Europe".
(6) Merc. hist., fêvr. 1740, S. 207; juin 1740, S. 686; août 1741, S. 182; déc. 1741, S. 683; sept. 1742, S. 328
(7) Merc. hist., oct. 1741, S. 433
(8) Merc. hist., mars 1740, S. 305
(9) Merc. hist., mai 1740, S. 557
(10) Merc. hist., juillet 1741, S. 74

Seite 47

(1) Merc. hist., sept. 1740, S. 298
(2) Merc. hist., nov. 1740, S. 565
(3) Merc. hist., déc. 1740, S. 630
(4) Bis in das 17. Jahrhundert galt das Prinzip der Akklamation; die dissentierende Minderheit fügte sich, indem sie sich zum Schluß des Widerspruchs enthielt, und die so verabschiedete Konstitution wurde mit dem Zusatz "nemine contradicente" rechtsgültig. Roos, Ständewesen, S. 364
Das erweckte im Laufe der Zeit den Eindruck, als seien die Beschlüsse tatsächlich immer einstimmig gefaßt worden. Konopczyński, Le Liberum Veto, S. 155. Konopçzyński definiert das Liberum Veto folgendermaßen: "Le liberum veto est le droit pour un membre isolé de rompre les diètes et les diètines. Il est applicable à chaque Diète ... et à chaque diètine et cela à tout moment ... Le vote peut être oral ou écrit, mais de toute façon il est public." S. 208 "Aucun moyen légal et direct n'existe pour se défendre contre le liberum veto. Tout au moins, une fois ces mots prononcés et une fois le manifeste enregistré au grod, tout est fini irrévocablement." S. 209
(5) Merc. hist., nov. 1740, S. 556-559
(6) Merc. hist., nov. 1740, S. 559
(7) Merc. hist., avant-propos 1741, S. 15
(8) Merc. hist., oct. 1741, S. 433; nov. 1741, S. 571/ 572: Potocki, Großhetman der Krone, will eine allgemeine Konföderation, der Hof will ihr eine entgegensetzen.
(9) Clef, janv. 1740, S. 61
(10) Clef, juillet, S. 64
(11) Merc. hist., avant-propos 1740, S. 10
(12) Merc. hist., avant-propos 1740, S. 11/ 12

Seite 48

(1) Mediger, a.a.O., S. 163 ff.
(2) Mediger, a.a.O., S. 90 ff.
(3) Mediger, a.a.O., S. 89, 96 ff.,vgl. auch S. 172
(4) Merc. hist., avant-propos 1740, S. 14

Seite 49

(1) Merc. hist., 1740 janv., S. 57
(2) Der "Mercure" druckt im Juni 1740 diesen Abriß, der zwölf Seiten umfaßt. Die Dolgorukijs hatten nach dem Tode Peters II. (1730) versucht, dessen Braut, Katharina Dolgorukaja durch ein untergeschobenes Testament zur Nachfolgerin erklären zu lassen. Sie waren auch beteiligt an den Bemühungen des Obersten Geheimen Rates, Anna Ivanovna vor ihrer Thronbesteigung durch eine Wahlkapitulation zu binden und in ihrem Selbstherrschertum einzuschränken. Ključevskij IV, S. 280, 308
(3) Merc. hist., sept. 1740, S. 300; das folgende Zitat: oct. 1740, S. 443
(4) Clef, nov. 1740, S. 336
(5) Clef, févr. 1740, S. 138-140; ebenso wie Mémoires, janv. 1740, S. 41 f.: "C'est la plus grande exécution qui se soit fait dans cet Empire si absolu et si despotique depuis celle que fit faire le Czar Pierre I", S. 42
(6) Clef, nov. 1740, S. 336: "Les mal intentionnés ... s'en déchaînent avec encore plus de fureur contre le Gouvernement: Ils font des affiches outrageantes, et menacent tous ceux qu'ils connaissent les plus portés au bien public."; ähnlich die Aussagen der "Mémoires" im Oktober 1740 [mém., oct. 1740, S. 383/ 384]
(7) Mém., oct. 1740, S. 385
(8) Merc. hist., nov. 1740, S. 567, S. 571/ 572; déc. 1740, S. 630
(9) Merc. hist., avant-propos 1741, S. 14
(10) Merc. hist., avant-propos 1741, S. 11
(11) Merc. hist., mai 1741, S. 571
(12) Merc. hist., juin 1741, S. 669
(13) Merc. hist., août 1741, S. 194
(14) Merc. hist., juin 1741, S. 670
(15) Merc. hist., sept. 1741, S. 304; oct. 1741, S. 443

Seite 50

(1) Merc. hist., déc. 1741, S. 682
(2) Merc. hist., avant-propos 1742, S. 21
(3) Merc. hist., avant-propos 1742, S. 21
(4) Merc. hist., avant-propos 1742, S. 22
(5) Merc. hist., janv. 1742, S. 72/73

Seite 51

(1) Häufig wird in den Artikeln der Eindruck erweckt, als

seien die Berichterstatter einheimische Korrespondenten. Vgl. auch S. 311, Anmerkung 5 (S. 11)

(2) Merc. hist., janv. 1742, S. 92,auch das vorhergehende Zitat
(3) Merc. hist., avril 1742, S. 454
(4) Clef, févr. 1742, S. 114
(5) Clef, févr. 1742, S. 110: "La chose êtoit conduite depuis longtems avec un secret qui a peu d'exemples ..."
(6) Clef, févr. 1742, S. 112
(7) Merc. hist., févr. 1742, S. 202
(8) Merc. hist., févr. 1742, S. 212
(9) Merc. hist., janv. 1742, S. 92
(10) Merc. hist., avril 1742, S. 462/ 463
(11) Clef, févr. 1742, S. 113
(12) Clef, févr. 1742, S. 114
(13) Merc. hist., mai 1742, S. 556
(14) Merc. hist., juillet 1742, S. 77
(15) Merc. hist., mai 1742, S. 556
(16) Clef, févr. 1742, S. 115 f., 122 f.

Seite 52

(1) Clef, avril 1742, S. 285
(2) Clef, avril 1742, S. 291
(3) Merc. hist., oct. 1742, S. 423
(4) Merc. hist., avril 1742, S. 466
(5) Merc. hist.: wirtschaftliche Schwierigkeiten werden noch im Déc. 1760 gemeldet, S. 711
(6) Merc. hist., sept. 1760, S. 352
Die Einnahmen aus dem kirchlichen Grundbesitz, soweit sie den Eigenbedarf der Kirche überstiegen, flossen dem Staat zu. 1762 (März) stellte ein Ukaz Peters III. die Güter unter die Verfügungsgewalt des Staates, Bestrebungen in dieser Richtung waren bereits seit längerem vorhanden. Vgl. Stökl. S. 398
(7) Merc. hist., juin 1761, S. 699/ 700

Seite 53

(1) Merc. hist., mars 1761, S. 347; "Le Roi pour empêcher la ruine, dont la décadence de la Monnoie menace le pays ...", juin, S. 700-702
(2) Merc. hist., avril 1761, S. 464
(3) Merc. hist., août 1761, S. 237
(4) Merc. hist., oct. 1761, S. 471; janv. 1762, S. 11
(5) Merc. hist., janv. 1762, S. 105
(6) Merc. hist., févr. 1762, S. 213
(7) Merc. hist., juin 1762, S. 692
(8) Merc. hist., oct. 1762, S. 441
(9) Clef, juillet 1761, S. 55
(10) Clef, juin 1761, S. 485
(11) Clef, févr. 1761, S. 144
(12) Clef, 1762, S. 7
(13) Clef, déc. 1762, S. 460-463
(14) Clef, janv. 1763, S. 9: "Les deux partis sont fort échauffés l'un contre l'autre, comme il paroît par les divers

Ecrits que chacun d'eux a publié de son côté ...".
(15) Clef, janv. 1763, S. 8
(16) Clef, févr. 1763, S. 148; mars, 1763, S. 222; avril S. 304; juin, S. 466; juillet, S. 56; sept., S. 225

Seite 54

(1) Merc. hist., févr. 1762, S. 215/216 und für das folgende 222 ff.
(2) Merc. hist., mars 1762, S. 284, 343
(3) Merc. hist., mars 1762, S. 350
(4) Merc. hist., avril 1762, S. 464
(5) Merc. hist., avril 1762, S. 470/471
(6) Merc. hist., avril 1762, S. 592
(7) Merc. hist., août 1762, S. 209: "L'évênement étrange par lequel l'Empereur de Russie a été forcé de descendre du Trône et de le céder à Catherine, son Epouse".

Seite 55

(1) Der "Mercure" berichtet im Juli (S. 117) auch über eine Zusammenkunft Peters mit dem Erzbischof von Novgorod, bei der Peter mehrere, den Bischof stark beunruhigende, Forderungen bekanntgegeben habe: 1. Reduzierung des Bildschmucks in den Kirchen, 2. Bartscheren, 3. Änderungen der Priesterkleidung, [wie die Lutheraner], 4. Bau einer lutherischen Kirche in seinem Peters-Palast.
(2) Merc. hist., juillet 1762, S. 113: "Quant aux Russes, on voit dans leur Système politique une variation dont l'histoire ne fournit point d'exemple. Ils tournent aujourd'hui leurs armes contre ceux-mêmes, pour qui ils combattoient il n'y a pas encore trois mois."
(3) Merc. hist., juin 1762, S. 698
(4) Merc. hist., août 1762, S. 213
(5) Merc. hist., août 1762, S. 213
(6) Merc. hist., août 1762, S. 214
(7) Merc. hist., ohne Seitenangabe, im Anschluß an: juillet 1762; ab Seite 241
(8) Merc. hist., août 1762, S. 224/225

Seite 56

(1) Merc. hist., sept. 1762, S. 350
(2) Merc. hist., déc. 1762, S. 704/705
(3) Clef, mars 1762, S. 221
(4) Clef, mars 1762, S. 293; juin, S. 457
(5) Clef, juillet 1762, S. 57
(6) Clef, août 1762, S. 144
(7) Clef, sept. 1762, S. 215
(8) Clef, sept. 1762, S. 215: "Elle [la conjuration] se tramoit depuis quelque tems ...".
(9) Clef, sept. 1762, S. 216; auch das folgende
(10) Clef, sept. 1762, S. 218

Seite 57

(1) Clef, sept.1762, S. 219 ff.
(2) Clef, sept. 1762, S. 295
(3) Clef, janv. 1763, S. 16
(4) Clef, janv. 1763, S. 4: "Les premiers pas de ce Prince, dans la nouvelle carrière qu'il devoit parcourir, firent en quelque sorte prévoir la chûte funeste qui l'attendoit."
(5) Clef, janv. 1763, S. 5
(6) Clef, janv. 1763, S. 6: "Une mort assez prompte vint terminer fort à propos la vie de ce malheureux Prince ...".
(7) Vgl. z.B. Clef juin 1763, S. 403: Maßnahmen gegen den Klerus
(8) Katharinas "clémence": Clef, févr. 1763, S. 145; juin 1763, S. 463; juillet 1763, S. 53; déc. 1763, S. 462
(9) Protest der Gesandten in Petersburg gegen den Beschluß der Kaiserin, ihnen keine Garde mehr zu stellen; diese sei nötiger als vorher, "les vols et les meurtres devenoient de jour en jour plus fréquents ...", nov. 1763, S. 378; vgl. auch déc. 1763, S. 462
(10) Clef, août 1763, S. 147; Clef, nov. 1762, S. 382 ff.

Seite 58

(1) Merc. hist., oct. 1762, S. 441: "cette fermentation des esprits n'annonce rien de favorable pour la Diète générale ..." .
(2) "qu'il y avoit lieu de croire que cette Assemblée feroit à la Patrie tout le bien qu'il n'avoit pas été possible de lui procurer dans les années passées; que l'esprit de discorde et d'animosité avoit plongé la Pologne dans les plus grands malheurs[...] qu'il espéroit du Zèle de tous les Nonces, qu'ils feroient exécuter les loix dont ils sont les Gardiens et les Dépositaires, et qu'ils raffermiroient aussi la Patrie chancelante ..."; Merc. hist., nov. 1762, S. 562
(3) Merc. hist., nov. 1762, S. 573/ 574
(4) Merc. hist., nov. 1762, S. 575

Seite 59

(1) Merc. hist., nov. 1762, S. 581 ff.
Allerdings hatten die Czartoryski, die "Familie", weitreichende Reformpläne, welche die polnische Verfassung dahingehend ändern sollten, - bei Wahrung ihres eigenen Einflusses - daß das Liberum veto, wenn nicht gänzlich abgeschafft, so doch abgeschwächt werden sollte; sie verlangten eine radikale Reorganisation des Heeres, der Finanzen und der Gerichtsbarkeit, eine Stärkung der Macht des Königs und des Reichstages und die Verringerung des Konservatismus in den Provinzen.
Vgl. Kaplan, a.a.O., S. 3, S. 32, Konopczyński, S. 261
(2) Merc. hist., oct. 1762, S. 444, 445, 450
(3) Merc. hist., avant-propos 1764, S. IV: "La Russie peut

influer beaucoup sur les opérations des Diètes de Varsovie, la Prusse n'y aura pas moins de crédit. Si ces deux Puissances sont d'accord, comme on le présume, sur le choix d'un sujet, et sur les moyens de pacifier les troubles, il semble, qu'on pourroit espérer un heureux succès pour ce qui concerne les dehors de l'Etat."

(4) Merc. hist., avant-propos 1764, S. VI, VII

(5) Merc. hist., févr. 1764, S. 227 [Erklärung vom Dez. 1763], S. 238 Versicherung Kayserlings, Katharina werde sich an den Frieden von 1686 halten und "aider même la République, en cas de démembrement à se maintenir dans l'état actuel de ses possessions," mars 1764, S. 358 [Erklärung vom 22.1.64]

(6) Merc. hist., janv. 1764, S. 115/ 116

(7) Merc. hist., janv. 1764, S. 117

(8) Merc. hist., févr. 1764, S. 240

(9) Merc. hist., avril 1764, S. 486; mai 1764, S. 576, 50.000 Russen marschieren auf Warschau, S. 590

(10) Merc. hist., avril 1764, S. 485

Seite 60

(1) Merc. hist., mars 1764, S. 358 ff.

(2) Merc. hist., juin 1764, S. 715 ff.; vgl. Martens, VI, S. 1 ff.
Ein Vergleich mit Martens zeigt, daß der "Mercure" über ausgezeichnete Informationen verfügt haben muß. Die Texte sind identisch, allerdings enthält der Abdruck bei Martens alle Geheimartikel - auch die, welche sich nicht auf Polen beziehen [Article I, II, III] - und einen Article séparé, der den Schutz der religiösen Minderheiten betrifft.

(3) Merc. hist., avril 1764, S. 478 ff.
Allerdings scheinen sie den sächsischen Prinzen Karl zu begünstigen. Mai, S. 575

(4) Merc. hist., avril 1764, S. 487

(5) Merc. hist., mai 1764, S. 579-585, S. 598, 601

(6) Merc. hist., avril 1764, S. 487, Anm.

(7) Berichte vom Juni und Juli 1764, juin S. 680-702, juillet S. 69-82

(8) Merc. hist., juin 1764, S. 702

(9) Merc. hist., juillet 1764, S. 70

(10) Merc. hist., juillet 1764, S. 73

Seite 61

(1) Merc. hist., juillet 1764, S. 74 f.

(2) Merc. hist., juillet 1764, S. 82

(3) Merc. hist., juillet 1764, S. 63

(4) Merc. hist., juin 1764, S. 705/ 706

(5) Merc. hist., juillet 1764, S. 92

(6) Merc. hist., juillet 1764, S. 112/ 113

(7) Merc. hist., juillet 1764, S. 92/93; Anm.: "De toutes les nations qui ont le bonheur d'avoir de bons Rois, il

n'en est aucune qui ait autant de raison de souhaiter que le sien soit immortel que les Polonois. Lorsque le leur vient à mourir, la plus grande, la plus difficile et la plus terrible affaire qu'ils puissent avoir est celle de lui donner un Successeur. Leur histoire en fournit presque autant de preuves qu'ils ont eu de Rois depuis qu'ils ont la liberté de les élire. Cette liberté, partagée entre des hommes divisés d'inclinations, de vues et d'intérêts, devient pour chacun d'eux, et conséquemment, pour tous - une véritable gène qu'ils s'imposent réciproquement, en s'entravant les uns les autres dans les diverses routes qu'ils prennent pour arriver à leur but."

Seite 62

(1) Merc. hist., août 1764, S. 205-208, S. 209-217
(2) Merc. hist., sept. 1764, S. 324/ 325
(3) Merc. hist., nov. 1764, S. 547, 559
(4) Merc. hist., sept. 1764, S. 343-345, nov., S. 374
Der Tod Ivans VI. war durch die Zarin für den Fall angeordnet worden, daß jemand versuchen sollte, den Gefangenen zu befreien. Gerüchte und Reden über Ivan Antonovič hatte es immer gegeben; im Frühjar 1764 verstärkten sie sich. Eine Gruppe von Verschwörern, vor allem der Unterleutnant Mirovič, wollte den Gefangenen befreien; dieser wurde jedoch von den mit der Bewachung beauftragten Offizieren ermordet.
Bilbassoff, II, S. 438 f., 443 ff.
(5) Merc. hist., Récap. 1768, S. 4
(6) Merc. hist., Récap. 1768, S. 4
(7) "La Pologne [...] qui [...] ne jouit point du précieux repos, que la liberté, dont elle fait tant de cas, devroit lui assurer si elle étoit mieux ordonnée."
(7) Merc. hist., Récap. 1768, S. 5/ 6
(8) Merc. hist., Récap. 1768, S. 5

Seite 63

(1) Beschlüsse zusammengefaßt: janv. 1768, S. 94-115
(2) Merc. hist., avril 1768, S. 501/ 502
(3) Merc. hist., août 1768, S. 220/ 221: "La situation des affaires de ce Royaume présente encore une face des plus tristes; une Province n'est pas sitôt pacifiée qu'il s'élève des troubles dans une autre. Les esprits ambitieux et fanatiques sont d'autant plus prompts à former des Confédérations que ce nom n'a rien d'odieux, aussi tous ceux qui en sont les Auteurs protestent n'avoir pour but que l'avantage de l'Etat ... Le penchant pour les Confédérations est une espèce de phrénésie."
(4) Merc. hist., août 1768, S. 221
(5) Merc. hist., août 1768, S. 223
(6) Merc. hist., août 1768, S. 222
(7) "L'esprit de licence et de soulèvement fait chaque jour des progrès: ceux qui s'y livrent commettent des desordres

de toute espèce, et après les avoir commis ne rougissent point de s'en glorifier comme d'autant de marques de leur amour pour la liberté et de leur zèle pour la religion." (oct. 1768, S. 460)

(8) Merc. hist., sept. 1768, S. 342
(9) Merc. hist., déc. 1768, S. 695

Seite 64

(1) Merc. hist., nov. 1768, S. 597
(2) Clef, sept. 1768, S. 225: "On ne vit jamais tant de ravages et de désolation das un Etat. Tout semble concourir à la destruction des Polonois, et ils paroissent disposés à sacrifier leurs biens et leurs vies pour défendre leur Religion et leur Liberté."
(3) Clef, oct. 1768, S. 299
(4) Clef, juillet 1768, S. 62; août, S. 143 f.
(5) Clef, sept. 1768, S. 223
(6) Clef, mai 1768, S. 280 f.
(7) Clef, janv. 1768, S. 9; mars 1768, S. 217
(8) Merc. hist., nov. 1769, S. 588; déc., S. 704
(9) Merc. hist., Récap. 1769, S. 7: "Rien n'est plus difficile que de vouloir rendre les hommes heureux malgré eux."
(10) Merc. hist., Récap. 1769, S. 4
(11) Merc. hist., mars 1769, S. 313
(12) Merc. hist., avril 1769, S. 487
(13) Merc. hist., mai 1769, S. 598
(14) Merc. hist., janv. 1769, S. 97
(15) Merc. hist., déc. 1769, S. 706; vergl. auch mars 1769, S. 353; sept. 1769, S. 330
(16) Merc. hist., févr. 1770, S. 220: "La désunion qui règne actuellement parmi les confédérés, opérera peut-être plus que la force des armes. Le choix de leurs Chefs est la pomme de discorde entr'eux."

Seite 65

(1) Merc. hist., mars 1769, S. 352/ 353
(2) Merc. hist., févr. 1769, S. 223
(3) Merc. hist., sept. 1769, S. 330
(4) Merc. hist., Récap. 1769, S. 7
(5) Merc. hist., févr. 1769, S. 224
(6) Merc. hist., Récap. 1769, S. 7
(7) Merc. hist., Récap. 1770, S. 11
(8) Merc. hist., mars 1769, S. 357; avril 1769, S. 476; mai 1769, S. 599; oct. 1769, S. 473/ 474
(9) Merc. hist., juin 1769, S. 102; oct. 1769, S. 471, 473; déc. 1769, S. 699/ 700/ 701, 707

Seite 66

(1) Merc. hist., Récap. 1769, S. 6/ 7
(2) Merc. hist., janv. 1769, S. 105; auch die Kalmücken werden zum Krieg befohlen, juillet 1769, S. 102;

nov. 1769, S. 604
(3) Merc. hist., mars 1769, S. 365/ 366
(4) Merc. hist., janv. 1769, S. 99-103 Kronkonföderation, avril 1769, S. 477-480, Konföderation von Großpolen; "Moscovites" steht im Manifest der Konföderierten der Krone, das von Krasinski, Moczynski, Potocki, Puławski, Warecki, Rydzinski u.a. unterzeichnet ist.
(5) Merc. hist., janv. 1769, S. 102
(6) Merc. hist., janv. 1769, S. 98
(7) Merc. hist., sept. 1770, S. 349
(8) Merc. hist., déc. 1770, S. 651
(9) Merc. hist., nov. 1770, S. 567
(10) Merc. hist., sept. 1770, S. 350/ 351
(11) Merc. hist., sept. 1770, S. 350: "qui espèrent de s'enrichir en entrant au service des confédérés."
(12) Merc. hist., nov. 1770, S. 562/ 563
(13) "Quoique l'alternative où ce Monarque se trouve soit des plus cruelles à tous égards." Merc. hist., nov. 1769, S. 598
(14) Merc. hist., juillet 1771, S. 30
(15) Merc. hist., nov. 1769, S. 588
(16) Merc. hist., juillet 1771, S. 30
(17) Merc. hist., sept. 1771, S. 319
(18) Merc. hist., janv. 1770, S. 106; mars S. 369; juillet S. 104; déc. S. 650

Seite 67

(1) Merc. hist., août 1770, S. 204, 210; sept. S. 313-329, 16 Seiten!; sept. S. 331-334; oct. S. 460, 471
(2) Merc. hist., janv. 1770, S. 114
(3) Merc. hist., oct. 1770, S. 461
(4) Merc. hist., déc. 1770, S. 659
(5) Merc. hist., récap. 1771, S. 3-8 "Retraçons, en peu de mots, ces grands évènemens."
(6) Merc. hist., janv. 1771, S. 9
(7) Merc. hist., janv. 1771, S. 52; mai, S. 586; juillet, S. 35, août, S. 218, 227
(8) Merc. hist., juillet 1771, S. 48
(9) Merc. hist., juin 1771, S. 686 f. auch das folgende
(10) Merc. hist., sept. 1771, S. 349: "la joie et la satisfaction, qui sont générales dans cet Empire, annoncent les Peuples heureux; les nouvelles importantes ... augmenteront l'allégresse publique et donneront lieu à des nouvelles Fêtes."
(11) Merc. hist., mars 1771, S. 290
(12) Merch. hist., juin 1771, S. 688
(13) ebda. S. 693/694

Seite 68

(1) Merc. hist., juillet, S. 28; auch août, S. 197
(2) Merc. hist., août 1771, S. 201-208 Briefwechsel Saldern-Ogiński
(3) Merc. hist., oct. 1771, S. 441 ff.

(4) Merc. hist., sept. 1771, S. 316
(5) Merc. hist., janv. 1771, S. 44/ 45
(6) Merc. hist., sept. 1771, S. 316 "les termes les plus forts"
(7) Merc. hist., sept. 1771, S. 317; auch das folgende, S. 317/ 318
(8) Merc. hist., sept. 1771, S. 318

Seite 69

(1) Merc. hist., nov. 1771, S. 570
(2) Merc. hist., oct. 1771, S. 452/ 453: "Mais les inquiétudes que donnait cette levée de Bouclier du Comte Ogiński, qu'on croyoit en état de réunir tous les différens corps de Confédérés, viennent d'être dissipées par la nouvelle qu'on reçoit ... d'un échec considérable qu'il a essuié ...".
(3) Merc. hist., nov. 1771, S. 565/ 566
(4) Merc. hist., nov. 1771, S. 571
(5) Merc. hist., nov. 1771, S. 569
(6) Merc. hist., nov. 1771, S. 573
(7) Merc. hist., août 1771, S. 210
(8) Merc. hist., déc. 1771, S. 704
(9) Über diesen angeblichen Schwur ist sonst nichts bekannt. Konopczyński [Dzieje Polski nowożytnej II, S. 324 ff.] erwähnt ihn nicht. Es ist anzunehmen, daß solche Gerüchte von interessierter Seite - vor allem den Russen - lanciert wurden, um die Konföderierten gänzlich zu diskreditieren.
(10) Merc. hist., déc. 1771, S. 702
(11) Merc. hist., déc. 1771, S. 703

Seite 70

(1) Merc. hist., avril 1771, S. 409/ 410
(2) Merc. hist., nov. 1771, S. 580
Auch der "Clef" [Déc. 1771, S. 459 f.] berichtet von den Vorgängen in Moskau. Beide Zeitungen geben ein ziemlich getreues Bild der Vorgänge; wenn man ihre Darstellung mit der Platonows [S. 301] vergleicht: Während der Pestepidemie in Moskau befolgte die Bevölkerung die Vorschriften der Ärzte und Behörden nicht; u.a. sammelte sie sich auf einem der Plätze vor einem Muttergottesbild, das ihrer Ansicht nach den Kranken helfen würde. Der Bischof von Moskau ließ daraufhin wegen der Ansteckungsgefahr das Heiligenbild entfernen. Die darüber aufgebrachte Menge erschlug den Bischof und fing an zu plündern. G. Orlov wurde mit besonderen Vollmachten nach Moskau geschickt.
(3) Merc. hist., déc. 1771, S. 704
(4) Merc. hist., récap. 1772, S. 13
(5) Merc. hist., récap. 1772, S. 15: "Troupes de Scélérats", "Serment atroce", S. 16: "criminelle audace", "enfans dénaturés".
(6) Merc. hist., récap. 1772, S. 12

(7) Merc. hist., 1772, récap. 1772, S. 15
(8) Merc. hist., récap. 1772, S. 17
(9) Clef, janv. 1770, S. 7 f.
(10) Clef, mars, 1770, S. 229

Seite 71

(1) Clef, avril 1770, S. 308; juin 1770, S. 459
(2) Clef, août 1770, S. 144 f.; sept. 1770, S. 231; oct. 1770, S. 306; nov. 1770, S. 388
(3) Clef, janv. 1771, S. 3 ff.
(4) Clef, spet. 1771, S. 226
(5) Clef, juin 1771, S. 463
(6) Clef, oct. 1771, S. 295; déc. 1771, S. 465
(7) Clef, janv. 1770, S. 7
(8) vgl . Clef, avril 1771, S. 306 f.
(9) vgl. Clef, août 1771, S. 154; Mercure, juillet 1771, S. 28
(10) Clef, sept. 1771, S. 222 f.
(11) Clef, oct. 1771, S. 304
(12) Clef, déc. 1771, S. 462 ff.
(13) Clef, déc. 1771, S. 464
(14) Merc. hist., janv. 1772, S. 87, 88; févr. S. 172
(15) Merc. hist., janv. 1772, S. 74/ 75

Seite 72

(1) "Malgré toutes ces défaites, on n'a pas encore la moindre lueur d'espérance de voir la tranquillité rétablie dans ce Royaume. Le zèle indiscret de Religion, que les Moines s'efforcent d'animer et d'entretenir, ne sert qu'à nourrir la discorde, et nombre de Dames dévotes se laissent employer par eux à semer la division par-tout où elle n'a pas encore pris racine." - févr. 1772, S. 173
(2) Merc. hist., févr. 1772, S. 173/ 174
(3) Merc. hist., mars 1772, S. 332; auch an anderen Stellen wird von der Mithilfe französischer Offiziere berichtet: août 1771, S. 211; avril 1772, S. 447; außerdem wird die Unterstützung durch französisches Geld angedeutet; avril S. 446/ 447
(4) Merc. hist., juin 1772, S. 659; mai 1772, S. 525
(5) Merc. hist., avril 1772, S. 449; juillet 1772, S. 90
(6) Merc. hist., avril 1772, S. 448/ 449, 522
(7) Merc. hist., mai 1772, S. 523
(8) Merc. hist., juin 1772, S. 652: "on juge généralement"
(9) Merc. hist., juin 1772, S. 652
(10) Merc. hist., juillet 1772, S. 90 ff.
(11) Merc. hist., juin 1772, S. 662
(12) Merc. hist., août 1772, S. 170
(13) Merc. hist.,août 1772, S. 177
(14) Merc..hist., sept. 1772, S. 276
(15) Merc. hist., sept. 1772, S. 278

Seite 73

(1) Merc. hist., oct. 1772, S. 410; Abdruck der Deklaration S. 406-410
(2) Merc. hist., nov. 1772, S. 560
(3) Merc. hist., oct. 1772, S. 416
(4) Merc. hist., oct. 1772, S. 419
(5) Merc. hist., nov. 1772, S. 549, 550
(6) Merc. hist., nov. 1772, S. 549
(7) Merc. hist., nov. 1772, S. 552/ 553
(8) Merc. hist., nov. 1772, S. 549, récap. 1773, S. 6
(9) Merc. hist., nov. 1772, S. 547
(10) Merc. hist., nov. 1772, S. 548/ 549
(11) Merc. hist., récap. 1773, S. 6; nov. 1772, S. 537 [Abdruck der Antwort Stanisławs, S. 532-538]

Seite 74

(1) Merc. hist., Récap. 1773, S. 5
(2) Merc. hist., Récap. 1773, S. 3
Verhaftung und Hinrichtung Struensees und Brandts
(3) Merc. hist., Récap. 1773, S. 5
Staatsstreich Gustavs III., 19.8.1772
(4) Merc. hist., Récap. 1773, S. 5/ 6
(5) Merc. hist., Récap. 1773, S. 6
(6) Clef, janv. 1773, S. 9
(7) Clef, janv. 1773, S. 4
(8) Clef, janv. 1773, S. 5
(9) Merc. hist., févr. 1773, S. 215; mars 1773, S. 348
(10) Merc. hist., mars 1773, S. 349
(11) Merc. hist., sept. 1773, S. 317, 318
(12) "Les Armemens se continuent avec la plus grande ardeur en Russie; l'on prétend qu'il a été résolu d'y lever 60 mille hommes de recrues ...", avril 1773, S. 476
(13) Merc. hist., févr. 1773, S. 221/ 222: "Mais ce qu'il y a de surprenant, c'est que, malgré les précautions, prises par le gouvernement pour empêcher l'introduction de ces Ecrits dans cet Empire, l'on est parvenu à tromper la vigilance de la Police à cet égard. Il s'est glissé dans cette Résidence une Brochure, qui fait beaucoup de bruit ...On a arrêté ces jours derniers un Colporteur chargé d'un certain nombre d'Exemplaires de cet Imprimé: On le surprit dans le Quartier de Neva, le vendant à des Etrangers. Ce malheureux a été mis en prison; et l'on veut qu'il déclare de qui il tient cet Ecrit, comment il a été introduit et quel en est l'Auteur."

Seite 75

(1) Merc. hist., mars 1773, S. 344, 350; déc. 1773, S. 678/ 679, récap. 1774, S. 12, récap. 1775, S. 6; janv. 1773, S. 98
(2) Merc. hist., mars 1773, S. 342, 344 - "gracieuse Souveraine"
(3) Merc. hist., déc. 1773, S. 678/ 679

(4) Merc. hist., récap. 1774, S. 12, récap. 1775, S. 6
(5) Merc. hist., récap. 1774, S. 12
(6) Merc. hist., janv. 1774, S. 104
(7) Merc. hist., janv. 1774, S. 99-104
(8) Merc. hist., févr. 1774, S. 201
(9) Merc. hist., févr. 1774, S. 203.; er nennt das Fort Ilezki, den Fluß Jaik und die Stand Jaiskoi Gorodok. [Jaickij gorodok]
(10) vom 13./ 24.12.1773
(11) "les séditieux", "les Rebelles", févr. 1774, S. 205-208, auch für das folgende
(12) Merc. hist., févr. 1774, S. 210

Seite 76

(1) Merc. hist., févr. 1774, S. 209
(2) Merc. hist., févr. 1774, S. 210
(3) Hervorhebung von der Verfasserin
(4) Merc. hist., mars 1774, S. 325/ 326
(5) Merc. hist., mars 1775, S. 316
(6) Merc. hist., avril 1774, S. 472; nov. 1774, S. 489; Pugǎcev
(7) Merc. hist., avril 1774, S. 472/ 473
(8) Merc. hist., juillet 1774, S. 108 f. auch für das folgende

Seite 77

(1) Merc. hist., récap. 1775, S. 6 auch für das folgende. Im Januar und Februaer erwähnt er die Belobigung Puławskis durch Katharina [er hat bei den Russen gegen Pugačev gekämpft] die Hinrichtung des Rebellen, der in gefaßter Haltung starb und druckt ein Manifest Katharinas ab, in dem sie die Gründe für die Revolte aufzählt. Janv. 1775, S. 72; févr.,S. 179; das Manifest févr. S. 180-190; mars 1775, S. 318 Hinrichtungsbericht
(2) Merc. hist., récap. 1775, S. 6
(3) Merc. hist., janv. 1773, S. 112
(4) Preußen: janv. 1773, S. 110/ 111, avril S. 466/ 467; Österreich: mars 1773, S. 338; beide: mai 1773, S. 596. Gemeinsame österreichisch-preußische Bedrohung durch Truppenaushebungen, gelten wohl der Einschüchterung der Polen, vor allem des Senats; janv. 1773, S. 111/ 112
(5) Merc. hist., sept. 1773, S. 316: "D'ailleurs le Plan même de partage n'est peut-être pas non plus une chose si invariable qu'on pourroit le supposer. Le bruit se contient..." .
(6) Merc. hist., récap. 1773, S. 7; janv. 1773, S. 111/ 112; févr. 1773, S. 223; mars, S. 320, 339: Verbot der Sitzungen der Tribunale in Litauen durch die Russen; mars, S. 341/ 342; mai S. 569/ 570, 576/ 577, 596 [Warschau völlig von Truppen umstellt]
(7) Merc. hist., déc. 1773, S. 654
(8) Abdruck Mercure, oct. 1773, S. 486, 487
(9) Merc. hist., juillet 1773, S. 88

Seite 78

(1) Merc. hist., juillet 1773, S. 83 ff.
(2) Merc. hist., juillet 1773, S. 85
(3) Merc. hist., juillet 1773, S. 90/ 91
(4) Im übrigen ist er der Ansicht, daß besonders Katharina sehr um das Gedeihen der Republik besorgt ist und "rêligieusement" alle Verträge halten will - was der "Mercure" von den anderen Mächten bezweifelt. Rêcap. 1775, S. 8
(5) Merc. hist., fêvr. 1773, S. 221
(6) Merc. hist., rêcap. 1774, S. 4; "La Pologne paroit avoir eu le même besoin d'un Dêmembrement de ses vastes Provinces, pour pouvoir espêrer de rêtablir dans son sein la Tranquillitê, que ses propres Citoiens lui avoient ravie depuis si longtems, en sacrifiant à l'ambition particulière de quelques Grands, l'intêrêt commun de leur Patrie infortunêe." - rêcap. 1774, S. 5
(7) Merc. hist., avril 1773, S. 474; vgl. auch mars 1773, S. 335
(8) vgl. oct. 1773, S. 461, 470/ 471, 484/ 485; avril 1774, S. 430 ff.; janv. 1775, S. 40 ff.
(9) Abdruck des Entwurfs, oct. 1773, S. 485-487; die Sitzungen sind stürmisch; nov. 1773, S. 552, Auseinandersetzungen um Verfassung: nov., S. 554 ff.
(10) Merc. hist., nov. 1773, S. 553
(11) Merc. hist., S. 471

Seite 79

(1) Merc. hist., rêcap. 1775, S. 9
(2) "Infortunês Rêpublicains serviront-elles à vos descendans," rêcap. 1780, S. 5
(3) Merc. hist., juin 1780, S. 704-706
(4) Merc. hist., oct. 1780, S. 460 ff.
(5) juillet 1780, S. 106; sept. S. 336; oct. S. 454 ff.
(6) mit dem üblichen Vorwand, Ruhe und Ordnung während der Abhaltung des Sejms aufrechtzuerhalten - sept., S. 336; oct. S. 457
(7) Die erste französische Tageszeitung, gegründet 1777
(8) Journal, 6.11.1792 unter "Nouvelles"
(9) "malgrê les protestations rêitêrêes et donnêes sous toutes les expressions propres à attirer la confiance..." "Nouvelles" vom 14.4.1793; und am 3.11.93: "Le Roi de Prusse (...) s'est rendu droit en Pologne, où il trouvera plus d'embarras qu'il n'a prêvu."

Seite 80

(1) Journal, vol IV., "Nouvelles", 12.9.94
(2) Journal, vol IV., "Nouvelles", 22.12.94
(3) Journal, Vol V., 31.1.95; Auszug aus der Sitzung vom 30.1.95...: "depuis 60 ans la Russie suit la même trace; elle a civilisê ses peuples, partagê la Pologne, conquis la Crimêe ...Et dans ce moment elle achève l'envahissement de la Pologne, pour s'ouvrir les portes de la Ger-

manie; c'est un colosse aux pieds d'argile, fastueux mais pauvre, j'en conviens, mais le chef veut avant de périr, vous écraser ..."

(4) Journal, vol V., "Nouvelles", 10.05.95
"La garnison de Russie de Varsovie a été doublée, les patrouilles multipliées, l'appareil le plus terrible déployé, et cependant, il ne s'agissoit que de l'anniversaire de l'insurrection du jeudi saint de l'année dernière dont les Russes paroissent garder un profond souvenir. Ils ne sont pas rassurés par la misère affreuse des habitans. On craint de voir manquer bientôt les subsistances au milieu d'un des plus fertiles pays du monde."

(5) Journal, vol V, "Histoire moderne" vom 16.12.95 suite de "L'extrait du voyage de deux François en Allemagne, Danemark", etc.

(6) "Nos voyageurs font à regret mention du club physique, composé dans l'origine, en 1784, de quatre hommes et quatre femmes; ensuite de cinquante: après le souper, on y éteint les bougies ... Ce qu'il y a de plus extraordinaire, c'est de voir dans la société le maintien décent et composé de femmes (...) qui ont figuré la veille au club (...); on en parle dans le monde avec une légereté qui en apprend beaucoup sur les moeurs de Moskou."

Seite 82

(1) Hier muß im Gegensatz zu Burkert (a.a.O., S. 296 ff.) darauf hingewiesen werden, daß die Berichterstattung über Polen immer sehr ausführlich war, daß die Darstellung eines Landes "das in wirtschaftlichem Chaos und politischer Anarchie versinkt" (Burkert, a.a.O., S. 308), kein Novum ist, sondern sich in den Kriegsjahren und während der Interregna immer wieder findet. Die Kennzeichen der Adelsrepublik sind nicht durchgehend positiv. Die Reichstagsreden, die Burkert besonders hervorhebt, sind übliche Praxis im Sejm - schon die Rede Jan Kasimirs anläßlich seiner Abdankung wird als gelungenes Beispiel der Rhetorik zitiert. Pathos und rhetorische Rückgriffe auf lateinische Vorbilder sind in fast allen Reden an der Tagesordnung. Wenn Burkert darlegt, die "Gazette de France" schildere das in Polen entstandene Chaos als F o l g e der Invasion durch die Nachbarstaaten, so muß man dem entgegenhalten, daß Unruhen und Durcheinander schon in früheren Jahren von den Zeitungen berichtet wurden. Der "Mercure" argumentiert denn auch umgekehrt: das Chaos erst habe zum Eingreifen der Nachbarn geführt.

(2) Die Wirkung der Darstellung der polnischen Teilung durch die Zeitungen wird von Burkert (a.a.O., S. 302) unserer Meinung nach zu positiv gesehen. Sicher wird die Unrechtmäßigkeit des Vorgehens der drei Mächte deutlich; aber die Behauptung, die häufige Beschreibung der polnischen Verfassung und die Berufung auf sie könne von

den Lesern als ein exemplarischer Fall repräsentativer Demokratie verstanden werden und zum kritischen Überdenken der französischen Regierungspraxis führen, scheint uns überzogen. Der aufmerksame Leser der vorhergehenden Jahrgänge anderer Zeitschriften wußte, welchen Mißbrauch der polnische Adel mit der Verfassung getrieben hatte; er wußte auch, daß in Polen allein der Adel die Nation ist, und ihm war ebenfalls bekannt, welch eine schwache Position ein polnischer König, vor allem aber Stanisław II., hatte. Eine Vorbildwirkung der Haltung Stanisławs und einiger polnischer Abgeordneter auf den französischen Zeitungsleser würden wir hier nicht sehen, besonders wegen der Schilderung der vorhergehenden Jahre nicht.

Seite 84

(1) Weis, a.a.O., S. 3
(2) Weis, a.a.O., S. 6: 1753 - 4.300 Personen als Subskribenten, Schlangen vor den Bibliotheken; abendliche Lesungen aus der Enzyklopädie selbst in frommen, ländlichen Adelsfamilien!
(3) Käufer der Enzyklopädie: Geistliche, hohe Beamte, Advokaten, lt. Weis, a.a.O., S. 6
(4) in der vierbändigen Ausgabe von 1698

Seite 85

(1) Martin, a.a.O., Bd. II, S. 848 n. 107.
Bd. II, S. 937 das häufige Vorkommen des Lexikons in Bibliotheken; vgl. auch "Catalogue des livres de Mrs. D. B. et C. qui se vendent au plus offrant et dernier enchérisseur, le 21. Nov.", ca. 1700, Nr. 130, Nr. 170 (Infolio d'Histoire etc.) und "Catalogue des Bibliothèques de Deffunts Mrs. D.F. et D.M.", ca. 1700, Nr.349
(2) Dictionnaire historique et critique. 2nde édition revue, corrigée et augmentée par l'Auteur, Rotterdam 1702, 1738 hrsg. v. Maizeaux, Basel
(3) Ausgabe von 1738; Anmerkung Moscovie 1299 b.n. II wird verwiesen auf "Paulus Jovius in Moscovia"
(4) 1698, Bd. IV, N-Z, Pologne S. 187-189; Bd. III G-M, S. 569-571, Moscovie
(5) Bd. III, S. 220 Jan Sobieski; besonders hervorgehoben werden seine Siege über die Türken - noch vor seiner Wahl zum König -, seine Belesenheit, seine Sprachfertigkeit. Die Schlacht von Chocim am Dnjestr wird als eine der berühmtesten des Jahrhunderts gerühmt. Die Belagerung Wiens und derAnteil Polens an der Schlacht am Kahlenberg tritt dagegen zurück.
(6) Bd. II, S. 315: Czar: "c'est-à-dire Roy, nom que les Russes donnent à leur Souverain, qui nous appelons Grand Duc de Moscovie."
(7) Bd. III, S. 537: "L'Empereur ou Grand-Duc de Moscovie". Der im Moment [1690] regierende Großfürst ist Ivan Alexiovits, "parce qu'il est aveugle, son frère Pierre

règne avec lui."
(8) a.a.O., S. 187, rechte Spalte
(9) Moréri, Bd. IV, S. 189
(10) Moréri, Bd. III, S. 569
(11) Moréri, Bd. III, S. 571; hier erwähnt er: Paulus Jovius, Sigismund von Herberstein, P. Possevinus, Rainer Heidenstein, Jean Laski, Petrus Petraeus, Olearius, Comte de Carlisle, dazu die polnischen und schwedischen Quellen.
(12) "Le terroir est si excellent qu'il est presque impossible de concevoir la quantité des grains qui se transportent dans les pais étrangers."
Moréri, Bd. IV, S. 87 - Hier, wie in anderen Bemerkungen auch, fußt der Verfasser des Artikels auf Berichten über Polen, die Ende des 17. Jahrhunderts schon nicht mehr der Wirklichkeit entsprachen. Von 1648 an ging die polnische Getreideausfuhr um ungefähr 1/3 zurück.
Vgl. Konopczyński, II, S. 135
(13) Moréri, Bd. IV, S. 187
(14) Moréri, Bd. IV, S. 187
(15) "ils parlent tous Latin et, presque tous sçavent les Langues étrangères", S. 188

Seite 86

(1) Moréri, Bd. IV, S. 188
(2) Moréri, Bd. IV, S. 187
(3) Laut Bardach II, (61, 117) waren nur Krakau und Wilna vertreten, aber ohne Stimmrecht.

Seite 87

(1) Moréri, Bd. IV, S. 188
(2) Münze; Zölle; Abgaben, gezahlt von Städten, Klöstern und Juden; Tafelgüter; vgl. Bardach II, 146, 309
(3) Moréri, Bd. III, S. 569
(4) Das erwähnt er mehrmals: "Moscovie, grande region de l'Europe ..."; "la grande étendue du Pais qui est le plus vaste de l'Europe ..."; "la Moscovie est un des plus grands Etats de l'Europe ...".
Moréri, Bd. III, S. 569
(5) Moréri, Bd. III, S. 570: "plante surprenante qu'on y trouve semblable à un concombre, qui a la forme d'un agneau. Ils [les Auteurs] assurent que l'herbe se seche partout, où ces plantes extraordinaires se tournent, et que quand elles sont mûres, la souche se seche, et le fruit se couvre d'une certaine peau velue, qui sert de fourrure, après qu'on l'a préparée ...".
(6) "et les Boyars [...] aiment fort à paroître avec de gros ventres, et on diroit qu'ils font consister en cela les marques de leur noblesse". Moréri, Bd. III, S. 570

Seite 88

(1) Moréri, Bd. III, auch f. das folgende S. 571
(2) als Grund gibt der Artikel an: "que pour prevenir les

changemens, qui pourroient arriver dans l'Etat par des alliances avec les Etrangers, les Czars n'épousent que leurs Sujettes."-ebda.

Seite 89

(1) "On a toutes les peines du monde à demeurer d'accord des titres du Czar lorsqu'on traite avec ses Ambassadeurs, à cause de ses prétensions extraordinaires." Das Lexikon nennt: Czar, anscheinend von Caesar abgeleitet, oder Veliki-Knes. Sein Staatsrat wird normalerweise nachts abgehalten. Moréri, Bd. III, S. 571

(2) Encyclopédie article Pologne: t.12, 1765, 10 Seiten; Russie: t. 14, 1765, knapp 4 Seiten!

Seite 90

(1) Suppl. II, 1776, S. 258-262

(2) Suppl. IV, 1777, S. 790-791

(3) Suppl. I, 1776, S. 274, alle Artikel von de Sacy

(4) Louis Chevalier de Jaucourt
geb. 1704 - gest. 1779;
studierte Theologie in Genf, Naturwissenschaften in Cambridge, Medizin in Leyden; einer der wichtigsten Mitarbeiter an der Enzyklopädie; er war Montesquieu sehr verbunden.
in: La Grande Encyclopédie, Bd. 21, S. 58

(5) als Datum gibt er 1467 an; Encyclopédie Bd. 14, S. 442

(6) er nennt als Datum 1554, 1556 fiel Astrachan

(7) 1747: 6,6 Millionen Männer , 0,2 Millionen Geistliche, 0,3 Millionen Militärstand; S. 443, Encyclopédie, Bd. 14. Voltaire rechnet 6,64 Mio. steuerpflichtige Männer; den Militärstand (0,35 Mio.), die Geistlichkeit (0,2 Mio.), den Adel und die Bewohner der eroberten Gebiete zählt er nicht mit (vgl. Voltaire, Pierre le Grand, a.a.O., S. 377 ff.)

(8) Encyclopédie, Bd. 14, S. 443

(9) "Les strélits étoient au nombre de quarante mille hommes. Ceux qui étoient dispersés dans les provinces, subsistoient de brigandages; ceux de Moskou vivoient en bourgeois, trafiquoient, ne servoient point, et poussoient à l'excès l'insolence."
Encyclopédie, Bd. 14, S. 443

(10) Encyclopédie, Bd. 14, S. 443

Seite 91

(1) Encyclopédie, Bd. 14, S. 444

(2) Beispiel: die "Brautschau" der Zaren,
Encyclopédie, Bd. 14, S. 444

(3) Encyclopédie, Bd. 14, S. 445

(4) Encyclopédie, Bd. 14, S. 445

(5) Encyclopédie, Bd. 14, S. 445, auch das vorhergehende Zitat

Seite 92

(1) "La couronne de Russie est héréditaire, les filles peuvent succéder ...", Encyclopédie, Bd. 14, S. 445
(2) Artikel "Monarchie limitée" (par D.J.) t. 10, 1765, S. 637
(3) Encyclopédie, Bd. 12, S. 925
Über diesen Aspekt äußert er sich in einer längeren Passage. Der Verfasser weist auf die Geschichte Jean Sobieskis vom Abbé Coyer hin, die wir an anderer Stelle betrachten werden. Die Einleitung Coyers zur Biographie des Königs ist ein Abriß der Geschichte Polens. Ihn hat Jaucourt weitgehend kopiert.
(4) Encyclopédie, Bd. 12, S. 925
(5) Er bringt als Beispiele die Entthronungen von Mieszko III., Władysław Laskonogi, Władysław Łokietek, Bolesław II. Dabei geht er besonders auf die Nachfolgefrage ein.
(6) Friede von Kalisch 1343

Seite 93

(1) Encyclopédie, Bd. 12, S. 927
(2) Diese Definition des Begriffs "Stand", im französischen mit "ordre" wiedergegeben (nicht "état"), gilt so für die Adelsrepublik; er bezeichnet hier k e i n e sozialen Schichten, sozial gehören alle drei "Stände" dem Adel an; Stände: ordo regius, ordo senatorius, ordo equestris. Vgl. Roos, a.a.O., S. 355
(3) Encyclopédie, Bd. 12, S. 927
(4) Die sogenannten "articulae Henrici"; er nennt: die Könige dürfen keinen Nachfolger ernennen, sie müssen einen Rat aus 16 Senatoren bei sich haben; ohne deren Mitwirkung kein Empfang und keine Entsendung Gesandter; keine Erhebung neuer Truppen; ohne den Sejm darf das allgemeine Aufgebot nicht einberufen werden; kein Fremder darf im Rat sein; ebenfalls dürfen diese keine Ämter, Würden und Starostien besitzen; ohne Zustimmung des Senats dürfen die Könige nicht heiraten.
(5) Encyclopédie, Bd. 11, S. 738, 1765
(6) Encyclopédie,Bd. 11, 1765, S. 738
(7) Unter dem Stichwort "Diète de Pologne" berichtet das Diktionär noch einmal ausführlich über diese Einrichtung - t. 4, 1754, S. 975 -. Dabei wird auch erwähnt, daß diese Versammlungen häufig tumultartig, bzw. auch manchmal mit Blutvergießen ablaufen. Die Anwendung des Liberum veto wird als "abus de la liberté" bezeichnet.

Seite 94

(1) Encyclopédie, Bd. 12, S. 928: "Ce privilège des nonces est une preuve frappante des révolutions de l'esprit humain. Il n'existoit pas en 1652, lorsque Sicinski, nonce d'Upita, en fit le premier usage. Chargé de malédictions, il échappa avec peine aux coups de sabre; et ce même privilège contre lequel tout le monde s'éleva

pour lors, est aujourd'hui ce qu'il y a de plus sacré dans la république. Un moyen sûr d'être mis en pièces seroit d'en proposer l'abolition."

(2) Encyclopédie, Bd. 12, S. 928

(3) In einem gesonderten kurzen Abschnitt unter dem Begriff "confédération" - t.3, 1753, S. 347 - geht die Enzykopädie auf Polen ein: "se dit [aussi] en Pologne, pour les ligues ou associations que font entre eux les nobles et les grands de Pologne, même sans l'aveu du souverain, et quelquefois contre ses vûes, pour maintenir la liberté de la république."

(4) Hier zählt Jaucourt auf: vom Augenblick der Festlegung des Operationsplanes an handelt der Großhetman allein nach seinem Gutdünken: "Il assemble les troupes, il règle les marches, il décide des batailles, il distribue les récompenses et les punitions, il élève, il casse, il fait couper les têtes ...".
Encyclopédie, Bd. 12, S. 929

Seite 95

(1) Bei dieser Feststellung übersieht der Verfasser, daß die Stärke der polnischen Armee 1717 auf 24.000 Soldaten festgelegt worden war, eine Zahl, die in der Praxis noch nicht einmal erreicht wurde.
Vgl. Rhode, a.a.O., S. 298; Roos, a.a.O., S. 357

(2) Encyclopédie, Bd. 12, S. 929

(3) "quelques chaises de bois, une peau d'ours, une paire de pistolets, deux planches couvertes d'un matelas."
Encyclopédie, Bd. 12, S. 929

(4) Encyclopédie, Bd. 12, S. 930

(5) ebda.

Seite 96

(1) "dix ans en montrent à peine un exemple"
Encyclopédie, Bd. 12, S. 930

(2) Encyclopédie, Bd. 12, S. 930

(3) Encyclopédie, Bd. 12, S. 931

(4) Encyclopédie, Bd. 12, S. 931

(5) "Le comble de l'esclavage et l'excès de la liberté semblent disputer à qui détruira la Pologne: la noblesse peut tout ce qu'elle veut. Le corps de la nation est dans la servitude."
Encyclopédie, Bd. 12, S. 931

Seite 97

(1) "Dans ses guerres, elle a recours à des ingênieurs étrangers. Elle n'a point d'école de Peinture, point de théâtre, l'Architecture y est dans l'enfance; l'Histoire y est traitée sans goût; les Mathématiques peu cultivées; la saine Philosophie presque ignorée; nul monument, nulle grande ville."
Encyclopédie, Bd. 12, S. 932

(2) "Le droit d'élire ses rois est celui qui flatte le plus, et qui la sert le moins. Elle vend ordinairement la couronne au candidat qui a le plus d'argent." Encyclopédie, Bd. 12, S. 932
(3) Encyclopédie, Bd. 12, S. 932
(4) Encyclopédie, Bd. 12, S. 933
(5) Auf ihn geht die Enzyklopädie noch unter dem Stichwort Olesko ein, seinem Geburtsort - t.11, 1765, S. 448 - "un des plus grands guerriers du XVIIe siècle." Auch hier die Betonung des Sieges bei Chocim.

Seite 98

(1) Encyclopédie, Bd. 12, S. 934, linke Spalte: "Il se ligua en 1700 avec le roi de Danemark et le Czar contre Charles XII. Il se proposoit par cette ligue d'assujettir la Pologne, en se rendant plus puissant par la conquête de la Livonie; mais les Polonois le déposèrent en 1704, et élurent en sa place Stanislas Lesczinski. La perte de la bataille de Pultowa en 1709, fut le terme des prospérités de Charles XII. Ce revers entraîna la chûte de son parti. Auguste rentra dans la Pologne, et le Czar victorieux l'y suivit pour l'y maintenir."
(2) "Ceux qui aiment les grands spectacles, sans penser à ce qu'ils coûtent aux peuples, seroient frappés de celui-ci. On y voit la magnificence asiatique se mêler au goût de l'Europe...de jeunes Polonois en robes de pourpre, une armée qui ne veut que briller, les voitures, les hommes et les chevaux disputant de richesse, l'or effacé par les pierreries ...". Encyclopédie, Bd. 12, S. 934
(3) "La Pologne, dans l'inauguration de ses rois, leur présente le trône et le tombeau...Aussitôt que le corps est posé sur le catafalque dans la cathédrale, un hérault à cheval, armé de pié en cap, entre par la grande porte, court à toute bride, et rompt un sceptre contre le catafalque. Cinq autres courant de même, brisent l'un la couronne, l'autre le globe, le quatrième un cimeterre, le cinquième un javelot, le sixième une lance ...". Encyclopédie, Bd. 12, S. 934
(3) Weis, a.a.O., S. 55
(5) Weis, a.a.O., S. 60

Seite 99

(1) supplément, t. 3, 1777, S. 142
(2) supplément, t. 3, S. 142
(3) "de remettre la Pologne dans l'état de splendeur où Jean Sobieski l'avoit laissée ...". supplément, t. 3, S. 143
(4) "Il [Friedrich August] méprisa la jeunesse de Charles XII. qu'il croyait menacé à la fois par les Danois et les Moscovites ... Le jeune héros força le roi de Danemark à lui demander la Paix, tourna ses armes contre les Moscovites, les tailla en pièces sous les murs de Narva

... Charles s'achemina vers la Moscovie ... Charles poursuivit sa route, la bataille de Pultova fut l'écueil de sa fortune ...".
supplément, t. 3, S. 143

(5) "La noblesse polonoise avoit laissé Auguste s'engager dans cette guerre, résolue de partager avec lui le fruit de ses victoires, et de lui laisser porter seul le fardeau de ses disgraces ... Dès qu'on le vit malheureux et vaincu, on déclara que cette guerre étoit étrangère aux intérêts de la république; qu'il falloit fermer aux Saxons l'entrée de la Pologne ...
Digne rival de Stanislas, ce fut un prince doux, humain, sans faste dans les succes, sans bassesse dans l'adversité, courageux, mais peu actif, plus fait pour gouverner des états que pour les conquérir. Ses peuples auroient été heureux s'il l'eût été lui-même, il pardonna à ses ennemis et même à Stanislas."
supplément, t. 3, 1777, S. 143

(6) supplément, t. 4, S. 827, von de Sacy

(7) supplément, t. 4, S. 828

Seite 100

(1) supplément, t. 4, S. 827

(2) supplément, t. 4, S. 827

(3) "Estats, empires, royaumes et principautés du monde" 1619, hier benutzt in der deutschen Ausgabe: "Neuve Archontologia cosmica. Das ist die Beschreibung aller Kayserthumben, Königreichen und Republicken der ganzen Welt", Frankfurt 1638;
Martin, a.a.O., Bd. I, S. 208 meint:
"une énorme compilation, nouvelle venue, les Etats [...] d'un gentilhomme de la Chambre du Roi, Davity, est désormais sans cesse réimprimé sous des diverses formes."
In einer Anmerkung nennt er [Anm. 54] die Drucke: 1619, 1624, 1637, 1643, 1655, 1660. D'Avity erscheint in 66 verschiedenen Bibliotheken. Martin, a.a.O., Bd. I, S. 513
Vgl. auch: Catalogus librorum qui prostant apud Joannem Ascisson, Paris um 1700. S. 21; Catalogue de Livres de la Bibliothèque de deffunt M. de la Lande, Professeur en droit ... Paris, um 1700, S. 2
In den anderen Katalogen: Catalogue des livres de Mrs. D.B. et C., Nr. 88, 100, 209.
Catalogue des Bibliothèques de deffunts Mrs. D.F. et D.M. Nr. 337
Pierre d'Avity, 1573 - 1635

(4) unter anderem Stiche von Krakau, Warschau, Moskau, vom Kreml, von Kleidung, Kirchen und Bräuchen. Die Karten von Rußland und Moskau sind nach Angaben von Olearius gefertigt. "La galérie agréable du monde" ... Leyden Pierre Vanderaa o.J. Partie: Pologne, Prusse, Courlande et Moscovie; als Erscheinungsjahr wird um 1700 angegeben. Dieses Datum läßt sich für den hier betrachteten Teil der Sammlung nicht halten. Aus dem Text über "Moscovie" geht hervor, daß Peter I. bereits gestorben ist, zumin-

dest dieser Teil des Werkes muß nach 1725 erschienen sein.
(5) D'Avity, a.a.O., S. 323-337
(6) D'Avity, a.a.O., S. 357-365
(7) D'Avity, a.a.O., S. 363

Seite 101

(1) Dieses Urteil - wie auch andere des Verfassers - gründet sich auf Berichte aus dem 16. Jahrhundert. Für das 18. Jahrhundert gilt die Feststellung nicht mehr. Trotzdem haben Informationen dieser Art auch noch in den folgenden Jahrzehnten nachgewirkt.
(2) D'Avity, a.a.O., S. 326 f.
(3) D'Avity, a.a.O., S. 329
(4) D'Avity, a.a.O., S. 328
(5) D'Avity, a.a.O., S. 328
(6) D'Avity, a.a.O., S. 333
(7) D'Avity, a.a.O., S. 328: "Man kan von den Polen insgemein sagen, daß sie mehr Verschwender seyen/ als freygebig/ denn sie wenden gar zu viel auff Gastereyen/ und halten zu viel Knecht und Diener." An anderer Stelle [S. 331] merkt D'Avity an, daß besonders auf Landtagen viel Geld für Prunk ausgegeben wurde.
(8) D'Avity, a.a.O., S. 330
Das erhandelte Geld wird ausgegeben für schöne Stoffe, Wein, Zucker und Gewürze
(9) D'Avity, a.a.O., S. 328
(10) D'Avity, a.a.O., S. 328
(11) D'Avity, a.a.O., S. 331
(12) D'Avity, a.a.O., S. 332
(13) "ob nun wol die Polnische Cron bloß an der Stände Wahl henget/ findet man doch kein Exempel: daß sie des Königs Kinder oder nechste Agnaten übergangen ... dann sie halten die Königliche Kinder in große Ehren ..."
D'Avity, a.a.O., S. 332
Hier gilt ebenfalls, daß der Verfasser die Zustände bis Ende des 16. Jahrhunderts, Anfang des 17. Jahrhunderts zugrunde legt.

Seite 102

(1) D'Avity, a.a.O., S. 333
(2) D'Avity, a.a.O., S. 336-337
(3) D'Avity, a.a.O., S. 359, 361
(4) D'Avity, a.a.O., S. 358
(5) D'Avity, a.a.O., S. 360. Als Beispiel führt D'Avity an: Einer trägt sein Hab und Gut einem anderen ins Haus und klagt ihn dann des Diebstahls an.
(6) D'Avity, a.a.O., S. 360/361
Vgl. Herberstein, a.a.O., S. 75 über Novgorod: "Gentem quoque humanissimam ac honestam habebat: sed que nunc proculdubio peste Moscovitica quam eo commeantes Mosci secum invexerunt, corruptissima est."
(7) D'Avity, a.a.O., S. 360

Seite 103

(1) D'Avity, a.a.O., S. 361
Vgl. Herberstein, a.a.O., S. 17, S. 15, S. 49
(2) D'Avity, a.a.O., S. 364
(3) ebda.
Vgl. Herberstein, a.a.O., S. 15
(4) D'Avity, a.a.O., S. 362
(5) D'Avity, a.a.O., S. 360
(6) D'Avity, a.a.O., S. 363
(7) D'Avity, a.a.O., S. 364/ 365
(8) Galérie, S. 8-13
(9) Hervorhebung im Artikel, S. 11.
Neuerdings habe sich diese Aversion zwischen Griechisch-Orthodoxen und Katholiken allerdings etwas gelegt.
(10) Vgl. Herberstein, a.a.O., S. 40
(11) Galérie, S. 12; auch für das Vorhergehende und das Folgende

Seite 104

(1) "qu'on nomme le Passeport des morts Moscovites". ebda.
(2) ungefährer Wortlaut abgedruckt Galérie, S. 12/ 13
(3) Diese Beobachtung über eine Art"Paß" wird von vielen Autoren gemacht. Sie findet sich z.B. bei:
Perry, II, 455 ff.
Mayerberg, a.a.O., S. 184
Korb, a.a.O., S. 187
Levesque dagegen meint, es handele sich um ein Gebet, n i c h t um einen Paß.[Bd. IV, S. 6] Notare hat es in Rußland nicht gegeben, und die Behauptung, der Patriarch habe solche "Pässe" ausgegeben, ist angesichts der Realitäten mehr als unwahrscheinlich.
(4) Galérie, S. 12 auch das folgende
(5) "le défunt Tzar Pierre le Grand"
(6) Galérie, S. 11: "Ils sont si enclins pour gagner quelque chose, que l'emploi de bourreau n'étoit pas ignominieux chez eux: la charge est venale, lorsqu'elle vaque, et elle est d'un três gros revenu ."
(7) Galérie, S. 11

Seite 105

(1) Galérie, S. 10; als Beispiel führt er einige übliche Redewendungen an: "A Dieu ne plaise, ni au Grand Czar"; "Dieu nous en garde et le Grand Czar"; "Cela n'apartient qu'à Dieu et au Grand Czar"; "La volonté de Dieu et du Grand Duc est immuable."
(2) Galérie, S. 10; dabei beruft er sich auf den Engländer Henry William Ludolf im Vorwort seiner russischen Grammatik.
(3) Galérie, S. 10
(4) "La Moscovie, ou la Grande Russie ...C'est la Region de l'Europe la plus Orientale et la plus étendue." S. 8; ..." est la plus grande Region de toute l'Europe, dont

les deux tiers sont couverts de neige presque toute l'année ... les Etats de la Grande Russie [sont] d'une si grande et vaste étendue qu'on pourroit dire, qu'ils renferment seule autant de pais, que l'autre moitié de l'Europe." ; S. 10

(5) Vgl. auch Moréri, Bd. III, S. 570

(6) Galérie, S. 10

(7) Galérie, S. 8
St. Petersburg wird in dieser Aufzählung überhaupt nicht erwähnt, obwohl aus dem übrigen Text hervorgeht, daß dieser Teil n a c h 1725 gedruckt sein muß. Entweder wurde dieser Artikel einfach aus älteren Beschreibungen zusammengestellt, in denen St. Petersburg noch nicht existierte, - dann wären die Erwähnungen Peters im Nachhinein eingefügt worden - oder man bezieht sich auf die Zeit Peters II., der Moskau zu seiner Residenz machte. In Anbetracht der ausführlichen Schilderungen das alte Rußland betreffend und der Übernahme eines großen Teils auch der alten (Vor-) Urteile über die Moskoviter würden wir der ersten Überlegung den Vorzug geben.

(8) wegen seiner großen Salinen, die er ausführlich beschreibt

(9) Galérie, vgl. die Seiten 1, 2, 5, 8

Seite 106

(1) Galérie, S. 4/ 5

(2) Galérie, S. 5

(3) "Lorsque le prêtre ... commence à lire l'Evangile, les Gentilshommes doivent tirer leurs sabres ou épées à demi hors du foureau ..., pour marquer qu'ils sont fort zelez et toujours prêts à défendre l'Evangile au dépens de leur sang et bien."
Diese Beobachtung wird auch von anderen Autoren mitgeteilt: noch Pimpie de Solignac (1751) schreibt, daß der Brauch bei ältern Polen noch existiere.
Pimpie de Solignac, I, S. 51
Er erwähnt auch die Bestimmungen des Papstes bezüglich der Haartracht der Polen. S. 4

(4) "Les Polonois aiment beaucoup l'argent, et il n'y a point de soumission qu'ils ne fassent pour l'emprunter; cependant quant on les connoit, on ne leur en donne qu'autant qu'on veut perdre. Car ce n'est pas là leur coûtume de rendre ce qu'ils ont emprunté...". S. 4

(5) "Presque tous les Polonois sont adonnez à l'Amour, à l'ivrognerie et aux querelles ...". S. 4

(6) Vgl. den Abschnitt über de Tende, weiter unten S. 107 ff. Besonders S. 109 f.

(7) Galérie, S. 3/ 4

(8) Galérie, S. 3 auch das folgende

(9) Der Verfasser schreibt: "La Pologne est gouvernée par la confusion", nicht "anarchie"

(10) er sagt einmal "Causes de la ruine de cette republique" und einmal "Il y a 7 choses qui avancent la perte de cette Couronne ..."
Galérie, S. 3

(11) Diese Ursachen, die der Verfasser hier aufzählt, beziehen sich zu einem großen Teil auf das 17. Jahrhundert. (Kriege mit Schweden,1655-1660; den Moskovitern, 1655-1667; den Kosaken, 1648-1654/55; auch die häufigen Konföderationen).
Innere Zwietracht ist auch im 18. Jahrhundert noch ein wesentliches Merkmal der polnischen pplitischen Szene.

Seite 107

(1) Der Rokosz ist eine gegen den König gerichtete Konföderation.
"Rokosz wurde zum Synonym für Aufstand gegen die Staatsgewalt."
Bardach, a.a.O., Bd. II, 123, 295
Vgl. auch Pimpie de Solignac, a.a.O., Bd. III, S. 269: "Ce n'est que contre le Roi, ou contre le Sênat, et dans des cas extrêmes, que l'ordre êquestre forme une pareille Confêdêration."
(2) Vgl. den Abschnitt über de Tende, weiter unten S. 108 f.
(3) Z.B. der Abschnitt über das Geld, s.o.S. 106; "les Polonois aiment fort l'argent et il n'y a point de soumission qu'ils ne fassent á ceux á qui ils èn demandent," S. 251, S. 252; so auch der Bericht über die Bestrafung eines Bediensteten sofern von Adel: Galêrie, S. 3, bei de Tende S. 268; und die Bräuche beim Essen, s.o. S.106, bei de Tende S. 280; oder die Beschäftigung der einfachen Adligen, s.o.S. 106, bei de Tende S. 269; auch die Stellung des Königs in Bezug auf den Adel, s.o.S. 106, bei de Tende S. 114/ 115 und noch andere Stellen.
(4) Vgl. Szarota, a.a.O., Autorennachweis
(5) Immerhin widmet de Tende den Bauern und ihrer Lage fast 4 Seiten - mehr als manch anderer Autor. Über Bürger/ Stadtbewohner wird fast nichts berichtet.

Seite 108

(1) de Tende, a.a.O., S. 251-253
(2) de Tende, a.a.O., S. 256
(3) de Tende, a.a.O., S. 257
(4) de Tende, a.a.O., S. 259
(5) de Tende, a.a.O., S. 258/ 259: "Les Polonois souffrent la perte de leurs biens et toutes les disgraces avec tant de constance qu'ils paroissent insensibles ..." "Ils sont (si) peu tendres ...", S. 259
(6) de Tende, a.a.O., S. 260
(7) de Tende, a.a.O., S. 222-232

Seite 109

(1) de Tende, a.a.O., S. 222
(2) de Tende, a.a.O., S. 224: "Les Gentils-Hommes qui doivent aller á l'armêe, employent la meilleure partie de leur bien en belles armes, en beaux chevaux, en beaux habits, et en une grande suite de valets. Et comme leur

bien ne suffit pas pour faire cette excessive dêpense, et qu'on ne leur donne aucun payement que long-tems aprês; ils cherchent aussi dans l'oppression du peuple dequoy fournir à tout ce luxe, et à tous ces excês."

(3) de Tende, S. 231

(4) "Lorsqu'on lève les troupes en Pologne, les capitaines ne rançonnent pas seulement les lieux où ils les lèvent, mais ils donnent peu de chose aux soldats et leur retiennent ce que la republique leur a fait distribuer, trouvant toûjours assês de moyens injustes de ne leur rendre pas ce qu'ils ont receu pour eux. Ce qui fait que les soldats se portent plus cruellement et plus impunément au pillage, sans que les officiers osent les empescher parce qu'ils leur montrent eux mesmes ce mauvais exemple."
de Tende, S. 225

(5) de Tende, a.a.O., S. 226
Die Soldaten leben von Kohl, Wurzeln, Waldfrüchten und Pferdefleisch; sie bekommen kein Brot.

(6) de Tende, a.a.O., S. 227/ 228

(7) de Tende, a.a.O., S. 225

(8) de Tende, a.a.O., S. 226

(9) de Tende, a.a.O., S. 232

(10) de Tende, a.a.O., S. 264

(11) "Mais ils [les ordres] sont ni reglés ni modestes. Ils vont boire dans les caves qui sont les cabarets du pays."
de Tende, a.a.O., S. 263

(12) de Tende, a.a.O., S. 264
Vgl. Le Laboureur, Jean: Histoire et Relation du Voyage de la Royne de Pologne, Paris 1648, 2 Teile, hier: Teil I, S. 208

(13) de Tende, a.a.O., S. 268
Vgl. Le Laboureur, a.a.O., II, S. 107

(14) Immer wieder stellt er fest, daß der Konsum von Wein ganz außerordentlich groß ist, ja, daß man auf Beerdigungen sogar die Geistlichen betrunken macht. Beim Begräbnis eines Adligen tragen drei Ritter die Waffen des Verstorbenen mit sich und zerbrechen sie nach dem Gottesdienst in der Kirche.
"Ceux qui portoient les armes du mort viennent à cheval dans l'Eglise et courant à toute bride, vont rompre les armes du défunt; qu'est ensuite enterré."
de Tende, a.a.O., S. 273

Seite 110

(1) de Tende, a.a.O., S. 274-282

(2) de Tende, a.a.O., S. 284-287

(3) de Tende, a.a.O., S. 241

(4) de Tende, a.a.O., vgl. S. 242-245

(5) "Mais ils ne sont point ménagers, et ne se mettent guere en peine d'augmenter leur revenu."
de Tende, a.a.O., S. 246

(6) de Tende, a.a.O., S. 251

(7) de Tende, a.a.O., S. 5-17; u.a. berichtet er über die

Auseinandersetzungen mit dem Deutschen Orden.

Seite 111

(1) de Tende, a.a.O., S. 98-100
(2) de Tende, a.a.O., S. 98-101
(3) de Tende, a.a.O., S. 101
(4) Kap. 7 Du Roy S. 102-122; Kap. 8 Du Sênat en gênêral S. 123-124; Kap. 9 Du Sênat en particulier: les êvêques S. 125-136; Kap. 10 Des Palatins, Castellans, officiers Senateurs S. 137-145; Kap. 11 L'ordre de la Noblesse S. 145-153.
Einen historischen Abriß gibt de Tende im Zusammenhang mit der Thronfolge Jadwigas [S. 105-107]. Er rechtfertigt diesen langen Einschub mit der Absicht zu zeigen, daß die Polen trotz freier Königswahl immer einen Angehörigen des königlichen Geschlechts gewählt haben. [S. 108, S. 109 Beispiel: Stefan Bathory] Stefan Bathory mußte die Tochter König Sigismunds I. heiraten. Vgl. Rhode, a.a.O., S. 250
(5) Die Polen seien so neidisch und eifersüchtig auf Fremde, daß sie es nicht leiden könnten, wenn der König Fremde auszeichnen wolle [S. 102]. Auch an anderen Stellen wird auf diese Abneigung des polnischen Adels gegen Ausländer hingewiesen [S. 104] mit dem Bemerken, daß man Angst habe, dadurch werde die Macht des Königs gestärkt.
(6) de Tende, a.a.O., S. 103
(7) de Tende, a.a.O., S. 104
(8) de Tende, a.a.O., S. 120
(9) de Tende, a.a.O., S. 122
(10) de Tende, a.a.O., S. 120/ 121
(11) de Tende, a.a.O., S. 115
(12) de Tende, a.a.O., S. 123
(13) de Tende, a.a.O., S. 122
(14) de Tende, a.a.O., S. 137-144
(15) de Tende, a.a.O., Kap. 9, S. 124-136

Seite 112

(1) de Tende, a.a.O., S. 127
(2) de Tende, a.a.O., S. 17
(3) de Tende, a.a.O., S. 148
(4) de Tende, a.a.O., S. 149, vgl. auch S. 260
(5) de Tende, a.a.O., S. 150
(6) de Tende, a.a.O., S. 153
(7) de Tende, a.a.O., S. 161

Seite 113

(1) de Tende, a.a.O., S. 157
(2) de Tende, a.a.O., S. 165
"La Noblesse n'y eut pas son suffrage libre."
(3) de Tende, a.a.O., S. 166 [Hervorhebungen von der Verfasserin]
(4) de Tende, a.a.O., vgl. S. 180: "La Noblesse est si opi-

niâtre à vouloir ses privilèges, que quand le Roy la [=Diète] veut prolonger, mesme pour des raisons tres importantes au bien de l'Estat, les Nonces s'y opposent hautement ..."; und S. 176: "Car il y a si peu de Nonces qui prennent part aux veritables interests de la republique, qu'à peine en trouveroit-on un à l'épreuve de deux mille écus. Ainsi non seulement la Cour peut avec de l'argent obtenir tout ce qu'elle désire, ou faire rompre une diète... Mais les voisins et les ennemis peuvent par ce moyen avoir le mesme avantage ..."

(5) de Tende, a.a.O., S. 174

(6) de Tende, a.a.O., S. 177

(7) de Tende, a.a.O., S. 172/ 173

(8) de Tende, a.a.O., S. 174 ff., S. 180 ff., S. 197: pacta conventa: "qui est proprement une capitulation qu'ils font avec le nouveau Roy pour l'obliger à garder tous les droits, et les immunités de la république." Er nennt u.a. das Verbot, die Krone erblich machen zu wollen, einen Nachfolger zu designieren; das Gebot, die Freiheit der Wahl anzuerkennen, keine Soldaten einzuberufen, keinen Krieg zu führen, keine Truppen ins Land zu holen ohne Einwilligung der Republik, etc. S. 98-201

(9) "Et comme en Pologne la bonne chere et principalement le bon vin contribue le plus après l'argent, au succès de tout ce qu'on veut faire, j'ose dire aussi que les Ambassadeurs doivent prendre grand soin de bien traiter les Polonois et mesme de les faire boire jusques à les enivrer."
de Tende, a.a.O., S. 187, vgl. auch S. 188

(10) vgl. Szarota, Autorennachweis; Chavagnacs Mémoiren wurden 1699 in Besançon veröffentlicht, 1700 erschien eine verbesserte Auflage in Paris, 1701 in Amsterdam; hier von Bedeutung der 2. Band: "Mémoires de Gaspard comte de Chavagnac"; 1699 Besançon

(11) "nous y étions accablés, pour ne pas dire visités, de la petite Noblesse de Pologne, naturellement sujette au vin: leur importunité nous obligea à prier le cadet du Comte d'Angel de tenir une table pour eux..."
Chavagnac, II, S. 10

(12) Die Übersetzung von "honnête homme" im Sinne des 17., auch noch des 18. Jahrhunderts, bietet Schwierigkeiten. Der Begriff kennzeichnet einen Mann mit Takt, gesellschaftlichen Qualitäten, guten Sitten, Pflichtbewußtsein und Respekt vor der Ordnung und Schicklichkeit. Vgl. Encyclopédie, Bd. 8, 1765, S. 286

Seite 114

(1) Chavagnac, II, S. 11

(2) Chavagnac, II, S. 14 f.

(3) Chavagnac, II, S. 27 ff.

(4) "Mémoires du Chevalier de Beaujeu contenant ses divers voyages, tant en Pologne, en Allemagne, qu'en Hongrie, avec des Relations particulières des Affaires de ces Pays-là, depuis l'année 1679, Amsterdam 1700 [2. Auflage].

(5) Er war allerdings etwas später, zur Zeit Jan Sobieskis, Sekretär der Königin, Abgesandter mit besonderen Aufträgen, begleitete den König nach Wien, geriet in türkische Gefangenschaft, 1686 kehrte er nach Frankreich zurück.
Vgl. Szarota, a.a.O., Autorennachweis
(6) Dalerac, Mémoires, S. 85
(7) Dalerac, Mémoires, S. 89-96
(8) Dalerac, Mémoires, S. 100/ 101

Seite 115

(1) Dalerac, Mémoires, S. 138/ 139; vgl. auch S. 189
(2) Dalerac, Mémoires, S. 140-143
Er nennt diese Karczmas "Hostelleries sauvages"[S. 141] "tout le monde se loge là pesle-mesle...ce qu'il y a de plus singulier, c'est que tout voyageur, sans distinction d'estat et de qualité, entre dans ces maisons, et s'y loge ..." S. 141; S. 142: "La puanteur des chambres, la malpropreté du lieu, le voisinage de la vache, du veau, des poules, des petits enfants, qui y sont peslemesle avec le voyageur..." vgl. auch de Tende, a.a.O., S. 284-287
(3) Dalerac, Mémoires, S. 143
(4) Eine mehr oder weniger zusammenhängende Schilderung des polnisch-schwedischen Krieges 1655-1660 gibt Dalerac im Anschluß an die Beschreibung Olivas
Mémoires, S. 350-375; vgl. S. 432-463; über die Vorgänge um die Bildung der Liga gegen die Türken: S. 472-487
(5) Dalerac, Mémoires, S. 156 ff.
(6) Dalerac, Mémoires, S. 151
(7) Dalerac, Mémoires, S. 152 ff.
(8) Dalerac, Mémoires, S. 154: "cette affaire se décide donc à la pluralité des voix, souvent à coups de sabres qui sont les raisons du plus fort; car la petite Noblesse force quelquefois le senat et les Ministres, de consentir malgré eux à l'Election proposée."
(9) Dalerac, Mémoires, S. 198 ff.

Seite 116

(1) Dalerac, S. 201 ff.
Jan Zamoyski, 1542-1605; Kanzler unter Stefan Bathory, Befürworter der Thronfolge durch die Wasas; Einführung der Königswahl viritim; Begründer einer Akademie in Zamość 1595; Gieysztor, a.a.O., S. 190, S. 193; 196,: "highly educated humanist, shrewd politician".
(2) Dalerac, Mémoires, S. 421/ 422
(3) Dalerac, Mémoires, S. 237 f.
(4) Dalerac, Mémoires, S. 486
(5) Dalerac, Mémoires, S. 487
(6) Dalerac, Mémoires, S. 486
(7) Dalerac, Mémoires, S. 483
(8) Dalerac, Mémoires, S. 482/ 483
(9) Dalerac, Mémoires, S. 146/ 147; über Masowien berichtet

er, daß diese Provinz zwar die größte, aber auch die unfruchtbarste Polens sei. Hier finde man nur kleine Weiler und armselige Städte; kaum Einwohner, wenig Handel, keine Manufakturen, aber viel Adel und zwar armen Adel: "Noblesse, qui est reduite à servir, à cultiver la terre, à faire valoir le champ et la basse-cour; et qui ne laisse pas de conserver au travers ses haillons une fierté Espagnole, et un principe de liberté comme si c'était la postérité de l'ancien peuple Romain ... ils passent pour les plus méchans, les plus revesches [unfreundlich , mürrisch], les plus rafinés de toute la Pologne..." Er vergleicht sie mit den Gascognern und Normannen in Frankreich;
Dalerac, Mémoires, S. 210-212
Dieses Urteil über Masowien ist sehr zutreffend; vgl. Roos, a.a.O., S. 334

(10) "Les Polonois naturellement indolents et toujours divisez entr'eux..."
Dalerac, Mémoires, S. 378
"voilà jusques où va l'indolence Polonoise"
Dalerac, Mémoires, S. 382

(11) "on remarque plûtost dans cette occasion [diète générale] l'esprit d'ostentation et de faste, qui anime les Polonois, lequel ne se trouve point chez les autres Nations dans le mesme degré..."
Dalerac, Mémoires, S. 433 f., vgl. Dalerac, Mémoires, S. 456/ 458; Dalerac, Mémoires, S. 461: "comme tout est faste et ostentation en Pologne."

(12) Er weist darauf hin, daß die Juden im Königreich fast alle Geschäfte tätigen: "Le Polonois ne se tremousse de rien, ne songe qu'à vivre de ce que la nature lui fournit autour de sa maison, sans vouloir se donner le moindre soin pour faire valoir le négoce, et sans être touché d'aucune envie de profiter ...".
Dalerac, Mémoires, S. 213

(13) Dalerac, Mémoires, S. 456-463

Seite 117

(1) "Le gentilhomme campagnard...a voulu qualifier son château du mesme nom par un air de vanité assez ordinaire à la Noblesse Polonoise: ainsi par un abus bien établi, toute maison de Noble est appellé Devour [Dwór = Herrenhof] cependant la pluspart de ces maisons ainsi honorées d'un grand Titre, sont des nids à rats, des Mêtairies, des maisons des Fermiers, toutes de bois, enfermées d'une enceinte de pieux fort hauts, passez en chevaux de frise, qui font toute leur closture et leur distinction."
Dalerac, Mémoires, S. 174
An anderer Stelle schreibt er über die Festmähler: "un repas, qu'on appelleroit débauche s'ils n'estoient tous semblables en Pologne, et plustost des véritables débauches gloutonnes, que des gens de qualité."
Dalerac, Mémoires, S. 187

(2) Dalerac, Mémoires, S. 246/ 247

(3) Dalerac, Mêmoires, S. 379 f.
(4) vgl. die Schilderung des polnisch-schwedischen Krieges - Dalerac, Mêmoires, S. 354-375; darunter auch der Bericht über die Schlacht bei Warschau, 28. - 30.7.1656, S. 360-362
(5) Dalerac, Mêmoires, S. 359
(6) Dalerac, Mêmoires, S. 432
(7) vgl. hierzu die Seiten 388-411

Seite 118

(1) Er stellt z.B. das Auftreten der Senatoren aus den großen Familien dar:" un Senat composé de Seigneurs indépendants, maistres de leur destinée, traînant après eux une foule de domestiques ou pensionnaires, faisant telle dépense qu'il leur plaist, mesme des troupes sans en rendre compte à personne; on (les) voit (...) venir à la cour et au Senat avec trois ou quatre cens hommes, troupes reglées en armes, Gentilshommes à cheval qui escortent leurs carosses ..."
Dalerac, Mêmoires, S. 228
(2) "Cette assemblée [Senat] devoit decider sur la grande affaire de ce Pays qui êtoit la guerre projetée contre les Turcs, des mains desquels on vouloit ravir Kaminiec, place importante, et la seule que les Infidelles tiennent en Pologne; mais les interests particuliers diviserent si fort les esprits, que le Senat s'amusa à des disputes et à des contradictions hors de propos, et se separa sans rien conclurre."
Dalerac, Mêmoires, S. 245
(3) "cette auguste Compagnie" - Dalerac, Mêmoires, S. 206 f.
(4) Dalerac, Mêmoires, S. 207: "Marêchal de la Diète "médiateur d'entre celle-cy [la petite Noblesse] et le Senat ..."
(5) Dalerac, Mêmoires, S. 419-430
(6) Dalerac, Mêmoires, S. 452 f; auch für das folgende
(7) Dalerac, Mêmoires, S. 434; im Anschluß daran beschreibt Dalerac die Ämter der königlichen Hofhaltung.
(8) Dalerac, Mêmoires, S. 438: "sa Majesté étant assez bien gardé par la liberté de l'election, et de l'empeschement naturel où il est reduit à nuire à personne, ce qui ne luy attire point des occasions à avoir besoin d'un capitaine des Gardes: ses Peuples d'ailleurs sont trèséloignés de toute mauvaise inclination, et ont un respect infini pour la Personne Royale: cependant la République luy a donné une Garde par honneur plus que par besoin ..."
(9) Dalerac, Mêmoires, S. 208; er bringt als Beispiel die Erhebung der Armee zugunsten Sobieskis gegen König Michael
(10) Dalerac, Mêmoires, S. 480 f.

Seite 119

(1) "deux jours après sa victoire, ces Allemands soûmis, cet Empereur caché dans les bois et les montagnes, cette

Armée intimidée de la seule veue d'un Turban, méconnaissant celuy qu'ils appeloient auparavant leur Saveur ... luy refusent le fruit de ses travaux et les marques de sa victoire."
Dalerac, Mémoires, S. 487

(2) Dalerac, Mémoires, S. 183

(3) Dalerac, Mémoires, S. 183

(4) Dalerac, Mémoires, S. 185: "c'est une suite malheureuse de l'ignorance des Pasteurs, qui scavent lire et écrire, et un peu de Latin au plus, comme le moindre Polonois, et en effet du peu de charité des Evesques qui ne font jamais visite: outre qu'il y a une infinité de villages sans Curez, des hameaux, des Cartchemans éloignez de tout commerce d'Eglise, où les gens vivent sans instructions, sans Sacrements, sans pastures spirituelles, comme des bestes ou des idolatres: de sorte qu c'est un miracle continuel de la grace du Seigneur, de conserver ainsi la Religion Catholique et la pureté de la Foy de l'Eglise Romaine, au milieu de cette indolence où vivent les Polonois..."

(5) Dalerac, Mémoires, S. 187

(6) Dalerac, Mémoires, S. 188

(7) "par une dispense particuliere, l'Eglise de Pologne déroge à la maxime fondamentale d'Eglise universelle qui abhorre le sang...car le President ni les Deputez Prestres ne s'abstiennent point des causes criminelles."
Dalerac, Mémoires, S. 207

(8) de Tende, a.a.O., S. 118

(9) "leurs toits couverts de chaume, ou de planches, mal rangées, tous enfumés et noircis, à cause que les cheminées n'ont point d'autres tuyaux que les trous et les fentes de la chambre; les murailles qui sont quelquefois de branchages comme des Clayes; enfin le fumier, la boue sous laquelle les villages sont enterrez ..."
S. 175

(10) Er nennt ausdrücklich Böhmen, S. 177: "ou le Seigneur les vend et les troque comme des chevaux."
Mémoires, S. 175-177 [in Polen] "Ils sont chaussés et nourris pour rien, les bois sont à l'abandon, leurs maisons ont un potager bien entrenu, ils font un grand nourissage de basse-cour et ont toujours cinq ou six pots à leur feu; ils sont exempts de maltôte et de toute contribution, ne payant qu'un leger tribut à leur Gentilhomme en guise de taille, avec les corvées de leur travaux trois ou quatre jours de la semaine, après quoy ils jouissent de leur bien, de leur héritage, de leur bassecour."

(11) Dalerac, Mémoires, S. 177-179

Seite 120

(1) "Voyages historiques de l'Europe" Tome VIII, Qui traite du Gouvernement, et de ce qu'il y a de plus curieux en Pologne et en Lithuanie, 1701; der Verfasser wird Monsieur de B.F. genannt.

Claude Jordan ist nur ein Kompilator, der noch nicht einmal seine Quellen nennt. 1692-1700 sind seine "Voyages" in 8 Bänden erschienen.
1695-1702 Paris,
1698 La Haye,
1704 Bruxelles,
1718 Amsterdam,
1721 Paris
Vgl. Adelung I, S. 40/ 41

(2) Voyages, Bd. VIII, Kap. III, S. 27-41

(3) Voyages, Bd. VIII, S. 42-66

(4) Voyages, VIII: "Les Polonois en général aiment beaucoup l'argent... car comme il n'y a point de soûmission qu'ils ne fassent pour l'emprunter ...", S. 37; de Tende: "Les Polonois aiment fort l'argent et il n'y a point de soûmission qu'ils ne fassent à ceux à qui ils en demandent...", S. 251

(5) Voyages VIII: "Le faste est si grand en Pologne, que les Dames ne sortent qu'en carosse à six chevaux...", S. 38; de Tende wörtlich so S. 256

(6) Voyages VIII:"Ces Dames sont très sages,et très vertueuses, ne sont point sujettes à la coquetterie ...", S. 39; de Tende wörtlich so S. 257

(7) Voyages VIII, S. 40; de Tende S. 257, 258 wörtlich

(8) Voyages VIII, S. 48; de Tende S. 255/ 256

(9) Voyages VIII, S. 57; de Tende S. 280

(10) Voyages VIII, S. 58-62; de Tende S. 270-274

(11) Voyages VIII, S. 46-50; de Tende S. 274-279

(12) "car pleins d'amour d'eux-mêmes, ils méprisent tout ce qui n'est pas conforme à leurs usages."
Voyages VIII, S. 29; vgl. auch S. 28

(13) Voyages VIII, S. 5-11

(14) Der Berichterstatter bezieht sich hier einmal auf D'Avity (!) und zum anderen auf einen anderen Reisenden, der sich sehr lange in Polen aufgehalten habe. [S. 67] Es könnte sein, daß er hier auf de Tende anspielt, der in seinem Kapitel: "Des biens de la Pologne" in ähnlichen Worten und in ähnlichem Aufbau des Kapitels über die Einnahmen des Königs berichtet;
Vgl. de Tende, S. 236-240; Voyages VIII, S. 68-72
Bei beiden schließt sich dann die Beschreibung der bäuerlichen Lage an; Voyages VIII: "Quand aux biens patrimoniaux ... ils consistent ... principalement en Paisans", S. 72/73; de Tende: "biens patrimoniaux ... principalement en paysans.", S. 240
Bei beiden heißt es dann: "un gentilhomme n'est riche que par le grand nombre de paysans qu'il a ...".

(15) Voyages VIII, S. 68/ 69

(16) vgl. Voyages S. 72-76; de Tende S. 240-243; vgl. dazu auch Dalerac, Mêmoires, S. 175-177, der das Los der Bauern als erträglich schildert, abgesehen von Übergriffen, die es überall gebe.

(17) Voyages VIII, S. 75

(18) "cette Noblesse...s'estime plus que les Princes d'Allemagne". Voyages VIII, S. 81

(19) Voyages VIII, S. 82 f.

Seite 121

(1) "négligence ou fainéantise des Curez"
Voyages VIII, S. 134
(2) Voyages VIII, S. 134/ 135
Dieser Autor erzählt auch den Brauch, daß die Adligen früher beim Verlesen des Evangeliums ihre Säbel halb zogen, um ihren Eifer für die Religion zu bezeugen - zum jetzigen Zeitpunkt werde dies nicht mehr getan, da Polen wieder fast gänzlich katholisch sei. Bei der Erhebung des Sakraments gäben sich die Gottesdienstbesucher Ohrfeigen und schlügen mit den Köpfen gegen die Bänke.
Voyages VIII, S. 136
(3) Voyages VIII, S. 137/ 138
(4) Voyages VIII, S. 140
(5) Voyages VIII, S. 142/ 143
(6) Voyages VIII, S. 146
(7) Voyages VIII, S. 145
(8) Voyages VIII, S. 148
(9) der Verfasser schreibt: "Les brouilleries ne menaçoient pas moins qu'une guerre Civile, qui auroit déchiré le Royaume, et porté sans doute le carnage chez leurs voisins, q u i a u r o i e n t é t é c o m m e f o r c e z d e p r e n d r e p a r t i d a n s c e t t e q u é r e l l e." [Hervorhebung von der Verfasserin]
Voyages VIII, S. 193/ 194
(10) Voyages VIII, S. 229/ 230

Seite 122

(1) hier benutzt in der Ausgabe von 1750; Les oeuvres de Monsieur Regnard, nouvelle edition, Paris 1750, Voyage de Pologne et d'Allemagne
(2) Regnard, a.a.O., S. 218
(3) Regnard, a.a.O., S. 252
(4) Regnard, a.a.O., S. 234
(5) Regnard, a.a.O., S. 240
(6) Regnard, a.a.O., S. 361
(7) Regnard, a.a.O., S. 234
(8) Regnard, a.a.O., S. 233
(9) Regnard, a.a.O., S. 218/ 219
(10) Regnard, a.a.O., S. 226
(11) Regnard, a.a.O., S. 225
(12) Regnard, a.a.O., S. 228
(13) Regnard, a.a.O., S. 225
(14) "... ils ont voulu bannir la lumière de leur assemblée pour y augmenter d'avantage la confusion, si elle peut être plus grande..."
Regnard, a.a.O., S. 229

Seite 123

(1) Abbé Chappe d'Auteroche, Voyage en Sibérie fait par ordre du roi en 1761, Paris 1768; S. 10-13
(2) Chappe, a.a.O., S. 12
(3) Chappe, a.a.O., S. 11
(4) Chappe, a.a.O., S. 13 ff.
(5) 1728-1810; politischer Agent Ludwigs XV; gehörte dem "Secret" an; zwei Aufenthalte in Petersburg [Botschaftssekretär] ; Adjutant des Marschalls und des Grafen Broglie; Aufenthalt in England - als chargé d'Affaires
(6) Fr. Aug. Thesby de Belcourt, französischer Offizier; tritt 1769 in die Dienste der Konföderation von Krakau; wird von den Russen gefangen genommen und nach Sibirien gebracht; nach mehreren Jahren freigelassen.
(7) Graf Michal Ogiński, Großhetman von Litauen, Führer des Aufstandes gegen die Russen im Sommer 1771; später Angehöriger der "patriotischen Partei", welche mit Hilfe Preußens sich vom russischen Druck befreien wollte [1790] .
(8) mit dem 5. Band, der sich mit Rußland auseinandersetzt, werden wir uns an anderer Stelle beschäftigen.
(9) Amsterdam 1774
(10) "un ouvrage qui ne doit donner qu'une idée générale de la Pologne", D'Eon I, S. 197
(11) Er zitiert Bizardière und Massuet, die er als "historiens" bezeichnet. I, S. 146 - Beiden Autoren werden wir noch an anderer Stelle begegnen.
Vgl. weiter unten 211 f., 214 f.
(12) D'Eon, I, S. 242-248

Seite 124

(1) D'Eon, I, S. 244
(2) D'Eon, I, S. 245 - er fährt fort: "Vraisemblablement le lendemain d'un pareil étalage doit être quelquefois fort triste pour son auteur: mais l'usage prévaut, la raison et les frayeurs de l'indigence n'opposent que de foibles barrières au luxe et à la prodigalité."
(3) D'Eon, I, S. 246

Seite 125

(1) D'Eon, I, S. 187
(2) "Il faut pourtant obeserver que ce qui paroit tumultueux et scandaleux dans les débats de la chambre des nonces, n'est souvent en effet qu'un tour d'adresse et de politique. Un homme habile jette en avant quelque idée d'une proposition, dont il sent que le succès est douteux, mais qu'il a pourtant résolu de faire passer à un consentement unanime. La manière dont la chose est reçue lui fait connoître aisément les diverses opinions des uns et des autres: alors voyant les oppositions ... il gagne du tems pour disposer sous mains les esprits à entrer dans son systême..."

D'Eon, I, S. 28
[Hervorhebungen von der Verfasserin]
(3) D'Eon, I, S. 85
(4) D'Eon, I, S. 114
(5) D'Eon, I, S. 113
(6) D'Eon, I, S. 197-217
(7) D'Eon, I, S. 197
(8) D'Eon, I, S. 198
(9) D'Eon, I, S. 198/ 199
(10) D'Eon, I, S. 200

Seite 126

(1) "... tellement que l'argent qui rentre ne sauroit plus être balancé avec celui qui sort. De-là il suit que l'idée d'augmenter les troupes, par le moyen d'une nouvelle contribution, effraie également les grands seigneurs qui ne songent qu'à vivre avec éclat, et les simples gentils-hommes qui souvent n'ont guère de quoi subsister."
D'Eon, I, S. 200/ 201
(2) D'Eon, I, S. 201
(3) D'Eon führt diesen Gedanken noch weiter aus: "... ces dernières savent trop bien que, si la république pouvoit s'arranger, et mettre à profit ses forces naturelles, elle deviendroit bientôt aussi formidable que respectable. C'est-là l'origine de la rupture de tant de diettes; c'est-là ce qui rend presque toujours inutiles les sages efforts des vrais patriotes."
D'Eon, I, S. 202
(4) S. 202:"par un funeste (!) attachement à leur anciennes coutumes, les Polonois s'arment et font la guerre aujourd'hui, comme leurs ancêtres la faisoient il y a deux siècles...".
(5) D'Eon, I, S. 205
(6) D'Eon übersetzt mit "camarades"
(7) "Elles [ces compagnies] forment une excellente cavalerie, sur-tout pour les coups de main où il faut de la vivacité."
D'Eon, I, S. 206
(8) D'Eon, I, S. 208
(9) D'Eon, I, S. 211
(10) "Une multitude si prodigieuse et naturellement si brave devroit faire des merveilles...cette même multitude, en se voyant sous les armes, s'enorgueillit de ses forces et prend des sentimens audacieux contre le roi et contre le senat. C'est ainsi que l'esprit de mutinerie fait souvent evanouir l'idée de bien public. De plus, quoique le pays soit si abondant qu'il suffiroit pour nourrir trois ou quatre fois plus d'habitans qu'il n'y en a, l'arrière-ban se trouve ordinairement affamé au bout de quelques jours, parce que les magasins et l'administration des vivres y sont des choses presque inconnues. Le cavalier et le fantassin consument bien vîte les provisions qu'ils ont apportés. N'ayant alors plus rien,

chacun pille à droite et à gauche..." S. 215

(11) er meint u.a. die weitgehende Straflosigkeit des Adels; die Notwendigkeit, häufig selber sein Recht mit der Waffe in der Hand suchen zu müssen.
D'Eon, I, S. 187-189; über die polnischen Gesetze im allgemeinen, S. 186-189

Seite 127

(1) D'Eon, I, S. 144

(2) D'Eon gibt hier eine Art "Gebrauchsanweisung", wie man die Wähler auf seine Seite bringen könne: "Lier les parties de bonne heure dans l'intérieur du pays, négocier sagement avec les puissances voisines, faire des largesses qui nourissent l'espérance sans assouvir la cupidité, montrer constamment un air affable, tenir table ouverte, prodiguer le vin d'Hongrie, voilà les vrais ressorts qui font bien tourner une élection."
D'Eon, I, S. 146

(3) D'Eon, I, S. 233 ff.

(4) D'Eon, I, S. 234

(5) D'Eon, I, S. 235

(6) vgl. oben S. 125 f.

(7) préface de l'editeur

(8) Thesby, a.a.O., S. 11/ 12

(9) Thesby, S. 15

(10) Thesby, S. 17

(11) Thesby, S. 17

(12) "Les Polonois étoient dans les circonstances les plus favorables pour se distinguer ...", S. 18
"... ils auroient pu entretenir avec succès quelques opérations militaires.", S. 15

(13) "Aussi dois-je rendre aux Polonois la justice qui leur est due: ils sont braves et courageux...", S. 16; und später: "On formeroit la plus belle et la meilleure cavalerie avec la nation polonoise; car ils sont excellents pour cela...", S. 262; "Le Polonois est par lui-même très brave, surtout quand il a confiance dans son chef...", S. 260

Seite 128

(1) Thesby, S. 15

(2) S. 16; vgl. auch S. 18: "On eût dit qu'ils n'avoient pas l'ombre des principes de la guerre."

(3) Thesby, S. 18

(4) Thesby, S. 19

(5) "je l'y [la troupe à Zator] trouvai dans la plus grande détresse, sans tentes, sans marmites, sans haches pour couper du bois, sans habits et sans pain...", S. 21; "[ma troupe] n'étoit même encore ni habillée, ni armée et que le plus grand nombre étoit hors d'état de tenir la campagne ...", S. 20; "Sitôt que quelques Officiers françois les eurent joints, ils [les Polonois] se fortifierent à la barbe de Russe ... où ils se sont tenus...",

S. 18; "Tout bien conduit, on auroit pu faire quelque chose de bon..."; "S'ils eussent agi de concert et en bonne union... ... mais le corps de troupes qui étoit dans la ville sembloit être en guerre ouverte avec celui des fauxbourgs. On eût dit à leur conduite qu'ils étoient de deux partis opposés.", S. 16

(6) "Ils [les Polonois] avoient affaire à des ennemis, qui, ce semble, n'étoient en Pologne que pour piller, ravager et commettre les barbaries les plus révoltantes et les plus atroces. Quelles expéditions militaires y ont-ils faites dans les formes? ils ont pillé et ravagé les biens et les terres du Prince Radziwil et de tant d'autres: ils en ont emmené les hommes en captivité; et j'ai vu de mes propres yeux un convoi de plus de cinq cens voitures chargées de leurs pillages et de leurs voleries, que l'on conduisoit en Russie..."
Thesby, S. 19/20

(7) "Ils défendirent Czenstochow contre les attaques du colonel Drewitz, qui a bien montré son ignorance dans l'art militaire, en voulant prendre cette place avec de la Cavalerie seule: aussi fut-il très bien rossé."
Thesby, S. 19

(8) Thesby, S. 19

(9) Thesby, S. 247 ff.

(10) Thesby, S. 262; er fährt fort: "Ils ont vu de sang froid, et avec la plus grande indifférence, leurs voisins empressés, zélés, attentifs, ardens à s'instruire dans l'art militaire, sans prendre les moindres mesures pour la defense de la Republique contre les entreprises de ces voisins. Quarante mille hommes dispersés dans le pays, mal entretenus, mal disciplinés, n'ayant point ou presque point de confiance dans leurs chefs, étoient-ils capables de faire tête à tant d'ennemis, ligués pour la perte de cette nation indolente à cet égard, et qui croyait pouvoir dormir sans inquiétude, à l'ombre des belles promesses et des protestations d'une amitié purement simulée de la part des Russes, qu'ils avoient laissé s'introduire parmi eux."

(11) Vgl. Thesby, S. 244: "Nous ne trouvions sur la route que des gens occupés de leur interêt personnel, absolument disposés à lui sacrifier celui de la patrie."; oder die Gleichgültigkeit eines Teils der Senatoren gegenüber den Polen in Sibirien: "[ils] me rirent au nez"; Thesby nennt 5445 Soldaten, die nach Kasan gebracht wurden. 3311 waren noch nicht zurückgekehrt, ein Viertel von Adel.! "Ce fait suffira [Thesby meint die Gleichgültigkeit der Senatoren] pour donner une idée de la façon de penser et d'agir de ceux entre les mains desquels les affaires et l'interêt de cette Republique étoient confiés."
S. 245

(12) "Il est tems, et sans doute trop tard, que les gens d'honneur et vraiment patriotes soient mis à la tête des affaires, avec un plein pouvoir d'agir, si l'on veut prévenir la ruine totale qui les menace ...

L'interêt particulier mal entendu l'emporte sur les interêts de la nation."
Thesby, S. 246

(13) "Le militaire se sent du désordre qui s'est introduit dans toutes les autres branches du gouvernement ... Les troupes y sont mal tenues, mal exercées; les Officiers peu instruits, ne connoissant que peu le vrai point d'honneur auquel ils subsistuent une vanité et un orgueil démésurés et si mal entendus, qu'ils leur ôtent toute émulation; ..."
Thesby, S. 256

(14) "La Pologne se dit République et n'est rien moins qu'un Etat républicain. Les paysans y sont aussi esclaves que le sont ceux de la Russie. Chaque Seigneur est un Souverain despote... aussi n'y entend-on parler que de traits de la tyrannie la plus féroce. Ils ont en conséquence aliéné l'esprit des vassaux; au point de leur faire désirer ardemment un changement de domination, dans l'espérance de tomber sous un joug plus supportable. Les ministres des trois Puissances voisines alliées, ont su profiter de cette disposition des Polonois, pour réussir [...] à démembrer cet Etat. Ils y ont soufflé le feu de la discorde, que l'orgueil et la vanité y ont allumé. Ils ont gagné les uns par argent, les autres par menaces, et sont enfin parvenus à leur but."
Thesby, S. 259

(15) "Ce peuple n'a fait que quitter un esclavage, pour tomber dans un plus grand. Il en gémissoit à me navrer le coeur.", S. 227 und auch S. 233: "On a déja fait sentir à Mohilew et dans tout son Gouvernement la pesanteur du nouveau joug imposé sur les sujets de nouvelles possessions de la Russie. Les impôts y sont les mêmes que dans le reste de l'Empire."

(16) Hier nimmt Thesby irrtümlich an, daß auch das "Liberum veto" gefallen sei: "La noblesse, qui auparavant faisoit si grande parade de sa liberté, de ses privilèges et de son droit de nie poswolin, ou liberum veto [...] a été depouillée de ce droit, dont l'usage abusif a causé tant de maux à la Pologne."
Thesby, S. 227

(17) "Le pays fourmille de Noblesse, et l'on y trouve du premier mérite. Malheureusement ils se trouvent confondus avec tant d'autres qui ne les secondent pas qu'ils en perdent l'émulation, et presque l'envie de bien faire." Thesby, S. 259; "Le fond du caractère des Polonois, est d'être bons, humains, charitables, hospitaliers, et affables envers les étrangers mêmes. Cependant on les trouve hauts, vains et fourbes au suprême degré. Ils ne sont point scrupuleux sur le manque de parole, et sur leurs engagemens." Thesby schreibt das dem Verkehr mit den Juden im Land zu, denen sich die Polen angepaßt hätten. S. 261

Seite 129

(1) Thesby, S. 20, S. 227
(2) Thesby, S. 20, S. 29
(3) Vautrin, Préface, S. VI
(4) Vautrin, S. 50
(5) Vautrin, S. 85 ff.
(6) Vautrin, S. 288 f .
(7) Vautrin, S. 96 f.
(8) Vautrin, S. 247 f.
(9) vgl. Vautrin, S. 100 f; auch S. 270 f; unter anderem über die Offiziere der Konföderation von Bar
(10) Vautrin, S. 204

Seite 130

(1) Vautrin, S. 256 ff.
(2) Vautrin, S. 276
(3) Vautrin, S. 390 f.
(4) Vautrin, S. 332 ff.
(5) "Les excès de la Confédération de Bar ont attiré ses troupes et celles de ses alliés, ou du moins ont été un prétexte si plausible de les stationner sur les frontières de la Pologne ..."
Vautrin, S. 433
(6) Vautrin, S. 434
(7) Erstmals erschienen 1691, dann 1692, 1693 - jeweils in Paris - 1693 auch in Utrecht, vgl. Adelung, II, S. 377 f. hier benutzt in der Pariser Ausgabe von 1693.
(8) Avril, S. 246
(9) Avril, S. 243
(10) Avril, S. 211, 244
(11) Avril, S. 218: "le caprice des Moscovites qui n'accordent jamais rien, sur tout aux Etrangers que ce que force et l'interêt les empechent de refuser."
(12) Avril, S. 205 f.

Seite 131

(1) Avril, S. 201 f.
(2) Avril, S. 265
(3) Avril, S. 268
(4) Avril, S. 269
(5) Avril, S. 104
(6) Avril, S. 130, S. 235
(7) Avril, S. 131, 133
(8) hier erwähnt er auch den Brauch, daß die Zaren nur einheimische Frauen heiraten dürften;
Avril, S. 269
(9) Avril, S. 270
(10) Avril, S. 131
(11) Avril, S. 199
(12) Avril, S. 250
(13) De Tende erwähnt die Moskoviter nur an wenigen Stellen: S. 195 spricht er vom Ehrgeiz der Moskoviter, ganz Li-

tauen zu erobern und die Litauer zu Sklaven zu machen [bezieht sich auf die Zeit Jan Kasimirs] ; S. 17 spricht er sie an als die gefährlichsten Gegner Polens; auf den Seiten 21 bis 25 gibt de Tende eine kurze Charakteristik der Russen: sie seien schlau, benutzten alle Mittel, um zu ihrem Ziel zu gelange, sie griffen die Polen nur dann an, wenn diese in andere Schwierigkeiten verwickelt seien. Zweimal spricht er von der außerordentlichen Grausamkeit der Moskoviter; [S. 23/ S. 25] ; Dalerac nennt die Russen [Moscovites] im Zusammenhang mit den Eroberungen von Smolensk, Kiev, Černigov, Severien, mit der Kirche ["Eglise Russienne S. 180]
Der Verfasser erwähnt die Gesandtschaft des "Grand Duc de Moscovie" an Jan III. von 1680. Er beschreibt die reiche Kleidung der Botschafter und weist den Leser darauf hin, daß die Kleidung und Ausstattung dem Großfürsten gehöre und daß die Gesandten sie nach ihrer Rückkehr wieder abgeben müßten: "avec cette circonstance que s'il y manque une perle, ou s'il y a la moindre tache, on leur fait donner cent coups de bastons sans respect du caractere dont ils ont esté revestus; enquoy je n'exagere point du tout."
Dalerac, Mémoires, S. 265/ 266

(14) Vor dem Band, der sich mit Polen beschäftigt. "Voyages historiques de l'Europe Tome VII, Qui comprend tout ce qu'il y a de plus curieux dans la Moscovie par M. De B.F. Suivant la copie de Paris à la Haye 1698

(15) avis au lecteur; hier auch der Hinweis auf die Schwierigkeit der Einreise in dieses Land

(16) Voyages, VII, S. 4

(17) Voyages, VII, S. 10/11

(18) Chap. III - Des Moeurs et Coûtumes des Peuples de Moscovie; Chap. VI Sciences; Chap. VIII Des festins et manière de vivre des Moscovites.

Seite 132

(1) Voyages, VII, S. 46 f.

(2) Voyages, VII, S. 26

(3) Voyages, VII, vgl. S. 26 f. Der Beruf des Henkers sei nicht verächtlich bei ihnen.

(4) Voyages, VII, S. 28

(5) Voyages, VII, S. 29

(6) Voyages, VII, S. 31 f.

(7) Voyages, VII, S. 38/ 39

(8) Voyages, VII, S. 35

(9) Voyages, VII, S. 50

(10) Voyages, VII, S. 51

(11) Voyages, VII, S. 51/ 52

(12) Voyages, VII, S. 52/ 53

(13) Chap. IX: "De la Religion des Moscovites", S. 106 ff. Chap. X: "Cérémonies observées aux Baptêmes, et Mariages des Moscovites", S. 130 ff.

(14) Voyages, VII, S. 110; vgl. die Seiten 110-117 für das folgende

Seite 133

(1) Voyages, VII, S. 130-137
(2) Voyages, VII, S. 137-154
(3) Voyages, VII, S. 154-161
(4) Voyages, VII, S. 137-154
(5) "parce qu'on y tient les filles étroitement fermée dans les chambres les plus reculées de la maison." Voyages, VII, S. 139
(6) Voyages, VII, S. 155
(7) Voyages, VII, S. 157: le cercueil "est suivi de quatre filles des plus proches parentes, qui à différentes reprises pleurent en criant comme si le cerveau leur avoit tourné...".
(8) Voyages, VII, S. 159/ 160; vgl. auch weiter oben S. 104, Anm. 3
(9) Voyages, VII, S. 58-71: Chap. V: Des Forces et Monnoyes de l'Etat, S. 72-92; Chap. VI: Du Gouvernement et de la cour de Moscovie, avec un abrégé des nouvelles révolutions qui y sont arrivées, S. 93-102; Chap. VII: Des consuls et de l'Administration de la Justice.
(10) Voyages, VII, S. 222-231

Seite 134

(1) "Quoique quelques-uns ayent avancé ... il est certain que ses Trésors passent pour les plus considérables qui soient en Europe...". Voyages, VII, S. 60
(2) Voyages, VII, S. 63-68
(3) "Seigneur héréditaire et tellement absolu, que les plus grands Seigneurs de son Etat, se glorifient d'être ses Esclaves, même les Princes de son sang...". Voyages, VII, S. 72
(4) "cette sorte de Gouvernement semble être la plus propre à leur humeur et à leur naturel, que est incapable de goûter la liberté, qu'ils ne connoissent point et de posséder un bien dont ils n'ont jamais ouï parler." Voyages, VII, S. 72/ 73
(5) Der Autor berichtet, daß der Zar, wenn er Botschafter ins Ausland oder Gouverneure an die Grenze schicke, ihre Frauen und Kinder aus Sicherheitsgründen am Hof behalte., S. 97
(6) Voyages, VII, S. 77/ 78
(7) Voyages, VII, S. 93
(8) Voyages, VII, S. 78 ff.

Seite 135

(1) er meint Fedor 1676-1782
(2) Voyages, VII, S. 83
Der Verfasser verwechselt hier die Verwandtschaftsverhältnisse. Außerdem gibt er an, daß Ivan von Geburt an blind war.
(3) Voyages, VII, S. 90

Hier verwendet der Verfasser zum ersten Male den Titel "Empereur", während er vorher immer von Grand-Duc sprach; im folgenden erhält Peter von ihm immer diesen Titel.

(4) Voyages, VII, S. 92

(5) vgl. D'Avity, Moréri, und vor allem Herberstein

(6) Relation curieuse et nouvelle de Moscovie contenant l'Etat présent de cet Empire. Les Expéditions des Moscovites en Crimée, en 1689. Les causes des dernières Révolutions. Leurs moeurs et leur Religion à la Haye 1699.

(7) vgl. Grönebaum, a.a.O., S. 119-120: Neuville war zeitweise Haushofmeister bei Monsieur [Philipp v. Orléans], hielt sich seit 1685 am polnischen Hof auf. Er leitete eine Mission an Viktor Amadeus II. von Savoyen; dann war er geheimer Agent Béthunes. Ende August 1689 war er in Moskau - er war schon einmal in Rußland gewesen - in geheimer Mission für Béthune, in der Maske eines polnischen Edelmannes. Ende Dezember 1689 kehrte er nach Polen zurück, Ende 1690 kam er in einer Mission für Sobieski nach Frankreich.
F. Dalerac erwähnt La Neuville in seinen "Anecdotes de Pologne" (1699, t.2, S. 81) und beschreibt ihn: "il avait assez d'esprit et de politesse, connoissoit le monde, les Cours, le Cérémonial et les intérêts des Princes, dont il s'étoit fait une étude et toute l'occupation de sa vie ...".

(8) Groenebaum, a.a.O., S. 120

Seite 136

(1) Neuville, S. 157

(2) "sa disgrace apporta un si grand changement aux affaires qu'à tout moment on entendoit crier au feu et au meurtres, et si le bonheur n'avoit pas voulu que Czar Pierre eut la hardiesse de faire arrêter les principaux du parti de la Princesse, il seroit arrivé un pareil massacre...".
Neuville, S. 17

(3) Neuville, S. 33

(4) Neuville, S. 21/ 22

(5) Neuville, S. 116

(6) Neuville, S. 151/ 152

(7) Neuville, S. 175

(8) Neuville, S. 38

(9) Neuville, vgl. S. 188: "sa passion dominante est de voir brûler des maisons...".

(10) Neuville, S. 40

(11) Neuville, S. 190 f.

(12) Neuville, S. 64/ 65

Seite 137

(1) Neuville, S. 68

(2) le commandant "peu habile à la guerre et en cela véritablement Moscovite".
Neuville, S. 98

(3) Neuville, S. 192-204. Hierbei macht er die Bemerkung, daß die Nonnen in den Klöstern zum Plündern armenischer und europäischer Kaufleute angehalten werden, S. 204
(4) Neuville, S. 39
Die Darstellung enspricht im großen und ganzen dem tatsächlichen Verlauf.
(5) Die von Chappe 1768 veröffentlichte "Reise nach Sibirien" veranlaßte die Zarin Katharina II. dazu, eine Gegendarstellung zu schreiben; 1770 erscheint: "L'antidote, ou Examen d'un mauvais livre superbement imprimé, intitulé Voyage en Sibérie" [ohne ihren Namen] ; vgl. Lortholary, a.a.O., S. 192/ 193
(6) Chappe, préface, S.i. Chappe meint sogar, die Russen hätten keinen Kontakt mit dem zivilisierten Europa gehabt bis zum Beginn des 18. Jahrhunderts.
(7) Chappe, S. 28, auch S. 194; S. 65: "le peuple est robuste...ils vivroient plus long-tems que partout ailleurs, sans leurs excès et leurs débauches.", S. 136
(8) Chappe, S. 136
(9) Chappe, S. 192
(10) "La société en général est peu connue en Russie... comment pourroit-elle se former dans un Gouvernement où personne ne jouit de cette liberté politique qui établit par-tout ailleurs la sureté de chaque Citoyen? Tout le monde se craint mutuellement: delà la méfiance, la fausseté, la fourberie. L'amitié... n'a jamais été connue en Russie... Les hommes ayant peu de considération pour les femmes ... elles ne sont pour rien dans la société: et sans elles comment en former?"
Chappe, S. 187
(11) Chappe, S. 187
Für die Frauen in St. Petersburg und Moskau macht er allerdings eine Ausnahme: "Depuis cinquante ans environ, les femmes ont secoué à Moscou et à Saint-Petersburg le joug de l'esclavage de leurs maris.", S. 193

Seite 138

(1) Chappe, S. 194
(2) Chappe, S. 194/ 195
Chappe, S. 195; ähnlich auch Radiščev, S. 136/ 137; Chappe, S. 196: "cette conduite a rendu les Russes cruels et barbares: ce sont des animaux que leurs maîtres croient devoir écraser avec un sceptre de fer, pendant qu'ils sont sous le joug."
(4) S. 196: "Si un Paysan Russe possède quelque argent, il va seul au cabat[cabaret] il le dépense, et s'enivre dans quelques minutes: il ne craint plus qu'on lui enleve sa fortune."
(5) "Tout le monde sait que l'exploitation des Mines est une cause de destruction de l'espece humaine. Ce travail n'est propre qu'aux Etats très peuplés; il convient moins à la Russie qu'a toute autre Nation."
Chappe, S. 243
(6) Chappe, S. 196

(7) Chappe, S. 194
(8) "La noblesse ainsi asservie sous le joug de l'esclavage le plus affreux...". Chappe, S. 125
(9) Chappe, S. 122 ff., auch für das folgende
(10) Chappe, S. 125
(11) Chappe, S. 132
(12) "Les Moines et les Prêtres ne forment plus qu'un corps de vils Esclaves."
Chappe, S. 132; vgl. auch S. 133
(13) Chappe, S. 134

Seite 139

(1) Chappe, S. 136
(2) Chappe, S. 137; vgl. S. 139: "pour faire connoître que dans cette Nation on s'est moins attaché dans la Religion, à donner des Moeurs au Peuple, qu'à lui faire observer certaines pratiques de Religion, qui ne rendent pas toujours l'homme meilleur."
(3) Chappe, S. 209
(4) "On choisit dans le peuple de jeunes Esclaves: ils sont distribués dans les Academies et des Ecoles... sans consulter leur talent ni leur disposition. Pierre parcourt les Académies et les Ateliers: il prend souvent le rabot et le ciseau; mais il ôte le pinceau des mains du jeune Artiste qui peint Armide entre les bras d'Arnauld, pour lui faire donner les batogues ... Les Souverains ne cessent de procurer à leurs Sujets des Maîtres habiles, d'exciter et de favoriser les talents;néanmoins apres plus de soixante ans, pourra-t-on nommer un seul Russe qui soit à citer dans l'Histoire des Sciences ou des Arts?"
Chappe, S. 209/ 210
Chappe d'Auteroche nimmt die Ansätze, vor allem in der Literatur, nicht zur Kenntnis (Lomonosov 1711-1765, Sumarokov 1718-1777)
(5) Vgl. die Beispiele; Chappe, S. 222;
(6) Chappe, S. 220
(7) Chappe, S. 221
(8) Chappe, S. 221; auch S. 230
(9) Er bezieht sich auf Montesquieus Ansicht, daß Klima und Boden den Charakter eines Volkes bestimmen, ebenso auch die Form der Regierung. Er zitiert Montesquieu: "aussi M. de Montesquieu observe qu'il faut écorcher un Russe pour lui donner du sentiment."
Chappe, S. 220
(10) Chappe, S. 221
(11) Chappe betont, daß er in mehreren Fällen Augenzeuge war. S. 222
(12) Chappe, S. 224
(13) Chappe, S. 224

Seite 140

(1) Chappe, S. 126/ 127

(2) "Elle va créer une nouvelle Nation: Pierre le Grand en avoit conçu le projet, formé le plan, et préparé l'évènement, la gloire d'y mettre la dernière main semble réservée à l'Impératrice Catherine."
Chappe, S. 224
Die Neigung, Katharina II. trotz aller Kritik am russischen Staat zu rühmen, teilt der Abbé mit anderen Autoren, z.B. Thesby de Belcourt. Es ist anzunehmen, daß es sich eher um eine pflichtschuldige Ehrenbezeugung handelt als um wirkliche Anerkennung.
Chappe würde sonst die Herkunft der Zarin nicht so betonen.
Im übrigen zeigt auch die Reaktion Katharinas II. im "Antidote", daß sie sich von dem Lob des Autors für ihre Person nicht täuschen ließ.
(3) Chappe, S. 112; Hervorhebung von der Verfasserin
(4) "Uniquement occupé de ses plaisirs, une révolution le fait descendre du Trône, et y place l'Impératrice."
Chappe, S. 120
(5) Als Chappe die Thronbesteigung Elisabeths beschreibt - und auch die Bemerkung über Katharinas Weg zum Thron macht - sagt er über die Treueschwüre der russischen Soldaten: "L'Esclave trahit sa Souveraine" [gemeint ist die Regentin Anna]... cinq à six mille Hommes prêtent serment de fidélité à la Princesse Elisabeth, déterminés à égorger la Régente et leur Empereur, si Elisabeth l'ordonne, ou à l'égorger elle-même, si la Régente peut commander un instant...", S. 116; "en lui [Catharine] jurant la plus grande fidélité aussi qu'aux Souverains ses prédécesseurs ...", S. 120. Der Begriff "Esclave" wird gebraucht auch im Zusammenhang mit den Garden! (S. 116) "Les différentes révolutions que la Russie avoit éprouvées en préparoient de nouvelles et en facilitaient les moyens. Ce Peuple, toujours esclave, n'était lié à son Souverain ni par les Loix ni par l'amour: l'intrigue et le droit du plus fort offroient le Trône à quiconque osoit s'en emparer.", S. 114
(6) Chappe, S. 230
(7) Chappe, S. 222/ 223
(8) Chappe, S. 110; als besonders abschreckendes Beispiel erwähnt er Boris Godunov und die Zeit der Smuta. Über die Wahl Michael Romanovs sagt er nur, daß die Russen nicht einmal zu dem Zeitpunkt, als sie die Möglichkeit dazu hatten, ihre Regierungsform geändert hätten: "puisqu'ils ne l'ont pas fait, [il faut supposer] qu'ils n'avoient aucune idée de la liberté, ou qu'ils étoient bien avilis." S. 111
(9) "Lestoc (...) forme le projet de la placer sur le Trône, de concert avec un Ministre d'une Puissance d'Europe." S. 114; für das Vorhergehende und das Folgende S. 110-121

Seite 141

(1) vgl. Radiščev S. 153, 158 f;

Chappe, S. 275: "Le désespoir étoit peint sur le visage de chaque soldat. Cette recrue ressembloit à une troupe de malheureux que l'on conduisoit aux galères."; für das Folgende vgl. S. 274-281

(2) "Mémoire sur le commerce de Russie" in: "Les Loisirs du Chevalier d'Eon" Amsterdam 1774; t.5; S. 82; vgl. auch S. 85, S. 103

(3) D'Eon, V, S. 92
D'Eon hat übersehen, daß Elisabeth die Zollgrenzen im Innern des Landes aufgehoben hatte.
Vgl. Platonov, S. 288

(4) D'Eon, V, S. 1-79

(5) D'Eon, V, S. 1/ 2

(6) D'Eon, S. 2

(7) er verlegt die Drucklegung dieses Gesetzeswerkes in das Jahr 1676, Aleksejs Todesjahr; D'Eon, V, S. 2

(8) D'Eon bezieht sich hier auf die "Große Instruktion" Katharinas, die der einberufenen Kommission [1767 zusammengetreten] als Grundlage für ihre Arbeit dienen sollte.

(9) D'Eon, V, S. 4

Seite 142

(1) D'Eon, V, S. 42-45

(2) D'Eon, V, S. 47

(3) "On ne peut qu'être surpris que [...] ce génie créateur n'ait rien fait qui ait eu du rapport au changement, qu'il sentoit indispensable dans l'état politique et dans l'administration de la justice."
D'Eon, V, S. 46

(4) D'Eon, V, S. 50/ 51

(5) D'Eon, V, S. 66

(6) D'Eon, V, S. 68

(7) D'Eon, V, S. 71 ff.

(8) préface de l'éditeur, Thesby, S. 148

(9) Thesby, S. 28, S. 235
Kommentar des Verfassers: "J'ai servi parmi les sauvages du Canada; ils n'étoient pas capables de se porter à cet affreux excès.", S. 29; an anderer Stelle: "J'aimerais mieux tomber entre les mains des Esquimaux les plus sauvages, qu'entre celles des troupes Russes. Les barbaries presqu'inouies du Lieutenant - colonel Drewitz et de quelques autres en Pologne, prouvent la vérité de ce que j'avance." S. 146

(10) "Aujourd'hui la Noblesse ambitionne les honneurs, mais le chemin qui y mene, lui paroît trop pénible et trop laborieux ... En faisant ces viles fonctions, ils parviennent tout d'un saut au grade de Major, ou de Lieutenant-colonel dans un corps."
S. 141, 142; vgl. über die Ausbildung der Offiziere auch S. 144

Seite 143

(1) Thesby, S. 146

(2) Thesby, S. 147/ 148
(3) Thesby, S. 148/ 149
(4) Thesby, S. 150
(5) Thesby, S. 53: "ils n'étudient presque point, sont communément adonnés à l'yvrognerie; et ont peu de sentimens d'honneur...".
(6) Thesby, S. 222
(7) Thesby, S. 218, 219. Diese Beobachtung ist nicht zutreffend. Vgl. auch Levesque, Bd. 3, S. 95
(8) Thesby, S. 237
(9) "Les dames Russes qui ont séjourné à Pris y ont pris pour la plupart le mauvais ton de nos petites maîtresses françoises, et ont apporté ce ton en Russie. Mais elles ont manqué le bon, et se trouvent fort éloignées au but, tant pour l'agrément de la conversation et de l'esprit, la décence et l'honnêteté dans le maintien, que dans la manière de se mettre ... un Parisien les prendroit pour des filles entretenues dans ce qu'on appelle un couvent de joie...". S. 220/ 221
(10) Thexby, S. 224/ 225

Seite 144

(1) Chantreau, Pierre Nicolas; geb. 1741, gest. 1808; Anhänger von Rousseau; antiklerikal; Professor für Französisch, er ließ die "Voyage" als eine Übersetzung aus dem Holländischen erscheinen; das Werk ist aus mehreren früheren Berichten zusammengestellt.
Vgl. Dict. de Biographie française, Bd. 12, S. 399 und Grande Encyclopédie, Bd. 10, S. 535
(2) Chantreau, II, S. 41
(3) Chantreau, II, S. 147
(4) Chantreau, I, S. 110
(5) Chantreau, I, S. 111
(6) Chantreau, I, S. 114
(7) Chantreau, I, S. 113
(8) Chantreau, I, S. 115

Seite 145

(1) "et dans la quatrième [classe] les serfs ou les esclaves et à la honte de l'humanité, et des pompeux éloges prodigués à Catharine II, comme législatrice, cette classe est la plus nombreuse..." ..."les grands et la noblesse, les seules personnes à qui, selon le véritable esprit du despotisme féodal, (!) il appartient le droit de posséder des terres, privilège monstrueux, que de nos jours Catherine II par une injustice qu'on doit plutôt attribuer à ses préjugés qu'à son coeur a ratifié d'une manière solemnelle, en confirmant les immunités de cette noblesse...".
Chantreau, I, S. 91/ 92
(2) "En Russie comme dans tous les Gouvernemens Orientaux, il n'y a presque pas d'autre distinction de rang entre les nobles, que celle qui dérive des emplois et des

grades que leur confère le Souverain."
Chantreau, I, S. 92; vgl. auch I, S. 114

(3) Chantreau, I, S. 92
(4) Chantreau, I, S. 180
(5) Chantreau, I, S. 180
(6) vgl . I, S. 178: "Mais dans un gouvernement où le régime est militaire... le despote voulant avoir de nombreuses armées à peu de frais, paye mal l'homme qu'il a arraché à la charrue pour en faire un soldat ... Les despotes de la Russie ont encore donné une preuve de leur économie dans le mode qu'ils ont prescrit pour le recrutement de l'armée. Les recrues ne coûtent absolument rien à la couronne...".
(7) Chantreau, I, S. 191
(8) "les cours de justice en Russie ne sont presque pas mieux composées qu'elles ne l'étoient à l'époque où la nation étoit encore plongée dans les ténèbres de l'ignorance...", I, S. 118;
dabei kann sich der Verfasser einen Seitenhieb auf einige Schriftsteller nicht versagen; er spricht von den "belles phrases des écrivains qui ont parlé des codes de Russie ... " ebda.
(9) Chantreau, I, S. 119
(10) Chantreau, I, S. 119; vgl. auch S. 118

Seite 146

(1) Chantreau, vgl. I, S. 102/ 103
(2) Chantreau, vgl. I, S. 238, 239, 237-241, S. 239: auch hier wieder eine Annäherung an die Bräuche in Asien.
(3) Chantreau, I, S. 235: "quand on leur donne de l'éducation, elles en profitent presque toujours, sans rien perdre des qualités précieuses d'épouses attentives et de mères soigneuses."
(4) Chantreau, I, S. 34: "On y retrouve diverses choses qui tiennent de la magnificence Asiatique, réunie aux recherches ingénieuses du luxe Européen."
(5) Chantreau, I, S. 10: "peuple de Moscow, barbare encore aujourd'hui ...".
(6) Chantreau, I, S. 238
(7) "Malgré l'état de civilisation où l'on suppose les Russes..."
Chantreau, I, S. 141
(8) Chantreau, I, S. 47
(9) ebda. auch das Folgende
(10) Chantreau, I, S. 48
(11) Chantreau, I, S. 57
(12) Chantreau, I, S. 53
(13) vgl. II, S. 72-79
(14) Chantreau, II, S. 72

Seite 147

(1) Chantreau, II, S. 76
(2) II, S. 77. Chantreau bezieht sich auf Büsching, der be-

richtet, daß der Marschall Weyde auf Befehl Peters Aleksej enthauptet habe. Das habe ihm [Büsching] die Frau gesagt, die den Kopf des Prinzen habe annähen müssen!
(3) Chantreau, I, S. 66
(4) vgl. I, S. 72/73
(5) Chantreau, I, S. 83; dazu das Urteil: "Ce qui déshonore surtout le règne de cette princesse, c'est la peine qu'elle fit infliger aux comtesses Bestouchef et Lapuchin...".
(6) Chantreau, II, S. 86-89

Seite 148

(1) Chantreau, II, S. 102/ 103 und II, S. 129: "la foiblesse, la pusillanimité de ce prince."
(2) Chantreau, II, S. 103; 105
(3) Chantreau, II, S. 108: "Dans ces occasions l'air de dignité de Catherine frappoit tous les spectateurs,et il étoit impossible qu'ils n'en fissent pas la compa - raison avec l'air si peu majestueux qu'avoit son époux..."
(4) Chantreau, II, S. 114
(5) Chantreau, II, S. 129/ 130, S. 130: "La populace, toujours prête à passer d'un extrême à l'autre, eut pitié de ce malheureux monarque. Ce n'étoit plus un maître inconsidéré, un mauvais administrateur, un dépréciateur des coutûmes les plus cheres de la nation: c'étoit un prince infortuné, qui malgré sa violence et son incapacité, avoit des qualités à le faire aimer du peuple, et qui en effet étoit chéri de ceux qui avoient accès auprès de lui."
(6) Chantreau, I, S. 229
(7) Chantreau, I, S. 229

Seite 149

(1) "comte de Schuwaloff que Voltaire a fait connoître en France comme littérateur; nous allons voir pourquoi, et conclure de-là le prix qu'on doit attacher à ces réputations précaires que Voltaire se plaisoit à créer." Chantreau, I, S. 79
(2) Chantreau, I, S. 81
(3) Chantreau, II, S. 82
(4) Chantreau, I, S. 82
(5) vgl. Adelung, I, S. 175 und Mohrenschildt, S. 161
(6) auch Voltaire benutzte ihn; er wurde häufig neu aufgelegt: Paris 1656, 1659, 1666, Leyden 1717, Amsterdam 1727, 1732; vgl. Mohrenschildt, S. 170; Adelung nennt noch eine Auflage von 1679, vgl. II, S. 304
(7) in Leyden 1688 französisch erschienen; Mohrenschildt, S. 172
(8) Korb kann allerdings nur sehr selten benutzt worden sein, da die meisten Exemplare seines Berichtes vernichtet worden waren. Es existierte auch keine französische Übersetzung. Eventuell waren einige Auszüge bekannt. Mohrenschildt, S. 174

(9) im Februar 1717 erschienen; hat mehrere Auflagen; Mohrenschildt, S. 183
(10) in französischer Sprache 1718 erschienen
(11) 1725 französisch; 1729, 1737 erneut aufgelegt, vgl. Mohrenschildt, S. 185 f.
(12) französisch 1757
(13) französisch 1786, 1787, 1805
(14) 1789 in Paris auf Französisch erschienen
(15) außerdem Chronique du Tsar, 1772; Ancienne chronique, 1774-1775; Le livre du Tsar; Histoire du Tsar Ivan Vassilevitch; Chronique des troubles de Moscou, 1771; Histoire de Kasan 1767; er kennt Ščerbatov und Tatiščev

Seite 150

(1) Danziger Jurist und Historiker, sein bedeutendstes Werk ist 1742-1746 erschienen: "Jus Publicum Regni Poloniae", auf das sich viele Historiker beziehen.
(2) "Memoires pour servir à l'histoire et au droit public de Pologne contenant particulièrement les pacta conventa d'Auguste III. traduits du Latin de M. Lengnich par M. Formey" à la Haye
(3) Prêface de l'Auteur [ohne Seitenangabe]
(4) vgl. S. 8/9, Note 4, sowie S. 14/ 15, Note 1
(5) S. 46, 47 und Note 1; S. 48/ 49 - dabei bezieht sich Lengnich auch auf ältere Konstitutionen; 1638, 1641, 1673
(6) S. 28/ 29, Note 3; er erwähnt die Bestimmungen von 1573 und 1717, stellt den Unterschied, die Verschlechterung der Lage der Nichtkatholiken fest.
(7) S. 47, Note 1
(8) er gibt an: Cromer, Herberstein, Długosz, Neugebauer, Fulstin, Hartknoch, Heidenstein, Beauplan, Bizardière und Hauteville.
(9) vgl. die Seiten im 2. Band, S. 18 ff., 23, 26, 76 f.; 187, 195, 200 f., 203 ff., 217, 220; hier: S. 107 ff.
(10) Prêface; S. V. Connor behauptet, er sei der erste, der eine Geschichte Polens in englischer Sprache geschrieben habe; Prêface, S. IV.
(11) William Coxe, Archidiakon; in Rußland 1774 und 1784, dabei auch in Polen gereist; vgl. Putnam, S. XXV, und S. 237 ff., Kap. 3
(12) hier benutzt in der 5. Auflage von 1802
(13) S. 179
(14) Stanisław Konarski, 1700-1773, Piarist, "Vater der geistigen Wiedergeburt Polens im ausgehenden 18. Jahrhundert"; er wollte die Reform des Schulwesens zum Zwecke der Erziehung junger Adliger, die bereit sein würden, die Neugestaltung des Staates vorzunehmen; hat u.a. auch I. Kościuszko erzogen. [Slaw. Geisteswelt, Bd. 3, 1959, S. 252]
1732-1739 hat er 6 Bände aller Sejmbeschlüsse, die sog. "Volumina legum", veröffentlicht; 1761-1763 erscheint sein Werk "Über die wirksamste Art Rat zu halten"

[Rhode S. 303]; französisch "Du moyen efficace de délibérer".

(15) führender Kopf der Reformer; maßgebend im "Großen Reichstag"; seit Oktober 1788 und zusammen mit Ignacy Potocki und Tadeusz Kościuszko, Führer des Aufstandes gegen die Russen 1794; Rhode, S. 318, 319, 324; "En effet, les théories physiocratiques ont rencontré en Pologne une brillante et durable fortune. La commission d'Education Nationale, instituée à Varsovie en 1773, fait sien le système des économistes. Les deux universités et toutes les écoles polonaises l'enseignent comme doctrine universelle. Le Chanoine Kołłątaj, réformateur de l'université de Cracovie, invite la Grande Diète de 1788 à régénérer la Pologne d'après les principes physiocratiques."
Jobert, Magnats, S. 13

Seite 151

(1) Von einem nützlichen Mittel zum Bestande der Reichstage in Pohlen,2 Teile, Warschau 1762
(2) Konarski, Teil 1, S. 2
(3) vgl. das Register am Ende des 1. Teils, § II-XV
(4) hier "Letzte Warnung für Polen" 1794. Die Übersetzung ins Deutsche war schon Anfang 1791 im Druck fertig. Vorwort, S. III; und "Observations sur un ouvrage intitulé: Essai sur le droit de Succession au Thrône de Pologne" [geschrieben vom Krongeneral Rzewuski]; Warschau 1791; das polnische Original erschien Ende 1789, gewidmet ist das Werk Stanisław II.
(5) Kołłątaj, Letze Warnung, S. 83
(6) Kołłątaj, Letzte Warnung, S. 22
(7) Kołłątaj, Observations, S. 55
(8) Kołłątaj, Observations, S. 56, 59, 66, 69; er unterstellt dem Adel, daß er das Amt des Großhetmans habe erblich machen wollen [S. 87] "les Aristocrates firent de cette dignité [...] un espèce de Stathouderat.", S. 86
(9) Kołłątaj, Observations, S. 82
(10) Kołłątaj, Observations, S. 116 ff.
(11) Kołłątaj, Observations, Note FF, S. LXXX-LXXXII, S. LXXX: "Tous ces romans politiques (!) auxquels on a donné le nom d'Histoires, ... nous peignent les paysans comme des espèces de brutes, que l'orgueil impérieux de nos Grands et l'iniquité de la loi se plaisent à dégrader. Ces infortunés colons déviennent sous la plume d'un Ecrivain étranger des Ilotes abrutis...".
(12) Kołłątaj, Observations, S. LXXXI: "La plupart des étrangers qui voyagent en Pologne, les Français surtout, n'en voyent ordinairement que la moindre partie. Ils l'observent en courant, la jugent de même, et ne manquent pas [...] de répéter ces paradoxies bizarres qu'ils avoient adoptés sur oui-dire...".
(13) Kołłątaj, Observations, S. LXXXII
(14) Joannis Dlugossi Historia Polonica, 1615
(15) Martini Cromeri de origine et rebus gestis Polonorum

libri XXX, Basel 1554
Hier benutzt in der deutschen Ausgabe von 1562

Seite 152

(1) Neugebauer, S. 13
(2) Neugebauer, S. 14
(3) Neugebauer, S. 16/ 17
(4) Neugebauer, S. 19
(5) Pauli Jovii Novocomensis Episcopi Moschovia, 1578
(6) Antonii Possevini Societatis Jesu Moscovia et alia opera, 1595
(7) Adam Olearius, Vermehrte Neve Beschreibung... 1656, hier benutzt in einer neuen Ausgabe von 1927. A. Olearius, geb. 1599, gest. 1671, begleitete die Gesandtschaft Herzog Friedrichs III. von Schleswig-Holstein-Gottorp 1633 nach Moskau; er kehrte 1635 (April) zurück und schloß sich der 2. Gesandtschaft an (Oktober 1635), die nach Persien gehen sollte. Von dieser Reise kehrte er 1639 zurück. Olearius blieb in holsteinischen Diensten. ADB, Bd. 24, S. 269-276
(8) vgl. weiter oben, S. 131 ff.
(9) Olearius, S. 16, Voyages, VII, S. 31
(10) Olearius, S. 21, Voyages, VII, S. 31
(11) Olearius, S. 21, Voyages, VII, S. 32
(12) Olearius, S. 26, Voyages, VII, S. 30/ 31
(13) Olearius, S. 58; auch in Einzelheiten, allerdings fehlt bei Olearius die Erwähnung eines Passes für die Verstorbenen, auch Herberstein erwähnt diesen nicht.
(14) vgl. Voyages, S. 224 ff.; Olearius, S. 117 ff.
(15) Olearius, S. 13; auch S. 20 f.
(16) Olearius, S. 26 f.
(17) Olearius, S. 55 f.
(18) Olearius, S. 61; dort auch die Beschreibung des Abendmahls: Auch Olearius erzählt, daß das Brot in den Wein gebrockt wird; allerdings meint er, daß nur der Priester davon esse.
(19) Olearius, S. 65
(20) Olearius, S. 67/ 68

Seite 153

(1) Herberstein, S. 14
Rerum Moscoviticarum Commentarii, 1571, S. 14: "Imperio, quod in suos exercet, omnes facile universi orbis monarchos superat...omnes luxta, dura servitute premit...".

Herberstein, Sigmund Freiherr, 1486-1566, Diplomat. Seine ersten diplomatischen Aufträge stehen im Dienst der Heiratspolitik Maximilians I., 1516-1518 ist er Mitglied der Gesandtschaft des Kaisers nach Polen und Rußland; 1525/ 26 unternimmt er die zweite Reise nach Rußland. NDB Bd. 8, 1969, S. 579
(2) Herberstein, a.a.O., S. 15: "Authoritate sua tam in spirituales quam seculares utitur, libere ac ex volun-

tate sua de omnium et vita et bonis constituit; consiliariorum quos habet, nullus est tantae authoritatis, qui dissentire, aut sibi in re aliqua resistere audeat. Fatentur publice, uoluntatem Principis, Dei esse uoluntatem."
Vgl. auch das folgende und S. 49: "Omnes se Principis chlopos, id est servos fatentur."
(3) Herberstein, a.a.O., S. 14/ 15
(4) Herberstein, a.a.O., S. 51
(5) Herberstein, 27 ff.; S. 37
(6) S. 40; er berichtet wahrheitsgemäß, daß alle Gläubigen das Gemisch aus Brot und Wein bekommen.
(7) Herberstein, S. 41 f.
(8) Herberstein, S. 48 f.
"Mulierum conditio miserrima est."
(9) Herberstein, a.a.O., S. 55
(10) Herberstein, a.a.O., S. 54
(11) Herberstein, a.a.O., S. 55
(12) Herberstein, a.a.O., S. 58/ 59
(13) "Relation de voyage en Moscovie écrite par Augustin libre Baron de Mayerberg", Leyden 1688
(14) Er schildert auch vollkommen richtig, wie beim Abendmahl das Brot in den Kelch eingebrockt und mit einem Löffel den Gläubigen gegeben wird; S. 182. Zu den religiösen Bräuchen und dem Verhalten der Priester vgl. die Seiten 70 f., 77 ff., 182 ff.
(15) Mayerberg, S. 184
(16) Mayerberg, S. 210; er erwähnt ebenfalls das Sprichwort: "il n'y a que Dieu et le Czar qui le sçachent."

Seite 154

(1) Mayerberg, S. 209
(2) Mayerberg, S. 211 f., S. 324
(3) Mayerberg, S. 161 ff.
(4) Mayerberg, S. 131, 161, ähnlich S. 66
(5) Mayerberg, S. 124
(6) Mayerberg, S. 66
(7) Mayerberg, S. 74 f.
(8) Mayerberg, S. 308
(9) Mayerberg, S. 139
(10) Mayerberg, S. 63
(11) Mayerberg, S. 145 ff.
(12) Mayerberg, S. 56
(13) Mayerberg, S. 324
(14) Mayerberg, S. 207 f.
(15) Mayerberg, S. 303
(16) Mayerberg, S. 327
vgl. Perry I, S. 429 und Thesby, S. 234, 238
(17) Joh. G. Korb, Diarium itineris in Moscoviam, Wien 1700
Korb, Joh. Georg, Jurist; 1672-1741; vom 10.1.1698 bis 27.11.1699 war er Sekretär einer kaiserlichen Gesandtschaft nach Rußland. 1700 konnte Korb sein Werk "Diarium itineris in Moscoviam" in Druck geben, 1702 wurde es durch Intervention Moskaus aus dem Handel gezogen. NDB,

Bd. 12, 1980, S. 581
(18) so z.B. E. Mauvillon, Histoire de Pierre I. surnommé le Grand, 1742

Seite 155

(1) Korb, S. 178, vgl. 175 f.
(2) Korb, S. 162 ff.
(3) Korb erwähnt, daß Peter selber einige Verurteilte hingerichtet habe. S. 170, 84
(4) Korb, S. 174; vgl. auch S. 83 seine Reflexionen über die Härte des Zaren und ihre Berechtigung.
(5) Korb, S. 174, S. 159; er spricht von einer möglichen Verbrüderung der Aufständischen mit der Volksmenge.
(6) Korb, S. 178
(7) Korb, S. 179
(8) Korb, S. 179
(9) Korb, S. 86
(10) Korb, S. 82, 83
(11) Korb, S. 84
(12) Korb, S. 203 f.
(13) Korb, S. 204
(14) Korb, S. 206;an anderer Stelle[S. 199]sagt Korb: "Nullam gentem credo tot signis exterioribus, et ad veram pietatem compositis, tamq.; speciosis probi animi larvis inclarescere, quam nationem hanc, quae proinde simulatione, fraude, fallaciis, et efferatissima ad omnia scelera audacia facile omnes universi orbis populos longe exsuperat."
(15) Korb, S. 198 f.
(16) Korb, S. 201 f.
(17) Korb spricht von einem Empfehlungsbrief für den Verstorbenen an den Heiligen Nikolaus als Pförtner des Paradieses, mit einer Bestätigung des Patriarchen, der Verstorbene habe im wahren russischen Glauben gelebt; vgl. S. 200
(18) Korb, S. 196, S. 199
(19) Korb, S. 181 ff.
(20) Korb, S. 180

Seite 156

(1) Titel des Werkes des hannoverschen Residenten Christian Fr. Weber: Das veränderte Rußland, Frankfurt 1721, 2.Teil Hannover 1739, 3. Teil 1740. Weber kennt Perry, dessen Karte von Rußland er übernimmt, den Pater Avril und den Holländer Cornelis de Bruin, dessen Werk er in französischer Ausgabe nennt. Vorbericht I, 4; I, S. 395; III,S. 21
(2) De Bruin, S. 32
(3) De Bruin, S. 23
(4) De Bruin, S. 37
(5) De Bruin, S. 26, 43,44,450
(6) De Bruin, S. 76
(7) De Bruin, S. 45
(8) De Bruin, S. 46

(9) De Bruin, S. 47; S. 41: "en begerig om, als de apen, na te doen het geen hun voorgedaen wort."
(10) De Bruin, S. 43: "Outrent al de pracht van dit Hoof staat wel an te merken dat deze Vorst zoo volstrekt en Monarch is van zyne landen, dat ik niet weet of zyns gelyk gewonden wort, voerende alles nit naer zyn welbehagen en goetdunken, hebbende het leven en dood van alle zyne onderdanen, van den minsten tot den meesten, in zyne handen, en, dat meest te verwonderen is , magt om de Zaken van den Godtsdienst te regelen, en daer eenige verandering in te bringen; en zaek, daer gekroende hoofden zich ontzien in te steken, wetende hoe gevaerlyk het is aen den geestelyken staf te blaffen."
(11) Vorbericht
(12) Weber, I, S. 27 im Zusammenhang mit den Vorgängen im Sommer 1689
(13) Weber, I, S. 12
(14) Weber, I, S. 40, 41, 43, 44; aufrichtige Beamte seien in Rußland so selten wie ein vierblättriges Kleeblatt; S. 44
(15) er erwähnt das Entlaufen ganzer Bauernfamilien, Weber I, S. 50 f.
(16) Weber, I, S. 46 f., S. 130; übrigens betont auch Weber, daß der Patriarch n a c h dem Zaren und seiner Familie die höchste Person im Reiche war. Weber, II, S. 54; vgl. auch II, S. 56 f.

Seite 157

(1) Wasserweihe, Weber, I, S. 60, Begräbnis, Weber, I, S. 130 f., II, 58., 59 (Heirat)
(2) Weber, I, S. 130; Errichtungen von Schulen; S. 221 Marineakademie; Einrichtung von Assembleen, S. 226
(3) Weber, I, S. 13
(4) Weber, I, S. 6
(5) "Daß er den Kriegsstaat auf einen trefflichen Fuß und seine Soldaten insonderheit die Infanterie in den Ruhm gesetzet, daß sie keinem anderen in der Welt nachgeben, an guten Offizieren aber noch einen großen Mangel haben";
Weber, I, S. 13; vgl. auch S. 26, 28
(6) Weber, I, S. 36; vgl. auch die besonders positive Beurteilung im 3. Band des "Veränderten Rußland", S. 2 f.
(7) Weber, I, S. 37, 39: "und dieses ist gleichsam der Abgrund, worin eine unzelige Menge Rußischer Unterthanen untergehen und crepiern."
(8) Weber, I, S. 135; das gilt vor allem in der Butterwoche, siehe auch Webers Korrespondenz, bei Ernst Herrmann, (Hrsg.)
Zeitgenössische Berichte zur Geschichte Rußlands, Bd. II, 1880
Peter der Grosse und der Zarewitsch Alexei (nach der Korrespondenz Webers)
(9) Weber, Correspondenz, a.a.O., vom 28.8.1718, S. 152; vgl. auch: 29.6.1714, S. 30; 7.1.1718, S. 108

(10) Weber, Correspondenz, 7.1.1718: "Ob aber diese gute und löbliche Intention Sr. Maj. und die Bestrafung der Laster das böse Naturel der Nation und die ihr angeborene Verstockung ausrotten wird, daran zweifelt man sehr.", S. 108
(11) Weber, Correspondenz, S. 109, 10.1.1718
(12) Weber, I, S. 119 f.
(13) Weber, I, S. 283
(14) Weber, I, S. 283 ff.
(15) Weber, I, S. 304 f.
(16) Weber verweist auf Menšikovs Anteil an der schlechten Erziehung des Prinzen. Weber, II, S. 44 ff.

Seite 158

(1) Weber, II, S. 46, 47
(2) Weber, Correspondenz, a.a.O., S. 117 ff.
(3) Diesem Satz geht voraus: "Ich gebe nur dem Zar in allem Obstehenden den encens aus praecaution, weiln weder seine autorité noch die unartige conduite des Zarewitsch diesem sein Recht benehmen wird."
Weber, Correspondenz, a.a.O., S. 119
(4) Weber, Correspondenz, a.a.O., S. 120, 25.2.1718; vgl. auch La Vie in: Sbornik 34, S. 314; La Vie spricht von der 29. Verschwörung.
(5) Weber, I, S. 252
(6) Weber, I, S. 253
(7) in: Ernst Herrmann, Rußland unter Peter dem Großen, 1881 Nach den handschriftlichen Berichten J.G. Vockerodts und O. Pleyers.
(8) vgl. dazu Mediger, S. 108 f; S. 510 f.
(9) Vockerodt, a.a.O., S. 3
(10) Vockerodt, a.a.O., S. 2 ff.
(11) Vockerodt, a.a.O., S. 98 f.

Seite 159

(1) Vockerodt, a.a.O., S. 107
(2) Vockerodt, a.a.O., S. 105
(3) "Wir werden durch die beständige Unterhaltung der Armee, und der davon abhangenden Suiten, dergestalt ausgesogen und ausgeplündert, dass der grausamste Feind, wann er auch unser ganzes Reich ravagiret hätte, uns kaum die Hälfte soviel Schaden gethan haben würde."
Vockerodt, a.a.O., S. 110
(4) Vockerodt, a.a.O., S. 111
(5) Vockerodt, a.a.O., S. 29, auch für das folgende
(6) Vockerodt, a.a.O., S. 31
(7) Vockerodt, a.a.O., S. 95
(8) Vockerodt, a.a.O., S. 113; vgl. dazu auch die späteren Auslassungen Chappes; hier S. 138
(9) hier benutzt in der deutschen Ausgabe von 1717: [Leipzig] "Der jetzige Staat von Rußland oder Moscau unter jetziger czarischen Majestät"; in zwei Teilen
(10) Perry, früher britischer Seeoffizier, geb. 1670, 1698

Peter I. vorgestellt. Er war 14 Jahre lang in Rußland als Ingenieur vor allem bei Kanal- und Dockbauten; Putnam, S. XXII. Seine Karriere in Rußland war unglücklich: "neither professional satisfaction nor financial reward..., terminated in ignominious flight in fear of his very life." Putnam, S. 3

Seite 160

(1) Perry, I, S. 8
(2) Perry, I, S. 44
(3) Perry, I, S. 418, 419
(4) so z.B. Perry ähnlich wie Vockerodt: die Abneigung der Russen gegen Petersburg, ihre Gründe. I, S. 419 ff.; das mangelnde Verständnis und die fehlende Sorgfalt der russischen Beamten; Perry I, S. 426, 428; die Wortbrüchigkeit und Treulosigkeit der Russen, I, S. 343; sie hätten für die Begriffe Ehrlichkeit und Redlichkeit in ihrer Sprache nicht einmal ein Wort, I, S. 345
(5) Perry, I, S. 341, 342, II, S. 422, 423
(6) Perry, I, S. 359
(7) Perry, I, S. 369; II, S. 436 f.
(8) Perry, II, S. 432 ff.
(9) Perry, II, S. 455 ff.
Allerdings schreibt Perry, daß der Pope kein Petschaft darauf drücke und auch nicht unterschreibe, II, S. 457
(10) Perry, I, S. 367
(11) Perry, II, S. 84 f. [auch 87 f.] und II, S. 364; an anderer Stelle vermerkt er die fast göttliche Verehrung für den Zaren, I, S. 350, 351
(12) Perry, II, S. 415, 419
(13) Perry, II, S. 368, 365 ff., 395; II, S. 481-483: hier gibt Perry noch eine Aufzählung der negativen russischen Eigenschaften, die sich im wesentlichen mit der Beobachtung Vockerodts deckt: Lüge, Betrug, Verrat und Bosheit, von sklavischem Gemüt, ohne Verständnis für Großherzigkeit, dazu trotzig, eingebildet, grob und trunksüchtig", mit einem Wort, sagt der Verfasser, "der orientalischen Völker Laster sind bei ihnen ziemlich gemeine..." II, S. 482

Seite 161

(1) Perry, II, S. 365
(2) Perry, II, S. 460 ff.
(3) Perry, I, S. 440,441
(5) Perry, I, S. 447
(6) Perry, I, S. 402 f.; vor allem der Handel und die Finanzen
(7) Perry, I, S. 429
(8) vgl. dazu Putnam, S. 125 und 126; hier benutzt die Auszüge aus Putnam "Seven Britons ..."
(9) "Travels in Poland, Russia, Sweden and Denmark"; hier benutzt in der englischen Ausgabe von 1784
(10) Richardson in: Putnam: S. 147. Hier wie an anderen Stel-

len wird Voltaire unterstellt, er verbreite den Ruhm der Herrscher gegen Bezahlung. s.a.S. 152: "who celebrates all princes that are free-thinkers and pay him for his adulation."

(11) Richardson; in: Putnam, S. 151

(12) Richardson, in: Putnam, S. 154, 155

(13) Richardson, in: Putnam, S. 158 ff.

(14) Richardson, in: Putnam, S. 164 f.; vgl. Chantreau, I, S. 111 ff.; hier: S. 144 f.

(15) vgl. dazu weiter unten, S. 162, Anm. 5

(16) Coxe, I, S. 333
Beim Bericht über Nikon vermerkt er, daß Voltaires Darstellung des Patriarchats und seines Einflusses auf die Zaren falsch sei; I, S. 354 Anm.

Seite 162

(1) Coxe, II, S. 20
Besonders scharf greift er den Bericht La Neuvilles an, S. 21 Anm.; siehe auch II, S. 50, 51

(2) Coxe, II, S. 159 f.

(3) Coxe, II, S. 161

(4) Coxe, II, S. 307

(5) Coxe, II, S. 308
Im übrigen ist diese Darstellung der von Chantreau so ähnlich, daß man vermuten kann, letzterer habe sie vom Engländer übernommen. Allerdings berufen sich in dieser Sache beide auf Büsching als ihren Gewährsmann. Andererseits sind sich die Berichte Coxes und Chantreaus in vielen Dingen außerordentlich ähnlich, daß man davon ausgehen kann, daß Chantreau Coxe weitgehend kopiert hat; vgl. u.a. auch die Urteile über Elisabeth bei beiden und die Bemerkungen über den Adel sowie auch über die Bauern; wörtliche Übereinstimmungen in einigen Sätzen bei dem Absatz über die Milde Elisabeths: Coxe II, S. 304-309, Chantreau II, S. 72-77

(6) Coxe, II, S. 167-170

(7) Coxe, II, S. 167

(8) Coxe, II, S. 169

(9) Coxe, II, S. 170

(10) "much has been written concerning the great civilization which Peter the Great introduced into Russia...We may readily admit the truth of this eulogism with respect to his improvements in the discipline of his army and the creation of a navy...but the pompous accounts of the total change which he is said to have effected in the national manners, seem the mere echoes of foreigners, who never visited the country, and who collected the histories of Peter from partial informations ... I must own I was astonished at the barbarism in which the bulk of the people still continue." Coxe, in: Putnam, S. 281 I

(11) Coxe, in: Putnam, S. 282

Seite 163

(1) "Familiarité de Charles"
(2) "Histoire de Charles XII"; hier benutzt in der Ausgabe der Pleiade: "Oeuvres historiques", hrsg. von René Pomeau 1962, S. 55
(3) S. 350/ 351; notes, S. 1689/ 1690; und benutzte ihn in der Auflage von 1727, Übersetzung von A. de Vicquefort; Herberstein, Mayerberg, Margeret, Korb und Miège nennt er nicht.
(4) Voltaire, a.a.O., S. 1690, S. 352 Note 1; Müller, Büsching und Lomonosov machten Bemerkungen zum Manuskript der "Histoire de l'Empire", die meisten - begründeten - Einwendungen nahm Voltaire nicht an!
(5) Voltaire, a.a.O., S. 366
(6) "Le public a quelques prétendues histoires de Pierre le Grand, la plupart ont été composée sur des gazettes ..." Er bezieht sich unter anderem auf das Werk, das unter dem Pseudonym eines russischen Bojaren erschien - es ist von Jean Rousset de Missy [S. 340, S. 1688 Note] - und auf die Geschichte Peters, geschrieben von E. de Mauvillon. [S. 560, das Werk ist dem Grafen Brühl gewidmet]
(7) Voltaire, Charles XII, a.a.O., S. 55; Wiederholung auf S. 161:"les deux plus singuliers monarques qui fussent alors dans le monde."
(8) Voltaire, Charles XII, a.a.O., S. 68:"la prise d'Azof, qui lui ouvrait l'empire de la mer Noire."
(9) Voltaire, Charles XII, a.a.O., S. 69/ 70
(10) Voltaire, Charles XII, S. 69; Hervorhebung v. d. Verfasserin

Seite 164

(1) Voltaire, Charles XII, a.a.O., S. 70
(2) vgl. außer den schon an anderer Stelle zitierten Autoren auch Petrus Valkenier, Das verwirrte Europa, 1677, S. 53: "Moscovien wird von seinem Czar, der frey und ungebunden ist von allen Gesetzen, regiret, als fast in keinem Reich der Welt geschicht, wodurch sowoll die Großen und Edlen wie gemeine Undertahnen in einer knechtischen Dienstbarkeit leben...Um dieser Ursache willen, wird der Czar, wie ein irdischer Gott geehret, von welchem die Untertahnen ihnen einbilden, daß Ihm nichts unmüglich und verborgen sey, dessen Wille und Worte ihnen das höchste Gesetze sind , dessen sich der Czar auch voll zu bedienen weiß..."
(3) Voltaire, Charles XII, S. 70
(4) vgl. dazu:Voltaire, Charles XII, a.a.O., S. 71: "Il résolut d'être homme, de commander à des hommes, et de créer une nation nouvelle."
(5) Voltaire, Charles XII, a.a.O., S. 71
(6) "Il établit des collèges (!), des académies (!), des imprimeries, des bibliothèques (!)"
Voltaire, Charles XII, a.a.O., S. 71

(7) Voltaire, Charles XII, a.a.O., S.72
(8) Voltaire, Charles XII, a.a.O., S. 72: "une loi sage, qui fait honte à beaucoup d'Etats policés".
(9) Voltaire, Charles XII, a.a.O., S. 73

Seite 165

(1) "C'est ainsi qu'un seul homme a changé le plus grand empire du monde."
Voltaire, Charles XII, a.a.O., S. 76
(2) Voltaire, Charles XII, a.a.O., S. 73 ff.
(3) Voltaire, Charles XII, a.a.O., S. 76
Daniel Bernoulli, seit 1725 Professor der Mechanik in Petersburg, 1750 in Basel; Georg Bulfinger, Schüler Wolffs, 1725-31 in Petersburg, dann in Tübingen; Jos. Delisle, 1725-47 in Petersburg; Christian Wolff war nicht dort.
(4) Voltaire, Charles XII, a.a.O., S. 76; auch das Folgende
(5) zumindest für Estland und Livland waren diese fragwürdig!
(6) Voltaire, Charles XII, a.a.O., S. 77
(7) Voltaire, Charles XII, a.a.O., S. 85 f.
(8) Chantreau I, S. 81
(9) Die gleiche Tendenz zeigt sich in der Schilderung der russischen Reaktion auf die Niederlage bei Narva: "Telle était la fierté et l'ignorance de ce peuple, qu'ils crurent avoir été vaincus par un pouvoir plus qu'humain, et que les Suédois étaient de vrais magiciens." - Voltaire, Charles XII, a.a.O., S. 90 f.

Seite 166

(1) vgl. Voltaire, Charles XII, a.a.O., S. 138: "sa nouvelle ville de Petersburg (1706!), où les arts florissaient à mesure qu'il apprenait à ses Troupes à connaître l'émulation et la gloire"; vgl. auch S. 161, S. 82; S. 151: "son empire où il venait de faire naître les arts et le commerce."
(2) Voltaire, Charles XII, a.a.O., S. 124
(3) Voltaire, Charles XII, a.a.O., S. 190
(4) "la discipline de ses troupes [de Stanislas] qui faisait mieux sentir la barbarie des Moscovites."
Voltaire, Charles XII, a.a.O., S. 139, 133
(5) Voltaire, Charles XII, a.a.O., S. 131
(6) Voltaire, Charles XII, a.a.O., S. 243; vgl. auch die Behandlung der Kosaken S. 153
(7) Voltaire, Charles XII, a.a.O., S. 137; er rächte den Tod Patkuls nicht an den gefangenen Schweden: "une barbarie qui eût eu des suites si funestes: il y avait plus de Moscovites prisonniers en Suède que de Suédois en Moscovie;" S. 161: "il ne faisait la guerre que pour ses intérêts; le moscovite ne donnait jamais que par quelque vue." Vgl. auch S. 181: "le czar se conduisait plus en prince et moins en héros.", auch S. 245
(8) Voltaire, Charles XII, a.a.O., S. 243 f.
(9) Voltaire, Charles XII, a.a.O., S. 274, 243

(10) Voltaire, Charles XII, a.a.O., S. 245
(11) Voltaire, Charles XII, a.a.O., S. 257 f.
(12) Voltaire, Charles XII, a.a.O., S. 125
(13) Voltaire, Charles XII, a.a.O., S. 125
(14) Voltaire, Charles XII, a.a.O., S. 76; der Verfasser fährt fort:"de la brutalité dans ses plaisirs, de la férocité dans ses moeurs, de la barbarie dans ses vengeances, se mêlaient à tant de vertus. Il poliçait ses peuples, et il était sauvage."

Seite 167

(1) Schreiben an Voltaire vom 13.11.1737; zit. bei Mediger, S. 511
(2) "Histoire de l'Empire russe sous Pierre le Grand", S. 388; in: "Oeuvres historiques de Voltaire," hrsg. von rené Pomeau; Bibliothèque de la Pléiade, 1962
(3) Voltaire, Pierre le Grand, a.a.O., S. 388
(4) Voltaire, Pierre le Grand, a.a.O., S. 353, Avant-propos
(5) Voltaire, Charles XII, a.a.O., S. 161
(6) Voltaire, Pierre le Grand, a.a.O., S. 253, avant-propos
(7) Vgl. Rousseau, Du Contrat Social; Pleiade Ausgabe; Oeuvres complètes, Bd. III, 1964; Texte établi et annoté par J. Fabre, S. 386: "Les Russes ne seront jamais vraiment policés, parce qu'ils l'ont été trop tôt. Pierre avoit le génie imitatif (!); il n'avoit pas le vrai génie, celui qui crée et fait tout de rien. Quelques unes des choses qu'il fit étoient bien, mais la plupart étoient déplacées. Il a vu que son peuple étoit barbare, il n'a point vu qu'il n'étoit pas mûr pour la police; il l'a voulu civiliser quand il ne faloit que l'aguerrir. Il a d'abord voulu des Allemands, des Anglois, quand il faloit commencer par faire des Russes; il a empêché ses sujets de jamais devenir ce qu'ils pourroient être, en leur persuadant qu'ils étoient ce qu'ils ne sont pas...L'Empire de Russie voudra subjuguer l'Europe et sera subjuguée lui-même. Les Tartares ses sujets ou ses voisins deviendront ses maîtres et les nôtres: Cette révolution me paroît infaillible. Tous les Rois de l'Europe travaillent de concert à l'accélérer."
Vgl. auch Notes et variantes, S. 1468.
Rousseau äußert sich im Zusammenhang mit Polen noch einmal über Peter den Großen; vgl. weiter unten S. 254
(8) Vgl. dazu Préface historique et critique; Voltaire, a.a.O., S. 346 f.; "Si cette faiblesse d'un homme public, si ce vice secret que vous cherchez à faire connaître, a influé sur les affaires publiques, s'il a fait perdre une bataille, dérangé les finances de l'Etat, rendu les citoyens malheureux, vous devez en parler: votre devoir est de démêler ce petit ressort caché qui a produit de grands événements; hors de là vous devez vous taire ...", S. 348

Seite 168

(1) Voltaire, a.a.O., S. 1688, Note 1 [zu S. 346]
(2) Voltaire, Pierre le Grand, a.a.O., S. 381/ 382
(3) Voltaire, Pierre le Grand, a.a.O., S. 395 ff.
(4) "Leurs chefs furent condamnés à mort...furent roués; - deux femmes furent enterrées vives. On pendit ...On érigea des colonnes..."
Voltaires, Pierre le Grand, a.a.O., S. 426
(5) "devoir étonner (!) et subjuguer pour jamais l'esprit de la nation par l'appareil et la multitude des supplices."
Voltaire, Pierre le Grand, a.a.O., S. 426
(6) Der Autor schreibt ihnen ohnehin eine Neigung zu Aufständen zu.
Pierre le Grand, a.a.O., S. 413
(7) Voltaire, Pierre le Grand, a.a.O., S. 427

Seite 169

(1) Voltaire, Pierre le Grand, a.a.O., S. 427
(2) Voltaire, Pierre la Grand, a.a.O., S. 416
Natürlich konnte er unter diesen Bedingungen Frankreich nicht in seine Rechnung einbeziehen; Gründe für seinen Entschluß, Frankreich zu besuchen, waren aber laut Voltaire der Luxus Ludwigs, der Hochmut und die Verachtung des französischen Königs für die Gesandschaft von 1687.
(3) Voltaire, Pierre le Grand, a.a.O., S. 425 f.
(4) Voltaire, Pierre le Grand, a.a.O., S. 403:" Enfin la princesse Sophie fut reconduite dans son monastère; ... (1689) ... De ce moment Pierre régna."
(5) vgl. dazu Stökl, S. 339 f., Wittram, S. 62 f.
(6) So Stökl, S. 349
(7) "Ce Voyage ayant été l'occasion ou le prétexte de la sanglante guerre qui traversa si longtemps le czar dans tous ses grands projets, et enfin le seconda."
Voltaire, Pierre le Grand, a.a.O., S. 417

Seite 170

(1) Voltaire, Pierre le Grand, a.a.O., S. 431
(2) Voltaire, Pierre le Grand, a.a.O., S. 431
(3) Voltaire, Pierre le Grand, a.a.O., S. 431
(4) Voltaire, Pierre le Grand, a.a.O., S. 427
(5) Voltaire, Pierre le Grand, a.a.O., S. 428
(6) Voltaire, Pierre le Grand, a.a.O., S. 428-430
(7) "Pendant que Pierre commençait cette création (!) dans l'intérieur de ses Etats, une trêve avantageuse avec l'empire turc le mettait en liberté d'étendre ses frontières d'un autre côté."
Voltaire, Pierre le Grand, a.a.O., S. 432
(8) vgl. Weber, I, a.a.O., S. 226; Wittram, Nov. 1718, S. 139
(9) die entscheidenden Fortschritte in der Marine sind allerdings in den Jahren 1713-1719; vgl. Wittram, S. 101

Seite 171

(1) vgl. Wittram, S. 123
(2) Voltaire, Pierre le Grand, a.a.O., S. 428
(3) vgl. Charles, XII, S. 71: "le czar se déclara chef de la religion".
(4) Voltaire bezieht sich dabei auf Nikon (1652-1660/66) und Joachim (1674-90).
(5) vgl. dazu Wittram, S. 12
(6) Philaret 1618-1633, Nikon 1652-1660 (1666)
(7) Stökl, S. 311 ff.
(8) Stökl, S. 378
(9) Voltaire, Pierre le Grand, a.a.O., S. 444, wo er von der Einrichtung eines Hospitals spricht "où l'on fait travailler les vieillards et les enfants et où quiconque est renfermé devient utile."
(10) Voltaire, Pierre le Grand, a.a.O., S. 448

Seite 172

(1) Voltaire, Pierre le Grand, a.a.O., S. 440: "Charles dévastait la Pologne, et Pierre faisait venir de Pologne et de Saxe à Moscou des bergers (!) et des brebis (!)... Il travaillait à enrichir ses Etats et à les défendre. Charles poursuivait le cours de ses victoires ...".
(2) "Sa gloire [de Charles] était d'un genre tout opposé à celle de Pierre; elle ne consistait ni dans l'établissement des arts ni dans la législation, ni dans la politique, ni dans le commerce; elle ne s'étendait pas au delà de sa personne ..."
Voltaire, Pierre le Grand, a.a.O., S. 522
(3) Voltaire, Pierre le Grand, a.a.O., S. 446
(4) vgl. dazu den Gebrauch der Verben "voler" (revoler) bzw. "courir" allein auf den Seiten 438-449; und z.B. S. 565: "il fallait dans ces commencements qu'il vît tout par ses yeux, et qu'il travaillât même de ses mains ... on le voyait quelquefois se mettre à la tête des travailleurs, fouiller la terre, et la transporter lui-même ... il nivela lui-même le terrain ... cet exemple fut suivi de toute sa cour ...(!)"
(5) Voltaire, Pierre le Grand, a.a.O., S. 564: "Toutes les grandes villes furent délivrées de la foule odieuse de ces mendiants qui ne veulent avoir d'autre métier que celui d'importuner ceux qui en ont, et de traîner aux dépens des autres hommes une vie misérable et honteuse..." "Cette uniformité tant désirée [bezogen auf Maße, Gewichte und Gesetze], mais si inutilement, dans des Etats dès longtemps policés, fut établie en Russie sans difficulté et sans murmures...ces fanaux que Louis XIV établit le premier dans Paris , qui ne sont même pas encore connus à Rome, éclairèrent pendant la nuit la ville de Petersbourg..."; dazu kommen Feuerwehrpumpen, sorgfältig gepflasterte Straßen, Sorge für Sicherheit, Sauberkeit und Ordnung.
(6) Voltaire, Pierre le Grand, a.a.O., S. 440

(7) "Enfin le czar fut obligé (!) de la répudier en 1696, et de l'enfermer dans un couvent, à Susdal, où on (!) lui fit prendre le voile ...".
Voltaire, Pierre le Grand, a.a.O., S. 540
(8) Hier formuliert Voltaire es so: "un jugement plus sévère, qu'il crut obligé de rendre contre son propre fils."
Voltaire, Pierre le Grand, a.a.O., S. 540
(9) Voltaire, Pierre le Grand, a.a.O., S. 541
(10) Voltaire, Pierre le Grand, a.a.O., S. 541

Seite 173

(1) Das Datum wird nur bei dem letzten Brief gegeben [21.7.1717], der nach St. Elmo bei Neapel ging;
Voltaire, Pierre le Grand, a.a.O., S. 543
(2) Pierre le Grand, a.a.O., S. 542: "cette lettre [der 2.] était dure"; S. 541 nach dem Tod der Gemahlin Aleksejs: "cette lettre est d'un père, mais encore plus d'un législateur" (!)
(3) Voltaire, Pierre le Grand, a.a.O., S. 542
(4) Voltaire, Pierre le Grand, a.a.O., S. 547
(5) Voltaire, Pierre le Grand, a.a.O., S. 545: Unterschied in der Bewertung des Konkubinats des Zaren und Aleksejs; vgl. besonders S. 544: "Il semblait difficile de concilier cette exhérédation avec l'autre serment que le czar avait fait dans sa lettre d'aimer son fils plus que jamais. Peut être que le père ... se bornait à aimer son fils retiré dans un cloître ...".
(6) Voltaire, Pierre le Grand, a.a.O., S. 547
(7) Voltaire, Pierre le Grand, a.a.O., S. 552
(8) Voltaire, Pierre le Grand, a.a.O., S. 533

Seite 174

(1) Voltaire, Pierre le Grand, a.a.O., S. 556
(2) Voltaire, Pierre le Grand, a.a.O., S. 582: "à faire fleurir en paix les arts et le commerce;" S. 583 ist er der Ansicht, daß der Friede sein [Peters] schönster Triumph war.
(3) "Ils [les applaudissemnts des sujets] furent confirmés par tous les esprits sages de l'Europe, qui virent avec plaisir ... un conquérant, un législateur partageant publiquement son lit et son trône avec une inconnue."
Voltaire, Pierre le Grand, a.a.O., S. 503
(4) Voltaire, Pierre le Grand, a.a.O., S. 469: "si le czar périssait, des travaux immenses, utiles à tout le genre humain (!), étaient ensevelis avec lui, et le plus vaste empire de la terre retombait dans le chaos dont il était à peine tiré."
(5) Voltaire, Pierre le Grand, a.a.O., S. 472; und 473: "mais il a résulté de la journée de Pultawa la félicité (!) du plus vaste empire de la terre."
(6) Voltaire, Pierre le Grand, a.a.O., S. 591
Das umfassende Werk von A. Lortholary [vgl. weiter oben,

S. 14 f.]beschäftigt sich vor allen Dingen mit Voltaires Anteil an der Ausarbeitung des "mirage russe."[vgl. dazu Lortholary, S. 25 ff., S. 39 ff., S. 45 ff.]und mit seinen Beziehungen zu den russischen Herrscherinnen.[vgl. Lortholary, S. 90 ff.]Der Verfasser geht in einem Kapitel auch kurz auf die Haltung Voltaires gegenüber der Adelsrepublik ein[S. 109 ff.]Lortholary berücksichtigt weniger die Gegner Rußlands, wenn er auch einige nennt [u.a. Rulhière - vgl. Seite 186 ff. - und Chappe d'Auteroche - vgl. S. 191 ff.]- und geht nicht ein auf die Zeitungen und auf die späteren Werke von Levesque und Leclerc.

(7) gedruckt "Eloges des Acadêmiciens avec l'histoire de l'Academie Royale des Sciences en MDCXCIX;" TII rêimpression Brüssel 1969, S. 194-234

(8) Fontenelle, Eloge, a.a.O., S. 195-205; dabei, wie auch später, falsche Daten; z.B. Kassation der Strelitzen 1699 statt 1698; auch später Unsicherheiten im Datum, Pruthfeldzug 1712 (S. 213)

Seite 175

(1) Fontenelle, Eloge, a.a.O., S. 206

(2) Fontenelle, Eloge, a.a.O., S. 217

(3) Mêmoires du rêgne de Pierre le Grand, Empereur de Russie; B. Nestesuranoi, Amsterdam, La Haye; Mêmoires du Rêgne de Catherine, A la Haye, 1728; Jean Rousset de Missy

(4) 1741, 3 Bände; vgl. F. Meinecke
Die Idee der Staatsräson, Ausgabe 1957, S. 304-314

(5) siehe dazu Meinecke, a.a.O., S. 311, Anm. 1

(6) J. Rousset de Missy, Mêmoires du rêgne de Catherine; A la Haye, 1728

(7) Rousset, Catherine, S. 40

Seite 176

(1) Rousset, Catherine, S. 12; auch Rousset spricht davon, daß der Zar gezwungen war, seine erste Frau vom Hof zu entfernen, S. 13

(2) Rousset, Catherine, S. 41; er beschreibt seine Neigungen als "farouches et brutales", S. 42

(3) Rousset, Catherine, S. 46, 49

(4) Rousset, Catherine, S. 114

(5) Rousset, Catherine, S. 131

(6) Formey, La France littêraire ou Dictionnaire des Auteurs François vivans, Berlin 1757, S. 235; Mauvillon, Elêazar; geb. 1712 in Tarascon, gest. 1779 in Braunschweig; Historiker; als Protestant nach Deutschland emigriert; war Sekretär des polnischen Königs; unterrichtete später (1758) Französisch in Braunschweig.
in: Grande Encyclopêdie, Bd. 23, S. 434

(7) Mauvillon, S. 316-384 Preuves de l'Histoire de Pierre I.; u.a. Rede an den König von England, Brief des Zaren an die Generalstände. Manifeste König Augusts II.; der Vertrag vom Pruth; Artikel des Zaren, auf die Aleksej ant-

worten sollte; das Verhör des Carevič und sein Urteil; die Thronfolgeordnung (1722).

(8) Mauvillon kennt, bzw. hat auch manchmal herangezogen: Perry; Abbé Antonio Catiforo, Vita di Pietro I, deren Informationen er gegeneinander abwägt -[S. 7 Anm. a -] J. Mottley, History of Peter I; Voltaire, Histoire de Charles XII [dem er manchmal widerspricht, S. 48 Anm. b] Strahlenberg, Historische Geogr. Beschreibung; Weber [in deutscher Fassung!], Lamberti, Mémoires pour servir à l'histoire du XVIIIe siècle; S. 16/ 17, Anm. a: Diskussion der Glaubwürdigkeit Mottleys, Motrayes, Rousset de Missy [Nestesuranoi] und Korbs.

(9) Mauvillon, S. 4 ff.: "prétendent que tout ce que les autres hommes ensemble possédoient de savoir et de connoissances, se trouvoit dans le Czar en un plus haut degré de perfection". S. 5

(10) Mauvillon, S. 5

Seite 177

(1) Mauvillon, S. 9

(2) Mauvillon, S. 10

(3) Mauvillon, S. 12 ff.

(4) Mauvillon, S. 15

(5) Mauvillon, S. 18

(6) Mauvillon, S. 39

(7) Mauvillon, S. 39/ 40

(8) "Le Czar reçut cette lettre pendant qu'il étoit en chemin pour revenir à Petersbourg. Il en fut attendri, et il étoit dans des dispositions favorables envers son fils. Mais Mensikoff, qui n'aimoit pas ce malheureux prince, et que le Czar vit à Petersbourg, détruisit ce reste d'affection paternelle. Il aigrit tellement l'esprit du Monarque, qu'il lui fit oublier les promesses qu'il avoit faites à son Fils de lui pardonner son évasion." S. 277

(9) Mauvillon, S. 280

Seite 178

(1) Hier: Bd. 11, 1734, S. 92-162; nach dem Abdruck der wichtigsten Verlautbarungen und Briefe in der Affäre um dem Thronfolger berichtet Lamberty zum Schluß die Ansicht einer hochgestellten russischen Persönlichkeit, "emploiée dans des Cours considérables pour le Czar, et qui a été souvent nommée dans les nouvelles publiques", S. 162

(2) vgl. dazu die ausführlichen Überlegungen des Autors, S. 280/ 281

(3) "Est-il naturel de croire qu'un Père se porte à ce raffinement de cruauté? Mais pourquoi le Czar auroit-il fait cela lui-même? Manquoit-il d'Exécuteurs à Moscow? Quelle apparence que ce Monarque ait ôté lui-même la vie à son fils d'une manière si barbare, après avoir vu les Nations les plus civilisées du Monde, et s'être fait un nom, qu'une pareille action ne pouvoit manquer de flétrir

pour toujours?" S. 281
(4) Mauvillon, S. 78, Anm. a: "Il faut savoir que le métier de Bourreau n'a rien que de fort honorable en Russie, où l'on regarde comme louable l'action d'ôter la vie à un homme condamné à mort pour ses crimes."
(5) Mauvillon, S. 79
(6) Mauvillon, S. 281
(7) Mauvillon, S. 282
(8) Mauvillon, S. 283
(9) Mauvillon, S. 298
(10) vgl. dazu S. 80, 81, 85

Seite 179

(1) Mauvillon, S. 248: "[ils] témoignèrent être résolus à seconder les intentions de leur Monarque; mais bientôt après ils retombèrent dans leur ancien goût pour l'ignorance et la fainéantise."; S. 291: "Mais quelques soins que prit le Czar, il ne pouvoit vaincre la paresse de la plupart des Moscovites." Beispiele S. 291 ff.
(2) Mauvillon, S. 284
(3) Durch seine Formulierung erweckt Mauvillon den Eindruck, als habe der Zar den Krieg mit Schweden nicht aus eigenem Antrieb unternommen: "Les guerres où le Czar s'étoit trouvé engagé dès le commencement du siècle ...",S.248
(4) Mauvillon, S. 293
(5) er berichtet ebenfalls von der abergläubischen Furcht der Russen vor den Schweden, welche sie für Zauberer hielten; Mauvillon, S. 104
(6) Mauvillon, S. 222
(7) Mauvillon, S. 128/ 129, S. 145: "On n'eut pas plutôt lâché la bride aux soldats Russes, qu'ils commirent des cruautés inouïes." Selbst die Polen, die doch einiges gewöhnt waren, hätten dergleichen noch nie gesehen.
(8) Mauvillon, S. 302; S. 310: "Il étoit persuadé que le Fanatisme suit d'ordinaire ce zele outré, et que la crédulité est dangereuse dans un Etat."
Mauvillon berichtet auch von den Flugschriften, die den Zaren als Antichristen darstellen.
(9) Mauvillon, S. 299/ 300
(10) Mauvillon gibt fälschlich das Jahr 1702 an
(11) Mauvillon, S. 248/ 249
(12) Durch die Einführung der Kopfsteuer statt der vorher üblichen Hofsteuer verschlechterte sich die Lage der Bauern, die sich im Besitz des Adels (nicht der Krone) befanden. Die Gutsbesitzer mußten nun Steuern zahlen für die Bauern und für die unfreien Knechte, so daß sich - zum Nachteil der Bauern - die Unterschiede zwischen ihnen und den Cholopen verwischten, bis schließlich im Laufe des 18. Jahrhunderts der Zustand erreicht war, der die Bauern aus Zinspflichtigen des Staates zu vollen Sklaven der Gutsherren machte.
Platonov, S. 264 f.
(13) Mauvillon, S. 251/ 252

Seite 180

(1) Mauvillon, S. 312
(2) Mauvillon, S. 312
(3) "Alors le Héros sentant sa fin s'approcher, manda le Sénat et les principaux de la Nation Russienne, et leur dit, que comme Maître absolu de la Monarchie, il ordonnoit à tous ses sujets de reconnoître d'abord après sa mort l'Impératrice Catherine pour leur Souveraine..." Mauvillon, S. 312
(4) Mauvillon, S. 313; auch für das folgende
(5) Mauvillon, S. 313
(6) Hier benutzt in der deutschen Ausgabe von 1761: "Des Herrn La Combe Geschichte der Staatsveränderungen des rußischen Reiches" Halle 1761
(7) Abrége chronologique de l'histoire du Nord ... 2 vols. Paris, 1762
(8) Lacombe, a.a.O., S. 2/ 3
(9) Lacombe, a.a.O., S. 4; er unterstellt, daß die Ausführung der Urteile eine der "ordentlichen Verrichtungen der alten Despoten in Rußland" war; ebda. auch das folgende

Seite 181

(1) Lacombe, S. 70: "Die Nation kam nochmals in den Besitz ihrer Rechte; sie erwählete sich einen Souverain aus der romanowschen Familie..." ; und S. 62/ 63: "Dieses war die erste freie Wahl, welche die Russen thun konnten, nachdem die regierende Linie ausgegangen war. Der Senat (!) und die Nation, die ihre Freiheit und die Rechte der höchsten Gewalt wieder erlanget hatten ..."
(2) Lacombe, S. 89, Lacombe, S. 90: "diese unversöhnliche Furie" und S. 102: "eine unversöhnliche und auf den Untergang des Prinzen begierige Furie, der die Hoffnung und die Lust des Volkes war...".
(3) Lacombe, S. 94
(4) "Dieser Prinz sahe Rußland von seinem Throne in der Finsterniß der Barbarei liegen; er seufzete, sich und seine Völker in dem Abgrunde der Unwissenheit, ohne Künste, ohne Erkenntnisse und des Lichts beraubt zu sehen, welches das übrige Europa erleuchtete. Jetzt fassete er den ewig merkwürdigen Entschluß, die Regierungsform zu ändern ...". Lacombe, S. 104
(5) Lacombe, S. 106
(6) Lacombe, S. 135
(7) "indem nun der Zar sich solchergestalt vervielfältigte..." Lacombe, S. 223
(8) Lacombe, S. 226: "seine überlegene Macht vertrat bei ihm die Stelle des Rechts... Dergleichen Erpressungen, die er sich als Souverän erlaubte, verfolgte und bestrafte er ... mit großer Strenge ..."; und S. 210: [anläßlich des Pruthvertrages] "Peter der Große versprach immer und überließ es der Zeit, ihn von seinen Versprechungen zu

befreien."

(9) Lacombe, S. 237

(10) Lacombe, S. 244; vgl. auch S. 247: "Die Künste, die nützlichen Anstalten, die Kriegszucht und die Kriegsübungen, alles dieses erregte seine ungerechten Klagen und seine blöden Verachtungen."

(11) Lacombe verlegt die Vorgänge in das Jahr 1719. Er beschließt den Bericht über die Affäre mit dem Satz: "Er starb wenig Tage nachher an schröcklichen Convulsionen, die entweder von seiner Furcht vor der Todesstrafe oder von einer anderen gewaltsamen Ursache herrühreten.", S. 250

Seite 182

(1) Lacombe, S. 261; S. 262 spricht er sogar von Religionskriegen, welche Rußland innerlich zerrütteten.

(2) Lacombe, S. 263/ 264

(3) in dem von uns hier nicht vorgestellten Werk: Abrégé Chronologique de l'histoire du Nord ...2 vols, Paris 1762

(4) André Guillaume Contant d'Orville; Schriftsteller, geb. um 1730 in Paris, gest. Anfang des 19. Jahrhunderts; nach Grimm soll er kurz vor 1766 aus Rußland gekommen sein, "avec l'intention de s'enrichir en faisant le métier d'auteur." Er hat viele Kompilationen herausgegeben; neben den "Fastes" auch noch ein Werk über den englischen Charakter: Dict. Biogr. Fr., t.9, 1961, Sp. 529

(5) Les Fastes de la Pologne et de la Russie, seconde partie (Russie), Paris 1769, Remarques préliminaires, S. III-LVI

(6) Contant, Russie, S. XX

(7) "La couronne est héréditaire; les filles ont droit d'y succéder, et le père est libre de nommer dans la famille celui ou celle qu'il juge à propos de placer sur le thrône après lui."
Contant, Russie, S. XXI
Contant d'Orville vergißt zu erwähnen, daß dies erst seit Peters Thronfolgeordnung gilt!

(8) Contant gibt für den Tod Adrians 1703 an!, Russie, S. XXIII.

(9) Contant, Russie, S. XXIV

(10) Contant, Russie, S. XXIX

(11) Contant, Russie, S. XXX

(12) "Dans ces temps des ténèbres, faire un Almanach, était un ouvrage qu'on ne pouvait achever sans la participation du diable." Diesen Akt der Barbarei schreibt Contant Golycin zu, der im allgemeinen für seine Bildung besonders gerühmt wird; vgl. Russie, S. LI.

(13) Contant, Russie, S. LIII

Seite 183

(1) Contant, Russie, S. 10

(2) Contant, Russie, S. 18

(3) Contant, Russie, S. 21/ 22: "Nous voyons les Tartares,

quoique divisés entr'eux demeurer maîtres en Russie, y faire et y déposer les souverains à leur gré, jusqu'au règne d'Iwan Vasiliewitz." S. 21

(4) "comme un tyran qui s'abreuvait avec joie du sang de ses sujets."
Contant, Russie, S. 35; Anm. t.

(5) von Contant hervorgehoben

(6) Contant, Russie, S. 35; Anm. t.; wiederholt S. 38, 44,52

(7) Contant, Russie, S. 52/ 54

(8) Contant, Russie, S. 69: "tyran, avare, bourreau, assassin, usurpateur, violateur des loix divines et humaines, hypocrite."

(9) Contant, Russie, S. 72

(10) Contant, Russie, S. 91

(11) Contant, Russie, S. 98

(12) Contant, Russie, S. 115

(13) Contant, Russie, S. 116

(14) Contant, Russie, S. 119 ff.

(15) Contant, Russie, S. 127, (1689): "Un monarque ferme et habile, peut tout ce qu'il veut. Le czar Pierre projette de policer la Russie et la réforme commence ..."

(16) Contant, Russie, S. 131

(17) Contant, Russie, S. 136

Seite 184

(1) er zitiert in einer Anmerkung ein Gebet der Russen zum Heiligen Nikolaus, aus dem deutlich wird, daß die Schweden als Zauberer, die Niederlage als Folge von Hexerei gesehen werden.
Contant, Russie, S. 140 u. Anm. t.

(2) Contant, Russie, S. 145: "L'esprit du czar redoublait les forces de l'ouvrier, échauffait le coeur du soldat, et faisait regarder comme facile et sûr tout ce qu'il entreprenait."

(3) Contant, Russie, S. 148: "Il y eut cette année (1705) quelque semence de sedition vers [A]strachan, mais le calme fut presque aussitôt (!) rétabli."

(4) Contant, Russie, S. 150

(5) Contant, Russie, S. 152

(6) Contant, Russie, S. 157

(7) Contant, Russie, S. 164

(8) Contant, Russie, S. 172-176

(9) Contant, Russie, S. 173

(10) Contant, Russie, S. 187

(11) Contant, Russie, S. 203/ 204

(12) Contant, Russie, S. 228/ 229

Seite 185

(1) Contant, Russie, S. 242/ 243

(2) vgl. dazu auch Voltaire: Précis du siècle de Louis XV; in: Oeuvres historiques; S. 1299-1571; "Pierre III voulait répudier sa femme, et indisposait contre lui sa nation [...] Ce fut ce régiment [Préobasinski] qui prévint

tous ses desseins et qui le détrôna. Les soldats et le peuple se déclarèrent contre lui. Il fut poursuivi, pris et mis dans une prison où il ne se consola qu'en buvant du punch pendant huit jours de suite au bout desquels il mourut. L'armée et les citoyens proclamèrent d'une voix unanime sa femme... impératrice ..." S. 1491 Voltaire weiß angeblich ebenfalls nichts von Katharinas Beteiligung.

(3) "Pendant que l'impératrice Catherine II donnait tous ses soins à l'affermissement de sa nouvelle autorité, on conduisait Pierre III à Czarskaselo où ce prince, attaqué d'une violente colique appellée hémorrhoïdale, mourut [...], malgré les secours de la médicine.", S. 253

(4) Contant, Russie, S. 259

(5) Contant, Russie, S. 249, 255

(6) Contant, Russie, S. 258

(7) Contant, Russie, S. 269

(8) Contant, Russie, S. 285: "et dont le poids accablerait tout autre génie que celui de l'auguste souveraine des Russes."

(9) "Der Despotismus hat die Art, daß er sich so weit ausdehnt, als er kann."
Kéralio, S. 112

(10) Kéralio, S. 113

(11) "L'histoire de Russie est remplie d'évênemens extraordinaires ... De nos jours n'y-a-t-on pas vu de ces faits singuliers, dont la postérité aura peine à se persuader la vraisemblance ..." D'Eon, Bd. 6, S. 1

(12) in: Les Loisirs du chevalier d'Eon; t. 6, Amsterdem 1774; p. 1-51

(13) D'Eon, a.a.O., Bd. 6, z.B. S. 2: "on ne peut [...], la lire [l'histoire d'Eudoxie] sans verser des larmes sur les fautes que son époux, d'ailleurs illustre, (!) commit à son égard ..."; vgl. S. 36/37: Schilderung der Strafen, die die von Aleksej Belasteten erdulden mußten. Dann folgt der Satz: "Pierre qui, avec tant de justice, a mérité à bien des égards le surnom le Grand ...".

Seite 186

(1) D'Eon, a.a.O., Bd. 6, S. 2

(2) Ähnlich auch Seite 15, wo D'Eon davon spricht, daß Peter den Plan gefaßt habe, seinen Staat neu zu ordnen ["réfondre ses Etats" - umschmelzen, umkrempeln] und sich ein neues Volk zu schaffen.

(3) D'Eon, a.a.O., Bd. 6, S. 3

(4) D'Eon, a.a.O., Bd. 6, S. 5; auch er unterstellt, Peter habe gleich 1689 die volle Regierungsverantwortung übernommen.

(5) D'Eon, a.a.O., Bd. 6, S. 6 ff.

(6) D'Eon, a.a.O., Bd. 6, S. 10 f.

(7) D'Eon, a.a.O., Bd. 6, S. 17

(8) D'Eon, a.a.O., Bd. 6, vgl. S. 20/21

(9) S. 20; D'Eon spricht von dem Ehrgeiz Katharinas, der mit ihrem neuen Rang wuchs.

(10) D'Eon, a.a.O., Bd. 6, S. 10
(11) D'Eon, a.a.O., Bd. 6, S. 26/27
(12) D'Eon, a.a.O., Bd. 6, S. 16/17
(13) D'Eon, a.a.O., Bd. 6, S. 24: "D'ailleurs on connoissoit Pierre, et l'on savoit que la moindre opposition auroit mis en pêril la vie de celui qu auroit été assez hardi pour le contredire; sa volonté devoit être une loi..."
(14) D'Eon, a.a.O., Bd. 6, S. 24
(15) D'Eon, a.a.O., Bd. 6, S. 29: "Ce fut alors que commença ce fameux procès criminel, qui finit par la mort tragique d'un nombre infini de personnes, qu'on crut pouvoir (!) ou devoir (!) y impliquer: sans que jusques à ce jour il soit bien possible de décider, quelle étoit la nature des crimes qui en on fait le fondement."
(16) D'Eon, a.a.O., Bd. 6, S. 35
(17) zum Bild des Zaren: D'Eon, a.a.O., Bd. 6, S. 36/37: Eudoxie sei im Beisein des gesamten Kapitels geschlagen worden; "Le Czar [les] avoit forcés d'assister à cette exécution."
(18) D'Eon, a.a.O., Bd. 6, S. 36
(19) D'Eon, a.a.O,, Bd. 6, vgl. S. 38-41

Seite 187

(1) im Druck erschienen Paris 1797
(2) vgl. Alice Chevalier, C.-C. de Rulhière, premier historien de la Pologne, sa vie et son oeuvre historique d'après des documents inédits; Paris 1939, S. 62; "cet événement sera pour lui l'initiation à la mentalité russe; de ce jour , il accumulera les observations sur la Russie, son gouvernement et ses moeurs, et ses jugements porteront toujours l'empreinte de la première impression qu'il en reçut ..." S. 63.
(3) Auszug aus einem Brief an die Comtesse d'Egmont vom 31.1.1765; abgedruckt bei Chevalier, a.a.O., S. 74
(4) Chevalier, S. 105
(5) Chevalier, S. 110
(6) vgl. dazu Chevalier, S. 106-109
(7) Chevalier, S. 114; 1772 vor Gustav III. von Schweden [Chevalier S. 110] vgl. Grimm, Correspondance, Bd. 1, S. 72 über die Lesung des Werkes in Gegenwart des Fürsten Adam Czartoryski, den Rulhière als Zeugen anrief für seine Enthüllungen über den Ursprung des Glückes seines Verwandten Stanisław Poniatowski. Chevalier, S. 107
(8) vom Februar 1768
(9) Rulhière, Anecdotes, épître dédicatoire, S. 8; S. 11: "on ne connaît sur la terre aucune puissance plus absolue que celle des souverains de Russie: dans tout leur Empire leur volonté est l'unique loi; l'obéissance est la seule morale."
(10) Rulhière, a.a.O., épître dédicatoire, S. 12
(11) Rulhière, Anecdotes, épître dédicatoire, S. 14

Seite 188

(1) Rulhière, Anecdotes, S. 19
(2) vgl. Rulhière, Anecdotes, S. 20: "par quelle suite de desseins ambitieux cette princesse est parvenue jusqu'à la plus violente usurpation."
(3) Rulhière, Anecdotes, S. 31
(4) Rulhière, Anecdotes, S. 35
(5) Rulhière, Anecdotes, S. 54: "Maltraitée de l'empereur chaque fois qu'elle était obligée de se montrer à la cour, elle paraissait s'attendre aux dernières violences. On la vit quelquefois en public laisser, comme malgré elle, échapper ses pleurs, tachant que la pitié générale devint un moyen pour elle . Les partisans secrets répandaient le bruit de ses dangers."
(6) Rulhière, Anecdotes, S. 62/63: "Telles étaient, dans l'abandon général, les deux liaisons inconnues que l'impératrice avait conservée;[Daškov, Orlov]et comme elles étaient même inconnues l'une à l'autre; elle mena de front deux conjurations à la fois, et les tint absolument séparées, méditant dans l'une un soulèvement des gardes, et dans l'autre, une convocation des grands."
(7) Rulhière, Anecdotes, S. 38 f.
(8) Rulhière, Anecdotes, S. 46
(9) Rulhière, Anecdotes, S. 46/ 47: "Pierre III. courait à sa ruine par des actions bonnes en elles-mêmes, et la plupart des choses qui l'on perdu, ne sont devenues des fautes que par sa précipitation , et on été depuis exécutées par sa femme avec succès et avec gloire;" das gilt auch für die Kirchenpolitik.
(10) Rulhière, Anecdotes, S. 54
(11) Rulhière, Anecdotes, S. 56: "l'impératrice qui n'aurait paru prendre aucune part à cette révolution, éloignant toute apparence d'avoir trémpé elle-même dans le complot, aurait eu l'air de céder seulement à la prière de ses peuples et reçu, par une proclamation volontaire et unanime, les droits, qu'aucun titre ne lui donne. Telle fut la base de sa conduite."

Seite 189

(1) Rulhière, Anecdotes, S. 51/52
(2) Rulhière, Anecdotes, S. 56
(3) Rulhière, Anecdotes, S. 63
(4) "on eut aussi attention au peuple, et afin de lui inspirer l'esprit de révolte (!), on répandit qu'elle avait déjà éclaté dans toutes les provinces...". Rulhière, Anecdotes, S. 70
(5) Rulhière, Anecdotes, S. 70
(6) Rulhière, Anecdotes, S. 51
(7) Rulhière, Anecdotes, S. 72
(8) "Le peuple, les soldats, ne sachant pas si l'empereur vivait ou non, et répétant dans leurs acclamations le mot houra qui n'est qu'un cri de joie, sans aucun autre sens, croyaient proclamer le jeune grand-duc empereur

et donner simplement la régence à sa mère."
Rulhière, Anecdotes, S. 90

(9) "et déjà on sentait aux différents bruits qui se répandaient que, sur les plus légères espérances, l'empereur y aurait encore trouvé des partisans."
Rulhière, Anecdotes, S. 117

(10) Rulhière, Anecdotes, S. 123, vgl. dazu S. 121: "C'est dans cette grande ville qu'habite véritablement la nation Moscovite, Petersbourg étant seulement la résidence de cour;" und Seite 129: "Cette capitale la [Catherine] vit sans empressement et sans joie. Quand elle passait dans les rues, le peuple s'éloignait, mais son fils était toujours environné par la foule."

(11) "les matelots qu'on n'avait point intéressés dans le soulèvement reprochaient publiquement aux gardes dans les cabarets, d'avoir vendu leur empereur pour de la bière."
Rulhière, Anecdotes, S. 123

(12) Rulhière, Anecdotes, vgl. die Seiten 123 ff.

(13) Rulhière, Anecdotes, S. 126

(14) Rulhière, Anecdotes, S. 130

Seite 190

(1) vgl. dazu weiter unten, S. 273 ff.

(2) Wittram, S. 114

(3) Ključevskij, zit. bei Wittram, S. 114

(4) Pierre Charles Levesque, Histoire de Russie, tirée des chroniques originales, des pièces authentiques, et des meilleurs histoirens de la nation, 5 vols, Paris, 1782
Levesque, Historiker, geb. 1736, gest. 1812, Diderot empfahl ihn Katharina II., sie berief ihn nach Petersburg, wo er an der Kadettenanstalt lehrte; 1780 kehrte er nach Paris zurück.
La Grande Encyclopédie, Bd. 22, S. 138

(5) "Mais en vain un Français se promettrait d'écrire l'histoire de Russie, en restant à Paris dans son cabinet, ou se contentant de fouiller dans nos plus vastes bibliothèques...Il faut aller en Russie, s'y livrer pendant plusieurs années à une étude seche et opiniâtre, apprendre non seulement le russe moderne, mais encore l'ancienne dialecte slavonne-russe, dans laquelle sont écrites toutes les chroniques, lire et extraire des livres fastidieux, dans lesquels la vérité n'est parée d'aucun ornement, et se montre sous la moins agréable nudité...".
Levesque, Bd. 1, préface, S. XXXIX

(6) Levesque, Bd. 1, préface, S. XXXVI

(7) Levesque, Bd. 1, vgl. préface, S. XXXVII u. S. XXXIX

(8) Levesque, Bd. 1, préface, S. XLI. Der Satz davor lautet: "Nous ne permettrons plus aux historiens de nous plaire en nous trompant."

(9) Levesque, Bd. 1, vgl. préface, S. XXXV

(10) Levesque, Bd. 1, préface, S. XXXIII: "et plus on a longtemps exagéré sa barbarie, plus on est étonné de ses progrès."

(11) Levesque, Bd. 1, S. 72/73: "et qu'elle [la Russie] fut enfin rétablie et vit préparer sa splendeur par l'aïeul, le père et le frère du héros auquel on attribue toute sa gloire. On croit communément que Pierre I., en montant sur le trône, ne vit autour de lui qu'un désert peuplé de quelques animaux sauvages, dont il sut faire des hommes. Le seul Montesquieu [...] soupçonna que la nation était disposée d'avance à seconder les travaux du réformateur."
Vgl. dazu Montesquieu, De l'esprit des lois, a.a.O. XIX, 14, S. 565 - Levesque stimmt in manchen Dingen mit Montesquieu überein; vgl. auch Levesque, Bd. 4, S. 152 ff., 158 ff., 303 mit Montesquieu, De l'esprit des Lois, a.a.O., XIX, 5, S. 559; XIX, 12, S. 563; XIX, 14, S. 564

Seite 191

(1) Levesque, Bd. 5, S. 164 ff., 213, 214-302, 302 ff.
(2) Levesque, Bd. 3 "Moeurs et usages au 16e siècle, " S. 80-105; Levesque, Bd. 4, S. 2-59
(3) Levesque, Bd. 1, S. 93 f.
(4) Levesque, Bd. 1, S. 162
(5) vgl. dazu Bd. 1, S. 146, 178 ff., 277 ff.
(6) Levesque, Bd. 1, S. 195
(7) Levesque, Bd. 1, S. 194: er erwähnt, daß Jaroslavs Tochter mit Heinrich I. von Frankreich verheiratet war; S. 195 schreibt er, daß eine russische Gesandtschaft an Kaiser Heinrich IV. und eine deutsche nach Kiev ging, [1075].
(8) Levesque, Bd. 1, S. 234; vgl. dazu Stökl, S. 75; S. 82 ff.
(9) Levesque, Bd. 2, S. 2: "Depuis Vladimir le Grand, la Russie s'était de plus en plus affaiblie, parce qu'elle s'était de plus en plus subdivisée;" S. 44: die Russen hätten gegen die Mongolen Chancen gehabt "si, dès le commencement on avait voulu se défendre, et si l'on avait résisté d'un commun accord."
Vgl. auch Bd. 2, S. 49, S. 107
(10) Levesque, Bd. 2, S. 44
(11) Levesque, Bd. 2, S. 84
(12) Levesque, Bd. 2, S. 167, S. 191
(13) Levesque, Bd. 2, S. 359; auch Bd. 4, S. 41 f.
(14) Levesque, Bd. 2, S. 212 f., 237 ff., 365 ff.
(15) er vergleicht ihn mit Louis XI. - "au milieu de ses cruautés et de ses déréglements, Iwan avait témoigné beaucoup de dévotion -", Bd. 3, S. 43
(16) Levesque, Bd. 3, S. 44
(17) Levesque, Bd. 3, S. 45 f.

Seite 192

(1) Levesque, Bd. 3, S. 143; er rückt ihn in die Nähe Peters des Großen: "le même zèle pour les connaissances utiles et agréables que Pierre I.", Levesque, Bd. 3, S. 144
(2) Levesque, Bd. 3, S. 192 f.
(3) Levesque, Bd. 3, S. 217: "les moindres Polonais qui se

trouvaient à Moskou, usurpaient le droit d'outrager la nation"; und S. 312: "Les habitants gêmissaient dans le plus dur esclavage." ; vgl. auch S. 314

(4) Levesque, Bd. 3, S. 311

(5) Levesque, Bd. 3, S. 358: "Une haine depuis longtemps envenimée entre les deux nations et d'une part la douleur de voir s'échapper une proie qu'on croyait avoir saisie, de l'autre le désir de venger les plus graves insultes, rendaient cette guerre bien plus cruelle que celle de la Suède et exaltait la fureur des deux peuples ennemies."

(6) Levesque, Bd. 3, S. 400
Bei diesen Auseinandersetzungen, vor allem zu der Zeit Aleksejs [1645-1676] , schildert er auch die Rolle der Kosaken.

(7) Levesque, Bd. 3, S. 382 f.

(8) Levesque, Bd. 3, S. 430 f., S. 464

Seite 193

(1) Levesque, Bd. 3, S. 395: "Aleksej, qui lorsque les lumières de l'Esprit pénétraient à peine dans ses Etats, voulut donner à ses peuples des loix fondées sur leur situation, sur leurs moeurs, sur leurs usages, sur la forme de leur gouvernement."

(2) Levesque, Bd. 3, S. 460

(3) im 16. und 17. Jahrhundert

(4) Levesque, Bd. 3, S. 380: "L'ignorance des Russes était celle de leur siècle, et une suite de leur situation." Bd. 3, S. 104

(5) Levesque, Bd. 3, S. 83 ff.

(6) Levesque, Bd. 3, S. 80 f.

(7) Levesque, Bd. 3, S. 93

(8) Levesque, Bd. 3, S. 91

(9) Levesque, Bd. 3, S. 102 ff.

(10) Levesque, Bd. 3, S. 89 ff.

(11) Levesque, Bd. 3, S. 102. Es ist nicht zu verkennen, daß Levesque sich in mancher Hinsicht an Ščerbatov gehalten hat: vgl. Ščerbatov, a.a.O., S. 155, 157; Prince M.M. Ščerbatov: On the corruption of Morals in Russia; ed. A. Lentin, Cambridge 1969

(12) Levesque, Bd. 3, S. 82

(13) Levesque, Bd. 3, S. 81/82

(14) "On a mille fois reproché aux Russes de ne pas connaître l'honneur. Il est vrai que l'oppression de la tyrannie en a successivement émoussé en eux le sentiment: mais ils le connaissaient si bien, que les loix ont pris le plus grand soin de le leur conserver."
Levesque, Bd. 3, S. 95

(15) Levesque, Bd. 3, S. 36

(16) Levesque, Bd. 4, S. 36. Im Zusammenhang mit der Krönung der Zaren spricht er noch einmal von "esclavage" aller russischen Untertanen, obgleich der Schein der Mitwirkung von Klerus, Adel und Kaufleuten aufrecht erhalten wurde. Vgl. Bd. 4, S. 33

Seite 194

(1) Levesque, Bd. 4, S. 51, 55/56 mit deutlicher Wendung gegen Voltaire!; auch S. 58 f. Levesque meint auch Beweise zu haben, daß die Behauptung, die Zaren hätten die Verpflichtung, am Palmsonntag das Pferd des Patriarchen zu führen, unzutreffend sei.

(2) Levesque, Bd. 4, S. 2,3

(3) Levesque, Bd. 4, S. 4

(4) Levesque, Bd. 4, S. 3; auch noch 1782 die gleiche Unwissenheit!

(5) Levesque, Bd. 4, S. 7, S. 18

(6) Levesque, Bd. 4, S. 6: "Avant d'enterrer un mort, le Prêtre lui mettoit dans la main, non pas, comme l'ont dit plusieurs Auteurs, un passe-port pour Saint-Nicolas; mais un billet sur lequel était écrite une prière. Cet usage existe encore...". Diese Ausführungen zeigen, wie gut Levesque - im Gegensatz zu anderen Autoren - informiert war. Vgl. dazu: F.A. Brokgauz, J.A. Efron, Ėnciklopedičeskij slovar', 24. Bd., St. Petersburg 1898, S. 41: Während des Totenamtes wird auf die Stirn des Verstorbenen ein Papierband mit lithographierten Heiligenbildern und in seine Hände ein Ablaßbrief gelegt. Dieser letztere Brauch nahm in Rußland seinen Anfang erst im 11. Jahrhundert; der Text des Briefes ist aus einem Gebet der Liturgie des Apostels Jakob entnommen.

(7) Levesque, Bd. 4, S. 8 f.

(8) Levesque, Bd. 4, S. 11: "il ne faut pas croire, ce qu'on a répété tant de fois, qu'avant le regne de Pierre I, peu de personne (!) sussent écrire [...]. Enfin, c'est par une suite des anciens usages, qu'il se fait en Russie plus d'ecritures que dans aucun autre Etat de l'Europe."

(9) Levesque, Bd. 4, S. 18 f. Er bezieht sich u.a. auf die Berichte von Possevinus und Mayerberg; siehe auch S. 20 und 23: "Du temps même de l'administration de Sophie, les Boiars et les hommes en place n'osaient avoir aucune communication avec les étrangers." Im Bedarfsfall nahmen sie nachts mit ihnen Kontakt auf, Reste dieses Brauches gab es auch noch unter Peter I. Levesque bezieht sich auf Korb.

(10) Levesque, Bd. 4, S. 20

(11) Levesque, Bd. 4, S. 12-17

(12) Levesque, Bd. 4, S. 29 ff.

(13) Levesque, Bd. 4, S. 151

(14) "Elle [Sophie] fut renversée: Pierre règna seul, mais elle fut regrettée. Il aurait dû effacer la mémoire de Sophie en se rendant agréable à la nation: il dédaigna de la ménager. Il lui laissa voir qu'il ne l'estimait pas, qu'il n'aimait que les étrangers, leurs usages, leurs moeurs et leurs arts: il ne témoigna que du mépris pour les personnages les plus respectés par la multitude, et il offensa même le peuple dans ce qui lui était le plus cher." Levesque, Bd. 4, S. 152

(15) Levesque, Bd. 4, S. 141 ff.

Seite 195

(1) Levesque, Bd. 4, S. 146 f.
(2) Levesque, Bd. 4, S. 147. Allerdings betont er auch das außergewöhnlich starke Engagement Peters in dieser Angelegenheit, seine innere Erregung; Bd. 4, S. 143
(3) Levesque, Bd. 4, S. 154
(4) Levesque, Bd. 4, S. 156-160
(5) Levesque, Bd. 4, S. 158
(6) Levesque, Bd. 4, S. 156, 157
(7) Levesque, Bd. 4, S. 158 f.; "Oter brusquement à un peuple les usages, c'est lui ôter ses loix mêmes; c'est faire que rien n'est plus respectable pour lui que rien n'a plus d'empire sur lui, si ce n'est la crainte ... au lieu des coutumes on n'aura que des caprices.", S. 159
(8) Levesque, Bd. 4, S. 160: "c'était corrompre la nation pour la civiliser."
(9) Levesque, Bd. 4, S. 184 f.
(10) Levesque, Bd. 4, S. 185
(11) "Le chef des prêtres ... oppose son ascendant et le pouvoir sacré de la Religion, au pouvoir souvent capricieux du Despote."
Levesque, Bd. 4, S. 485

Seite 196

(1) Der Absatz beginnt mit den Worten: "Pierre, qui n'avait pas assez ménagé les coutumes et qui avait indisposé la nation pour la forme d'un habit, ne comprenait pas non plus assez que les noms sont quelquefois plus respectables que les choses mêmes."
Levesque, Bd. 4, S. 303
(2) Levesque, Bd. 4, S. 256
(3) Levesque, Bd. 4, S. 185
(4) Levesque, Bd. 4, S. 162
(5) Levesque, Bd. 4, S. 381
(6) Levesque, Bd. 4, S. 379
(7) Levesque, Bd. 4, S. 380
(8) Levesque, Bd. 4, S. 381
(9) Levesque, Bd. 4, S. 382
(10) Levesque, Bd. 4, S. 414 f.
(11) Levesque, Bd. 4, S. 434
(12) Levesque, Bd. 4, S. 427
(13) Levesque, Bd. 4, S. 423
(14) Levesque, Bd. 4, S. 447; auch an anderer Stelle: [Bd. 4, S. 415] "Ce n'était qu'un témoignage des craintes que Pierre inspirait. Le Souverain a droit de punir des complots, mais non les terreurs qu'il excite. Il doit se contenter de la crainte ou de l'amour, et ne peut guère inspirer ces deux sentiments à la fois."
(15) Levesque, Bd. 4, S. 493
(16) Levesque, Bd. 4, S. 454
(17) "Mais Pierre qui avait puni avec toute la rigueur du despotisme des gens qui s'étaient permis contre sa per-

sonne quelques indiscretions, pardonna aux e n n e m i s d u p e u p l e." [Hervorhebung von der Verfasserin.] Levesque, Bd. 4, S. 457

Seite 197

(1) Levesque, Bd. 4, S. 530 f.
(2) Levesque, Bd. 4, S. 545
(3) Levesque, Bd. 4, S. 543
(4) Levesque, Bd. 4, S. 548
(5) Levesque, Bd. 4, S. 532
Im übrigen nimmt der Autor die Russen gegen mehrere Vorwürfe in Schutz, sie seien weder dumm noch knechtisch. Er erinnert auch daran, welche großen Männer es in Rußland schon vor Peter gab: Musin-Puškin, Golicyn [S. 32] und in seinem Jahrhundert vor allem Lomonosov [S. 535]
(6) vgl. dazu weiter unten, S. 209; Levesque, Bd. 5, S. 26-31
(7) Levesque, Bd. 5, S. 32
(8) Levesque, Bd. 5, S. 33
(9) Levesque, Bd. 5, S. 34/35
(10) Levesque, Bd. 5, S. 38 f.
(11) Levesque, Bd. 5, S. 56 f.: "la molle inactivité"; "laissait souvent languir les affaires les plus importantes ...", S. 57
(12) Levesque, Bd. 5, S. 59: "elle forma moins qu'elle ne laissa se former en sa faveur un parti faible et aussi inactif qu'elle".
Vgl. auch S. 60
(13) und ihren eigenen schauspielerischen Fähigkeiten; vgl. Levesque, Bd, 4, S. 61 ff.

Seite 198

(1) Levesque, Bd. 5, S. 69
(2) Levesque, Bd. 5, S. 83 ff; zu den Vorgängen im Juli 1743 vgl. Mediger a.a.O., S. 226 ff.
(3) Levesque, Bd. 5, S. 86: "La guerre se fit mal, les succès devinrent inutiles, parce qu'on ne voulait pas en profiter."
(4) Levesque, Bd. 5, S. 93 ff.
(5) "Ce ne sont point ces desseins d'une ambition peu éclairée qui marquent le regne de Pierre III: c'est le bien que de sages conseils lui ont fait faire à la Russie, et qui doit effacer le souvenir de ses vices."
Levesque, Bd. 5, S. 96
(6) Levesque, Bd. 5, S. 96-98
(7) Levesque, Bd. 5, S. 98 f.
(8) Levesque, Bd. 5, S. 99
(9) Levesque, Bd. 5, S. 100: "Pierre en [du complot] eut quelques avis et les négligea;" S. 102: "S'il avait suivi ce conseil [de se mettre à la tête des troupes Holstenoises] s'il s'étoit montré à des soldats, dont la plupart le croyaient mort, dont les autres ne s'étaient armés contre lui que pour obéir à quelques Officiers [...] ces hommes, accoutumés à la soumission [..] se seraient rangés

autour de lui, et peut-être aurait-il récouvré sa puissance sans répandre une goutte de sang."
(10) Levesque, Bd. 5, S. 104: "l'on publia qu'il était mort d'une colique hémorrhoïdale. [...] Sans doute elle avait cruellement à se plaindre de la nature qui l'avait trop tôt vengée de son époux, ou, comme on veut le croire, du zèle indiscret qui l'avait si mal servie."

Seite 199

(1) Levesque, Bd. 5, S. 145
(2) Levesque, Bd. 5, S. 145, 146
(3) Levesque, Bd. 5, S. 147
(4) Levesque, Bd. 5, S. 148
(5) Levesque, Bd. 5, S. 150 ff.
(6) Levesque, Bd. 5, S. 151
(7) Levesque, Bd. 5, S. 152
(8) Levesque, Bd. 5, S. 119 ff.
(9) Levesque, Bd. 5, S. 132 f.
(10) Levesque, Bd. 5, S. 139
(11) Levesque, Bd. 5, S. 140 ff.
(12) Levesque, Bd. 5, S. 139
(13) Levesque, Bd. 5, S. 141
(14) Levesque, Bd. 5, S. 142 f.
(15) vgl. Levesque, Bd. 5, S. 113 ff.
(16) Nicolas-Gabriel Leclerc, geb. 1726, gest. 1798; Schriftsteller und Arzt; er war zuerst in der Armee, 1759 von Elisabeth nach Rußland gerufen; 1762 kehrte er nach Frankreich zurück; später war er erneut in Rußland, das er 1777 endgültig verließ.
Grande Encyclopédie; Bd. 11, S. 649
(17) Leclerc, III, S. 13, Anm.; Bd. III, S. 165/ 166, Anm. "La Diatribe de M. Levesque étoit faite pour indigner tout Lecteur sage."; auch an anderer Stelle [III, S. 106] bezieht er sich auf Levesque; im Zusammenhang mit Sofija.
(18) vgl. vor allem die Abschnitte über die Verurteilung und den Tod des Carevič.
(19) Leclerc I, S. 244, 247; "La religion de ce peuple ne consiste donc que dans des actes extérieurs [...] et quand il se conforme à ces pratiques, il croit de bonne foi que tout le reste lui est permis." S. 248

Seite 200

(1) vgl. dazu Leclerc I, S. 244
Vergleich mit den Einwohnern der Kanarischen Inseln; S. 247 mit den Eingeborenen der Südsee; S. 250 mit den Einwohnern des Senegal; S. 259 mit Japanern, Neuseeland. Das alles immer unter dem Gesichtspunkt, daß sich Aberglaube und Vorurteile der verschiedenen Völker ähnlich sind. Aufschlußreich für das völlige Unverständnis bei der Betrachtung anderer Völker ist die Bemerkung Leclercs über die russische Kirchenmalerei: "Les images de l'intérieur des Temples se ressemblent toutes: les figures en sont lugubres et monotones, et d'un sombre sans inté-

rêt; elles portent l'empreinte de l'esclavage, et d'une imagination noire, triste et terrassée."
Leclerc, I, S. 245; Anm. 1

(2) Leclerc I, S. 244, 246, 249
(3) Leclerc, I, S. 249; vgl. dazu Levesque Bd. 4, S. 6. Hier: Seite 194, Anm. 6
(4) Leclerc I, S. 257: "la Procession des Rameaux ètoit encore plus triomphale pour le Patriarche ..."; vgl. dazu Levesque, Bd. 4, S. 58.
Levesque meint, daß es diese Verpflichtung des Herrschers nicht gegeben habe.
(5) Leclerc I, S. 268 ff.
(6) Leclerc I, S. 208
(7) Leclerc I, S. 270
(8) Leclerc I, S. 272
(9) Leclerc I, S. 505: "Plus semblables à des bêtes fèroces qu'à des hommes, ces Princes justement dètèstès de leurs Sujets, ètoient aussi odieux aux peuples voisins...".
(10) Leclerc I, S. 508
(11) Leclerc II, S. 230 ff.
(12) Leclerc II, S. 25 ff.
(13) "Lorsqu'un Prince ne prend de la grandeur suprême que le pouvoir de satisfaire à ses dissolutions, il devrait du moins s'èpargner le soin de les rendre publiques. Quelles sont les loix sans moeurs? Quelles sont les moeurs d'un Peuple, lorsque les vices du Prince marchent à visage dècouvert? Les Loix, les Moeurs, le Prince et les Sujets sont barbares."
Leclerc II, S. 285
(14) Lerclerc II, S. 285

Seite 201

(1) Leclerc II, S. 287. Der Verfasser kommentiert: "Tel fut le triomphe de la vertu sur le vice."
(2) Leclerc II, S. 290
(3) "Ivan prit donc le seul parti qui lui restoit pour rappeller les Russes aux devoirs ..."
Leclerc II, S. 327
(4) Leclerc II, S. 327 ff.
(5) Leclerc II, S. 329: "Les horreurs inouïes qu'on i m p u t e [Heraushebung von der Verfasserin] à Ivan Vasilièvich."
(6) vgl. zum Portrait Ivans: Leclerc II, S. 350-352
(7) Leclerc II, S. 466-470
(8) Leclerc III, S. 11 ff.
(9) Leclerc III, S. 13
(10) "Il est de la nature du Gouvernement despotique d'envahir et de rompre les liens qui doivent unir les Nations ..."
Leclerc III, S. 14
(11) Leclerc III, S. 33
(12) Leclerc III, S. 34 f.
(13) Leclerc III, S. 61

Seite 202

(1) Leclerc III, S. 73
(2) Leclerc III, S. 79/80
(3) "Alexis épousa Nathalie Narichkin, fille d'un Colonel de ce nom. Le Tzar ne tarda pas à connoître le mérite de cet Officier, prudent, modéré, incorruptible et fort attaché aux intérêts de son Maître."
Leclerc III, S. 74
(4) Leclerc III, S. 106; vgl. Levesque hier: S. 194; Bd. 4, S. 152
(5) Leclerc III, S. 109
(6) Leclerc spricht von "commandée par l'impératrice Elisabeth". Dies bezieht sich auf Voltaires Darstellung der Affäre um den Thronfolger Aleksej.
Leclerc III, S. 420 f.
(7) "Il falloit bien que la Nature eût formé Pierre I. pour être le créateur, le Reformateur, le Législateur de son Empire, presqu'en montant sur le Trône, il sentit que la civilisation étoit son ouvrage...".
Leclerc III, S. 123
(8) vgl. dazu Leclerc III, S. 422-485. Er ist der Ansicht, daß Peter seinem Sohn eine Falle gestellt habe;
Leclerc III, S. 446
(9) Im Zusammenhang mit der Bestrafung der Aufständischen 1698; vgl. III, S. 170; er spricht von "vengeance pardonnable".
Leclerc III, S. 169
(10) "les inconvéniens de tant de réformes précipitées qui ne pouvoient qu'ébaucher les Russes, et non pas les policer sous le règne d'un seul homme."
Leclerc III, S. 175
(11) Histoire de la Russie moderne, t. 3. L'an II de la République. Dieser Band ist vom Sohn Leclercs verfaßt worden.
(12) Histoire de la Russie moderne, II, 1785, S. 235
(13 Leclerc, Russie moderne, II, S. 1-41

Seite 203

(1) Leclerc, Russie moderne, II, S. 43
(2) Leclerc, Russie moderne, II, S. 79 f.
(3) Leclerc, Russie moderne, II, S. 96; er vergleicht Biron mit Tiberius und Bestužev mit Sejanus, S. 97
(4) Leclerc, Russie moderne, II, S. 95
(5) Leclerc, Russie moderne, II, S. 98
(6) Leclerc, Russie moderne, II, S. 130
(7) Leclerc, Russie moderne, II. S. 128, 133, 139
(8) Vergleich mit den römischen Kaisern und der Rolle der Garden; Russie moderne, II, S. 141, 145
(9) Leclerc, Russie moderne, II, S. 150 f.
(10) Leclerc, Russie moderne, II, S. 165
(11) "C'est ainsi qu'après avoir été traité en esclave par un pédant, le Souverain du Holstein ne fut enlevé de ses Etats que pour être consigné et gardé à vue, comme

un prisonnier d'Etat, dans l'Empire même qu'il devoit gouverner un jour..."
Leclerc, Russie moderne, II, S. 209, vgl. 206, 211

(12) Leclerc, Russie moderne, I, S. 29, 31
(13) Leclerc, Russie moderne, I, S. 170
(14) Leclerc, Russie moderne, I, S. 163

Seite 204

(1) Leclerc, Russie moderne, I, S. 228, 254 ff.
(2) Leclerc, Russie moderne, I, S. 226, 260
(3) Leclerc, Russie moderne, I, S. 188 f., 193 ff.
(4) Leclerc, Russie moderne, I, S. 291, 295
(5) Leclerc, Russie moderne, I, S. 218: "Le mot de liberté rend le peuple russe phrénétique et convulsionnaire, parce qu'il croit fermement que liberté et licence sont la même chose, et que la liberté consiste à s'emparer de tout ce qu'il trouve, à boire tant qu'il peut et à dormir aussi longtemps qu'il veut."
(6) 3 Bde. Paris, An VIII [1800]; Castéra [1749-1838] war mit diplomatischen Missionen im Norden beauftragt; er hat viele Übersetzungen aus dem Englischen gemacht; die Geschichte Katharinas ist sein einziges Originalwerk; DBF Bd. 7, Spalte 1384
(7) im Titel heißt es weiter: "Formant un tableau des moeurs de St. Petersbourg à la fin du XVIIIe siècle", Paris VIII [1800]. Die "Notes de l'éditeur" sind von 1799.
(8) Castéra, I, S. 1
(9) Castéra, I, S. 21

Seite 205

(1) Castéra, I, S. 32
(2) Castéra, I, S. 35
(3) Castéra, I, S. 49; besonders hart urteilt der Autor über Peters Verhalten seinem Sohn gegenüber; vgl. I, S. 53 und die Auseinandersetzung mit Voltaires "Histoire", S. 54 f.; dort schreibt er, Voltaire hätte besser die Geschichte des Zaren nicht schreiben sollen; auch II, S. 151. Den Vorwurf, sich an die russische Herrscherin verkauft zu haben, richtet Castéra nicht nur an Voltaire, sondern an fast alle Schriftsteller und Künstler in Paris: "Presque tous les gens de lettres, les artistes les plus distingués de Paris, reçurent quelques preuves de sa munificence et admirant ses bienfaits, oubliant ou ignorant ses crimes, ils firent mentir, pour elle, les cent voix de la rénommée"; II, S. 8
(4) Castéra, I, S. 65 ff. auch die Anmerkungen
(5) Castéra, I, S. 80 f.
(6) Castéra, I, S. 88 ff.
(7) Castéra, I, S. 98, 138, 149; [Elisabeth] "avoit insensiblement quitté les plaisirs modérés pour la crapule, et son goût pour la dévotion s'étoit accru avec celui des voluptés." S. 150
(8) Castéra, I, S. 153

(9) Castêra, I, S. 215
(10) Castêra, I, S. 193-206
(11) Castêra, I, S. 225, Anm. 1
(12) vgl. dazu auch das Portait: II, S. 141
(13) Castêra, I, S. 327, 328
(14) Castêra, I, S. 316
(15) Castêra, I, S. 322 f., 342 f.
(16) Castêra, I, S. 410, 415
(17) Castêra, I, S. 421

Seite 206

(1) Castêra, I, S. 439; vgl. S. 436 ff.
(2) vgl. Castêra II, S. 2, 25 f., 39 ff.
(3) Castêra, II, S. 161-191; vgl. 157: "Cette princesse avoit mécontenté la plus grande partie de ses sujets. Les grands étoient offensés et de ses caprices et des hauteurs de ses favoris. Le clergé brûloit de se venger de la perte de ses privilèges. Le peuple gémissoit des vexations sans nombre qu'on lui faisoit souffrir."
(4) Castêra, II, S. 30 ff.; auch II, S. 212
(5) Castêra, II, S. 99 für das Jahr 1771: "L'impératrice appésantissoit de plus en plus le joug qu'elle avoit imposé à la Pologne." vgl. u.a. II, S. 121, 126 f. für 1792: III, S. 114 ff. "Les Russes répandus dans les provinces de ce royaume y exerçoient un brigandage dont l'histoire offre peu d'exemples."
III, S. 117; für 1794: III, S. 122 f.
(6) "Si cette cour [Versailles] l'eût bien voulu, la confédération de Bar auroit été généralisée, la Porte puissamment défendue, et la Pologne seroit encore au nombre des Puissances de l'Europe."
II, S. 51, Anm. 1.; vgl. auch II, S. 48; II, S. 20 f. [Urteil über Choiseul!]
(7) Castêra, vgl. III, S. 117-124
(8) Castêra, III, S. 320
(9) Castêra, III, S. 368
(10) Castêra, III, S. 370
(11) Castêra, III, S. 369
(12) Charles F. Ph. Masson, 1762-1807; französischer Protestant, der in Rußland in der Nähe des Hofes lebte; 1796 von Paul I. exiliert. 1800-1802 3 Bände Mémoires secrets ... La Grande Encyclopédie Bd. 23; S. 378
(13) Masson, I, préface, S. VII
(14) Masson, I, préface, S. IV

Seite 207

(1) Masson, I, S. 77; vgl. S. 76 ff.
(2) Masson, I, S. 32; er bezeichnet sie auch als schuldig an der unglücklichen Entwicklung Pauls I.: "elle a moralement tué son fils, après avoir long-temps balancé si elle devoit effectivement s'en défaire." I, S. 180
(3) vgl. Masson I, S. 82 f. auch das folgende
(4) Masson I, S. 102 ff.; vgl. dazu auch seine Aussagen über

die berühmte Kommission von 1768, I, S. 94 f.
(5) Masson, I, S. 83
(6) Masson, I, S. 89
(7) "les Français, ces trompettes de la renommée..." Masson, I, S. 89; vgl. auch I, S. 82
(8) Masson, I, S. 91: "Si sa d é m e n c e [Hervorhebung von der Verfasserin] ne l'eût point emportée à se jeter ainsi sur la malheureuse Pologne ...".
(9) Masson, I, S. 89
(10) Masson, I, S. 88; noch stärker äußert er sich im 2. Band: er fürchtet das weitere Vordringen des russischen Despotismus und meint, daß der Kontinent Europa eines Tages in zwei Reiche gespalten sein könnte - Rußland und Frankreich - und daß bei ihrem Zusammenstoß die geringeren Mächte zermalmt würden: "ce sera le combat du jour contre la nuit, la dernière lutte entre la philosophie et la raison, entre la barbarie et l'ignorance." II, S. 4
(11) Masson, I, S. 79; vgl. auch I, S. 78, 80 ff.
(12) Masson, I, S. 80
(13) Masson, I, S. 88
(14) Masson, II, S. 11 ff.
(15) Masson, II, S. 45-70
(16) Masson, II, S. 64-68; er weist dabei auch darauf hin, daß ein russischer Bauer sein Leben lang Soldat sein muß. Hier findet er eine ähnliche Beschreibung wie Radiščev, S. 153 f. Von den russischen Offizieren hält er nichts. II, S. 65

Seite 208

(1) Voltaire, Charles XII, S. 94
(2) Voltaire, Charles XII, S. 95
(3) Voltaire, Charles XII, S. 96
(4) Voltaire, Charles XII, S. 97 ff.
(5) Voltaire, Charles XII, S. 99
(6) Voltaire, Charles XII, S. 100
(7) "Enfin il [le primat] leva le masque [...] et déclara [...] Auguste, électeur de Saxe, inhabile à porter la couronne de Pologne." Voltaire, Charles XII, S. 113

Seite 209

(1) Voltaire, Charles XII, S. 146 f.
(2) "Le seul qui le [Stanisław] troublât alors dans ses Etats était le comte Siniawski [...]. Cet homme, qui avait d'assez grands talents et beaucoup d'ambition, était à la tête d'un tiers parti [...]. Les troupes de la couronne, qui étaient demeurées sous ses ordres, n'avaient guère d'autre solde que la liberté de piller impunément leur propre pays." Voltaire, Charles XII, S. 139, 140
(3) So die Käuflichkeit des polnischen Adels [S. 58], die Unfähigkeit der Truppe [S. 105], das Porträt des Kardinalprimas [S. 105], die Handlungsunfähigkeit des Sejm

["trois mois d'altercations sans résultats."]
Mauvillon, S. 104

(4) "Le monarque Polonois, prévoyant la ruine de son pays s'il continuoit la guerre, rechercha la paix, et donna pouvoir d'en traiter à deux de ses Ministres, sans s'imaginer qu'ils signeroient une abdication."
Mauvillon, S. 185

(5) Mauvillon, S. 255

(6) Mauvillon, S. 257/ 258

(7) Levesque, Bd. 1, S. 178, 277 ff., 407

(8) Levesque, Bd. 2, S. 376, 465, 377; breite Schilderung der litauischen Verhältnisse unter Olgierd (1345-1377) und Witold (1401-1430)

(9) Levesque, Bd. 2, S. 365

(10) Levesque, Bd. 3, S. 357

(11) Levesque, Bd. 3, S. 382 f.

(12) "oppression tyrannique", Levesque, Bd. 3, S. 402; "plusieurs fois soumis, ils [les Kosaques] furent chaque fois maltraités.", Levesque, Bd. 3, S. 406

(13) Levesque, Bd. 4, S. 164 ff.

(14) "Leur juste ressentiment fut favorable à Stanislas [...]. Enfin elle [la Russie] parvint à former un faible parti qui lui demanda du secours; elle feignit de regarder la demande de cette méprisable confédération, qui lui était vendue, comme le voeu de la nation entière et fit entrer ses troupes en Pologne."
Levesque, Bd. 5, S. 27

(15) "Munich avait eu la cruauté de mettre sa tête à prix."
Levesque, Bd. 5, S. 30

(16) "Les Polonois auraient pu conserver le Roi qu'ils avaient élu s'ils l'avaient défendu d'un commun accord. Mais, au lieu de se réunir contre les Russes, ils se divisèrent en partis multipliés ...".
Levesque, Bd. 5, S. 31

(17) Levesque, Bd. 5, S. 114 f.

(18) Levesque, Bd. 5, S. 117

Seite 210

(1) Das Zitat lautet vollständig: "Les Dissidents étaient toujours plus opprimés, les troupes russes exerçaient par-tout des actes de violence, le Clergé soufflait le feu de la discorde, les Nobles disputaient aux étrangers le soin de déchirer la patrie. Enfin les confédérations se multiplièrent, le sang coula de tous côtés sous les armes des Russes et des Polonais, et l'on vit ..."
Levesque, Bd. 5, S. 118 f.

(2) Levesque, Bd. 5, S. 143 f.

(3) Leclerc, II, S. 245; das Schicksal Glinskijs, S. 259 f., 264

(4) Leclerc, II, S. 320 ff.

(5) Leclerc, III, S. 54 f.

(6) Leclerc, III, S. 78

(7) Polnischer Thronfolgekrieg 1733-35. In der Einleitung zu seinem fünfbändigen Werk "Histoire des Rois de Po-

logne et des Révolutions arrivées dans ce Royaume", Amsterdam 1734, spricht der Verfasser, P. Massuet, von der Veröffentlichung einer erstaunlichen Menge von Schriften. Préface de l'Auteur [ohne Seitenangabe]: "un changement si subit, si grand et si imprévu, a déjà produit un nombre prodigieux d'Ecrits."

(8) "tellement que le ministre qui pourroit ménager l'une et l'autre, n'est pas moins difficile à rencontrer que le Phenix ..."
Dalerac, Anecdotes, Avant-Propos [ohne Seitenangabe]

(9) Dalerac, Anecdotes, Avant-Propos

Seite 211

(1) Dalerac, Anecdotes, S. 2

(2) Dalerac, Anecdotes, Bd. 1, S. 2 f.

(3) "Il en est de même des marches et des quartiers d'Assemblées, qui sont en Pologne, la ruine du Pays et la richesse de l'Officier; [...] Comme il n'y a point d'Etape, ni de commissaires, ni de routes spécificiées, le commandant d'une troupe la mene par tout où il veut, et il la fait vivre aux dépens du paysan comme il lui plaît ..."
Dalerac, Anecdotes, Bd. 1, S. 15

(4) Dalerac, Anecdotes, Bd. 1, S. 23

(5) Dalerac, Anecdotes, Bd. 1, S. 33 f.; vgl. auch den Hinweis auf die prunkvollen Begräbnisse, Bd. 2, S. 338 ff.

(6) Dalerac, Anecdotes, Bd. 2, S. 293

(7) Dalerac, Anecdotes, Bd. 2, S. 292 f.

(8) Dalerac, Anecdotes, Bd. 2, S. 297

(9) Adam Kesten bezeichnet de La Bizardière als "nouvelliste et gazettier", der sein Werk im Auftrag polnischer Magnaten schrieb, die ihm auch das Material zur Verfügung stellten. Trotz seiner profranzösischen Einstellung versuchte der Autor jedoch sachlich zu bleiben.
Szarota, S. 204

(10) "Nachdem sich aber die Unordnung mit der Ketzerei ins Königreich eingeschlichen/funden die gottlosesten Leute dabey eine Freystadt ..."
La Bizardière, S. 35; Szarota, S. 207

(11) La Bizardière, S. 36 f; Szarota, S. 208 f.

(12) La Bizardière, S. 46; Szarota, S. 214

(13) La Bizardière, S. 52; Szarota, S. 227

Seite 212

(1) La Bizardière, S. 55; Szarota, S. 285

(2) La Bizardière, S. 59-65; Szarota, S. 287-291

(3) La Bizardière, S. 74; Szarota, S. 342

(4) La Bizardière, S. 81 ff; Szarota, S. 346 f.

(5) La Bizardière, S. 90 f; Szarota, S. 400

(6) La Bizardière, S. 91; Szarota, S. 400

(7) La Bizardière, S. 96; Szarota, S. 403

(8) La Bizardière, Scission, Au Lecteur, S. 21; er bezieht sich dabei auf die Angliederung Litauens

Seite 213

(1) La Bizardière, Scission, Au Lecteur, S. 5
(2) Jean de Chêvremont, L'état actuel de la Pologne, Köln, 1702; Chêvremont, geb. 1640 in Lothringen, war Sekretär des Herzogs Karl von Lothringen; viel gereist in Europa, Asien und Afrika.
vgl. DBF., Bd. 8, Sp. 1106
(3) Chêvremont, S. 59, 77, 83, 97 f., 156 f.
(4) "La liberté de Pologne, exposée encore actuellement plus que jamais entre Rome, qui la met à prix depuis si longtemps, Vienne, qui réussit si heureusement à la faire supprimer, la Reine, qui se vange enfin de la France au gré de son dépit, et un Electeur de Saxe qui s'y est fait couronner la force à la maison (sic!), et la feinte dans le Coeur, peut elle aller loin?"
Chêvremont, S. 82 f.
(5) "de temps immémorial il y a toujours eu deux partis cachez"
Chêvremont, S. 6
(6) Chêvremont, S. 6
(7) "sous peine d'une malediction paternelle écoulée de Père en Fils, et de passer pour un Traitre à la Patrie."
Chêvremont, S. 5
(8) Chêvremont, S. 8 f.
(9) Chêvremont, S. 11 f.
(10) Chêvremont, S. 13
(11) Chêvremont, S. 19; vgl. auch S. 24: "Que mon Lecteur juge d'ici combien la négotiation d'un Etat comme celui-ci est épineuse aussi bien qu'irrégulière et qu'inconstante, et que par quels ressorts seurs, on peut faire mouvoir une machine, qui en a toûjours d'imprévûs et de cachez, qu'on ne peut ni prévoir, ni regler ...".
(12) Chêvremont, S. 141; auch S. 142: "Il n'y a point de Noble qui ne regarde son intérêt domestique au dessus de tout ce qui va au bien et à la gloire de l'Etat ...".

Seite 214

(1) von P. Massuet, geb. 1698, gest. 1776, Docteur en Médicine in Leyden; vgl. Formey, La France littéraire, Dictionnaire des Auteurs François vivans, 1757, S. 235
(2) vgl. Préface de l'Auteur - ohne Seitenangabe -; vgl. auch die "Préface" von La Pimpie de Solignac, S. III: er erwähnt eine "Histoire de la Pologne" von 1698 ... "que Sieurs Massuet a copié d'un bout à l'autre dans son histoire."
(3) Dies wiederum gibt Anlaß zu der Vermutung, daß der Herausgeber, Claude Jordan, der ja seine Quellen nicht nennt, möglicherweise diese "Histoire de Pologne" von Jolli, wenn auch in abgeänderter Form abgedruckt hat.
(4) vgl. dazu Massuet, I, S. 48-79 mit Jordan VIII, S. 38/39, 44/45; Massuet I, 32, wie Jordan VIII, S. 41; Massuet I, S. 33 wie Jordan VIII, S. 37; Massuet I, S. 36 wie Jordan VIII, S. 136; hier geht es um die Ohr-

feigen, die sich die Gläubigen bei der Erhebung des Sakraments geben! Auch bei de Tende, S. 264

(5) vgl. dazu Massuet, I, S. 48-79 mit Jordan VIII, S. 78, 79, 83, 84, 90-97, 137; hier wird auch von dem Brauch berichtet, am Tag vor der Krönung des erwählten Königs den verstorbenen König zu begraben, und von der Verpflichtung, die Reliquien des Heiligen Stanisław zu besuchen. I, 64, 65

(6) vgl. Massuet, I, S. 73-77 mit Dalerac, Anecdotes, Bd. 1, S. 10-24

(7) "Enfin le Turc est le plus redoutable ennemi de la Pologne". Massuet, I, S. 85

(8) "Ces deux Etats sont presqu'ègaux en forces, si ce n'est que les Polonois sont mailleurs soldats que les Moscovites. (!) Mais cet avantage est contrebalancé par le pouvoir absolu que le grand duc de Moscovie (!) exerce dans son Empire." Massuet, I, S. 83

(9) Massuet, I, S. 340-352; "Pour ce qui regarde les moeurs des Moscovites, ils sont fort adonez à l'yvrognerie, lâches et rampans sous leur Prince qui exerce sur eux un gouvernement despotique ... Ils sont fort enclins à la Sodomie. Au reste ils sont brutaux et cruels ..."; S. 343;"Les Moscovites sont si infatuez de sa puissance, qu'ils considèrent la volonté de leur Prince comme celle de Dieu même." S. 347/348

(10) "le Czar qui règne aujourd'hui en Moscovie se nomme Pierre Felix Alexeovits et est fils de Michel Alexeovits (!)... Le Czar Pierre est un Prince âgé d'environ 35 ans (!), robuste, aimant la guerre, se plaisant à travailler aux Arts méchaniques, et à courir les rues travesti tantôt en Paysan, et tantôt en Matelot ou en Forgeron. Il aime les voyages, temoin celui qu'il fait actuellement ... Il a choisi pour son premier Ministre d'Etat (!) un Genevois nommé François le Fort ..." Massuet, I, S. 351/352

(12) "le roi Sigismund [...] négligea cependant l'occasion la plus favorable qu'eut jamais la Pologne de s'emparer de la Moscovie, ce qui lui eût été très-facile s'il se fût hâté d'y entrer par surprise." Massuet, I, S. 372/373

(13) vgl. Massuet, II, S. 237 wie Merc. hist., janv. 1698, S. 51/52; oder II, S. 284, wie Merc. hist., juillet 1699, S. 101/102

(14) vgl. Massuet III, S. 280 wie Merc. hist., 1724, S. 424ff; Massuet III, S. 299 wie Merc. hist., juin 1725, S. 657; Massuet III, S. 417 und der Bericht im Mai 1733, Merc. hist. S. 52 ff; über die Sitzungen im Sejm: Massuet IV, S. 16, Merc. hist., juillet 1733, S. 55; Massuet IV, S. 24, Merc. hist., juillet 1733, S. 62-65

Seite 215

(1) Massuet, Guerre, S. 154-218

(2) vgl. z.B. Massuet, Guerre, S. 53 wie Merc. hist., avril 1733, S. 540;

Massuet, Guerre, S. 4 wie Merc. hist., avril 1733, S.530/531
Massuet, Guerre, S. 143 f, wie Merc. hist., déc. 1733, S. 669 f;
Massuet, Guerre, S. 155 wie Merc. hist., avril 1734, S. 432;
Massuet, Guerre, S. 184, wie Merc. hist., juillet 1734, S. 67;
Massuet, Guerre, S. 192, wie Merc. hist., juillet 1734, S. 69;
Massuet, Guerre, S. 196, wie Merc. hist., juillet 1734, S. 97;
Massuet, Guerre, S. 366 f., wie Merc. hist., août 1734, S. 201 ff.u.s.f.

(3) 1728-1742 vgl. unser Kapitel über die Berichte der Zeitungen, weiter oben, S. 23 ff.
Desroches, geb. gegen Ende des 17. Jahrhunderts in La Rochelle, studierte Jura und begab sich 1725 zu den Hugenotten nach Holland. Er behauptete, auch Autor der "Lettres historiques" zu sein. Wahrscheinlich ist er 1760 gestorben; 1739 erschien seine "Histoire de Auguste II, Roi de Pologne", DBF, Bd. 11, 52

(4) vgl. Desroches, I, S. 4 f.

(5) Desroches, I, S. 15

(6) Desroches, I, S. 39/40

(7) Desroches, I, S. 49 ff.

(8) Desroches, I, S. 80 f, vgl. auch I, S. 94, 110, 116

(9) Desroches, I, S. 81, 143, 161

(10) vgl. Desroches, II, S. 32: "Les Polonois n'oublièrent point la démarche qu'Auguste avait faite, en passant tout à coup de leur Armée à la sienne, et en mettant cette dernière en bataille ... Il [Auguste] n'oublia non plus la conduite violente et séditieuse des officiers Polonois ...".

(11) Desroches, II, S. 51 f., 106, 148: "Tel étoit l'état bisarre où se trouvoit la Pologne à la fin de l'année 1700. Le Roi faisoit la guerre sans la participation de la République: Les Seigneurs du Royaume et la Noblesse prenoient les armes, contre la volonté du Roi et se massacroient impitoyablement: le Roi exposoit sa personne et épuisoit ses Domaines héréditaires pour conquérir une Province à la République, qui ne faisoit aucun cas de cette conquête, et les principaux Seigneurs de la République au lieu d'aider leur Roi, qui se sacrifioit pour l'agrandissement du pays, prenoient plaisir à désoler eux-mêmes une de leurs plus belles Provinces: fruit funeste de l'autorité partagée ..."
Desroches, II, S. 149

(12 Desroches, II, S. 244

(13) Desroches, II, S. 155

(14) Desroches, II, S. 149; I, S. 19

(15) Frankfurt 1740 par M.S.C., d.i. Jean-Guillaume de Chevrières.
In einem Schreiben (15.1.1741) Pimpie de Solignacs wendet sich dieser gegen das gerade erschienene Buch, da es nichts anderes sei als eine Kompilation der Zeitungsberichte, die ohne Auswahl und Berichtigung erfolgt

sei.
Vgl. Oeuvres du philosophe bienfaisant, Bd. IV, S. 210 ff.
(16) Chevrières, I, S. 91 f.
(17) Chevrières, I, S. 66

Seite 216

(1) "C'étoit un homme d'une vanité et d'une avarice insatiables, impénétrable dans ses ruses et dans ses desseins, et qui d'ailleurs ne se fit jamais aucun scrupule de satisfaire ses passions, au préjudice des intérêts les plus importans de l'etat... Dès qu'il se vit trompé dans son attente, il se livra à la vengeance d'une manière peu commune ... Il opposa la haine aux bontés singulières de son Souverain légitime, tandis qu'animé de l'esprit de vengeance, il le renversa de son Trône, et porta la désolation dans tout l'Etat."
Chevrières, I, S. 4/ 5
(2) Chevrières, I, S. 6 ff; auch I, S. 108
(3) Chevrières, I, S. 8
(4) Chevrières, I, S. 9
(5) Chevrières, I, S. 5
(6) Chevrières, I, S. 14 ff; II, S. 54 f.
(7) und im Thronfolgekrieg I, 90 ff; II, 50 f.
(8) Chevrières, II, S. 51
(9) Chevrières, II, S. 63-93
(10) geb. 1678 in Montpellier, Sekretär Stanisławs I; vgl. Formey, S. 291 f.
(11) Amsterdam 1751; vorgesehen waren 10 Bände; der 5. Band endet mit der Absetzung Heinrichs v. Valois
(12) er nennt: Le Laboureur, Histoire et relation du voyage de la royne de Pologne, [1648] - "ouvrage ... bien écrit pour son temps et très-fidèle en tout ce qu'il dit de la Pologne ...", S. II a; ferner: Gaspard de Tende und La Bizardière. Er erwähnt auch, daß Massuet eine 1698 erschienene Geschichte komplett kopiert hat.
(13) Solignac zieht u.a. heran: Długosz, Cromer, Guagnini, Neugebauer, Okolski, Pastor von Hirtenberg, Hartknoch. Den letzteren lobt der Verfasser sehr, wenn er auch dessen trockenen Stil ablehnt. S. IV.; er erwähnt u.a. Thietmar von Merseburg und Helmolds Slawenchronik. Er kennt auch Rousset de Missys Werk über die Interessen der Mächte, I, S. 2 b.
(14) Solignac, I, S. 13 f.
(15) Solignac, I, S. 52; Solignac beruft sich für das Mittelalter auf Cromer, Długosz, u.a. für die neuere Zeit gibt er keinen Beleg an. Allerdings haben auch andere französische Autoren von diesem Brauch berichtet. Voyages, VIII, S. 135
(16) Solignac gibt 999-1025 an, aber in den Daten ist er nicht sehr verläßlich.
(17) Solignac, I, S. 73: "dont l'activité trop dangereuse dans la paix demandoit nécessairement d'être toujours occupée à la guerre"; auch an anderer Stelle. I, S. 79

Seite 217

(1) "Il choisit douze personnages distingués par leur mérite pour lui servir d'aide et de conseil [...] c'est peut-être ce qui donna naissance au Sénat qui s'établit dans la suite." Solignac, I, S. 96
(2) Solignac, I, S. 104. Nach dem Tode Mieszkos II. kam es zu starken Erschütterungen des Staates durch die zentrifugalen Kräfte des Adels; Kasimir I. konnte erst 1039 das Erbe antreten. Rhode, S. 22
(3) Solignac, III, S. 253-273; Bd. II enthält die Zeit von 1102-1306; Bd. III 1306-1434; Bd. IV 1434-1548, Bd. V 1534-1575 [Absetzung Heinrichs von Valois].
(4) Solignac, III, S. 275
(5) Solignac, III, S. 255, 271, 273 wie de Tende S. 222, 225, 226, 260; Dalerac Anecdotes I, S. 22,30
(6) Solignac III, S. 254, de Tende, S. 253 f.
(7) Solignac III, S. 256, de Tende, S. 253, Dalerac, Mémoires, S. 175
(8) Solignac, III, S. 260, de Tende S. 175; ähnlich S. 101
(9) Solignac, III, S. 259, de Tende S. 176
(10) Solignac, III, S. 259: "Mais ce droit [...] est aussi l'unique cause du désordre qui regne dans presque toutes les parties du gouvernement des Polonois."
(11) vor allem unter August II.; III, S. 254; aber auch schon unter Sigismund (1587-1632) III. und Władysław IV. (1632-48)
(12) Solignac, III, S. 253
(13) Solignac, V, S. 156 f., 129
(14) Solignac, V, S. 126
(15) Ähnlich de Tende, der betont, auch Stefan Bathory sei durch seine Frau mit dem Königshause verwandt gewesen; vgl. de Tende, S. 109

Seite 218

(1) Gabriel François Coyer 1707-1780, Abbé, Erzieher des Duc de Bouillon, [später Prince de Turenne] und seiner Söhne, 1743 "Aumônier général de la cavalerie"; ist bei der Eroberung von Berg-op-Zoom (1747) dabei, daher seine tiefe Abneigung gegen Krieg; er haßt die Jesuiten, veröffentlicht 1770 einen "Plan d'éducation publique", Ansätze zu einer weltlichen Erziehung, DBF, Bd. 9, Sp. 1141 f.
Fabre, [Stanisław-Auguste, S. 23] nennt ihn: "une des recrues les plus marquantes de l'Académie Stanislas" Und an anderer Stelle [Fabre, Leszczyński et le mouvement philosophique, a.a.O., S. 34] hält er das Werk über Jan Sobieski für den Höhepunkt Coyer'schen Schaffens; das Buch hatte sofort mehrere Auflagen (es gab auch eine russische Übersetzung!); es wurde in Frankreich verboten, weil zu viel von Freiheit die Rede war! Vgl. Fabre, Leszczyński ... a.a.O., S. 36 ff.
(2) Vgl. Coyer, Bd. I, S. 2-75 mit dem Art. Pologne, Bd. 12, S. 925-932; wörtlich übernommen, nur einige Absätze aus-

gelassen.

(3) Cromer, Długosz, Neugebauer, Hartknoch, Bizardière, Thietmar v. Merseburg

(4) vgl. Coyer I, S. 26 ff., mit Dalerac, Mêmoires, S. 452, 167; Coyer I, S. 30, de Tende S. 126; zu den pacta conventa vgl. Coyer I, 25, 32, de Tende, S. 197 f.; über die polnische Armee: Coyer I, S. 35 ff., de Tende, S. 232, Dalerac, Anecdotes Bd. 1, S. 2-23; Coyer I, S. 34; Dalerac, Anecdotes, Bd. 1, S. 37

(5) Solignac III, S. 253; Coyer I, S. 55, de Tende, S. 256

(6) Dalerac, Mêmoires, S. 175 ff.; Coyer I, S. 56; auch über das Reisen ähnliches: Dalerac, Mêmoires, S. 143; Coyer I, S. 65; de Tende ähnlich: Reisen, S. 282 ff., Bauern, S. 240 ff.

(7) Coyer, I, S. 56

(8) Coyer benutzt ebenfalls die Begriffe "serf" und "esclavage" ohne Unterschied, serf = Leibeigener, esclave = Sklave

(9) Coyer; Prêface, S. VIII. Den französischen Hauptmann konnten wir nicht identifizieren; der Großkanzler der Krone, Andreas Chrysostomus Zaluski (1650-1711) hat 1709-1711 in Braunsberg sechs Bände "Epistolae historicae-familiares" veröffentlicht. Zaluski war nach Studien in Wien und Graz Bischof von Ermland (1683); er war maßgeblich beteiligt am Abschluß des Vertrages mit Wien (1683); August II. ernannte ihn 1699 zum Großkanzler, ließ ihn 1706 in Dresden festsetzen. La grande Encyclopêdie, Bd. 31, S. 1300

(10) Coyer, I, S. 64 f.; vgl. Dalerac, Mêmoires, S. 185 ff., Jordan, Bd. VIII, S. 133 f.

(11) Coyer, I, S. 86; vgl. dazu das gleiche Urteil bei Massuet, I, S. 372 f.

(12) Coyer, I, S. 77

(13) vgl. Coyer, I, S. 78 ff.

(14) Coyer, I, S. 80

(15) Coyer zählt Władysław VI.; vgl. I, S. 80, 81

Seite 219

(1) Coyer, I, S. 81 f.

(2) Die Spitze gegen die Kirche ist deutlich; Coyer, I, S. 82

(3) Coyer, I, S. 84 f.

(4) Coyer, I, S. 95-101

(5) Coyer, I, S. 105 f.

(6) Coyer, I, S. 118; Der Hof bemühte sich im Einvernehmen mit einigen Adelsfamilien um Reformen, die das Liberum veto beseitigen, die Einnahmen regulieren und die Thronfolge besser regeln sollten. Schließlich blieb von diesem Programm nur die Königswahl vivente rege übrig. Diesen Absichten widersetzte sich eine andere Adelsgruppe, darunter auch Lubomirski, der im Dez. 1664 angeklagt wurde. Hinzu kamen noch Armeekonföderationen. 1665/1666 Aufstand des Lubomirski, den sein Nachfolger im Amt, Sobieski, nicht zu schlagen vermochte. Rhode, S.283

(7) Coyer, I, S. 119-125

(7) Coyer, I, S. 119-125
(8) Seine Erklärung entspricht dem üblichen, bisher Gesagten. Der Vergleich mit der römischen Republik und die Spitze gegen die absolute Monarchie bleiben nicht aus, als er den Rechenschaftsbericht Sobieskis vor dem Sejm erwähnt, Coyer, I, S. 138 f.
(9) Coyer, I, S. 163; vgl. auch S. 162
(10) Coyer, I, S. 179
(11) u.a. warf man ihm seine Heirat mit der Erzherzogin Eleonore vor, die ohne Zustimmung der Republik erfolgt war.

Seite 220

(1) Coyer, vgl. I, S. 208
(2) "Si l'on n'achetait cette couronne que de la République même, ce seroit un bien: mais on l'achète encore des Particuliers qui la prostituent au plus offrant ...". Coyer, II, S. 7
(3) vgl. Coyer, II, S. 56 f. mit Art. Pologne in der Encyclopédie; Bd. 12, S. 934. Daß der verstorbene König am Tag vor der Krönung begraben wird, erwähnt auch de Tende [S. 208].
(4) "Tout Roi qu'il étoit, il faisoit cas de la vie des Hommes. La Religion seule, mal entendu (mal assez ordinaire en Pologne) le rendoit quelquefois barbare pour les Infidèles ...".
Coyer, II, S. 32
(5) Coyer, II, S. 125
(6) Coyer, II, S. 165
(7) Für die Schilderung des Entsatzes von Wien hat Coyer das "Journal du siège de Vienne" benutzt.
(8) vgl. Coyer, III, S. 14 f.
(9) Coyer, III, S. 22
(10) vgl. Coyer, III, S. 38: "Jean, placé entre la République et sa Maison, ne fut pas assez grand pour faire un bon choix."
(11) Coyer, III, S. 92 f.

Seite 221

(1) nicht nur wegen seiner Liebe zum Geld,
Coyer, III, S. 177 f
(2) Coyer, III, S. 179
(3) Coyer, III, S. 180
(4) Lacombe, Abrégé, Bd. 2, 1763; Polen S. 365-696
(5) z.B. das Reisen und die Fasten S. 672; die Kleidung; die polnischen Damen von Stand - wieder die 6 Karossen - und die häufigen Bäder, S. 675; das "Feilbieten" des polnischen Thrones; der Brauch, mit dem Begräbnis des verstorbenen Königs zu warten, bis ein neuer gewählt ist, S. 677; die Aufzählung der Ämter, S. 679; die eingeschränkte Gewalt des Königs und die pacta conventa, S. 678 f.
(6) Lacombe, Abrégé, Bd. 2, S. 688 ff.

(7) Lacombe, Abrégé, Bd. 2, S. 690
(8) Lacombe, Abrégé, Bd. 2, S. 365
(9) Lacombe, Abrégé, Bd. 2, S. 397
(10) Lacombe, Abrégé, Bd. 2, S. 401: "La Pologne étoit tombée dans l'Anarchie."
(11) "Toutes les parties de la Pologne s'épuisoient par ces troubles domestiques et favorisoient l'ambition et l'avidité des Peuples étrangers."
Lacombe, Abrégé, Bd. 2, S. 473
(12) Lacombe, Abrégé, Bd. 2, S. 567
(13) Lacombe, Abrégé, Bd. 2, S. 606
(14) Lacombe, Abrégé, Bd. 2, S. 612
(15) Lacombe, Abrégé, Bd. 2, S. 613
(16) Lacombe, Abrégé, Bd. 2, S. 556

Seite 222

(1) Contant, Pologne, S. XVIII f.
(2) Contant, Pologne, S. XIX
(3) Contant, Pologne, S. XX ff.
(4) Contant, Pologne, S. XXV
(5) Contant, Pologne, S. XXVII
(6) Contant, Pologne, S. XXVIII
(7) z.B. Contant, Pologne, S. XIX mit de Tende, S. 145; S. XXV; Solignac III, S. 267
(8) Contant, Pologne, S. 18; Coyer I, S. 59; Solignac I, S. 50
(9) Contant, Pologne, S. 19, 25
(10) Contant, Pologne, S. 126 f.; Coyer, I, S. 84 f.
(11) Contant, Pologne, S. 136
(12) es stellte einen Sieg Żółkiewskis über Šujskij dar; Contant, Pologne, S. 150 f.; vgl. auch Coyer, Bd. I, S. 88
(13) "c'est au règne de Casimir II. qu'on doit rapporter l'époque de cet esprit d'indépendance ..."
Contant, Pologne, S. 60; wiederholt, S. 63, S. 79: "L'indépendance des Palatins avoit produit l'anarchie ...", S. 98, S. 106, 111, 114 Anm. 1., 136
(14) Contant, Pologne, vor allem S. 194, 221, 240 f., 245
(15) Contant, Pologne, S. 350
(16) Pfeffel, Historiker und Diplomat, geb. 1726 in Colmar, gest. 1807; 1750 sächsischer Gesandtschaftssekretär in Paris, 1753 nach Dresden in den Dienst des Grafen Brühl, begleitet diesen 1754 nach Warschau; bei der Kapitulation von Pirna befindet er sich im Gefolge des Königs; wird 1758 als Legationsrat nach Warschau berufen; Bernis reklamiert ihn als französischen Untertanen; Pfeffel wird in französischen Diensten an den Reichstag von Regensburg geschickt. 1761 ist er in den Diensten des Herzogs von Zweibrücken; 1767 wird er nach Versailles berufen als "Jurisconsulte du Roi" [ADB, Bd. 25, 1887, S. 612 ff.]; Fabre [in: Notes et Variantes, in: Oeuvres complètes de J.J. Rousseau, Bd. III, S. 1736 f.] nennt ihn einen der Hauptvertreter der politischen Richtung Choiseuls; Pfeffel sollte seine Kenntnisse in

den Dienst dieser Politik stellen.

(17) Wir benutzten die Ausgabe von 1770. Laut Fabre [Notes et Variantes, in: Oeuvres complètes de J.J. Rousseau, Bd. III, S. 1737] hat Pfeffel seit 1757 diese "Mémoires" veröffentlicht und sie in überarbeiteter Fassung als "Etat de la Pologne" [im Sinne Choiseul'scher Politik] neu herausgegeben.

(18) Fabre bezeichnet Lengnichs Buch "Ius publicum regni Poloniae" [Danzig 1742-46; 2 Bände, 2. Auflage 1765 - 1766] als fundamentales Werk über die polnischen Institutionen. [Notes et Variantes, a.a.O., S. 1735]

Seite 223

(1) Pfeffel, S. 35-60

(2) im Französischen ist der Unterschied besser zu erkennen: es heißt nicht "état", sondern "ordre"; lat. wird "ordo" benutzt.

(3) vgl. Pfeffel, S. 65

(4) Pfeffel, S. 66-71

(5) Pfeffel, S. 75: "un Ordre mitoyen entre le Roi et le peuple."

(6) vgl. z.B. de Tende, S. 123

(7) Pfeffel, vgl. S. 76-83

(8) Pfeffel, S. 85

(9) allerdings, so der Autor, im 18. Jahrhundert nur noch Titel, ohne Funktion; mit dem Recht, Sitz und Stimme im Senat zu haben.
Pfeffel, S. 87, 88, 89

(10) Pfeffel, S. 98

(11) Pfeffel, S. 86; das Amt des Krongroßhetmans sei 1581 zum erstenmal auf Lebenszeit vergeben worden [an Jan Zamoyski]

Seite 224

(1) Pfeffel, S. 111

(2) Pfeffel, S. 113

(3) Pfeffel, S. 113-116

(4) Pfeffel, S. 116 f.

(5) Pfeffel, vgl. S. 117-122, besonders S. 119: für die Landtage; S. 121: Geschäftsordnung von 1736 [- S. 126]

(6) Pfeffel, S. 121

(7) Pfeffel, S. 127, 130

(8) Pfeffel, S. 130; er fährt fort: "Le concours, le choc de mille interêts particuliers, l'esprit de faction si naturel aux Republiques, le plaisir frivole de contrarier les desseins du Roi; les intrigues des Ministres étrangers, l'avarice la plus lâche et la plus sordide, conspirent pour ainsi dire à rendre infructueuses les assemblées de l'Etat." S. 131

(9) Pfeffel, vgl. dazu S. 143 f.

(10) Pfeffel, S. 167; für das Vorhergehende: S. 167 ff.

Seite 225

(1) Pfeffel, S. 173: "confiance que la nation semble avoir dans le systeme pacifique de ses voisins au moins à son êgard ..."
(2) Pfeffel, S. 180
(3) Das Buch ist in Warschau und Paris erschienen; angegeben als Verfasser wird Antoine Caraccioli, geb. 1721, gest. 1803; französischer Schriftsteller; einer der am meisten produzierenden Schreiber seines Jahrhunderts; er verfaßte Bücher moralischen und religiösen Inhalts, historische Kompilationen und politische Gelegenheitsschriften. Grande Encyclopêdie, Bd. 9, S. 266
(4) Caraccioli, prêface, S. III
(5) "La Pologne est maintenant un vaste thêâtre oǜ l'on voit la scêne la plus touchante: et il n'y a point d'Europêen qui ne doive se regarder comme en êtant le spectateur. Les Royaumes, à raison de la politique et du commerce, sont devenus depuis long-temps une seule et même famille. L'homme juste est citoyen du monde ...". Caraccioli, prêface, S. VI f.
(6) "ces deux Nations faites pour s'aimer", Caraccioli, Teil 1, S. 2
(7) Caraccioli, Teil 1, S. 2
(8) Caraccioli, Teil 1, S. 10
(9) Caraccioli nennt z.B. Bolesław Chrobry (992-1025), Kasimir I. (1038-1058), Kasimir II. (1177-1194) und Kasimir III. (1333-1370), sowie Władysław III. (König von Polen und Ungarn 1434-1444), natürlich auch Sigismund I. (1506-1548) und Stefan Bathory (1576-1586).
(10) Caraccioli, Teil 1, S. 32
(11) Caraccioli, Teil 1, S. 41
(12) Caraccioli, Teil 1, S. 41

Seite 226

(1) Caraccioli, Teil 1, S. 47-61
(2) Er sagt ausdrücklich, daß er sich auf die Historiker bezieht, die nach der kurzen Regierung Henri de Valois' geschrieben haben.
Caraccioli, Teil 1, S. 17 ff.
(3) Caraccioli, Teil 1, S. 25
(4) Caraccioli, Teil 1, S. 64
(5) "une multitude de harangues dignes de Demosthêne, et qui toutes composêes par des Polonois, donnent la plus haute idêe de leur êloquence et de leur esprit. Le Despotisme met des entraves au gênie, tandis que la libertê rêpublicaine ne captive ni la langue ni la pensêe."
Caraccioli, Teil 1, S. 68
(6) Er nennt: Hosius, Copernicus, Zamoyski, Załuski; Caraccioli, Teil 1, S. 75
(7) Caraccioli, Teil 2, S. 4-9; ähnlich über den Luxus und Prunk im Zusammenhang mit dem Verfall der Sitten: Pimpie de Solignac, Bd. III, S. 253

(8) Caracciolí, Teil 2, S. 4, S. 14, 15,24 f.
(9) Caraccioli, Teil 2, S. 15 f.
(10) Caraccioli, Teil 2, S. 12 f.
(11) Caraccioli, Teil 2, S. 14
(12) Caraccioli, Teil 2, S. 19; ein Kurzporträt der Kaiserin wird angefügt: "La Souveraine est un phénomène politique par les ressources de son génie et par sa fermeté." [Teil 2, S. 13] An anderer Stelle äußert er sich etwas ausführlicher: "la fermeté de son âme, l'étendue de ses connaissances, l'exécution de ses desseins, la gloire de ses succès ... [elle] remplit le Trône de Pierre le Grand, de manière à le faire revivre."
Teil 3, S. 17; vgl. auch die Porträts Josephs und Friedrichs II., der mit Zeus verglichen wird.! (Teil 3, S. 18)
(13) Caraccioli, Teil 2, S. 24 f.
(14) Caraccioli, Teil 2, S. 22f.
(15) Caraccioli, Teil 2, S. 26-43

Seite 227

(1) Caraccioli, Teil 2, S. 51
(2) vgl. Teil 2, S. 54 ff. "Il y a peu de Villes où il n'y ait un collège tenu par les Jésuites ou par les Religieux des Ecoles Pies, dont les leçons aussi agréables qu'utiles, ornent l'esprit et forment le coeur. Newton a pris la place d'Aristote; et cette philosophie gotique, qui tenoit aux anciens usages, n'est plus nommée." S. 54/55. Die Erziehungskommission - eine weltliche Schulbehörde - wurde allerdings erst 1773 ins Leben gerufen; Rhode, S.317
(3) Caraccioli, Teil 2, S. 64/65
(4) Caraccioli, Teil 2, S. 68
(5) Caraccioli, Teil 2, S. 123
(6) "l'on peut dire que c'est l'ouvrage des Anglois et des François, qui envoyant à Petersburg, d'excellens Officiers de Marine et d'habiles Ingénieurs n'ont pas réfléchi combien il étoit dangereux pour l'Europe entière, de perfectionner les Moscovites dans l'art de la guerre. Il y eut toujours parmi les Peuples une Nation dominante; et qui sait si celle-ci ne donnera pas un jour des Loix à ceux-mêmes qui par leur puissance ou par leur éloignement, ne paroissent pas devoir la craindre."
Caraccioli, Teil 2, S. 47 f.
(7) Caraccioli, Teil 3, S. 8
(8) "le traité d'Oliva qu'on cite si souvent et si vivement en leur faveur ... seroit resté dans l'oubli, si l'on n'eut eu des projets sur la Pologne depuis longtemps."
Caraccioli, Teil 3, S. 15
(9) Er spielt auf das Verhalten der Holländer und Engländer gegenüber den Katholiken an.
Caraccioli, Teil 3, S. 12, 14
(10) Caraccioli, Teil 3, S. 39, S. 45. Er meint sogar, zehn geübte Polen könnten ein Korps von 30.000 Mann in Verlegenheit bringen! Teil 3, S. 46

(11) Caraccioli, Teil 3, S. 36
(12) Caraccioli, Teil 3, S. 37 f.
(13) "elles ont toujours à redouter des Nationaux qui tiennent à leur liberté plus qu'à leur vie, et qui dans la moindre querelle avec les Prusses et les Autrichiens, r e n a î t r o n t d e l e u r s p r o p r e s c e n d r e s, pour se retrouver comme ils étoient." Caraccioli, Teil 3, S. 29; vgl. S. 28 [Hervorhebung von der Verfasserin]

Seite 228

(1) Caraccioli, Teil 3, S. 48/49
(2) "elle [la revolution] menace aujourd'hui toute l'Europe d'un embrasement général. La révolution actuelle de la Pologne forme une époque dont l'Histoire ne nous fournit point d'exemple."
Joubert, I, Introduction, S. 7; auch das folgende
(3) "et que la même main, qui a mis la couronne sur sa tête en ait arraché les plus beaux fleurons."
Joubert, I, Introduction, S. 8
(4) Joubert, I, S. 34; vgl. Coyer, I, S. 66, fast wörtlich!
(5) vgl. Joubert, Introduction, S. 19-34, besonders S. 34
(6) Joubert, Introduction, S. 8-11
(7) Joubert, I, Introduction, S. 25; er nennt die Zeiten der Regierung Sobieskis "les beaux jours de la République."
(8) Joubert, I, Introduction, S. 30

Seite 229

(1) Joubert, I, S. 43 f.; und Anhang, Nr. 1, Nr. 4
(2) Joubert, I, S. 46
(3) Joubert, I, S. 54
(4) Joubert, I, S. 53/54
(5) "de manière à donner le change à la République"
Joubert, I, S. 54; S. 56: "Pendant que le Public étoit inondé de ces Manifestes dont les Polonois étoient la dupe ..."; S. 57: "Dans l'espoir de donner le change à la République, [...] le comte Kaiserling ...".
(6) Joubert, I, S. 54 f., S. 57, S. 60 f., S. 64 f.
(7) "C'étoit se jouer des Polonois ...", Joubert, I, S. 65
(8) Joubert, I, S. 83
(9) vgl. dazu Joubert, I, S. 56, 84, 105: hier mit dem Hinweis, Friedrich habe den Befehl zur Entführung von Bauern und Soldaten gegeben; S. 121: Hinweis auf die Zollstreitigkeiten, die Joubert "une véritable querelle d'Allemand" - d.h. einen vom Zaun gebrochenen Streit nennt.
(10) Joubert, I, S. 85
(11) Joubert, I, S. 102, S. 122
(12) Joubert, I, S. 138-143
(13) Joubert, I, S. 157-159

Seite 230

(1) Joubert, I, S. 202 ff.
(2) Joubert, I, S. 172; "Nonseulement les étrangers y [à la fermentation la plus violente] travailloient clandestinement, mais encore les principaux de ce Royaume, faisoient de leur côté tout ce qui pouvoit dépendre d'eux pour entretenir et fomenter la Division."
Joubert, I, S. 204
(3) Joubert, II, S. 75 ff.
(4) Merc. hist., avril 1768, S. 501 f. und Joubert II, S. 6, Merc. hist., avril 1768, S. 502: "le peuple est incité par les artifices de quelques Ecclésiastiques ..."
Joubert, II, S. 6: "C'est ainsi que l'on vit renaître en Pologne toutes les fureurs de la Ligue de France."
(5) Joubert, II, S. 10
(6) Merc. hist., août 1768, S. 221
(7) Joubert, II, S. 11 auch S. 26: "maladie épidémique", vgl. den nochmaligen Hinweis auf den Fanatismus der Priester; Joubert spricht von "faux zêle de Religion"; "les spectacles les plus sanglans du Fanatisme", "tous les fanatiques", II, S. 13; "le fanatisme qui ne connaît point de bornes", II, S. 18
(8) Joubert, II, S. 14
(9) Joubert, II, S. 14, 15, 38
(10) Joubert, II, S. 16
(11) Joubert, II, S. 29
(12) Joubert, II, S. 31
(13) Joubert, II, S. 36 ff., 56, 91; vgl. Merc. hist., août 1768, S. 224, 221, oct. 1768, S. 460 f.
(14) Joubert, II, S. 65, 73; vgl. auch II, S. 88 f., S. 133
(15) Joubert, II, S. 81
(16) Joubert, II, S. 66
(17) Joubert, II, S. 67
(18) Joubert, II, S. 54, 76, 82
(19) Joubert, II, S. 126; vgl. auch Merc. hist., déc. 1769, S. 706; févr. 1770, S. 220
(20) Joubert, II, S. 135 ff.; vgl. auch Merc. hist., janv. 1769, S. 97

Seite 231

(1) Joubert, II, S. 157
(2) Joubert, II, S. 146, 173
(3) Joubert, II, S. 145
(4) Joubert, II, S. 146; vgl. auch die Beurteilung der Konföderierten durch den Mercure [févr. 1769, S. 223]
(5) Joubert, II, S. 180 f.; der Autor spricht von "parricide"
(6) Joubert, II, S. 193 f.; vgl. dazu die gleichen Ansichten im "Mercure"; sept. 1768, S. 343; janv. 1772, S. 74; févr. 1772, S. 174
(7) Joubert, II, S. 222
(8) Joubert, II, S. 238
(9) Joubert, II, S. 255 ff.
(10) Joubert, II, S. 258

(11) Joubert, II, S. 16
(12) in drei Bänden 1807 in Paris erschienen
(13) Fabre, Introduction zu: "Oeuvres complètes de Rousseau", Bd. III, S. CCXXV

Seite 232

(1) Chevalier, a.a.O., S. 126, 229
(2) Chevalier, S. 191 f.
(3) Chevalier, S. 195
(4) Chevalier, S. 186, 193; das Manifest der Barer Konföderation war seit November 1769 in Paris verbreitet. Chevalier, S. 194, Anm. 1; vgl. auch Baudeau, S. 319
(5) Rulhière, Histoire I, S. 209 ff.; er nennt Broglie "restaurateur de la rêpublique", S. 209
(6) Rulhière, Histoire I, S. 67: "L'empire de Russie ayant eu sur la destinée des Polonois une si fatale influence; l'histoire des czars et celle même de leur cour, étant devenue dans les derniers malheurs de cette république, une partie inséparable de son histoire, il m'a paru important de bien connaître le génie de cette cour et les moeurs de ce peuple."
Vgl. auch I, S. 127
(7) Rulhière, Histoire I, S. 2 ff.
(8) Rulhière, Histoire I, S. 61: " ... et sauver une seconde fois l'Europe d'une nouvelle invasion des barbares."
Gemeint ist der Entsatz von Wien 1683
(9) Rulhière, Histoire I, S. 81: "Telles étaient les moeurs d'un peuple qui est parvenu à écraser presque tous ses voisins, et que l'état de ses guerres et l'étendue de ses conquêtes doivent mêler dans l'histoire de presque toute la terre ...".

Seite 233

(1) Rulhière, Histoire I, S. 5 f.; "... la Pologne, unique barrière entre eux [les Russes] et le reste de l'Europe, était aussi l'unique passage par où leur domination pouvoit encore s'étendre au loin. Les désordres de cette république leur ont donné facilement l'entrée dans toutes ses affaires; et les efforts de ces deux peuples, l'un pour imposer le joug, l'autre pour s'y dérober, sont le plus singulier spectacle que le monde ait offert depuis longtemps."
S. 5; vgl. auch S. 135
(2) Rulhière, Histoire I, S. 58
(3) Rulhière, Histoire I, S. 48
(4) vgl. weiter unten, S. 255
(5) Rulhière, Histoire I, S. 49; vgl. Rousseau, Considérations, a.a.O., S. 999
(6) Rulhière, Histoire I, S. 61
(7) Rulhière, Histoire I, S. 62
(8) Rulhière, Histoire I, S. 49; vgl. S. 188 f.; "Ils [les Polonais] n'attribuaient le blâme général des autres nations qu'à l'avilissement des esprits qu'a

produit dans l'Europe presqu'entiere l'autorité oppressive des gouvernemens modernes.", S. 189

(9) Rulhière, Histoire I, S. 108

(10) Rulhière, Histoire I, S. 121

(11) Rulhière, Histoire I, S. 188; vgl. auch 187: "La sûreté regnait dans les villes; les voyageurs pouvaient sans rien craindre, traverser les forêts les plus solitaires et les routes les plus fréquentées. Jamais on n'entendait parler d'aucun crime ...".

(12) vgl. weiter unten, S. 234 ff.

(13) Rulhière, Histoire I, S. 83: "Leur ambition commença avec leur puissance; et nous sommes dans l'erreur, lorsqu'éblouis de la gloire de Pierre Ier, nous regardons l'ambition de son peuple comme la suite et l'effet de son règne."

(14) Rulhière, Histoire I, S. 84; vgl. Chappe, S. 244, weiter oben, S. 139

(15) Rulhière, Histoire I, S. 87 f.

(16) Rulhière, Histoire I, S. 97

Seite 234

(1) Rulhière, Histoire I, S. 99

(2) Rulhière, Histoire I, S. 100; vgl. auch 98 f.

(3) vgl. weiter oben, S. 139 f.,

(4) Rulhière, Histoire I, S. 101: "Comme si, en quelque lieu du monde, les arts étaient nés de l'obéissance" ...Avec des travaux incroyables, il faisait deux choses contradictoires. Son génie voulait élever son peuple, et sa rigueur l'écrasait."

(5) Rulhière, Histoire I, S. 102

(6) Rulhière, Histoire I, S. 168-171; auch die Beurteilung Elisabeths; manche Urteile finden sich bei Coxe/ Chantreau wieder; vgl. weiter oben, S. 147, 162

(7) Nicolas Baudeau, 1730-1792; Domherr, Prior von St. Lô, Mitglied der Akademie von Bordeaux; Aufenthalt in Polen 1768/69 beim Bischof von Wilna, Maściski; Propst von Widziński in Polen; 1765-1772 veröffentlicht er die "Ephémérides du citoyen" [40 Bände], bei der auch Mirabeau und Dupont de Nemours mitarbeiteten, vgl. Barrière, Academie, S. 48; DBF, Bd. 5, S. 834

Seite 235

(1) Baudeau, S. 6; Hervorhebungen von Baudeau; vgl. auch S. 11

(2) Baudeau, S. 6

(3) Baudeau, S. 8, 9

(4) Baudeau, S. 10

(5) "ambition démésurée, l'extrême férocité, la passion excessive de l'autorité despotique, de la guerre et des conquêtes ...", S. 10; "un des plus féroces [conquérants] S. 14; er beschreibt auch die Morde Ivans III. an seinem Sohn und seinem Enkel; S. 20

(6) Baudeau spielt u.a. auf die Gesandtschaft zum Papst an, dem Ivan versprochen habe, die russisch-orthodoxe mit der

katholischen Kirche zu unieren, S. 17
(7) Baudeau, S. 15 f.; "en p a r o i s s a n t favoriser le commerce et les arts", S. 16; Hervorhebung von der Verfasserin

Seite 236

(1) Baudeau, S. 21
(2) Baudeau, S. 22
(3) Baudeau, S. 23
(4) Baudeau, S. 24: "une conduite si barbare" ..." ils commettent, à leur ordinaire, des excès affreux"; "Basile effrayé ... promit (1508) tout ce qu'on vouloit, dans le dessein de ne tenir aucun des articles ..." S. 25; "Ce Prince perfide caressant les Habitants [de Pleskov], invita les principaux à venir dans son camp..." S. 27; "récompense des Habitants de Smolensko ... fut la servitude et la désolation." S. 29; vgl. S. 38, 40 f.; [Ivan IV.], le "Tyran déchargea sa fureur sur ses Sujets ..." u.s.f. S. 41 f.; "le barbare Jean" S. 43. Baudeau berichtet auch davon, daß Ivan eigenhändig mehrere Personen hingerichtet habe. S. 44; vgl. auch S. 48 und S. 52 "le monstre"; vgl. den Bericht über Boris Godunov S. 57 ff., den falschen Demetrius, S. 60 ff.
(5) Baudeau, S. 35
(6) Baudeau, S. 44
(7) "occupative" gebildet in Analogie zu "élective" und "successive", S. 66; auch das folgende
(8) Baudeau, S. 69
(9) "[ils] n'ont fait que paroître sur ce Trône sujet à tant de révolutions depuis qu'il est occupé par la postérité des Romanovs qui l'usurperent en 1613, et qui surent s'y maintenir au préjudice des Princes descendants du Sang Rurik ...";
Baudeau, S. 182; für das Vorhergehende S. 181
(10) Baudeau, S. 183
(11) Baudeau, S. 185
(12) Baudeau, S. 214; vgl. auch S. 211

Seite 237

(1) Baudeau, S. 188 f.
(2) Baudeau, S. 195
(3) Baudeau, S. 202: "mais dans leur [des Moscovites] déroute générale, ils ne remplirent que trop bien le troisième objet de leur politique. Tout fut dévasté par eux avec la plus étrange barbarie. Chaque district qu'ils abandonnoient n'étoit plus qu'un vaste désert couvert de cendres. Par cette affreuse conduite Pierre détruisoit pour l'avenir les forces de la République ... Deux siècles de la plus grande prospérité ne pourroient pas réparer les maux que cette abominable campagne de 1707 fit à la Pologne ...".
(4) Baudeau, S. 190 ff.
(5) Baudeau, S. 215: "Un Roi totalement à la dévotion des

Moscovites"; S. 215: "C'étoit la créature des Moscovites qu'on courronnoit en ce Prince [...] " [ils faisoient] servir "la Pologne d'instrument à ravages ou de conquêtes."

(6) Baudeau, S. 221

(7) Baudeau, S. 226 ff.

(8) Baudeau, S. 242 ff.

(9) Baudeau, S. 247

(10) Baudeau, S. 305, auch S. 307

(11) Baudeau, S. 326; "Ses prédécesseurs [de Cath. II] ont assez long-temps ajouté des déserts; il est temps que lez Czars songent à s'en faire des Provinces." S. 327

(12) Baudeau, S. 5: "Hélas Monsieur, il n'y a plus de République de Pologne." [1771]

(13) allerdings erst in der zweiten Epoche, d.h., also von 1689-1769; vgl. S. 254: "nullité complète" [seit dem Tode Sobieskis] ; "nullité des suffrages ", S. 270; "la nullité absolue de la République" S. 279; "sa nullité totale" S. 304; "nullité absolue des suffrages ..." S. 317

Seite 238

(1) Baudeau, S. 76

(2) Baudeau, S. 36 f.

(3) Baudeau, S. 261: "il est clair [...] pour tout spectateur impartial, que ces deux Nations [Polen und Schweden] également menacés par des voisins artificieux et barbares (!) , n'avoient rien de mieux à faire que de rester unies entre elles, et de se chercher de concert des protecteurs incapables de leur nuire dans les Puissances méridionales de l'Europe."; vgl. auch S. 45/46

(4) Baudeau, S. 51; auch S. 49 f.; vgl. S. 55, S. 60 f., S. 63, 143, 148, 172, 175

(5) Baudeau, S. 203, 259, 262

(6) Baudeau, S. 79: "un Etat sans agriculture, digne de ce nom, ne possédant à vrai dire que des terres en friche, à peu de chose près, dans une étendue immense du meilleur sol qui soit en Europe, dont la dixième partie grattée (!) par quelques millions d'esclaves ...".

(7) Baudeau, S. 80

(8) Baudeau, S. 80/81

(9) Baudeau nennt: Gründung von Schulen, Einrichtung von Gerichtshöfen, Befestigung der Städte, Bau von Straßen, Unterstützung von Handel und Kunst, Gewährung des Bürgerrechts für die Stadtbewohner, Verbesserung der bäuerlichen Lage. S. 86

(10) Baudeau, S. 87: "par le malheur commun de son siècle, [il] manqua [...] le point cardinal, celui de l'instruction; ne pouvant pas deviner seul le véritable objet de l'enseignement général et en particulier la morale économique, il prit avec toute l'Europe pour la vraie science, celle des Moines et des Prêtres."

(11) Baudeau, S. 88

(12) Baudeau, S. 88 ff.; Baudeau gibt das Jahr 1336 an; ge-

meint sind wohl die Statuten von Wiślica 1346, die nur für Kleinpolen galten; später gab es auch eine großpolnische Fassung, wobei die kleinpolnische für Bauern, Frauen und Unmündige günstiger war als die von Großpolen. Die Statuten sind wahrscheinlich von einer Landesversammlung angenommen worden. Vgl. Rhode, S. 83 f.

(13) Baudeau, S. 93 f., S. 101 f.
(14) Baudeau sagt fälschlich 1335 und 1375
(15) Baudeau, S. 104

Seite 239

(1) Baudeau, S. 107/108
(2) Baudeau, S. 112/113
(3) Baudeau, S. 114
(4) Baudeau, S. 116
(5) Baudeau, S. 116 f.
(6) Baudeau, S. 118 f., 124 f.
(7) Baudeau, S. 126
(8) Baudeau, S. 126 f.
(9) traité d'élection, Baudeau, S. 131; für das folgende 132 ff.
(10) Baudeau, S. 138
(11) Baudeau, S. 145
(12) Baudeau, S. 160
(13) Baudeau, S. 161
(14) Baudeau, S. 162

Seite 240

(1) Baudeau, S. 254
(2) Der Autor bezieht sich dabei vor allem auch auf die Bestimmungen auf dem militärischen Sektor und auf dem religiösen Gebiet.Das Blutbad von Thorn sei eine der Folgen der Beschlüsse, die auf diesem Sejm angenommmen wurden. S. 275/276
(3) Baudeau, S. 198, 201, 216, 280: ein Teil des Adels habe ein Interesse daran gehabt, die Anarchie fortdauern zu lassen, vor allem die Inhaber der Ämter in der Armee und in den Finanzen.
(4) Baudeau, S. 217, 233, 237, 239
(5) vgl. weiter oben, S. 235 ff.
(6) Baudeau, S. 240 ff.
(7) Baudeau, S. 281 ff.
(8) Baudeau, S. 283
(9) Baudeau, S. 284
(10) Baudeau zählt auf:
1. in militärischen, wirtschaftlichen und zivilen Fragen ist nur Stimmenmehrheit erforderlich;
2. zur Verwaltung des Staatsschatzes und der Armee richtet der Sejm zwei Kommissionen ein, um die Macht der Generäle und der Schatzmeister zu verringern; es ist ebenfalls nur Stimmenmehrheit nötig;
3. Vereinheitlichung bzw. Verbesserung im Münzwesen, bei Maßen und Gewichten, Zöllen usw. S. 289 ff.

(11) Baudeau, S. 293 f; der Autor hebt besonders Konarskis Collegium Nobilium hervor. S. 294
(12) Baudeau, S. 294, 302, 303
(13) Baudeau, S. 303/304
(14) Baudeau, S. 309
(15) "on mit donc en jeu les Dissidens pour ressusciter le Parti Théologique ... La diète ordinaire de 1766 fut donc troublé par une querelle de Religion." Baudeau, S. 310
(16) Baudeau, S. 311. Er betont das ausdrücklich, weil in Frankreich die Meinung vorherrschend sei, daß die Dissidenten überall die Waffen gegen die Katholiken erhoben hätten; S. 312

Seite 241

(1) Baudeau, S. 312, Hervorhebung von der Verfasserin
(2) Baudeau, S. 316 f.
(3) Baudeau, S. 323
(4) Baudeau, S. 328
(5) Fabre, Notes et variantes, in: Oeuvres complètes, Bd. III, S. 1736: "car les manuels abondaient, qui en avaient decanté et adapté la matière à l'usage des curieux, pour lesquels la réformation de la Pologne était , en ces années 1770, un véritable thème de concours"; vgl. auch Introduction, S. CCXXXIX

Seite 242

(1) z.B. Joubert I, S. 51 f., S. 143; I, S. 171; II, S. 10
(2) Joubert, I, S. 144
(3) Joubert, II, S. 39
(4) Caraccioli, Teil 2, S. 13
(5) Caraccioli, Teil 2, S. 48; auch Teil 2, S. 52
(6) Dabei geht es um die Erbfolge im Hause Romanov, um Dänemark, Schweden und Holstein; Rousset, Recueil, t. 3, S. 291; 15.11.1726
(7) Rousset, Recueil, t. 3, S. 484 ff.
(8) à la Haye, 1736 [erste Ausgabe 1735]
(9) Rousset, Les intérêts ... t. 1, S. 510: "Cette Nation, qui alors faisoit à peine un point sur la Carte (!) fait aujourd'hui une si grande figure en Europe, qu'elle prend part à tout ce qui se passe...".
(10) Rousset, Intérêts, S. 512
(11) Rousset, Intérêts, S. 511
(12) Rousset, Intérêts, S. 513

Seite 243

(1) Rousset, Intérêts, S. 514
(2) Rousset, Intérêts, S. 515; auch für das folgende. Der Autor wirft den Franzosen und dem Primas von Polen vor, daß sie einen schweren politischen Fehler begangen hätten, weil sie den russischen Hof nicht schon lange zugunsten Stanisławs beeinflußt hätten.

(3) Rousset, Intérêts, S. 904; auch das folgende
(4) Rousset, Intérêts, S. 906
(5) Rousset, Intérêts, S. 907. Der Autor denkt z.B. daran, daß die Dissidenten, dem Beispiel der Salzburger folgend, auswandern könnten.
(6) Etat politique de l'Europe, t. 1, A la Haye 1738; ohne Verfasserangabe: les auteurs
(7) Amsterdam 1764; Rênê-Louis, Marquis d'Argenson 1694-1767; secrétaire d'Etat aux Affaires étrangères; auch Verfasser von Memoiren

Seite 244

(1) Argenson, Considérations, avertissement, S. 1
(2) Argenson, Considérations, S. 3 f.
(3) Argenson, Considérations, S. 4
(4) Argenson, Considérations, S. 6
(5) vgl. Argenson, Considérations, S. 36 ff. Aus einer Anmerkung geht hervor, [S. 68], daß das Werk v o r 1748 entstanden ist.
(6) Argenson, Considérations, S. 15; vgl. auch S. 21
(7) die Zarinnen bezeichnet er als "femmes de peu de mérite"; Argenson, Considérations, S. 107
(8) vgl. Argenson, Considérations, S. 108: "Le tems de l'Aristocratie est passé quand le Despotisme a commencé sans son secours."
(9) Argenson, Considérations, S. 106, 108
(10) vgl. Argenson, Considérations, S. 56 f.

Seite 245

(1) Argenson, Considérations, S. 58
(2) Guillaume Th. Raynal: Tableau de l'Europe, Amsterdam 1774
Raynal, 1713-1796, Historiker und "Philosoph"; veröffentlichte Artikel im "Mercure de France", veröffentlichte 1754 die "Anecdotes historiques, militaires et politiques de l'Europe"; den größten Erfolg hatte die seit 1770 publizierte "Histoire philosophique et politique des établissements et du commerce des Européens dans les deux Indes". Raynal machte eine Reise nach Berlin und St. Petersburg.
Grande Encyclopédie, Bd. 28, S. 189
(3) "La Pologne qui, n'ayant qu'un peuple esclave au dedans, mérite de ne trouver au-dehors que des oppresseurs ..." Raynal, Tableau, S. 16
(4) "Fasse le ciel que ce crime d'ambition tourne au bien de l'humanité; et que, par un acte glorieux de bienfaisance, les usurpateurs brisent les chaines de la partie la plus laborieuse de leurs nouveaux Peuples." Raynal, Tableau, S. 17
(5) vgl. auch "Mélanges de Politique et de littérature extraits des annales de M. Linguet", 1778, S. 72: 'c'est dans le sein de la paix, sans griefs, sans prétextes même apparents que la couronne des Sarmates a été mise

en pièces par des mains amies ... Le terrible principe que la force est le meilleur argument des rois ... a été, pour la première fois, produit, mis en pratique, ouvertement et sans voile."

(6) London, 1774, t. 1 "traduit de l'anglais de Lindsiek [Theophil Lindsey] par Gérard, vgl. die Einleitung [préface de l'éditeur]

(7) "Nous exposerons dans la seconde partie la nullité et l'insuffisance de ces Droits ..." Les Droits, S. II

(8) Les Droits, S. IV ff.

(9) Les Droits, S. VIII, XII, XVI

(10) Les Droits, S. XII: "Une Puissance étrangère, la Russie, changeoit arbitrairement toute la forme du Gouvernement Polonois, pour s'assujettir le Roi qu'elle avoit fait, et avec lui la Nation, à laquelle elle preparoit les fers."

(11) In disem Werk bezeichnet Voltaire das Polen des 16. Jahrhunderts - Polens goldenes Zeitalter ! - als barbarisch, arm und wild; "l'ignorance et la pauvreté rendaient la vie triste, mais exempte de grands crimes."; in:"Oeuvres complètes", Bd. II; S. 526. Im"Précis du siècle de Louis XV" [Oeuvres complètes, Bd. II] beschreibt Voltaire Polen ebenso unvorteilhaft: das Volk bestehe aus Sklaven, der Adel verkaufe seine Stimmen, der Staatsschatz sei leer, und die Gesetze seien ohne Wirkung; die Freiheit bringe nur Streit hevor, und der einst so kriegerische Adel laufe vor den disziplinierten russischen Sklaven davon. S. 1324; er bezieht sich auf 1734

(12) 1743 in Brüssel in 3 Bänden von Abbé Fr. Ign. Espiard

(13) 1766 in Amsterdam von M.G. Gazon-Dourxigné

(14) Ein Urteil über Polen könnte man aus seinen Bemerkungen über die griechischen Republiken entnehmen: Völker könnten nicht lange in Freiheit bestehen, sie nähmen bald von selbst den Weg in die Zügellosigkeit und schließlich in die Sklaverei, S. 23 f.

(15) vgl. Table des Matières, Kap. 8, S. 97-108

Seite 246

(1) Espiard, I, S. 161 "le génie de la police des fiefs"

(2) Espiard, II, S. 46

(3) Espiard, II, S. 48

(4) Espiard, I, S. 44: "... tout le monde s'empresse d'annoncer la grandeur et les progrès des Moscovites qui sont encore dans le berceau des arts, envelopés presque tous dans les misères de leur ancien ignorance."

(5) Espiard, I, S. 55

(6) Espiard, III, S. 10: "car la puissance du prince [...] étouffe par une ignorance politique les lumières que la Religion pourroit fournir, comme chez les Moscovites ..."
Angesichts dessen, was in der Mitte des 18. Jahrhunderts über die Religion und ihre Rolle bei der Unwissenheit des Volkes gesagt wird, ist diese Aussage über die Religion als Quelle der Volksbildung sehr bemerkenswert;

es handelt sich jedoch um eine selten vertretene Meinung.

(7) Gazon-Dourxigné, S. 103 f.
(8) Gazon-Dourxigné, S. 105
(9) Gazon-Dourxigné, S. 102
(10) "Mais l'humanité lui manquoit" Gazon-Dourxigné, S. 105
(11) De l'esprit des lois (1748); Considérations sur les causes de la grandeur des Romains et de leur décadence (1734) Hier benutzt in der Ausgabe der Pleiade: Montesquieu, Oeuvres Complètes prés et ann. par R. Caillois, Bd. II, 1949
(12) Montesquieu, De l'esprit des lois, a.a.O., S. 258 [III,8] ; S. 328 [VI, 16] ; S. 495 [XV, 6]
(13) Montesquieu, De l'esprit des lois, a.a.O., S. 258 Anm. a)
(14) Montesquieu, De l'esprit des lois, a.a.O., S. 495
(15) Montesquieu, De l'esprit des lois, a.a.O., S. 671 [XXII, 14]
(16) Montesquieu, De l'esprit des lois, a.a.O., S. 258 f. [III, 8,9,10]

Seite 247

(1) Rousseau, Considérations, a.a.O., S. 956, vgl. hier: S. 255
(2) Vgl. auch die Kritik Chappe d'Auteroches [a.a.O., S. 209 f.] und Levesques [Bd. 4, S. 158 f.]
(3) Montesquieu, De l'esprit des lois, a.a.O., S. 558 f. [XIX, 4,5]
(4) Montesquieu, De l'esprit des lois, a.a.O., S. 563 [XIX, 12]
(5) Montesquieu, De l'esprit des lois, a.a.O., S. 564/565 [XIX, 14]
(6) Montesquieu, De l'esprit des lois, a.a.O., S. 565; am Schluß des Absatzes heißt es: "L'empire du climat est le premier de tous les empires." Hier kommt seine Meinung zum Ausdruck, daß das Klima wesentlich die Regierungsform und die Lebensgewohnheiten eines Volkes bestimme.
(7) Montesquieu, Considérations, a.a.O., S. 196 ..." le czar Pierre Ier eût fait renaître (!) cette nation"....
(8) Montesquieu, De l'esprit des lois, a.a.O.,S. 386 [X, 13]
(9) Montesquieu, De l'esprit des lois, a.a.O., S. 386/387
(10) Montesquieu, Considérations, a.a.O., S. 89; Peters Thronfolgeordnung bezeichnet er ebenfalls als verfehlt. [De l'esprit des lois, a.a.O., S. 296 V, 14]
(11) Montesquieu, De l'esprit des lois, a.a.O., S. 333; [VII,1] ; S. 600 [XX, 23]
(12) Montesquieu, De l'esprit des lois, a.a.O., S. 247, [II, 3] ; S. 396, [XI, 5] . Dieser Ansicht ist auch d'Argenson. Vgl. Argenson, Considérations, avertissement, S. 4/5
(13) "Elle [la France] avoit de nous cette haute idée dont nos fréquentes victoires sur les Turcs et sur les Moscovites

avoient rempli l'Univers depuis tant de siècles. Elle croyait, qu'héritiers de cette noble fierté de nos pères à ne reconnoître d'autres loix que celles que nous faisons nous-mêmes, nous nous montrerions invincibles aux tyrans ... elle espéroit que notre valeur suppléeroit au nombre, et elle ne pensoit pas qu'il fallût compter les sujets d'une armée dans une nation qui n'étoit elle-même qu'une armée de combattans ... Une idée trop flatteuse des ressources d'un Etat qui s'étoit toujours soutenu par lui-même, a trompé la France ..." Oeuvres du philosophe bienfaisant, Bd. 1, S. 87 ff.

Seite 248

(1) Stanisław, Oeuvres complètes, Bd. 2
(2) Stanisław, Observations, in: Oeuvres complètes, Bd. 2, S. XXV ff.
(3) Stanisław, Observations, in: Oeuvres complètes, Bd. 2, S. XL
(4) vgl. Konarski, S. 2
(5) "Nous ressemblons à ceux qui habitent des maisons qui leur sont échues en héritage, et qui, au risque d'en être écrasés, n'y veulent rien changer, pour ne pas toucher à l'ouvrage de leurs pères ..." Stanisław, Observations, in: Oeuvres complètes, Bd. 2, préface, S. XXVI
(6) Stanisław, Observations, in: Oeuvres complètes, Bd. 2, préface, S. XXVI
(7) Stanisław, Observations, in: Oeuvres complètes, Bd. 2, préface, S. XXIX, XXXIII
(8) Stanisław, Observations, in: Oeuvres complètes, Bd. 2, préface, S. XXVI; vgl. auch die folgenden Seiten des Vorwortes
(9) Stanisław, Observations, in: Oeuvres complètes, Bd. 2, préface, S. XXXII
(10) Stanisław, Observations, in: Oeuvres complètes, Bd. 2, préface, S. XXXIV
(11) Stanisław, Observations, in: Oeuvres complètes, Bd. 2, préface, S. XXXV: "Esclaves de nos usages, nous abhorrons tout ce qui peut nous en écarter. Je ne sçais pas par quelle malheureuse fatalité nous croyons notre façon de nous gouverner supérieure à celle de tous les autres peuples. Cette fastueuse prévention nous retient dans notre ignorance. Nous ne sçavons, ni ne voulons rien sçavoir de ce qui se passe chez eux ..."

Seite 249

(1) Stanisław, Observations, in: Oeuvres complètes, Bd. 2, préface, S. XXXIX
(2) Stanisław, Observations, in: Oeuvres complètes, Bd. 2, S. 66 ff.
(3) Stanisław, Observations, in: Oeuvres complètes, Bd. 2, S. 69

(4) Stanisław, Observations, in: Oeuvres complètes, Bd. 2, S. 70 f.
(5) Stanisław, Observations, in: Oeuvres complètes, Bd. 2, S. 81
(6) Stanisław, Observations, in: Oeuvres complètes, Bd. 2, S. 94 ff.

Seite 250

(1) Stanisław, Oeuvres complètes, Bd. 3, S. 2 f.
(2) Stanislaw, Oeuvres complètes, Bd. 3, S. 6
(3) Stanisław, Oeuvres complètes, Bd. 3, S. 22 ff. auch für das folgende
(4) Pyrrhys de Varille, "Lettres sur la constitution de la Pologne et la tenue de ses diètes" Warschau/ Paris 1771 Préface, S. VIII-XVIII
(5) vgl. Fabre; Rousseau, Oeuvres complètes, Bd. III, notes et variantes, S. 1736

Seite 251

(1) Varille, Lettres, S. 125
(2) vgl. dazu Varille, Lettres, S. 174-180
(3) Varille, Lettres, S. 18/19
(4) Varille, Lettres, S. 44
(5) Varille, Lettres, S. 117
(6) Varille, Lettres, S. 191
(7) Varille, Lettres, S. 137
(8) Varille, Lettres, S. 56
(9) Varille, Lettres, S. 35; vgl. auch S. 33/34; Varille übersieht dabei, daß auch die Jagiellonen nicht "absolute" Herrscher waren; schon Jagiello mußte bei seiner Wahl bestimmte Zusagen machen (1385); vgl. auch das Privileg von Jedlno 1430, in dem das Wahlrecht praktisch gesichert war.
(10) Varille, Lettres, S. 52

Seite 252

(1) Varille, Lettres, S. 55 f.; z.B. zur Verteidigung der katholischen Religion, um die Grundfreiheiten zu wahren, um einen Offensivkrieg zu verhindern, der vom König geplant wird; um verdiente Bürger von der ungerechten Unterdrückung zu schützen, S. 64
(2) Varille, Lettres, S. 65; mindestens 1/6 der Sitzungsteilnehmer müssen opponieren; die Opponierenden müssen die Berechtigung ihrer Opposition vor einem noch zu gründenden Gericht darlegen; die vier Themen, für die das Liberum veto gelten soll, müssen Gegenstand der Beratung sein.

(3) Varille, Lettres, S. 241, 261 ff.; vgl. auch S. 334: "Les grâces de la cour deviennent le Prix de la servitude: l'amour de l'or prend la place de celui de l'honneur de la patrie ... on s'avilit pour s'enrichir

... Le bien général n'est qu'une chimère à laquelle personne ne pense sérieusement, et l'intérêt particulier est la seule divinité à qui on sacrifie."

(4) Varille, Lettres, S. 280, 287 ff.
(5) Varille, Lettres, S. 301,f., 313 ff.
(6) Varille, Lettres, S. 348, 392 ff.
(7) Varille, Lettres, S. 70 ff.
(8) Varille, Lettres, S. 81

Seite 253

(1) Varille, Lettres, S. 85-102
(2) Varille, Lettres, S. 392, 395, 397
(3) Vollständiger Titel: "Réflexions politiques sur la Pologne ou Lettre d'un patriote modéré à son ami, avec plusieurs autres lettres et un coup d'oeil sur les vues secrètes que peuvent avoir les puissances de l'Europe, par rapport à la situation actuelle de la Pologne, le 10 juin 1770".
(4) vgl. Varille, Réflexions, S. 11 und S. 29, S. 42 f.
(5) Varille, Réflexions, S. 28 f.
(6) Varille, Réflexions, S. 4 f., S. 15 f., S. 22, vor allem S. 96
(7) Varille, Réflexions, S. 2
(8) Varille, Réflexions, S. 19, 27, 49; vgl. auch S. 30, 42
(9) Varille, Réflexions, avertissement, S. III; S. 12, 13
(10) 1.8.68
(11) Varille, Réflexions, S. 117, 120, 134, 135
(12) Varille, Réflexions, S. 125
(13) Varille, Réflexions, S. 129, auch S. 130 f.
(14) Varille, Réflexions, S. 148
(15) Varille, Réflexions, S. 148 f.
(16) Varille, Réflexions, S. 150 ff.
(17) "regarder la Pologne comme une barrière naturelle et importante entre l'Allemagne et la Russie." Varille, Réflexions, S. 153

Seite 254

(1) "Du contrat social", in: Oeuvres complètes, Bd. III, S. 386
(2) Rousseau, Considérations, S. 1038
J.J. Rousseau, Considérations sur le Gouvernement de Pologne et sur sa réformation projettée, in: Oeuvres complètes, Bd. III, Paris 1964, Texte établi et annoté par Jean Fabre
(3) Rousseau, Considérations, a.a.O., S. 1039
(4) Rousseau, Considérations, a.a.O., S. 961
(5) Rousseau, Considérations, a.a.O., S. 1037
(6) Rousseau, Considérations, a.a.O., S. 960: "Vous ne sauriez empêcher qu'ils ne vous engloutissent, faites au moins qu'ils ne puissent vous digérer." ebda.
(7) Rousseau, Considérations, a.a.O., S. 1013: "La nation Polonoise est différente de naturel, de gouvernement, de moeurs, de langage, non seulement de celles qui

l'avoisinent, mais de tout le reste de l'Europe. Je voudrois qu'elle en differât encore dans sa constitution militaire ...".

(8) Rousseau, Considérations, a.a.O., S. 962; der Gedanke wird weiter ausgeführt.

Seite 255

(1) Rousseau, Considérations, a.a.O., S. 956

(2) "Je regarde les nations modernes: j'y vois force faiseurs de loix et pas un législateur." Rousseau, Considérations, a.a.O., S. 956. Fabre nennt diese Passage über die mosaische Gesetzgebung einen der Schlüssel zu den "Considérations". "L'analogie entre le peuple polonois et le peuple juif est une des clefs des 'Considérations" ...". in: Rousseau, a.a.O., notes et variantes, S. 1747

(3) Rousseau, Considérations, a.a.O., S. 961

(4) Rousseau, Considérations, a.a.O., S. 966 ff.

(5) Rousseau, Considérations, a.a.O., S. 1037: "Profitez alors de l'épuisement où l'aura jettée la guerre de Turquie ...", S. 1038: "dans l'état où la présente guerre laissera vraisemblablement la Russie ...".

(6) Rousseau, Considérations, a.a.O., S. 961; vgl. auch S. 959, 979

(7) Rousseau, Considérations, a.a.O., S. 999; vgl. auch S.998

Seite 256

(1) Rousseau, Considérations, S. 995

(2) Rousseau, Considérations, a.a.O., S. 996/ 997

(3) Rousseau, Considérations, a.a.O., S. 972

(4) "est l'ouvrage de cette barbarie féodale" Rousseau, Considérations, a.a.O., S. 973; vgl. auch S. 974

(5) Rousseau, Considérations, a.a.O., S. 974; vgl. dazu auch seine Überlegungen S. 1024. Mit Verachtung weist er auf die Bauernaufstände hin, in denen von Freiheit die Rede sei, ohne daß die Aufständischen überhaupt wüßten, was das ist. S. 974. Vermutlich bezieht er sich auf die Hajdamakenaufstände.

(6) Rousseau, Considérations, a.a.O., S. 975: "L'affoiblissement de la législation s'est fait ein Pologne d'une manière bien particulière, et peut-être unique au monde, ... elle [la puissance législative] conserve toute son autorité ... rien ne la diminue, mais rien ne lui obéit."

(7) Rousseau, Considérations, a.a.O., S. 979: "Je suis convaincu que si les confédérations ont sauvé la patrie, ce sont les Diétines qui l'ont conservée, et que c'est là qu'est le vrai Palladium de la liberté."

(8) Rousseau, Considérations, a.a.O., S. 980 f.

(9) Rousseau, Considérations, a.a.O., S. 984 f.

Seite 257

(1) Rousseau, Considérations, a.a.O., S. 994
(2) Rousseau, Considérations, a.a.O., S. 1012-1020
(3) Rousseau, Considérations, a.a.O., S. 1019; wieder bezieht er sich auf das Vorbild der Konföderierten
(4) Rousseau, Considérations, a.a.O., S. 1028 f.
(5) Rousseau, Considérations, a.a.O., S. 964

Seite 258

(1) Einige Bemerkungen macht er auch zur Königswahl, ebenfalls zur Person des [gerade regierenden] Königs Stanisław Poniatowski. Er hält es für unsinnig, Fürsten aus anderen Ländern zu wählen; S. 1029; er schlägt die Einführung eines Totengerichts vor, um den erwählten König zu einer guten Regierung anzuhalten aus Furcht vor dem Urteil; S. 1034; Stanisław II. solle man entweder hinrichten, wie er es verdient habe (!) oder seine Wahl wiederholen, da die erste ungültig gewesen sei. Am Anfang sei er sicher schuldig gewesen, nun sei er vielleicht nur noch unglücklich.
Rousseau, Considérations, a.a.O., S. 1039
(2) Rousseau, Oeuvres complètes,Introduction, S. CCXXXV f.
(3) Rousseau, Oeuvres complètes,Introduction, S. CCXVII
(4) Hennin, Botschaftssekretär in Polen, war Mitglied des Secret. Vgl.: Favier, Politique de tous les cabinets, S. 98
(5) Rousseau, Oeuvres complètes, Introduction, S. CCXX
(6) Mably, Gabriel Bonnot de; in: Oeuvres complètes, Bd. VIII, publ. par Guillaume Arnoux
(7) in: Collection complète des oeuvres de l'abbé de Mably; t. 13, oeuvres posthumes, Paris L'an III de la République, 1794 à 1795; S. 1-65; im gleichen Band: "Le Banquet des Politiques", S. 66-121
(8) Rousseau, Considérations, a.a.O., S. 1739
(9) Mably, Gabriel Bonnot de, geb. 1709, gest. 1785, Jesuitenzögling; dann aber Verzicht auf eine kirchliche Karriere; in Diensten des Kardinal Tencin, mit dem er später brach; freier Schriftsteller, erklärter Feind des Despotismus. La Grande Encyclopédie, Bd. 22, S. 853 f.
(10) Mably, Banquet, S. 72 ff.
(11) Mably, Banquet, a.a.O., S. 67
(12) Mably, Banquet, a.a.O., S. 68
(13) Mably, Banquet, a.a.O., S. 78
(14) Mably, Banquet, a.a.O., S. 119/120
(15) in: Mably, Collection complète ...; t. 13, S. 1-65
(16) Mably, De la Situation, a.a.O., S. 43

Seite 259

(1) Mably, De la Situation, a.a.O., S. 56 f.; vgl. auch S. 19, S. 26
(2) Mably, De la Situation, a.a.O., S. 50
(3) Mably, De la Situation, a.a.O., S. 30 f.

(4) Mably, De la Situation, a.a.O., S. 41
(5) Mably, De la Situation, a.a.O., S. 33/34
(6) Mably, De la Situation, a.a.O., S. 38 ff.; hier entwickelt er u.a. die Theorie, daß möglicherweise die vielen Krankheiten am Kopf schuld seien an der Dummheit des polnischen Volkes (!). Er meint, Epilepsie, Tumore am Kopf und Ekzeme seien hier besonders häufig.
(7) Mably, Du gouvernement, a.a.O., S. 3
(8) Ebenso vorsichtig klingt die Formulierung: "je m'en rapporte aux lumières des confédérés. Sûrement ils ne trahiront pas les espérances de leur nation ...". Mably, Du gouvernement, a.a.O., S. 279
(9) Mably, Du gouvernement, a.a.O., S. 82, 77: "La Pologne reçoit aujourd'hui une leçon ...".
(10) Mably, Du gouvernement, a.a.O., S. 260 f.
(11) Mably, Du gouvernement, a.a.O., S. 31, S. 272
(12) Mably, Du gouvernement, a.a.O., S. 54, S. 265
(13) Mably, Du gouvernement, a.a.O., S. 271
(14) Mably, Du gouvernement, a.a.O., S. 269
(15) Mably, Du gouvernement, a.a.O., S. 304, 306 f., S. 317
(16) Mably, Du gouvernement, a.a.O., S. 310

Seite 260

(1) "Donner la couronne à un piaste, c'est pour ainsi dire, allumer la guerre civile dans la république. Un Polonais peut bien se consoler de n'être pas Roi, mais non pas de devenir le sujet de son égal, qu'il regardera alors par vanité comme son inférieur." Mably, Du gouvernement, a.a.O., S. 282; vgl. S. 280-283
(2) Mably, Du gouvernement, a.a.O., S. 296
(3) Mably, Du gouvernement, a.a.O., S. 53
(4) Mably, Du gouvernement, a.a.O., S. 81 f.
(5) Mably, Du gouvernement, a.a.O., S. 82 ff.
(6) Mably, Du gouvernement, a.a.O., S. 148-151, 198 f.
(7) Mably, Du gouvernement, a.a.O., S. 87, S. 151
(8) Mably, Du gouvernement, a.a.O., S. 39/40
(9) Mably, Du gouvernement, a.a.O., S. 14

Seite 261

(1) vgl. J. Fabre, Stanisław Poniatowski, S. 26/27; 1788 habe er in einem Brief an Beaumarchais Polen noch als ein idyllisches Land bezeichnet; auch Leśnodorski erwähnt, daß Méhée de la Touche Agent Katharinas war. In: Acta Poloniae historica, Bd. 1, 1958, S. 143
(2) Fabre, Stanisław Poniatowski, S. 26
(3) Méhée de la Touche, a.a.O., S. 174, 275
(4) Méhée de la Touche, a.a.O., préface, S. 1
(5) Méhée de la Touche, a.a.O., S. 27
(6) Méhée de la Touche, a.a.O.,S. 95, Anm. 1
(7) Méhée de la Touche, a.a.O., S. 94, Anm. 1
(8) Méhée de la Touche, a.a.O., S. 49
(9) Méhée de la Touche, a.a.O., S. 184

Seite 262

(1) Méhée de la Touche, a.a.O., S. 187
(2) Seine Beschreibung der Lage der polnischen Bauern ist im großen und ganzen eine Übernahme aus den "Caractères" von la Bruyère. [Bruyère, Caractères, XI, S. 128, 4 ed.] vgl. Fabre, S. 26. Der Zusatz: "Il ne leur manque pour paroître de vrais Polonois que de la paresse, de l'insolence et un sabre" ist eine weitere Spitze gegen den polnischen Adel.
Méhée de la Touche, a.a.O., S. 71
(3) Vgl. Méhée de la Touche, a.a.O., S. 64-74, S. 92 ff.
(4) Méhée de la Touche, a.a.O., S. 81, Anm. 1
(5) Méhée de la Touche, a.a.O., S. 150 f.
(6) J. Philippe Garran, représentant du Peuple; erschienen in Paris, L'an III de la République
(7) Garran, Avant-propos continué, S. 8
(8) Garran, S. 17
(9) Garran, S. 150
(10) Garran, S. 151
(11) Garran, S. 186
(12) Garran, S. 152
(13) Garran, S. 153
(14) Garran, S. 154; zusätzlich zu seiner allgemeinen Ablehnung Rußlands scheint ein besonderer Anlaß für sein scharfes Urteil zu sein, daß es Frauen sind, die Rußland beherrschen; vgl.: "et ce pays, asservi dans les diverses époques de son histoire, n'éprouvera plus du moins l'ignominie d'être sans cesse enchaîné par des mains destinées à manier l'aiguille et le fuseau." ebda.
(15) Garran, S. 266
(16) Garran, S. 329

Seite 263

(1) Garran, S. 378
(2) Garran, S. 372 f., 387; vgl. auch S. 220/221
(3) Garran, Avant-propos, S. 5
(4) Garran, Avant-propos, S. 7
(5) Garran, S. 363
(6) "Le mouvement généreux des Polonois serat-t-il ... arrêté dans sa naissance par les rois voisins, ou deviendra-t-il la proie des factions diverses, de l'ambition et de l'intrigue?".
Garran, S. 12
(7) Garran, S. 16
(8) Garran, S. 34 ff.
(9) Garran, S. 26-32
(10) Garran, S. 130; vgl. S. 125-127, 219
(11) Garran, S. 156-161, S. 209, 213
(12) Garran, S. 194, vgl. S. 193, 195

Seite 264

(1) Garran, S. 36; vgl. Pimpie de Solignac, III, S. 275

hier: S. 217
(2) Garran, S. 80, 163, 164
(3) Garran, S. 165
(4) Garran, S. 244, 245
(5) Garran, S. 251
(6) Garran, S. 170
(7) Garran, S. 185, 186
(8) Garran, S. 178
(9) Garran, S. 301
(10) Garran, S. 223, 230, 239
(11) Garran, S. 320
(12) Garran, S. 303, 325, 330
(13) Garran, Avant-propos, S. 8
(14) Garran, S. 227

Seite 265

(1) vgl. auch: Correspondance secrète, t. II, S. 211 [2.2.1770] "On ne peut se dissimuler que cette république estoit le véritable boulevard à opposer contre les entreprises de la Russie ...".
(2) ouvrage dirigé par le comte de Broglie, exécuté par M. Favier, in: D.L. Favier, Politique de tous les Cabinets de l'Europe; hrsg. von L.P. Ségur, 3. Auflage, 1802, t. 1.
(3) Jean-Louis Favier, geb. 1710/11, gest. 1784; seit 1748 Versuche im Journalismus und in der Literatur; er war Sekretär des Marquis d'Argenson, für den er mehrere Memoranden redigierte; später Sekretär de la Chêtardies (in Turin), dann des Grafend'Argenson.Choiseul sandte ihn nach Petersburg (1761); er blieb dort drei Monate; darauf im Dienste Broglies; fiel in Ungnade [complot de la Bastille] , später auch noch im Dienste von Vergennes. Dictionnaire de Biographie Française, Bd. 13, Sp. 844-846
(4) vgl. Correspondance secrète du comte de Broglie, publié par Ozanam/ Antoine, T II, 1961 Introduction, S. XCIII.
(5) vgl. Mémoire du Comte de Broglie ... in: Politiques de tous les Cabinets ... Ségur, S. 183-202
(6) Broglie, Mémoire, a.a.O., S. 192
(7) Broglie, Mémoire, a.a.O., S. 192
(8) Conjectures, a.a.O., S. 235; auch S. 330; besonders die Soldaten seien gut, die Offiziere weniger.
(9) Conjectures, a.a.O., S. 260
(10) "Nous voici parvenus au foyer des troubles du Nord ..."; Conjectures, a.a.O., S. 308; vgl. auch das folgende
(11) vgl. Conjectures, a.a.O., S. 310; er vergleicht die Ereignisse um die Thronwechsel mit den Palastrevolutionen in der Türkei; das Volk sei davon weder betroffen, noch daran beteiligt. S. 311

Seite 266

(1) vgl. Conjectures, a.a.O., S. 311-325
(2) vgl. Conjectures, a.a.O., S. 332/333. Interessant ist

auch hier der Hinweis darauf, daß viele Schriftsteller dazu veranlaßt wurden, Schmeicheleien über die russische Regierung zu veröffentlichen. ["adulation", "panégyriques"]

(3) Conjectures, a.a.O., S. 335
(4) Conjectures, a.a.O., S. 337
(5) vgl. Conjectures, a.a.O., S. 353-355
(6) Conjectures, S. 359
(7) Conjectures, a.a.O., S. 363
(8) Conjectures, a.a.O., S. 300
(9) Conjectures, a.a.O., S. 304 f.
(10) Conjectures, a.a.O., S. 299

Seite 267

(1) Das "Secret du Roi" ist entstanden aus der Politik um Polen; u.a. ging es um die Thronfolge nach dem Ableben Augusts III. Prinz Conti wollte sich, im Einverständnis mit Ludwig XV., um die polnische Krone bemühen und benötigte daher eine Partei in Polen, sowie auch gute Informationen und Möglichkeiten zur Einflußnahme, ohne auf die offizielle Diplomatie Rücksicht nehmen zu müssen. Ziel der Politik des "Secret" war es auch, einen Damm gegen die Russen zu errichten, möglichst in Form einer Allianz aus Türken, Schweden, Preußen und Polen; vgl. Ozanam/ Antoine, I,S.XVIII f., XXXI ff.
(2) Ozanam/ Antoine, I, S. XXXIV
(3) nach dem Ausscheiden Contis 1756; formelle Leitung seit 1759
(4) Zu den Folgen für das "Secret" durch den Abschluß des Vertrages vom 1.5.1756 und Broglies Reaktion: vgl. Ozanam/ Antoine, I, S. XXXVIII ff.
(5) Brief vom 25.3.1763, Ozanam/ Antoine, I, S. 169 "que la Russie rentre dans le néant d'oû l'a tiré le czar Pierre [...] une puissance qui exige plus que des ménagements et qui [...] pourroit renverser l'équilibre déjà trop ébranlé de la partie septentrionale de l'Europe;" "rejetter [les Russes] dans l'anarchie dont on ne les auroit jamais deüb laisser sortir ...".
(6) Ozanam/ Antoine, 25.7.1759, I, S. 97; 25.7.1763, I, S. 169; 12.8.1764, I, S. 268
(7) vgl. Schreiben vom 2.4.1759, Ozanam/ Antoine, I, S. 97
(8) Ozanam/ Antoine, 22.2.1769, II, S. 167; 30.4.1770, II, S. 232; 9.1.1772, II, S. 315, 335: Hoffnung auf Uneinigkeit zwischen den Teilungsmächten.
(9) vgl. weiter oben, S. 265/ 266
(10) also n i c h t im Sinne eines "depotisme éclairé"; vgl. dazu die Ausführungen von Dérathé, a.a.O., S. 59. In seinem Aufsatz "Les philosophes et le despotisme" (in: Utopie et institutions aus XVIIIe siècle, hrsg. von P. Francastel) erläutert Robert Dérathé, daß, ausgehend von einer langen Tradition, Fénélon und vor allem Montesquieu einen Unterschied machen zwischen "monarchie" und "despotisme" (S. 61); daß "despotique" und "despotisme" benutzt werden, um die Macht des Sultans zu beschreiben,

im Gegensatz zur königlichen Autorität westlicher Monarchien (vgl. Montesquieus Definition, bei Dérathé, S. 63). Rousseau assoziiert immer "despotisme" mit "esclavage".(S. 59)
Voltaire sieht den Unterschied zwischen Monarchien westlicher Prägung und dem Despotismus als so gering an, daß er kaum vorhanden ist. (S. 61)

(11) Ozanam/ Antoine, 5.9.1757, I, S. 36/37; 10.10.1767, II, S. 80; 16.3.1768, II, S. 94; 27.11.1768, II, S. 153

(12) Ozanam/ Antoine, 2.4.1749, I, S. 97

(13) Ozanam / Antoine, 12.8.1764, I, S. 268; Febr. 1773, II, S. 368: "le génie romanesque" de Catherine.

(14) Ozanam/ Antoine, 24.4.1773, II, S. 393

(15) Ozanam/ Antoine, 20.5.1773, II, S. 406; auch "goût pour dominer"; 22.2.1769, II, 167

(16) Bezieht sich hier auf Elisabeths Regierungszeit: Ozanam/ Antoine 20.12.1757, I, S. 45

(17) Ozanam/ Antoine, 16.3.1768, II, S. 94; 19.5.1768, II, S. 106; 22.5.1773, II, S. 403

Seite 268

(1) Ozanam/ Antoine, 19.5.1768, II, S. 107

(2) Ozanam/ Antoine, 17.5.1758, I, S. 64

(3) "motifs d'intérest, plus puissant en Pologne que partout ailleurs ...".
Ozanam/ Antoine, 27.11.1758, I, S. 86; vgl. auch die Hinweise auf die Unterstützung von polnischen Adligen mit französischem Geld u.a. 10.8.1757, I, S. 34

(4) Ozanam/ Antoine, 27.11.1768, II, S. 151 f.

(5) Ozanam/ Antoine, 12.8.1764, I, S. 268

(6) Ozanam/ Antoine, vgl. 11.4.1769, II, S. 174: "Je ne serois point du tout estonné, [...] si la Nation polonoise prouvoit qu'elle ne méritoit pas le mépris que ses voisins et même le ministère du dernier règne avoient inspiré pour elle à toute l'Europe ...".

(7) Ozanam/ Antoine, 4.6.1770, II, S. 235

(8) Ozanam/ Antoine, 25.6.1771, II, S. 301

(9) Ozanam/ Antoine, 4.3.1772, II, S. 333

(10) Ozanam/ Antoine, 25.6.1771, II, S. 300; den Mißerfolg der Konföderierten schreibt er z.T. der Unfähigkeit Dumouriez zu, der sich nicht auf sie einstellen konnte.

(11) Ozanam/ Antoine, 22.2.1769, II, S. 166

(12) Ozanam/ Antoine, 22.4.1771, II, S. 280; 25.6.1771, II, S. 300; 27.4.1773, II, S. 390; 12.5.1773,II, S. 402

(13) Ozanam/ Antoine, 27.11.1768, II, S. 153

(14) Ozanam/ Antoine, 1.3.1773, II, S. 371; 22.5.1773, II, S. 403

(15) Ozanam, Antoine, 1.3.1773, II, S. 373

(16) "les démarches d'une nation dont le désespoir et la rage se sont emparés,"Ozanam/ Antoine, 22.2.1764, II, S. 167

(17) Ozanam/ Antoine, 6.9.1768, II, S. 145

(18) Am 25.5.1764, I, S. 236 sagt er die Teilung zum ersten Mal voraus; er wiederholt die Prognose am 21.3.1767 (II, S. 40); am 30.3.1767 (II, S. 41); am 11.10.1767

(II, S. 80); 3.5.1772 (II, S. 343); am 11.4.1769, (II, S. 174) sieht er Hoffnung.

(19) Ozanam/ Antoine, 3.5.1772, II, S. 344

(20) Recueil des Instructions ... Pologne, Bd. 1 und 2, hrsg. von Louis Farges, 1888

Seite 269

(1) Recueil, Pologne I, S. 216 (1692); Pologne I, S. 250 (1700)

(2) Recueil, Pologne I, S. 304; 1726 [Abbé de Livry]

(3) Recueil, Pologne I, S. 300, 1726

(4) Recueil, Pologne I, S. 250, 1700; Pologne I, 1711, S. 270; 1726, S. 300, 306

(5) Recueil, Pologne I, 1693, S. 215, 218; Pologne I, 1697, S. 233; 1700, S. 250

(6) Recueil, Pologne II, 1729, S. 4, 14

(7) Recueil, Pologne II, 1729, S. 4, 11

(8) Recueil, Turquie, 1747, S. 367; Recueil, Pologne II, 1746, S. 56: "royaume dépeuplé et deshabitué de la guerre, comme accoutûmé au joug de Petersbourg."

(9) schon 1726; anläßlich der Beurteilung der Thorner Affäre; Recueil, Pologne I, 1726, S. 304 f.; Pologne II, 1746, S. 56; S. 59: "les principales familles de ce royaume ont dans ces derniers temps paru si occupées de leurs jalousies et querelles, particulières entre elles."

(10) "trop fréquent chez eux que des projets formés avec chaleur manquent d'être suivis et soutenus avec la fermeté convenable."
Recueil, Pologne II, 1746, S. 559

(11) Recueil, Pologne II, 1752, S. 116; Pologne II, 1754, S. 163, 167; vgl. auch Russie II, 1756, S. 37: "les divisions fatales qui déchirent la République ...".

(12) Recueil, Pologne II, 1752, S. 117 f.

(13) Recueil, Pologne II, 7.4.1760, S. 216-229

(14) Recueil, Pologne II, 1760, S. 217; auch das folgende

Seite 270

(1) Recueil, Pologne II, 1760, S. 219 f.

(2) Recueil, Russie II, 1760, S. 142, instruction secrète, 1.4.1760

(3) Instruction secrète pour le Sieur de Taulès allant [...] vers les états de Pologne confédérés en Podolie; 17.4.1768, Recueil, Pologne II, S. 276, 278

(4) vgl. Mémoire secrèt pour le Sieur de Châteaufort allant vers l'évêque de Kaminiech et les confédérés.
Recueil, Pologne II, 1769, S. 289

(5) Recueil, Pologne II, 1769, S. 290

(6) Recueil, Pologne II, 1768, S. 272; vgl. auch Recueil, Turquie, 1768 [Saint-Priest] S. 458

(7) Recueil, Pologne II, 1768, S. 273

Seite 271

(1) vgl. Russie II, 1760 [Brêteuil] S. 142; Pologne II, 1746, S. 57; Turquie, 1747, S. 367; Turquie, 1755, S. 400; Pologne II, 1768, S. 276: "pour une digue au débordement de l'ambition russe"; "Le torrent de la domination russe, qui a tout englouti au nord du continent asiatique, reflue maintenant vers le nord de l'Europe et fait effort vers l'occident."
Recueil, Turquie, 1768, S. 440
(2) Recueil, Russie II, 1762, Breteuil, S. 213/214
(3) Recueil, Russie I, 1710, S. 115; Russie I, 1739, S. 346; Turquie, 1755, S. 397, 398; Russie II, 1760, S. 133; Pologne II, 1768, S. 276, 277; Russie II, 1769, S. 265
(4) Recueil, Russie I, 1717, S. 142; Russie I, 1739, S. 347, 353; Russie II, 1755, S. 6; Russie II, 1756, S. 42, 46; Russie II, 1760, S. 152
(5) Recueil, Russie I, 1710, S. 115
(6) Recueil, Russie I, S. 117
(7) Recueil, Suède, S. 273, vom 14.4.1715
(8) Recueil, Russie I, S. 140, 1717; Turquie, S. 233, 1716
(9) Recueil, Russie I, S. 244, 1721, Turquie, 1716, S. 233
(10) Recueil, Pologne I, S. 314, 1726
(11) Recueil, Pologne II, S. 3 f., 1729; vgl. auch Russie I, S. 344, 1739: die Furcht, russische Truppen könnten auch in Deutschland einfallen. ("barbares")
(12) Recueil, Russie I, S. 274, 1733: "la dureté","l'inhumanité", "plus grandes violences".
(13) Recueil, Russie I, S. 344, 346 f., 1739; 1755 wird wiederholt, wie wenig man über den Staat wisse: "D'autant plus que le caractère de la nation et le despotisme jaloux et soupçonneux du ministère ne permettent pas les correspondances usitées dans les autres pays" (an Douglas); Russie II, S. 6, 1755; an Hôpital; Russie II, S. 46, 1756: "ministres russes, défiants et soupçonneux" - auch hier der Hinweis auf Spione im Hause des Diplomaten; Russen würden niemals ohne eine geheime Absicht in Verbindung mit Ausländern treten.

Seite 272

(1) Recueil, Turquie, S. 328, 1740, S. 343
(2) Recueil, Turquie 1747, S. 367: "mettre des entraves à cette puissance"; S. 397, 1755; [an Vergennes] "cette cour ne cesse de donner des preuves de ses vues ambitieuses que toutes les puissances voisines sont intéressées à réprimer";
Recueil, Pologne II, S. 114, 1752: an Broglie "le despotisme qu'ils [les Russes] veulent exercer dans le Nord ..."; auch Pologne II, S. 125, 1752; Turquie, 1755, S. 398 [an Vergennes] ; Russie II, S. 132, 1760 [an Breteuil]
(3) Recueil, Russie II, S. 33, 37, 42, 1756 [an Hôpital]
(4) Recueil, Russie II, S. 152, 1760 [an Breteuil]
Russie II, S. 235, 1763 [an Bausset] später: Russie II, S. 294, 1772 [an Durand] Russie II, S. 310, 1775 [an Juigné]

(5) Recueil, Russie II, S. 152, 1760 [an Breteuil]
(6) Recueil, Russie II, S. 46 f., 1756 [an Hôpital]
(7) Recueil, Russie II, 1760; vgl. die Seiten 130-133
(8) vgl. Russie II, S. 131 f., 1760; Belagerung Danzigs und Bestrafung der Stadt, Gefangennahme des französischen Botschafters und dreier französischer Bataillone, die mangelnde Erfüllung des Vertrages mit den Türken, die Anmaßung der russischen Regierung in Schweden und in der Titelfrage, das Verhalten in Polen.
(9) vgl. auch die Ansicht Baudeaus [weiter oben, S. 235 f.] der ebenfalls einen festumrissenen Expansionsplan, allerdings schon seit Ivan IV., voraussetzte; vgl. auch Russie II, S. 145, 1760 (Breteuil): "La demande de la Prusse est une suite des vues de Pierre Ier qui a toujours désiré d'approcher son Empire de l'Allemagne"; siehe auch Russie II, S. 227, 1763 [an Bausset]
(10) Recueil, Russie II, S. 225, 1763 [an Bausset]
(11) Recueil, Turquie, S. 440, 1768; vgl. auch S. 452
(12) Recueil, Russie II, S. 213, 1762 [an Breteuil]

Seite 273

(1) Recueil, Russie II, S. 152, 1760 [an Breteuil]
(2) Recueil, Russie II, S. 210, 1762, Breteuil; Russie II, S. 235, 1763, Bausset; Russie II, S. 346 f., 1739 Chétardie.
(3) Recueil, Russie II, S. 204, 1762, Breteuil
(4) 1760: "les grands, qui se plaignent du despotisme avec lequel on les gouverne, paroissent vouloir sortir de l'esclavage ...", Russie II, S. 152
(5) "Il seroit dangereux de se laisser séduire par ces plaintes et d'en inférer une révolution prochaine", Recueil, Russie II, S. 152, 1760; "... malgré le mécontentement secret et général de la nation, malgré le germe que la révolte de Pugatschew peut avoir laissé parmi le peuple ... elle [Catherine II] paroît assise solidement sur un trône ...", Russie II, S. 319 f., 1775, an Juigné.
(6) Recueil, Russie II, S. 227, 234 f., 1763; Turquie, S. 458, 1768; Pologne II, S. 277, 1768, Russie II, S. 265, 1769; Russie II, S. 293, 1772
(7) Recueil, Russie II, S. 210, 1762; an Breteuil
(8) Wir haben die Berichte der französischen Gesandten aus Petersburg zugrundegelegt.
(9) Sabatier de Cabre, seit 1761 mehrere Posten im diplomatischen Dienst; 1769 Gesandter in Lüttich, im gleichen Jahr Gesandter, dann nur Geschäftsträger in Petersburg bis 1772; Grande Encyclopédie Fr. Bd. 8, S. 647
(10) Recueil, vgl. Russie II, S. 263. Das Memorandum wurde erstmals 1869 veröffentlicht.
(11) abgedruckt in: Sbornik, 143, S. 556 ff.
(12) Sabatier de Cabre, a.a.O., S. 557/558

Seite 274

(1) "tel est et sera à jamais le Russe prétendu civilisé"; Sabatier, a.a.O., S. 558
(2) Sabatier, a.a.O., S. 559
(3) vgl. dazu Sabatier, a.a.O., S. 558/559
(4) Sabatier, a.a.O., S. 560
(5) Sabatier, a.a.O., S. 560 f.

Seite 275

(1) Sabatier, a.a.O., S. 561
(2) Sabatier, a.a.O., S. 563
(3) Sabatier, a.a.O., S. 565
(4) vgl. Sabatier, a.a.O., S. 566 f.
(5) Sabatier, S. 568/ 569
(6) Sabatier, a.a.O., S. 570/571
(7) Sabatier, a.a.O., S. 583
(8) Sabatier, a.a.O., S. 614: "Peu s'en faut même que les étrangers ne contribuent à accréditer cette extravagance, comme les écrits, les bassesses de gens de lettres et l'encens révoltant des gazettiers peuvent avoir contribué à la faire naître."
Vgl. auch S. 588

Seite 276

(1) Sabatier, a.a.O., S. 588
(2) Sabatier, a.a.O., S. 590
(3) vgl. Sabatier, a.a.O., S. 590
(4) Sbornik 34, S. 214, 1717 La Vie; S. 323, 1717; "Le Czar a fait prier les ministres étrangers de ménager leurs plumes dans cette conjoncture...", März 1718; Sbornik 34, S. 323: "On a soin de cacher au public les nouvelles facheuses et de débiter celles qui peuvent lui faire plaisir, très souvent, elles sont forgées exprès pour endormir le peuple."
Sbornik 34, S. 214, 1717
(5) Sbornik 34, S. 118, 1717; S. 225, 1717; S. 247; Sbornik 52, S. 45, 1724
(6) Sbornik 34, S. 87 f., 1711; S. 282 f., 1718
(7) Sbornik 34, S. 288, 1718
(8) Sbornik 34, S. 289, 1718; 292 f., 302, 320, S. 391, 1718; Sbornik 40, S. 29, 1719
(9) Sbornik 40, S. 56, 1719; S. 211, 1721
(10) Sbornik 34, S. 320, 1718
(11) Sbornik 40, S. 211, 1721
(12) Sbornik 40, S. 427, 430
(13) Sbornik 34, S. 270, 1717
(14) Sbornik 40, S. 210, 1721
(15) Sbornik 34, S. 320, 1718; S. 354, 1718
(16) Sbornik 40, S. 5, 1719; S. 211, 1721
(17) Sbornik 34, S. 320, 323, 336, 349, 354, 365; 1718

Seite 277

(1) Sbornik 40, S. 180 f., 1721
(2) Sbornik 52, S. 212 f., 1721; S. 422, 1725
(3) Sbornik 52, S. 220, 1724
(4) Sbornik 52, S. 423, 427 f.; 438 ff., 1725
(5) Sbornik 52, S. 442, 1725
(6) Sbornik 40, S. 105, 1720; S. 154, 1721
(7) Sbornik 52, S. 22, 23; vgl. auch S. 63, 1723
(8) Sbornik 81, S. 44, S. 60 ff., 1730
(9) Sbornik 81, S. 623, 1733; vgl. auch S. 656; Sbornik 86, S. 336 f., 1740; "On fait mettre ce que l'on veut dans les gazettes et c'est un moyen dont cette cour se sert volontiers pour en imposer ...", Sbornik 86, S. 362, 1740; s. auch S. 421, 1740
(10) Sbornik 81, S. 78, 1730; S. 159, Sbornik 86, S. 364, 1740
(11) Sbornik 81, S. 18, 1730; S. 222, 1731
(12) Sbornik 86, S. 244, 1740
(13) Sbornik 81, S. 339, 1732
(14) Sbornik 86, S. 227, 1740
(15) Sbornik 86, S. 337, 1740
(16) Sbornik 86, S. 238, 1740
(17) Sbornik 86, S. 390 ff., 1740

Seite 278

(1) Sbornik 140, 141, 143
(2) Sbornik 143, S. 47, 1769
(3) Sbornik 143, S. 114, 1770: "Malgré les éloges mendiés et méprisables des gens de lettres ...".
(4) Sbornik 143, S. 62, 66; 1769
(5) Sbornik 140, S. 154, 1763; Sbornik 141, S. 44, 1766; S. 250 f., 1767
(6) Sbornik 140, S. 66, 1762; Sbornik 140, S. 403, 1764: "Nos Brunehaut et nos Frédégondes ne se souillèrent jamais d'autant de crimes".
(7) Sbornik 140, S. 50, 1762; S. 91, S. 103
(8) Sbornik 141, S. 44, 1766; Sbornik 143, S. 15, 1769
(9) Sbornik 140, S. 481, 1765; Kauf der Bibliothek Diderots und Aussetzung einer Pension.
(10) Sbornik 140, S. 203, S. 208, 217 f., 228, 265, 1763; S. 448, 1764; Sbornik 143, S. 27, 1769
(11) Sbornik 140, S. 46, 1762
(12) Sbornik 140, S. 218, 1763; S. 533, 1765; Sbornik 141, S. 45, 1768; Sbornik 143, S. 15, 17, 1769
(13) Sbornik 143, S. 17, S. 21, 1769; auch S. 25: "il est défendu, sous peine d'exil, de parler autrement que le ministère ...".
(14) Sbornik 140, S. 460, S. 550, 1765
(15) Sbornik 140, S. 178, 1763; S. 388, 1764; S. 549, 1765
(16) Sbornik 140, S. 65, S. 103, S. 117, 1762; S. 244, 1763; S. 448, 1764; Sbornik 143, S. 21, 1769
(17) Sbornik 140, S. 139, 227, 1763; Sbornik 143, S. 19, 1769

Seite 279

(1) Sbornik 143, S. 47, 68, 77, 1769
(2) Sbornik 143, S. 77, 85, 1769
(3) Sbornik 140, S. 26, 1762
(4) Sbornik 143, S. 115, 1770: "La noblesse conserve le fond de son ancienne barbarie, malgré ces formalités d'Europe qui n'ont fait qu'ajouter l'enfance de la corruption à ses vices naturels en la dépouillant d'une écorce grossière ..."; auch Sbornik 143, S. 349, 1771
(5) Sbornik 140, S. 26, 1762; ähnlich lautete Fontenelles Urteil über Moskovien v o r Peter dem Großen; vgl. weiter oben, S. 175
(6) Sbornik 140, S. 228, 1763: "Ce pays est tellement accoutumé aux vicissitudes qu'on peut rarement compter sur la stabilité des choses."
(7) Sbornik 143, S. 115, 1770
(8) Sbornik 140, S. 102, 1762; S. 227, 1763; S. 386, 1764
(9) Sbornik 140, S. 159, S. 179, S. 257, 1763; S. 310, S. 413, 1764
(10) Sbornik 140, S. 103, 1762; vgl. auch Sbornik 140, S. 34: ..."Ce malheureux pays, sans union, sans principes, sans forces, sans mesures d'aucun genre ...".
(11) Sbornik 140, S. 551, 1765

Seite 280

(1) Sbornik 141, S. 160, 1766
(2) Briefe der Herzogin Elisabeth Charlotte von Orléans an die Kurfürstin Sophie. Vol. VIII, 1697 Jan.-Dez., Hannover Des. 91. Kurfürstin Sophie Nr. 1, Vol VII
(3) Brief vom 18.9.1697, a.a.O.
(4) Ein Teil ihrer Informationen stammt anscheinend von dem Oberkammerherrn Wilke von Klenke, der für Hannover als außerordentlicher Gesandter in Dresden war, auch bei der Königskrönung in Polen, vgl. Repertorium, Bd. 1, S. 58
(5) Marly, 25.8.1697, a.a.O.
(6) 12.10.1697, a.a.O.
(7) 25.8.1697, a.a.O.
(8) Fontainebleau, 29.9.1697 und 2.10.1697 a.a.O.
(9) 22.8.1697, 12.10.1697, a.a.O.

Seite 281

(1) 21.9.1697, a.a.O.
(2) 12.10.1697, a.a.O.
(3) 2.10.1697, a.a.O.
(4) 19.10.1697, a.a.O.
(5) Mémoires politiques, amusans et satiriques de Messire J.M.D.B.C. de L; Colonel du Régiment de Dragons de Casanki et Brigadier des Armées de sa Majésté Czarienne, à Véritipolie 1716; zur Identität des Verfassers vgl. S. 93: er nennt sich "Brigadier Moreau de Brasey, Comte de Lion en Beauce".
(6) "Mais comme l'on connoissoit la Nation Russe, qui aime

naturellement la tranquillité, qui est paresseuse, et qui ne se plaît point dans les armes, on jugea que les ministres du Czar qu'une trop longue guerre inquiettoit, vouloient engager leur Maître à recevoir quelque échec, afin de le désabuser de cette ardeur querrière, qu'il avoit naturellement et le forcer malgré lui au repos. Ce fut le sentiment de presque tous les Etrangers." Brasey, S. 30

(7) Brasey, S. 24
(8) Brasey, S. 39, S. 82; dem Zaren allerdings bescheinigt er große persönliche Tapferkeit, S. 81
(9) Brasey, S. 82
(10) Brasey, S. 40
(11) Brasey, S. 35
(12) Brasey, S. 36
(13) Brasey, S. 111 ff. und S. 42
(14) Brasey, S. 135
(15) Brasey, S. 136

Seite 282

(1) Saint-Simon, Louis Duc de: Die Memoiren des Herzogs 1977, 4 Bde., hrsg. von Sigrid von Massenbach
(2) Saint-Simon, a.a.O., Bd. 1, S. 159
(3) Saint-Simon, Mémoires, Bd. 1, S. 172
(4) Saint-Simon, Mémoires, Bd. 4, S. 63
(5) Abrégé des memoires ou Journal du Marquis de Dangeau, Extrait du Manuscrit original par Mme de Genlis, Paris 1817; Philippe de Dangeau, 1638-1720
(6) Dangeau, Bd. 4, S. 20,23
(7) Dangeau, Bd. 4, S. 21/22
(8) Dangeau, Bd. 4, S. 35
(9) Dangeau, Bd. 4, S. 66 f.
(10) Dangeau, Bd. 4, S. 35
(11) Journal de la Régence (1715-23) par Jean Buvat, écrivain de la bibliothèque du roi, t 1/2 Paris, 1865
(12) "il fit déjà connaître son peu de générosité", Buvat, Bd. 1, S. 266; vgl. auch S. 267, 269
(13) Buvat, Bd. 1, S. 267
(14) Buvat, Bd. 1, S. 271 ff., 276

Seite 283

(1) Buvat, Bd. 2, S. 145
(2) E.J.F. Barbier, 1689-1771; avocat au Parlement de Paris, Paris 1857. Das Tagebuch beginnt 1718 und endet 1762, August bis Dezember 1735 fehlen.
(3) Barbier, Bd. 1, S. 219
(4) Barbier, Bd. 1, S. 219
(5) Barbier, Bd. 2, S. 7
(6) Barbier, Bd. 2, S. 46; zum Thronfolgekrieg: S. 7, S. 25 ff. 41 ff.
(7) Barbier, Bd. 2, S. 271/272
(8) Mémoires du Duc de Luynes sur la cour, par Dussieux/ Soulié, Paris 1860, 10 Bde.; de Luynes, geb. 1695, gest.

1758, 1723 duc et pair; befreundet mit Saint-Simon und Hênault, prêsident au Parlement.
(9) Luynes, Bd. 2, S. 161, 200 f., Bd. 1, S. 90
(10) Luynes bezieht sich auf das Jahr 1738; vgl. Bd. 2, S. 245, 258
(11) Luynes, Bd. 3, S. 271
(12) Luynes, Bd. 4, S. 59/60
(13) vgl. weiter oben, S. 243 f.
(14) "Journal et mêmoires du marquis d'Argenson", publ. p. E.J.B. Rathêry, Paris 1854; Renê-Louis, marquis d'Argenson 1694-1757

Seite 284

(1) "Le ministère de France est parvenu à faire êlire avec une unanimitê rare, quoi que ayant ses dêfauts, le roi Stanislas ..."; Argenson, Journal, Bd. 1, S. 138
(2) Argenson, Journal, Bd. 1, S. 138, 267
(3) Argenson, Journal, Bd. 1, S. 267, 327; vgl. auch Bd. 9, S. 282
(4) Argenson, Journal Bd. 1, S. 326: "quattre monstres (!) à combattre en Europe, parce qu'ils y attaqueront perpêtuellement la paix et le bon ordre une fois mis."; dazu zählt er: Spanien, England, den Kaiser, die Zarin. Auch an anderer Stelle: Bd. 5, S. 252: "Londres, Vienne et Petersbourg, ce sont les tyrans de la mer, de la terre et du nord; nous leur devons une êternelle dêfiance, une constante opposition."
(5) Argenson, Journal, Bd. 2, S. 34; Bd. 3, S. 89, 104; Bd. 4, S. 246, 368
(6) Argenson, Journal, Bd. 2, S. 250: Im Zusammenhang mit den Kriegsvorbereitungen Schwedens gegen die "Moskoviter" und dem noch andauernden Krieg gegen die Türken.
(7) Argenson, Journal, Bd. 4, S. 57
(8) Argenson, Journal, Bd. 4, S. 437 ff. "Les rodomontades moscovites", S. 439
(9) Argenson, Journal, Bd. 5, S. 286
(10) Argenson, Journal, Bd. 4, S. 282
(11) Argenson, Journal, Bd. 5, S. 48, 169; Bd. 7, S. 437, 340, 339; Bd. 8, S. 191, 385
(12) Argenson, Journal, Bd. 5, S. 225, S. 251
(13) Argenson, Journal, Bd. 4, S. 243; Bd. 5, S. 290, 382
(14) Argenson, Journal, Bd. 6, S. 341
(15) Argenson, Journal, Bd. 6, S. 439
(16) Grimm/ Diderot, Correspondance littêraire, philosophique et critique adressêe à un souvêrain d'Allemagne depuis 1770 jusqu'en 1782, 2ed, Paris 1812; das Jahr 1775 und die ersten Monate von 1776 fehlen.

Seite 285

(1) Grimm, Correspondance, Bd. 1, S. 71; er deutet sogar an, daß er vielleicht ins Irrenhaus kommen könnte; ebda. S.70
(2) Grimm, Correspondance, Bd. 1, S. 72
(3) Grimm, Correspondance, Bd. 1, S. 462 f.

(4) Grimm, Correspondance, Bd. 1, S. 302
(5) Grimm, Correspondance, Bd. 1, S. 303
(6) Grimm, Correspondance, Bd. 1, S. 4, S. 212; Bd. 3, S. 210, S. 413
(7) Grimm, Correspondance, Bd. 3, S. 4, S. 212
Mercier de la Rivière, französischer Physiokrat, 1720-1793; Schüler Quesnays, war Intendant auf La Martinique; veröffentlichte wirtschaftstheoretische Schriften; reiste nach Moskau, jedoch ohne Erfolg. Grande Encyclopédie, Bd. 23, S. 697
Linguet, Simon-Nicolas-Henri, 1736-1794
Die Encyclopédie nennt ihn "célèbre pamphlétaire". Linguet wurde vom Herzog von Zweibrücken protegiert, der ihn nach Polen schickte. Nach seiner Rückkehr arbeitete er als Rechtsanwalt. Er mußte wegen seiner schriftstellerischen Tätigkeit nach England übersiedeln, wo er die berühmten "Annales" herausgab, die seinen Ruhm ausmachten. Bei seiner Rückkehr nach Paris wurde er festgenommen und in die Bastille gebracht.(1780-82) 1794 wurde er hingerichtet.
Grande Encyclopédie, Bd. 22, S. 286
(8) Grimm, Correspondance, Bd. 3, S. 425 f.
(9) Grimm, Correspondance, Bd. 4, S. 195
(10) Grimm, Correspondance, Bd. 4, S. 195
(11) Grimm, Correspondance, Bd. 1, S. 361 f.
(12) Grimm, Correspondance, Bd. 1, S. 462
(13) "Mémoires secrets pour servir à l'histoire de la République des Lettres en France depuis 1762 jusqu'à nos jours ou Journal d'un observateur par M. de Bachaumont. London 1777; Bachaumont, geb. 1690, gest. 1771. Über das Entstehen der "nouvelles", die auch von Bachaumont verbreitet wurden, berichtet Grimm: [a.a.O., Bd. 1, S. 505] "Chacun en arrivant [chez Mme Doublet] lisait la feuille du jour et l'augmentait de ce qu'il savait de sûr. Les valets copiaient ensuite ces bulletins et s'en faisaient un revenu en les distribuant au public."
(14) Bachaumont, Bd. 1, S. 49, Note a
(15) Bachaumont, Bd. 1, S. 102, 143, 270, 285; Bd. 2, 307: "les Almanacs dont nous allons être inondés"; S. 343/344: Les Ephémérides du Citoyen.
(16) Bachaumont, Bd. 1, S. 252

Seite 286

(1) Bachaumont, Bd. 1, S. 329 [11.10.1763] S. 330: "cet ouvrage fait honneur au roi dont il porte le nom."
(2) Bachaumont, Bd. 2, S. 84/85. Er nennt auch die Veröffentlichungen des Chevalier D'Eon [Bd. 2, S. 96 ff.] und Mercier de la Rivières Werk "De l'ordre naturel ...", Bd. 3, S. 242
(3) Bachaumont, Bd. 1, S. 155, 191, 198, 203
(4) Bachaumont, Bd. 1, S. 250
(5) Bachaumont, Bd. 3, S. 204
(6) Bachaumont, Bd. 3, S. 71
(7) Bachaumont, Bd. 3, S. 15

(8) Bachaumont, Bd. 3, S. 242, 250
(9) Bachaumont, Bd. 4, S. 49
(10) Bachaumont, Bd. 3, S. 261
(11) Bachaumont, Bd. 1, S. 338 [3.10.1763:]
"Dieux! qui m'ôtez les yeux et les oreilles,
Rendez-les-moi! je pars au même instant!
Heureux qui voit vos augustes merveilles,
O Catherine! heureux qui vous entend.
Plaire et régner c'est là votre talent,
Mais le premier me touche d'avantage.
Par votre esprit vous étonnez le sage.
Il cesseroit de l'être en vous voyant."
(12) Bachaumont, Bd. 5, S. 276: "L'impératrice des Russies a fait enlever (!) tout le Cabinet de Tableaux de M. le Comte de Thiers ..."; vgl. auch Bachaumont, Bd. 6, S. 85: "On sait que M. Diderot est honoré des bontés particulières de l'Impératrice de Russie, et qu'il est comme son agent littéraire dans cette capitale." [Hervorhebung von der Verfasserin]
(13) Bachaumont, Bd. 3, S. 31, 37
(14) Bachaumont, Bd. 3, S. 364; Bd. 4, S. 63
(15) Bachaumont, Bd. 6, S. 297, 364
(16) Bachaumont, Bd. 6, S. 30
(17) Bachaumont, Bd. 6, S. 358, 359
(18) Bachaumont, Bd. 6, S. 30
(19) Bachaumont, Bd. 2, S. 343/344
(20) Bachaumont, Bd. 4, S. 100
(21) Bachaumont, Bd. 5, S. 222 f.

Seite 287

(1) vgl. dazu: Stanisław Leszczyński, Pfeffel, Pyrrhys de Varille, Baudeau, Rousseau, Mably

Seite 288

(1) vgl. de Tende, Dalerac

Seite 290

(1) Wir haben herangezogen: Capitaine J. Margeret, Estat de Russie et Grande Duché de Moscovie, Paris 1669; Guy Miège, La relation de trois ambassades de Monseigneur le Comte de Carlisle, Amsterdam 1670; dieses Buch war auch im 18. Jahrhundert noch sehr verbreitet; Le R.P. Boussingault, Le théâtre de la Moscovie, Paris 1667. Ähnliche Aussagen enthält der Bericht von: M. Pierre de la Ville, sieur de Dombasle, Discours sommaire de ce qui est arrivé en Moscovie depuis le règne de Juan Vassilyvich Empereur jusqu'à Vassily Jouavouits Sousky, 1611, in: Bibliothèque russe et polonaise, Bd. 5, Paris 1859
(2) Boussingault, S. 3; S. 26
(3) Boussingault, S. 23
(4) Boussingault, S. 27

(5) Boussingault, S. 8; er meint jedoch, daß nur die reichen Leute einen solchen Brief bekämen; vgl. dazu S. 194, Anm. 6
(6) Zu den englisch-russischen Beziehungen im 17. Jahrhundert vgl. M.S. Anderson, English Views of Russia in the 17th Century, in: The Slavonic and East European Review, Vol. XXXIII, 1954, S. 140-161, bes. 141 ff.
(7) Miège, préface [ohne Seitenangabe], S. 17 f., S. 190, S. 296
(8) Miège, S. 47: "l'Oysiveté, qui est la mère de tous vices, a esté donnée pour partage à cette nation ...".
(9) Miège, S. 47: "fins, ingénieux, et adroits ...".
(10) Miège, S. 48; hier auch der Hinweis auf das Verbot, Tabak zu rauchen
(11) Miège, S. 50
(12) Miège, S. 51
(13) Miège, S. 52
(14) Miège, S. 61
(15) Miège, S. 64 ff; 1. Maxime: Ohne Erlaubnis des Fürsten darf niemand das Land verlassen. 2. Die Zaren heiraten nur Töchter des Landes, damit jegliche Änderung, die durch Kontakte mit dem Ausland entstehen könnte, vermieden werde. 3. Die Unwissenheit; vgl. z.B. Moréri, Bd. III, S. 571, hier: S. 88 f. , auch Galérie, S. 10; hier S. 105
(16) Miège, S. 74, 76 f.
(17) Miège, S. 283
(18) Miège, S. 92
(19) Miège, S. 314: "Et quoy qu'il [ce pays] ait assez d'attraits, néantmoins la façon de vivre de ses habitans nous en rendit enfin si dégoûtés, et comme tout le monde y est esclave, hormis le Grand Duc, à peine crumes nous d'estre libres que quand nous en fumes sortis."
Vgl. ähnlich Perry, I, S. 429; und Thesby de Belcourt, S. 238
(20) Margeret, S. 134
(21) Margeret, S. 24/25 (Trunksucht), S. 36/37 (Unwissenheit, auch der Priester; gedruckte Bücher kommen aus Polen (!))
(22) Margeret, S. 44
(23) Margeret, S. 46, 50, 55

Seite 291

(1) vgl. Miège, S. 104 und Le Laboureur, Relation, Teil 1, S. 195, 199; 200
(2) Le Laboureur, Teil II, S. 40
(3) Le Laboureur, Teil II, S. 45 f.
(4) Le Laboureur, Teil I, S. 3, S. 211
(5) Le Laboureur, Teil II, S. 3
(6) Le Laboureur, Teil II, S. 105
(7) Le Laboureur, Teil II, S. 108-111; der Autor gibt für das Fehlen von Befestigungen eine andere Erklärung als spätere Schriftsteller: er meint, daß man deshalb keine Festungen anlege, weil im allgemeinen zuerst der Gegner im Vorteil sei und die Städte und Plätze erobere - es

dauere so lange, bis das Aufgebot kampfbereit sei - und wenn er sich erst einmal dort festgesetzt habe, könnten die Polen ihn nur schwer daraus vertreiben. Teil II, S. 110

(8) Le Laboureur, Teil II, S. 111 f.

(9) Le Laboureur, Teil II, S. 113; vgl. dazu auch Vockerodt, a.a.O., S. 109 über das Selbstverständnis des russischen Adels; eine gewisse Ähnlichkeit in der Auffassung ist nicht zu übersehen, jedenfalls was das Bedürfnis nach Ruhe und den Verzicht auf Eroberungen betrifft. Allerdings lassen sich auch deutliche Unterschiede feststellen: Die Bemerkung, der Adel sei der Reichtum und die Stärke des Landes, und derjenige, der seiner Stellung würdige Taten vollbringe, trage zur Erhaltung des Adels bei, findet sich nicht bei den russischen Adligen [vgl. die Feststellung Vockerodts, daß sie den point d'honneur nicht kennen] S. 112, S. auch Perry, I, S. 345

Seite 292

(1) vgl. dazu: Relation de l'Estat de Pologne et de leur République, Köln 1668, o.V.; Albert Jouvin de Rochefort, Le Voyageur d'Europe, 1672, t. 3 [in: Szarota, S. 94-107, 761-765, 784-793] ; Guillaume Le Vasseur, Sieur de Beauplan, Description de l'Ukraine, Rouen 1660

Seite 293

(1) Stanisław, Oeuvres, Bd. 1, S. 87
Recueil, Pologne II, S. 217

(2) Recueil, Pologne II, S. 217, 276

Seite 295

(1) Castéras "Vie de Catherine" erscheint erst 1800

(2) Diderot hielt sich kurze Zeit in Rußland auf. Er schreibt aus Petersburg, daß er sich dort entsetzlich langweile. Bachaumont, Bd. 7, S. 138, 31.1.1774

(3) das "mirage" Lortholarys

(4) Diese Auffassung entspricht auch einer von Leibniz geäußerten Meinung: "Ich stehe auch in dem Gedanken, nachdem es meist alda [in Rußland] noch tabula Rasa ist und als ein neuer Topf, so noch nicht frembden Geschmack in den Studien angenommen, es werden viele bey uns eingeschlichene fehler verhütet und verbessert werden können ...".
Concept einer Denkschrift von Leibniz (für den Czaaren Peter) December 1708 in: Guerrier, W.: Leibniz in seinen Beziehungen zu Rußland, 1873, No. 83, S. 95

Seite 298

(1) vgl. Argenson, Considérations, S. 36 f.

(2) Recueil, Russie II, S. 132

Seite 300

(1) vgl. Leclerc I, S. 247 ff., S. 259 (bei religiösen Bräuchen!)
vgl. Levesque, Bd. 3, S. 9 [er vergleicht die Stroganovs mit den Medici in Florenz]
Bd. 3, 380; Bd. 4, S. 8

(2) Polen wird ebenfalls häufig mit dem römischen Staat verglichen, allerdings mit der Republik.

Seite 301

(1) vgl. Levesques Äußerungen über die Art und Weise der Durchführung der petrinischen Reformen und die Wichtigkeit ungeschriebener Gesetze und Normen [Levesque, Bd. 4, S. 158 f., 380, 485 f., 545] ; sowie die Ansicht, daß die Russen durchaus nicht nur wilde Tiere ohne jegliche Kultur waren [Levesque, Bd. 1, S. 73; hier bezieht er sich auf Montesquieu]

(2) Levesque, Bd. 3, S. 82

Seite 303

(1) vgl. Stanisław, Oeuvres, Bd. 3, S. 16: "Nous nous flattons que comme il importe à nos voisins de ne pas souffrir l'aggrandissement d'une Puissance aux dépens d'une autre, quelques-uns d'entr'eux se croiront obligés de veiller à notre sûreté: nous nous endormons dans cette espérance ...". ähnlich: Bd. 2, préface, S. XXXIV.
vgl. auch Pfeffel, S. 173

Seite 304

(1) Vgl. z.B. Joubert: I, S. 167; II, S. 6, 13 f., 18, 193 f.
vgl. hier: S. 229 f.
s.a. Merc. hist., avril 1768, S. 501 f.; août 1768, S. 221; sept. 1768, S. 343
hier: S. 62 f.
Im "Mercure" wird die Ansicht vertreten, der Klerus habe durch seine fanatische Haltung das Attentat auf den König herausgefordert.
Merc. hist., déc. 1771, S. 703; jan. 1772, S. 74/75

Seite 308

(1) L'Express, 6. janv. 1984, S. 45; Hervorhebung von der Verfasserin

(2) L'Express, 25. nov. 1983, S. 57

LITERATURVERZEICHNIS

Vorbemerkung:

Die Übersetzungen aus den russischen und polnischen Texten verdanke ich Herrn Prof. Dr. Mediger.
Zitiert wird nach den im Verzeichnis unterstrichenen Stichwörtern.

Adelung, Friedrich von

Kritisch-literärische Übersicht der Reisenden in Rußland bis 1700
2 Bde., 1846, Reprint Amsterdam 1960

D'Alembert, Jean

Oeuvres et Correspondances inédites
(hrsg. v. Ch. Henry)
Slatkine Reprints, Genf 1967

Algarotti, François

Oeuvres du comte
6 Bde., 1772

Allgemeine Deutsche Biographie
Bde. 10, 18, 25, Leipzig 1879, 1883, 1887

Anderson, M.S.

Europe in the 18th Century
1962

ders.:English Views of Russia in the 17th Century in:
The Slavonic and East European Review, vol XXXIII
1954, S. 140-161

André, Louis

Louis XIV. et l'Europe
1950

Antoine, Michel

Le Conseil du Roi sous le règne de Louis XV.
Paris 1970

d'Argenson, Rênê Louis Marquis

Considêrations sur le gouvernement ancien et prêsent de la France
Amsterdam 1764

ders.: Journal et mêmoires
9 Bde., ed. Rathêry 1861-1865

Aubertin, Charles

L'esprit public au XVIIIe siècle
Slatkine Reprints, 1968

Auerbach, Erich

La cour et la ville; in: Vier Untersuchungen zur Geschichte der französischen Bildung
1951, S. 12-50

d'Avity, Pierre

Les estats, empires, royaumes et principautez du monde
1619
dt. Ausgabe: Neuve Archontologia cosmica. Das ist Beschreibung aller Kayserthumben, Königreichen und Republicken der gantzen Welt
Frankfurt 1638

Avril, Philippe

Voyages en divers Etats d'Europe et d'Asie entrepris pour decouvrir un nouveau chemin â la Chine
Paris 1693

Bachaumont, Louis Petit de

Mêmoires secrets pour servir â l'histoire de la rêpublique des lettres en France.
Bd. 1-8, London 1777-1789

Barbier, Ed. J.F.

Journal historique
4 Bde., 1847-1856

Bardach, Juliusz (hrsg.)

Historia państwa i prawa Polski do roku
1795
II. Bd., Warschau 1957

Barrière, Pierre

L'académie de Bordeaux
1951

ders.: La vie intellectuelle en France du XVIe siècle à
l'époque contemporaine
1961

Baudeau, Abbé

Lettres historiques sur l'état actuel de la Pologne et sur
l'origine de ses malheurs
Amsterdam 1772

Bayle, Pierre

Dictionnaire historique et critique
4 Bde., 5 Aufl. 1738

Beauplan, Guillaume le Vasseur

Description d'Ukraine qui sont plusieurs Provinces ...
Rouen 1660

Benz, E.

Leibniz und Peter der Große
1947

Bibliothèque ancienne et moderne
1714

Bibliothèque choisie et amusante
1746

Bibliothèque curieuse
2 Bde., 1704

Bibliothèque française
2 Bde., 1723

Bibliothèque volante ou édite
p. J. G.J.D.M.
1700

Bilbassoff, B. v.

Geschichte Katharinas II.
Bd. II, 1 , Berlin 1893

de la Bizardière, Michel

Histoire des Diètes de Pologne pour les Elections des Rois
Amsterdam 1697

ders.: Histoire de la Scission ou Division arrivée en Pologne
le 27 juin 1697 au sujet de l'Election d'un roy
Paris 1700

Bollème, Geneviève

Littérature populaire et littérature de colportage au 18e siècle
in: Livre et société dans la France au XVIIIe siècle
Paris/La Haye 1965, S. 61-89

Bonno, G.

Liste chronologique des périodiques de langue française au
XVIIIe siècle.
in: Modern Language Quarterly Bd. 5, 1944, S. 3-25

Boussingault, R.P.

Le théâtre de la Moscovie
1677
= Bibliothèque russe et polonaise, Bd. V, 1859

Braudel, F. / Labrousse, E (hrsg.)

Histoire économique et sociale de la France
Bd. 2, Paris 1970

Broglie, Jacque Duc de

Le secret du roi
2 Bde., 1878

Brokgauz, F.A. / Efron, J.A.

Ėnciklopedičeskij slovar'
Bd. 24, St. Petersburg 1898

Bruin, Cornelis de

Reizen over Moskovie
Bd. 1, 1711

Burkert, Martin

Frankreich und die erste Teilung Polens
diss. phil., 1978

Buvat, Jean

Journal de la régence
2 Bde., Paris 1845

Camusat, D.F.

Histoire critique des journaux, 1734

Caraccioli, Louis-Antoine

La Pologne telle qu'elle a été, telle qu'elle est et telle qu'elle sera
Warschau 1775

Castéra, Jean-Henri de

Histoire de Catherine II
3 Bde., Paris l'an VIII

Catalogue des bibliothèques de deffunts
Mrs. DF et DM
Paris 1700

Catalogue des livres qui se vendent à Paris
1697

Catalogue des livres nouvellement imprimez
1714

Chantreau, Pierre

Voyage philosophique, politique et littêraire fait en Russie pendant les années 1788 et 1789
2 Bde., 1794 (Hambourg)

Chappe d'Auteroche, Jean

Voyage en Sibêrie fait par ordre du roi en 1761
Paris 1768

Chardin, Jean

Journal du Voyage de M. Chardin en Perse
1711

Chavagnac, Gaspard comte de

Mêmoires de Gaspard comte de Chavagnac marêchal de camp dans les armées du roy
2 Bde., Amsterdam 1700

Chevalier, Alice

Rulhière, premier historien de la Pologne
Paris 1939

Chèvremont, Jean de

L'état actuel de la Pologne
1702

Chevrières, J.G. de

Histoire de Stanislas I, roi de Pologne
1740

La Clef du cabinet des Princes de l'Europe ou recueil historique et politique sur les matières du tems,Paris
Jahrgänge: 1710, 1711, 1717, 1725, 1730-1735, 1740-1743, 1761-1763, 1768, 1770-1773

Clostermayer, Claus-Peter

Zwei Gesichter der Aufklärung
= Historische Forschungen, Bd. 22, Berlin 1983

Connor, Bernard

The History of Poland in Several Letters
2 Bde., 1698

Contant d'Orville, A.G.

Les Fastes, de la Pologne et de la Russie, 1ere partie
Pologne, seconde Partie Russie
Paris 1769

Coxe, William

Travels in Poland, Russia, Sweden and Denmark
3 Bde., 1784

Coyer, Gabriel F.

Histoire de Jean Sobieski
3 Bde., 1761

Cromer, Martin

Mitnächtlicher Völckeren Historien
1562

Czaplinski, Wl.

Polish Seym in the Sight of Recent Research
in: Acta Poloniae Historica
Bd. XXII, 1970, S. 180-193

Daire, Eugène

Physiocrates
= Collection des principaux économistes
Réimpression de l'édition 1846, Osnabrück 1956
Bd. 2, 1, 1966

Dalerac, François

Les anecdotes de Pologne ou mêmoires secrets du Regne de Jean Sobieski III du nom
2 Bde., Amsterdam 1699

ders.: Mêmoires du chevalier de Beaujeu [Dalerac] contenant ses divers voyages
Amsterdam 1700

Dangeau, Philippe de

Journal Abrégé des mémoires
4 Bde., 1817

Dérathé, Robert

Les philosophes et le despotisme
in: Francastel, Pierre (hrsg.)
Utopie et institutions au XVIIIe siècle
Paris 1963, S. 57-75

Desroches de Parthenay, J.B.

Histoire d'Auguste II
2 Bde., 1739

Dictionnaire de Biographie française (Dict. B.F.)
Bd. 4, 5, 8, 9, 11, 13, Fascicule LXXXVII

Długosz, Jan

Historia Polonica
1615

Dorn, W.

Competition for Empire
1940

Duclos, Charles

Mêmoires secrets sur les règnes de Louis XIV et de Louis XV.
2 Bde., 1791

Ehrard/ Roger

Deux périodiques français au 18e siècle
in: Livre et société dans la France du XVIIIe siècle
1965, S. 33-57

La grande Encyclopédie
1925

Encyclopédie ou Dictionnaire raisonné des sciences, des arts et des métiers
1ère édition de 1751-1780, Bd. 1, 3, 4, 10, 11, 12, 14

Supplément à l'Encyclopédie

t. 1-4, 1776/ 1777

Eon de Beaumont, Charles de

Lettres, mémoires et négociations
Bd. 1, 1764

ders.: Histoire impartiale d'Eudoxie Federowna première femme de Pierre le Grand
in: Les Loisirs du Chevalier d'Eon
Bd. 6, Amsterdam 1774

ders.: Description de la Pologne
in: Les Loisirs du Chevalier d'Eon
Bd. 1, 1774

ders.: Recherches sur les lois de Russie
in: Les Loisirs du Chevalier d'Eon
Bd. 5, 1775

Espiard, François-Ignace

Essai sur le génie et le caractère des nations
3 Bde., Bruxelles 1743

Estivals, Robert

La statistique bibliographique de la France sous la monarchie au XVIIIe siècle
1965

Etat politique de l'Europe

Bd. 1, o.V., 1738

L'Express

24.12.1981; 9.9.1983; 25.11.1983; 4.1.1984

Fabre, Jean

Stanislas-Auguste Poniatowski et l'Europe des lumières
Paris 1952

ders.: Stanislas Leszczyński et le mouvement philosophique en France au XVIIIe siècle
in: Francastel (hrsg.)
Utopie et institutions, S. 25-41

Favier, Jean Louis

Conjectures raisonnées sur la situation actuelle de la France dans le système politique de l'Europe
in: Politique de tous les cabinets de l'Europe; hrsg. von L.P. Ségur
3. Auflage, 1802, Bd. 1

Flammermont, Jules

Les correspondances des agents diplomatiques étrangers en France avant la révolution
1896

Fontenelle, Bernard de

Eloge du Czar Pierre
in: Eloges des académiciens
La Haye 1740, S. 194-234, réimpression 1969, 2 Bde.

Formey, J.H.S.

La France littéraire ou Dictionnaire des Auteurs François vivans
Berlin 1757

Forst de Battaglia, Otto

Stanislas-August Poniatowski
1927

ders.: Jan Sobieski, König von Polen
1946

Furet, F.

La librairie du royaume de France au XVIIIe siècle
in: Livre et société, 1965, S. 3-29

Gaëta, Guiliano

L'influence de moyens de diffusion collectifs sur les événements historiques
in: 12e Congrès International des Sciences Historiques t. III
S. 175-187, Wien 1965

La galérie agréable du monde

Leyden o.J., [um 1700]

Garran, J. Ph.

Recherches politiques sur l'état ancien et moderne de la Pologne
1793

Gay, Peter

Voltaire's Politics
1959

Gazon-Dourxigné, Sébastien

Essai historique et philosophique sur les principaux ridicules des différentes Nations
1776

Gerhard, Dietrich

England und der Aufstieg Rußlands
1933

Giesztor, A.

History of Poland
1968

Godechot, J. et coll.

Histoire générale de la presse
Bd. 1: Des origines à 1814
1969

Gooch, G. P.

Louis XV. The Monarchy in Decline
1956

Grand-Mesnil, Marie-Noëlle

Mazarin, la Fronde et la Presse
Paris 1967

Grimm, Fréd. M.

Correspondance littéraire, philosophique et critique
Paris 1812

Groenebaum, Ferdinand

Frankreich in Ost- und Mitteleuropa
1968

Guerrier, Wl.

Leibniz in seinen Beziehungen zu Rußland und Peter dem Großen
1883

Haintz, Otto

Peter der Große, Friedrich II. und Voltaire
1961

Halecki, Oskar

A History of Poland
1955

Herberstein, Sigismund von

Rerum moscoviticarum commentarii
1571

Herrmann, E. (hrsg.)

Zeitgenössische Berichte zur Geschichte Rußlands
2. Bde., 1872, 1880

Herrmann-Mascard, Nicole

La censure des livres à Paris à la fin de l'Ancien Régime
Paris 1968

Himburg-Krawehl, Irene

Marquisen - Literaten - Revolutionäre
1970

Jobert, Ambroise

Les lumières et le problème du servage
in: Francastel (hrsg.) Utopie et institutions,
S. 213-218

ders.: Magnats polonais et physiocrates français
Paris 1941

Jordan, Claude (hrsg.)

Voyages de l'Europe
Bd. VII Qui comprend tout ce qu'il y a de plus curieux dans la Moscovie
La Haye 1698
Bd. VIII Qui traite du Gouvernement, et de ce qu'il y a de plus curieux en Pologne et en Lithuanie
1701

Joubert, Pierre

Histoire des révolutions de Pologne
2 Bde., Paris/ Warschau 1775

Le Journal de Paris ou Poste du Soir

Jahrgänge 1789-1795, Nachdruck 1968

Journal des sçavans

Jahrgänge: 1718, 1726, 1727, 1733, 1734, 1741, 1742, 1754, 1760, 1763, 1764

Pauli Jovii

Regionum et insularum atque locorum descriptiones
1578

Kalisch, J. / Gierowski, J. (bearb.)

Um die polnische Krone
Sachsen und Polen während des Nordischen Krieges
Berlin 1962

Kaplan, H.H.

The First Partition of Poland
New York 1962

Kéralio, Louis Felix Guinement

Histoire de la dernière guerre entre les Russes et les Turcs
Bd. 1, 1778

Ključevskij, V.O.

Geschichte Rußlands
Bd. IV Stuttgart, Leipzig, 1726

Kołłątaj, Hugo

Letzte Warnung für Polen
1794

ders.: Observations sur un ouvrage intitulé:
Essai sur le droit de Succession au Trône de Pologne
Warschau 1791

Konarski, Stanisław

Von einen nuetzlichen Mittel zum Bestande der ordentlichen Reichstage in Pohlen
2 Teile, Warschau 1762

Konopczyński, Władysław

Dzieje Polski nowożytnej
Bd. II, 1959

ders.: Le liberum veto, étude sur le développement du principe majoritaire
Paris 1930

Korb, J.G.

Diarium itineris in Moscoviam
Wien 1700

Lacombe, Jacques

Abrégé chronologique de l'histoire du Nord
Bd. II, sur la Pologne, 1762

ders.: Des Herrn Lacombe Geschichte der Staatsveränderungen des rußischen Reiches (dt. von D.J.F. Joachim)
Halle 1761

Lamberty, Guillaume

Mémoires pour servir à l'histoire du XVIIIe siècle
Bd. 11, 1734

La Neuville, Foy de

Relation curieuse et nouvelle de Moscovie
La Haye 1699

La Ville, Pierre de, Sieur de Dombâsle

Discours sommaire de ce qui est arrivé en Moscovie depuis le règne de Juan Vassilyvich, Empereur jusques à Vassily Juanvouits Sousky, 1611
in: Bibliothèque russe et polonaise
Bd. V, 1859

Leclerc, Nicolas-Gabriel

Histoire physique, morale, civile et politique de la Russie ancienne
3 Bde., Paris 1783-1784

ders.: Histoire physique, morale, civile et politique de la Russie moderne
2 Bde., 1783, 1785

Le Laboureur, Jean

Histoire et Relation du Voyage de la Royne de Pologne
2 Teile, Paris 1648

Lerer, David

La politique française en Pologne sous Louis XV.
Thèse Toulouse, 1929

Lesnodorski, B.

Les facteurs intellectuels de la formation de la société polonaise moderne au siècle des lumières
in: La Pologne au Xe congrès international des sciences historiques à Rome
Warschau 1955

ders.: Le nouvel état polonais du XVIIIe siècle: Lumières et tradition in: Utopie et institutions ...
S. 147-165

Stanisław Lesczcyński

Oeuvres du philosophe bienfaisant
4 Bde., 1764

Levesque, Pierre Charles

Histoire de Russie, tirée des Chroniques originales, des pièces authentiques, et des meilleurs historiens de la nation
5 Bde., 1782

[Lindsey, Theophil]

Les droits des trois puissances alliées sur plusieurs provinces de la république de Pologne
London 1774

Linguet, Simon

Mélanges de politique et de littérature extrait des Annales de M. Linguet
1778

Lortholary, Albert

Le mirage russe en France au XVIIIe siècle
Paris 1951

Luynes, Duc de

Mémoires du Duc de Luynes sur la cour de Louis XV.
publ. p. Dussieux/ Soulié
Paris 1860, 10 Bde.

Mably, Gabriel Bonnot de

Le banquet des politiques
in: Collection complète des oeuvres de Mably, Bd. 13
Oeuvres posthumes 1794

ders.: De la situation politique de la Pologne en 1776
in: Oeuvres posthumes
Bd. 13, 1794

ders.: Du gouvernement et des lois de Pologne
in: Oeuvres complètes publ. p. Guillaume Arnoux
Bd. VIII, 1782

Mandrou, Robert

De la culture populaire aux 17e et 18e siècles
1964

ders.: La France aux XVIIe et XVIIIe siècles
Paris 1970

ders.: Louis XIV en son temps
1973

Margeret, Jacques

Estat de l'empire de Russie et Grand duché de Moscovie
Paris 1669, hier: neue Ausgabe: 1946

Martens, F. (hrsg.)

Recueil des Traités et Conventions conclus par la Russie
avec les puissances étrangères
T VI, 1892

Martin, H.J.

Livre, Pouvoirs et Société à Paris au XVIIe siècle
2 Bde., 1969

Martinière, Brazen de la

Reisen in die nordischen Landschaften
1675

Masson, C.F.P.

Mémoires secrets sur la Russie
2 Bde., 1800/1801

Massuet, P.

Histoire des rois en Pologne
5 Bde., Amsterdam 1734

ders.: Histoire de la dernière guerre
1735

Mauvillon, Eléazar de

Histoire de Pierre Ier
1742

Mayerberg, Augustin de

Voyage en Moscovie
Leyden 1688

Mediger, W.

Moskaus Weg nach Europa
1952

Méhée de la Touche, J.Ch.

Histoire de la prétendue révolution de Pologne avec un examen de sa nouvelle consitution
Paris 1792

Meinecke, Friedrich

Die Idee der Staatsräson
1957

Mémoires historiques pour le siècle courant

Amsterdam, Jahrgänge 1729, 1730, 1733-1735, 1740, 1741

Mercure historique et politique

Jahrgänge 1697-1704, 1709, 1711, 1712, 1717-1719, 1724-1726, 1733-1736, 1740-1742, 1760-1762, 1764, 1768-1775, 1780-1782

Miège, Guy

La relation de trois ambassades de Monseigneur le comte de Carlisle
Amsterdam 1670

Mischke, Ricarda

Die Entstehung der öffentlichen Meinung im 18. Jahrhundert
phil. diss. Hamburg 1958

Mohrenschildt, D.S.

Russia in the Intellectual Life of 18th Century France
1936, hier: Neudruck 1970

Montesquieu, Charles Secondat Baron de

De l'Esprit des Lois
in: Oeuvres complètes, prés. et ann. par R. Caillois
Bd. 2, 1949

ders.: Considérations sur les causes de la Grandeur des Romains et de leur décadence
in: Oeuvres complètes 1749

Moreau de Brasey, Jean

Mémoires politiques, amusans et satiriques de Messire J.M.D.B.C. de L.
Véritopolie 1716

Moréri, Louis (hrsg.)

Le Grand dictionnaire historique
Bd. III, Bd. IV , 1698

Mottraye, Aubry de la

Voyages en Europe, en Asie et en Afrique
2 Bde., La Haye 1728

Neugebauer, Salomon

Historia rerum Polonicarum
1618

Nies, Fritz

Gattungspolitik und Publikumsstruktur
= Theorie und Geschichte der Literatur und der schönen Künste
Bd. 21, 1972

Olearius, Adam

Moskovitische Abenteuer (hrsg. v. E. Kauer)
Berlin 1927

Oliva, L.J.

Misalliance. A Study of French Policy
1964

Ozanam, D./ Antoine, M. (hrsg.)

Correspondance secrête du comte de Broglie avec Louis XV.
2 Bde., 1956

Perry, John

Der jetzige Staat von Rußland oder Moscau unter jetziger Czarischen Majestät
2 Theile, Leipzig 1717

Peters, Dorothea

Politische und gesellschaftliche Vorstellungen in der Aufstandsbewegung unter Pugačev = Forschungen zur osteuropäischen Geschichte
Bd. 17, Berlin 1973

Pfeffel, Christian

Mémoires sur le gouvernement de Pologne
1772

Pimpie de Solignac, P.J. de la

Histoire générale de la Pologne
5 Bde., 1750

Platonov, S.F.

Geschichte Rußlands vom Beginn bis zur Jetztzeit
Leipzig 1927

Antonii Possevini

Moschovia
1595

Préclin, Edm.

Le XVIIIe siècle
La France et le monde de 1715 à 1789
2 Bde., Paris 1952

Putnam, Peter

Seven Britons in Imperial Russia
1952

Pyrrhys de Varille

Lettres sur la consitution actuelle de la Pologne
Warschau 1771

ders.: Réflexions politiques sur la Pologne
London 1772

Radiščev, A.N.

Reise von Petersburg nach Moskau
übersetzt von A. Luther
= Quellen und Aufsätze zur russischen Geschichte,
Heft 4, Leipzig 1922

Raynal, abbé de

Tableau de l'Europe
Bd. 1, 1774

Recueil des Instructions données aux ambassadeurs et ministres de France depuis les traités de Westphalie jusqu'à la Révolution française

Pologne, hrsg. L. Farges, Paris 1888, 2 Bde.

Russie, hrsg. A. Rambaud, Paris 1890, 2 Bde.

Suède, hrsg. A. Geffroy, Paris 1885

Turquie, hrsg. P. Duparc, Paris 1969

Venise, hrsg. P. Duparc, Paris 1958

Regnard, J.F.

Les oeuvres de J.F. Regnard
Bd. 1, Paris 1750

Reddaway/ Penson (hrsg.)

The Cambridge History of Poland
2 Bde., 1950, 1951

Rhode, Gotthold

Geschichte Polens
Darmstadt 1982

Richelieu, Louis duc de

Mémoires du maréchal duc de Richelieu
4 Bde., 1790

Richter, Liselotte

Leibniz und sein Rußlandbild
Berlin 1946

Roos, Hans

Ständewesen und parlamentarische Verfassung in Polen (1505-1772)
in: Ständische Vertretungen in Europa im 17. und 18. Jahrhundert
(hrsg. Dietrich Gerhard), S. 310-367, Göttingen 1969

Rostworowski, E.

Autour de la couronne de Pologne
1959

ders.: Stanislas Leszczyński et les lumières à la polonaise
in: Utopie et institutions ... S. 15-24

ders.: La France de Louis XV et la Pologne
Politique - Langue - Livres
in: Acta Poloniae Historica
Bd. 22, 1970 S. 73-90

ders.: Voltaire et la Pologne
in: Studies on Voltaire and the 18th Century
Bd. LXII, S. 101-121, Genf 1968

Rousseau, J.J.

Considérations sur le gouvernement de Pologne et sur sa réformation projettée
in: Oeuvres complètes, Bd. III
Texte établi et annoté par Jean Fabre, Paris 1964

Rousset de Missy, Jean

Mémoires du règne de Catherine I
La Haye 1728

ders.: Les intérêts présens et les prétensions des puissances de l'Europe
La Haye 1736

ders.: Recueil historique d'actes, négociations, mémoires et traitez
3 Bde., La Haye 1728

Russocki, Stanisław

Le Système représentatif de la "République Nobiliaire" de Pologne
in: Der moderne Parlamentarismus und seine Grundlage in der ständischen Repräsentation
hrsg. K. Bosl, Berlin/ München 1977

ders.: Modernisierung oder Reform? Die Einstimmigkeit der polnischen Reichstagsbeschlüsse und ihre Wandlung im 18. Jahrhundert
in: Modernisierung und nationale Gesellschaft im ausgehenden 18. und 19. Jahrhundert
hrsg. v. Conze, Schramm, Zernack, Berlin/ München 1979

Rulhière, C.C.

Histoire ou anecdotes sur la révolution en Russie
1797

ders.: Histoire de l'anarchie de Pologne
Paris 1807

Rutkowski, J.

Histoire économique de la Pologne avant les partages
Paris 1927

Sabatier de Cabre

Catherine II, sa cour et la Russie en 1772
in: Sbornik 143

Saint-Simon, Duc de

Die Memoiren des Herzogs von Saint-Simon
hrsg. v. S.V. Massenbach
4 Bde., 1977

Sbornik imperatorskago russkago

istoričeskago obščestva
Bände 34, 40, 52, 81, 86, 140, 141, 143

Schlenke, Manfred

England und das friderizianische Preußen 1740-1763
Freiburg/ München 1963

Shcherbatov, Mikhail

On the Corruption of Morals in Russia
ed. A. Lentin, Cambridge 1969

Skalweit, Stephan

Frankreich und Friedrich der Große
Der Aufstieg Preußens in der öffentlichen Meinung des "ancien régime".
= Bonner historische Forschungen Bd. 1, 1952

Smolitsch, Igor

Geschichte der russischen Kirche 1700-1917
Studien zur Geschichte Osteuropas, Bd. IX, Leiden/ Köln 1964

Stählin, Karl

Geschichte Rußlands von den Anfängen bis zur Gegenwart
Bd. 2, 1930

Stiessius, Christian

Relation von dem gegenwärtigen Zustand des moskovitischen Reiches
Frankfurt 1706

Stökl, Günther

Russische Geschichte
1962

ders.: Gab es im Moskauer Staat "Stände"?
in: Jahrbuch für die Geschichte Osteuropas
Bd. 11, 1963, S. 321-342

Szarota, E.M. (hrsg.)

Die gelehrte Welt des 17. Jahrunderts über Polen
1972

de Tende, Gaspard [Sieur de Hauteville]

Relation historique de la Pologne
Paris 1687

Thesby de Belcourt, Fr. Aug.

Relation ou journal d'un officier français au service de la confédération de Pologne
Amsterdam 1776

Thevenot, Melchisêdek

Relation de divers voyages curieux
1696

Valckenier, Pieter

Das Verwirrte Europa
Frankfurt 1677

Vandal, Albert

Louis XV. et Elisabeth de Russie
Paris 1892

Vautrin, Hubert

L'observateur en Pologne
1807

Voltaire

Histoire de l'Empire de Russie sous Pierre le Grand, divisée en deux parties
in: Oeuvres historiques de Voltaire
hrsg. R. Pomeau 1962

ders.: Histoire de Charles XII
in: Oeuvres historiques

ders.: Précis du siècle de Louis XV.
in: Oeuvres historiques

Waddington, Richard

Louis XV. et le renversement des alliances
1896

Waliszewski, K.

La Dernière des Romanow
1912

Weber, Christian F.

Das veränderte Rußland
Bd. 1-3, 1721, 1739, 1740

Weis, Eberhard

Geschichtsschreibung und Staatsauffassung in der französischen Enzyklopädie = Veröffentlichungen des Instituts für Europäische Geschichte, Bd. 14,
Wiesbaden 1956

Winkler, M. (hrsg.)

Slawische Geisteswelt
Bd. 3, 1959

Wittram, Reinhard

Peter der Große
1954

Zajączkowski, Andrzej

Główne elementy kultury szlacheckiej w Polsce. Ideologia a struktury społeczne.
Breslau - Warschau - Krakau 1961

Briefe der Herzogin Elisabeth Charlotte von Orléans an die Kurfürstin Sophie
Vol. VIII, 1697 Januar-Dezember
Hannover Des. 91 - Kurfürstin Sophie Nr. 1 Vol. VII